编审委员会

编审委员会主任　储敏伟　刘子馨

编　　委　贺　瑛　刘玉平　许文新　戴小平

　　　　　　鹿长余　付一书　徐爱荣　章　劼

　　　　　　张学森　刘文国

总 策 划　贺　瑛　王联合

上海市金融保险教育高地建设项目
复旦卓越·21世纪金融学教材新系

商业银行学
（第三版）

戴小平 主编

施继元 副主编

潘 慧

复旦大學出版社

内容提要

本书主要以商业银行的业务经营、管理机制为主要研究对象，以我国商业银行法、公司法、贷款新规以及巴塞尔协议等法律法规和国际准则为依据，在深入剖析我国商业银行业务经营管理实践的基础上，力求建立一套科学而规范的商业银行业务运作系统、管理技术和方法。全书基本内容包括三大部分：第一部分是商业银行营运架构和环境，主要介绍银行的基本原理、竞争与并购、改革与创新和银行文化；第二部分是商业银行业务运作，主要介绍银行资产业务、负债业务、中间业务、国际业务和电子银行业务；第三部分是商业银行管理技术与管理策略，主要介绍资本金管理、资产负债管理、风险管理和绩效管理。本书的主要特点：一是强调金融与法的结合；二是立足于我国银行的改革与创新；三是运用大信息量使理论与实际联系更为紧密。本书既可作为应用型本科院校财经类专业的教材，也可作为银行从业人员的参考书。

序

一

中国的商业银行在改革中,走过了一条曲折的道路。

20世纪70年代末,中国的银行体系开始打破单一银行体制,从中国人民银行中分设了中国农业银行与中国银行。这种分设与当时改革的两个主要方向有关:中国经济改革始于农村,同时推动出口。80年代初,中国建设银行逐步转型,从财政部的负责基本建设的出纳转变为从事存贷款业务的银行。

这一阶段的改革,并未实现市场化,各家银行成立后,被划定了业务范围,不得越界经营:中国农业银行只能从事与农村有关的业务;中国银行负责为对外贸易相关的企业提供金融服务;中国建设银行则只能吸收并发放与基本建设有关的企业的款项。而中国人民银行则集中央银行与商业银行功能于一身,既从事城市地区的工商企业与个人存放款,也负责管理整个金融业。这就是所谓的"专业银行"体制。

很快,这种格局的弊病就表现出来了。首先是缺乏竞争,银行业的效率无法提高,同时也无法接受金融管理当局的管理。现在我们讲"太大而不会倒闭"(too big to fail),那时是"太大而不被管理"(too big to manage)。四家大银行从事商业银行业务,谁也不能管理谁。其次,中国人民银行的双重职能也发生冲突,既是管理者,又是操作者。因此,继续改革是必要的。

1984年1月,中国工商银行成立,承接了中国人民银行全部的存贷款业务。中国人民银行开始专门行使中央银行职能,一个完整的现代银行制度被再一次确立。此后十年,中国金融业得到了极大的发展:专业银行体制解体,市场竞争被引入,一批新的银行成立,其他金融机构,如信托投资公司、财务公司、证券公司及城市信用社纷纷建立。金融市场得到极大的发展。

但是,银行还是被当作国家机关来进行管理,特别是国有银行,更是被看作是国家的组成部分,而不是市场的组成部分。"银行的企业化经营"在这一阶段频频提及,并被不断讨论,反映了这种思想的根深蒂固。

1992—1993年的海南经济泡沫,从实践上彻底颠覆了银行是国家机关的理论。各级各类银行在海南泡沫中起到了非常重要的推波助澜的作用。大量银行资金为逐利而违规流向中国南方,造成了南方经济的虚假繁荣。痛定思痛,银行的改革不仅没有到位,即使是企业化经营,还不足以说明银行的性质。中国银行业的目标是要将银行办成真正的商业银行。这促成了1995年的《商业银行法》的颁布。

经过了差不多16年的改革,我们才正式承认了商业银行的定位。而这在国际上只是一个简单并早就被公认的概念!不过,在中国,这个故事远没有结束。

新成立的银行早已将自己定位于商业银行,而四大国有银行仍不能按商业银行原则进行经营,它面临一大堆问题需要解决,这些问题的解决并非一朝一夕之功所能奏效。好在方向是明确的,难在如何找到适当的方式。

为了使国有银行成为商业银行,首先要解决的是银行承担的大量政策性业务,这些业务的存在使银行无法按商业原则决定是否放款及如何定价。1994年,成立了三家政策性银行,分别承接了中国建设银行、中国银行和中国农业银行的政策性业务。但是,只剥离政策性业务是不够的,因为商业银行的经营要按国际巴塞尔协议的规定保持足够的资本金,国有商业银行的资本金严重不足,不仅影响其声誉,也不利于将来进入国际竞争序列。1997年,经全国人大常委批准,国家财政发行2700亿人民币的特别国债来补充四家国有银行的资本金。

这样的改革,仍未能将银行彻底转变为商业银行,随着90年代后半期经济增长速度的减缓,银行的不良资产以每年2%的速度上升,再加上历史上不良资产的积累,使国有商业银行的不良资产高达26%以上。国际银行界有报告称"中国的银行在技术上已经破产"。在此情况下,只有进行进一步的改革,1999年,四大国有银行剥离出了1.4万亿元人民币的不良资产,交给新成立的四家资产管理公司进行专业化处理。并一再宣称,这是国有银行向商业银行转变过程中的"最后一顿晚餐"。可是,效果似乎并不明显,实际不良贷款还有重新上升的迹象。而2001年中国加入WTO向国际作出了承诺,到2006年12月11日,中国将向外国银行开放全部人民币业务。届时,中外资银行将在同一平台上进行竞争。时不我待,若中国的银行业不能在2006年底前进行更彻底的改革,提高竞争力,使之成为真正的商业银行,就将在中国银行业市场开放之日,要被毫无招架地打败,更为严重地可能引发经济与社会危机。

中国终于走出了国有银行实施股份制改革,并引入国际战略投资人这一步险棋。第一步,中国建设银行与中国银行用资本金冲销坏账,直至资本金为零。第二步,用中央银行的外汇储备向其注资,两家银行分别获得225亿美元的资本。这样,两家银行的资产负债比较健康,可能因此而获得国际战略投资人的好评。第三步,引入国际战略投资人,国际战略投资人的进入有助于提高银行的市场评价,从而获得更高市场定价,通过更高的定价可能为银行筹集到更多的资本金。第四步,在海内外资本市场上市。当这四步走完后,我们看到其过程很艰难,但效果是显著的。因此,中国工商银行循着这条路也获得了成功。三家银行都获得了大幅溢价,得到了市场的全面追捧,化解了一场可能发生的危机,极大地改善了银行的竞争力。

除国有商业银行的改革外,原来就是股份制的中等规模商业银行也面临进一步的改革。在不完善的经济环境下运行了多年后,一些股份制商业银行也陷入了财务危机需要重组,如深圳发展银行、广东发展银行、光大银行等。它们也已经或正在引入国际战略投资人,以期改善其管理和竞争力。而一批城市商业银行中,仍还有相当部分银行经营困难,不良资产比例高,盈利能力差。这些银行也在引进一些新的股东,一方面增加资本,另一方面也通过重组,改善治理结构,以适应不断变化的环境。

二

尽管中国的商业银行业通过近年来的改革使竞争力得到初步改善,市场变得更加稳定,但是,这个稳定的基础还面临相当大的挑战。

1. 大商业银行的上市加强了银行的制度约束,但这只是刚刚开始。即使是成熟市场经济国家中的大银行,也面临治理结构的改善问题,也在改革。因此,股份公司式的改革,并不是问题的完全解决,而是建立了一个解决中国商业银行竞争力不足,效率低下的基础。这仅仅是一个开端,新机制还有很长的运行磨合期。

2. 内控机制仍不完善。一家商业银行,特别是大商业银行,能否实现有效管理,主要取决于内控是否有效。现在的银行越来越大,是因为现代信息处理技术为巨型机构的内部控制提供有效的手段,因此可以用比以前少得多的人有效管理巨额资产。中国的商业银行已经配置了良好的硬件系统,但还未能有效地运用这些系统进行管理,因此,内外勾结作案时有发生。

3. 风险管理能力不足。在市场经济中,总体风险是不可能被消除的,但是可以被管理。因为越是市场化,市场的不确定性就越大。风险管理需要经验,更需要技术。随着市场的发展与金融创新,在避险的同时也产生风险。如何管理自己的风险,保持稳健经营,对商业银行是一个重要的竞争力体现。

4. 商业银行的定价能力低。利率自由化进展虽然不能说快,但是我们已看到,中国的利率受管制的范围已经很小了。货币市场上的利率已不受管制,存贷款利率有一定限制,商业银行可以自己确定贷款上浮水平和存款的下浮水平。但是在这样的浮动中,多高的利率可以覆盖成本与风险,并未有比较科学的方法。因此,无序竞争甚至恶性竞争时有发生,影响整个行业的发展。

5. 股东利益与资本金增长之间的矛盾会逐渐显现。由于股份制改革后,股东追求的是利润,这是符合经济人假定的,因此股东要求每年分配更多的红利。但是，银行经营的特点是，其经营规模必须与其资本的大小相联系，若银行要不断地扩展，其资本金就应该不断地增加。分红与增加资本金的矛盾将会在经营中贯穿始终。

6. 商业银行贷款长期化。一般来说，商业银行是经营短期资金的金融中介机构，它主要向企业与个人提供临时性资金。但是，近年来由于受利润与减少不良资产的双重压力，商业银行越来越趋向于发放中长期贷款。特别是 2006 年全部商业银行的贷款中，中长期贷款第一次超过了短期贷款。长期贷款对推动投资增长起到相当重要的作用，其风险要较长时期才能表现出来，而且长期贷款的利率要高于短期。这种变化是否将改变我们对商业银行的定义？

7. 税率不平等问题。加入 WTO 后，商业银行面临一个不断国际化的市场，外资银行获得了同等进入中国市场的权利，但是，外资银行在中国经营仍有高于国民待遇的税收优惠，外资银行纳税税基窄而中资宽。因此内外资金融机构的税收平等成为商业银行下一步发展的重要变数。

8. 银行准入未有突破。为了防范风险，管理部门对新银行的设立采取了变相禁止的方式。只是鼓励新的股东与资本进入现有银行，进行收购或注资。但是中国是一个大国，市场发育不是很完整，特别是国有商业银行的改革中，为了减少亏损与坏账，撤并了相当多的基层机构。在一些地区金融服务不足或缺乏有效竞争，造成金融效率下降与社会福利的减少。特别是一些农村地区，金融机构少，又不得设立新的机构，使农村金融市场萎缩，农民的资金需求得不到满足。

9. 商业银行的核心竞争力未能确立。一家银行的核心竞争力是其发展的最重要的武器。所谓核心竞争力是银行拥有的、能带来收益的且不可被复制的业务或理念。外延上包括银行所拥有的产品、技术、经营方法、品牌及专利等。中国的大多数银行仍将银行定位在传统银行服务上，提供大众化的产品，而没有开发特有的、受特别保护的又能带来盈利的业务。中国的商业银行很少有商标及专利，这是一个特别值得注意的方面。

这些挑战构成了我国商业银行进一步改革的动力，只有不断解决问题、缓解矛盾才能使银行的竞争力得到改善，增强金融体系的稳定并发挥银行对经济的推动作用。当然这也是为股东创利的过程。

三

商业银行管理既是一门实践的科学，也是一门理论。对于实践，要求掌握其基本的原理与操作方式。这是很重要的。只有完全掌握才能在银行的经营中，按照前人总结的经验与规定的原则为股东获得最大利益。对于理论，则要不断地发现商业银行经营的固有规律,证明这种产品为什么就比另一种好,这种管理方式就一定优于另一种。商业银行中有很多可以进行理论探讨的方面,比如资本金、风险管理、金融创新、产品与服务定价,甚至是分支机构的开设、成本与效益的核算、电子银行服务等。许多问题都困扰着我们,想获得答案,需要大家去探究。

我们在学习的时候,要用心去想,不仅要想银行,还要想银行的发展与经济、与社会的关系,想想商业银行的社会责任。

于北京
2006 年 12 月 20 日

第三版前言

承蒙读者的厚爱,《商业银行学》(第一版)教材已出版发行 11 年了,第二版出版发行也近 6 年。在这期间,经过 2008 年全球金融危机,商业银行理论虽没有重大发展,但是商业银行经营管理更显得日益成熟和稳健,审慎和规范的特色非常突出,更加贴近实体经济运行。即使在互联网金融、影子银行、金融科技快速发展时期,商业银行也没有因为外部的冲击和诱惑而变了方阵,并未出现系统性金融风险。相反,商业银行审时度势、大胆创新,改变经营理念,创新经营模式,搭建新的经营平台,积极拥抱互联网金融和金融科技,主动响应"一带一路"倡议,自贸区金融创新层出不穷,普惠金融扎实推进。在利率市场化下,商业银行不断增强自主定价能力,以满足多样化、多层次的金融需求,在助推经济平稳发展和社会和谐发展的同时,实现了商业银行自身资产规模和盈利水平的同步增长。此外,为了维护金融稳定,增强金融监管的有效性,保障银行业的长期稳健发展,2018 年 4 月原银监会和保监会合并组建了新的银行业监管机构——中国银行保险监督管理委员会。其中有许多值得认真总结提炼的好的经验和做法。

为了及时反映商业银行改革发展的实践,满足教学需要,我们对《商业银行学》(第二版)做了进一步的修订。此次修订,我们仍然保持了原教材的体系结构、风格与特点,并根据商业银行的新业态、新变化,增加了以下内容:我国的存款保险制度、票据业务风险管理、私人银行与财富管理、自贸区国际业务的金融创新、互联网金融、移动支付、金融科技的应用、全面风险管理和内部控制新规、普惠金融等。同时,我们还增加了一些新的案例,更新了专栏和表格数据、教材中的脚注,思考题和参考资料也根据修改后的内容进行了适当调整。

参加本次修订工作的作者及分工如下:戴小平教授(第一、九章),吴洁讲师(第二、十一、十五章),施继元教授(第三、四章),潘慧讲师(第五、六、十章),李雪静副研究员(第七、八章),徐学峰副教授(第十二、十三章),付一书教授(第十四章)。最后由戴小平教授对书稿进行了统改和定稿。

本次教材的修订,再次得到复旦大学出版社的大力支持,特别感谢王联合先生和谢同君先生对本次教材修订的建议,感谢参与本教材修订的教师团队,感谢银行界的朋友和同行专家。

　　本教材的修订,仍然会有不足和遗漏,敬请批评指正。

戴小平
2018年5月4日

第二版前言

2007年至今,全球发生的最大事件莫过于2008年始于美国的次贷危机,进而演化成史无前例的全球金融危机。这次金融危机改变了世界经济金融发展进程和发展格局,也改变了人们对金融机构(包括商业银行)的传统看法。这迫使所有人(包括政府领导人、监管者、金融家、投资者和金融消费者)重新审视银行经营理念和原则、管理技术和标准、放贷条件和要求、产品创新和风险控制、监管标准和执行等一系列问题。在这短短的几年间,经过各国政府及监管部门、国际监管合作组织、金融机构的努力,商业银行已从惨痛中缓慢苏醒并逐步走上正轨。

在这次金融危机当中及以后,中国的银行业迅速崛起,脱颖而出,不仅经受住了金融危机的考验,而且持续保持平稳增长的势头。资本实力大为增强、盈利水平显著提升、不良资产规模和比例持续双降、风险管理能力不断增强,在国际银行同业中独树一帜。期间,工、农、中、建四家大型商业银行陆续完成股份制改革并上市,跻身全球市值十大银行榜。特别是中国工商银行,成长为全球盈利、市值、存款和品牌价值第一的银行。中国工商银行的稳步发展是中国银行业近5年来稳健发展的一个缩影。这其中有什么奥妙,值得我们去认真探究。

影响国际银行业发展的新标杆——《巴塞尔协议Ⅲ》在金融危机爆发两年后于2010年12月正式发布,其出台必将引发国际金融监管准则的调整和重组,影响商业银行的经营模式和发展战略。中国版的巴塞尔协议Ⅲ——《商业银行资本管理办法(试行)》也于2012年6月8日公布,要求自2013年1月1日起施行。

当然国内外银行业的变化远不止这些,比如综合经营下一些投资银行回归商业银行体系、影子银行的快速发展、我国利率市场化的艰难推进、我国银行业对外资和民营资本的开放等,这些变革都将极大地影响商业银行业务经营与管理策略。

在本教材的修订中,我们力求保持第一版的体系结构、风格与特点,并充分反映上述国内外银行业发生的重大变化和即将面临的新情况,主要修改部分包括:

1. 更新和补充了最新的数据、图表、案例。
2. 专栏的数量大大增加,同时更换了部分专栏内容。
3. 参考文献和相关法规按每章列示出来,更便于深入学习。
4. 相关网站的浏览通过脚注形式进行了提示。

5. 新增加的内容:我国商业银行的业务经营模式(第1章);票据贴现(第4章);现金管理、个人理财、投资银行和资产托管业务(第5章);跨境贸易人民币结算业务(第7章);电话银行和手机银行业务(第8章);巴塞尔协议Ⅲ以及我国商业银行资本管理(第9章);商业银行合规管理(第11章);商业银行绩效管理方法(第12章);商业银行的战略管理(第13章);金融创新的理论(第14章);商业银行企业文化与社会责任(第15章)。

参加本次修订工作的作者及分工如下:戴小平教授(第1、9章),吴洁讲师、刘玉平教授(第2章),施继元教授(第3、4、11章),潘慧讲师、孙海东经济师(第5、6章),马欣副教授(第7、8章),潘慧讲师(第10章),徐学锋教授、陈文君教授(第12章),徐学锋教授(第13章),付一书教授(第14章),吴洁讲师(第15章)。最后由戴小平教授对第二版的书稿进行统改和定稿。

为满足广大本课程授课老师的需要,本书配有精致的完整PPT课件,需要的老师可直接发送邮件至 fudanjiaocaijiaocai@163.com 或直接复旦大学出版社网站免费索取。同时,为了便于学生的学习,复旦大学出版社还出版了与本教材配套的学习指导书。

在本教材的修订过程中,得到了一些商业银行、有关高校和复旦大学出版社的大力支持与帮助,征求了一些在校生和毕业生的反馈意见,特别是银行界的朋友对本教材的修订提出了许多中肯的建议,国内外同行的研究成果为本书写作提供了大量有价值的参考成果和信息,在此一并表示衷心感谢。最后,对多年来与我一起工作和学习的商业银行学教学团队教师表示感谢,是他们的鼎力合作和无私奉献才最终完成本书的修订。

对于本教材的修订,我们做了许多努力,但仍有不足和遗漏,恳请读者批评指正。

戴小平

2012年7月2日

第一版前言

《商业银行学》是一门理论与实践相结合的应用学科,也是一门综合性比较强的学科。《商业银行学》主要应用经济学的基本原理,在金融学的基础上以商业银行的业务经营、管理机制为主要研究对象,以商业银行法、公司法、担保法、贷款通则、票据法、巴塞尔协议、新资本协议等法规和国际准则为依据,力求建立一套科学而规范的商业银行业务运作系统、管理技术和方法。

本教材的基本内容分为三大部分:

一是商业银行营运架构及环境。现代市场经济的发展,使金融产业成为国民经济的重要支柱产业之一,而商业银行是金融产业的主体,因此,商业银行在一国经济发展中具有不可替代的重要作用。也正是由于此,各国对商业银行的设立、经营管理和发展都有一些特别的规定。对此,我们在商业银行概论(第一章)中作了比较详细地介绍。由于商业银行外部经营环境的复杂多变,金融对外开放,外资银行的快速进入,使得商业银行的竞争(第十二章)越来越激烈,这既是对我国银行的挑战,也是银行发展的良好时机。国内外的经验表明,商业银行的改革与创新(第十三章)是商业银行持续发展的动力,对银行业乃至整个经济产生了深刻影响。

二是商业银行的业务运作。商业银行作为经营货币资金和提供金融服务的特殊企业,开展的主要业务有:负债业务(第二章)和资产业务(第三、四章),这是商业银行的传统业务,对于我国以银行为主导的金融体系而言,商业银行的存贷款业务仍然在经济发展中发挥着重要的作用。在金融自由化和金融混业经营的发展趋势下,中间业务(第五章)已成为各国商业银行新的利润增长点,也是中外资商业银行业务竞争的焦点。随着经济金融的全球化、一体化,商业银行的国际业务(第六章)取得了长足发展。计算机技术在银行领域的广泛运用和因特网的兴起,使商业银行的网上银行业务(第七章)也快速发展起来。

三是商业银行管理技术和管理策略。商业银行是一个高负债高风险的行业,如何加强管理,直接关系到商业银行的生存。资本金既是银行开业的基本条件之一,更是防范银行风险的最后一道防线,所以加强资本金管理(第八章)对商业银行尤为重要。资产负债管理(第九章)是商业银行经营管理的核心,风险管理(第十章)是商业银行永恒的一个主题,通过商业银行绩效管理(第十一章),可以实现对业务发展的有效控制,最终实现商业银行的经营目标。

本教材的主要特点:

1. 以法律为支撑,强调金融与法结合的重要性。市场经济也是法制经济,现代企业成功的标志之一是依法合规经营。在市场经济条件下,商业银行的稳健运作必须遵循市场的规则,需要有一套完善的法律制度、运作规范为保证。1995年《中华人民共和国商业银行法》的出台及以后颁布的一系列的金融法律、法规,使我国商业银行的经营活动有法可依,商业银行知道了该做什么,不该做什么,行为更加规范。这是我国商业银行发展的一个重要转折。全书贯穿了法的思想、法的理念、法的规范。

2. 立足于我国商业银行的改革实践,惯通现行的政策、法规,结合案例教学,将国内外商业银行先进的管理理念、管理技术和最新的理论研究成果同中国商业银行的改革与发展联系起来,注重提高读者综合分析和解决问题的能力,使读者通过学习知道国内外商业银行(尤其是我国商业银行)的具体运作情况,现在在做什么、是怎么做的、将来应该怎么做。这有利于培养真正的应用型、开拓型的专业人才。

3. 大信息量使理论与实际联系得更为紧密。本教材除了介绍商业银行经营管理的经典理论、基本原理外,还引用了大量的最新公开信息资料(主要来自银行网站、银行年报等),介绍我国商业银行的实际业务运作和管理经验,避免了只讲理论和原理,与实际脱节的现象。同时,通过大量的专栏和图表,进一步延伸和丰富教材内容,增强其可读性。这些专栏和图表,既有对正文的补充,又有对案例的介绍和分析。

本教材由戴小平担任主编,提出写作思路和写作提纲,副主编施继元和马欣协助主编做一些具体工作,由多年从事商业银行教学与研究的教师分别独立写作。第1、8章由戴小平教授编写,第2章由刘玉平教授编写,第3、4、10章由施继元副教授编写,第5、9章由潘慧讲师编写,第6、7章由马欣副教授编写,第11章由陈文君副教授编写,第12章由饶艳讲师编写,第13章由付一书教授编写。最后由戴小平教授对全书进行总纂。

本教材是上海市金融保险教育高地建设的成果之一,主要适用于经济管理类和财经类本科学校的教学需要,也可作为金融及经济管理从业人员的参考书籍。

在本教材的写作中,我们吸收了国内外同行同类研究成果中的精华内容,这在我们的参考资料中已列出,对此,我们表示衷心的感谢。尤其要感谢的是中国人民银行研究局局长、中国人民银行总行研究生部主任、博士生导师唐旭研究员,他在百忙中对本教材的提纲和初稿提出了许多宝贵的修改意见并欣然作序,这使本教材增色不少。复旦大学出版社的王联合编辑为本书的顺利出版也做了大量工作。同时,在教材的编写过程中,我们还得到了上海金融学院教务处、金融系、图书馆和复旦大学出版社等单位的大力支持,在此我们一并表示感谢。

教材的编写经过了多次的讨论,并查阅了大量的资料,但仍有许多不如意的地方,错误遗漏在所难免,恳请读者批评指正。

作者
2006 年 12 月

目 录

- 第一章 商业银行概论 1
  - 第一节 商业银行的职能和地位 1
  - 第二节 商业银行的组织形式 6
  - 第三节 商业银行的人力资源管理 20
  - 第四节 商业银行的经营原则 28
  - 专栏1-1 1949年前的中国银行业发展简史 2
  - 专栏1-2 商业银行法 3
  - 专栏1-3 中国银行业监管部门及其主要职责 8
  - 专栏1-4 中国商业银行的事业部制 10
  - 专栏1-5 中国平安收购深发展 19
  - 专栏1-6 花旗银行的员工培训 23
- 第二章 商业银行的存款业务 34
  - 第一节 商业银行的存款业务 34
  - 第二节 商业银行的非存款业务 50
  - 第三节 存款保险制度 57
  - 专栏2-1 个人支票在中国的发展历程 37
  - 专栏2-2 大额可转让定期存单（CDs）在中国的发展历程 38
  - 专栏2-3 同业拆借市场 53
  - 专栏2-4 绿色金融债券 56
  - 专栏2-5 次贷危机中美国存款保险制度 61
- 第三章 商业银行的现金和证券业务 65
  - 第一节 商业银行流动性的需求与供给 65
  - 第二节 商业银行现金资产管理 72
  - 第三节 证券投资业务 80
  - 专栏3-1 美国伊利诺斯大陆银行的流动性危机 70
  - 专栏3-2 银行倒闭与篮球赛有关吗？ 74
  - 专栏3-3 存款准备金率调整与商业银行流动性 79
  - 专栏3-4 2017年银行间债券市场发行和交易情况 83

第四章　商业银行的贷款业务 …… 95
 第一节　贷款业务概述 …… 95
 第二节　企业贷款管理 …… 99
 第三节　消费信贷管理 …… 116
 第四节　票据贴现 …… 122
 第五节　贷款风险分类与贷款风险管理 …… 129
  专栏 4-1　人民币信贷收支情况 …… 96
  专栏 4-2　获得诺贝尔和平奖的银行家以及他的银行 …… 98
  专栏 4-3　有关信息不对称的几个重要概念 …… 100
  专栏 4-4　刘姝威揭穿蓝田股份造假 …… 115
  专栏 4-5　2017 年度国内票据融资状况 …… 124
  专栏 4-6　13 亿元的电子票据案件 …… 128

第五章　商业银行的中间业务（一） …… 135
 第一节　支付结算业务 …… 136
 第二节　代理业务 …… 141
 第三节　信用卡业务 …… 143
 第四节　现金管理业务 …… 150
 第五节　个人理财业务 …… 153
 第六节　投资银行类业务 …… 157
 第七节　资产托管业务 …… 159
 第八节　私人银行与财富管理 …… 162
  专栏 5-1　支持结算体系 …… 139
  专栏 5-2　迅速崛起的移动支付 …… 139
  专栏 5-3　信用卡市场运作机制 …… 146
  专栏 5-4　商业银行信用卡的受理环境 …… 149
  专栏 5-5　美林证券的现金管理账户 …… 150
  专栏 5-6　中国工商银行资金池解决方案 …… 152
  专栏 5-7　个人理财国内发展历程 …… 154
  专栏 5-8　商业银行开展投资银行业务经营模式选择 …… 159

第六章　商业银行的中间业务（二） …… 167
 第一节　担保业务 …… 167
 第二节　承诺业务 …… 178
 第三节　金融衍生产品交易业务 …… 183
  专栏 6-1　银行承兑汇票拒付案 …… 169
  专栏 6-2　全国银行间市场贷款转让交易启动 …… 173

专栏6-3	资产证券化业务	177
专栏6-4	中国的"影子银行"	182
专栏6-5	中国金融期货交易所	188
专栏6-6	人民币利率衍生品交易情况	189
专栏6-7	从数字看中航油折戟	193

第七章 商业银行的国际业务 196

第一节	国际业务的组织与特点	196
第二节	国际结算业务	199
第三节	跨境贸易人民币结算业务	205
第四节	贸易融资与国际贷款	211
第五节	外汇买卖业务	219
第六节	离岸金融	223
专栏7-1	环球银行金融电讯协会（SWIFT）	200
专栏7-2	跨境贸易人民币结算业务文件	206
专栏7-3	中国银行"出口全益达"业务示例	211
专栏7-4	2016年我国外汇交易情况	221
专栏7-5	招商银行离岸金融业务	226

第八章 商业银行电子银行业务与互联网金融 230

第一节	电子银行概述	230
第二节	网上银行业务	232
第三节	电话银行	237
第四节	手机银行	238
第五节	电子银行业务的风险与监管	242
第六节	互联网金融	248
专栏8-1	安全第一网络银行（SFNB）	234
专栏8-2	招商银行App6.0	241
专栏8-3	加强电子银行安全保障	244

第九章 商业银行的资本金管理 255

第一节	资本金的作用	255
第二节	资本工具	258
第三节	资本适度标准的演变	262
第四节	巴塞尔资本协议与银行监管	264
第五节	我国对商业银行资本的管理	273
专栏9-1	内源资本与外源资本	261
专栏9-2	宏观审慎政策框架新进展	272

专栏 9-3　国家注资——我国商业银行资本金特殊的补充方式 …… 282
第十章　商业银行资产负债管理 ………………………………………… 285
　　第一节　资产管理 ……………………………………………………… 285
　　第二节　负债管理 ……………………………………………………… 292
　　第三节　资产负债综合管理 …………………………………………… 297
　　专栏 10-1　中国工商银行利率风险分析 ……………………………… 302
　　专栏 10-2　商业银行利率风险控制的表内管理技术和表外
　　　　　　　管理技术 ………………………………………………… 308
第十一章　商业银行风险管理 …………………………………………… 312
　　第一节　商业银行风险 ………………………………………………… 312
　　第二节　商业银行风险的管理 ………………………………………… 316
　　第三节　商业银行合规管理 …………………………………………… 325
　　第四节　商业银行的内部控制 ………………………………………… 334
　　专栏 11-1　我国商业银行的风险拨备管理 …………………………… 321
　　专栏 11-2　花旗银行屡屡违规 ………………………………………… 331
　　专栏 11-3　商业银行风险的"三道防线、四道门槛" ………………… 339
　　专栏 11-4　巴林银行内部控制制度存在哪些问题？ ………………… 340
第十二章　商业银行的财务分析与绩效管理 …………………………… 344
　　第一节　商业银行的财务报表 ………………………………………… 344
　　第二节　财务分析 ……………………………………………………… 355
　　第三节　成本管理 ……………………………………………………… 360
　　第四节　绩效评价 ……………………………………………………… 363
　　第五节　商业银行的绩效管理 ………………………………………… 369
　　专栏 12-1　工商银行年报 ……………………………………………… 354
　　专栏 12-2　我国商业银行财务报表与信息披露 ……………………… 354
第十三章　商业银行的竞争与并购 ……………………………………… 375
　　第一节　商业银行的经营环境 ………………………………………… 375
　　第二节　银行业务的竞争 ……………………………………………… 379
　　第三节　银行并购 ……………………………………………………… 387
　　第四节　商业银行的战略管理 ………………………………………… 394
　　专栏 13-1　2017 中国商业银行竞争力排名 …………………………… 379
第十四章　我国商业银行的改革与创新 ………………………………… 399
　　第一节　我国银行业改革回顾 ………………………………………… 399
　　第二节　我国银行改革的目标和主要内容 …………………………… 411
　　第三节　金融创新理论 ………………………………………………… 417

	第四节 金融创新的内容和方法	421
	第五节 金融创新与金融监管	426
	专栏14-1 银行业对外开放的理论	405
	专栏14-2 鼓励和引导民间资本进入银行业	407
	专栏14-3 招商银行提出转型为"金融科技银行"	410
	专栏14-4 商业银行开展资产证券化业务	423
	专栏14-5 从国际金融危机看金融创新与金融安全	428
第十五章	**商业银行的企业文化与社会责任**	432
	第一节 商业银行企业文化建设	432
	第二节 商业银行品牌形象	437
	第三节 商业银行的社会责任	442
	第四节 普惠金融	449
	专栏15-1 中国农业银行的企业文化	437
	专栏15-2 招商银行品牌文化建设成效	441
	专栏15-3 兴业银行的赤道原则	445
	专栏15-4 中国建设银行的社会责任	447
	专栏15-5 中国工商银行以精准扶贫助力精准脱贫	457

第一章 商业银行概论

本章要点

- 商业银行的职能和地位
- 商业银行的设立
- 几种不同的银行组织类型
- 银行的公司治理结构
- 分业经营与综合经营
- 激励理论
- 银行经营原则

金融是经济的核心,而商业银行是现代金融服务最重要的主体。随着商业银行几百年的发展和演变,现代商业银行的功能不断扩展,在国民经济中的地位不断提高,已成为一国金融体系的重要组成部分。现代商业银行所提供的金融服务已渗透到社会生产、居民大众日常生活的方方面面,对整个国民经济的发展、社会的进步起到了巨大的推动作用。

第一节 商业银行的职能和地位

一、商业银行的沿革与发展

商业银行是随着商品货币经济的出现而产生并逐步发展起来的。在现代金融机构体系中,银行是最早产生、也是最为典型的一类金融机构。最早的金融系统之一产生于美索不达米亚[①]。最初作为支付手段和计价单位的是银,到公元前7世纪,银已成为唯一货币。在希腊,特别是在雅典,人们创造了功能超出支付手段和

---

① 富兰克林·艾伦、道格拉斯·盖尔,《比较金融系统》,中国人民大学出版社,2002年。

简单贷款的金融系统,该金融系统在公元前6世纪开始发展,并在公元前4世纪取得了实质性进展。由于流通过程中存在大量不同的来自希腊其他城市和波斯的各种银币,阻碍了不同地区之间的商品交易,于是一部分人专门从事鉴定、兑换不同的货币,导致货币兑换业的产生。货币兑换业是现代银行的鼻祖。随着商品交易的发达,经过货币兑换业者手中的货币数量越来越多,为了充分利用手中的货币,一些货币兑换业者就不只局限于替客户找换货币,逐步开办起了存款和贷款业务,业务范围进一步扩大。当存款和贷款业务成为货币经营者的主要业务,贷款利息收入成为其主要收入来源时,这些货币兑换业就演变成了银行。在公元前5世纪晚期,吸收存款并发放贷款的早期银行就已经开始运作,但贷款通常被用于消费,并利用贵重物品来保值。

近代银行的出现是在中世纪的欧洲。中文的"银行"一词来源于意大利文Banca,即商业交易所用的长凳。最早的银行是建立于1587年的意大利威尼斯银行,随后又于1609年阿姆斯特丹银行成立,1619年汉堡银行成立,1621年纽伦堡银行成立,1635年鹿特丹银行成立等。这些早期的银行具有高利贷性质,不适应资本主义经济的发展。尽管这些银行也从事存贷款业务,但并不具备信用创造的功能。

1694年,在英国政府的支持下,英国以股份制形式成立了英格兰银行。它的成立,标志着适应资本主义生产方式要求的、新的信用制度的建立,也标志着西方现代商业银行的产生。此后,随着资本主义商品经济的发展,在西方国家又出现了一批又一批不同形式的商业银行。现代商业银行主要是通过两条途径产生的,一条途径是由旧高利贷业转变为资本主义银行,一条途径是以股份公司的形式成立的新型股份制银行。这些股份制银行资本雄厚、业务全面、利率较低,在社会上建立了规范的信用制度,极大地促进了工业革命的发展,成为现代金融体系的主体。

商业银行随着资本主义生产关系的建立而产生,随着商品经济的发展而发展。从历史上看,现代商业银行建立的模式有两种:一种是英国传统的融通短期资金的商业银行模式,其建立深受经济理论上的"商业贷款论"(或"真实票据论")的影响。另一种是德国综合式的商业银行模式,这种商业银行既发放短期贷款,提供周转资金,又发放长期性的固定资金贷款,同时还直接投资于新兴企业,替企业包销证券等,与投资银行并无区别。随着经济金融的发展,现代商业银行已经发展成为综合性、多功能的金融企业,商业银行这一名称已经不能涵盖其内容了,只是用以代表这一类型的金融机构。

专栏1-1　　　　　　　　1949年前的中国银行业发展简史

中国的银行较之西方银行的产生要晚。中国关于银钱业的记载,较早的是南北朝时的寺庙典当业。到了唐代,出现了类似汇票的"飞钱",这是我国最早的汇兑业务。北宋真宗时,由四川富商发行的交子,成为我国早期的纸币。早期的银行机构是票号和钱庄,最著名的是山西票号,在1893至1910年间达到了它的鼎盛时期。最早的山西票号是日升昌票号,成立于公元1823年,总号设在山西平遥西大街。随着西方金融业的兴起,以及国内时局动荡等多种因素影响,票号最终由盛转衰。19世纪中叶,鸦片战争之后,中国的国门被打开,外国开始在中国设立商业银行。1845年中国出现了第一家由英国人开设的新式银行——丽如银行,随后主要资本主义国家在中国都设有银行,外币也在中国境内流通。我国自行开办的第一家银行是1897年在上海成立的中国通商银行,它是一家商办的股份制银行,它的成立标志着中国现代银行的产生。1904年成立了官商合办的户部银行(1908年改为大清银行,1912年又改为中国银行);1907年又成立了官商合办的交通银行。这期间,一些公立和私立的银行纷纷成立,共同推动了中国银行业的发展。

20世纪30年代,除了国民党政府控制的"四大行"——中央银行、中国银行、交通银行、中国农民银行;还有官商合办的"小四行"——中国通商银行、四明银行、中国实业银行、中国国货银行;"南三行"——浙江兴业银行、浙江实业银行、上海商业储蓄银行;"北四行"——盐业银行、金城银行、中南银行、大陆银行。中国的商业银行已达二百多家,其中有相当数量的中资商业银行和外资商业银行云集上海,使上海成为远东最大的国际金融中心。

资料来源:根据有关资料整理。

二、商业银行的法律定义

根据我国《商业银行法》第二条的规定,商业银行是指依法设立的吸收存款、发放贷款和办理结算等业务的企业法人。其定义有两层含义:第一,商业银行是依法设立的,有自己的名称,有独立财产,并承担有限责任的企业法人。这也决定了商业银行的企业属性,并具有与一般工商企业的共性。要有一定的资本金,要以利润作为其经营目标,自主经营,自负盈亏,照章纳税。第二,商业银行不是一般的企业法人,而是一种特殊的企业法人。这就决定了它不同于一般企业的特性,它经营的是一种特殊商品——货币和货币资金。目前我国商业银行办理的业务主要有三大类:资产业务、负债业务和中间业务,吸收存款、发放贷款和办理结算又是我国商业银行最基本的业务。

专栏1-2　　　　　　　　　　商业银行法

《商业银行法》是商业银行经营管理的基本行为规范。1995年5月我国颁布并于2003年12月和2015年8月两次修正了《中华人民共和国商业银行法》(简称《商业银行法》),该法分总则、商业银行的设立和组织机构、对存款人保护、贷款和其他业务的基本规则、财务会计、监督管理、接管和终止、法律责任和附则9章共计95条。最新的完整版《商业银行法》可扫描二维码获取。

三、商业银行的职能

（一）信用中介

这是商业银行最基本的职能，也是最能反映商业银行业务经营活动特征的职能。商业银行一方面吸收社会闲置、分散的资金，主要是通过支票存款、储蓄存款和定期存款来筹措资金，另一方面又把吸收进来的资金分配运用出去，主要用于发放商业贷款、消费贷款和抵押贷款等，从而充当资金盈余者和资金短缺者之间的中介。其作用在于变小额资金为大额资本，变短期资本为长期资本，以促进国民经济的持续、稳定发展。

（二）支付中介

这是商业银行为商品交易的货币结算提供一种付款机制。其实质是通过存款在账户上的转移，代理客户支付货款和费用，为客户兑付现款等，成为货币保管人、出纳和支付代理人。但这种代理支付，既不包收也不垫付。在现代经济中，各种经济活动所产生的债权债务关系都要通过货币的支付来清算。由于现金支付的局限性，以商业银行为中心的非现金支付手段发挥了巨大的作用。既节约了流通成本，又加速了货币资金周转和结算过程，同时还给商业银行带来了一定的盈利空间。

（三）信用创造

这个职能是在信用中介和支付中介的基础上发展起来的，而非现金结算和部分准备金制度的建立，又为商业银行的信用创造提供了条件。在这种制度下，商业银行利用吸收的存款来发放贷款，不以现金或不完全以现金形式支付给客户，而是把贷款转移到客户的存款账户上，这样就增加了商业银行的存款资金来源，最后在整个银行体系中形成数倍于原始存款的派生存款，从而扩大了货币供应量。但是商业银行的这种信用创造并不是无限制的，它要受到很多因素的影响。一是原始存款的规模大小；二是贷款的需求程度；三是中央银行的存款准备金率、商业银行的备付金率以及贷款付现率等。

（四）金融服务

这是在信用中介和支付中介的基础上派生出来的又一个职能。随着社会经济的发展，人们对金融的需求越来越大，对商业银行提供的金融服务要求越来越高，而计算机技术在银行领域的广泛应用，又为商业银行的服务提供了广阔的服务空间，如信息咨询、资信调查、财务顾问、代理融通、现金管理、代收代付业务等。这些业务的开展，一方面扩大了银行与社会各界的联系，增加了客户资源；另一方面也为商业银行带来了可观的服务费收入。

四、商业银行的地位

商业银行在社会经济中的地位非常特殊。由商业银行的特殊性质所决定，商业银行在金融体系以及社会经济运转中具有重要地位,并在整个社会经济活动中发挥着重要的作用。一国的金融体系主要由中央银行、商业银行、政策性银行以及非银行金融机构组成。在这个体系中,中央银行处于核心地位,是一国金融的管理机构和金融政策的制定机构,是国家宏观经济的调控部门。由于中央银行不直接对企业和社会公众办理业务,加之我国目前仍然是以银行为主导的金融体系①,因此商业银行承担了全社会绝大部分的资金融通服务功能、资源配置功能以及在此过程中产生的风险管理功能,与社会各经济主体建立起了密切的广泛联系。社会经济主体几乎无不与商业银行打交道。又由于商业银行的业务经营活动对整个社会信用的收缩与扩张以及货币供应量的多少能够产生直接的影响,因而中央银行的货币政策就主要通过商业银行(也通过非银行金融机构和金融市场)进行传递,商业银行成为中央银行货币政策传导的重要中介渠道。在现代经济中,中央银行通过货币政策工具的运用来实现货币政策意图,而这些工具的运用对商业银行的经营都会产生一定的影响。如果中央银行提高存款准备金率(这一政策被视为是一项强有力的货币政策工具),商业银行就要缴纳更多的存款准备金,因此会减少商业银行贷款的发放,全社会货币供应量也就会相应下降,反之亦然。由此可看

表1-1 2016—2017年银行业金融机构资产及占比情况表(法人)

名 称	总资产(亿元)		占银行业金融机构比例(%)	
	2016年	2017年	2016年	2017年
银行业金融机构	2 322 532	2 524 040	—	—
大型商业银行	865 982	928 145	37.29	36.77
股份制商业银行	434 732	449 620	17.54	17.81
城市商业银行	282 378	317 217	12.16	12.57
农村金融机构	298 971	328 208	12.87	13.00
其他类金融机构	440 469	500 851	18.97	19.84

注:1. 表内数据均为2016年、2017年第四季度统计数据。
2. 农村金融机构包括农村商业银行、农村合作银行、农村信用社和新型农村金融机构。
3. 其他类金融机构包括政策性银行及国家开发银行、民营银行、外资银行、非银行金融机构、资产管理公司和邮政储蓄银行。
资料来源:中国银监会网站。

---

① 一般而言,金融体系可分为两大类:一类是市场主导型金融体系,一类是银行主导型金融体系。市场主导型金融体系主要是指以金融市场为主导的金融体系。其最大的特点是金融市场对社会经济和整个金融体系的影响力较大,股票、债券等直接融资工具的交易比重大于银行信贷市场的交易比重。银行主导型金融体系主要是指以银行信贷为主导的金融体系。其特点是银行信贷对社会经济和整个金融体系的影响力较大,银行贷款所占企业外部融资的比例大大超过股票和债券所占的比例。由于商业银行在发放贷款的过程中掌握了大量的企业内部信息,相对市场而言,银行对金融资源的配置发挥着更为重要的作用。

出,全社会的资源配置离不开商业银行,中央银行对宏观经济的调控也需要通过商业银行才能进行,从而显示出商业银行在我国金融体系中的特殊的主体地位。

五、商业银行的业务范围

商业银行作为特殊的金融机构在我国目前的金融体系中仍然居于主体和支配地位。根据我国《商业银行法》第三条的规定,商业银行的业务范围主要是:①吸收公众存款;②发放短期、中期和长期贷款;③办理国内外结算;④办理票据承兑与贴现;⑤发行金融债券;⑥代理发行、代理兑付、承销政府债券;⑦买卖政府债券、金融债券;⑧从事同业拆借;⑨买卖、代理买卖外汇;⑩从事银行卡业务;⑪提供信用证服务及担保;⑫代理收付款项及代理保险业务;⑬提供保管箱服务;⑭经国务院银行业监督管理机构批准的其他业务。经营范围由商业银行章程规定,报国务院银行业监督管理机构批准。商业银行经中国人民银行批准,可以经营结汇、售汇业务。

随着经济体制、金融体制日益向市场化方向发展,商业银行的业务范围有可能进一步扩大。

第二节 商业银行的组织形式

一、商业银行的设立

(一)商业银行设立的条件

由于商业银行在社会经济中的地位非常特殊,所以世界各国对商业银行的设立都持比较谨慎的态度,都会通过法律进行明确的、严格的规定,市场准入的条件、程序与普通企业的市场准入也有很大区别。由于各国的制度、文化、经济、环境等方面不同,其设立商业银行的条件也有所不同。根据我国《商业银行法》的规定,商业银行作为特殊的金融企业,除了应具备一般企业法人具备的条件外,还要具备如下五个条件。

1. 符合《商业银行法》和《公司法》规定的章程

商业银行章程是商业银行必须具备的规定商业银行组织及其活动开展的基本规则的书面性文件,是以书面形式固定下来的银行股东共同一致的意思表达,包括商业银行的名称、组织机构、资本状况、业务范围、财务分配、设立、变更及终止等事项。

2. 注册资本的最低限额

要设立一家商业银行,必须有最低资本金的要求。不同国家和地区对注册资本的规定是有所不同的。我国对不同类型商业银行的注册资本有不同的规定,具体规定是:设立全国性商业银行的注册资本最低限额为10亿元人民币,城市商业银行的注册资本最低限额为1亿元人民币,农村商业银行的注册资本最低限额为5 000万元人民币。注册资本应当是实收资本。

3. 有具备任职专业知识和业务工作经验的董事和高级管理人员

商业银行是一个专业性很强的企业,其高级管理人员的人选及其活动直接影响到商业银行经营的好坏,影响到银行股东和客户的利益,甚至影响到整个社会经济金融秩序。因此,对商业银行的董事和高级管理人员一般都有严格的资格审查。

根据我国的规定,凡是有下列情形之一的,不得担任商业银行的董事和高级管理人员:①因犯有贪污、贿赂、侵占财产、挪用财产罪或者破坏社会经济秩序罪,被判处刑罚,或者因犯罪被剥夺政治权利的;②担任因经营不善破产清算的公司、企业的董事或者厂长、经理,并对该公司、企业的破产负有个人责任的;③担任因违法被吊销营业执照的公司、企业的法定代表人,并负有个人责任的;④个人所负数额较大的债务到期未清偿的。

4. 有健全的组织机构和管理制度

商业银行的组织机构是指实施银行决策、执行管理和监督稽核的银行内部组织机构。在银行管理中要实行决策权、执行权和监督权三权分离的原则。管理制度则是指保证商业银行正常开展业务活动的制度。

5. 有符合要求的营业场所、安全防范措施和与业务有关的其他设施

商业银行要有从事业务活动的固定地点,要有完备的防盗、报警、通讯和计算机等设备。

(二) 商业银行设立的程序

在我国,设立商业银行,除应当具备法定条件外,还必须依照规定的程序,提交有关文件、资料,经主管部门审查批准、公告、登记后方能取得商业银行的主体资格。

1. 提交申请书和相关材料

要想设立一家商业银行,首先要以书面形式向核发执照的主管部门提出申请,申请书应当载明拟设立的商业银行的名称、所在地、注册资本和业务范围等等。

申请经审查合格后,申请人还应当填写正式申请表,并提交下列文件、资料:①章程草案;②拟任职的董事、高级管理人员的资格证明;③法定验资机构出具的验资证明;④股东名册及其出资额、股份;⑤持有注册资本百分之五以上的股东的资信证明和有关资料;⑥经营方针和计划;⑦营业场所、安全防范措施和与业务有关的其他设施的资料。

2. 提交可行性研究报告

可行性报告主要是说明设立商业银行的必要性,并对商业银行的业务、人员和银行环境等作出分析。可行性报告也是进行银行审批的一个重要依据。

3. 审查批准

一般的工商企业只需要在工商行政管理部门登记注册就行了,即实行登记制。但商业银行的市场进入则是有条件严格限制的,即实行审批制。根据我国《商业银行法》的规定,在我国设立商业银行必须经中国银监会①的审查批准或许可。

4. 领取经营许可证和营业执照

经批准设立的商业银行,可向中国银监会领取经营银行业务的许可证,同时凭该许可证向工商行政管理部门办理登记,领取营业执照。

5. 公告

经批准设立的商业银行及其分支机构,由中国银监会予以公告。

商业银行及其分支机构自取得营业执照之日起无正当理由超过六个月未开业的,或者开业后自行停业连续六个月以上的,中国银监会将吊销其经营许可证,并予以公告。

专栏1-3　　中国银行业监管部门及其主要职责

中国银行业的监管部门为中国银行保险监督管理委员会(简称"银保监会"),银保监会对银行业的主要职责可扫描右侧二维码了解。

二、商业银行的组织类型

商业银行的组织类型是指商业银行在社会经济活动中存在的外部组织形式,其基本类型主要有:总分行制、单一银行制、持股公司制和连锁银行制。

(一) 总分行制

总分行制又称分支银行制,是指法律上允许在银行总行之下在国内外普遍设立分支机构并形成庞大银行网络的银行制度。这是国际上最常见的银行制度,也是当今绝大多数国家商业银行所采用的组织形式,如英国、法国、德国、日本、韩国等。我国也是实行总分行制的国家,整个银行的家数并不多,但却拥有较多的分支机构。按照我国《商业银行法》的有关规定,商业银行可以根据业务需要在我国境内外设立分支机构。在境内设立分支机构时,不按行政区划设立,而是要考虑拟设

---

① 2018年3月,十三届全国人大一次会议表决通过了关于国务院机构改革方案的决定,设立中国银行保险监督管理委员会。2018年4月8日上午,中国银行保险监督管理委员会正式挂牌,其主要职责是依照法律法规统一监督管理银行业和保险业,维护银行业和保险业合法、稳健运行,防范和化解金融风险,保护金融消费者合法权益,维护金融稳定。要了解更多的关于银行业的监管,请浏览 www.circ.gov.cn。

区域内的经济发展情形和银行业竞争的状况。商业银行对其分支机构实行全行统一核算,统一调度资金,分级管理的财务制度。商业银行的分支机构不具有法人资格,只在总行授权范围内依法开展业务。我国最大的五家商业银行是中国工商银行、中国建设银行、中国农业银行、中国银行、交通银行,它们除了在我国各省都有分支行外,还在海外设立有多家分行,这五家银行在我国商业银行体系中占据着非常重要的位置,对我国银行业的发展起着举足轻重的作用,表1-2反映了我国银行业金融机构的数量变化。

表1-2　2011年、2015年、2016年底我国银行业金融机构数　　单位:家

名　称	2011年	2015年	2016年
政策性银行及国家开发银行	3	3	3
大型商业银行	5	5	5
股份制商业银行	12	12	12
城市商业银行	144	133	134
农村商业银行	212	859	1 114
民营银行		5	8
农村合作银行	190	71	40
农村信用社	2 265	1 373	1 125
邮政储蓄银行	1	1	1
外资法人银行机构	40	40	39
村镇银行	635	1 311	1 443
金融资产管理公司	4	4	4
中德住房储蓄银行		1	1
信托公司	66	68	68
企业集团财务公司	127	224	236
金融租赁公司	18	47	56
货币经纪公司	4	5	5
汽车金融公司	14	25	25
消费金融公司	4	12	18
贷款公司	10	14	13
农村资金互助社	46	48	48

数据来源:中国银监会年报。

商业银行实行总分行制有许多优点：①银行分支机构较多使银行规模扩大，有利于现代化技术的应用，能够提供快捷便利的金融服务，实现规模效益；②有利于资金在各地区的筹集和调度，充分有效地利用资本；③有利于银行风险的分散，提高银行的安全性；④可在内部实行高度的分工，易于培养出专门优秀人才，提高工作效率。

总分行制也有其缺陷：①容易造成大银行对小银行的吞并，形成垄断，妨碍竞争；②银行规模过大，分支机构较多，对总行的管理控制能力要求较高。因此实行总分行制的国家，对银行设置分支机构，往往要进行比较严格的审批。

在总分行体制下，商业银行的分行就是一个营业网点，这些网点可以从事全面业务，也可以只从事几种业务或是单一业务。目前许多商业银行都根据业务发展、客户分布、地域特征等，在总行与分行之间设立地区总部，并通过这些地区总部强化对全国和全球各地分行的管理，以便更好地满足客户的服务要求和实现银行自身的发展目标。

20世纪80年代之后，欧美国家的商业银行先后普遍实行了"扁平化、垂直化"的经营管理变革，许多银行在总分行制下，尝试事业部制改革。20世纪90年代，花旗银行、摩根大通等机构的事业部制架构运行已经非常成熟，进而推动了这类专业、高效的组织架构在其他大型金融机构迅速推广。商业银行实行的总分行制实质上是以地区为标准来划分的事业部制。事业部制即使银行管理层与市场和客户的距离拉近，有利于管理层针对客户要求和市场变化快速决策；又有利于总行严密监控分支机构，控制经营风险。

专栏1-4   中国商业银行的事业部制

事业部制是指企业按产品、服务、区域、客户或商标划分，将相关的研发、采购、生产、销售等职能部门结合成相对独立的二级经营单位的组织结构形式。事业部制的建立基础是以盈利目的为核心，并整合一定的管理和支持资源，实行组织再造的效果。21世纪，中国的商业银行在欧美模式的基础上也开始逐步研究试点，工商银行、招商银行、民生银行、农业银行、兴业银行、平安银行等先后从票据、信用卡、零售、资金运营、电子信息产业等业务入手，积极展开了试点。

2000年12月，中国工商银行率先在上海成立了专营票据业务的总行票据营业部，并在北京、天津、沈阳、郑州、西安、重庆、广州7个重要城市成立了跨地区经营的票据分部，这些分部与所在区域分行没有管理上的隶属关系。2008年3月中国工商银行私人银行部在上海成立，它是中国工商银行的直属机构，同时也是国内首家获中国银监会颁发的私人银行业务金融许可证的专营机构。

2001年12月，招商银行在上海组建了独立于传统构架之外的招商银行信用卡中心，即"信用卡事业部"，它是总行的直属机构。在2006年5月，该信用卡中心已正式成为拥有金融许可证与营业执照的经营机构，与招商银行各地分行是平级的机构。招商银行信用卡中心凭借其国际化的管理和惊人的发展速度使其迅速成为国内信用卡产业中最令人瞩目的亮点。

2003年1月,中国民生银行总行个人业务部和七家重点分行的个人业务部更名为零售银行部,并实行专管行长负责制。2004年11月,零售银行部开始实行独立核算和独立营运的事业部制。零售银行部与各分支行的关系是,各省级分行的零售业务部将直接受制于总行,分行零售业务部总经理的级别、待遇与分行行长一样,建立以销售团队为主导、分行和代理机构为辅的销售通道,推行首席运营官制度。2009年12月,中国民生银行获得银监会及上海银监局许可,成立了上海市首家离行式中小企业金融服务持牌专营机构——中国民生银行中小企业金融事业部。2015年9月民生银行又启动了公司银行大事业部及零售、金融市场总部制改革。

2005年7月,中国农业银行票据业务部在上海成立。该票据营业部为农业银行总行独立核算的直属经营机构,专司票据业务及同业存放、信贷资产回购等融资业务。作为专业化票据经营单位,对外在全国范围内开展票据业务、拓展票据市场,提升农业银行票据业务经营管理水平;对内为系统内分行提供票据交易平台和信息服务,引导全行票据业务发展。

2005年1月,兴业银行资金营运中心在上海正式挂牌开业,成为国内第一家单独领取金融许可证经营的商业银行专业化资金营运机构。

2013年8月26日,平安银行召开事业部启动大会,宣告3个行业事业部、11个产品事业部和1个平台事业部正式成立。2016年9月平安银行成立电子信息产业金融事业部,成为国内首个总行级别的电子信息产业专营机构,其事业部架构也实现了地产、交通等八大行业产业链的全覆盖。

资料来源:根据有关资料整理。

（二）单一银行制

单一银行制也叫单元制或独家银行制。它是指不设或不允许设立分支机构的银行制度,其银行业务完全由一个独立的银行机构经营。实行这种银行制度的银行家数较多,规模大小不等。美国是实行这种银行制度最典型的国家,这与它特有的历史、政治和经济条件是分不开的。美国实行的是联邦制,各州的权利都很大,且都有自己独立的银行立法,其商业银行注册又实行"双轨制",美国的许多州立银行就是比较典型的单一银行制模式的商业银行。在美国,有的州允许商业银行设立分支机构,有的州只允许商业银行在本州内设立分支机构、不允许跨州设置分支机构,有的州根本则不允许商业银行设立分支机构。不过最近几十年美国也在逐步放松对银行设立分支机构的限制,许多商业银行也在快步转向总分行制。

单一银行制的优点主要表现在:①有利于银行业的充分竞争,防止银行过分的集中和垄断。②有利于银行与地方政府的协调,促进本地区经济的发展。③管理层次少,管理效率高。

单一银行制的缺陷:①由于缺乏分支机构,跨地区的金融交易成本较高,其业务发展和金融创新都受到了限制,且不利于经济的外向发展和商品交换范围的扩大。②由于银行规模小、资金实力弱,不利于降低银行经营风险,一旦地方经济出现问题,银行就会遭受损失甚至破产倒闭。③由于银行规模小,经营成本高,盈利率较低,难以取得规模效益。

(三) 持股公司制

持股公司制又称"集团银行制",是指由一家控股公司持有一家或多家银行的股份,或者是控股公司下设多个子公司的组织形式。在法律上,这些银行都是独立的,有自己的董事会,但是它们的经营政策和业务活动则由同一股权公司控制。持股公司制有两种类型:一种是银行性持股公司,即由一个大银行组成一个持股公司,其他银行从属于这一银行;一种是非银行性持股公司,即由一个大企业拥有某一银行的主要股份而成立股权公司,再控制或收购两家以上银行。

持股公司制的优点在于能够扩大资本总量,增强实力,提高抵御风险和竞争的能力,弥补单一银行制的不足,规避法律对设置分支机构的限制。第二次世界大战以后,这种银行体制在美国获得较快的发展,就是基于这一目的。

(四) 连锁银行制

连锁银行制是变相的总分行制,是指由某一个人或某一个集团购买若干家独立银行的多数股票,从而控制这些银行的组织形式。这些被控制的银行在法律上是独立的,但实际上其所有权却控制在某一个人或某一个集团手中,其业务和经营管理由这个人或这个集团决策控制。

连锁银行制与持股公司制的区别主要在于是否有股权公司的存在形式。连锁银行制无需成立股权公司,通过购买若干家银行的多数股票便可将它们控制起来。但连锁银行制与持股公司制相比有一定局限性,因为众多银行被某个集团控制,难以获得经营所需要的大量资本。连锁银行制的作用和持股公司制一样,都是为了在连锁的范围内充分发挥分行的作用,但没有持股公司制普遍。

三、商业银行公司治理结构

商业银行公司治理结构是现代银行制度中最重要的组织架构,是指建立以股东大会、董事会、监事会、高级管理层等机构为主体的组织架构和保证各机构独立运作、有效制衡的制度安排,以及建立科学、高效的决策、激励和约束机制。良好的公司治理结构,可以有效解决商业银行委托——代理关系中各方的权力、利益分配问题,防止内部人控制,促进商业银行高效运转,增强市场竞争力。

股份制是现代商业银行最普遍的组织形式,其内部组织架构包括决策机构、执行机构和监督机构。图1-2反映了中国银行的公司治理架构。决策机构包括股东大会、董事会以及董事会下设的各种专门委员会。执行机构包括高级管理层以及下设的各委员会,各业务部门和职能部门。监督机构包括监事会以及下设的各监督委员会。完善商业银行公司治理,就是要形成有效的决策、执行、监督制衡机制,厘清股东大会、董事会、监事会和高管管理层的职权范围,最大限度地降低银行风险。

第一章　商业银行概论

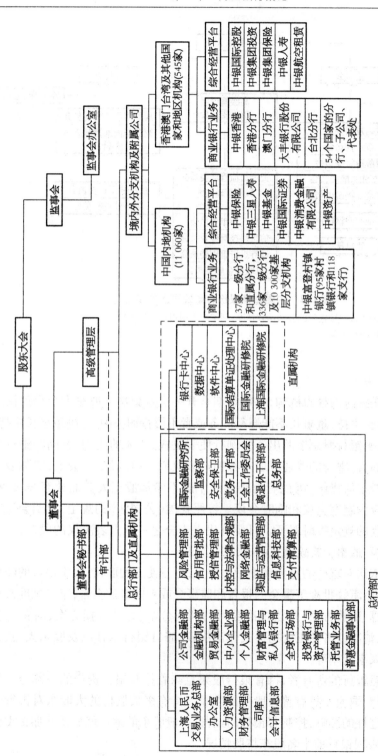

图 1-1　中国银行股份有限公司集团组织架构（2017 年 12 月 31 日）

注：本行通过全资附属公司中银国际控股持有中银国际证券 37.14% 的股权。

资料来源：中国银行 2017 年年报。

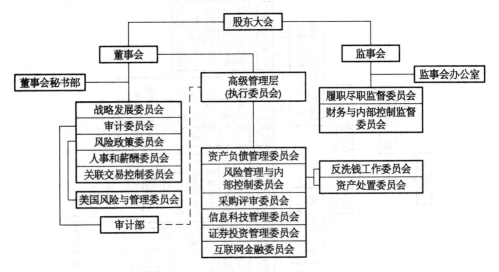

图 1-2　中国银行股份有限公司治理架构

注:要想更多的了解中国银行的公司治理情况,请阅读中国银行的年度报告。
资料来源:中国银行网站。

(一) 股东大会

股东大会是银行的权力机构,每年定期召开一次或数次。股东大会会议由董事会召集,董事长主持,董事长不能履行职务或者不履行职务的,由副董事长主持。在股东大会上,由银行股东按照出资比例行使表决权,具体的比例,不同的银行有所不同。一般而言,银行的普通股股东都拥有表决权,但在股东大会上,实际表决权则被一些大股东所操纵,因此有的小股东干脆不参加股东大会而放弃表决权。股东大会会议分为定期会议和临时会议。按照我国《公司法》的规定,定期会议应当依照银行章程的规定按时召开。只要有代表十分之一以上表决权的股东,三分之一以上的董事,监事会提议就可召开临时会议。

股东大会依法对银行的重大事项做出决策,可行使下列职权:决定银行的经营方针和投资计划;审议批准董事会的报告和监事会或者监事的报告;审议批准银行的年度财务预算、决算方案,审议批准银行的利润分配、弥补亏损方案;对银行合并、分立、解散、清算或者变更公司形式作出决议;修订银行章程以及股东大会、董事会和监事会议事规则等。

银行股东是银行的所有者,持有银行股票意味着持有银行资产的一部分。每个股东的表决权,取决于持有普通股份的数量。持有多数股份的大股东对银行的经营决策有决定性的影响,控制着银行的经营,一般股东的地位就显得不那么重要了。表 1-3 是中国银行前十名股东持股情况。

表1-3 中国银行前十名股东持股情况(2017年12月31日)

	股东名称	期末持股数量	持股比例	股东性质	股份种类
1	中央汇金投资有限责任公司	188 461 533 607	64.02%	国家	A股
2	香港中央结算(代理人)有限公司	81 872 134 909	27.81%	境外法人	H股
3	中国证券金融股份有限公司	8 071 148 385	2.74%	国有法人	A股
4	中央汇金资产管理有限责任公司	1 810 024 500	0.61%	国有法人	A股
5	梧桐树投资平台有限责任公司	1 060 059 360	0.36%	国有法人	A股
6	The Bank of Tokyo-Mitsubishi UFJ Ltd.	520 357 200	0.18%	境外法人	H股
7	香港中央结算有限公司	496 801 651	0.17%	境外法人	A股
8	华泰证券股份有限公司	217 995 345	0.07%	境内非国有法人	A股
9	安邦财产保险股份有限公司——传统产品	208 018 959	0.07%	其他	A股
10	上证50交易型开放式指数证券投资基金	161 439 600	0.05%	其他	A股

资料来源:中国银行2017年报。

(二)董事会

股东大会选举董事,组成董事会。董事会是商业银行常设的经营决策机构,最高权力人是董事长。根据我国规定,董事任期由银行章程规定,每届任期不得超过三年。董事任期届满,连选可以连任。董事长、副董事长由银行董事会选举产生。如中国银行,董事会成员中除董事长外,还有执行董事3人,非执行董事4人,独立董事5人。董事会会议一般由董事长召集和主持,董事长不能履行职务或者不履行职务的,由副董事长召集和主持。董事会决议的表决,实行一人一票。

董事会向股东大会负责,主要行使下列职权:向股东大会报告工作并执行股东大会的决议;决定银行的经营计划、发展战略和投资方案;制订公司的年度财务预算、决算方案以及公司的利润分配、弥补亏损方案;制定公司的基本管理制度;决定聘任或者解聘银行行长及其报酬事项;以及股东大会授权的其他事项等。

一般来说,董事会还会有一些常设委员会,其委员会的设置因银行规模大小和业务范围而定,各家银行不完全一致。如中国银行董事会下设了5个委员会,即战略发展委员会、审计委员会、风险政策委员会、人事和薪酬委员会以及关联交易控制委员会。为了更好地履行职责,商业银行都会设立稽核委员会,一方面提高内部审计的效果,另一方面确保外部审计财务报告的真实、有效和完整。

(三)监事会

股东大会选举董事的同时,也选举监事,组成监事会。监事会是银行的监督机构,对股东大会负责。主要负责监督银行的财务活动与内部控制,以及监督董事会和高级管理层及其成员履职行为的合法、合规性。监事会的成员不得少于3人，设主席1人，由全体监事过半数选举产生。监事的任期每届为3年。监事任期届满，连选可以连任，但银行的董事和高级管理人员不得兼任监事。监事可以列席董事会会议，并对董事会决议事项提出质询或者建议。根据我国的规定，监事会应当包括股东代表和适当比例的公司职工代表，其中职工代表的比例不得低于三分之一。如中国银行的监事会有7名成员，3名股东代表监事、3名职工代表监事和1名外部监事。监事会每半年至少召开一次会议，由监事会主席召集和主持，其决议应当经半数以上监事通过。监事可以提议召开临时监事会会议。

监事会的主要职责是：对银行的财务活动进行检查和监督；对董事、行长和其他高级管理层成员的职务行为进行监督；根据需要，对银行的经营决策、风险管理、内部控制等进行审计；股东大会授权的其他事宜。

（四）高级管理层

高级管理层是银行的执行机构，对董事会负责，在授权范围内实施银行的日常管理，实现银行的经营目标。高级管理层以银行行长为代表，副行长、行长助理等高级管理人员协助银行行长工作。一些规模较大的商业银行，在高级管理层以下还设有各种委员会，如中国银行设立的资产负债管理委员会、风险管理与内部控制委员会(辖管反洗钱工作委员会、资产处置委员会)、采购评审委员会、信息科技管理委员会、证券投资管理委员会、互联网金融委员会。这些委员会与董事会下设的委员会有所不同，主要是负责银行相关部门之间的关系协调工作，促进银行目标的实现。

商业银行的行长可列席董事会会议，主要依据法律、法规、规章和本行章程规定以及股东大会、董事会的授权行使职权，其主要职责是：负责组织银行的经营管理活动，组织实施董事会决议；组织实施公司年度经营计划和投资方案；拟订公司内部管理机构设置方案；拟订公司的基本管理制度和具体规章；提名其他高级管理人员人选，并拟订银行的薪酬福利和奖惩方案等。

四、分业经营与综合经营[①]

商业银行经营管理体制是采用分业经营还是综合经营，是商业银行的一个重要问题，它涉及银行的经营策略、业务范围、竞争状况等。一个国家的商业银行究竟是实行分业经营还是综合经营，必须考虑当时的社会经济金融发展状况，同时还要受到国家法律限制。

---

① 需要说明的是，分业经营和综合经营是从商业银行角度来划分的一种业务经营模式。而分业管理和综合管理是从金融管理的角度来划分的一种管理体制。分业管理是国家设立若干个不同的监管机构对不同的金融业务进行专门管理，综合管理是国家只设立一个监管机构对所有的金融业务进行统一管理。

1. 分业经营

所谓分业经营，是指银行业与证券业、保险业和信托业实行分开经营、分开管理。一个金融机构如果经营银行业，就不能同时经营证券业或保险业或信托业，这几类金融业务不能交叉经营。实行分业经营可以使各金融机构集中精力开拓自己的业务领域；可以减少对客户利益的损害，防止内幕交易；也可以防止出现金融垄断集团。20世纪30年代之前，西方国家的金融业主要以综合经营为主。1929—1933年的经济大危机后，分业经营成为各国监管机构的共识，各国纷纷出台措施严禁商业银行从事投资银行等高风险业务。美、英、日等国相继实行了分业经营制度，但德国、奥地利、瑞士以及北欧等国仍然继续实行综合经营。美国经历了"综合经营—分业经营—综合经营"的历史过程。1933年颁布的《银行法》（即《格拉斯-斯蒂格尔法》）规定，商业银行的活期存款不得支付利息、储蓄存款不能签发支票、定期存款利率上限限制、商业银行业务与投资银行业务分离等。但在20世纪70年代后期，由于金融创新的冲击，新的竞争者的崛起，特别是证券市场对银行资金的分流，商业银行面临着前所未有的生存危机，同时长期的分业经营体制也严重制约了美国银行业的竞争力，美国金融当局开始放松对金融机构的业务限制，1980年通过了《存款机构放松管制和货币管理法》，取消了贷款利率上限，分阶段取消存款利率上限，放宽储蓄机构的业务范围等。过去追随美国实行分业经营的国家也逐步放弃分业经营，转向综合经营。英国在1986年完成了对世界金融业发展产生重大影响的"金融大爆炸"的改革。改革的核心内容是金融服务业自由化，允许银行兼并证券公司，银行开始提供包括证券业务在内的综合性金融业务，并逐渐涌现了一批业务领域涵盖银行、证券、保险和信托等经营多种金融业务的企业集团。日本的金融体制脱胎于美国模式，1945年的《证券交易法》明确规定商业银行与证券公司的业务分业经营。1981年日本对《银行法》进行了修订，1998年实施"金融体系改革一揽子法"，放宽了银行、证券、保险等行业的业务限制，废除了银行不能直接经营证券、保险业务的禁令，日本商业银行也开始向全能银行过渡。1999年11月4日美国通过了《金融服务现代化法案》[1]，这也标志着世界金融业的发展潮流已由分业经营转向综合经营。

2. 综合经营

所谓综合经营，是指同一家金融机构可以同时经营银行、证券、保险和信托等金融业务。实行综合经营可以使金融资产多样化，有效地分散风险，使银行和整个金融体系趋于稳定；可以方便客户，使顾客在一家银行享受到全面的金融服务，从

---

[1] 金融服务现代化法案又称《格雷姆-里奇-布利雷法案》（Gramm-leach-Bliley,），是20世纪最重要的银行法规之一，由美国总统克林顿于1999年11月签署。该法案废止了1933年通过的《格拉斯-斯蒂格尔法案》以及其他一些相关的法律条款。标志着美国金融业进入到了一个综合经营的新时代，也对全球金融业产生了深刻的影响。

而使银行获得长期稳定的基本顾客;可以充分利用金融资源,促进金融机构之间的有效竞争,以达到提高金融机构的创新能力和高效经营的目的。目前金融业的综合经营已经成为国际金融业的发展趋势。其原因主要有:一是客户对金融商品需求的多样化,促使包括商业银行在内的金融机构转变经营理念,为客户提供更多更好的金融产品和服务。二是商业银行与投资银行、保险公司之间的跨行业并购使综合经营成为必然,各种业务相互交叉。三是科技与信息技术的不断进步,模糊了金融业务之间的界限,也为金融机构降低综合经营成本提供了有利的技术支持,同时还极大地降低了金融数据处理成本与金融信息成本,提高了金融机构的业务扩张能力,使金融机构可以进入原先不敢进入或无法进入的非传统领域。

3. 我国商业银行的业务经营模式

改革开放初期,我国实行的是综合经营,一些商业银行设立有证券公司、信托投资公司和保险公司,如交通银行下设的海通证券公司、太平洋保险公司。后来由于金融业出现了一些混乱,在1990年代,我国开始实行分业经营,并通过立法的形式加以确定。2003年修订的商业银行法第四十三条明确规定:商业银行在中华人民共和国境内不得从事信托投资和证券经营业务,不得向非自用不动产投资或者向非银行金融机构和企业投资,但国家另有规定的除外。这也可看出,法律对商业银行的综合经营留下了一定的空间。只要我国经济发展需要,经国务院批准即可进行综合经营。2005年中共中央十六届五中全会正式提出"稳步推进金融业综合经营的试点",2011年3月我国公布的《国民经济和社会发展十二五规划纲要》又明确提出"积极稳妥推进金融业综合经营试点",这是顺应全球金融业发展趋势,提高我国金融业整体实力的重要举措。近年来我国一些商业银行通过控股公司或在境外从事综合性业务,综合经营更是成为大型商业银行的发展战略,主要涉及基金、证券、信托、保险和金融租赁等业务。综合经营的试点取得了一定成效,商业银行的经营能力和抗风险能力不断增强。

目前,我国综合经营的模式主要有以下几种:一是以商业银行为主体的综合经营模式,依托银行的各种资源,参股控股基金、信托、金融租赁和保险等,如中国银行、交通银行等。二是以保险业为主体的综合经营模式,如平安保险在2006年收购深圳商业银行后,2011年又成功收购深圳发展银行,是保险公司第一家拿到全国性银行牌照的保险机构;中国人寿在2008年绝对控股了中诚信托,2009年参股了杭州银行。三是金融控股集团模式,如中信集团是我国第一家获批的金融控股集团,拥有金融和产业两大业务板块;光大集团旗下拥有银行、证券、保险、租赁等业务平台。上海国际集团则是一种特殊的金融控股集团模式,由地方政府组建,控股上海浦东发展银行、上海农村商业银行、国泰君安证券、上海国际信托、上海证券等核心金融企业,参股申银万国证券、太平洋保险、交通银行等10余家金融企业,基本涵盖银行、证券、保险、信托、证券投资基金、货币经纪等多个金融子行业。四是以产业为核心的综合经营模式,如2009年,中石油斥资28.1亿元控股克拉玛依商行,将其更名为昆仑银行,并以昆仑银行为旗舰,打造中石油的昆仑系金融控股架构,下辖中油财务公司、昆仑信托、昆仑金融租赁、中意人寿、中意财险等机构。与此同时,还引发了更多的央企开始纷起效仿,国家电网、中海油、华润、中粮、华能等十余家央企已将金融产业定义为自己的战略板块。

4. 金融危机后综合经营仍然是国际金融业发展的主流趋势

2008年的国际金融危机爆发后,有人认为综合经营是导致这场金融危机的主要原因,事实并非如此。在这次危机中,西方大型金融控股集团虽然遭受重创,损失最大的却是业务单一的金融机构。位居美国前五大投行的贝尔斯登、雷曼兄弟先后倒闭,美林被收购,高盛和摩根士丹利转入商业银行业务,未涉及综合业务的美国最大储蓄银行——华盛顿互惠银行也于2008年倒闭。而花旗、汇丰等金融控股企业,凭借其综合经营、庞大的业务规模以及风险分散能力幸存了下来。危机没有改变国际金融业综合经营的主流趋势,相反还进一步强化。综合经营的金融控股公司在2009年后快速走出危机的影响,经营业绩大幅上升,风险控制能力得以加强。

专栏1-5   **中国平安收购深发展**

中国平安保险(集团)股份有限公司(简称中国平安)于1988年诞生于深圳蛇口,是中国第一家股份制保险企业,至今已发展成为融保险、银行、投资等金融业务为一体的整合、紧密、多元的综合金融服务集团。公司为香港联合交易所主板及上海证券交易所两地上市公司。中国平安通过旗下各专业子公司及事业部,即保险系列的平安人寿、平安产险、平安养老险、平安健康险;银行系列的深发展、平安银行、平安小额消费信贷;投资系列的平安信托、平安证券及平安证券(香港)、平安资产管理及平安资产管理(香港)、平安期货、平安大华基金等,通过多渠道分销网络,以统一的品牌向超过6 000万客户提供保险、银行、投资等全方位、个性化的金融产品和服务。

深圳发展银行股份有限公司(简称深发展)是中国第一家面向社会公众公开发行股票并在深圳证券交易所上市的商业银行。深发展于1987年5月首次公开发售人民币普通股,并于1987年12月22日正式成立,总部设在深圳。2004年,深发展成功引进了国际战略投资者——美国新桥投资集团,成为国内首家外资作为第一大股东的中资股份制商业银行。

平安银行股份有限公司(简称平安银行)作为一家跨区域经营的股份制商业银行,注册资本为人民币86.23亿元,总行设在深圳。平安银行通过其全国10个主要城市的76家网点,为公司、零售和政府部门等客户提供多种金融服务。

2010年6月,中国平安及其关联公司通过受让美国新桥投资集团持有的深发展股份完成过户和认购非公开发行股份成为深发展第一大股东,持股比例为29.99%。

2011年7月20日,深发展以每股17.75元的价格向中国平安非公开发行约16.38亿新股,换取中国平安所持平安银行的约78.25亿股股份(约占平安银行总股本的90.75%)以及现金约26.9亿元交易完成。目前,深发展持有平安银行约90.75%的股份,平安银行成为深发展的控股子公司;中国平安及其控股公司持有深发展股份共计约26.84亿股,占比约52.38%,深发展成为中国平安旗下的控股子公司。

2011年3季度,深发展合并报表。截至2011年9月底,两行合并后的总资产达12 072亿元,总贷款达6 083亿元;总存款达8 322亿元;其中,深发展总资产达9 305亿元,总贷款4 597亿元,总存款6 286亿元。截至2011年9月底,两行合并后的净利润76.9亿元,不良贷款率为0.43%,资产质量保持在较好水平,拨备覆盖率366%;资本充足率和核心资本充足率分别为11.46%和8.38%,符合监管要求。

2012年1月19日,深发展和平安银行董事会分别审议通过了《深圳发展银行股份有限公司关于吸收合并控股子公司平安银行股份有限公司方案的议案》,同意深发展吸收合并平安银行,在平安银行因本次吸收合并注销后,公司的中文名称由深圳发展银行股份有限公司变更为平安银行股份有限公司。

资料来源:根据深圳发展银行和中国平安网站资料整理。

第三节　商业银行的人力资源管理

一、人力资源管理在银行发展中的必要性

商业银行人力资源管理是对商业银行人力资源的招聘、使用、培训和考核等方面进行引导、控制和协调,以最有效地发挥人的主观能动性,提高工作效率,从而实现商业银行的经营目标。随着市场环境的变化,人力资源越来越成为企业的第一资源与核心竞争优势,因而人力资源管理也就成为现代企业的核心,也是商业银行管理的重要组成部分。现代人力资源管理与传统的人事管理不同,而是更加注重人的智力开发与运用,注重人力资源的优化配置与激励作用,强调管理一切与人有关的问题以及与银行发展战略的契合,管理层次更高、前瞻性更强。因此,在现代商业银行的发展中加强人力资源管理就显得非常必要。

(一)市场竞争的需要

银行的竞争实际上就是人力资源的竞争。谁拥有优秀的人才,谁就能在激烈的竞争中取胜。因为掌握现代科学知识和具有较高的管理操作技能的人才是商业银行最有价值的财富,是竞争对手无法模仿和在短期内难以达到的。人力资源管理直接影响到商业银行的生机、活力和竞争力,关系到商业银行的发展潜力。特别是经济金融一体化,我国加入 WTO 后,外资银行更是加快了进入的步伐,面对各方面的冲击和挑战,商业银行需要建立一套先进而科学的人力资源管理制度,优化

人力资源的配置，进一步挖掘银行员工的潜力，以使银行达到目标最大化。

（二）现代银行管理的需要

现代人力资源管理要求树立"以人为本"的管理理念。即确立人在管理中的主导地位，使银行的管理活动主要围绕调动银行员工的积极性、主动性和创造性来进行和展开。"以人为本"管理理念的真正落实需要注重员工的个性化管理，注重员工的工作满意度和工作、生活质量的提高，要尽可能减少对员工的控制与约束，更多地为员工提供帮助与咨询，更好地为员工提供培训与发展的机会，指导员工进行职业生涯设计，帮助员工在银行中成长与发展，实现员工个人和银行整体的双赢局面。

（三）员工实现自我价值的需要

在商业银行的建设和发展中，银行方面往往希望银行的每一位员工都能够集中精力投入到工作中去，能够为银行经营目标的实现贡献自己的力量。而银行员工则希望银行能够提供适当的报酬、较好的工作条件、合适的工作岗位、更多的学习和发展的机会以及从事社会交往的环境，在更大程度上实现自我价值。这就要求商业银行转变观念，充分考虑银行员工的需要，采取以人为导向的人力资源管理模式，努力营造员工与银行共同成长的组织氛围，关注员工职业生涯管理，为有远大志向的员工提供施展才华、实现自我超越的舞台，最终达到发展银行的目的。

二、招聘与配置

（一）招聘

招聘是指寻找、筛选和聘用适当的人员到一定岗位的过程。商业银行在招聘人员时，首先要对现有的人力资源状况进行分析，包括供需缺口、人员文化程度、业务素质、管理能力等；然后根据银行总体发展规划，制定招聘计划，包括短期计划和中长期计划；最后是招聘计划的实施，以确保银行在需要时能及时获得所需要的人力资源。

1. 招聘途径

（1）通过报纸、电视和网络等招聘广告向全社会公开招聘。广告的内容包括招聘单位及基本情况的介绍、招聘的岗位及人数、招聘的条件、工资待遇、应聘者需提供的资料以及其他招聘事项等。这种方式的信息量大，应聘人数多，商业银行的选择余地也较大，比较适合大量招聘员工的情况，但要注意广告成本的控制。

（2）通过人才交流会进行招聘。现在许多人才交流中心都会定期或不定期的举办招聘会，商业银行可充分利用这种良好的招聘环境进行人才选拔。

（3）校园招聘。这是一种特殊的外部招聘途径，是指商业银行有针对性的到大专院校直接招聘各种层次的应届毕业生。

（4）一般而言，对于普通员工、一般业务骨干和管理人员都可以采用上述方式进行招聘。但如果是对高级管理人员或特殊人才的招聘则应通过特殊的途径和手段，多渠道进行。比如可通过"猎头"公司专门寻找特定的人选，或通过自荐、引荐等形式进行招聘。

2. 筛选方式

筛选方式主要有笔试和面试。笔试是以文字为媒介,考察一个人的文化知识、专业水平和素质能力。面试则通过考官与考生面对面的交谈与观察,测评考生的知识、能力和经验等有关素质。具体形式有:个别面试、小组面试、电话面试等。

3. 聘用

银行根据面试结果进行择优录用,并签订聘用协议。

(二) 配置

配置人才是银行人力资源管理中比较关键的一个环节。银行只有对人员进行及时、准确、合理的配置和使用,才能真正做到人尽其才,才尽其用,充分发挥人力资源的效用。商业银行应根据每一个人的特长,同时结合银行不同工作岗位的需要,将银行人员安排到最合适的工作岗位,才能充分发挥他们的作用。当员工得到有效使用时,对员工而言,就意味着用其所学、用其所长、用其所愿,员工满意度就会增加,工作积极性就会提高,对银行的贡献就大;对银行而言,则表现为银行员工得到了合理使用,银行组织能够高效运作,工作效率能够得到提高。如果人力资源不能得到有效配置或者出现误配置,对银行员工来说则是一种极大的损失,对银行来说也是一种资源的浪费,经营成本会大大提高。

三、培训与考核

(一) 培训

培训是提供信息、更新知识和相关技能的最有效途径。通过培训可以改善银行员工的知识结构,提高其工作能力、管理水平和工作绩效,进一步开发员工的智力潜能,增强人力资源的贡献率,在实现个人价值的同时为银行创造更大效益。对员工的培训,不仅仅是针对新进员工,对老员工也需要经常培训,所以几乎每一家银行都会定期或不定期的对员工进行培训。对银行员工的培训方式很多,除了传统的院校培养外,还包括以下四种。

1. 岗前培训

岗前培训是指对银行的新进员工在上岗前进行的培训。一般而言,刚进入银行的新员工都必须进行一周到几周的培训,要让新进人员对银行有一定的了解,包括银行文化、职业道德、政策法规、工作环境等,同时也会对新进员工进行业务培训,帮助熟悉一些业务流程和操作规程,以达到银行的基本要求。

2. 在职培训

在职培训是指银行员工不脱离工作岗位,利用工作的业余时间接受培训。这种培训可以由本银行组织,也可以由培训机构对银行员工进行的新业务或技能方面的培训,还可以是银行业或其他的专业协会举办的专业证书培训。目前随着银行业竞争的加剧,新产品和新技术的不断涌现,各家银行对人员的要求越来越高,商业银行的这种培训也越来越多,许多银行都成立了培训中心对不同层次的银行员工进行不同规格的培训。

3. 院校进修

院校进修是商业银行有计划、有目的、有组织地安排员工到有关的院校进行正规、系统地学习和进修。这种学习可以是全脱产,也可以是半脱产,视银行工作的需要和学习的重要程度而定。这种培训方式可以比较全面、系统的更新员工的知识。

4. 出国进修实习

出国进修实习是商业银行根据需要,有针对性地选派人员到国外大学学习进修,或者到国外一些大的商业银行实习,从中学习到新业务、新技术和先进的管理思想等。

对于培训的内容,应该根据不同的培训对象和培训目的进行不同的安排,可采取差别化培训。对银行一般员工的培训主要是帮助员工了解银行现状和发展方向,学习基本业务,提高服务水平,包括银行传统哲学和职业道德的培训、政策法律和银行规章制度的学习、操作流程和业务技能的培训等。对客户经理的培训要着重营销学、心理学、投资理财、金融政策与法规的掌握,银行新业务、新产品的了解与认识等。对高级管理人员的培训则侧重于有关政策法规与形势分析,社会适应性、经营理念、管理水平和能力的培训等。商业银行应重视中高级经营管理人才队伍的培养,以改善人力资源结构。同时,商业银行还要重视培训体系的建设,建立健全以岗位资格培训、履岗能力培训和员工职业生涯发展培训为主要内容的全员岗位培训体系。

从银行的整个发展来看,人员的内部交流与岗位轮换也是培训的一个主要方式,且非常必要。一是可以使员工对银行有更多的了解,学习到更多的东西,培养管理型人才;二是可以充分挖掘每一个人的潜力,最大限度的发挥才能;三是可以防止人员腐败,防范银行风险。

专栏 1-6　　　　　　　　　　花旗银行[①]的员工培训

花旗坚信员工自我发展是未来成功的坚实基础。作为中国个人消费银行业务部门的员工,将有机会参加由培训和发展部门提供的顶尖培训项目。

在花旗内部学习不仅仅意味着参加培训课程。花旗很多重要的发展机会都发生在工作过程之中。为进一步促进人才发展,花旗还为员工提供了指导和联谊项目。同时花旗也加速引入了各种项目,如客户关系经理发展项目、行长发展项目、个人理财顾问培训生项目及我们正在进行的管理培训生项目。每年年底,全体员工都会申明自己能力发展需求并接受针对性的培训。

---

① 要了解更多的花旗银行的情况,请浏览花旗银行的网站:www.citibank.com。

相关培训发展活动结合员工的工作性质,通过外部培训机构或者根据本地相关教材,采用教室集中培训或者在线学习等形式对员工进行选择性的培训和指导。

在中国,员工也可以通过亚太区培训中心接受形式多样的教育和培训。多年以来,花旗中国向员工和外部学员提供的培训课程已累计超过数千个工作日,接受培训的对象涵盖公司员工、本地银行从业人员、监管人员和企业客户。

2005年,花旗在上海成立了一家领先的专业培训机构——花旗管理咨询有限公司,专为来自包括中国在内的亚太地区约17个国家和地区的花旗员工提供培训支持。花旗拥有世界上独一无二的培训项目,每一门课程均经过悉心设计,注重较强的实用性和应用性,并为学员提供极富针对性的专业指导。

花旗管理咨询有限公司的培训总监在担任导师的同时,还负责监督具体培训课程的设计、开发和教学工作。这些导师均在花旗全球各地拥有丰富的任职经验。教授涵盖风险、资本市场、领导力、运营和技术,以及现金管理和贸易融资等各个领域的课程。

资料来源:花旗银行(中国)有限公司官方网站。

(二)考核

考核是指对员工一定时期内完成岗位(或某项)工作进行考查与评价。为了保证商业银行业务经营的正常有序并产出绩效,督促员工发挥更大潜能,实现商业银行经营目标,必须加强对员工的考核工作。

考核具有以下五个方面的作用:①通过考核可以发现优秀人才,并择优录用或提拔;②考核是保证培训质量的必要措施,也是检验培训质量的重要手段;③通过考核可发现员工的工作态度、工作绩效以及员工在一定时间内对银行的贡献大小,从而对员工的工作做出客观评价,并及时做出反馈,以便提高和改善员工的工作绩效,为合理调整人力资源配置提供可靠依据;④将考核结果与今后的晋级等挂起钩来,可作为员工升迁的标准;⑤进行薪酬管理的依据。可根据考核结果,拟订合理的薪酬水平,使员工工作表现、业绩与薪酬相匹配,体现公正、公平。

为使考核真正发挥作用,保证商业银行经营管理的有效运转,商业银行需要建立比较规范合理的长效考核机制,定期考核与不定期考核相结合,其考核指标应尽可能量化,便于操作,真正体现公正、客观和实用,而且还应当针对不同的岗位、不同的绩效,制定不同的考核评估办法。

四、建立正向激励机制

激励机制是指一整套可以激发银行员工工作热情的制度。激励包括正向激励(如正面的引导和驱动)和负向激励(如约束和惩罚)。为了发挥银行员工的积极性和最大的主观能动作用,增强银行的凝聚力和向心力,实现银行的经营目标,商业银行更多的是采用正向激励机制。正向激励机制能够从正面给予银行员工努力工作的预期目标和可实现的结果,从而增强银行经营管理的动力。

(一) 激励理论

1. 马斯洛的需求层次理论

马斯洛(A. Maslow,1954)是美国著名的心理学家和行为科学家,他在《人类动机理论》和《动机和人》两部著作中阐述了他的需求理论。他认为人的行为由动机支配,而动机是由需求产生的。马斯洛将人的需求划分为五个层次,不同的需求层次上,人们对激励的反应是不一样的,人们的需求随着满足程度的增加而不断递增,从而呈"三角形"状态。

图1-3 马斯洛的需求层次

一是生理需求,这是人类生存所必需的基本需求,包括食物、衣物和住所等。二是安全需求,这是保护自己免受身体和情感伤害的需求。三是社会需求,这是友情、爱情、归属和接纳方面的需求。四是尊重需求,包括内部尊重因素如自尊、自主和成就感,外部尊重因素如地位、认可和关注等。五是自我实现需求,包括成长与发展、发挥自身潜能和实现理想的需求。这也是需求中的最高层次,是比较难以实现的需求层次。

这五个层次像阶梯一样从低级向高级逐步得到满足,前三个层次主要是物质上的需求,后两个层次则是精神上的需求,只要低层次需求满足了,人们就会追求高一个层次的需求。根据马斯洛的需求层次理论,商业银行应该针对人们不同的需求和不同的社会环境,实施相应的激励,激励人们努力的方式也应该是多样化的,当物质激励的效果下降时,就应增加精神激励的内容。人们的需求有层次,激励机制也应该有层次,这样才能达到激励的效果。

2. 赫兹伯格的"激励-保健"双因素理论

美国心理学家赫兹伯格(F. Herzberg,1957)对满足员工需要的效果提出了"激励-保健"双因素论。赫兹伯格认为,使员工满足的因素往往由工作产生,如工作内容、工作责任感和成就感等,它能激发员工积极向上的热情,称为"激励因素"。这类因素发挥得好,员工的积极性就高。外界工作条件、工资待遇等方面的因素,则称为"保健因素"。这类因素的改善对员工起很大的刺激作用,但是满足员工的需要还不能排除消极因素。满足需要可以认为是消除职工不满和抵触情绪的一种保健因素。根据这种理论,更应当注重激励因素对人们的影响,要让员工有极大的热情和积极性投入到工作中,让他们有成就感和发展的机会。要将保健因素变成激励因素,而不是将激励因素变成保健因素。

3. 弗鲁姆的期望理论

美国心理学家弗鲁姆(V. H. Vroom,1964)对于如何提高激励因素的激励力,提出了"期望模式理论",他认为,人们只有在预期其行动有助于达到某种目标的情况下,才会被充分激发起来,从而采取行动以达到这一预期目标。如果人们把目标值看得太高,而且估计实现目标的概率越大,其激发动机就越强烈,所爆发的工作激情和创造性就越大。用公式表示:

$$激发力量 = 目标价值 \times 期望概率$$

根据这种理论,商业银行在制定目标时,既要考虑到银行发展的需要,又要考虑到实现该目标的可能性,这样才能刺激员工的积极性,真正起到激励的作用。

4. 亚当斯的公平理论

美国心理学家亚当斯(J. S. Adams, 1963)的公平激励理论强调工作报酬(相对报酬和绝对报酬)公平的重要性,他认为,同等的报酬不一定获得同样的激励效果,如果同等的报酬没有同等的投入,那投入多的人就会抱怨、偷懒,激励效果将会下降。只有他们认为同等的投入获得同等的报酬,才是公平合理的,也只有通过对他人的投入进行比较,才能知道同等报酬是否具有相同的激励效果。因此,要想提高报酬的激励效果只能是让投入多的人获得相对高的报酬,而投入少的人获得相对低的报酬。根据这种理论,商业银行应该遵循公平的原则设计激励机制,这样才能充分发挥每一位员工的积极性、主动性和创造性,取得良好的激励效果。

上述几种理论对我国商业银行进行人力资源管理都有一定的借鉴意义。从目前来看,一是银行应将"正向激励"与"负向激励"结合起来,要多一些引导和鼓励,少一些批评和惩罚。二是将物质激励与精神激励结合起来,对普通的员工应该强调物质激励(如报酬)的作用,只有当有了一定的经济基础,人们才会看重精神上的激励。对银行高级管理层的激励,则可充分挖掘工作潜力,在有一定物质基础上,给予职位晋升、终身雇佣和荣誉称号等方面的激励,最大限度地激发高级管理人员的工作热情,促使其行为服务于银行经营目标的实现。目前,在我国商业银行高级管理层的激励中,采用股权激励的方式,将经营者的个人收益与其他股东的利益挂钩,从而保证股东价值最大化成为经营者管理经营行为的目标,其激励效果也较明显。三是既要强调市场竞争的外部激励作用又要强调银行文化与内部协作等激励的作用。

(二) 薪酬与福利管理

为了吸引人才、激励人才,商业银行需要建立科学的薪酬与福利管理制度。薪酬与福利管理是商业银行人力资源管理的重要环节,也是银行进行正向激励的重要内容。我国商业银行的薪酬由固定薪酬、可变薪酬、福利性收入等构成[①]。

[①] 2010 年 3 月中国银监会发布了《商业银行稳健薪酬监管指引》,共 6 章 30 条。主要从薪酬结构、薪酬支付、薪酬管理、薪酬监管等方面进行规范,旨在充分发挥薪酬在商业银行公司治理和风险管理中的导向作用。

1. 固定薪酬

固定薪酬即基本薪酬，是商业银行为保障员工基本生活而支付的基本报酬，包括津、补贴，主要根据员工在商业银行经营中的劳动投入、服务年限、所承担的经营责任及风险等因素确定。我国银监会规定，基本薪酬一般不高于其薪酬总额的35%。

2. 可变薪酬

可变薪酬包括绩效薪酬和中长期激励计划。①绩效薪酬是商业银行支付给员工的业绩报酬和增收节支报酬，主要根据当年经营业绩考核结果来确定。我国银监会规定，商业银行主要负责人的绩效薪酬根据年度经营考核结果，在其基本薪酬的3倍以内确定。②中长期激励计划主要是股票期权计划，是银行薪酬管理的重要内容之一，在实际推行中收到了很好的效果。该计划的行使直接将经营者的利益和股东的利益与银行市场价值有机结合起来，如果以后银行经营业绩良好，股价就会上涨，经营者收入就能增加。为了提高员工对银行的忠诚度并给予激励，一些银行还实施了员工持股计划。中长期激励计划一般都规定有锁定期，在协议约定的锁定期到期后才能支付。我国银监会规定锁定期长短取决于相应各类风险持续的时间，至少为3年。

3. 福利性收入

福利性收入除包括住房公积金、基本养老保险、医疗保险、失业保险、企业年金外，还应包括休假、培训、职业生涯发展、工作环境等。健全而完善的福利管理可激励员工更加努力地为银行工作。

商业银行在经营管理中都制定了有利于本行战略目标实施和竞争力提升与人才培养、风险控制相适应的薪酬机制。薪酬机制一般要体现以下原则：①薪酬机制与银行公司治理要求相统一；②薪酬激励与银行竞争能力及银行持续能力建设相兼顾；③薪酬水平与风险成本调整后的经营业绩相适应；④短期激励与长期激励相协调。

科学设计职位和岗位、建立科学的绩效考核指标体系，是商业银行实行薪酬管理的基本前提。商业银行的薪酬管理制度一般包括以下内容：①银行员工职位职级分类体系及其薪酬对应标准。②基本薪酬的档次分类及晋级办法。③绩效薪酬的档次分类及考核管理办法。④中长期激励及特殊奖励的考核管理办法等。

商业银行的薪酬管理制度和政策设计由银行董事会负责，并对薪酬管理负最终责任。一般来说，商业银行董事会都下设有人事与薪酬委员会。如中国银行的人事与薪酬委员会由5名成员组成，包括2名非执行董事和3名独立非执行董事，主要职责是：协助董事会审定本行人力资源管理战略和薪酬战略，并监督其实施；研究审查银行董事及董事会各专业委员会以及高级管理人员的筛选标准、提名及委任程序，并履行其提名、审查和监控职责；审议并监控本行的薪酬和激励政策;制定本行高级管理层考核标准,并评价董事、监事及高级管理层成员的绩效。

第四节 商业银行的经营原则

商业银行作为经营货币资金的特殊企业,必须在保证资金安全和正常流动的前提下,实现利润的最大化。一般来说,商业银行的经营活动中须遵循安全性、流动性和盈利性三项原则[①]。

一、安全性原则

（一）保持银行安全的理由

安全性是指银行避免经营风险,保证资金安全的要求。商业银行应尽量避免各种不确定因素对其资产、负债、利润、信誉等方面的影响,以保证银行的稳健经营与发展。

一般来讲,任何企业在其经营过程中,都会面临着各种各样的风险。但商业银行作为信用中介,面临的风险种类更多、范围更广、重要程度更高、影响也更大。由商业银行经营的性质所决定的,商业银行是一个高负债、高风险的行业。商业银行在经营过程中会面临信用风险、市场风险、操作风险、流动性风险和声誉风险等多种风险。因此,商业银行往往把安全性放在第一位,其理由如下。

（1）商业银行在与社会各界进行资金往来的同时,不可避免地主动地将各行各业的风险吸纳到银行中。

（2）由于商业银行经营的对象是货币资金及其衍生产品和服务,这意味着银行的经营将受到国民经济中多种复杂因素的影响,其风险具有易发性和易损性的特点。

（3）商业银行作为金融中介机构,与一般企业相比,其自有资本较少,主要依靠对外负债,是典型的高负债企业,因而其抗风险能力较弱。

（4）金融市场的快速发展,金融创新的日渐活跃,特别是金融衍生产品创新和计算机技术的不断升级应用,使商业银行的风险呈多样化和复杂化。

（二）保持安全性的措施

银行业是社会经济领域的核心,其经营活动的好坏直接影响到金融体系乃至整个社会的稳定。这就使商业银行必须注重安全性,并强化经营管理。安全性是

---

① 我国《商业银行法》第四条规定,商业银行以安全性、流动性、效益性为经营原则,实行自主经营,自担风险,自负盈亏,自我约束。

银行实现其盈利目标的重要保证。影响安全性的因素主要是商业银行的各种风险，为此，商业银行应采取各种措施加以控制。

（1）优先选择安全性较高的资产而避开风险较大的资产。商业银行在进行资产选择时，必须考虑这些资产的风险差异。在其他条件允许的情况下，选择风险小的资产，放弃风险大的资产，以控制全部资产所承受的风险，保证资金的安全。由于任何资产都有一定的风险性，所以资金的绝对安全是不存在的。但当一项资产的风险太大，注定要给银行带来损失时，银行就应放弃这项资产业务，避免风险损失。

（2）根据负债的规模和结构安排其相应的资产，使资产负债规模适度、结构对称，保证有一定清偿能力。

（3）实行资产分散化。将银行资金适当分散于不同行业、不同企业和不同资产种类，这样，当某种资产损失时，可用其他资产来弥补。

（4）遵守国家法律和各项规章，依法合规经营。

（5）注重银行的自身积累，增强抵御风险的能力。

二、流动性原则

（一）流动性的含义

流动性是一个清偿力问题，它是指银行能够随时应付客户提存，满足必要贷款需求的支付能力。从保证支付的意义上讲，商业银行的流动性包括资产流动性和负债流动性两个方面。资产流动性是指银行资产在无损失的情况下迅速变现的能力。银行为了应付存款人的提存必须要留有一定比例的现金或其他流动性较强的资产。如果银行的资产流动性不足，就不能确保资金的正常运转，可能导致支付危机和挤兑风潮，甚至破产倒闭。一般来说，衡量资产流动性的指标主要有资产流动性比率、备付金比率、存贷款比率、净拆借资金比率、支付缺口比例等。负债流动性是指银行能以较低的成本随时获得所需要的资金。随着人们对银行流动性和盈利性认识的深入，负债流动性对银行经营的影响越来越重要。

任何企业都会有流动性要求。由于商业银行经营货币资金的特殊性，其现金流动相当频繁。加之银行的资金来源主要是存款，而存款中活期存款又占了相当大的比重，一旦有客户来提款，银行就必须满足。因此，银行的流动性就尤其显得重要。

（二）保持流动性的方法

对商业银行来说，流动性往往是通过建立准备资产和实施负债管理来获得。

1. 建立准备资产是商业银行获得流动性的传统方法

商业银行的准备资产包括一级准备和二级准备。一级准备主要指现金资产，它是银行流动性最强的资产，也是商业银行保持流动性的第一准备，包括库存现金、在中央银行的存款和同业存款等。这一部分资产也是商业银行的非盈利性资产，从商业银行的利润目标来看，银行应尽可能将这类资产降到法定的最低标准。

因为这类资产流动性虽强,但盈利最差,在通货膨胀的情况下还会贬值,持有这类资产太多,会影响银行利润目标的实现。二级准备主要指期限在一年以内的短期有价证券,是商业银行应付流动性的第二准备。这类资产与现金资产相比有一定的利息收入,但流动性不及现金资产;与银行其他资产相比流动性较高,变现速度较快且损失较小,但盈利性不及其他资产。当商业银行的一级准备不足时,则可通过变现短期有价证券来满足。

2. 实施负债管理是商业银行保持流动性的新方法

实施负债管理即商业银行通过同业拆借、向中央银行借款、发行大额可转让定期存单等负债工具的运用来满足其流动性。但这种方法在货币紧缩时期有一定的风险,其运用要谨慎。

三、盈利性原则

（一）盈利性的意义

盈利性是指商业银行获取利润的能力。由商业银行的性质所决定,商业银行的经营目标就是要实现利润最大化。盈利性是商业银行经营目标的要求,也是商业银行开拓业务的内在动力。商业银行只有通过业务经营来确保利润的获得,才能不断提高盈利水平。第一,盈利水平的提高可以使银行股东获得投资回报,吸引更多的资本,充实商业银行的资本金;第二,盈利水平的提高可以增加银行的利润积累,增强银行弥补风险损失的能力;第三,盈利水平的提高可以增强客户对银行的信任度,扩大银行的客户资源;第四,盈利水平的提高可以增强银行的竞争实力。因此,银行只有盈利,才能获得发展,才能在市场竞争中不被淘汰。从目前的情况来看,我国商业银行的利润还主要来源于存贷款利差收入,中间业务收入的水平还不高,其业务还有待于进一步发展。这也为我国商业银行利润水平的提高留下了很大的空间。

（二）衡量盈利性的指标

衡量一家银行盈利能力的指标有很多,包括银行利差率、利息回收率、成本收入比、资产利润率和资本利润率等。其中资产利润率(ROA)和资本利润率(ROE)是衡量银行盈利能力最直接、也是最常用的指标。

(1) 资产收益率指标反映银行资产的获利能力,即每百元银行资产可以获得多少净利润。这个指标值越高,表明银行资产利用效果越好,说明银行在增加收入和节约资金使用等方面取得了良好的效果,否则相反。一般认为,高效率银行的资产收益率应超过1%。我国规定商业银行的资产利润率为税后净利润与平均资产总额之比,不应低于0.6%。如果资产收益率不变,银行资产规模越大,越能获得较高的利润。

(2) 资本利润率指标反映了银行资本的获利能力。这个指标也是银行股东最为关注的一个指标,因为它决定了股东收益的多少和银行股票价格的高低。指标值越高,说明股东投资带来的收益越高,股东的回报率越高,股东拥有的净利润越多。一般认为,高效率银行的资本利润率应超过15%。我国规定商业银行的资本利润率为税后净利润与平均净资产之比,不应低于11%。

商业银行是一个的特殊行业,其经营风险比一般企业要大得多,因此应当考虑到风险因素之上的资本回报,而资产利润率和资本利润率容易在实践中导致追求资产规模扩张和高风险利润。目前,国际银行业的发展趋势是采用按经济风险调整的收益率,综合考核银行的盈利能力和风险管理能力,用指标衡量就是风险调整资本收益率(RAROC)。RAROC即收益对根据风险调整后的资本的比率,这就将风险因素引入到资本回报概念中。这个指标体系克服了传统的盈利目标未充分反映风险成本的缺陷,有利于在银行内部建立起良好的激励机制,从根本上改变银行忽视风险、盲目追求规模的经营方式。

(三)提高盈利性的措施

一家银行的盈利多少会受到诸多因素的影响。为此,商业银行应综合考虑各方面的因素,不断提高经营管理水平,努力实现自己的经营目标。

(1)增加银行资产的收益。特别是对于从事传统业务的商业银行来说,其利润主要来自银行资产的收益。银行要尽量扩大资产规模,合理安排资产结构,加强资产管理(特别是对风险资产的管理),提高资产质量和收益水平,减少资产损失。

(2)要降低资金成本,包括利息成本和非利息成本。要严格各项规章制度,提高管理效率,减少费用开支。

(3)增加中间业务的收入。中间业务以其成本低、风险小、收益高的特点,成为现代商业银行的一大业务支柱,国外商业银行的中间业务收入要占到整个业务收入的40%以上。近年来我国商业银行也在积极开拓中间业务,并成为银行新的利润增长点,随着中间业务收入的不断提高,银行的收入结构也开始发生变化。

(4)不断提高经营管理水平,包括经营理念、管理能力、业务素质、风险观念等都要有现代银行的要求。

安全性、流动性和盈利性三个原则贯彻于商业银行经营的全过程,对商业银行来说应始终牢记并贯彻这"三性"原则。但是,商业银行又是一个非常特殊的企业,其经营活动与国民经济和全民生活密切相关,商业银行在经营中除了要坚持这三性原则外,还应该有一定的社会责任感,要承担一定的社会责任。特别是要处理好自身效益和社会效益的关系。无论是吸收存款,还是发放贷款,商业银行都有维持全社会的信用秩序、稳定社会心理的重要作用。全社会需要商业银行的正常经营和服务,商业银行也必须适应全社会的各种需要,为社会提供各种周到的金融服务。

四、"三原则"的相互关系

商业银行的安全性、流动性和盈利性三原则从根本上是统一的,安全性是前提,流动性是条件,盈利性是目的。商业银行只有在保证资金安全和正常流动的前提条件下,才能实现盈利的最大化。但三原则又有一定的矛盾,安全性与流动性成正比,安全性、流动性与盈利性成反比。一般来说,流动性强、安全性高的资产,银行偿还其债务的能力就强,风险就小,但这类资产的盈利能力则弱,如现金资产。盈利能力强的资产,银行收取的利息就多,但流动性又弱、安全性系数不高,风险性还大。在一般情况下,较高的收益总是伴随着较大的风险,如中长期贷款。资金的安全性要求银行选择有较低收益的资产,而资金的盈利性则要求银行选择有较高收益的资产。流动性原则要求银行降低资金的运用率,而盈利性原则却要求银行提高资金的运用率。因此商业银行要正确处理这"三原则"的矛盾,在经营中统一协调,寻求一个最佳的均衡点,以实现商业银行的经营目标。

本章小结

1. 商业银行是以吸收存款、发放贷款和办理结算等为基本业务的企业法人,在国民经济中发挥着重要的作用。其四大职能是信用中介、支付中介、信用创造和金融服务职能。

2. 商业银行的设立,世界各国都会通过法律进行明确的规定。我国的《商业银行法》也对设立商业银行的条件和程序作出了详细的规定。

3. 商业银行的组织类型是指商业银行在社会经济活动中存在的外部组织形式,其基本类型主要包括总分行制、单一银行制、持股公司制和连锁银行制。包括我国在内的世界上大多数国家都实行总分行制,美国则是实行单一银行制的国家。商业银行实行的总分行制实质上是以地区为标准来划分的事业部制。

4. 商业银行公司治理结构是现代银行制度中最重要的组织架构,是指建立以股东大会、董事会、监事会、高级管理层等机构为主体的组织架构和保证各机构独立运作、有效制衡的制度安排,以及建立科学、高效的决策、激励和约束机制。商业银行内部组织架构包括决策机构、执行机构和监督机构。

5. 分业经营是指银行业与证券业、保险业和信托业实行分开经营分开管理。综合经营是指同一金融机构可以同时经营银行、证券、保险和信托等金融业务。究竟是实行分业经营还是综合经营,要受到国家法律的限制。目前综合经营已成为一种发展趋势。

6. 人力资源管理是现代企业的核心,也是商业银行管理的重要组成部分。商业银行人力资源管理是对商业银行人力资源的招聘、使用、培训和考核等方面进行引导、控制和协调,以最有效地发挥人的主观能动性,提高工作效率,从而实现商业银行的经营目标。

7. 激励机制是指一整套可以激发银行员工工作热情的制度。本章介绍的主要激励理论有马斯洛的需求层次理论、赫兹伯格的"激励-保健"双因素理论、弗鲁姆的期望理论和亚当斯的公平理论。薪酬与福利管理是人力资源管理的重要环节,也是银行进行正向激励的重要内容。我国商业银行的薪酬包括固定薪酬、可变薪酬、福利性收入等。

8. 商业银行经营原则是商业银行经营活动中必须遵循的准则,有安全性、流动性和盈利性三项原则。由于商业银行是一个高负债高风险的行业,商业银行只有在保证资金安全和正常流动的前提条件下,实现盈利目标。

关键概念索引

商业银行　信用中介　信用创造　公司治理结构　总分行制　持股公司制
事业部制　分业经营　综合经营　激励机制　人力资源管理　固定薪酬
绩效薪酬　需求层次理论　双因素理论　安全性　流动性

复习思考题

1. 商业银行的职能有哪些?
2. 设立商业银行应具备哪些条件?
3. 商业银行公司治理结构包括哪些内容?
4. 分析比较分业经营与综合经营。
5. 商业银行人力资源管理主要包括哪些内容?
6. 商业银行的经营原则是什么,各原则之间的相互关系如何?

参考资料

1. 查尔斯·金德尔伯格,《西欧金融史》,中国金融出版社,2010年。
2. 彼得·S. 罗斯等著,刘园译,《商业银行管理》(第九版),机械工业出版社,2016年。
3. 彭建纲主编,《商业银行管理学》(第四版),中国金融出版社,2015年。
4. 吴念鲁编著,《商业银行经营管理》,高等教育出版社,2009年。
5. 富兰克林·艾伦等著,王晋斌等译,《比较金融系统》,中国人民大学出版社,2002年。
6. 《中华人民共和国商业银行法》,2015年8月。
7. 《中华人民共和国银行业监督管理法》,2003年12月。
8. 《中华人民共和国公司法》,2005年10月。

第二章 商业银行的存款业务

本章要点

- 作为"被动型负债"的商业银行存款业务
- 传统的存款类型和创新的存款类型
- 存款成本控制与风险管理
- 存款市场细分与市场拓展
- 作为"主动型负债"的商业银行非存款业务
- 商业银行的借入资金
- 存款保险制度

作为金融中介,商业银行业务经营管理的突出特征是"因债务,得债权"。自从金融管理当局放松负债利率最高限的管制,以及允许银行扩展各种新型的存款工具以来,负债业务的经营决策对商业银行的盈利水平和风险状况所产生的影响更为重大。

第一节 商业银行的存款业务

一、存款对商业银行的意义

吸收存款,是商业银行非常重要的业务活动。首先存款为银行提供了大部分资金来源,是银行业务发展的重要基础;其次,存款的吸收,为商业银行各职能的实现如信用中介、支付中介和信用创造等创造了条件;第三,存款是决定银行盈利水平的重要因素,同时,银行通过存款业务活动,也为其与社会各界的沟通提供了渠道。

由于银行可吸收存款数额的大小、时间的长短等最终取决于存款客户的决定,所以与其他借入资金相对应的是,存款被称为银行的"被动型负债"。

在中国,存款是金融机构主要的资金来源,而储蓄存款在中国金融机构存款中所占的比重也一直维持在50%左右。同时,存款在中国商业银行负债业务中占有非常重要的地位,并呈现不断上升之势(见图2-1)。

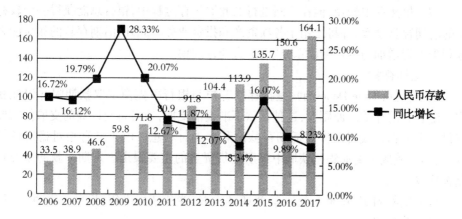

图2-1 2006—2017年人民币存款走势(单位:万亿元)

数据来源:中国人民银行网站。

二、商业银行的存款类型

理论上,依据不同的划分标准,商业银行的存款有多种类型。在此,我们以传统存款和创新存款的划分标准,来对存款进行阐述和分析。

(一)传统的存款类型

1. 活期存款

活期存款(Demand Deposits),也称支票账户或交易账户,是指存款客户可随时存取或支付使用的存款。对存入的这种款项的支取,客户与银行之间没有明确的时间限制,客户事先可以不通知银行即可提现。其基本特点如下。

(1)活期存款多用于支付和交易用途。

(2)支付方式多样,可使用支票、汇票、电话转账或其他电传手段。其中,使用支票是最传统的提款方式。

(3)对于开设账户的客户一般没有限制。各种公司企业、非银行性金融机构、盈利性个人或社会团体、政府机构之间甚至商业银行之间均可开设此账户。

(4)银行对存户一般不支付利息或者是收取手续费。由于一些特殊国情所致,虽然利息率目前较低,但中国的商业银行一直是对活期存款支付利息的。中国因此也成为世界上少数对活期存款付息的国家之一。

(5)在一定条件下允许透支。允许活期存款账户进行透支,是商业银行为争取客户采取的措施。透支是以一定偿还条件和信誉作为条件的一种银行贷款;计算贷款本金时,应是透支款项数额加上按透支天数计付的利息。

(6) 从货币供应角度看,活期存款具有很强的派生能力,是各国金融监管当局调控货币供应量的主要操作对象。

(7) 虽然期限较短,但在不断进行的此取彼存过程中,银行总能获得一个较稳定的活期存款余额,并将之用于各项资产和投资业务。此外,活期存款的派生能力也利于银行增加与客户的联系,从而扩大经营规模。

2. 定期存款

定期存款(Time Deposits),是指存款客户与银行事先商定取款期限并以此获取一定利息的存款。原则上,这种存款不准提前支取,或者是允许提前支取但需要支付一定的罚金或者是按照活期存款的利率支付利息。由于具有相对稳定的特点,定期存款成为商业银行获取中长期信贷资金的重要渠道。定期存款的主要特点包括以下三点。

(1) 期限固定,短至 1 个月、2 个月、3 个月、半年或者 1 年,长至 3 年、5 年、10 年或更长的时间。

(2) 能使持有者获得较高的利息收入。存款期限越长,存款利率越高,给持有者带来的收益就越大。

(3) 银行签发的定期存单虽然一般不能转让,但可以作为抵押品使用。

3. 储蓄存款

储蓄存款(Savings Deposits),是指居民个人和家庭为积蓄货币和取得利息收益而存入银行的款项。其基本特点有以下四点。

(1) 开设该账户的客户主要是居民个人和家庭,也包括一些非盈利组织。

(2) 一般为存折或存单形式。目前,银行卡也成为储蓄,尤其是活期储蓄存款的重要载体形式。

(3) 存款期限因品种而异。储蓄存款包括活期存款和定期储蓄存款两种类型。其中,活期储蓄的存取无期限限制,存款人凭存折或银行卡可以随时提现支用;定期储蓄存款的取款有日期限制,一般不能提前支取;由于存款利率相对较高,所以定期储蓄存款是个获利的重要手段。

(4) 储蓄存款属于个人性质的存款。为保护存款人利益,西方国家对经营这项业务的金融机构资格要求比较严,一般只能由商业银行的储蓄部门或专门的储蓄机构来经营,如美国的储蓄银行、储贷协会等。中国也为此制定了相应的管理办法,例如,规定储蓄存款的原则是:存款自愿、取款自由、存款有息、为储户保密。

长期以来,由于居民的储蓄意愿较为强烈,而金融市场不够发达、金融工具相对较为缺乏等原因,中国的储蓄存款发展速度一直较快。1999 年 11 月起,中国正式对储蓄存款开征利息税,但又于 2008 年 10 月暂停征收;2000 年 4 月,中国开始实行存款实名制;近些年来,随着金融市场的快速发展,储蓄存款增长势头有所减弱。

中国商业银行的存款主要是按存款人的经济性质分类,有个人存款、非金融企业存款、政府存款、非银行金融机构存款、其他存款(见图2-2)。

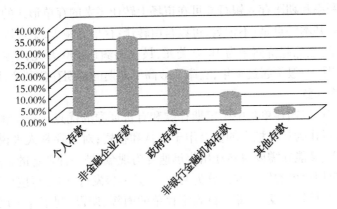

图2-2　2017年人民币存款构成

数据来源:中国人民银行网站。

专栏2-1　　　　　　　　　　个人支票在中国的发展历程

早在1986年,中国就已在深圳、广州、上海等7个城市,针对个体工商户试点推出个人支票,但都无果而终,出现这一尴尬结局的主要原因是,由于整个社会的征信系统尚未建立,而且技术上也不完善,"空头支票"和"伪支票"时有出现,导致许多商家和企业拒收个人支票。1996年,我国出台了《票据法》,对个人支票在法律上的地位进行了肯定。根据该法,个人支票是指由出票人(个人)签发的,委托办理支票存款业务的银行或者其他金融机构在见票时无条件支付确定的金额给收款人或持票人的票据。2001年起,中国人民银行再度在东部沿海城市推广使用个人支票,但从使用情况来看,接受和使用者不多,其使用范围较为狭窄,使用人群仅局限于白领和海归人士等高收入消费人群。广大消费者和商家对个人支票的态度仍然显得较为冷淡。2007年,随着全国征信系统和全国支票影像交换系统正式投入使用,曾经困扰个人支票发展的两个主要障碍(诚信缺失和无法辨别真伪)将会逐步得到克服。

(二)创新的存款类型

存款创新是指银行根据客户的动机和需求,在原有存款种类的基础上推出新品种以满足客户需求的举措。如西方国家的商业银行对活期存款是不付利息或少付利息的,甚至是收取手续费的,这种限制虽然保证了金融体系的相对安全和稳定,但也抑制了银行存款增长速度。为逃避管制,加强银行的竞争能力,美国的商业银行率先对存款种类进行了创新①。创新的存款类型很多,下面介绍五种主要的类型。

1. 大额可转让定期存单

大额可转让定期存单②(Negotiable Certificate of Deposit),是指存款人将资金按某一固定利率和期限存入银行并可在市场上转让买卖的存单形式的凭证。可转让定期存单的基本特点是:不记名,可以自由转让;存单面额大,金额固定。如美国当时的规定是:最低起价面额为10万美元,最大面额达100万元;期限固定,大部分是3~6个月,一般不超过1年;利率一般高于同期的定期存款利率,而与同期货币市场的利率一致。

大额可转让定期存单集中了定期存款和有价证券的优点。对于银行来说,它是定期存款,可作为相对稳定的资金用于放款和投资;对于存款人来说,它既有较高的利息收入、又能在需要时转让出售迅速变为现金,是一种理想的金融工具。

可转让定期存单的发行方式分为两种:一是零售发行,即银行按投资者的需要随时发行;二是批发式发行,即银行确定存单的面额、期限、利率并予以公布,供投资者选购。存单的利率由发行银行自定,依据是当时货币市场的利率水平,一般是固定利率。

专栏 2-2　　　　　　**大额可转让定期存单(CDs)在中国的发展历程**

与其他西方国家相比,我国的大额可转让定期存单发展比较晚,其业务随着相关政策的变化经历了曲折的发展历程。1989年中国人民银行首次颁布《关于大额可转让定期存单管理办法》,1996年对该办法进行了修改,1997年由于大额可转让定期存单业务出现了各种问题而被暂停。

早在1986年交通银行即已经首先引进和发行大额存单,1987年中国银行和中国工商银行相继发行大额存单,当时大额存单的利率比同期存款上浮10%,同时又具有可流通转让的特点,集活期存款流动性和定期存款激励性的优点于一身,因而面试以后即深受欢迎。由于全国缺乏统一的管理办法,在期限、面额、利率、利息、转让等方面的制度建设曾一度出现混乱,因此,中国人民银行于1989年5月下发了《大额可转让定期存单管理办法》,对大额存单市场的管理进行完善和规范。但是,鉴于当时对高息揽存的担心,1990年5月中国人民银行下达通知规定,向企事业单位发行的大额存单利率与同期存款利率持平,向个人发行的大额存单利率比同期存款上浮5%,由此导致大额存单的利率优势尽失,大额存单市场开始陷于停滞状态。1996年,中国人民银行重新修改《大额可转让定期存单管理办法》,明确大额存单的审批、发行面额、发行期限、发行利率和发行方式。然而,由于没有给大额存单提供统一交易市场,出现了很多问题,特别是

---

① 20世纪30年代大危机后,美国新颁布了银行法,其中Q条例的规定内容是:银行对于活期存款不得公开支付利息,并对储蓄存款和定期存款的利率设定最高限度,即禁止联邦储备委员会的会员银行对它所吸收的活期存款(30天以下)支付利息,并对上述银行所吸收的储蓄存款和定期存款规定了利率上限。

② 大额可转让定期存单(CD)由美国花旗银行1961年首发。

盗开和伪造银行存单进行诈骗等犯罪活动十分猖獗,中国人民银行于 1997 年暂停审批银行的大额存单发行申请,大额存单业务因而实际上被完全暂停,大额存单再次淡出人们的视野。

2010 年 5 月,中国工商银行纽约分行成功在美国市场发行了第一笔大额可转让定期存单。同年 10 月 18 日,人民银行、银监会、国家开发银行、工商银行、中国银行、汇丰银行等 17 家机构的代表在北京参加了大额存单业务座谈会,探讨重启大额存单业务。为规范大额存单业务发展,拓宽存款类金融机构负债产品市场化定价范围,有序推进利率市场化改革,2015 年 6 月中国人民银行制定了《大额存单管理暂行办法》,同时废止 1996 年印发的《大额可转让定期存单管理办法》。

目前,个人投资者可认购起点不低于 20 万元的大额存单,机构投资人认购起点金额为 1 000 万元。期限包括 1 个月、3 个月、6 个月、9 个月、12 个月、18 个月、24 个月、36 个月和 60 个月等 9 个品种。比普通存款期限的 7 个品种多了 9 个月和 18 个月两个品种。从各银行发行的大额存单利率来看,基本都低于同期限银行理财产品收益,但大额存单纳入存款保险保障范围,因此相比银行理财产品更安全。中国建设银行公布的首期个人大额存单发行规模为 100 亿元人民币,随后各银行加大发行力度,2017 年前 7 个月,中国银行业发行了 11 万亿元人民币的大额可转让定期存单,同一时期到期的达 8.9 万亿元人民币①。

2. 可转让支付命令账户

可转让支付命令账户(Negotiable Order of Withdrawal Account, NOW 账户),是由美国马萨诸州的储贷协会在 1972 年创设的一种可使用支付命令进行支付和提现的储蓄存款账户②。其基本特点是:第一,以支付命令书代替了支票,账户的存款人可以随时开出支付命令向第三者汇款或者提现,且转账次数没有限制。第二,账户存款人可以依据存款的平均余额获取利息收入。第三,账户的开立人限定为个人和非盈利机构,盈利机构不得开设。这种账户集中了支票账户和储蓄存款的优点。

3. 超级可转让支付命令账户

超级可转让支付命令账户(Super Negotiable Order of Withdrawal Account, Super Now 账户),是可转让支付命令账户的创新发展。Super Now 账户是可以计息并可以进行转账的储蓄账户,其在账户的使用、存款人的限定等方面与 Now 账户的要求是一样,但其更吸引客户的优势在于利率方面没有最高利率的限制。与之相适应的是开设条件较为苛刻,即存款人必须使其存款最低余额保持在 2 500 美元以上,且须按月支付服务费,如果存款余额低于最低限额,银行就只能按可转让支付命令账户的利率来支付利息。

---

① 详见金融界网站,stock.jrj.com.cn/2017/08/22143522980203。
② 1970 年,马萨诸塞州的一家互助储蓄银行发现禁止对支票存款支付利息的法规的漏洞,推出可转让支付命令书账户(NOW)。客户签发这种支付命令书后,银行就可以代为付款,还具有背书转让功能,这就成了没有支票名义的支票,但是在法律上又不作为支票账户,因此互助储蓄银行可以不受有关支票账户法规的限制,继续支付利息。

4. 货币市场存款账户

货币市场存款账户(Money Market Deposit Account, MMDA),也称货币市场存款基金账户,是一种计息并且允许转账的存款账户。该账户的存款可以付息,并且不限定开户对象。在规定的限额(如美国规定为 2 500 美元)以上,金融机构可以按照较高的市场利率计息。存款人每月可以使用该账户办理 6 次自动转账或电话转账业务,其中 3 次以下可以使用支票,提取存款没有任何限制。

5. 自动转账服务账户

自动转账服务账户(Automatic Transfer Service Account ATS),与电话转账服务相类似,客户要在银行开立两个账户,一个是储蓄存款账户,一个是活期存款账户,并同时保证在活期存款账户上的余额在 1 美元或以上。存款客户平常将款项存在储蓄存款账户上,而当客户开出支票准备提现或转账时,银行自动将必要的数额从储蓄存款账户转到活期存款账户上以进行付款。因此,自动转账服务账户结合了储蓄存款账户和活期账户的优点,可以保证客户在未使用支票支付款项之前从储蓄存款账户获得相应的利息。当然,使用该账户的客户需要向银行支付一定的服务费。

在西方国家,类似于以上的存款创新很多,比如协定账户、个人退休账户、股金提款单账户、零续定期存款、定活两便存款账户、与物价指数挂钩的指数存款证、特种储蓄存款等。这些账户都具有特定的用途,比如协定账户可以按约定在几类存款账户之间自动转账,个人退休账户是专门的退休金储蓄账户,股金提款单账户专为股金收入而创立的存款账户。商业银行针对客户的某种特殊需求而专门设计的存款种类还有诸如养老金储蓄、教育储蓄、旅游储蓄、住房储蓄、礼仪储蓄等。相信随着存款需求的多样化以及金融市场的不断发展,存款创新品种还会越来越丰富和细化。

随着中国加入世界贸易组织,包括外资银行在内的各类金融机构对于国内金融业的冲击日益显现,加之近些年国内各类金融机构、金融市场的快速发展,都使商业银行的存款业务竞争非常激烈。为了适应发展的需要,中国的商业银行推出了多种存款种类,如银行卡存款账户、个人支票存款账户、工资账户、公用事业的各项收费账户、住房储蓄账户、爱心储蓄账户、各种礼仪储蓄账户,以及与个人理财服务相联系的存款账户(如招商银行"金葵花"账户、工商银行"理财金"账户)等。

三、商业银行存款业务的管理

(一)影响存款的因素

影响商业银行存款的因素很多,主要包括宏观因素和微观因素两大类:一是宏观因素,主要包括宏观经济的发展水平、中央银行的货币政策和金融监管的松紧程度等方面;二是微观因素,主要包括银行内部的各种因素,如存款利率、金融服务的项目和质量、服务收费的情况、银行网点设置以及营业设施、银行资信、银行形象等。这些微观因素基本上属于可控因素或带可控性质的因素。微观因素能大大改变银行同业竞争格局和存款市场份额的分配情况,也能在一定程度上改变银行与其他机构的竞争格局,吸引资金流入银行系统。

1. 宏观因素

(1) 宏观经济发展水平与银行存款是正相关的。经济越发达,货币信用关系也就越成熟,经济处于周期性的波峰阶段,全社会资金就充裕,存款水平也跟着趋升。

(2) 中央银行的货币政策。中央银行推行紧缩性的货币政策,如提高法定存款准备金比例、提高再贴现率来减少货币供应量时,银行存款水平自然回落;反之,扩张性的货币政策则提高存款水平。

(3) 金融法制法规建设对存款的影响主要体现在银行监管方面。监管越严,银行存款水平越难提高;反之,监管松弛,银行存款水平提高就较容易,这是因为此时银行开发新的存款产品、灵活调整利率等受金融当局的约束较少。

2. 微观因素

(1) 存款利率。由于存款水平是利率的函数,而直接提高利率又有多种不利,西方商业银行多采用三种隐蔽方式间接地利用利率因素。其一是在服务收费上做文章;其二是调整存款结构;其三是推出高息存款工具。

(2) 金融服务的项目和质量。配套服务的健全和多样化能大大提高银行竞争存款,特别是活期支票存款的能力。一些商业银行为争夺存款,已提出和实践了"全面服务"这一概念,银行提供高质量的全面服务对在几家银行和存款机构间徘徊的企业客户尤具吸引力。

(3) 银行网点设置和营业设施。无论是企业存户还是居民存户,一般都是就近选择银行作为其开户银行。这就要求银行广设营业网点,特别是在人口密集的地区、交通中心、郊区的居民小区设置分支机构,或建立自动柜员机网络。存取便利能有效地建立存户的忠诚感,吸引老存户及周围的企业和居民加入,从而提高银行的存款水平。同时,一座具有舒适、高效、愉悦气氛的银行大楼也能有效吸引企业等存户的加入,这是银行提高存款水平的关键。

(4) 银行资信和贷款便利。银行的资产规模和信誉评级是测度银行势力的两个可信度最高的指标。在利率和其他条件相同或相差不大的情况下,存户总愿意选择大银行。为了确保存款的安全,存款账户平均余额较大的企业存户特别偏好于选择资信颇佳的大银行作为开户行,或购买持有它们发行的大额存单,原因是这些大银行破产的风险较小。银行欲提高其存款水平,在短时期内迅速抬高资信评级是不可能的,但在较长的时期里,银行也可通过向企业存户提供贷款便利来吸引存款。

(5) 银行形象和雇员形象。树立良好的形象可以形成银行与其他竞争银行的差别,有助于银行开拓存款资源,保持负债潜力。银行在提高存款计划的规划中不能忽略雇员形象,高效、礼貌、热忱的雇员体现着良好的管理素质和经营素质。

(二) 存款成本控制与风险管理

1. 存款成本构成及指标分析

存款成本是银行经营的主要成本,它由利息支出和非利息支出两部分构成,其中,非利息支出包括办公费、宣传费、差旅费、固定资产的价值分摊、员工工资福利等。以下内容通过举例说明的方式,详细介绍几种存款成本指标。

(1) 资金成本率。

$$资金成本率 = \frac{利息成本 + 非利息成本}{全部存款资金} \times 100\%$$

式中,利息成本和非利息成本的计算范围应与银行存款对应,即不包括借入资金的利息成本和非利息成本等。任何一种筹资方式都有资金成本存在,只是因为不同期限、风险和特点,资金机会成本不一样。用多种方式筹集资金,其资金成本等于各种资金成本的加权平均值(如表 2-1 所示)。

表 2-1　银行资金成本的计算

项 目	年平均数(亿元)	预计利息成本(%)	预计其他成本(%)	资金成本率(%)	资金成本额(亿元)
活期存款	80	3	1.5	4.5	3.6
存折储蓄存款	20	5	0.8	5.8	1.16
储蓄存单	15	8	0.2	8.2	1.23
货币市场存单	30	10	0.3	10.3	3.09
CDs	45	12	0.2	12.2	5.49
定期存款	10	11.5	0.2	11.7	1.17
合计	200	总资金成本率		7.87	15.74

(2) 可用资金成本率。

$$可用资金成本率 = \frac{利息成本 + 非利息成本}{存款资金 - 法定准备金 - 必要的超额准备金} \times 100\%$$

这一指标反映了银行可用资金所应负担的全部成本,它是确定银行盈利性资产价格的基础,因而也是银行经营中资金成本分析的重点。公式分母部分为银行可用资金额(如表 2-2 所示)。

表 2-2 银行可用资金成本的计算①

项目	年平均数（亿元）	可用资金比率（%）	可用资金额（亿元）	资金成本额（亿元）	可用资金成本率（%）
活期存款	80	70	56	3.60	6.43
存折储蓄存款	20	76	15.20	1.16	7.63
储蓄存单	15	91	13.65	1.23	9.01
货币市场存单	30	91	27.30	3.09	11.32
CDs	45	91	40.95	5.49	13.41
定期存款	10	91	9.10	1.17	12.86
合计	200		162.20	15.74	9.70

（3）加权资金成本，它是所有存款资金的每单位平均成本。

$$\text{加权资金成本} = \frac{\sum qc}{\sum q}$$

式中，q 为某类存款资金来源水平，c 为每种存款的单位平均成本率。主要运用于不同银行存款成本的对比分析和同一银行历年存款成本的变动分析等。但主要缺陷是没有考虑到未来利息成本的变动（如表 2-3 所示）。

表 2-3 银行加权资金成本表②

存款项目	平均余额（万元）	利息成本		非利息成本		总成本	
		利率（%）	利息额（万元）	费用率（%）	费用额（万元）	成本率（%）	总成本（万元）
零息活期存款	6 000	0	0	4.1	246	4.1	246
有息活期存款	8 000	1.5	120	2.9	232	4.4	352
普通储蓄存款	40 000	2.8	1 120	1.2	480	4.0	1 600
大额可转让存单	15 000	3.5	525	0.8	120	4.3	645
合计	69 000		1 765		1 078		2 843

例：

$$\text{活期存款加权平均成本率} = \frac{\text{活期存款成本总额}}{\text{活期存款平均余额}}$$

$$= \frac{6\,000 \times 4.1\% + 8\,000 \times 1.5\% + 8\,000 \times 2.9\%}{6\,000 + 8\,000}$$

$$= 4.27\%$$

---

① 表 2-2 延续表 2-1 的数据。
② 表 2-3 另行举例说明。

(4) 边际存款成本。这是对存款增长每一单位时成本的变化加以分析的方法。

$$边际存款成本 = \frac{新增利息成本 + 新增非利息成本}{新增存款资金}$$

银行可以通过比较存款的边际成本和边际收益来决定是否吸引新的存款。该方法的缺陷在于,每种存款来源的风险不尽相同,但在计算边际成本时没有将这种差别考虑在内(如表 2-4 所示)。

表 2-4　银行存款边际成本表

新增存款（万元）	存款成本率（%）	存款成本（万元）	新增存款边际成本（万元）	边际成本率（%）	预期边际收益率（%）	边际成本率与预期边际收益率之差(%)	净收益额（万元）
2 500	4.5	112.5	112.5	4.5	7.02	2.52	63
5 000	5.0	250.0	137.5	5.5	7.02	1.52	101
7 500	5.5	412.5	162.5	6.5	7.02	0.52	114
10 000	6.0	600.0	187.5	7.5	7.02	-0.48	102
12 500	6.5	812.5	212.5	8.5	7.02	-1.48	65

从表 2-4 中可以看出,由于边际收益率高于边际成本率,银行净收益额不断提高,直到资金成本率达到 5.5% 为止。在这个利率下,净收益达到了顶峰。但当超过这一资金成本率时,银行尽管能筹集到更大规模的资金,但因边际成本率高于边际收益率,使得银行净收益逐步减少。在给定的假设和预测条件下,5.5% 的资金成本率是该银行的合理选择。

上述四个公式表明,存款成本高低受利息支出、非利息支出和存款规模等的影响。在进行存款管理时,需对这些因素进行综合分析,以求达到整个银行总体成本水平的降低。

2. 利息成本控制

利息成本指的是银行按照约定的存款利率与存款金额的乘积,以货币形式直接支付给存款者的报酬。存款利率有固定利率和可变利率之分。目前中国的存款一般都按固定利率计息。可变利率则是按一定期限而浮动的利率,通常以市场不断变化的某种利率为基准。

对银行来说,成本管理的要求有其特殊性,主要体现在利息支出上。利息支出与存款规模正相关,而且利率越高,存款的吸引力就越大;存款规模越大,自然就拥有了规模经济或范围经济的效应,这是银行扩张存款的基本手段。因此,简单化地压低利率以减少利息支出并不是银行存款管理的合理选择。

在利息支出方面,银行管理者应关注两个问题:一方面是在相同的利率条件下如何使存款更多,或者在相同的存款规模下能否使利息支出少些?这就需要有一种服务补偿,即用更为周到的服务来替代一部分利息支出。然而,提供服务也是需要付出代价的,那就应当使服务补偿的费用低于所替代的利息支出,不过这又涉及非利息支出的问题了。另一方面是对利息成本作出预测和计算,并将其纳入银行整体经营的框架中去,作为存款管理的一个前提条件,这就是利息成本的分析和控制问题。

在银行经营管理的实践中,对存款结构的成本选择,需要正确处理以下关系:①尽量扩大低息存款的吸收、降低利息成本的相对数;②正确处理不同存款的利息成本和营业成本的关系,力求不断降低营业成本的支出;③活期存款的发展战略必须以不减弱银行的信贷能力为条件;④定期存款的发展不以提高自身的比重为目标,而应与银行存款的派生能力相适应。

3. 控制非利息支出

非利息支出管理主要是强调如何降低支出的问题,银行应当设法提高非利息支出的效率,尽可能地减少浪费和闲置。由于这方面的成本支出比较复杂,较难把握,有必要设置一定的警戒线,分层次分部门落实。

在存款利率受到金融法规的限制时,银行为了争取更多的存款,极容易转向非利息竞争。由于非利息竞争的范围从提供各种类型的免费服务使客户方便舒适到赠送各种奖券和礼品,所以它实际上包含了"隐含利息"的开支。在财务处理上,大部分隐含利息的开支应当计入银行的不变成本。许多研究结果表明,不变成本的提高会引起营业杠杆度(Degree of Operating Leverage,DOL)的变大,使银行的净营业收入对总营业收入的变化更为敏感,从而增大银行的经营风险。

如果将隐含利息的开支转变为明显的利息开支,则明显的利息开支属于可变成本,可以降低营业杠杆度,从而降低经营风险。而且,有的研究表明,在净隐含的利息开支转变为明显的利息开支后,可以更多地吸引存款,从而使可贷资金的供给更为充足,其实际效果将反过来会降低存款总成本,无疑,这也是当局放松金融管制的推动力。

站在客户的立场,客户也大多愿意银行把非利息的优惠转变成利息的优惠。因为非利息的优惠不一定符合客户的需要,客户大多倾向于得到实际的利息收入。然而,也有的客户是偏好非利息优惠的,这就要看这个国家的税收制度了。如果利息收入要交纳所得税,那么对于高收入阶层来说,可能愿意银行在非利息方面展开竞争。这也是放松金融管制,取消对利率上限的控制后,非利息竞争依然存在的缘故。

4. 存款成本控制的三个最新因素

员工的工资薪金和管理费用是商业银行一笔最大的非利息开支。如前所述,利息成本支出基本上不在管理人员控制能力范围之内,所以,削减其他方面的支出,尤其是工薪支出和管理费用,就成为银行成本控制的关键。随着金融创新的发展,存款成本的控制应着重考虑下列三个因素。

一是现代科学技术向银行业的渗透。各种自动化技术,尤其是计算机信息处理和通信技术的广泛应用,大量地减少了银行职员的手工劳动,从而也为大幅度地降低劳动成本和管理费用提供了可能。比如,大批安装自动柜员机(ATM)可以节省大量的临柜人员,计算机信息处理技术可以大大降低簿记和其他文件处理下存贮成本。网银、APP的出现降低了银行服务客户的成本等。

二是人工智能的发展降低了银行成本。机器能够在很大程度上模拟人的功能,实现批量人性化和个性化的服务客户,将影响着银行沟通客户、发现客户金融需求的效率和成本。人工智能技术在前端可以用于服务客户,在中台支持授信、各类金融交易和金融分析中的决策,在后台用于风险防控和监督,它将大幅改变银行现有格局,甚至逐渐替代部分人工岗位,比如柜员、大堂理财经理等。

三是银行业务的集中化趋势。随着金融管制的放松,现代商业银行通过兼并和收购活动,业务规模的扩大也就具有新可能(特别是金融超级市场的出现),从而使银行因为资源共享而实现规模经济。不过,银行的规模大型化又会带来新成本支出方面的问题。

5. 风险管理

银行往往重视存款的规模及其成本,而忽视其风险,似乎风险仅仅是资产方面所要考虑的问题。事实上,筹措资金所伴随而来的风险同样是至关重要的。而且,银行业的实践证明,轻微的存款挤兑就足以摧垮一家银行的信誉。

(1)对流动性风险和利率风险的关注。

商业银行筹资的流动性风险主要来自银行存款的大量提取与流失。防范流动性风险,银行需要把握存款被提取的概率和程度,以免出现支付危机和信用危机。这对于银行来说客观上限制其所筹资金的可贷和可投程度,制约着银行的盈利水平。

20世纪60年代以前,金融界人士普遍认为活期存款的流动性风险最大,而定期存款则构成较稳定的资金来源,因此,活期存款的过度波动往往会导致银行出现流动性危机。在60—70年代,不断上升的市场利率使银行客户偏向于定期存款,但是,由于发达国家金融当局对存款利率实行管制,存户又不满足长期持有回报率受限制的银行定期存款,一旦有新的投资机会,存户便有可能提取这类存款。因此,在这一阶段,定期存款的波动便成为银行流动性风险的主要根源。20世纪80年代开始,主要的工业化国家相继开始了金融自由化改革。工商机构的活期存款余额仍然维持在较低的水平,由于银行大量采用新负债工具,个人存款账户吸引的资金出现了较大波动。此外,非金融机构的强有力的竞争,特别是共同基金的迅速崛起,导致银行各种存款总额呈现不断下降的趋势。20世纪80年代下半期以后,银行过度使用利率工具导致资金成本上升,盈利水平下降。一些批发性银行过度依赖于非个人存款,当其信用受到怀疑时,这类存款极易流失,从而使银行陷入流动性危机。

不同的存款种类对利率的敏感性是不同的,在市场利率变动的情况下,有的存款会数量变少,或成本增大,有的则相反。同时,资金来源的利率敏感性与资金运用的利率敏感性往往不一致,从而增大了银行的利率风险。在国际市场上用国际通货筹资时,该种货币汇率的变动也会给银行带来新风险,硬货币存款对银行是相对不利的。

(2) 缺口管理技术。

根据存款的风险特征,银行对存款环境作出科学的分析,对存款结构作出合理的安排,以及对存款成本进行有效的控制,这些其实都是存款风险管理的方法。现代商业银行的缺口管理技术(Gap Management)是一种与资产联系在一起的存款风险管理方法。缺口管理技术可以分为两大类:一是资金缺口管理,二是利率敏感性缺口管理[①]。这种技术的关键是,通过合理地伸缩缺口的幅度,调整资产与存款的结构和规模,从而对存款风险进行有效的控制。

(3) 支付危机和信用危机的一般处理。

银行一旦出现存款的支付危机和信用危机,应急措施就显得尤为关键。当然,此时金融监管当局的紧急救助以及存款保险制度的安全网作用是重要的,但商业银行自身又该做些什么呢?对存款人利益的保护和维持社会公众的信心无疑是最高原则,在这一原则下,商业银行必须在法律框架允许的范围内来考虑处理危机的方法。流动性头寸的快速调度,中央银行贴现窗口的充分利用,同业的高成本借款以及有效担保的积极寻求,对于维护公众的信心,减轻危机的压力都具有重要意义。同时,危机处理方法的选择还需要考虑到危机损失最小,市场力量约束和重建财务基础等因素。

(三) 存款市场细分与市场拓展

1. 注重市场细分

(1) 定义与功能。

一般认为,市场细分是企业把整个市场的客户,按一种或几种因素加以区分,使区分的客户需求在一个或若干个方面具有相似的特征,以便企业相应地采取特定的策略来满足这些不同客户群的需要,以期实现企业的经营目标。在商业银行经营的存款业务中,市场细分的关键在于确定适当的细分标准,因为不同的客户群是按相应的细分标准来加以区别的。市场细分在银行存款业务经营中的功能主要体现在三个方面:一是挖掘新的存款机会;二是促进存款工具的合理化组合;三是

---

① 关于利率敏感性缺口管理在第十章资产负债管理将详细介绍。

实现银行内部资源的优化配置。

(2) 细分的标准。

在银行的存款业务中,个人客户市场和企业客户市场的细分标准存在着较大差异,把握这些标准对于存款结构的合理安排和市场拓展是至关重要的。

个人拥有的闲置资金是银行存款的重要来源,不仅要用金融分析方法去分析客户,而且要关注客户的行为特征,如果忽视了这些因素,就等于忽视了个体之间由于社会阶层、地位、态度、需求动机等形成的全部的心理差别。

企业客户市场的细分标准主要有三个:①按地理因素,这与个人客户市场的细分相似;②按规模因素,企业规模包括平均营业额、职员人数、资产规模等方面;③按行业因素,可将各类企业归为三种产业,即第一产业、第二产业和第三产业,其中各个产业又可分成分工更细、经营更具体的行业。

(3) 市场细分策略的有效性分析。

市场细分的方法有许多种,一般来说,有效的市场细分必须符合一系列的条件:①度量性,即用来划分细分市场大小的购买力等市场特征要素是可以测定的;②足量性,即细分市场的规模足够大,规模大得足以让银行向该市场提供一系列存款产品并有一定的利润;③操作性,即银行有能力,并有可能向市场提供金融服务;④敏感性,细分市场能够对银行采取一系列其他存款经营策略作出及时、迅速的反应,使银行能从客户的反应中得到反馈信息,从而对未来的业务经营乃至整个战略管理过程作出相应的调整。

银行为了使自己不断推出的业务能被广大客户所接受,不仅要事先调查不同层次客户的需求、生活背景和消费观念,还需要细分服务对象,精心推出相应的品牌,以凸显银行之间"有差别产品"的特点。因此,这就要求银行在运用市场细分策略时,一定要关注有效性,任何对市场细分有效性分析的忽视行为,都将导致整个策略的失效。

(4) 市场细分对改进银行业务的涵义。

现代商业银行的市场细分则更加突出顾客的行为特征,注重成套服务的提供。一是银行的服务应该日益同顾客的需求紧密配合,银行工作人员应更多地考虑顾客,使银行对金融服务的理解与顾客对金融服务的理解趋于一致;二是进行市场细分后,银行就可以获得一种重要的洞察力,能够照顾到特殊顾客群体的需求,制定特殊战略以吸引那些顾客;三是运用银行所掌握的关于顾客行为的知识,采取解决行动以便更有效地为银行吸引更多的顾客。

2. 市场拓展

银行在开拓存款市场时,首先要进行市场定位。银行业的历史显示出银行市场定位的不同特点:有的以存款规模最大定位,有的以存款工具最先创新定位,有的以存款多样化经营定位,还有的以成本优势、优质服务定位等。不管银行如何定位,目的都在于向更多的公众宣传自身的优势和树立自己的良好形象,以便在存款管理中拥有多种选择权,并最终实现市场拓展的目标。

(1) 银行业总存款市场规模的扩充。

任何一家银行,只有在总的存款市场规模扩充的条件下,才能最终使自身的存款业务得到拓展,这其实是一种行业要求,每家银行对此都负有不可推卸的责任。因此,银行管理者应时刻关注外部环境的变化,抓住每一个市场机会,以便扩大总的存款市场规模。此时,银行同业的有效合作就变得十分必要。

① 市场渗入。这是指银行在现有市场上挖掘潜在的客户,使其变成存款的现实客户。银行管理者可考虑通过加强广告宣传和其他活动,如组织田径赛、球赛等文体活动,扩大银行的影响力和辐射面,让更多的公众了解银行以及银行所提供的存款项目,从而吸引新客户。另外,分析和了解客户(包括潜在客户)的需求特征及变化,提高金融服务质量,增加客户对分支机构的使用率,提供24小时全天候服务等也同样可以达到吸引目前市场的潜在客户的目的。

② 新市场战略。这是指银行通过现代科学技术的运用,使存款工具发生变更或创新,从而向公众推出更安全、更快捷、更便利的存款项目,以吸引新的客户。

③ 开拓海外市场。银行业经营到一定程度时,在国内继续扩大市场已有局限,这时应把目标投向海外的金融市场,积极参与国际金融市场的竞争。开拓海外市场的关键是选择有吸引力的海外目标市场,并对海外分支机构的设置进行可行性分析。在考虑是否进入市场,商业银行应以发展的、长远的眼光来看待问题,既要考虑到目前海外市场的有利条件,又要考虑到海外市场经营的暂时性障碍。

(2) 单家银行现有存款市场份额的保持。

面对同业的竞争,银行必须首先保住自己现有的存款份额,才能为市场拓展提供有利的条件。如果在市场拓展时失去了原有的市场份额,那么这种市场拓展的效率就值得考虑。

银行竞争者包括新进入市场的银行和试图改变自己原有地位的银行。为了保持现有的存款份额,银行管理者可以在提高市场进入难度等方面做出努力。第一,提高市场进入的难度。可供选择的方法很多,比如扩大存款工具的种类以填补产品空缺,免费培训与存款工具使用有关的个人和企业,控制银行内部重要职员的调动以防止银行战略规范的泄露。第二,减少竞争者进攻的诱因。银行应重点考虑两个方面的问题:一方面是适当降低利润水平。如果一家银行的利润水平很高,竞争者就有可能不顾进入成本,进行大量投资以便进入市场;如果这种高利润水平只是暂时的,那么遭受损失的是整个银行业。另一方面推翻竞争者对某项存款业务前景的假设。可以公开自己真实的内部增长预测,组织研讨会阐明自己对各存款业务领域未来前景的观点,支持与竞争者假设持相反观点的理论研究。

(3) 单家银行存款市场份额的扩大。

就单家银行的存款市场拓展来说,扩大市场份额是具有战略性意义的。不过,银行在扩大存款的市场份额时,应关注下列三个问题:第一,投入产出的取舍。当银行的存款份额达到一定规模时,试图争取更多的客户与银行建立信用关系的难度将更大,因此要认真权衡收益的获取和成本的支出。第二,外界干预的可能性。如果银行不断扩大市场份额,那么,不满的竞争者可能联合起来控告银行的"市场垄断"行为,这样银行就被迫花大量的精力来应付公众或政府的起诉和反垄断调查,可见,诉讼风险往往会削弱过分追求市场份额来获利的吸引力。第三,"一揽子计划"。银行在追求扩大市场份额时,要注意力求合理地选择不同存款工具、服务质量和费用支出的组合,以避免利润不能相应增加。

成本优势和差异化优势无疑是银行业竞争优势两大支柱。银行运用成本优势和差异化优势来扩大存款市场份额时,在资源、技能以及组织体系上都有不同的要求,银行管理者必须准确地把握这些要求。

第二节 商业银行的非存款业务

一、非存款业务概述

商业银行的非存款业务,是指商业银行吸收各种非存款资金的业务,主要包括同业拆借、向中央银行或向国际金融市场借款、发行金融债券等。

商业银行的非存款业务常被称为商业银行的"主动型负债"。另外,非存款业务是商业银行以各种方式从资金市场上获得资金,影响其不稳定的因素较多,从而加大了商业银行的经营成本以及经营资产的风险。各种非存款资金的借入,对于商业银行的业务经营具有重要作用:可以提高商业银行的资金营运和管理效率;可以增加商业银行的资金来源、扩大经营规模,加强商业银行与外部的联系和往来;有利于满足商业银行业务经营的各种需要。

一般来说,按照期限长短,商业银行的非存款资金被划分为短期借入资金和长期借入资金。

二、短期借入资金业务

商业银行的短期借入资金业务,是指期限在一年以内的各种银行借款。其目的主要是保持正常的资金周转、满足资金流动性的需要。取得短期借入资金的途径,包括同业拆借、向中央银行借款、转贴现和转抵押、向国际金融市场借款等。

(一) 同业拆借

同业拆借是指商业银行与其他金融机构之间的临时性借款,主要用于支持银行资金周转、弥补银行暂时的头寸短缺①。通常,同业拆借是在会员银行之间通过银行间的资金拆借系统完成。同业拆借期限一般较短,多在7日之内,最短可以为一天或一夜,因此也被称为隔日放款、隔夜放款或"日拆"。我国同业拆借期限最短的为1天,最长为1年。交易中心按1天、7天、14天、21天、1个月、2个月、3个月、4个月、6个月、9个月、1年共11个品种计算和公布加权平均利率。

同业拆借包括两种基本形式:一是同业拆进(拆入),二是同业拆出。

同业拆借的基本特点包括五个方面。

1. 同业性与批发性

同业拆借是一种比较纯粹的金融机构之间的资金融通行为,其市场的参与者是商业银行和其他非银行金融机构,企业和个人不得参加同业拆借,这是目前世界各国同业拆借市场通行的做法。我国参加同业拆借的金融机构,必须是经过中国人民银行批准的,具有独立法人资格的商业银行及其授权分行、农村信用联社、城市信用社、财务公司和证券公司等有关金融机构,以及经中国人民银行认可经营人民币业务的外资金融机构。(见表2-5)。

表2-5 全国银行间同业拆借中心成员构成表

金融机构性质	Financial institution	数量 2017年末
大型商业银行	State-owned bank	20
城市商业银行	Urban commercial bank	132
外资银行	Foreign-funded bank	108
农村信用联社	Rural credit co-operative	317
金融租赁公司	Financial leasing company	43
保险公司	Insurance company	41
资产管理公司	Asset management company	4
境外银行	Offshore bank	8
股份制商业银行	Joint stock commercial bank	41
政策性银行	Policy bank	3
农村商业银行和合作银行	Rural commercial banks and cooperative banks	774
信托投资公司	Trust & investment company	65
财务公司	Financial company	216
证券公司	Securities company	101
汽车金融公司	Automobile financial company	20

---

① 更多关于同业拆借的内容可参见中国货币网:www.chinamoney.com.cn

续表

金融机构性质	Financial institution	数 量 2017 年末
保险公司的资产管理公司	Asset management company of insurance company	4
民营银行	Private-owned banks	4
消费金融公司	Consumer Finance Company	4
其他	Other	2
合计	Sum	1 907

注:以上统计不包括:①已经退市的市场成员;②已经申请加入银行间市场但还未完成联网手续的市场成员。

资料来源:中国外汇交易中心,www.chinamoney.com.cn/fe/Channel/22227

同业拆借的交易数额一般较大,具有显著的批发性特征。在美国,同业拆借市场的交易额一次至少 10 万或 50 万美元,一般为 100 万~500 万美元,大银行之间的拆借一次甚至可以达到上千万或上十亿美元。从我国的情况看,同业拆借多在商业银行之间进行,交易金额巨大,一笔业务涉及金额少到上百万元,多则数亿元。表 2-6 是 2012—2016 年中国各类金融机构拆借的交易情况。

表 2-6 2012—2016 年中国各类金融机构拆借净融入、净融出情况   单位:亿元

	2012 年	2013 年	2014 年	2015	2016 年
中资大型银行	−73 486	−30 650	−63 213	−183 955	−237 311
中资中小型银行	5 112	−25 633	−41 619	−23 790	19 786
证券及基金公司	34 889	38 354	76 852	106 682	175 790
保险公司	—	25	180	58	97
外资金融机构	9 972	1 598	6 806	29 785	−270
其他金融机构	23 513	16 307	20 994	71 221	41 909

注:负号表示净融出,正号表示净融入。
①中资大型银行包括工商银行、农业银行、中国银行、建设银行、国家开发银行、交通银行、邮政储蓄银行。②中资中小型银行包括招商银行等 17 家中型银行、小型城市商业银行、农村商业银行、农村合作银行、村镇银行。③其他金融机构包括城市信用社、农村信用社、财务公司、信托投资公司、金融租赁公司、资产管理公司、社保基金、投资公司、企业年金、其他投资产品等。

资料来源:2012—2016 年《中国货币政策执行报告》①。

2. 短期性与主动性

由于同业拆借的目的主要是为了解决商业银行准备金的调剂问题,因而,其期限一般较短,一般不超过 1 个月,最短为一天或一夜,多为 1~2 周。我国同业拆借的期限最短是 1 天,最长的为一年。同时,由于同业拆借是各个金融机构之间一种

---

① 阅读中国货币政策执行报告,请登录中国人民银行网站:www.pbc.gov.cn

共济共荣的资金调剂行为,因此,各个金融机构需要在考虑本机构具体经营状况的基础上,自行决定同业拆借的数量、期限、金额、方向以及方式等。

3. 市场化和高效率

同业拆借是一种市场化的融资行为,同业拆借的利率是完全市场化的利率。同业拆借市场是一个高效率的市场,其运作的资金是在短期内快速流动的资金。现代的同业拆借市场一般都借助于现代化的通讯设施与传输手段来传递信息、询问价格以及进行具体的交易活动,有一套高效率的交易机制和结算机制,资金结算可以在短时间内完成,交易成本相对较低。

4. 交易的无担保性

同业拆借市场上资金一般是信用拆借,并不需要借款人提供任何形式的担保。其主要原因,一是同业拆借的时间一般较短,不确定的影响因素相对较少;二是参与同业拆借的金融机构大多是信誉较高、实力较强或是相互之间有着密切的业务往来的银行和其他金融机构,双方相互比较了解,并且注重信誉。因此,同业拆借的风险相对较小。

5. 不需向中央银行缴纳法定存款准备金

由于同业拆借的资金是对银行超额准备金的借贷,而超额准备金是在商业银行的总准备金中扣除了法定存款准备金以后的余额,这部分资金一般被视为借款,而不是银行吸收的存款。因此,商业银行无需对这部分资金向中央银行缴纳存款准备金。

专栏 2-3   同业拆借市场

同业拆借市场是最主要的货币市场,该市场形成的同业拆借利率不仅影响其他货币市场,对资本市场和衍生品市场也会产生很大的影响。如想了解更多,请登录中国货币网。

(二)向中央银行借款

商业银行向中央银行获得融通资金,主要有两条途径:再贴现和再贷款。

所谓再贴现,是指商业银行把已经贴现但尚未到期的票据交给中央银行,要求中央银行给予再贴现。此时,票据的债权由商业银行转给(卖给)中央银行,商业银行取得资金融通。这是市场经济条件下,商业银行向中央银行取得资金的最主要途径。同时,再贴现率作为基准利率,也是中央银行的主要货币政策工具之一。

所谓再贷款,是指商业银行从中央银行获得贷款。再贷款的形式,可以是由商业银行开出本票或以合格债券作为抵押品向中央银行取得贷款,也可以是由商业银行直接从中央银行获得信用贷款,而不需特定的担保品作抵押。

(三) 转贴现和转抵押

转贴现和转抵押,也是商业银行在遇到资金临时短缺、周转困难时筹集资金的途径之一,这两种融资活动只发生在银行与银行之间。

转贴现的期限一律从贴现之日起到票据到期日止,按实际天数计算。其利率可以由双方协定,也可以贴现率为基础,并参照再贴现率来确定。转贴现可以使银行随时收回资金,既能应付意外事件,也能充分使用资金。但是,转贴现的数额需要根据银行自身的承受能力来确定,并符合票据市场的有关规定要求。此外,银行是否从事转贴现业务,也需要根据其对于市场上各种融资方式利率的比较等做出判断。

转抵押是银行的同业借款方式之一,基本表现是:信贷资金主要在银行体系内部发生转移,对整个社会的货币供应量影响不大。但是作为抵押贷款,转抵押也需要按照抵押贷款的要求去做,尤其是对抵押资产的估价、处理等,都应符合相应的程序和方法,以保证信贷资金的合理运行,维护社会信用体系的健康发展。

(四) 同业存单

同业存单是存款类金融机构在全国银行间市场上发行的记账式定期存款凭证,其投资和交易主体为全国银行间同业拆借市场成员、基金管理公司及基金类产品。存款类金融机构可以在当年发行备案额度内,自行确定每期同业存单的发行金额、期限,但单期发行金额不得低于5 000万元人民币。同业存单期限通常不超过1年,多数为1个月、3个月、6个月、9个月和1年,可按固定利率或浮动利率计息,并参考同期限上海银行间同业拆借利率定价。

我国的同业存单发行量从2013年末的340亿元增长至2017年前10个月的16.23万亿元,存量大约7.37万亿元,扩张速度极快且规模庞大。同业存单在整个债券市场的占比也从0.1%上升至大约13%,同业负债在金融机构负债中的比重也上升至大约3.4%[①]。

(五) 从国际金融市场借款

除了在国内货币市场取得借款以外,商业银行还可以通过从国际金融市场借款来弥补资金的不足。国际金融市场由短期资金市场(期限为1年以下)、中期资金市场(期限为1~5年)和长期债券市场(期限为5年以上)三部分组成。商业银行经常"光顾"的是前两种市场,主要以固定利率的定期存单、欧洲美元存单、浮动利率的欧洲美元存款、本票等形式融通资金,同时也通过发行债券的方式从国际资金市场借款。目前世界上最具规模、最具影响的国际金融市场是欧洲货币市场。欧洲货币市场之所以对各国商业银行有较大的吸引力,主要是因为其是一个自由开放、富有竞争力的市场。

---

① 刘维泉,监管新规促使同业存单回归利率市场工具本源,《中国货币市场》,2017年12月。

三、长期借入资金业务

商业银行的长期借入资金业务主要是指通过发行金融债券来借入资金。发行金融债券是商业银行中长期借款的主要形式,可以满足商业银行的中长期资金需求,有利于商业银行拓宽负债渠道,促进资金来源的多样化,并有助于增强商业银行资金来源的稳定性。

(一) 金融债券的特点

以发行金融债券的方式筹措中长期资金,是现代商业银行通行的一种筹资方式。与传统的存款筹资方式相比,这种筹资方式有其自身的特点。

1. 筹资目的性强

发行金融债券多是为解决银行特定用途的资金需要。

2. 筹资机制灵活

发行金融债券的主动权掌握在发行者手中,是银行的"主动性负债"。

3. 筹资效率较高

由于金融债券的利率一般会高于同期的存款利率,因此其对投资者的吸引力较强,筹资效率较高。

4. 资金具有稳定性

金融债券有明确的偿还期,到期之前一般不能提前还本付息,因此资金的稳定程度高。

5. 资产流动性较强

金融债券可以在金融市场上转让流通,因而流动性较强。

但是,与银行存款相比,银行通过发行金融债券来筹资的局限性也比较明显:①发行金融债券的数量、利率、期限等,会受到金融监管当局的严格限制。②除利率外,金融债券还要承担相应的发行费用,其筹资成本可能较高。③金融债券的流动性状况受金融市场的发达程度以及市场运行状况的制约。

(二) 金融债券的类型

金融债券的类型多种多样,主要包括以下三种类型。

1. 资本性债券

资本性债券,是商业银行为补充资本金不足而发行的金融债券。

2. 一般性债券

一般性金融债券的发行目的,主要是为商业银行筹集用于长期贷款与投资的中长期资金,主要包括:担保债券和信用债券;固定利率债券和浮动利率债券;普通金融债券、累进利息金融债券和贴息金融债券;附息金融债券和贴现金融债券。

3. 国际金融债券

国际金融债券,是商业银行在国际债券市场筹措资金。

(三) 金融债券的发行方式

金融债券的发行方式多种多样,主要包括:①以债券的发行对象是否有限来划分,有私募方式和公募方式;②以发行债券是否通过中介人来划分,有直接发行方式和间接发行方式;③以债券的具体发售方式来划分,有行政性发行方式和市场化发行方式。

(四) 我国金融债券的发行

我国国内金融债券的发行始于1985年,当时中国工商银行和中国农业银行开始尝试发行金融债券。1994年我国政策性银行成立后,发行主体从商业银行转向政策性银行,首次发行人为国家开发银行;随后,中国进出口银行、中国农业发展银行也加入到这一行列。后来,商业银行中断了对金融债券的发行。2005年4月27日,中国人民银行发布《全国银行间债券市场金融债券发行管理办法》,对金融债券的发行行为进行规范,发行主体也在原来单一的政策性银行的基础上,增加了商业银行、企业集团财务公司及其他金融机构。2009年4月13日,为进一步规范全国银行间债券市场金融债券发行行为,中国人民银行发布了《全国银行间债券市场金融债券发行管理操作规程》,自2009年5月15日起施行。

我国金融债券可采取全国银行间债券市场公开发行或定向发行,一次足额或限额内分期发行的方式。发行人应组建承销团,承销人可在发行期内向其他投资者分销其所承销的金融债券,承销可采用协议承销、招标承销等方式。发行人应在中国人民银行核准金融债券发行之日起60个工作日内开始发行金融债券,并在规定期限内完成发行。发行结束后10个工作日内,发行人应向中国人民银行书面报告金融债券发行情况。

专栏2-4　　　　　　　　　　　**绿色金融债券**

何为绿色金融债券?

为贯彻落实《生态文明体制改革总体方案》和十八届五中全会会议精神,加快推动经济结构转型升级和经济发展方式转变,实现绿色发展、循环发展、低碳发展,人民银行在着力引导商业银行加大绿色信贷投放的同时,在银行间债券市场推出了绿色金融债券,为金融机构支持绿色产业开辟了债务资本市场融资渠道,并引导各类投资者加大绿色投资、履行社会责任。

绿色金融债券是募集资金专项支持绿色产业项目的一类特殊债券。近年来,国际绿色债券市场发展十分迅速,已经成为国际上普遍使用的为绿色产业融资的债务工具。在国内,一些金融机构和企业也尝试发行过募集资金用于绿色相关领域的债券,对发展中国绿色债券市场进行了有益的探索和尝试。但由于缺乏统一的政策,这些探索还没有取得市场普遍共识,相关机构发行的债券也没有成为投资者公认的绿色债券。

为促进中国绿色债券市场发展,人民银行结合国际经验和国内实践,制定发布了有关公告,对绿色金融债券进行了规范,同时明确了鼓励绿色金融债券发行的优惠政策,希望通过这些政策和制度安排,推动我国绿色金融债券市场的快速发展。

绿色金融债券怎么募集，如何用？

国际上绿色债券市场是自发形成的，主要靠市场主体和相关自律组织的自律。公告采用了政府引导和市场化约束相结合的方式，对绿色金融债券从绿色产业项目界定、募集资金投向、存续期间资金管理、信息披露和独立机构评估或认证等方面进行了引导和规范，主要包括以下几个方面的内容。

强调募集资金只能用于支持绿色产业项目。发行人可按照公告所附的《绿色债券支持项目目录》筛选项目，也可参考其他的绿色项目界定标准。

对债券存续期间募集资金管理进行了明确的规定。要求发行人应按照募集资金使用计划，尽快将资金投放到绿色产业项目上；为确保募集资金流向可追溯，要求发行人开立专门账户或建立台账。此外，为降低发行人成本，允许发行人在资金闲置期间投资于信用高、流动性好的货币市场工具及非金融企业发行的绿色债券。

严格信息披露要求，充分发挥市场化约束机制的作用。相对于普通金融债券，绿色金融债券信息披露要求更高，发行人不但要在募集说明书中充分披露拟投资的绿色产业项目类别、项目筛选标准、项目决策程序、环境效益目标，以及发债资金的使用计划和管理制度等信息，债券存续期间还要定期公开披露募集资金使用情况。

引入独立的评估或认证机构。鼓励发行人聘请独立机构对所发行的绿色金融债券进行评估或认证；要求注册会计师对募集资金使用情况出具专项审计报告；鼓励专业机构对绿色金融债券支持绿色产业项目发展及其环境效益影响等实施持续跟踪评估。第三方的评估认证意见和专项审计报告，应及时向市场披露。

资料来源：朱军平，央行详解绿色金融债券，《中国环境报》2015年12月24日。

第三节 存款保险制度

在一家银行面临破产清算的时候，自然就会引出如何保护存款人利益的问题。许多市场经济国家都建立了官方或行业性的存款保险制度，在必要时能够向存款人提供某种程度的保护。对银行来说，存款保险制度的存在，无疑是一个重要的稳定因素。在有效的存款保险制度下，即使发生市场波动和信用危机，在受保护范围内的存款人也不会热衷于挤兑行为，从而大大地减轻了银行的压力。

一、存款保险制度的内涵、目标及运作方式

（一）存款保险制度的内涵和目标

存款保险制度是由官方或行业性的特种公司对商业银行或其他金融机构所吸收的存款承担保险义务的一种制度安排。投保的银行定期按存款余额的一定比率向保险机构交纳保险费，当投保银行因破产而无力向存款人支付存款时，该保险机构在规定的承保范围内代为偿付。

1930年代大危机后,美国率先建立起存款保险制度①。在这之前,一家存款银行的破产,不仅会使该银行的存款人遭受损失,而且还可能引起其他银行的挤兑风险,导致信用秩序和社会经济秩序的混乱。建立存款保险制度的目的在于,当银行经营失败时,为存款人提供一个"安全网",即通过事先的宣传指导和监督控制,限制银行盲目承担过大风险,降低银行破产事件发生的几率;一旦银行倒闭,也可在一定限度内保护存款人利益,消除信用恐慌,以保障整个金融体系的稳健运行。从这一意义上讲,存款保险制度应作为金融领域内实现公共政策目标的工具而运转,即保护单个存款人的利益并维护整个金融体系的完整,提高金融体系的运作效率。

(二)存款保险制度的运作方式

1. 管理体制

目前各国存款保险制度的管理体制存在一定的差异,综合起来大体可分为三种类型:一是由官方创建并管理;二是由官方和银行界共同创建并管理;三是非官方的行业存款保险体系。在加入方式上,又分为自愿加入和强制加入两种。事实上,一旦存款保险制度建立起来,要想不参加是很困难的,因为竞争因素起着重要作用,特别是对那些规模较小的银行来说,如果不把自己纳入到这个制度框架之中去,在竞争中无疑就会处于十分不利的境地。

2. 保险范围

存款保险范围的确定,一般要考虑存款持有人、货币单位、地域分布及数量多少等因素。根据具体情况,存款保险制度可以有多种选择,比如对于同业存款,可纳入保险范围,外币存款也是如此。不过,对于个人(包括非居民存款)和非盈利组织的存款,就必须纳入存款保险范围。

3. 筹资方式

存款保险体系的筹资方式主要有两种:一种是银行缴纳固定保费,具体办法有许多种;另一种是平时不对银行征收保费,不作融资安排,只是在银行倒闭之后才筹集必要的资金偿付存款。

表 2-7　主要国家存款保险制度运作方式的比较

国家	名称	建立时间	加入方式	管理体制	受保护存款限额(对每个存户的最高保护数额)
美国	存款保险公司	1934	自愿	官方创办并管理	250 000 美元
英国	存款保护基金	1982	强制	官方创办并管理	存款额的75%

---

① 为了维护公众信心和维护金融系统的稳定,美国在大危机后的1934年,根据《1933年银行法》建立了美国联邦存款保险公司。

续表

国家	名称	建立时间	加入方式	管理体制	受保护存款限额(对每个存户的最高保护数额)
德国	存款担保基金	1966	自愿	行业管理	开户银行资本金30%
法国	存款担保基金	1980	自愿	行业管理	400 000 法郎
日本	存款保险公司	1971	强制	共同管理	10 000 000 日元
瑞士	存款担保基金	1984	自愿	行业管理	30 000 瑞士法郎

二、对存款保险制度的总体评价

从总体上看,存款保险制度的存在是减少银行挤兑提现的一个重要因素,缓和了个别银行经营失败对整个金融体系稳定性的冲击,也为货币当局采取纠正措施提供了较大的回旋空间。与此同时,经济、金融的结构性变化,也使得现存存款保险制度的一些副作用开始暴露出来。

（一）存款保险制度的正面效应

从保护存款人利益的角度出发,设置一个安全网是很有必要的。因为对多数存款人来说,他们不可能对接受自己存款的银行或其他金融机构的信誉、实力和经营状况有较为全面的了解,因此,也不可能作出恰当的评价。在这种情况下,存款保险制度可以为他们提供一定程度的"投资"保护。实践证明,最需要保护的是那些小额储蓄持有者,他们为数众多,但缺乏经验,不可能对自己所选择的存款银行出现风险的程度作出客观的判断,更谈不上采取有效的风险分散策略。从理论上讲,存款保险制度应当根据存款人的富有程度和经验多少采取区别对待的原则,以便使需要保护的人受到保护。但这一原则在实际操作中会遇到许多困难,大多数国家都采用了相似的解决办法,即通过确定相对较低的存款"保护线"来限制保护范围,目的是将那些大额存款持有者排除在外。但这种方法并不能从根本上保证只对缺乏经验的小额存款持有人提供保护,因为同一存款人可以通过在不同的投保银行多头开户的方式使存款总额超过"保护线"。

保护存款人利益只是存款保险制度的一个方面,更进一步讲,它还有利于整个金融体系的稳定。当银行的困境被外界察觉的时候,存款保险制度的存在可以缓和对突然提现的冲击,从而限制恐慌在存款人之间的扩散,减少造成金融危机的风险。

存款保险制度的积极作用还表现在它对市场效率的潜在影响。某些银行由于其规模或影响而在市场上处于有利地位,但它们未必有很高的效率。例如,一些大银行往往被认为比小银行安全,即使在没有存款保险制度的情况下,一旦出现问题,存款人认为金融当局也不会让这些大银行倒闭。同样的道理,国有银行往往被认为国家就是其担保者,全额支付存款是没有问题的。相比之下,那些小银行、非国有银行在这方面自然没有可比性。而一个完善的存款保护体系可以淡化某些银行所享有的竞争优势,有利于促进竞争的公平性。与此同时,存款保护体系的存在,可以为金融监管当局采取果断措施消除后顾之忧,有利于促使那些效率差的银行退出金融体系,从而有利于提高市场机制的运作效率。

(二) 存款保险制度的负面效应

"安全网"的存在会诱导存款人对其所涉及的具体的风险情况掉以轻心。银行自身在制定经营管理政策时,也倾向于将存款保险制度视为一个依赖因素,特别是在存款的可用性方面更是如此。在这种情况下,客观上鼓励了存款人将资金存入那些许诺付给最高利息的银行,而对这些银行的经营管理水平和资金实力是否弱于它们的竞争对手,并不十分关心。同时,一些银行为弥补较高的存款成本而在业务活动中愿冒更大的风险,而不注重经营管理能力的提升和风险的控制。如果这种状况继续下去,那些资金实力弱、风险程度高的银行则会得到实际的好处,而那些实力雄厚,且经营稳健的银行则会在竞争中受到损害。

(三) 发展趋势

为了使负效应降至最小限度,存款保险制度正朝着以存款的风险程度和特点为基础来构建和运作的方向发展,把"共同保险"和"差别保险"的概念纳入存款保险制度框架正是这一发展方向的表现。

对任何因银行倒闭,都要求存款人承担一定的利息损失或按存款额累进制承担一定比例的损失,这就是"共同保险"的概念。共同保险增大了存款人分担的风险份额,这样,如果在决定存款之前,对银行的状况进行认真地了解和比较,存款人将可以大大减少蒙受损失的可能性,因此,共同保险对于那些信誉好的银行是有利的。根据银行的风险程度和特点来确定相应的有差别的保险费率,这就是"差别保险"的概念。从理论上分析,差别保险相对公平,尤其是差别保险制度能在一定程度上促使银行加强对自身业务风险的控制。

以共同保险和差别保险为特点的存款保险制度的改革,可能会面临许多难以解决的实际问题。首先,对各银行的风险程度很难进行客观的评价。尽管根据银行所涉及的不同业务领域可以确定一些大致的风险参数,如资产存款结构、风险集中程度及资本实力等,但仍有许多重要的风险因素,如管理质量及银行在市场中的地位等,往往只适用于定性的主观判断。其次,对未来风险的预期缺乏保证。保费水平应当视银行的预期风险程度而有所差别,但由于没有足够的历史经验,诸多可变因素之间缺乏可比性,因而实际操作起来有相当的难度。还有一个问题,采用这种方法必然导致对银行风险"级别"的划分,一旦公开或引起仇人怀疑,就有可能动摇市场信心,从而带来新风险。2008年次贷危机给了我们一定启示,随着金融交易的关联度不断提升和复杂化,仅仅依靠存款保险制度难以抑制危机后的金融市场恐慌,金融市场的稳定和恢复需要金融网三大支柱紧密协作,即拥有最后贷款人职能的金融机构、独立的金融监管机构和存款保险机构。

专栏 2-5 　　　　　　　　　次贷危机中美国存款保险制度

　　2008 年次贷危机爆发,无论是从危机的诱因还是社会影响及救助方式上都对现行的金融安全网的制度设计提出了严峻的挑战。存款保险机构的职责是处置问题银行,保护存款人的利益。

　　随着金融危机不断加深,美国问题银行的数量和银行机构倒闭事件不断增加,据美国存款保险公司(FDIC)统计显示,2008 年第二季度陷入困境的银行比上季度增加 30% 至 117 家,为 2003 年以来最高水平。陷入困境的银行所涉及的综合资产也由一季度的 260 亿美元增加至 780 亿美元,增幅为 200%。FDIC 警告称,随着房市持续疲软及次贷危机影响加深,各银行面临的环境更加恶化,银行倒闭潮即将来临。2008 年以来,全美已有 11 家存款类银行倒闭。尽管现行的金融安全网的制度设计和危机救助机制相对滞后,但是 FDIC 仍然在保护存款者利益、处置风险和重整机构、稳定市场信心等方面发挥了重要的作用,特别是在处置大面积的银行倒闭时,专业的风险处置机构显得尤为重要。

　　危机过后,为帮助美国人民对银行系统保持信心,美国当时的乔治·布什总统签署了《2008 紧急经济稳定法案》,临时性的将每个存款人的存款保险额度从 10 万美元提高到 25 万美元。奥巴马总统于 2010 年 7 月 21 日正式签署了《多德-弗兰克华尔街改革与消费者保护法案》,其中第 335 条将危机中临时性调高的存款保险限额永久化。FDIC 的职能主要有三个,即提供存款保险、管理监督银行机构和处置有问题的被保险机构,《多德-弗兰克法案》增加了 FDIC 的备份检察权和执行权,有权决定存款保险的需要对存款机构进行特别检查,以及对任何存款机构控股公司的备份执行权。同时,加强了 FDIC 的有序清算权。除此之外,还改革存款保险收费制度,要求大银行更多地承担 FDIC 保费负担,消除顺周期收费,并撤销存款保险基金的上限并调整底限。

　　资料来源:王敏,从美国次贷危机看我国存款保险制度的建立,《2009 中国法制报告》,社会科学文献出版社,2009 年。

三、我国的存款保险制度

　　在我国建立存款保险制度应该说是 20 年磨一剑,早在 1993 年,《国务院关于金融体制改革的决定》就提出要建立存款保险基金;2004 年,金融稳定局存款保险处挂牌,同年,《存款保险条例》的起草工作开始提上日程并开始起草工作;2007 年,全国金融工作会议把存款保险制度的建立纳上议事日程;2010 年年初,国务院决定加快建立存款保险制度,直到 2015 年 2 月 17 日,国务院总理李克强签署第 660 号国务院令,公布《存款保险条例》,自 2015 年 5 月 1 日起施行。《存款保险条例》的出台,为建立和规范存款保险制度提供了明确的依据,也标志着我国存款保险制度的正式实施。

　　(一) 参保范围

　　存款保险制度之所以影响重大,主要在于其牵涉广大存款人的切身利益。为保证存款保险制度的公平性和合理性,避免逆向选择和道德风险,我国实行强制保险制度。《存款保险条例》规定除了部分外资银行在境内开立的分支机构外,境内的商业银行、农村合作银行、农村信用合作社等吸收存款的银行业金融机构,必须在规定的期限内向存款保险基金管理机构缴纳保费,存款人无需直接承担相关费用。

(二)赔付金额

一旦银行发生兑付问题,存款账户的存款将由存款保险基金管理机构向存款人"限额偿付",最高偿付限额为人民币50万元。同一存款人在同一家存款机构所有被保险存款账户的存款本金和利息合并计算的资金数额在50万元以内的,实行全额偿付;超出50万元的部分,依法从投保机构清算财产中受偿。根据人民银行披露的信息,我国存款账户中,存款在50万元以下的账户数量占全部存款账户的99.7%,也就是说,一旦银行发生危机,99.7%的存款人可以享受存款保险基金管理机构的"全额赔付",绝大部分存款人的资金安全可以直接通过存款保险得到全额保障。

(三)保险费率

从国际经验来看,存款保险制度的保费可分为单一保费制度和风险基础保费制度,前者对存款机构不加区分,实施统一的保险费率,与存款机构的风险无关;后者则根据存款机构的风险的高低,确定和征收不同的保险费率,风险越高保险费率越高。我国存款保险实行基准费率和风险差别费率相结合的制度,存款保险费率水平低于绝大多数国家存款保险制度起步时的水平以及现行水平。费率标准并不是固定不变的,可以根据经济金融发展状况、存款结构情况以及存款保险基金的累积水平等因素进行调整。

(四)保险基金的运作

我国存款保险制度设立专门的存款保险基金管理机构,存款保险基金"取之于市场、用之于市场"。基金主要由存款类金融机构交纳的保费组成,以充分体现市场约束的原则。基金运用以安全性为首要原则,初期主要限于购买国债、存放人民银行获取利息、购买高等级债券及国务院批准的其他资金运行形式等。

我国在存款保险体系的设计上,充分考虑了我国国情和金融体系现状及其未来改革的需要,如在存款保险机构架构设计上既考虑到存款保险机构市场融资等市场化运作的需要,也兼顾了存款保险管理职责的发挥而应具备的行政资源。

本章小结

1. 吸收存款,是银行业务发展的重要基础。与其他借入资金相对应的是,存款被称为银行的"被动型负债"。

2. 传统的存款主要包括三大类型：活期存款、定期存款和储蓄存款。创新的存款类型有大额可转让定期存单、可转让支付命令账户、超级可转让支付命令账户、货币市场存款账户等等。

3. 存款成本是商业银行经营的主要成本，它由利息支出和非利息支出两部分构成。随着金融创新的发展，存款成本的控制要着重考虑三个新的因素：一是现代科学技术向银行业的渗透，二是工智能的发展降低了银行成本，三是银行业务的集中化趋势。商业银行的存款风险管理，需要重点关注流动性和利率方面的风险。

4. 商业银行存款成本指标主要有：资金成本率、可用资金成本率、加权资金成本和边际资金成本。四个指标都反映出，存款成本高低受利息支出、非利息支出和存款规模等的影响。在进行存款管理时，需对这些因素进行综合分析，以求达到整个银行总体成本水平的降低。

5. 在商业银行经营的存款业务中，市场细分的关键在于确定适当的细分标准。个人客户市场和企业客户市场的细分标准存在着较大差异。现代商业银行在进行市场定位之后，主要从扩大总的存款规模、保持现有的存款市场份额和进一步扩大市场份额三个方面进行存款市场的拓展。

6. 商业银行的非存款业务，是指商业银行吸收各种非存款资金的业务，这些业务常被称为商业银行的"主动型负债"。商业银行的非存款资金可以划分为短期借入资金和长期借入资金。商业银行的短期借入资金业务，包括同业拆借、向中央银行借款、同业存单、向国际金融市场借款等。而商业银行的长期借入资金业务，主要是指通过发行金融债券来借入资金。

7. 存款保险是由官方或行业性的特种公司对商业银行或其他金融机构所吸收的存款承担保险义务的一种制度安排。1930年代大危机后，美国率先建立起存款保险制度。我国于2015年2月公布了《存款保险条例》，并在参保范围、赔付金额、保险费率、保险基金的运作等方面做了规定。

关键概念索引

被动型负债　储蓄存款　大额可转让定期存单　货币市场存款账户　非利息支出　同业存单　缺口管理技术　存款资金成本率　主动型负债　同业拆借　同业存单　金融债券　存款保险制度

复习思考题

1. 解释"被动型负债"与"主动型负债"。
2. 传统的存款类型与创新的存款类型分别有哪些？
3. 存款成本的构成是什么？存款成本的控制需要考虑哪些新的因素？

4. 存款成本的指标有哪些?
5. 为什么说商业银行的存款风险管理,需要重点关注流动性和利率方面的风险?
6. 区别个人客户市场和企业客户市场在存款市场上的不同细分标准。
7. 商业银行的短期借入资金业务主要包括哪些?
8. 试述同业拆借业务的基本特点。
9. 什么是同业存单?
10. 商业银行向中央银行借款,可以采取哪些方式?
11. 评述存款保险制度的优缺点。
12. 简要介绍我国的存款保险制度。

参考资料

1. 曾康霖主编,《商业银行经营管理研究》,西南财大出版社,2000年。
2. 彼得·S.罗斯著,刘园译,《商业银行管理》(第九版),机械工业出版社,2016年。
3. 黄亚均、吴富佳、王敏编著,《商业银行经营管理》,高等教育出版社,2007年。
4. 米什金著,《货币金融学》,中国人民大学出版社,2012年。
5. 戴国强编著,《商业银行经营学》,高等教育出版社,2016年。
6. 国务院,《存款保险条例》,2015年2月。

第三章　商业银行的现金和证券业务

本章要点

- 流动性需求与流动性供给
- 现金资产类型
- 现金资产的管理
- 证券投资的对象
- 证券投资的风险与收益
- 证券投资的策略

　　资产业务是商业银行最主要的资金运用业务。商业银行资产业务包含的内容较多,有的资产是为了保持银行充足流动性的需要,有的资产则为银行提供主要的利润来源。本章主要讲述商业银行流动性问题以及商业银行现金资产和证券投资业务。

第一节　商业银行流动性的需求与供给

一、商业银行的流动性需求

（一）商业银行流动性与流动性管理

　　商业银行的流动性是指商业银行满足存款人提取现金、支付到期债务和借款人正常贷款需求的能力。商业银行提供现金满足客户提取存款的要求和支付到期债务本息,这部分现金称为基本流动性,基本流动性加上为贷款需求提供的现金称为充足流动性。

　　流动性管理意味着商业银行在经营活动中要保持足够的高质量的流动性资产来满足存款人提取现金、支付到期债务和借款者正常贷款的需要,其实质在于避免流动性盈余和不足,因为前者会提高流动性成本,后者会导致支付危机。因此流动性管理的重要意义在于：一方面保持充足的流动性，避免流动性危机，确保商业银行健康发展；另一方面避免出现大量多余的流动性头寸，提高银行的盈利水平。商业银行必须在二者之间作出权衡，保持适度的流动性。

（二）商业银行流动性需求的类型

既然商业银行经营有产生流动性风险的内在机制，流动性对商业银行又至关重要，商业银行就有必要对流动性需求和供给进行细致的分析。

商业银行的流动性需求是指商业银行为了满足客户需要、往来银行清算及监管当局规定而必须立即兑现的流动性资产需求。对大多数商业银行而言，其流动性需求通常来自以下七个方面：①客户从其存款中提取现金；②商业银行为了留住老客户，同意对已到期贷款展期或对已承诺的贷款履行承诺；③商业银行为了争取新客户，满足新客户的贷款需求；④偿还其他商业银行的借款；⑤向中央银行缴存存款准备金；⑥支付营业费用及税金；⑦向股东派发现金股利等。

商业银行流动性需求可以根据其变化特点，分为季节性流动性需求、周期流动性需求、临时流动性需求和长期流动性需求等。

1. 季节性流动性需求

季节性因素影响着存款的变化和贷款需求的波动。一般而言，商业银行的贷款对象多为其存款客户，流动性需求的季节性变动过程也就是存款和贷款相互影响的过程。例如，农业地区的商业银行流动性需求往往因农业生产的季节性变化而呈现出季节性特点，即在春播季节，农户存款下降，贷款需求增加；而在秋收之后，农户存款上升，贷款需求减少。商业银行的客户越单一，季节性流动性需求越明显。商业银行季节性流动性需求具有可预测性，至少可做出大致判断。商业银行在充分掌握历史相关资料的基础上，可以根据基期数据估算出季节性变化指数，再根据各期季节性流动性需求总额预测出各期具体的流动性需求情况。

2. 长期流动性需求

长期流动性需求由商业银行所服务区域产业的经济发展所决定。如果商业银行服务的主要社区是新开发地区，或者商业银行服务的产业是新兴产业，其贷款需求一般会大于存款，在较长时期内表现为净现金需求。如果商业银行服务于成熟稳定发展的地区或产业，则贷款需求较少而存款较多，现金需求量较小。对商业银行的长期流动性需求要进行长期性预测，长期性战略预测较为复杂，但长期流动性需求趋势相对稳定。

3. 周期流动性需求

经济周期的变化是明显的，但周期长度前后不尽一致，由经济周期性变化引发的周期流动性需求往往难以准确估计，尤其是当经济周期从一个阶段转向另一个阶段的时候，预测难度更大。但在周期的某一阶段，可以运用适当的方法进行有关流动性需求预测。在拥有历史数据的基础上，商业银行可以根据存款、贷款和一些宏观经济指标的相关性,通过预测存贷款的变化来预测商业银行周期流动性需求的变化。

4. 临时流动性需求

临时流动性需求难以预测,商业银行必须准备部分现金以备急用。导致临时流动性需求的因素可以是政局变化、信用危机、突发事件等。为了应付临时流动性需求,商业银行到底应持有多少现金,没有统一标准。

二、商业银行流动性的供给

(一) 商业银行流动性供给的渠道

为了满足流动性需求,商业银行应保持足够的流动性供给。商业银行的流动性供给可从资产和负债两方面获得。通常,最重要的渠道是吸收新的存款,包括从新开立的账户和从已有的账户中获取的新增存款。另一个重要的流动性供给渠道来自客户偿还的贷款。出售所持有的证券、同业拆入、向中央银行借款等方式也能够使商业银行在很短的时间内获得资金。流动性供给同样还可来自提供非存款服务的所得收入。

具体来说,商业银行的流动性供给主要来自下列渠道。

(1) 库存现金。商业银行持有的库存现金是随时可以动用的最活跃的货币资金。

(2) 存放于中央银行的超额准备金。商业银行拥有的在中央银行的超额准备金,随时可用于支付结算或支取现金。

(3) 短期证券。商业银行持有的短期政府债券及其他各种即将到期的证券,其变现能力较强。

(4) 证券回购协议。已买进证券回购协议的商业银行在面临流动性需要时,可按约定返售证券以取得现金。

(5) 从中央银行借入资金。当商业银行面临流动性需要时,可向中央银行办理再贴现或直接进行信用借款。

(6) 向其他商业银行拆借资金。需要资金的商业银行可在同业拆借市场上拆入资金。

(7) 发行大额可转让定期存单。在国外,大型商业银行通过发行大额可转让定期存单筹措资金是常见的现象。

(8) 国外借款。商业银行可通过在国际金融市场上发行金融债券,借入资金等。

(9) 其他形式的负债。

(二) 商业银行流动性供给方式的选择

商业银行采取何种形式提供流动性,要受到多种因素影响,既有来自商业银行内部的因素,又有来自商业银行外部的因素,可归纳为以下五个方面。

1. 流动性需求的不同种类

流动性需求的种类不同,商业银行满足其供给的方法就不太相同。如对于季节性流动性需求,商业银行可通过拆借方式来满足,风险较小。在美国,联邦储备当局在这方面的政策限制较少,允许商业银行使用拆借资金满足季节性需要。这样,美国的商业银行可以减少满足季节性需要的准备,增加盈利性资产的投入,以获取较高的收益回报。但是,商业银行使用拆借方式来满足周期流动性需求就不恰当了。因为一方面周期流动性需求难以预测,另一方面,在经济周期中拆借现金很困难,所以,商业银行应持有一定的现金来满足周期流动性需求。对于长期流动性需求,商业银行可通过资产变现和拆借资金来满足,当这两条途径都不能满足长期流动性需求时,商业银行则应调整资产增长率或发展速度。一般而言,小商业银行主要通过资产变现来满足流动性需求,大商业银行则可较多地使用拆借方式来满足流动性需求,而且拆借渠道多样化。

2. 商业银行的管理哲学

商业银行流动性供给渠道在一定程度上受其管理哲学的影响。保守的银行家不用或很少使用拆借手段筹措资金,基本上依赖于资产变现;具有激进管理思想的银行家则广泛使用筹资手段,如拆借资金、境外筹资等。

3. 筹资的成本

商业银行选择流动性供给渠道时,不仅要考虑其可行性、及时性,还要考虑筹资成本的高低。在测算筹资成本时,不仅要计算其直接利息成本,而且要考虑相关的费用成本及有关准备金等方面的规定。

4. 商业银行的流动性计划

每家商业银行都要根据自身的情况相应制定有关流动性计划,既有较长期的策略又有临时应急措施。在一般情况下,流动性计划对流动性供给渠道有直接的指导作用。

5. 外部环境的变化

商业银行面对的外部环境处于不断变化之中,满足流动性需要时应相机抉择。外部环境的变化因素众多,如中央银行法定准备金制度的变化、财税制度的变革、国内资金市场融资方式的改变等都在一定程度上给商业银行的流动性管理带来影响。

在实际工作中,通常将流动性需求和流动性供给结合起来考察。在任何时刻,商业银行的流动性供给与流动性需求之间差额便构成净流动性头寸。当净流动性头寸为正时,表明商业银行流动性供大于求,即形成流动性盈余;当净流动性头寸为负时,表明商业银行流动性供不应求,即产生流动性赤字。对于流动性盈余,管理者需要寻找合适的资金使用方式;对于流动性赤字,管理者需要紧急有序地调入。

三、商业银行流动性的预测

流动性预测是商业银行预测内部流动性供给和流动性需求来源,估算可能出现的流动性余缺,据以平衡流动性供求的管理手段。流动性预测的方法很多,常用的有资金来源和运用法、资金结构法、概率分析法等。

1. 资金来源与运用法

资金来源与运用法是指商业银行通过预测流动性资金来源与运用数量来预测流动性需要量,进而组织资金来源,满足流动性需要的一种方法。

商业银行的流动性是由资金来源和资金运用决定的,并随资金来源与运用的变化而变化。在商业银行业务活动中,任何存款的增加和贷款的减少都会增加商业银行的流动性,任何存款的减少和贷款的增加都会减少商业银行的流动性。当流动性资金来源大于流动性运用时,如存款增加、贷款减少,为正缺口,这时商业银行必须将多余的资金投资于收益性资产。反之,当流动性运用大于流动性来源时,如贷款增加、存款减少,便出现负缺口,这时商业银行必须以尽可能低的成本尽快筹措流动性资金弥补缺口。

2. 资金结构法

该方法根据商业银行资金来源稳定性的高低,相应提取不同比例的流动性准备,同时根据银企关系,确定新增合理贷款数额,这两项合计构成一定时期内商业银行总的流动性需求。在这种方法中,商业银行的存款和其他资金来源可以分为以下三类。

(1) 热钱负债[①]。这种负债对利率极为敏感或近期提取可能性极高。

(2) 易变负债。这种负债是在近期内有可能(如25%~30%)会被取走的存款。

(3) 稳定资金。它通常被称为核心存款或核心负债,它在近期内被提取的可能性极低。

根据上述三类负债的稳定性程度,相应提取不同比例的流动性准备。例如,对游资负债提取95%的流动性准备,对易变负债持有30%的流动性准备,对稳定资金持有不超过15%的流动性准备。这些比例的确定大多根据经验掌握,并非千篇一律。在上述假定条件下,负债流动性准备公式如下:

$$负债流动性准备 = 95\% \times (游资负债 - 法定准备) \\ + 30\% \times (易变负债 - 法定准备) \\ + 15\% \times (稳定资金 - 法定准备)$$

---

① 热钱,Hot Money,是指经常在金融市场流动以寻求更高收益的短期资金。

3. 概率分析法

在商业银行流动性管理中，可借助概率论的有关方法来分析其流动性状况，这种方法称为概率分析法。在实际工作中，商业银行面临流动性最好和最坏的可能性较低，而介于两者之间的可能性较大。所谓流动性最好的状况，是指存款会出现超出预测的大幅度增长，达到历史最高纪录，或者贷款需求可能由于经济不景气等原因超出预测的大幅度降低，商业银行出现大量流动性盈余。相反，如果存款出现超出预测的大幅度下降，甚至达到历史最低记录，或者合格贷款需求可能超出预测大幅度上升而达到历史最高点，商业银行将面临流动性的巨大压力，就会出现流动性最差的状况。其计算公式为：

流动性需求 = 出现 A 情况的可能性 × 在 A 情况下的流动性缺口
　　　　　＋ 出现 B 情况的可能性 × 在 B 情况下的流动性缺口
　　　　　＋ 出现 C 情况的可能性 × 在 C 情况下的流动性缺口
　　　　　＋ ……

商业银行通过流动性预测可以估计出流动性需要，然后通过头寸调度，对资金头寸进行合理的分配和使用，满足商业银行的资金需要。为了灵活及时调度头寸，加速头寸资金的周转和提高头寸资金的效益，必须选择最佳调度路线和最佳调度时间。商业银行通常建立一个头寸调度系统，由行长、信贷、会计、出纳和储蓄等业务部门组成头寸调度小组，形成一个上下左右畅通、调拨灵活自如的资金调拨系统。

专栏 3-1　　　　　　　　　　美国伊利诺斯大陆银行的流动性危机

1984 年春夏之际，作为当时美国十大银行之一的伊利诺斯大陆银行经历了一次严重的流动性危机。在联邦有关金融监管当局的多方帮助下，该银行才得以渡过危机，避免了倒闭的结局。

早在 1970 年代初，伊利诺斯大陆银行最高管理层就制定了一系列雄心勃勃的信贷扩张计划。在该计划下，信贷员有权发放大额贷款，而为了赢得客户，贷款利息往往又低于其他竞争对手。这样，该银行的贷款总额迅速膨胀，从 1977 年到 1981 年的 5 年间贷款额以平均每年 19.8% 的速度增长，而同期其他美国 16 家最大银行的贷款增长率仅为 14.7%。与此同时，伊利诺斯大陆银行的利润率也高于其他竞争银行的平均数。但是，急剧的资产扩张已经包含了潜在的危机。

与其他大银行不同，伊利诺斯大陆银行并没有稳定的核心存款，其贷款主要由出售短期可转让定期存单、吸收欧洲美元和工商企业及金融机构的隔夜存款来支持。在 1970 年代，该银行的资金来源既不稳定，资金使用又不谨慎，银行不良贷款的数量大量上升。1982 年，该行没有按时付息的贷款占总资产的 4.6%，比其他银行高一倍以上，1983 年流动性状况进一步恶化，易变负债超过流动资产的数额约占总资产的 53%。1984 年的头 3 个月问题贷款的总额已达 23

亿美元,银行出现亏损。1984年5月8日,当市场上流传伊利诺斯大陆银行将要倒闭的消息时,其他银行拒绝购买该行发行的大额定期存单,原有的存款人也拒绝延长到期的定期存单和欧洲美元,公众对该银行失去信心。5月11日,该行从美国联邦存款保险公司借入36亿美元来填补流失的存款,以维持必要的流动性。1984年5月17日,联邦存款保险公司向公众保证所有的存款户和债权人的利益将能得到完全保护,并宣布将和其他几家大银行一起注入资金,而且中央银行也会继续借款给该银行。但这类措施并没有根本解决问题,伊利诺斯大陆银行的存款还在继续流失,在短短的两个月内,该银行共损失了150亿美元的存款。1984年7月,联邦储备银行接管该银行(拥有该银行的80%的股权),并采取了一系列其他措施,才帮助伊利诺斯大陆银行渡过了这次危机①。

资料来源:俞乔等,《商业银行管理学》,上海人民出版社,1998年。

四、监管部门对商业银行流动性的监管要求

为避免商业银行流动性风险,中央银行和银监会为商业银行设定了一系列的流动性指标。

2015年修订后的《商业银行法》第三十九条第二款规定,商业银行贷款时应当遵守流动性资产余额与流动性负债余额的比例不得低于25%的资产负债管理的要求。不过在此次修订中删除了存贷比须低于75%的要求。

银监会制订的《商业银行流动性风险管理办法(试行)》于2014年3月实施,强化了对商业银行流动性风险的管理和监管,取得了良好的效果。随着银行业务经营和金融市场的发展变化,银监会又在2017年提出了《商业银行流动性风险管理办法(修订征求意见稿)》。2018年5月,中国银保监会正式发布《商业银行流动性风险管理办法》(以下简称《办法》),并于2018年7月1日施行。《办法》要求资产规模不小于2 000亿元人民币的商业银行应当持续达到流动性覆盖率、净稳定资金比例、流动性比例和流动性匹配率的最低监管标准。资产规模小于2 000亿元人民币的商业银行应当持续达到优质流动性资产充足率、流动性比例和流动性匹配率的最低监管标准。

(1) 流动性覆盖率旨在确保商业银行具有充足的合格优质流动性资产,能够在规定的流动性压力情景下,通过变现这些资产满足未来至少30天的流动性需求。商业银行的流动性覆盖率应当不低于100%。计算公式为:

$$\frac{流动性}{覆盖率} = \frac{合格优质}{流动性资产} \div \frac{未来30天现金}{净流出量} \times 100\%$$

(2) 净稳定资金比例旨在确保商业银行具有充足的稳定资金来源,以满足各

---

① 银行出现流动性危机不一定因为自身经营出现明显问题,次贷危机中英国北岩银行被国有化的主要原因与伊利诺斯大陆银行就有很大不同,建议读者搜索相关资料,体会其中的差异性。

类资产和表外风险敞口对稳定资金的需求。商业银行的净稳定资金比例应当不低于100%。计算公式为：

$$净稳定资金比例 = 可用的稳定资金 \div 所需的稳定资金 \times 100\%$$

（3）商业银行的流动性比例应当不低于25%。计算公式为：

$$流动性比例 = 流动性资产余额 \div 流动性负债余额 \times 100\%$$

（4）流动性匹配率衡量商业银行主要资产与负债的期限配置结构，旨在引导商业银行合理配置长期稳定负债、高流动性或短期资产，避免过度依赖短期资金支持长期业务发展，提高流动性风险抵御能力。商业银行的流动性匹配率应当不低于100%。计算公式为：

$$流动性匹配率 = 加权资金来源 \div 加权资金运用 \times 100\%$$

（5）优质流动性资产充足率旨在确保商业银行保持充足的、无变现障碍的优质流动性资产，在压力情况下，银行可通过变现这些资产来满足未来30天内的流动性需求。商业银行的优质流动性资产充足率应当不低于100%。计算公式为：

$$优质流动性资产充足率 = 优质流动性资产 \div 短期现金净流出 \times 100\%$$

第二节 商业银行现金资产管理

现金资产是商业银行所有资产中最具流动性的资产。商业银行要维持资产的流动性，满足中央银行存款准备制度的要求，保持清偿力和获取更有利的投资机会，就必须持有一定比例的现金资产，并对其进行科学管理。现金资产头寸的管理是商业银行流动性管理的重要内容。

一、商业银行现金资产的构成

商业银行的现金资产由库存现金、在中央银行存款、存放同业存款、在途资金等项目构成，是商业银行所有资产中最富有流动性的部分，是商业银行随时可用来支付客户现金需要的资产。各国商业银行都把现金资产作为支付客户提存、满足贷款需求，以及支付各种营业费用的一线准备。在一般情况下，商业银行现金资产大约占总资产的12%。

（一）库存现金

库存现金是指商业银行保存在金库中的现钞（纸币）和硬币，由业务库现金和储蓄业务备用金两部分组成。库存现金的主要作用是银行用来应付客户提现以及银行其他的日常零星开支。由于库存现金是银行的非营利性资产,并且保存库存现金还需要各种大量的相关费用,因此,商业银行通常仅保持必要的适度的现金资产。

（二）在中央银行存款

在中央银行存款是商业银行存放在中央银行的资金,包括法定存款准备金和超额存款准备金。商业银行在中央银行开立的存款账户,是用于银行的支票清算、资金转账等的基本存款账户。商业银行由于同业拆借、回购、向中央银行借款等业务而出现的资金划转以及库存现金的增减等,均需要通过这个账户进行。

所谓法定存款准备金,是按照法定比率向中央银行缴存的存款准备金。规定缴存存款准备金的最初目的,是为了银行备有足够的资金以应付存款人提存,避免因流动性不足而产生流动性危机,导致银行破产。目前,存款准备金已经演变成为中央银行调节信用规模的一种政策手段与工具,正常情况下一般不得动用。因此。按法定比率缴存的法定准备金具有强制性。所谓超额准备金是指在存款准备金账户中,超过了法定存款准备金的那部分存款。这部分存款是商业银行在中央银行账户上保有的用于日常支付和债权债务清算的资金。

由于超额准备金是商业银行的可用资金,因此,其多寡直接影响着商业银行的信贷扩张能力。而中央银行的法定存款准备金率之所以能够作为调节信用的手段,也正是因为法定存款准备金率的变化,会影响商业银行超额准备金的增减变化。在银行的准备金总量不变的情况下,超额准备金与法定存款准备金之间存在此消彼长的关系。即,当法定存款准备金率提高时,法定存款准备金增加,商业银行的超额准备相应减少,其信用或信贷的扩张能力下降;反之,存款准备金率下降,商业银行的信贷扩张能力就增强。

（三）存放同业存款

存放同业存款也称为在其他商业银行的存款,是指商业银行存放在代理行和相关银行的存款。在其他银行保持存款的目的,是为了便于银行在同业之间开展各种代理业务,如结算收付、贷款参与、投资咨询等。由于存放同业的存款一般属于活期存款性质,可以随时支用,因而被视为银行的现金资产。

（四）在途资金

在途资金也称托收未达款或托收中的现金。它是指本行通过对方银行向外地付款单位或个人收取的票据款项。在途资金未收妥之前,是一笔他行占用的资金,同时由于其通常在途时间较短,收妥后即成为存放同业存款,所以,银行一般将其视同为现金资产。

二、商业银行现金资产的作用

银行在业务运营过程中,必须满足一定的现金需要。一般来说,商业银行在业务经营中,需满足以下四个方面的现金需求。一是客户提取存款进行日常交易的需要。二是满足金融监管当局的要求,主要是各种准备金。三是银行作为社会资金清算与结算的中心,必须在中央银行或者是其他商业银行存有足够的现金,以满足各种票据的清偿与结算需要。四是银行需要向代理行支付一定的现金,以获得代理行所提供的服务。

现金对于商业银行的作用,可以归纳为两点。

（一）保持清偿力

现金资产正是为了满足银行的流动性需要而安排的资产准备。如果银行不能满足客户提存的需要,其信誉会严重受损,严重时出现挤兑,引发银行危机,并导致银行破产倒闭。甚至引发更大的、全局性的金融危机。

（二）保持流动性

在保持银行经营的流动性方面,不仅需要进行银行资产负债结构的合理搭配,确保原有贷款和投资的高质量和易变性;同时,也需要银行持有一定数量的流动性准备资产,包括现金资产,以利于银行及时抓住新的贷款和投资的机会,为增加盈利、吸引顾客提供必需的物质条件。

专栏3-2　　　　　　　　　银行倒闭与篮球赛有关吗?

在美国的一个小镇上,有一家社区银行,由于小镇并不是很大,它也就成为该镇的唯一的一家银行。按照惯例,银行的管理人员总是在周五准备比较多的现金,因为周五是当地企业发薪水的日子,平时保持的现金要少的多。这种方法一直没给银行带来什么问题。但是有一个周四,银行突然来了大量的当地居民,持着支票要求兑现现金,由于银行没有预料到这个情况,现金准备不足,所以无法满足居民的现金需要,从而使一部分居民对银行能否提供安全、可靠的服务产生了怀疑。后来银行的经理才听说该镇高中的篮球队史无前例地打入了州里的篮球决赛,决赛在周六开打,当地的企业主为支持学生家长到州里为篮球队加油助威,特意提前一天发放工资,让他们周五就可以动身前往。

银行的经理这才明白在周四突然产生没有预期到的大量的现金需求的原因,但是为时已晚。银行不能满足客户需求的不良印象已经产生,对银行的发展可能会产生的影响也许是难以估计的。

几年后,由于银行业竞争的加剧,该银行倒闭了。谁也不能说清楚它的倒闭是不是跟几年前的一场篮球比赛有关系。

资料来源:俞乔等,《商业银行管理学》,上海人民出版社,1998年。

三、库存现金的管理

（一）影响商业银行库存现金头寸的因素

库存现金的管理主要是头寸的管理。商业银行必须准确预测库存现金需要量保证客户提取现金的需求又不至于保留过多的库存现金。要做到这一点,商业银行必须仔细分析影响库存现金需要量的因素。一般来讲,影响库存现金需要量的主要因素有以下四点。

1. 存户的多少

在存款总额一定的前提下,存户越多,存款越分散,存户支取款项的金额和时间越分散,准备金的比例可能相对低一些;相反,存户越少,存款越集中,比例就需相对高一些。

2. 存款的种类

活期存款流动性大,现金准备比例应高些;定期存款稳定性强,现金准备的比例可低一些。

3. 季节性因素

一般来说,逢年过节、旅游旺季,客户动用存款多;农副产品收购季节,收购部门提现多,这时银行应增加现金储备。

4. 物价稳定状况

市场物价稳定,多余资金一般都存入银行,银行现金准备的比例可以降低;相反,物价上涨过快,现金准备就应多一些。

(二) 库存现金需要量的匡算

库存现金是商业银行为完成每天现金收支活动而需要持有的即期周转金。其需要量的确定取决于两个因素:一是库存现金的周转时间;二是周转期内的现金支出水平。同时,银行每天、每旬要根据各存款单位的提取现金数、农副产品收购部门需要提取现金的数额、储蓄部门的现金收支额及主辅币的需要量等各种情况做出调查研究,对各种因素进行预测,合理匡算现金头寸,核定库存现金限额,并要坚持从实际出发,在实践中总结出现金收支变化规律,只有这样,才能使库存现金保持在一个合理的水平。

(三) 加强库存现金管理

对商业银行的基层行来讲,库存现金的管理是一个相当重要的工作内容,是他们进行流动性管理的重中之重。商业银行在进行现金管理时要针对现金影响因素,有的放矢地进行管理,具体要采取以下五种措施。

(1) 把各营业网点的现金库存状况与其切身经济利益挂钩,使其有在保持流动性前提下尽量压低现金库存的动力。

(2) 通过具体措施使对公出纳业务现金收支尽可能规范化。

(3) 摸清储蓄所现金收支的规律。

(4) 解决好压低库存现金的有关技术问题。一是要掌握好票面结构;二是要充分发挥中心库的调剂作用;三是各营业网点的出纳专柜要建立当天收现当天清点、下班前各档并捆的制度,尽可能把当天收进的现金全部用来抵用第二天的现金支出；四是要创造条件，使储蓄所上交的现金在当日入库；五是对回收的残破币要及时清点上交，以减少现会库存。

（5）在压缩现金库存所需增加的成本与所能增加的收益之间进行最优选择。

四、同业存款的管理

（一）存放同业存款的目的

存放同业的存款网络把不同地区的大小银行的业务活动联系在一起，使银行得以延伸业务与服务触角，扩大业务范围，并且可以降低有关业务与服务活动开展的成本。

银行开展上述各种代理行业务，需要花费一定的成本，需要从被代理行提供的服务以及被代理行交付的手续费中获取收益，以弥补支出。因而，商业银行在代理行的存款账户中存入一定数量的活期存款，主要是为了支付代理行开展各项业务的手续费。

（二）存放同业存款需要量的确定

对于同业存款的数量，银行应该根据具体情况掌握。因为，同业存款过多，会使银行付出一定的机会成本，丧失某些获利机会；但同业存款过少，又会影响到银行委托他行开展的业务与服务，甚至会对银行在行业内的声誉带来不好的影响。所以，对于同业存款数量的确定原则是：适度。为此，商业银行需要根据各种影响同业存款的因素，分析并准确预测同业存款的数量，为银行进行科学、合理的同业存款管理打下良好基础。

商业银行在同业的存款余额需要量，主要取决于以下两个因素。

1. 使用代理行服务的数量与项目

如果商业银行使用的代理行服务与业务数量越多，服务与业务类型越复杂，则所需付出的费用越大，同业存款的数量就越大。反之，若商业银行使用的代理行服务与业务数量较少，服务与业务类型相对简单，则同业存款的数量就可以较少。

2. 代理行的收费标准

代理行服务项目的收费标准越高，则银行在代理行所需存入的款项就越多；反之，则越少。

五、超额准备金的管理

（一）法定存款准备金的上缴

商业银行必须按照中央银行的规定，根据存款余额计算出必须缴存的法定存款准备金数额并及时足额上缴。1998年存款准备金制度改革要求金融机构存款准备金实行时点法考核，商业银行按旬由总行统一向人民银行办理缴存，人民银行按旬进行考核。对超过规定时间不缴存或缴存不足的银行，对欠交部分按有关利率处以罚息。自2015年9月15日起,中国人民银行改革了存款准备金考核制度,由时点法改为平均法考核,即维持期内,金融机构按法人存入的存款准备金日终余额算术平均值与准备金考核基数之比,不得低于法定存款准备金率。自2016年7月15日起,为进一步完善平均法考核存款准备金,增强金融机构流动性管理的灵活性,平滑货币市场波动,人民币存款准备金的考核基数进行平均考核,将金融机构存款准备金交存基数由每旬末一般存款余额的时点数调整为旬内一般存款余额的算术平均值。这是人民银行继2015年9月15日将金融机构存款准备金考核由每日达标改为维持期内日均达标后,对存款准备金平均法考核的进一步完善。这一方法称为存款准备金考核的双平均法。

商业银行在对法定存款准备金进行管理时,必须注意头寸管理,保证及时上缴法定存款准备金,避免中央银行因存款准备金不足而给予处罚。同时,由于存款准备金是一种低收益资产,上缴越多,对商业银行利润实现就越不利,因此,商业银行应尽量通过负债业务创新等方式压缩存款准备金数额。

(二)超额准备金的管理

超额准备金是商业银行在中央银行准备金账户上超过法定存款准备金的数额,它是商业银行最具流动性的资产之一,商业银行可以随时动用,充当一切资金结算的最终支付手段。超额准备金与库存现金可以互相转化,共同构成商业银行的基础头寸。

1. 影响超额准备金的因素

(1)顾客存款波动幅度对超额准备金的影响。当顾客存款在波动中下降时,就产生了对超额准备金的需求,以作为清算的备付。

(2)贷款与投资的增减对超额准备金的影响。当贷款与投资增加时,超额准备金需要量增大,反之则减少。此外,贷款的使用对象在其他行处则要求资金全部转移,也必须有相应的超额准备金以备支付。

(3)其他因素的影响。如财政性存款下拨则减少超额准备金的需求,上缴则增加对超额准备金的需求;归还中央银行借款的数量增加则要求相应增加超额准备金,归还中央银行借款的数量减少则要求相应减少超额准备金等。

2. 超额准备金调节的渠道和方式

一般情况下,商业银行可以根据实际需要调节超额准备金,其主要渠道和方式如下五种。

(1)同业拆借。商业银行灵活调度资金最主要的渠道是同业拆借市场。任何一家经营有方的银行,都必然建立有广泛的日拆性短期融资网络,在资金紧缺时可及时拆进资金,一旦头寸多余则可随时拆出资金。通过同业拆借既能满足银行短期流动性的需要,又能使银行的日常周转头寸始终保持在一个恰当的水平。拆出资金的收益和拆入资金的成本大体相当,因此,通过拆借渠道调节资金余缺不能成为银行盈利的主要手段。

(2) 短期证券,尤其是短期国库券以及商业票据,是商业银行的二级储备,也是商业银行资金调度的主要渠道。商业银行在现金头寸不足时,可通过出售回购协议的方式暂时卖出证券,调入资金;如现金头寸多余,则可通过购入回购协议的方式调出资金,赚取利息。商业银行也可以通过商业票据的买卖或贴现来调度资金余缺。

(3) 总行与分支行之间的资金调度。我国目前实行商业银行总行一级法人制。存款准备金的缴付与现金头寸的调度由各商业银行总行统一负责管理。因此,各商业银行的分行在进行现金头寸调度时,既可以在本地区的货币市场上参与同业拆借和短期证券买卖来调度头寸,也可以向总行借入资金或上存资金。

(4) 通过中央银行融通资金。与中央银行的资金往来也是商业银行头寸调度的主要渠道之一。在商业银行资金头寸不足时,可采取再贷款和再贴现的方式向中央银行调入头寸;反之,商业银行头寸多余则直接反映在中央银行一般性存款中可贷头寸的增加,可通过贷款和投资的方式调出资金。但是,向中央银行调入头寸要受中央银行货币政策的影响。一般来说,由于商业银行向中央银行缴存法定准备金,中央银行有义务支持商业银行的头寸调度。但在银根紧缩时,再贴现和再贷款的利率一般要高于货币市场的短期利率。因此,发达国家的商业银行只有在同业拆借和短期证券买卖仍难以弥补头寸缺口时,才寻求中央银行的资金支持。我国中央银行借鉴国际经验,创新头寸调节方式,推出了常备借贷便利工具(Standing Lending Facility,简称 SLF,2013 年推出)和自动质押融资工具(2006 年推出)等货币政策工具帮助商业银行在短期流动性不足时以合格资产为抵押从央行获得流动性支持。

(5) 出售其他资产。商业银行还可以通过出售中长期证券、贷款和固定资产等来调节资金。

3. 我国超额准备金的变化

我国金融机构的超额准备金在 2001 年超过 7%,之后总体呈下降态势,2003—2008 年平均在 3.5% 左右,之后进一步下行,2017 年 6 月降至 1.5% 左右(参见图 3-1)。

这种趋势性下降与下列因素有关:一是支付体系现代化大大缩短了资金清算占用时间,基本消除了在途资金摩擦,降低了其他资产转换为超额存款准备金的资金汇划时间成本和交易成本。二是金融市场快速发展使商业银行有更方便的融资渠道,在需要资金时可以随时从市场融入资金,从而降低预防性需求。三是商业银行流动性管理水平和精细化程度不断提高,可以更加准确地预测流动性影响因素,降低了不确定性冲击的影响。一些银行开发了先进的流动性管理系统,能够实时掌握全系统各分行的资金往来情况,能够把超额存款准备金维持在零附近从而提

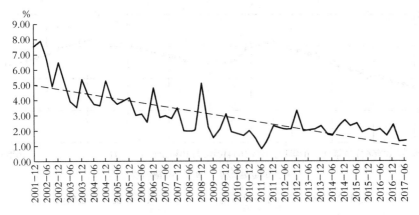

图 3-1　2001 年 12 月—2017 年 6 月超额准备金变化情况

高资金使用效率,个别时点还在合规的法定存款准备金透支机制下将超额准备金临时性降至负值。近年来中国人民银行不断完善货币政策操作框架,释放出制度红利,也使银行体系超额存款准备金需求明显降低。如双平均法考核存款准备金给予商业银行在考核期内更加灵活摆布流动性的空间,常备借贷便利工具和自动质押融资工具使商业银行在短期流动性不足的时候可以合格资产为抵押从中国人民银行获得流动性支持,而公开市场操作频率从每周两次提高到每日操作,从制度上保障央行能够及时应对多种因素可能对流动性造成的冲击,及时释放政策信号引导和稳定市场预期,这些都有效降低了商业银行超额存款准备金预防性需求[①]。

专栏 3-3　　　　　存款准备金率调整与商业银行流动性[②]

中国人民银行决定从 2016 年 3 月 1 日起下调存款类金融机构人民币存款准备金率 0.5 个百分点,这是继 2011 年 12 月 5 日后第九次下调存款准备金率,2015 年 2 月 5 日起半年内的第六次下调存款准备金率。在此之前,从 2010 年 1 月 18 日到 2011 年 6 月 20 日,中国人民银行连续 12 次提高存款准备金率。如果从 2007 年 1 月 15 日算起,到 2016 年 3 月,我国存款准备金率调整达到了 40 次之多(见图 3-2)。

中国人民银行如此频繁地使用存款准备金工具与我们认为的存款准备金率是一把"巨斧",一般情况不会轻易使用的认识有巨大的差异。那么,为什么我国中央银行会如此频繁地使用这一货币政策工具呢? 它会不会导致商业银行流动性的严重波动?

我国中央银行存款准备金工具的使用在很大程度上是为了调节外汇储备波动引起的外汇占款变动对银行体系投放的基础货币的影响。由于国债市场规模较小,中央银行公开市场操作主要依赖央行票据,而且公开市场操作的数量和进度还要取决于商业银行的购买意愿,在流动

[①] 中国人民银行,《2017 年第二季度中国货币政策执行报告》,第 3—4 页。
[②] 希望了解更多存款准备金政策方面的内容,可以浏览中国人民银行网站货币政策栏目,http://www.pbc.gov.cn

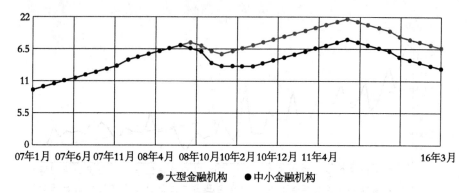

图 3-2　2007 年 1 月—2016 年 3 月中国存款准备金率调整情况

性急剧变动的情况下,中央银行调控的主动性和有效性就会受到一定程度的制约。而存款准备金调整可以"深度"释放或冻结流动性,在中央银行被动吞吐基础货币的情况下,可以作为有效的对冲工具。通过调整存款准备金率,可减轻央行票据发行与回购压力,增强公开市场操作引导利率和信贷的能力。2011 年 12 月—2012 年 5 月五次下调的背景是 2011 年下半年后,次贷危机的阴影尚未消散,欧债危机又不断恶化,全球经济形势相当严峻,其导致的直接后果是我国进出口贸易顺差下降。同时,在资本项目下也出现了资本外流和吸引外资增长下降的情况,导致了我国外汇储备增长趋缓甚至出现负增长的情况。因此,此前为对冲流动性而提高到很高水平的准备金率就有了下调空间。而且,为了鼓励商业银行为实体经济,特别是中小企业和"三农"发放贷款,也需要中央银行释放足够的流动性。2015 年 2 月起的背景则是外汇储备由 2015 年 1 月的 38 134 亿美元下降到 2016 年 2 月 32 023 亿美元,期间仅有两个月外汇储备小幅反弹。

我国中央银行在存款准备金工具运用中还有一个显著的特点是对中小金融机构采取差别准备金率。2008 年 9 月 25 日,中央银行在调整准备金率时,将中小金融机构存款准备金率从 17.5% 下调到 16.5%,而大型金融机构仍然维持在 17.5% 的水平。实行差别准备金率的原因除了不同机构流动性水平和要求有差异外,还要一个重要原因是中小金融机构是发放中小微企业贷款的主力军。

资料来源:根据相关材料编写。

第三节　证券投资业务

一、商业银行证券投资的目的

商业银行的投资业务是指金融投资。金融投资主要是投资于有价证券,故亦称证券投资。金融投资或证券投资就是通过金融工具进行的投资活动。金融工具或金融产品是一种契约权利,正因为这种契约权利的存在,商业银行买卖金融产品就构成了投资行为和投资业务。

商业银行证券投资的目的如下四点。

（一）获取收益

获取收益是商业银行从事证券投资的首要目的。通过证券投资，商业银行不但可以获得稳定的利息收入，还可以获得资本增值收益。

（二）分散风险

证券投资是实现资产多元化以分散风险的重要措施。如果银行将资产全部集中在贷款上，一旦贷款收不回来，银行就必须承担全部风险。首先，如果银行将部分资金投资于有价证券，则有助于回避和抵消贷款中的风险损失；其次，证券投资因证券的种类多、流动性大、投资的选择面广、变现能力强，因而可以在很大程度上分散风险；最后，进行证券投资可以为防止利率变化给银行带来损失而进行套期保值。

（三）增强流动性

银行为了保持资金的流动性，必须保持一定量的现金资产，而现金资产会增加银行的机会成本，势必影响其资产的收益。银行的其他资产，如贷款和固定资产投资贷款等，一般都不具备随时转让性质。商业银行从事证券投资，因证券特别是短期证券具有很强的流动性，可以在金融市场上迅速买卖转让，从而满足了银行的流动性需求。同时，在需要筹集资金时也可用作银行借入额外资金的担保品，这也有助于银行流动性管理。

（四）改善银行的资产负债表

如果银行持有许多高质量的证券，会使银行资产负债表从财务上看来更稳健。

二、商业银行证券投资的对象

一般而言，商业银行证券投资的对象主要包括货币市场工具和资本市场工具两大类。

（一）货币市场工具

货币市场工具是一种短期债务工具。债务工具是一种凭证，它是使债务人按照合约定期支付固定金额直到期限结束的表示债券债务关系的凭证。货币市场工具通常指一年期以内的短期金融产品，由于在货币市场交易，故称货币市场工具。

1. 国库券

国库券是一国中央政府发行的、以政府信誉支持的短期政府债券。因此，与其他同期金融工具相比较，具有风险最低、流动性最高的特点。在证券投资业务中，国库券利率被看作无风险利率，作为测算有价证券风险程度的基本依据，其利率也是市场其他金融工具利率变动的基础。国库券的高流动性往往使其被视为准货币，并成为商业银行投资的主要工具和中央银行进行公开市场业务的工具。

2. 商业票据

商业票据是大公司为筹措资金,以贴现方式出售给投资人的短期无担保承诺凭证。商业票据以信用作为保证,其发行人多是信用等级高的金融性或非金融性的大公司,如融资公司、跨国公司等。商业票据市场的容量巨大、交投活跃,从而就成了商业银行重要的投资场所,商业票据也就成了重要的投资工具。

3. 银行承兑汇票

银行承兑汇票是商业银行创造的、银行承诺承担最后付款责任的承兑融资票据。银行承兑汇票产生于国际贸易,在国际贸易的货款清结过程中,进口商委托银行开出以信用证为依托的承兑汇票,出口商持未到期的汇票请求贴现,银行对承兑汇票进行贴现后,将汇票拿到市场上出售,银行承兑汇票就成了交易工具。银行承兑汇票是一种贴现式票据,其交易价格低于面值,价格与面值的差额取决于贴现率;因有银行承兑付款担保,具有风险低、安全性高的特点,通常被商业银行作为投资工具。

(二) 资本市场工具

资本市场工具是指一年期以上的中长期金融工具,主要是股票、债券和投资(共同)基金等有价证券,这些有价证券是在资本市场发行和流通转让的,故称资本市场工具。

1. 股票

股票是股份公司发行的证明股东权利的书面法律凭证,它是股东向公司提供资金的权益合同,也是股东对公司所有权的凭证。股票的种类繁多,按所有者权益划分,可分为普通股股票和优先股股票。普通股股票是最基本的股票,目前在证券交易所交易的股票均为普通股股票。商业银行投资股票的目的有两个:一是作为公司股东参与公司的经营活动;二是通过股票的买卖赚取利润。由于股票投资的风险较大,因此各国对商业银行股票投资或投资比例都有一定的限制。

2. 债券

各类债券是各国商业银行投资的主要工具。这里讲的债券是指一年期以上的债务工具。债券是发行人按照法定程序发行的并约定在一定期限还本付息的有价证券,债券反映了债权人与债务人之间的债权债务关系。债券一般由四要素构成:面值、期限、利率和发行人名称。债券具有三个特征:①安全性。由于利息率一般是事先确定的,收益相对固定,投资的风险小,相对股票而言,债券的安全性高。②流动性。债券具有及时转换成现金而在价值上不会受损或损失较少的特征,在二级市场上有很强的转让流通性。③收益性。债券的收益主要来自信息收入和买卖差价。

债券种类很多,不同种类的债券构成了一个完整的债券体系,各种债券可依据不同标准分类,一般是根据发行主体划分,债券可以分为政府债券、公司债券、金融债券和国际债券。在我国,商业银行主要投资国债和金融债两类债券。随着金融市场的快速发展,我国的银行间债券市场得到了很大发展,发行和交易品种、规模明显放大。

在我国,《商业银行法》对商业银行证券投资业务范围做了明确规定,一是《商业银行法》第3条规定的商业银行可以经营的投资业务;二是《商业银行法》第43条规定的禁止商业银行经营的投资业务。

《商业银行法》第3条规定商业银行可以经营下列部分或者全部业务,其中第五款为发行金融债券;第六款为代理发行、代理兑付、承销政府债券;第七款为买卖政府债券、金融债券;第十四款为经国务院银行业监督管理机构批准的其他业务。

《商业银行法》第43条则对商业银行业务作出了限制性规定,具体内容为:商业银行在中华人民共和国境内不得从事信托投资和证券经营业务,不得向非自用不动产投资或者向非银行金融机构和企业投资,但国家另有规定的除外。在理解这条规定时必须注意:一是商业银行仅在中华人民共和国境内不得从事上述几类业务,至于商业行在境外从事这些业务,《商业银行法》未予以禁止。二是商业银行不得向非金融机构和企业投资,指的是不得向银行以外的其他金融机构(如信托投资公司、保险公司等)和工商企业投资,至于银行之间的投资业务,《商业银行法》未予以禁止。

同时,《商业银行法》对商业银行违反该法进行投资业务的行为如何处罚也做了明确规定。其中,第七十四条规定,商业银行有下列情形之一,由国务院银行业监督管理机构责令改正,有违法所得的,没收违法所得,违法所得五十万元以上的,并处违法所得一倍以上五倍以下罚款;没有违法所得或者违法所得不足五十万元的,处五十万元以上二百万元以下罚款;情节特别严重或者逾期不改正的,可以责令停业整顿或者吊销其经营许可证;构成犯罪的,依法追究刑事责任。其中,第六款为未经批准买卖政府债券或者发行、买卖金融债券的;第七款为违反国家规定从事信托投资和证券经营业务、向非自用不动产投资或者向非银行金融机构和企业投资的。第七十六条规定,商业银行有下列情形之一,由中国人民银行责令改正,有违法所得的,没收违法所得,违法所得五十万元以上的,并处违法所得一倍以上五倍以下罚款;没有违法所得或者违法所得不足五十万元的,处五十万元以上二百万元以下罚款;情节特别严重或者逾期不改正的,中国人民银行可以建议国务院银行业监督管理机构责令停业整顿或者吊销其经营许可证;构成犯罪的,依法追究刑事责任,其中第二款为未经批准在银行间债券市场发行、买卖金融债券或者到境外借款的。

专栏3-4   2017年银行间债券市场发行和交易情况

银行间债券市场发行情况方面,在中央结算公司发行国债3.67万亿元,同比增长33.68%;

发行地方政府债 4.36 万亿元,同比下降 27.92%;发行政策性银行债 3.20 万亿元,同比下降 4.35%;发行商业银行债 0.38 万亿元,同比增长 4.38%;发行信贷资产支持证券 0.60 万亿元,同比增长 67.68%。在上清所发行中期票据 1.03 万亿元,同比下降 6.50%;发行短期融资券(含超短融)2.34 万亿元,同比下降 29.80%;发行非公开定向债务融资工具 0.49 万亿元,同比下降 18.06%,表 3-1 则详细列明了 2017 年银行间债券市场各债券品种的发行量占比。

表 3-1　银行间债券市场 2017 年各券种发行量占比

短期融资券	政策性银行债	企业债券	证券公司短期融资券	金融企业短期融资券	地方政府债	国债
3%	17%	2%	0%	0%	24%	20%
非公开定向债务融资工具	超短期融资券	政府支持机构债	二级资本工具	资产支持证券	其他债券	
3%	11%	2%	3%	3%	12%	

商业银行是债券市场的主要投资者。从表 3-2 可以看到,2017 年末在中央结算公司登记托管的主要券种持有者中,商业银行是主角。如记账式国债商业银行占 66.88%,地方政府债商业银行占 86.53%,政策性银行债券商业银行持有了 61.34%。而这三种债券占了托管总量的绝大部分。

2017 年,债券市场现券、借贷和回购交易结算量为 1 010.05 万亿元,同比增长 4.86%,增速同比下降 37.81 个百分点。其中,全市场现券结算量为 104.69 万亿元,同比下降 14.51%,增速同比下降 57.27 个百分点;全市场的回购交易结算量为 903.12 万亿元,同比增长 7.61%,增速同比下降 35.05 个百分点。

资料来源:中央结算公司统计监测部,《2017 年债券市场统计分析报告》,2018 年 1 月 16 日。

三、证券投资的收益和风险

收益和风险是证券投资中不可分割的两个方面。一般来说,收益越高,风险越大。银行在进行证券投资时,应当在承担既定风险的条件下使收益最大化。

(一)证券投资的收益

1. 证券投资收益的构成

证券投资的收益由两部分组成,一部分是利息类收益,包括债券利息、股票红利等;另一部分是资本利得收益,即证券的市场价格发生变动所带来的收益。由于债券的收益是固定的,只要将其持有至到期日,就不会发生资本收益上的损失。但如果在到期日前就将债券出售,则有可能因为市场利率和供求关系的变动而遭受收益损失。而股票的收益是非固定的,且无到期日,除了获得股利外,股票投资的回收只有通过将股票出售才能实现,而只要出售就有可能获利或受损,因此股票的收益不如债券稳定。

表 3-2 2017 年末在中央结算公司登记托管的主要券种持有者结构

		商业银行	信用社	非银行金融机构	证券公司	保险机构	基金	非金融机构	特殊结算成员	境外机构	合计
记账式国债	2017年	81 564.33	884.02	271.50	551.89	2 537.38	7 038.28	14.60	23 035.35	6 064.92	121 962.27
	同比	12.70%	-2.51%	-1.31%	34.35%	-27.25%	99.68%	-9.32%	1.78%	43.16%	13.07%
地方政府债	2017年	127 555.77	948.70	1.00	114.04	52.06	749.83		17 896.95	96.30	147 414.65
	同比	35.23%	35.14%	150.00%	220.69%	-54.61%	66.07%		59.06%	81.36%	38.76%
政府支持机构债	2017年	7 707.58	213.89	12.25	98.90	2 443.01	3 992.51	0.21	249.97	76.60	14 794.90
	同比	10.07%	-2.83%	-67.36%	56.85%	-20.25%	47.66%	0.00%	7.41%	-5.84%	10.37%
政策性银行债	2017年	82 127.83	5 063.66	388.80	866.25	5 929.76	35 504.39	1.30	827.08	3 183.22	133 892.28
	同比	2.61%	6.56%	-9.04%	14.05%	1.74%	25.52%	0.00%	83.67%	4.75%	8.34%
商业银行债券	2017年	8 270.14	108.40	12.30	45.65	2 966.46	6 235.35	2.00	101.45	11.20	17 752.95
	同比	17.79%	-14.88%	-30.11%	-16.24%	-23.00%	19.16%	0.00%	103.10%	-8.20%	8.45%
企业债	2017年	5 158.20	409.77	122.24	1 644.49	1 154.33	17 223.27	7.92	9 831.90	152.07	35 704.18
	同比	-0.12%	-21.33%	-5.98%	26.23%	-33.73%	1.94%	-60.44%	3.46%	1.72%	0.78%
资产支持证券	2017年	3 866.57	4.30	350.04	163.78	54.03	4 222.14		56.25	3.72	8 720.83
	同比	50.23%	-38.95%	71.55%	50.38%	22.09%	53.92%		-21.63%	-7.92%	51.48%

2. 证券收益率的种类

（1）票面收益率。

票面收益率是发行证券时,证券发行人同意支付的协定利率。例如,如果某公司发行了一种债券,印在其票面的收益率是9%,就表示借款人向贷款人承诺每年支付债券面值9%的利息收入。这样,面值为1 000美元,票面收益率为9%的债券支付的年息就是90美元。因为债券的价格随市场状况而波动,正好按面值交易的情况极少,所以票面收益率不是债券收益率的一个合适的衡量标准。

（2）当期收益率。

当期收益率是购买证券可得的年收入对其当期市场价值的比率。例如,一股普通股在市场上以60美元卖出,向股东支付的年红利为6美元,则当期收益率就是6/60 = 10%。通常金融报刊上公布的股票与债券的收益率都是当期收益率。当期收益率考虑了证券市场的价格变化,比票面收益率更接近实际。

（3）到期收益率。

到期收益率是使证券的购买价格等于其预期的年净现金流的现值的比率。它是被普遍接受的证券收益率的衡量标准。一般条件下,

$$P = I_1/(1+y)^1 + I_2/(1+y)^2 + \cdots + I_n/(1+y)^n$$

其中 y 是到期收益率,每个 I 表示预期的从证券可获得的年收入,直到证券到期被收回。公式中的第 I_n 项包括收入和偿还的本金。

假设投资者正在考虑购买一种债券,期限20年,票面利息率10%,目前的市场价格是850美元。如果该债券的面值是1 000美元,到期时向投资者进行支付,那么其到期收益率 y 可以通过代入上式计算得到：

$$850 = 100/(1+y) + 100/(1+y)^2 + \cdots + 100/(1+y)^{20} + 1\,000/(1+y)^{20}$$

解方程可得 y 为12%,高于10%的票面利息率,这是因为该债券现在是以低于面值的价格折价出售。

到期收益率对大多数股票而言并不是一种合适的衡量标准,因为它们是永久性投资工具。到期收益率甚至也不能用来衡量某些债券,因为如果投资者在债券的到期日前卖出债券,或债券每年支付可变的收益,到期收益率不好计算。同时到期收益率也没有考虑利息的再投资风险,而是假设流向投资者的所有现金可以按照计算的到期收益率进行再投资。

（4）持有期收益率。

持有期收益率是对到期收益率的修正,这种衡量标准适合于投资者只持有证券的一段时间并在资产的到期日前把它卖出的情况。持有期收益率的公式是：

$$P = I_1/(1+h)^1 + I_2/(1+h)^2 + \cdots + I_m/(1+h)^m + P_m/(1+h)^m$$

其中 h 是持有期收益率，投资者的持有期涵盖 m 个阶段。因此，持有期收益率是使一种证券的市场价格 P 等于从该证券的购买日到卖出日的全部净现金流的折现率 h。如果证券被持有到期，它的持有期收益率等于其到期收益率。

（二）证券投资的风险

风险是指在将来一段时间内发生损失的可能性。对证券投资而言，风险指的是投资人由于未来的不确定性而带来的投入本金和预期收益发生损失的可能性。一般来说，证券投资风险可以分为系统风险和非系统风险。系统风险是对市场上所有证券带来风险的可能性。这种风险的影响是全局性的，对于投资者来说无法消除，其来源可能是经济周期、通货膨胀、战争和政治风波等。非系统风险是指某种特定因素对某一个或某一类证券带来损失的可能性，它可以是某个企业的生产经营状况、市场条件等发生变化引起的。系统风险和非系统风险的重要区别在于，系统风险无法用投资组合的方法来消除，非系统风险却可以通过多元化的投资组合来消除。

证券投资主要面临以下五种风险：利率风险、购买力风险、经营风险、财务风险和信用风险。前两种属于系统风险，后三种却是非系统风险的主要因素。

1. 利率风险

利率风险是由于利率水平变化引起投资收益发生变化而产生的不确定性。从长期来看，不同的市场利率都趋向于一起上升或下降，这些利率变化对所有证券都有一定程度的影响，而且影响的方式是一致的。随着利率的变化，长期证券价格的变化大于短期证券价格的变化，长期证券面临着更大的利率风险。

2. 购买力风险

购买力风险也就是通货膨胀风险，是指物价上涨使投资的本金及投资收益所代表的实际购买力的下降，从而对商业银行的实际收入带来的损害。债券和其他固定收入的证券很容易受到购买力风险的影响。

3. 经营风险

经营风险是由公司经营引起的收入现金流的不确定性。运营收入变化越大，经营风险就越大；运营收入变化越小，经营风险越小。经营风险包括内部和外部两种。内部经营风险与那些公司内部能控制的运营条件联系在一起，它可通过公司的运营效率得以体现。外部风险与公司所处的政治环境和经济环境等客观的运营环境联系在一起。运营收入变化越大，债务违约的可能性也就越大。政府债券根本不遭受经营风险，高质量的公司债券也仅仅在一个有限程度上遭受经营风险，只有低质量的债券更多地遭受这种风险。

4. 财务风险

财务风险是企业收入不足以支付自身债务的可能性。有负债的公司普通股会遭受这种风险，而且负债在资本结构中比重越大，这种风险越大。这一风险也可反映在有沉重债务负担的公司的债券上:负债越多,债券的质量越低。那些承担负债数额较小的公司的高等级债券,只在有限的程度上遭受这一风险,而政府债券基本不遭受这一风险。

5. 信用风险

信用风险也称违约风险,是指证券发行人在证券到期时不能向投资者偿还本金的可能性。信用风险主要受证券发行人的经营能力和资金实力等因素的影响。银行证券投资主要集中于政府证券,信用风险很小,而公司债券存在违约的可能性。西方国家有专门的证券评级公司对证券进行信用评级,并根据不同的信用状况把证券分为投资级证券和投机级证券。前者是银行投资的主要对象,而后者不应是银行的投资对象。

(三)证券投资风险的测量

证券投资一般运用标准差法和 β 系数法来表示风险的大小。

1. 标准差法

标准差法是将证券已得收益进行平均后,与预期收益作比较,计算出偏差幅度,计算公式为:

$$\delta = \sqrt{\frac{\sum_{i=1}^{n}(X_i - \overline{X})^2}{N}}$$

其中,X 为该证券在某一时期内的收益率,$\overline{X}$ 为该证券的平均收益率,N 为选取的时期总数。求出的 δ 越小,表明收益率偏离的幅度越小,这种证券的收益越稳定,风险越小;δ 越大,表明收益率偏离的幅度越大,这种证券的收益越不稳定,风险越大。

2. β 系数法

该法主要衡量某种证券相对于整个证券市场收益水平的收益变化情况。计算公式为:

$$\beta = \frac{某种证券的预期收益 - 该期收益中的非风险部分}{整个市场的证券组合预期收益 - 该期收益中的非风险部分}$$

如果 $\beta > 1$,说明该种证券风险水平大于整个证券市场的风险水平;如果 $\beta < 1$,说明该种证券风险水平小于整个证券市场的风险水平。

四、商业银行证券投资的程序

商业银行从事证券投资业务一般包括以下五个步骤,这些步骤是投资业务的基础和重要环节,也是投资管理和投资决策的前提。

(一) 确定证券投资政策

投资政策主要涉及投资目标和确定投资资金数量。证券投资属于风险投资,因此,投资目标不仅包括投资收益,还应包括投资风险。具体讲,投资政策主要是确定投资组合中包含的金融资产的类型及其组合构成比重,而投资组合是以投资目标和投资数量为基础的。如在美国,联邦法规明确规定每个银行都需要制定出成文的投资政策,制定出确切指标;银行愿意接受的资产质量或违约风险敞口程度;对所有购入证券追求的理想到期日范围和适销程度;银行投资组合追求的目标;银行希望通过投资组合达到资产多样化以降低风险的程度。监管人员对银行的投资组合及银行的成文投资政策进行评审,以确保更为合理的银行投资目标没有被投机取代。

(二) 进行投资分析

证券投资分析就是通过市场信息和投资分析方法考察证券价格形成机制和影响证券价格波动的因素,发现那些价格偏离价值的证券,并预测价格走势。证券投资分析的方法可分为基本分析和技术分析两类。

(三) 投资组合的选择

这一步骤包括两个方面:一是依据证券组合理论组建投资组合,二是选择最优投资组合。商业银行从事证券投资业务的目的之一是追求最大的投资收益,然而,能带来最大收益的金融资产,往往也伴随着最大的风险,风险和收益之间存在同步关系,这就产生了对各种金融资产进行投资组合以及组合选择问题,即在各种可行性投资组合中,选择最优组合。

(四) 投资组合的调整

持有的投资组合随着时间推移,或者因投资目的、投资策略发生了变化,从而使投资组合不符合最优组合状态。为此,需要对投资组合进行调整,形成新的组合。投资组合调整主要取决于交易成本和调整组合后的投资业绩前景。

(五) 投资业绩评估

投资业绩评估是投资业务的最后环节,它是投资业务的反馈与控制机制,通过评估找出投资成功或失败的原因,调整投资组合。投资业绩评估是通过一系列量化指标来考察的。

五、商业银行证券投资的策略

(一) 传统证券投资策略

传统的证券投资策略主要包括:分散投资策略、有效组合策略、梯形投资策略、杠铃投资策略、计划投资策略以及趋势投资策略等。这些方法都是围绕"尽量减少风险损失和增加收益"这一核心提出的。

1. 分散投资法

分散投资法是商业银行在证券投资中所普遍采用的方法,有以下四种:对象投资分散法、时机分散法、地域分散法和期限分散法。

2. 有效组合法

有效组合法就是根据上述"处理收益与风险关系的一般原则",在证券投资总额一定的条件下,坚持以下两种组合形式:一种是风险相同、预期收益较高的证券组合;另一种是预期收益相同、风险较低的证券组合。

3. 梯形投资法

梯形投资法又称"梯形期限"方式,是指银行将全部投资资金平均投放在各种期限的证券上的一种保持证券头寸的证券组合方式,目的是使银行持有的各种期限的证券数量相等。

4. 杠铃投资法

杠铃投资法又称杠铃投资战略,就是指银行将投资资金主要集中在短期证券和长期证券上的一种保持证券头寸的方法。

5. 计划投资法

计划投资法是指商业银行根据对证券价格变动趋势的把握,按计划的模式进行投资。此法多用于股票投资,并且遵循高价抛出、低价买进的原则。计划投资法具体有以下几种方法:分级投资计划法、固定金额计划法、固定比率计划法、变动比率计划法等。

6. 趋势投资法

趋势投资法又称道氏理论。在股市的行情上,一种趋势一旦确定,一般要保持一个相对稳定的时期。所以趋势投资法所关心的是市场的主要趋势或者长期趋势。

(二) 现代证券组合投资策略[①]

传统的证券组合投资方法的重大缺陷就是其依赖于组合管理者的主观判断,缺乏严格的科学计算方法,无法对组合的预期收益和风险提供定量的分析,对最佳分散程度、如何进行证券组合、风险的最低限度、组合与市场的关系等问题均无法提供严密的回答。马科维茨、托宾、夏普、罗斯等开创并发展了现代组合投资理论。1952年,马科维茨发表了《资产选择》,提出了现代资产组合投资理论的基本思想,奠定了现代投资理论的基础。

绝大多数投资者是风险规避者,也就是在追求高收益的同时还尽量地避免承担过高的风险。因此,对证券组合进行管理,不仅要重视其预期收益,而且还要衡

---

① 有兴趣的读者可以找一些投资学方面的教材进行深入、全面的学习,也可以找一些国内外商业银行证券投资管理的案例了解商业银行的证券投资的实际运作。

量其所承担的风险。

证券组合的收益是由组合中各种证券的收益和其在组合中所占的比重决定的,公式表示为:

$$r_p = \sum_{i=1}^{n} x_i r_i$$

其中,r_p 为组合的预期收益率,n 为组合中证券的数目,X_i 为证券 i 在组合中所占的比重,r_i 为证券 i 的预期收益率。

证券的风险可以用其收益的标准差来描述,但组合的风险不仅仅要考虑到组合中单个证券的风险及其在组合中所占的比重,还要考虑每两种证券收益之间的相关程度。由两种证券组合的证券组合所包含的风险可以描述为:

$$\partial^2(r_p) = X_A^2 \partial^2(r_A) + X_B^2 \partial^2(r_B) + 2X_A X_B \text{Cov}(r_A, r_B)$$

$\partial^2(r_p)$ 为证券组合的风险;$\partial^2(r_A)$,$\partial^2(r_B)$ 分别为 A 和 B 证券的风险,X_A,X_B 为证券 A 和 B 在组合中的比重;$\text{Cov}(r_A, r_B)$ 为 A 与 B 两种证券的协方差。

同时,由上式可以推广到多种证券的证券组合风险分析:

$$\partial^2(r_p) = \sum_{i,j=1}^{n} X_i X_j \text{Cov}(r_i, r_j)$$

六、我国商业银行的证券投资业务

(一)我国商业银行证券投资业务的结构

根据《商业银行法》第三条,商业银行可以经营的业务之一为买卖政府债券、金融债券。因此,我国商业银行证券投资的对象以债券为主,主要是政府债券和金融债券。下面以中国工商银行为例,做一些简要分析。

2016—2017 年,工商银行期末投资总额分别为 54 811.74 亿元和 57 567.04 亿元,占其资产总额的比重为 22.71% 和 22.07%。

从投资对象看,工商银行 2016 年、2017 年两年,债券投资分别为 51 620.25 亿元和 53 737.33 亿元,占比分别为 94.2% 和 93.4%;其他债务工具占比分别为 0.6%、1%;权益工具及其他占比分别为 5.2% 和 5.6%。债券投资中按债券发行主体分,主要为政府债券和政策性银行债券,表 3-3 为工商银行 2016 年、2017 年两年的债券投资结构,可以说明这一点。

商业银行证券投资的目的有提供资产端的流动性,也希望能获得较高的投资收益。因此,商业银行投资的债券主要以中长期为主,2016 年、2017 年年底,工商银行中期债券占债券总投资的 48.6% 和 52.5%,长期债券占 30.9% 和 31.8%。这一点也体现在商业银行持有投资资产的目的差异上,2016 年、2017 年工商银行

表 3-3　中国工商银行债券投资结构：按发行对象分

人民币百万元，百分比除外

项目	2017 年 12 月 31 日		2016 年 12 月 31 日	
	金额	占比（%）	金额	占比（%）
政府债券	3 286 729	61.2	2 484 463	48.1
中央银行债券	18 902	0.4	58 024	1.1
政策性银行债券	996 669	18.5	1 319 450	25.6
其他债券	1 071 433	19.9	1 300 088	25.2
合计	5 373 733	100.0	5 162 025	100.0

持有至到期的投资占 54.2% 和 61.5%，可供出售的金融资产占 31.8% 和 26.0%。商业银行证券投资收益包括利息收入和非利息投资收益，2017 年工商银行投资利息收入 1 851.81 亿元，非利息投资收益 119.27 亿元。

（二）商业银行的债转股方式

《商业银行法》第四十三条规定商业银行在中华人民共和国境内不得从事信托投资和证券经营业务，不得向非自用不动产投资或者向非银行金融机构和企业投资，但国家另有规定的除外。次贷危机后，随着宏观经济周期波动及经济的结构性调整，一些企业杠杆率高、债务负担较重，但是又具有以下特征：①发展前景良好但遇到暂时困难，具有可行的企业改革计划和脱困安排；②主要生产装备、产品、能力符合国家产业发展方向，技术先进，产品有市场，环保和安全生产达标；信用状况较好，无故意违约、转移资产等不良信用记录。对这些企业，政府和银行业监管机构推出了债转股的方案予以纾困，也有利于银行业降低风险、稳健经营。

债转股采用商业银行新设债转股实施机构的方式，即商业银行经监管部门批准设立主要从事银行债权转股权及配套支持业务的非银行金融机构。银行通过实施机构实施债转股时先由银行向实施机构转让债权，再由实施机构将债权转为对象企业股权。银行不得将债权直接转化为股权，但国家另有规定的除外。实施机构应当由一家境内注册成立的商业银行作为主出资人，其出资比例不低于拟设实施机构全部股本的 50%。主出资人商业银行按照《商业银行并表管理与监管指引》等规定的要求，将实施机构纳入并表管理。由于实施机构和主商业银行并表，实际上相当于商业银行通过这一特殊规定获得了持有企业股权的权利。实施机构的注册资本应当为一次性实缴货币资本，最低限额为 100 亿元人民币或等值的可自由兑换货币。监管部门鼓励商业银行向非本行所属实施机构转让债权实施转股，支持不同商业银行通过所属实施机构交叉实施市场化债转股。债权可以转为普通股，也可以经法定程序转为优先股。

本章小结

1. 商业银行的流动性需求是指商业银行为了满足客户需要、往来银行清算及监管当局规定而必须立即兑现的流动性资产需求。商业银行保持适当的流动性可以避免流动性危机,同时可以避免出现大量多余的流动性头寸,提高银行的赢利水平。要加强流动性管理必须做好流动性需求和供给的预测,掌握银行流动性需求的类型和流动性供给的渠道。

2. 商业银行的现金资产由库存现金、在中央银行存款、存放同业存款、在途资金构成。现金资产流动性强但没有收益或收益很低,现金资产的管理在于合理预测,保持合适的余额。

3. 商业银行从事证券投资的目的是获取收益、分散风险、增强流动性、改善银行的资产负债表等。商业银行的证券投资对象包括货币市场工具和资本市场工具两大类。

4. 证券投资的收益有票面收益率、当期收益率、到期收益率和持有期收益率四种。证券投资风险可以分为系统风险和非系统风险。证券投资主要面临利率风险、购买力风险、经营风险、财务风险和信用风险。证券投资一般运用标准差法和β系数法来表示风险的大小。

5. 商业银行从事证券投资业务一般包括确定证券投资政策、进行投资分析、投资组合的选择、投资组合的调整和投资业绩评估五个步骤。商业银行证券投资的策略有传统证券投资策略和现代证券组合投资策略两大类。

6. 我国商业银行证券投资的对象以债券为主,主要是政府债券和金融债券。

本章重要概念

流动性需求　流动性供给　流动性预测　头寸　现金资产　流动性过剩　证券投资　标准差法　β系数法　投资收益　投资风险　投资策略

复习思考题

1. 商业银行的流动性需求有哪些?商业银行如何供给流动性?
2. 商业银行如何进行库存现金管理?
3. 商业银行现金资产的构成有哪些?
4. 怎样衡量商业银行证券投资的收益?
5. 商业银行的证券投资策略有哪些?
6. 商业银行如何进行证券投资管理?

7. 商业银行证券投资的对象有哪些？我国是如何规定的？
8. 简述我国监管部门对对商业银行的流动性要求。

参考资料

1. 彼得·S. 罗斯等著,刘园译,《商业银行管理》(第九版),机械工业出版社,2016年。
2. 中央结算公司统计监测部,《2017年债券市场统计分析报告》,2017年。
3. 俞乔等,《商业银行管理学》,上海人民出版社,1998年第一版。
4. 郑沈芳主编,《商业银行业务》,财政经济出版社,2005年。
5. 史建平主编,《商业银行学》,中国人民大学出版社,2003年。
6. 乔治·H. 汉普尔著,陈雨露译,《银行管理——教程与案例》,中国人民大学出版社,2002年。
7. 黄亚钧编著,《商业银行经营管理》,高等教育出版社,2002年。

第四章　商业银行的贷款业务

> **本章要点**
>
> - 商业银行贷款类型
> - 企业贷款的管理
> - 消费者贷款的管理
> - 票据贴现
> - 商业银行贷款风险分类
> - 贷款风险的处理

贷款是商业银行最基本、最主要的资产业务。存贷款利差是商业银行获取利润的重要来源，对我国商业银行而言，其巨额利润更是严重依赖于贷款业务收入。同时，贷款也是一项风险较大的资产。贷款业务的成败将对商业银行的生存、发展乃至整个社会国民经济产生重要影响。商业银行必须加强贷款业务管理。

第一节　贷款业务概述

一、贷款业务的意义

银行贷款是商业银行对借款人提供的并按约定的利率和期限还本付息的一种借贷行为。这种借贷行为由贷款的对象、条件、额度、用途、期限、利率和方式等诸多因素构成。商业贷款业务作为最重要的资金运用业务，其意义主要体现在两个方面。

（1）发放贷款，即为消费活动和企业、个人以及政府部门的投资活动提供资金支持，是商业银行最主要的经济功能。对于大多数银行来说，贷款活动是其核心业务，占银行总资产的 50% 以上，如在 2017 年末，国内中资全国性大型银行和全国性中小银行人民币信贷资金运用中，贷款占了 53.78%（见表 4-1）。贷款也是银行收益的主要源泉,目前,我国大部分商业银行的利息收入占总收入的比重约在60%~70%左右。

(2)对商业银行而言,贷款业务也是其经营风险的重要所在。商业银行特别是国内的商业银行由于信贷管理水平低下,导致了大量不良信贷资产的产生。仅四大国有商业银行历史上累计产生的不良贷款就高达数万亿元。因此,加强贷款业务管理是商业银行控制风险的重中之重,贷款风险管理也成为商业银行管理的重点。

表4-1 2017年末中资全国性大型银行和全国性中小银行人民币信贷资金运用结构

单位:亿元

资金运用项目	大型银行	中小型银行	合计	不同资金运用占比
各项贷款	594 701.26	530 345.73	1 125 046.99	53.78%
债券投资	225 235.63	170 122.98	395 358.62	18.90%
股权及其他投资	38 288.41	170 831.31	209 119.72	10.00%
买入返售资产	22 503.60	27 492.40	49 996.00	2.39%
存放中央银行存款	120 384.08	101 225.55	221 609.63	10.59%
银行业存款类金融机构往来(运用方)	27 999.21	62 979.67	90 978.88	4.35%
资金运用总计	1 029 112.19	1 062 997.65	2 092 109.84	100%

注:中资全国性大型银行指本外币资产总量大于等于2万亿元的银行(以2008年末各金融机构本外币资产总额为参考标准),包括工行、建行、农行、中行、国开行、交行和邮政储蓄银行。全国性中小银行指本外币资产总量小于2万亿元且跨省经营的银行(以2008年末各金融机构本外币资产总额为参考标准)。

资料来源:根据中国人民银行网站整理计算。

专栏4-1　　　　　　　人民币信贷收支情况

最新的中国商业银行人民币信贷收支情况,可登录中国人民银行网站(www.pbc.gov.cn/diaochatongjisi)查阅。

二、贷款种类

银行贷款可以按照不同的标准进行分类,不同的分类对我们认识银行贷款的本质及贷款业务的经营管理都具有重要意义。

(一)按贷款期限分类,可以分为活期贷款与定期贷款

1. 活期贷款

活期贷款又称为通知贷款,即银行发放贷款时不预先确定期限,可以随时由银

行发出通知收回,客户也可以随时偿还的贷款。这种贷款的主要特点是灵活、利率较低、流动性强。当银行资金宽裕时,可以任由客户使用借以生利,而在银行需要资金时,又可随时通知收回。

2. 定期贷款

定期贷款是银行按固定偿还期限发放的贷款。即在借款合同中规定的偿还期限到来之前,只要借款人没有违反借款合同的条款或行为,商业银行不得要求借款人偿还的贷款。定期贷款按其偿还期限的长短,又可以分为短期贷款、中期贷款和长期贷款。根据我国《贷款通则》的规定,短期贷款是指贷款期限在1年以内(含1年)的贷款。中期贷款是指贷款期限在1年以上(不含1年)5年以下(含5年)的贷款。长期贷款是指贷款期限在5年(不含5年)以上的贷款。

(二)按贷款的保障条件分类,可以分为信用贷款、担保贷款和票据贴现

1. 信用贷款

信用贷款是商业银行仅凭借款人的信誉而无须借款人提供担保发放的贷款。信用贷款作为商业银行贷款的一种独立品种,有其存在的客观条件,但它又具有风险大、保障条件弱的特点,商业银行应持十分谨慎的态度。因此,银行往往对这类贷款收取较高的利息,且只对那些声誉卓著、与银行有长期业务往来、资本实力雄厚、在行业中占重要地位的大公司发放,贷款期限也不太长。

2. 担保贷款

担保贷款是指以某些特定的财产或信用作为还款保证的贷款。担保贷款保障性强,有利于银行强化贷款条件,减少贷款的风险损失,是商业银行最主要的贷款方式。担保贷款按照担保方式的不同,又分为保证贷款、抵押贷款和质押贷款三种。根据我国规定,保证贷款是按照《担保法》规定的方式,以第三人承诺在借款人不能偿还贷款时,按约定承担一般保证或连带责任保证为前提发放的贷款。抵押贷款是按《担保法》规定的抵押方式,以借款人或第三人的财产作为抵押物发放的贷款。质押贷款则是指按《担保法》规定的质押方式,以借款人或第三人的质物(主要指动产和权利)作担保而发放的贷款。担保贷款由于有借款人或第三人的保证、抵押或质押作保障,贷款风险相对较小,但贷款手续较为复杂。由于寻保、核保以及对抵押物(或质物)的评估、保险和保管的需要,无论对于借款人还是贷款人,贷款的成本都比较高。

3. 票据贴现

票据贴现是商业银行贷款的一种特殊方式,它是指银行应持票人要求,以现款买进持票人持有但尚未到期的商业票据的方式而发放的贷款。票据贴现实行预扣利息,票据到期后,银行可向票据载明的付款人或承兑人收回票款。在票据真实、合法,且有信誉良好的承兑人的前提下,票据贴现的安全性、流动性都可以得到较好的保障。

(三) 按照贷款规模分类,可以分为批发贷款与零售贷款

1. 批发贷款

批发贷款是商业银行发放的大额贷款,通常表现为企业贷款。它也是商业银行贷款业务中的主要部分,包括工商业贷款、不动产贷款、农业贷款、对其他金融机构和政府的贷款等。

2. 零售贷款

零售贷款是商业银行发放的金额较小的贷款,一般包括消费者贷款和微型、小型企业贷款。

批发贷款和零售贷款的贷款对象有比较大的差异,两类贷款的操作程序及信用分析也存在较大的区别。因此,区分批发贷款和零售贷款对于商业银行贷款的经营管理具有重要的现实意义。

(四) 按贷款的偿还方式分类,可以分为一次性偿还贷款和分期偿还贷款

1. 一次性偿还贷款

一次性偿还贷款是指借款人在贷款到期时一次性向商业银行偿还本金的贷款。这种贷款的利息可以分期支付,也可以在归还本金时一次性付清。一次性偿还贷款一般用于短期周转性贷款或金额较小的贷款。

2. 分期偿还贷款

分期偿还贷款是指借款人按预先约定的期限分次偿还本金和支付利息的贷款。商业银行中长期贷款大多采用这种方式,至于贷款期内分期偿还的次数,每次偿还的本金数额,利息的支付等都由借贷双方谈判决定,并在借款合同中明确规定。常见的分期偿还有分期等额本金、分期等额本息两种。

(五) 按照贷款对象所属的经济部门分类

按照贷款对象所属的经济部门分类,可以分为工商企业贷款、房地产贷款、建筑业贷款、农业贷款、交通运输业贷款、科技贷款和消费贷款等。

(六) 创新、复合型的贷款种类

近年来,为满足市场需求,商业银行贷款品种创新层出不穷,如供应链金融就是近年来银行信贷领域炙手可热的信贷创新。供应链金融是银行与产业链、供应链上的核心企业达成协议,面向供应链所有成员企业的系统性融资安排。它是银行根据供应链核心企业及其上下游企业的资金周转特征,进行个性化设计,将传统的保理业务、动产及货权抵押/质押授信、应收账款质押贷款、票据承兑与贴现等业务综合运用,满足供应链上不同企业的资金需求并提供多种金融服务的复合型金融创新形式。

专栏 4-2　　　　　　获得诺贝尔和平奖的银行家以及他的银行

瑞典皇家科学院诺贝尔和平奖评审委员会宣布将 2006 年度诺贝尔和平奖授予孟加拉国的

穆罕默德·尤努斯(Muhammad Yunus)及其创建的孟加拉乡村银行(也称格莱珉银行,Grameen Bank),以表彰他们"自下层为建立经济和社会发展所做的努力"。他们将分享1000万瑞典克朗(约合137万美元)的奖金。

1976年,尤努斯碰到了一名制作竹凳的赤贫妇女,因为受到放贷人的盘剥,她一天连两美分都挣不到。尤努斯于是掏出相当于27美元的钱,分别借给42个有同样境遇的女人。他希望这些人能借助这笔贷款摆脱廉价出卖劳动力的命运。当年,以此为目的的"格莱珉银行"成立了。1983年,当局允许其正式注册。它被普遍认为是全球第一家小额贷款组织。

如今,格莱珉银行以保持了9年的盈利记录成为兼顾公益与效率的标杆。而依靠无抵押的小额贷款,该银行的639万个借款人中有58%的借款人及其家庭已经成功脱离了贫困线。通过格莱珉信托公司,"格莱珉银行"还将其模式复制到世界各地,包括中国。目前格莱珉信托已在中国开展了16个项目,向5.35万人提供了共163万美元(折合人民币1304万元)的贷款。

尤努斯教授在2006年9月接受采访时说,639万名借款人中有96%是女性。《华盛顿邮报》在13日的报道中说,依靠小额贷款这种"解放力量",孟加拉的贫穷女性成为最大的受益人,因为传统的银行通常拒绝向这些没有经济保障的穷人发放小额贷款。此外,格莱珉银行每年还为2.8万贫困学生提供奖学金,已经有1.2万学生在其发放的教育贷款的帮助下完成了高等教育。

资料来源:中国日报网站,2006年10月14日。

第二节 企业贷款管理

本节讨论的企业贷款是指对能够提供规范财务报表的各类企业发放的贷款。

一、企业贷款操作一般流程

(一) 信息不对称对银行信贷管理的影响

银行发放贷款在赚取利差的同时更要确保贷款本金的安全。导致银行信贷资金风险的主要原因来自银行对企业状况的不了解,也即银行与企业之间的信息不对称。

信息不对称对信贷管理的主要影响体现在以下两方面。

1. 信息不对称决定了信贷配给制

信贷配给制是信贷市场普遍的现象,有时特定的贷款申请人即使愿意支付更高的利率也无法获得银行贷款,有时只能获得其中的一部分。为什么信贷市场不能在所谓的"均衡利率"下实现供求平衡呢?其原因在于信贷市场的信息不对称。斯蒂格利兹和韦斯(1981)从信息不对称的角度说明了信贷配给是信贷市场的一种长期现象,其原因是借款人的逆向选择和道德风险行为。

由于信贷资金是配给的,那么银行就必须建立一个有效的信贷配给制度来保证银行赢利的实现。现行的信贷操作制度就是这样的制度安排。企业提供的规范的财务报表能够提供大量的有关企业品质及偿债能力的信息,银行在发放贷款时必须加以有效利用,以尽量避免信息不对称导致的银行信贷风险。

2. 信息不对称决定了贷款操作的基本流程

在商业银行贷款业务中,借款人拥有私人信息,因此相对于商业银行就具有信息优势。为此,借款人必须向银行提供财务报表等资料,这是发送信息的行为,银行在接收到这些资料后,并通过现场调查等手段,分析企业的财务与非财务因素,判断借款人的信用状况和偿还能力,这是信息甄别,这个环节具体体现在贷前调查和贷款审查(风险评价)、审批上。由于贷款发放环节可能存在借款人不按规定使用信贷资金,甚至出现贷款挪作非法用途的可能,因此,需要加强贷款发放环节的管理。"三个办法一个指引"强调的"实贷实付"管理就是为了降低国内以前在贷款发放环节经常出现的风险。在贷款发放以后存在借款人的道德风险,因此在贷款发放后仍然需要对借款人进行贷后检查,以了解借款人的经营状况、贷款使用情况等信息。由此可见,信息不对称决定了贷款操作的基本流程。

专栏 4-3　　　　　　　　**有关信息不对称的几个重要概念**

信息是客观事物运动状态和存在方式的反映,信息的产生源于事物运动变化过程中形成的差异。信息经济学研究的是非对称信息下的决策或者对策论问题。根据非对称信息发生的时间,即发生在合约订立以前还是以后,可以将非对称信息分为事前不对称和事后不对称。事后不对称又称为道德风险。根据非对称信息的内容,可以分为针对交易另一方的行动,即隐藏行动,和针对交易一方的信息或知识,即隐藏信息。信息不对称可以导致逆向选择和道德风险。逆向选择是指在信息不对称的情况下,具有信息优势的个人依据他所掌握的私人信息进行决策时导致市场失灵的行为。"二手车市场"的研究就是著名的例子。而在合约签订以后,由于信息不对称,交易者的行为不总是被交易对手所知,所以交易者可能会采取对交易对方不利的一些行为,这就是道德风险。如汽车驾驶员在投保以后往往开车就没有以前那么仔细了。为了避免逆向选择和道德风险,保证市场机制的运行,所以就需要努力消除信息不对称。信号发送与信息甄别是一种使处于信息劣势的一方获得原本不公开的信息的一种制度设计。信号发送是指拥有私人信息的一方通过采取可被观测到的行动向另一方发送信号来显示私人信息。相反,信息甄别则指处于信息劣势的一方通过一定的措施甄别接收到的信息的行为。

(二) 企业贷款操作的一般流程

贷款操作流程的基本目的在于了解和掌握借款人和贷款的信息,借以判断借款人的信用程度和偿还能力,判断贷款的风险大小,保证银行信贷资金的安全,实现银行的经营目标。中国人民银行为了规范贷款行为,维护借贷双方的合法权益,保证信贷资产的安全,提高贷款使用的整体效益,于 1996 年 8 月 1 日起制订实施了《贷款通则》。2009—2010年中国银监会针对商业银行贷款管理中存在的普遍问题,相继颁布了《固定资产贷款管理暂行办法》《项目融资业务指引》《流动资金贷款管理暂行办法》《个人贷款管理暂行办法》,即通常所称的"三个办法一个指引",构建和完善了我国银行业金融机构的贷款业务法规框架。

为提高信贷管理水平,确保信贷资产质量,商业银行应完善内部控制机制,强化贷款全流程管理,全面了解客户信息,建立贷款风险管理制度和有效的岗位制衡机制,将贷款管理各环节的责任落实到具体部门和岗位,并建立各岗位的考核和问责机制。

结合贷款通则与"三个办法一个指引"的规定,我们以流动资金贷款为例,说明商业银行企业贷款管理的一般流程(见图4-1)。

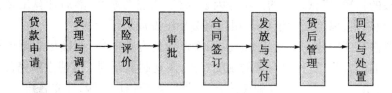

图4-1　贷款操作一般流程

1. 贷款申请

申请贷款的借款人需要具备以下基本条件:①依法设立;②借款用途明确、合法;③借款人生产经营合法、合规;④借款人具有持续经营能力,有合法的还款来源;⑤借款人信用状况良好,无重大不良信用记录以及贷款人要求的其他条件。

凡符合借款条件的借款人向银行申请贷款必须填写《借款申请书》,并提供商业银行要求的能够证明其符合贷款条件的相关资料。《借款申请书》的主要内容包括:借款人名称、性质、经营范围,借款种类、期限、金额、方式、用途、用款计划、还款计划、借款原因等。同时,向银行提供以下文件:董事会借款决议或有相等效力的借款授权文件;借款人的营业执照、公司章程、财务状况说明[1];抵押品清单及所有权证书;有关还款保证的文件;银行需要的其他文件和证明。贷款申请时,借款人应恪守诚实守信原则,承诺所提供材料真实、完整、有效。

2. 受理与调查

商业银行受理借款人申请后,应派专门的负责人员,采取现场与非现场相结合的形式履行尽职调查,形成书面贷前调查报告(或称为贷前尽职调查报告),并对其内容的真实性、完整性和有效性负责。

尽职调查包括但不限于以下内容:①借款人的组织架构、公司治理、内部控制

---

[1] 如果为固定资产贷款,则需递交固定资产项目(不动产)立项文件及可行性研究报告。

及法定代表人和经营管理团队的资信等情况;②借款人的经营范围、核心主业、生产经营、贷款期内经营规划和重大投资计划等情况;③借款人所在行业状况;④借款人的应收账款、应付账款、存货等真实财务状况;⑤借款人营运资金总需求和现有融资性负债情况;⑥借款人关联方及关联交易等情况;⑦贷款具体用途及与贷款用途相关的交易对手资金占用等情况;⑧还款来源情况,包括生产经营产生的现金流、综合收益及其他合法收入等;⑨对有担保的流动资金贷款,还需调查抵(质)押物的权属、价值和变现难易程度,或保证人的保证资格和能力等情况。

3. 风险评价

商业银行应建立完善的风险评价机制,落实具体的责任部门和岗位,全面审查贷款的风险因素。商业银行根据贷款对象的信用等级高低、贷款方式的不同以及贷款期限的长短、贷款金额的大小等因素,给出相应的系数,然后计算出贷款的风险度,一般来讲,风险度大于0.7,银行将会拒绝发放该笔贷款。

商业银行还应建立一支从事贷款风险评价的专业队伍,明确尽职调查和风险评价人员的职责分工,作出合理的制度安排,体现制衡原则。应建立和完善内部评级制度,采用科学合理的评级和授信方法,评定客户信用等级,建立客户资信记录。应根据借款人经营规模、业务特征等要素测算其资金需求,综合考虑借款人现金流、负债、还款能力、担保等因素,合理确定贷款结构,包括金额、期限、利率、担保和还款方式等。

风险评价属于贷款决策过程的关键环节之一,风险评价要按照全面性、相关性的原则,将可能影响贷款偿还的相关因素均纳入风险评价范围。

4. 贷款审批

商业银行应根据"贷审分离、分级审批"的原则,建立规范的贷款评审制度和流程,确保风险评价和信贷审批的独立性。贷审分离强调贷款审批部门必须独立于贷款经营部门,达到"另一只眼看风险"的效果。分级审批则要求银行建立贷款审批授权制度,明确不同层级的审批权限。

贷款审批实行"分级负责、集体审定、一人审批"。为了保证贷款决策的科学性,银行还应建立贷款审批委员会,大额或疑难贷款应集体决策。建立健全内部审批授权与转授权机制,审批人员应在授权范围内按规定流程审批贷款,不得越权审批。

贷款审批着重分析申请材料的主要风险点及其风险的规避和防范措施,依据贷款业务预期带给银行的效益和风险决定是否发放贷款。

5. 合同签订

贷款经审查和批准后,须按《合同法》规定,由贷款人与借款人签订书面借贷合同。抵押贷款还要同时签订抵押合同,保证贷款要同时签订保证合同。借款合同的文本由贷款人和借款人协商决定或由银行拟定。

银行应在借款合同中与借款人明确约定贷款的金额、期限、利率、用途、支付、还款方式等条款。由于国内贷款存在比较严重的挪用情况,因此"三个办法一个指引"特别强调了支付条款的重要性。支付条款应包括但不限于以下内容:①贷款资金的支付方式和贷款人受托支付的金额标准;②支付方式变更及触发变更条件;③贷款资金支付的限制、禁止行为;④借款人应及时提供的贷款资金使用记录和资料。

为保障信贷资金的安全,银行应在借款合同中约定由借款人承诺以下事项:①向贷款人提供真实、完整、有效的材料;②配合贷款人进行贷款支付管理、贷后管理及相关检查;③进行对外投资、实质性增加债务融资,以及进行合并、分立、股权转让等重大事项前征得贷款人同意;④贷款人有权根据借款人资金回笼情况提前收回贷款;⑤发生影响偿债能力的重大不利事项时及时通知贷款人。

银行应与借款人在借款合同中约定,出现以下情形之一时,借款人应承担违约责任和贷款人可采取措施:①未按约定用途使用贷款的;②未按约定方式进行贷款资金支付的;③未遵守承诺事项的;④突破约定财务指标的;⑤发生重大交叉违约事件的;⑥违反借款合同约定的其他情形的。

6. 发放和支付

商业银行设立独立的责任部门或岗位,负责贷款发放和支付审核。银行在发放贷款前应确认借款人满足合同约定的提款条件,并按照合同约定通过贷款人受托支付或借款人自主支付的方式对贷款资金的支付进行管理与控制,监督贷款资金按约定用途使用。贷款人受托支付是指贷款人根据借款人的提款申请和支付委托,将贷款通过借款人账户支付给符合合同约定用途的借款人交易对象。借款人自主支付是指贷款人根据借款人的提款申请将贷款资金发放至借款人账户后,由借款人自主支付给符合合同约定用途的借款人交易对象。

银行应根据借款人的行业特征、经营规模、管理水平、信用状况等因素和贷款业务品种,合理约定贷款资金支付方式及贷款人受托支付的金额标准。流动资金贷款在具有以下情形之一的,原则上应采用贷款人受托支付方式:①与借款人新建立信贷业务关系且借款人信用状况一般;②支付对象明确且单笔支付金额较大;③银行认定的其他情形[①]。

采用贷款人受托支付的,贷款人应根据约定的贷款用途,审核借款人提供的支付申请所列支付对象、支付金额等信息是否与相应的商务合同等证明材料相符。审核同意后,贷款人将贷款资金通过借款人账户支付给借款人交易对象。使用借款人自主支付的,贷款人应按借款合同约定要求借款人定期汇总报告贷款资金支

---

① 固定资产贷款单笔金额超过项目总投资 5% 或超过 500 万元人民币的贷款资金支付,应采用贷款人受托支付方式。

付情况,并通过账户分析、凭证查验或现场调查等方式核查贷款支付是否符合约定用途。

贷款支付过程中,借款人信用状况下降、主营业务盈利能力不强、贷款资金使用出现异常的,贷款人应与借款人协商补充贷款发放和支付条件,或根据合同约定变更贷款支付方式、停止贷款资金的发放和支付。

7. 贷后管理

贷款资金发放后的管理是贷款管理的重要环节,是有效控制和消除信贷风险的重要支撑。商业银行应针对借款人所属行业及经营特点,通过定期与不定期、现场检查与非现场监测,分析借款人经营、财务、信用、支付、担保及融资数量和渠道变化等状况,掌握各种影响借款人偿债能力的风险因素;应定期对借款人和项目发起人的履约情况及信用状况、项目的建设和运营情况、宏观经济变化和市场波动情况、贷款担保的变动情况等内容进行检查与分析,建立贷款质量监控制度和贷款风险预警体系。在出现可能影响贷款安全的不利情形时,贷款人应对贷款风险进行重新评价并采取针对性措施。银行应通过借款合同的约定,要求借款人指定专门资金回笼账户并及时提供该账户资金进出情况,根据借款人信用状况、融资情况等,与借款人协商签订账户管理协议,明确约定对指定账户回笼资金进出的管理。银行在贷后管理中应关注大额及异常资金流入流出情况,加强对资金回笼账户的监控。

银行应动态关注借款人经营、管理、财务及资金流向等重大预警信号,根据合同约定及时采取提前收贷、追加担保等有效措施防范化解贷款风险;应评估贷款品种、额度、期限与借款人经营状况、还款能力的匹配程度,作为与借款人后续合作的依据,必要时及时调整与借款人合作的策略和内容;应根据法律法规规定和借款合同的约定,参与借款人大额融资、资产出售以及兼并、分立、股份制改造、破产清算等活动,维护贷款人债权。

8. 贷款的回收与处置

贷款到期,借款人应按合同规定按时足额归还贷款本息。银行必须在短期贷款到期日的1个星期之前、中长期贷款到期日的1个月之前,向借款人发送还本付息通知单。借款人如不能如期还本付息,应在上述期限内向银行提交书面展期申请。银行应审查贷款所对应的资产转换周期的变化原因和实际需要,决定是否展期,并合理确定贷款展期期限,加强对展期贷款的后续管理。对银行审查不同意展期的,转逾期贷款账户。根据规定,短期贷款展期不得超过原贷款期限,中长期贷款展期不得超过原贷款期限的一半。贷款形成不良的,贷款人应对其进行专门管理,及时制定清收处置方案。对借款人确因暂时经营困难不能按期归还贷款本息的,贷款人可与其协商重组。对逾期贷款,银行可采取罚息等制裁措施。对确实无法收回的不良贷款,贷款人按照相关规定对贷款进行核销后,应继续向债务人追索或进行市场化处置。

二、企业信用评级

信用评级是通过给每一个项目打分,然后计算其总得分,根据总得分情况对债务人违约可能性进行评价的一种统计学方法。在我国,20世纪90年代以后也得到了重视和运用。《贷款通则》规定商业银行在发放贷款之前必须进行资信评级。借款企业财务分析是信用评级的重要内容,也是银行用以判断借款人偿还能力的主要依据。

(一)信用评级原则

对借款人进行信用评级要遵循一些基本原则,"6C"原则[①]是商业银行在对借款人进行信用分析时的六大要素。

(1)品德(Character)。商业银行通过征信机构了解借款人的偿债记录,特别是判断企业决策层人员的个人品质和诚信。银行不与品德有问题的借款人打交道,以免违约情况发生。

(2)能力(Capacity)。通过审查借款人的财务报告和经营业绩,结合企业家的商务经验、经营才能、预测能力和思想意识,考察借款人的综合能力。一个拥有精英管理团队的企业,在竞争中取得优势的可能性高,银行贷款遭受损失的可能性就能降低。在评级实务中,借款人的能力指标主要通过反映企业赢利能力、营运能力、偿债能力等方面的指标体现。

(3)资本(Capital)。借款人资本金的质量、数量和结构是企业经营的基础,也是银行贷款安全性的最后保障。

(4)担保品(Collateral)。担保品是指借款人提供的可用以偿还贷款的抵押物。商业银行的贷款,无论何种类别,多为抵押贷款,所以,要审查抵押物的价值和变现的难易程度。

(5)经营状况(Condition of Business)。银行贷款时须审查借款人的经营特点、经营方式和技术状况等,并就企业经营的外部环境进行考察,以此来判断借款人的市场应变能力。

(6)发展前景(Continuity)。通过预测企业产品的生命周期和市场份额,考察企业的市场前景是否具有事业的连续性。如果企业有发展前途,那么,贷款期限内充足的预期现金流量就可以成为银行贷款偿还的保证。

(二)企业资信评级的内容

国内商业银行使用的企业信用评级体系的一般内容包括以下六点。

(1)领导者素质。主要包括领导者的品质、经历、学历、能力和业绩。

[①] "6C"原则是在传统"5C"原则的基础上增加了"continuity"。国内外比较常用的原则有"6C"原则、"5W"原则以及"5P"原则等,其内容基本上一致。

（2）经济实力。主要包括：①实有净资产，反映企业所能承受的增加债务的能力。②有形长期资产，反映企业相对稳定的承债能力以及生产后续能力和规模。③人均实有净资产，反映人力、资本两个生产要素的相对比重。

（3）资金结构。主要有资产负债率、流动比率、速动比率、经营活动现金净流量等指标。

（4）经营效益。主要有总资产利润率、销售利润率、利息保障倍数、应收账款周转次数(周转率)、存货周转次数(周转率)等指标。

（5）信誉状况。主要包括：①贷款质量，考察企业贷款形态，是否有不良贷款。②贷款付息，考察企业欠息情况。③存贷款占比，反映企业在资金方面与银行的密切程度。

（6）发展前景。主要包括下列指标：①近三年利润情况，反映企业盈利能力发展趋势。②销售增长率，反映企业销售能力发展趋势。③资本增值率，反映企业所有者权益增值趋势①。

（三）综合评分与评级

在评价企业信用状况之后，可以根据本银行企业信用等级评定标准对企业进行综合评分，根据其综合评分确定其信用等级。目前国内一般采用三等九级制度：90~100分为AAA级，80~89分为AA级，70~79分为A级，60~69分为BBB级，50~59分为BB级，40~49分为B级，30~39分为CCC级，20~29分为CC级，20分以下为C级。

三、企业财务分析

企业财务分析是对借款企业进行信用评级的一个重要内容，对企业进行财务分析有助于准确把握企业的偿债能力和企业的发展前景，对银行提高贷款决策的准确性，降低贷款风险有非常大的意义。一般而言，银行企业财务分析包括财务报表项目分析、财务报表结构分析、财务比率分析以及财务趋势分析等。现金流量分析是财务分析的一部分，但是，由于现金流量的重要性以及现金流量分析方法在我国运用的时间比较短，因此将现金流量分析作为单独的内容进行介绍。

（一）财务报表重点项目分析

1. 资产负债表重要资产项目分析

（1）现金。现金(包括银行存款)是企业流动资产中比较明确的部分，一般来讲，企业弄虚作假容易被发现。当企业在几个银行多头开户时，银行应该多加关注。意大利著名的跨国公司帕玛拉特正是通过虚构在国外的数亿美元的银行存款

---

① 如果借款人是生产企业，对其发展前景还要评价行业发展状况、市场预期状况和主要产品寿命周期等。如果借款人是流通企业，对其发展前景还要评价地理环境、购物环境及销售渠道等。

而欺骗了大量的银行、投资者和监管机构的。

（2）应收账款。应收账款是流动资产中流动性仅次于现金的资产,也是企业归还短期债务的主要资金来源,必须仔细分析。分析的重点是应收账款分布、账龄结构、应收账款的抵押情况、坏账准备等。一般而言,应收账款账户集中于少数大额户与众多分散客户,相对而言,前者的风险更大一些;应收账款账龄远远超过一般收账期限,则应充分注意其坏账准备是否足额计提。

（3）存货。存货分析主要是考察存货的计价方法、储存期、流动性、规模、价格稳定性、废弃、变质程度、是否投保和保险金额是否充分等。现行的存货计价方法有先进先出法、后进先出法、加权平均法、移动平均法和个别计价法。借款人可以根据其具体情况来确定存货的计价方法,但一经确定不能随意更改。如果借款人改变其存货的计价方法则应该重点考察其是否影响当期的有关成本费用进而影响当期的损益,另一方面考察其是否也影响了期末库存存货的数量,进而影响财务状况。考察存货的储存期和规模,可采取横向比较与纵向比较相结合的方式。存货的流动性即存货周转时间,它直接反映企业的偿债能力,可通过存货周转率或存货周转天数考察,分析中要注意存货价格的稳定性和易变性,将变质和废弃的存货剔除,并要了解存货是否投保,保额是否充足。对产品结构需要调整、或转产的企业存货分析时,应对加工中的在产品、半成品及产成品的价值按市场价予以确认或打折。

（4）固定资产。固定资产是指使用年限在一年以上,单位价值在规定标准以上,并且在使用过程中保持原有物质形态的资产。在资产负债表中,反映固定资产的项目有三个,即"固定资产原价""累计折旧"和"固定资产净值"。固定资产分析的重点,首先是要了解是否全额投保。如未全额投保,遇到意外灾害,企业就无法按时归还银行贷款。其次是要了解企业的折旧方法是否符合规定,是否合理,是否提足了折旧,并保持固定资产的良好状况,倘若未按规定提足折旧,固定资产的价值就不真实,应进一步分析企业未提足的原因,是否是生产经营、财务状况出现问题。最后是分析固定资产的用途是否具有通用性、广泛性,这关系到固定资产万一需拍卖时的易售性。

（5）长期投资。长期投资是指不可能或不准备在一年内变现的对外投资。长期投资按投资性质可以分为债券投资和股权投资。按现行会计制度规定,债券投资按实际付出价款计价。在债券置存期间内,其溢价或折价部分应分期摊销。直到债券到期,溢价和折价部分摊销完毕,债券面值和账面投资额才能相等。因此,在编制资产负债表时,长期投资项目中的债券投资额往往不等于债券面值。股权投资的计价可以采用成本法和权益法两种。成本法是指"长期投资"的账面价值反映的是借款人投资时的实际成本。权益法是指"长期投资"的账面价值反映的是借款人在被投资企业的产权中所占的份额。决定采用哪种方法的标准取决于对被投资企业有无实际控制权。对被投资企业没有实际控制权的,采用成本法核算;拥有实际控制权的,应当采用权益法核算。由于采用不同方法,对"长期投资"账面价值会产生不同的影响,因此借款人应在报表附注中注明采用了哪种方法。

(6)无形资产。由于无形资产的价值确定比较复杂,银行很难确定无形资产的真实价值。因此,银行一般不把无形资产,如商誉、商标、版权、专利权、租赁权和特许权等列入抵押品范围,具有特别重大价值的专利权、版权、特许权和租赁权偶尔可以例外。

2. 资产负债表负债和资本重要项目分析

(1)短期负债。要了解数额和期限,注意营运资金周转是否发生困难;还要注意是否有过期未付或漏计的负债,如有漏计则会造成银行对企业偿债能力的高估;有时还要了解应缴税款和预提费用是否足够。

(2)长期负债。重点了解其到期日和企业的偿债安排,及企业履行合同情况,以便对其债务负担作出正确评估。

(3)资本。在分析时应着重了解其中是否存在虚假成分以及资本结构。如果企业属于个人独资或合伙组织,还应注意了解业主在企业以外的关联企业的收益、资产、负债和资本状况。因为发生经济纠纷时,这些关联企业的某些因素也可能会影响企业的偿债能力。

3. 损益表重要项目分析

损益表是反映一定会计期间(月份、季度、年度)经营成果及其分配情况,或者说是反映各项业务收入、成本和费用发生额的动态财务报表。它按照权责发生制和配比原则,分别列示产品销售利润、营业利润、利润(或亏损)总额。对损益表的项目分析,要重点分析以下六个方面。

(1)主营业务收入。主营业务收入是指公司在销售商品、提供劳务以及让渡资产使用权等日常活动中所形成的经济利益的总流入。在对公司的主营业务收入进行分析时,必须注意公司主营业务收入的品种构成和地区构成,与关联方交易的收入在总收入中的比重,政府部门或地区行政手段对公司业务收入的贡献。同时也要注意收入的确认方式是否符合规定,是否合理。

(2)主营业务成本。主营业务成本是指与主营业务收入相关的、已经确定了归属期和归属对象的成本。在不同类型的企业里,主营业务成本有不同的表现形式。在制造业或工业企业,主营业务成本表现为本期销货成本,即所销售产品的生产成本;在商品流通企业,主营业务成本表现为已销商品进价。对主营业务成本分析的重点在于主营业务成本水平的高低、变动以及引起其变动的因素,更要关注企业成本会计系统的会计核算对公司成本的影响处理。

(3)营业费用。营业费用是指公司销售商品、提供劳务等日常经营过程中发生的各项费用。从营业费用的基本构成及功能来看,有的与公司的业务活动规模有关(如运输费、装卸费、整理费、包装费、保险费、销售佣金、差旅费、展览费、委托代销手续费、检验费等),有的与公司从事销售活动人员的待遇有关(如营销人员的工资和福利费),也有的与公司的未来发展、开拓市场、扩大公司品牌的知名度等有关。从公司管理层对上述各项费用的有效控制来看,尽管管理层可以对诸如广告费、营销人员的工资和福利费等可以采取控制或降低其规模等措施,但是,这种控制或降低,或者对公司的长期发展不利,或者影响有关人员的积极性。因此,一般认为,在公司业务发展的条件下,公司的营业费用不应当降低。片面追求在一定时期的费用降低,有可能对公司的长期发展不利。

(4)管理费用。一般认为,在公司业务发展的条件下,公司的管理费用变动也不会太大。因此,对管理费用的分析要重点看是否存在明显的波动。如果出现大幅上升,则需要重点分析管理层是否存在不合理的行为。如果明显降低,则需要分析这种控制或降低,是否对公司的长期发展不利,是否影响有关人员的积极性。

(5)财务费用。财务费用是公司为筹集生产经营所需资金等而发生的费用,包括:利息支出(减利息收入)、汇兑损失(减汇兑收益)以及相关的手续费等。其中,经营期间发生的利息支出构成了公司财务费用的主体。利息支出决定于贷款规模、贷款利息率和贷款期限三个因素。对财务费用的分析有助于对公司现有负债的了解,如果公司财务费用过高,说明公司可能存在负债过度的问题,对其发放贷款必须谨慎。

(6)所得税。对所得税的分析重点在于其实际负担的税率,如果当前公司税负较低,则必须考虑政府对公司的税收优惠持续的时间多长,优惠期结束后公司将要面临的税率是多少。对所得税的分析还要看公司是否存在拖欠税款的行为,如果存在这种现象,则要分析其原因,判断借款人的经营状况及其现金流量是否安全,借款人的信用度高低。

(二)财务报表的结构分析

结构分析是以财务报表中的某一总体指标为100%,计算其各组成部分占总体指标的百分比,然后比较若干连续时期的各项构成指标的增减变动趋势或进行企业间横向比较。

(1)在损益表结构分析中就是以产品销售收入净额为100%,计算产品销售成本、产品销售费用、产品销售利润等指标各占产品销售收入的百分比,计算出各指标所占百分比的增减变动,对借款人利润总额的影响。损益表结构分析法除了用于单个企业损益表相关项目的分析和纵向比较分析外,还经常用于与同行业平均水平比较分析。

(2)资产负债表的结构计算是以总资产为100%计算各项资产,如流动资产、固定资产、无形资产等在全部资产中的比重,以了解每项资产占用资金情况。也可以以负债和所有者权益总额为基础,计算出资金来源结构,分析出负债和所有者权益间的关系是否合理,资金来源总额中负债所占的比例是否过高。一般来讲,借款人的资金结构,即借款人的全部资金中负债和所有者权益的比重和相互间关系应该与企业的资产转换周期相适应,通过结构分析,特别是运用同行业间的结构比较有利于银行进行判断。

(3)现金流量表的结构分析重点在企业现金流量的构成状况,银行希望企业的现金流量主要来自经营活动的现金流量。

在进行结构分析时,行业标准是一个很重要的参照系数。在国外,行业标准由一些权威机构,如征信公司、会计事务所和各种商业出版社提供。例如,美国的邓白氏征信公司、标准普尔公司、罗伯特·莫里斯公司等,都公开出版杂志,公布各个行业的标准,银行可以订购这些杂志以取得有关资料。目前我国也有一些行业协会和公司在从事这项工作,但具有权威性的不多,这给行业比较带来了一定的困难。现在常用的方法一般都是以上市公司的平均水平作为行业标准。上海和深圳两家证券交易所现有上市公司3 500多家,行业种类繁多,这些公司基本上可以代表该行业最先进的水平,可以满足比较分析的需要。当然,根据内部评级及提升信贷风险管理水平的要求,有条件的商业银行应该建立自己的数据库,通过调查研究建立更科学的指标体系。

(三)财务比率分析

财务比率分析法是将财务报表中的不同项目或不同类别联系起来,用比率来反映它们之间的相互关系,以判断企业的经营状况、债务负担和盈利能力,从而依此评价企业的偿债能力。财务比率分析一般包括以下三大类比率。

1.偿债能力比率

偿债能力是指企业在债务到期时偿还借款和支付利息的能力。企业偿债能力的强弱,既受企业资产结构和资金结构的影响,又受其盈利能力的制约。评价企业偿债能力,有利于银行正确地进行贷款决策,是银行对借款企业进行财务分析的核心。

(1)短期偿债能力比率。

流动比率,是指流动资产与流动负债之比。它是衡量借款人短期偿债能力强弱的指标。一般来说,流动比率越高,反映借款人可变现资产相对较多,短期偿债能力较强。流动比率过低,则说明借款人营运资金(流动资产与流动负债之差)不足,短期偿债能力弱,债权人遭受损失的风险大。流动比率也并非越高越好,因为流动比率过高,可能是滞留在流动资产上的资金过多,如货币资金存量过大,存货积压等,未能有效地加以利用,可能会影响获利能力。一般经验认为,流动比率在2:1左右比较合适。实际上,对流动比率的分析应该结合不同的行业特点和流动资产结构等因素。有的行业流动比率较高,有的行业较低。因此,评价流动比率的高低要与同行业平均水平和本企业历史水平进行比较分析。

速动比率,速动比率又称酸性比率,是速动资产与流动负债之比。速动比率较流动比率更能准确、可靠地反映借款人资产流动性及短期偿债能力。一般认为速动比率为1较为合适。如果速动比率低,说明借款人的短期偿债能力存在问题;如果速动比率过高,则说明借款人速动资产过多,可能失去一些有利的投资或获利的机会。

现金比率,是指现金及现金等价物与流动负债之比。现金比率比速动比率更能谨慎地反映企业的偿债能力。比率越高,说明企业面临的短期偿债压力越小;反之,则越大。但若现金比率过高,说明企业闲置资金过多,丧失了许多周转收益和投资收益。

(2)长期偿债能力比率(杠杆比率)。

资产负债率,是指负债总额与资产总额之比。资产负债率反映了借款人利用债权人提供的资金进行经营活动的能力,也反映了债权人权益的保障程度。借款人资产负债率越低,债权人权益保障程度越高;反之,借款人资产负债率越高,债权人权益保障程度越低。对国内大部分银行来讲,它们可以接受的借款人的资产负债率一般低于70%;如果借款人的资产负债率高于100%,则说明该借款人已资不抵债,濒临破产。

产权比率,又称债务股权比率,是指负债总额与所有者权益之比。它表示所有者权益对债权人权益的保障程度。该比率越低,表明借款人的长期偿债能力越强,债权人权益保障程度越高;反之,表明杠杆经营比率越高,风险越大。

有形净资产债务率,是指负债总额与有形净资产之比。它表示有形净资产对债权人权益的保障程度。该比率越低越好。

利息保障倍数,是指税前利润与利息费用之比。它反映借款人偿付利息的能力,该比率越高,说明支付利息费用的能力越强;反之,说明借款人支付利息费用的能力越弱。

2. 盈利能力比率

盈利能力是指利用各种经济资源创造利润的能力,主要考察以下四点。

(1)净资产利润率。净资产利润率是指利润总额与资本金总额之比。它反映借款人的净资产获利能力,是衡量借款人负债资金成本高低的指标。如果净资产利润率高于银行贷款利息率,说明借款人适度负债经营成本低,经营有利;反之,说明负债成本高。

(2)销售利润率。销售利润率是指利润总额与销售收入净额之比。它反映单位产品或商品销售收入净额所实现利润的多少。将借款人连续几年的销售利润率进行比较分析,即可判断出其销售活动盈利能力的发展趋势。

(3)资产利润率。资产利润率是指利润总额与总资产之比。它主要用来衡量总资产获利效率。

(4)成本费用利润率。成本费用利润率是指利润总额与当期成本费用总额之比。它反映单位成本费用支出所带来利润的多少。该指标越高,说明借款人成本费用越低,盈利水平越高;反之,盈利水平低。

3. 营运能力比率

营运能力指通过资产周转速度有关指标反映出来的借款人资产利用效率和管理、运用资产的能力。

(1) 总资产周转率。总资产周转率是指销售收入净额与平均资产总额之比。总资产周转率高,说明借款人全部资产经营效率好,取得的收入高;反之,则说明其资产经营效率差,取得的收入少。总资产周转率的高低最终会影响借款人的盈利能力。

(2) 流动资产周转率。流动资产周转率是指销售收入净额与平均流动资产之比。流动资产周转率高,会相对节约流动资金,等于相对扩大资产投入,增强企业盈利能力和偿债能力;反之,则需要增补流动资产参加周转,浪费资金,降低企业盈利能力和偿债能力。

(3) 固定资产周转率。固定资产周转率是指销售收入净额与平均固定资产净值之比。固定资产周转率高,表明借款人固定资产利用较充分,投资得当,结构合理,效率得到发挥。

(4) 应收账款周转率。应收账款周转率是指一定时期内赊销收入净额与应收账款平均余额之比。它反映的是应收账款计算期内的周转次数。次数越多,说明应收账款周转越快效率越高,应收账款变现速度越快,借款人营运能力和短期偿债能力越强。在分析中应特别注意应收账款是否集中于某一客户,或应收账款的回收期已超过120天或更长时间,这都说明风险很大。

(5) 存货周转率。存货周转率是指销售成本与平均存货之比。它是借款人销售能力和存货库存状况。存货周转率高,说明存货周转快,积压少,变现能力强;反之,存货周转率低,则表明采购过量,库存积压。不同的行业之间存货周转率差别很大,在评价存货周转率时,应与借款人历史水平或同行业平均(先进)水平进行比较分析。存货周转天数既不能过多,也不能过少。过少说明贷款人无足够的存货可供使用和销售。

表 4-2 借款企业财务分析中的一些重要比率

短期偿债能力比率	流动比率 = 流动资产/流动负债
	速动比率 = 速动资产/流动负债
	现金比率 = (现金 + 现金等价物)/流动负债
长期偿债能力比率(杠杆比率)	资产负债率 = 总负债/总资产
	产权比率 = 负债总额/所有者权益
	有形净资产债务率 = 负债总额/(所有者权益 - 无形资产净值)
	利息保障倍数 = (利润总额 + 利息费用)/利息费用
盈利能力比率	净资产利润率 = 利润总额/净资产总额
	销售利润率 = 利润总额/销售收入净额

续表

盈利能力比率	资产利润率＝利润总额/资产总额
	成本费用利润率＝利润总额/成本费用总额
营运能力比率	总资产周转率＝销售收入净额/平均资产总额
	流动资产周转率＝销售收入净额/平均流动资产
	固定资产周转率＝销售收入净额/平均固定资产净值
	应收账款周转率＝赊销收入净额/应收账款和应收票据平均余额
	存货周转率＝销售成本/存货平均余额

（四）现金流量分析

1. 现金流量的概念

现金流量中的现金包括两部分：现金及短期证券投资。其中现金包括库存现金、非限制性银行存款和其他货币性资金。短期证券投资称为现金等价物，它的特征在于未来变现价值是确定的。因此，短期证券投资指债权性投资，不包括权益性投资，这里的短期指三个月以内。所以，现金等价物是指三月内的债券投资。另外，现金流量中的现金必须不受限制而可以自由使用。比如，已办理质押的活期存款不能用于还款，因此应该剔除。

现金流量即现金的流量。流量是相对于存量的一个概念。存量是某一时点的数据，如会计中的余额；流量是一定期间内所发生的数据，如会计中的发生额。

现金流量包括现金流入量、现金流出量和现金净流量。现金净流量为现金流入量与现金流出量之差。由于企业日常经营管理中存在三种活动（经营活动、投资活动和融资活动），因此现金流量又可以分为经营活动的现金、投资活动和融资活动的现金流量。现金流量不讨论现金及现金等价物的组成项目之间的变动，因为这不影响借款人的偿债能力，而属于现金管理。

2. 进行现金流量分析的原因

企业需要用现金来偿还银行贷款，但权责发生制导致了损益与现金收入（支出）的差别，因此银行无法从企业的损益表直接看到贷款到期后企业的贷款偿还能力如何。损益表反映了销售收入、销售成本和费用等。但是，这些项目的确认是以权责发生制为基础的，与实际的现金流入流出不一致。就销售而言，未收到现金的情况下仍可确认销售收入。例如：一家企业销售 100 万元的产品，如果是现货销售，那么在损益表上反映 100 万元销售收入的同时，资产负债表上的现金增加 100 万元，但如果全部是赊销，那么在损益表上反映 100 万元销售收入的同时，在资产负债表上却是应收账款增加 100 万元，销售所得现金为 0。可见为了准确反映企业在贷款到期后有无充足的现金用来偿还贷款，分析、预测企业的现金流量十分重要。

若借款人经营活动现金净流量大于0,且经营活动现金流入量大于短期借款总额,说明短期借款第一还款来源充足;经营活动现金净流量与投资活动现金流入量之和大于一年内到期的长期借款,说明贷款第一还款来源充足。

若借款人经营活动现金净流量小于0,经营活动现金流入量大于短期借款总额,则说明存在短期借款第一还款来源。至于是否充足,则须视借款人现金流出顺序,即经营活动现金流入首先用于还款,还是用于其他经营活动。若首先用于还款或经营活动现金流入量2倍(或2倍以上)于短期借款总额,则可视为第一还款来源充足。若借款人经营活动现金流入量小于短期借款总额,则说明借款人短期借款第一还款能力肯定不足,必须依赖第二还款来源才能偿还到期债务。

3. 现金流量模型

在进行现金流量分析时,现金流量的计算模型是基础。模型可以表现为:

$$\text{现金净流量} = \text{经营活动的现金净流量} + \text{投资活动的现金净流量} + \text{融资活动的现金净流量}$$

每一类的现金净流量都等于现金流入减去现金流出。

经营活动的现金净流量等于经营活动的现金流入减去经营活动的现金流出。经营活动的现金流入包括:销货现金收入、利息与股息的现金收入、增值税销项税款和出口退税、其他业务现金收入。经营活动的现金流出包括:购货现金支出、营业费用现金支出、支付利息、缴纳所得税、其他业务现金支出。

投资活动的现金流入包括:出售证券、出售固定资产、收回对外投资本金。投资活动的现金流出包括:购买有价证券、购置固定资产。

融资活动的现金流入包括:取得短期与长期贷款、发行股票或债券。融资活动的现金流出包括:偿还借款本金的现金、分配现金股利。

4. 如何计算现金流量

收益和费用在损益表中全额反映,其中收益中未收到的现金和费用中未支付的现金表现在资产负债表的有关科目(如应收账款的增加和应付账款的减少)。所以,计算现金流量时,以损益表为基础,根据资产负债表期初期末数的变动数进行调整。

在计算现金流量时,投资活动与融资活动比较简单,较为复杂的是经营活动现金流量的计算,经营活动的现金流量有两种计算方法:直接法和间接法。直接法,也称为"自上而下"法。即从销售收入出发,将损益表中的项目与资产负债表有关科目逐一对应,逐项调整为现金基础的项目。间接法,也称为"自下而上"法。即以损益表中最末一项净收益为出发点,加上没有现金流出的费用和引起现金流入的资产负债表项目的变动值,减去没有现金流入的收入和引起现金流出的资产负债表项目的变动值。

5. 现金流量的预测

根据现有的损益表和资产负债表,我们已经可以编制出借款人的现金流量表,得出了借款人现金流量的历史状况及还款情况的一些结论。实际上,计算借款人的现金流量更重要的是分析过程,弄清楚借款人的经营活动、投资活动和融资活动的现金来源与运用,为预测借款人未来的现金流量和还款能力提供依据。国外商业银行十分重视借款人现金流量的预测,一般要求根据贷款期限编制相应时间跨度的预测现金流量表。

影响借款人未来现金流量的因素有:内部因素,主要是借款人经营过程中的变量。包括借款人经营规模、产品多样化程度、销售策略、成本控制、技术政策、财务政策、管理层的稳定性、经营思想和风格、财务管理能力等。外部因素,主要是行业风险与社会因素,包括行业成本结构、发展阶段、经济周期性、行业盈利性、依赖性、宏观经济环境、竞争对手、政策法律、自然灾害等。

现金流量的预测就是在研究有关历史数据的基础上,结合新获取的信息,从而得出未来现金流量。

预测现金流量的步骤如下:

（1）根据历史数据,得出影响借款人以前现金流量的因素及其作用。

（2）采用定性分析与定量分析相结合的方法,分析影响借款人以前现金流量的因素,进一步调查、研究、确定影响借款人未来现金流量的因素。

（3）确定各因素对借款人未来现金流量的作用方向和程度。有三种方法:一是按项目预测,即按照影响现金流量的项目逐一预测。二是按部分预测,即分析经营、投资、融资各部分现金流量的变化趋势,得出未来各部分现金流量,进而得出借款人现金总流量。三是项目预测与部分预测相结合,得出借款人的现金流量。

在实际操作过程中,借款人的未来现金流量预测主要依靠信贷人员对借款人有关生产经营情况的跟踪调查,与借款人各级管理人员的讨论,重点考察产品销售、售价、成本费用控制、应收账款变化状况、项目投资打算等方面,从而预测借款人的未来现金流量。

财务分析对于准确分析企业的信用状况、偿债能力有非常重要的作用。分析人员再结合定性因素的分析,则可以更准确地把握企业的真实信用程度。专业人员正是将定性分析和财务分析相结合的方法发现企业粉饰财务报表、财务报表造假等行为的。

专栏4-4　　　　　　　**刘姝威揭穿蓝田股份造假**

蓝田股份,1996年上市。上市5年,主营收入从4.6亿大幅增长至18.4亿,被誉为"农业产业化的一面旗帜"。但2001年10月8日,蓝田股份董事会则发布公告称,由于接受证监会调查,提请投资者注意投资风险。

当时,刘姝威正在撰写《上市公司虚假会计报表识别技术》,正希望寻找到一个可供深入剖析的上市公司虚假财务新案例,看到了蓝田被证监会调查的消息后,刘姝威即对其财务报告进行详细的分析,分析结果令人震惊。

2001年10月26号,刘姝威以《应立即停止对蓝田股份发放贷款》为题,在《金融内参》发表了一篇仅600字的短文。银行的停贷,让获悉内参的蓝田股份坐立不安,蓝田股份与刘姝威的交锋也因此迅速走入公众视野。先是蓝田总裁和副总裁的登门造访,指责刘姝威"把蓝田搞死了"。接着蓝田以名誉侵权为由把刘姝威告上法院,请求法院判令刘姝威公开赔礼道歉、恢复名誉、消除影响,赔偿经济损失50万元,并承担全部诉讼费用。2001年12月13日,刘姝威接到了湖北省洪湖市法院民事庭庭长的传票。2001年12月12日,《金融内参》第19期发表声明:刘姝威那篇600字短文属于个人观点,不代表本刊编辑部。2002年1月10日,刘姝威收到四封匿名电子邮件,内容为:"你的死期就是1月23日。"那是刘姝威作为被告上法庭的日子。

巨大的波澜影响了刘姝威原本平静的生活,而接踵而至的恐吓、威胁还有法院传票,此时,刘姝威唯一能够选择的出路就是向公众求助。2002年1月3日,刘姝威向全国100多家媒体发去她写的那份分析报告《蓝田之谜》,不久,大批量的媒体报道,尤其央视《新闻调查》播出刘姝威与蓝田的交锋之后,刘姝威得到了大量的声援。

交锋的结局是,2002年1月蓝田股份高层人员被公安机关拘传,4月湖北洪湖法院驳回了蓝田公司对刘姝威的起诉,蓝田股份上市5年业绩大幅成长的神话随之破灭,并最终退市,蓝田股份也因此成为中国证券市场成长史上一个负面的经典案例。刘姝威则凭借研究结论的真实性与媒体、公众的介入,赢得了广泛的支持与推崇,并荣获2002年"感动中国"十大年度人物、2002年CCTV经济年度人物。

资料来源:周鹏峰、陈俊岭,刘姝威:六百真言击碎"蓝田神话",《上海证券报》,2010年12月7日。

第三节 消费信贷管理

自第二次世界大战以来,由于商业银行盈利空间缩小,对商业银行利率管制放松以及个人信用制度的逐渐完善等因素的影响,西方商业银行消费贷款迅速增长,商业银行已成为消费者领域的主要贷款人。在西方发达国家的商业银行中,20世纪70年代以来消费贷款快速增长,消费贷款占全部贷款资产的比重已超过40%。在我国,自20世纪90年代末以来,消费信贷特别是个人住房贷款发展的速度相当高,1998年个人住房贷款余额仅为426亿,到2017年年底,我国个人住房贷款余额21.86万亿元,同比增长22.2%,在商业银行的总资产中已经达到较高的比例,并仍然以较快的速度增长。同时,由于消费贷款的成本高、风险大,因而也使其成为银行贷款风险管理的重点之一。

一、消费信贷的种类[①]

（一）消费信贷的一般类型

消费贷款是指那些发放给消费者个人或家庭，用来购买耐用消费品或支付其他个人或家庭消费的贷款。在不同的国家，甚至在不同的银行，消费贷款的具体种类都各不相同，大多数国家或银行在贷款分类时不外乎三种方式：一是按贷款的用途来划分，二是按贷款的偿还方式来划分，三是将上述两种方式结合对贷款进行分类。按照比较常用的划分标准，消费贷款可以分为以下三种。

1. 居民住宅抵押贷款

居民住宅抵押贷款是指发放给个人或家庭用于买房或者改进私人住宅的贷款。贷款以所购买的私人住宅作为抵押；由于这种贷款相对于个人或家庭的还款能力来说金额比较大，因此，一般都需要有较长的偿还期限，多数国家的这类贷款期限在 15~30 年之间；贷款采取分期偿还方式；贷款利率通常是固定的，但在近年来已越来越普遍地使用可变或浮动利率。

2. 非住宅贷款

非住宅贷款是银行发放给个人或家庭用于住宅之外的其他消费的贷款。这些贷款金额有大有小；有的需要抵押，有的则不需要抵押；有的采取分期还款方式，有的则采取一次性还款方式。

（1）分期还款的贷款。它是一种中短期贷款，分两次或更多次的连续付款来偿还贷款本息，还款周期通常是按月或按季确定。这类贷款主要用于购买大件家用物品（例如汽车、船、车辆、家具、家用电器以及其他家庭耐用消费品），也可以用来合并现存的家庭债务。贷款通常采用固定利率，但现在越来越多的人愿意使用浮动利率。

（2）一次性还款的贷款。它是银行发放给个人或家庭用于满足即时性现金需求的短期贷款。当贷款到期时，借款人必须一次性偿付全部贷款本息。这种贷款通常用于个人或家庭在度假、旅游、医疗、保健、购买家具、进行汽车和住宅维修等方面的即时性现金需求；还款期限一般在 30 天之内；贷款金额也相对比较小。但对于一些富裕的或者未来现金流量确定的借款人来说，贷款的金额通常可以很大，期限也可以延长（如可以延长至 6 个月）。

3. 信用卡贷款和其他周转贷款

通过信用卡获得融资是当今世界最为流行的一种消费者贷款方式。信用卡贷款是一种典型的周转性贷款，银行向客户出售信用卡之后，同时就授予客户（持卡

[①] 史建平主编，《商业银行管理学》，中国人民大学出版社，2003 年。

人)一个循环信贷额度,客户无论什么时候产生现金需求,都可以使用这一额度,并在一个账单期内一次或分次付清费用。随着科学技术的进步和银行服务的改善,信用卡不仅是银行向客户提供消费贷款的工具,而且也是向客户提供如代收代付、个人理财、储蓄等全方位金融服务的工具。但同时,由于信用卡贷款是一种利用电子技术提供的信用贷款,银行经常会面临客户违约、恶意透支、被盗等风险。此外,银行发行信用卡需要有大量的技术和服务设施(如 ATM 机、POS 机等)相配套,成本支出较大,因而对规模经济的要求较高。

除了信用卡贷款外,银行还发放其他各种周转性的贷款。这些贷款通常期限比较短,用以满足个人或家庭的临时性周转需要。

(二) 我国消费信贷的主要品种

自 1997 年以来,我国的消费信贷得到了很大发展,主要品种有以下四种。

(1) 住房类贷款,包括住房按揭贷款、个人住房公积金贷款、住房装修贷款、住房组合贷款、个人商业用房贷款等。目前,住房贷款是我国最主要的消费贷款种类。

(2) 汽车消费贷款,指银行发放的对居民或企事业法人购买指定各品牌的汽车的贷款。

(3) 教育类贷款,包括国家助学贷款、经营性助学贷款、再学习贷款、留学贷款等种类。

(4) 其他类消费贷款,如银行卡透支贷款、个人大额耐用消费品贷款、个人综合消费贷款、旅游贷款、助业贷款、农用物资/农机贷款、居民小额质押贷款、存贷结合的专项储蓄、个人小额短期信用放款等。

二、消费贷款的特征

与企业贷款相比,消费贷款具有自己明显的特征。

(一) 贷款额度小,缺乏规模效应

消费贷款是用于个人或家庭消费支出的贷款,与用于支付生产流通费用及购建不动产的商业贷款相比,贷款额度要小得多,少的几千元,多的几十万、几百万元。尽管单位金额小,但是花费在贷款操作管理上的人力、物力并没有成倍减少,因此,单位贷款金额的成本就比较高,就单笔消费贷款而言,很难形成规模效应。

(二) 贷款风险较大

通常认为,消费贷款的风险要比工商贷款大。这是因为,消费贷款的对象是个人和家庭。第一,银行在审查贷款时,不可能像工商贷款那样对借款人的财务状况进行全面的审查,因为对于个人或家庭来说,一般不具备像企业那样完整的财务资料,因而银行很难在贷款之前准确地把握借款人的还款能力;第二,个人或家庭的财务状况会因为疾病、失业、灾害等各种因素而发生急剧的变化,而这些变化在发生之前很难预测；第三，相对于工商企业，对个人或家庭的道德风险更难以估计和防范，贷款人对个人或家庭的行为也不像对工商企业那样容易控制，因而银行也就很难对已经发放的贷款进行有效的跟踪监测。

（三）单位贷款管理成本较高

由于消费贷款风险较大，银行在发放消费贷款时需要花费大量的精力审查借款人的资信状况和还款能力，贷款的审查评估费用比较高。而同时，由于消费贷款单笔金额较小，因此，分摊在单位贷款额中的贷款管理成本也就比工商贷款高得多。这也正是消费贷款利率通常比工商贷款利率高得多的主要原因。

（四）消费贷款受经济周期的影响明显

通过消费贷款进行融资，在很大程度上反映了个人和家庭对未来收入的信心，而这种信心又是建立在经济周期的基础之上的。当经济处于扩张期时，一国的就业率和工资水平都会明显提高，个人和家庭就会对未来收入表现出比较充足的信心，从而会促使他们更多地采取借款消费；而当经济处于衰退期时，一国的失业率将会上升，职工的工资水平也可能下降，此时，个人和家庭就会对未来更加悲观，相应地，就会减少消费贷款的使用。

三、消费贷款的评估

贷款的评估是控制贷款风险的关键环节，为了有效控制消费贷款的风险损失，银行需要制定一些贷款准则，并对消费贷款申请进行严格的信用分析。

（一）消费贷款准则

贷款准则是银行接受客户贷款申请的最基本的标准。由于消费贷款的单笔贷款数额小，而每笔贷款的信用分析过程却基本一样，都需要花费大量的精力和评估费用。如果银行对所有的贷款申请都进行全面的评估过程的话，那么，一方面银行需要花费大量的人力资源，而且有可能影响贷款决策效率；另一方面，这些大量的评估费用不得不分摊在实际发放的贷款上，加大贷款成本。因此，为了提高贷款决策效率，降低贷款成本，商业银行贷款管理政策可以确定消费贷款的一些基本准则，用来对众多贷款申请进行筛选。贷款准则包括可接受贷款申请和不可接受贷款申请，银行可以根据客户贷款申请表中所列的基本的资料，用可接受贷款准则和不可接受贷款准则，对贷款申请进行初步的筛选。凡是符合银行可接受贷款申请的，银行可以组织力量对其进行进一步的信用分析，而对符合不可接受贷款准则的贷款申请，银行就可以免去信用分析过程，直接拒绝贷款申请。这样，通过贷款准则的筛选，银行可以大大地减少评估工作量，有效地提高贷款评估决策的效率。

由于消费贷款的用途非常广泛，银行往往需要对各种不同用途的消费贷款都制定可接受贷款准则。而不可接受贷款准则，主要是指那些明显地不符合消费贷款一般条件的情形。贷款准则的确定依据，既有国家的有关法律法规，也有银行本

身的经营政策和贷款政策

(二) 消费者信用分析

对于符合贷款准则的消费贷款申请,银行需要对其进行全面深入的信用分析。信用分析所需要的信息主要来自借款人提交的贷款申请表,消费贷款的借款人必须提供标准化的贷款申请表上的所有的信息。信用分析的另一个信息来源渠道是一些信用报告机构。在一些个人信用制度比较健全的国家,这些信用报告机构可以提供有关消费者信用历史的详细数据,有助于银行了解贷款申请人的资信状况。在获取了相关信息之后,银行信贷管理人员就需要对贷款申请进行深入的分析。信用分析的内容与工商企业贷款基本一样,即"6C"原则。但在消费贷款分析中,分析的角度和侧重点又有所不同。根据对消费贷款风险的影响,我们可以把"6C"原则中的内容具体化为以下这些因素。

1. 性格和目的

借款人的性格和借款目的是确认贷款是否安全的关键性因素,因为它将决定借款人是否具有偿还贷款的强烈责任感和还款能力。通常,借款人的基本性格可以从贷款申请目的中看出。银行信贷人员在审查消费贷款申请时必须搞清楚:借款人有没有明确地说明其借款的用途;贷款申请所陈述的贷款目的是否与银行的书面贷款政策相一致;有没有证据表明借款人具有按时偿还全部贷款本息的真诚意愿。如果上述问题都能够得到肯定的回答,就说明借款人具有履行贷款契约的强烈的责任感,因而,贷款的安全比较有保障,否则的话,贷款安全就很难得到保障。目前,银行更多的是鼓励信贷人员亲自走访客户,通过口头询问客户,亲自填写借款申请书,同时,通过面对面的交谈,获得借款申请书之外的有用信息。

2. 收入水平和收入的稳定性

借款者个人和家庭的收入水平和收入的稳定性是影响借款者能否履行还款责任的最重要的因素,银行信贷人员因而也对收入水平和收入的稳定性极为重视。对于借款人的收入,银行关注的主要是其净收入,或者是能够拿回家的收入,而不是名义上的工资收入,因为只有借款人的净收入才能用来偿还到期贷款。除了收入水平之外,收入的稳定性也非常重要,因为,如果收入不稳定,即使现时有较高的收入表明其有还款能力,也不能因此说明将来能够继续保持这种能力。为了确认借款人收入情况的真实性,银行应向借款人的雇主核实借款人提供的收入情况的准确性。

3. 存款情况

借款人的存款情况可以用来间接地度量借款人收入水平和收入稳定性,同时也能够为贷款提供一种保障,因此,银行信贷人员需要核实借款人在各相关银行的存款情况。通常来说,贷款银行有权对客户存款行使冲销权,作为防范客户贷款风险的额外保护。当客户不能按期偿还贷款本息时,银行有权扣留客户的存款来收回贷款。一般来说,银行在行使这一权利时,需要提前通知客户。

4. 就业与居住情况

就业与居住情况对于评估贷款也非常重要,因为就业情况直接反映了借款人收入水平和收入的稳定性。借款人的职业状况和就业稳定性,代表了收入水平的高低和其收入的稳定性。居住时间的长短也常用于分析借款人的稳定性,一般来说,一个人在一个地址的居住时间越长,说明其个人状况越稳定。而经常改换住址对于决定是否给予银行贷款是一个很强的负面因素;一个拥有自有住房的借款人与一个租房住的借款人相比,其经济实力也显然存在着一定的差距。

5. 承担债务的情况

借款人承担债务的情况是银行信贷人员考察借款人偿债能力时考虑的另外一个很重要的因素。因为,过多的债务负担将会减弱未来贷款的偿还能力。分析客户承担债务的状况,主要看客户每月的债务支出占其收入的比例,这一比例越高,说明债务负担越重。

6. 抚养人数

借款人的抚养人数表明了借款人需要承担的法律义务,其抚养的人数越多,说明借款人收入中用于当期生活消费的支出越多。在收入水平一定的情况下,用于当期消费支出越多,其未来偿还贷款的能力就越低。

除了以上因素之外,银行还需要对借款人的其他相关情况进行调查了解,以更准确地把握借款人的真实财务状况。

(三)消费贷款的信用评分系统

经过信用分析之后,银行信贷员需要对是否贷款作出决策。此时,银行经常采用两种方法:一是经验判断法,另一种是信用评分的数量分析方法。对于一些小额的、短期的,尤其是客户的现金流量比较明确的贷款申请,银行信贷员通常可以凭借经验作出判断;而对于其他一些比较复杂的贷款申请,则通常采用数量分析方法来进行决策。

在采用数量分析法的情况下,信贷员按照一个统计上可靠的信用评分模型对贷款申请人进行信用评分。如果申请人分数超过一个关键的分界水平,就有可能在没有其他不利因素的情况下,被批准获得贷款;如果申请人的分数在分界水平之下,又没有其他缓和的因素支持,那么其贷款申请就可能被拒绝。在这个信用评分模型中,通常使用一些对申请人偿还贷款的意愿和能力有重要影响的若干因素,如收入水平、职业状况、信用级别、婚姻状况、抚养人数、债务状况、存款情况、当前工作持续时间、现有住址的时间长度以及其他一些能够反映借款人财务状况的因素。这些因素主要是根据有关的法律、传统、经济和社会制度以及以往银行贷款管理中的经验来进行选择,各国甚至一个国家内的不同银行选择的因素可能都不一样。

采用信用评分系统进行贷款决策,可以消除贷款过程中的个人判断,有助于那些经验不足的信贷人员克服自身的弱点,而且,这一系统的使用,也有利于提高银行贷款决策的效率。但是,这一系统也不可避免地会拒绝一部分优质客户。同时,由于客观经济环境、人们生活方式以及其他一些条件的改变,影响贷款质量的因素也在发生变化,因此,这一系统需要经常性地进行验证和修改。否则的话,一个僵硬的信用评分系统可能会成为银行消费贷款项目的一个致命威胁。

第四节 票 据 贴 现

一、票据贴现的含义和种类

中国人民银行于1997年颁布的《商业汇票承兑、贴现与再贴现管理暂行办法》规定,贴现是指商业汇票的持票人在汇票到期日前,为了取得资金贴付一定利息将票据权利转让给金融机构的票据行为,是金融机构向持票人融通资金的一种方式。1996年颁布的《贷款通则》第9条则明确票据贴现是贷款人以购买借款人未到期商业票据的方式发放的贷款。通常来说,票据贴现业务是指商业银行以完全背书形式购买企业持票人或其他组织能证明其合法取得、具备真实贸易背景、尚未到期的商业汇票的业务行为。

票据贴现是企业获得短期资金的重要方式,商业汇票承兑业务则是商业银行重要的中间业务。近年来,我国商业银行票据业务得到了快速发展,甚至出现了所谓"短贷票据化"的现象。目前,商业银行除了办理传统的票据贴现业务外,还有商业汇票委托代理贴现业务、商业汇票转贴现(买断)业务、电子商业汇票贴现、电子商业汇票转贴现(买断)业务、电子商业汇票回购式转贴现业务等业务品种[①]。商业汇票委托代理贴现业务是指异地持票人(票据权利人)委托与其有直接交易关系的前手背书人,代理其向商业银行申请办理商业汇票贴现业务的行为。商业汇票赎回式贴现业务是指赎回方(贴现申请人)将其合法持有的未到期商业汇票以贴付利息的形式售与商业银行,银行承诺赎回方在约定条件下赎回其所供票据的权利。赎回发生日,银行足额收妥票款后将票据如数返还赎回方的一种交易行为。商业汇票转贴现(买断)业务是指银行采取完全背书形式,购买交易客户[②]能证明其合法取得、具备真实交易关系、尚未到期的商业汇票的业务行为。商业汇票买入返售(回购)业务是指银行对持票人[③]能证明其合法取得、具备真实交易关系、

---

① 可浏览中国工商银行网站(www.icbc.com.cn)、中国银行网站(www.boc.cn)等银行网站的相关栏目了解更多内容。
② 必须为具有票据业务经营资质的各级金融机构。
③ 必须为具有票据业务资质的各级金融机构。

尚未到期的商业汇票实施限时购买,持票人按约定的时间、价格和方式将商业汇票买回的行为。电子商业汇票贴现是指企业持票人通过网上银行将其合法取得、具备真实贸易背景、尚未到期的电子商业汇票以完全背书形式转让给商业银行,银行收取一定利息后,将约定金额支付给持票人的行为,包括电子商业汇票买断式贴现、赎回式贴现、协议付息贴现等方式。电子商业汇票转贴现(买断)业务是指银行采取完全背书形式,购买交易客户能证明其合法取得、具备真实交易关系、尚未到期的电子商业汇票的业务行为。电子商业汇票回购式转贴现业务是指银行各受理网点对持票人能证明其合法取得、具备真实交易关系、尚未到期的商业汇票实施限时购买,持票人按约定的时间、价格和方式将商业汇票买回的行为。

近年来汇票业务电子化发展迅速。电子商业汇票是指出票人依托电子商业汇票系统,以数据电文形式制作的,委托付款人在指定日期无条件支付确定金额给收款人或者持票人的票据①。电子商业汇票分为电子银行承兑汇票和电子商业承兑汇票。2009年10月,中国人民银行组织建设并管理的全国电子商业汇票系统(ECDS)开始试点运行,标志着我国票据市场迈入电子化时代。商业银行基本确立了电子票据业务处理模式,围绕融资便利和降低企业财务成本而推出的各类电子票据业务创新服务加速推进。2016年颁布的《关于规范和促进电子商业汇票业务发展的通知》要求自2017年1月1日起,单张金额在300万以上的商业汇票必须通过电子系统办理,从2018年起,金额在100万元以上的票据均应全部通过电子票据办理。为了提高票据市场透明度和交易效率,更好防范票据业务风险,完善中央银行金融调控,优化货币政策传导机制,增强金融服务实体经济的能力,2016年12月8日成立了上海票据交易所。上海票据交易所是具有票据交易、登记托管、清算结算、信息服务多功能的全国统一票据交易平台,标志着我国票据业务迈入全面电子化、参与主体多元化、交易集中化的新时代。票据交易所的成立又进一步推进了票据电子化进程。票据交易所成立后,对所有纸质票据和电子票据进行统一登记、托管、报价、交易、清算、托收,对各项交易行为进行实时监控,从制度上和技术上有效防止了各类逃避监管、隐匿票据资产、转移信贷规模行为的发生,因此,越来越多的市场参与者为降低成本,引导企业选择电子票据作为票据业务介质,从而使电子票据使用范围迅速扩大,产生的规模效应又使其流通性更强,交易成本更低。2017年,票据交易所电子票据承兑量占88.99%,贴现占97.1%,转贴现及质押式回购占98.51%。

专栏4-5反映了2017年我国票据融资的情况,可以清晰地看出电子票据在票据融资中的绝对优势地位。

---

① 《中国人民银行电子商业汇票业务管理办法》(中国人民银行令〔2009〕第2号),2009年10月16日。

专栏 4-5　　　　　　　　　　2017 年度国内票据融资状况

2017 年，上海票据交易所办理票据融资业务 659.34 万亿元，比上年减少 25.16 万亿元。从贴现业务看，电子票据贴现为 6.95 万亿元，比上年增加 1.18 万亿元，增长 20.5%。其中，电子银票贴现 6.31 万亿元，比上年增加 1.07 万亿元，增长 20.48%；电子商票贴现 6 462.06 亿元，比上年增加 1 111.13 亿元，增长 20.77%。2017 年年末电票未到期贴现余额为 4.07 万亿元，比上年末减少 1 758.88 亿元，下降 4.15%。

2017 年电票贴现业务的显著特征是业务增量集中在农村金融机构。全年农村金融机构电票累计贴现 1.17 万亿元，比上年增加 1.06 万亿元，增长 970.55%，占全市场贴现增量的 89.43%。2017 年年末农村金融机构电票未到期贴现余额 9 022.32 亿元，比上年末增加 5 900.36 亿元，而全市场电票未到期贴现余额为减少 1 758.88 亿元。农村金融机构贴现积极性显著提高，主要与其在开展贴现业务中的税收优势有关。根据 2016 年颁布的《关于进一步明确全面推开营改增试点金融业有关政策的通知》规定，农村金融机构可以选择适用简易计税方法按照 3% 的征收率计算缴纳增值税。

纸票业务开展方面，2017 年票交所累计登记纸票贴现业务 2 074.46 亿元，其中纸质银票贴现 1 955.81 亿元，纸质商票贴现 118.65 亿元。2017 年年末未到期贴现余额为 1 314.75 亿元，其中纸质银票 1 229.72 亿元，纸质商票 85.03 亿元。到 2017 年年末，在票交所托管的纸质票据为 1 167.74 亿元。另据调查数据显示，2017 年主要商业银行纸质票据贴现业务量为 4 345.45 亿元，同比大幅下降 89.68%；年末纸票贴现余额为 864.19 亿元，同比大幅下降 83.68%。

转贴现业务微降，质押式回购大幅增长。2017 年票交所办理票据交易 52.18 万亿元，其中电票交易 51.4 万亿元，比上年增加 2.22 万亿元，增长 4.51%。分交易类型看，转贴现 44.48 万亿元，比上年减少 1.32 万亿元，下降 2.89%；质押式回购 6.92 万亿元，比上年增加 3.54 万亿元，增长 104.9%。从交易票据的品种看，电票转贴现交易中，银票为 41.77 万亿元，商票为 2.72 万亿元，前者是后者的 15 倍，银票仍占据银行间市场票据交易的绝对比重。从纸票交易情况看，2017 年票交所纸票交易发生额为 7 793.58 亿元，其中质押式回购 6 658.69 亿元，已成为票交所纸票交易的主要品种。从期限结构看，隔夜回购占全部回购交易的 76.54%，票据产品在货币市场中的短期、超短期融资性工具特征已十分明显。调查数据显示，主要商业银行纸票交易大幅萎缩，2017 年纸票转贴现下降 96.01%；质押式回购下降 86.11%。

票据业务规模下降是票据市场规范化和金融去杠杆的必然结果：一是上海票据交易所开始发挥票据市场基础设施功能，通过统一平台、统一制度、统一规则、统一标准，以及电子化业务处理方式，消除了信息不对称和地域限制，有效提升了信息透明度和业务行为的透明度，抑制了票据业务中的不规范行为。二是监管强化引导票据市场更趋规范。2017 年上半年银监会连续下发一系列文件，其中防止"票据空转""监管套利"等规定对票据业务影响较大，部分表外融资逐步回归表内，此前市场交易较为频繁的"代持""资管"等业务处于暂停观望或者审慎开展状态。同时，监管部门检查处罚力度加大，无真实贸易背景票据以及监管套利业务减少。三是税收成本上升影响票据贴现积极性。营改增前，票据业务除直贴需缴纳 5% 的营业税外，其余票据品种不需缴纳营业税。营改增后，税率上调至 6%，票据贴现环节税收成本提高相当于 20 个基点，银行和企业贴现积极性下降。四是金融去杠杆的相关政策促使银行间票据空转资金成本上升，以往频繁的期限错配交易和放大杠杆交易下降,票据业务回归服务实体经济的本源。在多项政策的综合作用下,各金融机构切实加强了内部管理,依法合规经营,开展票据业务更趋规范和谨慎。

资料来源:上海票据交易所,《2017年票据市场运行分析报告》。

二、票据贴现的操作

由于商业汇票贴现是传统的、主流的票据贴现形式,我们以商业汇票贴现为代表,讲述票据贴现的一般操作。

(一)票据贴现的条件

票据贴现期限较短,一般不超过六个月,适用于持有票据并具有短期融资需求的企业法人及其他经济组织,它具有提高企业资产的流动性,减少应收票据款项以及降低企业融资成本,减少财务费用的优势。为鼓励电子票据业务的发展,电子票据的付款期限自出票日起至到期日止,最长不得超过一年,因此,理论上来讲,电子票据的贴现期限最长为一年。

由于纸票和电票贴现的性质完全相同,因此,我们以纸票贴现为例来说明票据贴现的操作与管理。在纸票贴现时,借款人申请票据贴现需要提供以下相关资料:

① 申请人营业执照副本或正本复印件、组织机构代码证复印件(首次办理业务、变更及到期年审后提供);

② 经办人身份证原件及经办人、法定代表人身份证复印件;

③ 加盖公章且代理人已签字或盖章的经办人授权申办委托书;

④ 贷款卡(原件或复印件)、密码;

⑤ 商业汇票原件及其正反面复印件;

⑥ 交易合同原件及其复印件;

⑦ 相关的税务发票原件及其复印件;

⑧ 盖有公章和法定代表人加盖私章或签名的贴现申请书(按规定格式);

⑨ 盖有与预留印鉴一致的公章或财务专用章的贴现凭证;

⑩ 上年度经审计的资产负债表、损益表和即期的资产负债表、损益表;

⑪ 要素填写完整,加盖公章或合同专用章及法定代表人(授权代理人)加盖私章或签名的《贴现协议书》(按规定格式);

⑫ 银行要求的其他材料。

(二)票据贴现的流程

票据贴现的流程如下:

① 贴现申请人提出业务申请,提交贴现材料;

② 银行对贴现材料进行审查;

③ 双方签订贴现合同；
④ 信贷资金的发放。

（三）票据贴现利息的计算

票据贴现采用预扣利息的方法，银行在贴现时支付给客户的金额为汇票票面金额扣除贴现利息以后的实付额度。

贴现利息和实付贴现金额的具体计算办法是：

$$贴现利息 = 汇票金额 \times 贴现天数 \times (月贴现率 \div 30 天)$$
$$实付贴现金额 = 汇票金额 - 贴现利息$$

三、票据业务的风险及管理

票据贴现业务是一种特殊的贷款方式。承兑业务中银行作为第一付款人，是一种需要承担或有风险的中间业务。其他创新票据业务的风险类型与成因也与贴现和承兑基本相同，因此，本部分我们将讨论的对象扩大为商业银行票据业务的风险。

（一）票据业务的主要风险

1. 信用风险

票据业务的信用风险是指票据承兑人或付款人的付款能力发生问题，从而导致持票人资金受到损失，以及在转贴现业务中对手方不能履行合约而导致损失的风险。商业承兑汇票的付款人为企业，其信用水平和付款能力决定信用风险的大小。银行承兑汇票也可能发生信用风险。

2. 操作风险

操作风险包括人为操作失误引起的风险，商业银行员工由于知识或技能匮乏或责任心缺失等导致业务操作失误、差错而造成的损失。如由于操作不慎或审查不严，误将有瑕疵的汇票或票面要素不全及伪造、变造的票据办理贴现而造成的风险。操作风险还包括流程因素引起的风险，即票据业务因操作流程设计不合理或流程维护失误、未按流程严格执行等原因给商业银行带来的风险。在票据电子化普及后，系统风险成为不少银行的主要风险因素。系统因素引起的操作风险指商业银行因系统设计不完善和系统维护不完善所引发的风险。

3. 道德风险

道德风险指银行工作人员主观上故意违反法律法规与内部规章制度，单独或伙同内外部人员违规、违法操作票据业务导致的银行风险。常见的有：贷款与贴现相互腾挪，掩盖信用风险；利用贴现资金还旧借新，调节信贷质量指标；发放贷款偿还垫款，掩盖不良；通过同业代理转贴现、抽屉协议，隐匿信贷资产规模；委托中介机构办理票据业务，甚至出租、出借账户和印鉴；与中介合作，离行、离柜大量办理无真实贸易背景票据贴现;利用伪造、变造票据、"克隆"票据、票据"调包"或者伪造、虚开增值税发票,伪造、变造贸易合同及虚假的银行查询查复书等诈骗银行资金。

(二)加强票据业务风险管理的对策

1. 加强客户授信调查

商业银行应认真履行尽职调查、审核、审批职责,严格票据业务的准入标准,严格审查票据申请人的资格、信用水平与偿债能力。严格审查贸易背景真实性及背书流转过程合理性,不得办理无真实贸易背景的票据业务。加强对相关交易合同、增值税发票或普通发票的真实性审查,并可增验运输单据、出入库单据等,确保相关票据反映的交易内容与企业经营范围、真实经营状况以及相关单据内容的一致性。严禁为票据业务量与其实际经营情况明显不符的企业办理承兑和贴现业务。

2. 加强票据业务的保证金、贴现资金管理

银行应确保承兑保证金为货币资金,比例适当且及时足额到位,保证金未覆盖部分所要求的抵押、质押或第三方保证必须严格依法落实。应识别承兑保证金的资金来源,不得办理将贷款和贴现资金转存保证金后滚动申请银行承兑汇票的业务。保证金账户应独立设置,不得与银行其他资金合并存放。保证金管理应通过系统控制,不得挪用或随意提前支取。办理转贴现贴入和买入返售(卖出回购)业务时,转入行应将资金划入票据转出行在中国人民银行开立的存款准备金账户,或票据转出行在本银行开立的账户,防止资金体外循环。通过被代理方式办理电子商业汇票业务的金融机构,可以使用在代理行开立的、与电子商业汇票业务关联的同业账户办理资金收付。

3. 加强统一授信管理

银行应科学核定客户表内外票据业务授信规模,并将其纳入总体授信管理框架中,杜绝超额授信,防止签发超过企业授信限额的票据,防范各种"倒票"违规行为。

4. 加强统一授权管理

原则上支行或一线经营单位仅负责票据承兑和直贴业务,转贴现、买入返售、卖出回购等业务由总行或经授权的分行专门部门负责办理。

5. 加强票据集中保管

要完善汇票监测和查库制度,对已贴现票据、质押票据应作为重要会计凭证入库,由总行或经授权的分行专门部门集中保管,支行或一线经营单位不得自行保管。已贴现票据必须完成贴现企业向银行的背书,防止银行合法权利悬空。

6. 加强银行承兑汇票查询查复管理

银行在处理查询查复业务时应该规范、严谨、及时、准确,遵循"有疑必查,有查必复,复必详尽,切实处理"的原则。票据承兑行应及时在电子汇票系统进行登记,以便他行查询;完善查询台账制度,如遇法院冻结止付等影响票据权利的事件

发生,应在收到法院通知两个工作日内依托中国人民银行大额支付、系统或其他适当方式通知票据查询行。票据查询行如已将票据转出,应通过适当方式通知交易对手,确保持票行及时主张合法权利。

7. 强化合规管理

要强化内控建设,加强员工行为管控,严禁机构和员工参与各类票据中介和资金掮客活动。要加强重要空白凭证和业务印章等关键环节的管理,严禁携带凭证、印章等到异地办理票据业务。商业银行要严格规范账户特别是异地账户的开立和使用管理,不得出租、出借账户,严禁"倒打款"行为。严防银行票据资金被套取、挪用,违规参与民间借贷或非法集资,甚至成为社会非法金融活动的资金来源。禁止离行离柜办理纸质票据业务。转贴现、买入返售(卖出回购)的交易双方应在交易一方营业场所内逐张办理票据。买入返售(卖出回购)交易对应的票据资产需要封包的,交易双方应在买入方营业场所内办理票据审验和交接。

电子票据时代票据风险有所减少,但仍然时有发生。专栏 4-6 就是近年发生的影响较大的一个票据大案。

专栏 4-6　　　　　13 亿元的电子票据案件

由于政策限制,城商行不能够接入电票系统(ECDS),需要由国有大行以及股份银行作为其代理接入商。

2016 年 8 月 11 日下午,恒丰银行在票据业务自查过程中发现问题,随即向警方报案,并向监管部门汇报了相关情况。同时,某国有大行河北廊坊分行相关负责人则回应称,近日该行在账户监测和检查中发现,焦作中旅银行在该行开立的同业账户存在资金异常变动的情况。该行立即对可疑账户采取紧急冻结措施,并将相关情况通报了票据转贴现买入行。

焦作中旅银行当日晚于官网发表声明称:近期发现有不法分子通过伪造我行证照和印章的手段,冒用我行名义在其他银行业金融机构开立同业账户,并违法办理签发电票业务。该行并强调,从未签发电票,也从未委托他行代理签发电票。

后查明,此案是河南焦作中旅银行离职人员,冒充银行人员伪造开户资料和印鉴,然后在涉事国有大行廊坊分行开办电票代理承兑业务,分别为多家企业开出了总额近 13 亿元的电子银行承兑汇票,然后往各家银行进行贴现,其中恒丰银行转贴金额就超过了 10 亿元。

从该电子票据风险案件来看,不法分子逃过该国有大行审核,进而接入电票系统并开出 13 亿电子票据是案件爆发的起因,同业账户开设是否被严格审核成为关键。

按规定,申请同业银行结算账户除出具有关开户证明文件之外,还应当出具银行业监管部门颁发的金融许可证和经营范围批准文件等。同时要求开户银行对同业开户进行严格审核。需要首次开户面签,由开户行两名以上工作人员共同亲见存款银行法定代表人(单位负责人)在开户申请书和银行账户管理协议上签名确认,并严格执行证明文件原件的审核要求,采取双人复核制度,认真审核证件真伪,并对开户意愿真实性进行核实等六项审核要求。

第五节 贷款风险分类与贷款风险管理

一、贷款风险分类

为了及时了解贷款的质量,判断贷款是否存在问题、存在什么问题,信贷管理人员必须定期、不定期地对贷款进行风险分类。

（一）贷款风险分类的核心定义

五级分类法属于贷款风险等级分类法。贷款风险等级分类法是20世纪80年代发展起来的新的贷款质量评价方法,以借款人按期归还贷款的不确定性（风险）为分类内容和分类标准,综合分析判断确定贷款质量分类。与贷款质量期限分类法的期限标准相比,贷款风险等级分类法综合分析了借款人所有财务和非财务信息（包括还款能力、还款意愿、客观环境、政策变化等）,以贷款期内的时点为基准分析、预测贷款到期还款的可能性。使用该方法对贷款偿还的可能性进行全程监控,可以及时发现风险隐患,了解贷款风险状况,对信贷风险的识别、量化、管理以及适时采取对策具有积极意义。同时,贷款风险等级分类法也可以为判断呆账准备金是否充足提供依据,有利于银行的稳健经营。

五级分类方法是采用基于风险的分类方法评价信贷资产质量,把贷款分为正常、关注、次级、可疑和损失五类;后三类构成不良贷款。

根据中国人民银行总行1998年颁布的《贷款风险分类指导原则（试行）》的规定,这五类贷款的核心定义分别为：

正常贷款,借款人能够履行合同,没有足够理由怀疑贷款本息不能按时足额偿还;

关注贷款,尽管借款人目前有能力偿还贷款本息,但存在一些可能对偿还产生不利影响的因素;

次级贷款,借款人的还款能力出现明显问题,完全依靠其正常营业收入无法足额偿还贷款本息,即使执行担保,也可能会造成一定损失;

可疑贷款,借款人无法足额偿还贷款本息,即使执行担保,也肯定要造成较大损失;

损失贷款,在采取所有可能的措施或一切必要的法律程序之后,本息仍然无法收回,或只能收回极少部分。

（二）贷款风险分类的程序

贷款分类是依据借款人的偿还可能性而确定的,贷款分类的流程如下。

1. 基本信贷情况分析

分析人员要了解的基本情况包括：贷款目的与用途是否与约定的有出入;约定

的还款来源与现实的有否出入;贷款资产转换周期分析;了解贷款的期限是否合理;查明还款记录,判断借款人的既往信用记录。

2. 评估借款人的还款可能性

借款人的还款可能性分析包括借款人还款能力分析、贷款担保状况分析、非财务因素分析。

(1) 借款人还款能力是借款人运用借人资金获取利润并偿还借款的能力,这与借款人的生产经营能力和管理水平有关。这里的还款能力分析,主要是通过财务状况指标分析取得,即要分析借款人的财务项目、财务比率、现金流量等内容。

(2) 银行设立担保的目的是当借款人不能履行还款义务时,银行有权依法处理担保优先受偿。对担保的分析主要是分析担保的有效性与充分性。所谓有效性是指担保必须是具有法律效力的,这样在处理抵(质)押物或追索保证责任时,才能得到法律的保护。所谓担保的充分性表现在两个方面:一是抵(质)押物要有流动性、有充足的价值;二是保证人要具备合法的主体资格、充足的经济实力、良好的还款意愿。担保的意义就在于,当借款人的财务状况出现恶化、借款人不能按照贷款合同履行义务时,借款人的担保为银行的贷款偿还提供了还款来源。但与现金流量相比,担保处理所得款项只是第二还款来源。

(3) 非财务因素影响贷款偿还能力与还款的可能性。除了财务状况与担保以外,影响借款人的未来的现金流量和财务状况,进而影响借款人的偿还能力和还款意愿的非财务因素,在分析时也是不可忽视的。分析及评价影响借款人的非财务因素可以从下面几个因素展开:一是行业因素分析,如行业成本结构、行业发展周期、行业经济周期、行业盈利性等;二是借款人的经营管理分析,包括借款人的总体特征、市场信息、资金周转环节、管理理念与能力、内部控制能力等;三是对社会自然因素分析,如战争的因素、自然灾害等,都会对借款人的还款能力带来影响。

3. 确定分类结果

通过上述各种因素的分析,对借款人的偿还能力与偿还意愿有了一定的判断,在此基础上,按照贷款分类的核心定义及各类贷款的特征,对贷款做出最终的分类。

(三) 贷款风险分类标准

对信贷资产进行风险分类除了可以根据核心定义以外,更一般的是参照以下分类标准进行风险分类。

1. 正常

借款人一直能正常还本付息,银行对借款人最终偿还贷款有充分把握,各方面情况正常,不存在任何影响贷款本息及时全额偿还的消极因素,没有任何理由怀疑贷款会遭受损失。

2. 关注

借款人有能力履行承诺,但存在潜在的缺陷,继续存在下去将会影响贷款偿还。出现下列情况的,应该归为关注类贷款。
(1) 净现金流量减少;
(2) 销售收入下降、经营利润下降、净值减少或出现流动性不足的征兆;
(3) 关键性的财务指标低于行业水平或有较大的下降;
(4) 经营管理存在较大问题,未按规定用途使用贷款;
(5) 还款意愿差,不与银行积极合作;
(6) 抵押品、质押品的价值下降;
(7) 银行对抵押失去控制;银行对贷款缺乏有效的监督。

3. 次级
出现下列情况的,应该归为次级类贷款。
(1) 支付出现困难,且难以从市场上获得新的资金;
(2) 不能偿还对其他债务人的债务;
(3) 内部管理问题未解决,妨碍债务的及时清偿;
(4) 采用隐瞒事实等不正当的手段套取贷款;
(5) 借款人经营亏损,净现金流量为负值。

4. 可疑
出现下列情况的,应该归为可疑类贷款。
(1) 处于半停产、停产状态;
(2) 固定资产贷款项目处于停缓状态;
(3) 资不抵债;
(4) 银行已诉诸法律回收贷款;
(5) 贷款经过重组后仍然逾期或仍然不能正常归还本息,还款状况未得到明显改善。

5. 损失
出现下列情况的,应该归为损失类贷款。
(1) 借款人和担保人依法宣告破产,经法定程序清偿后,仍不能还清的贷款;
(2) 借款人死亡,宣告失踪或死亡,以其财产或遗产清偿后,未能还清的贷款;
(3) 借款人已经彻底停止经营活动;
(4) 固定资产项目停止时间很长,复工无望等。

二、贷款风险的处理

商业银行进行贷后检查、实行贷款风险分类的目的在于及时发现贷款存在的风险因素,并及时对贷款风险进行处置。商业银行通过贷后管理,可以及时发现并处理各类潜在风险因素以及已经暴露出来的风险。一般来讲,商业银行可以采取下列措施对贷款风险进行处理。

(一) 分析原因、采取对应措施

商业银行在发现贷款风险的预警信号或贷款已经成为问题贷款时,应该深入调查,认真分析问题产生的原因,确定问题的症结所在,随后采取相应措施。具体措施有要求借款人采取整改措施、积极催收贷款本息等。

(二) 借贷双方签订贷款处理协议,对贷款进行重组

当督促整改、上门催收等手段未见效果时,商业银行应该与借款人共同研究解决方案,并签订贷款处理协议。一般来讲解决方案包括贷款展期、借新还旧、追加贷款、追加担保等手段。通过贷款重组协议,可以从法律上确保银行权益,增强贷款的保障。

(三) 清偿抵押品或诉诸法律

在采取上述措施后,借款人的经营状况并无好转,贷款仍无法收回,银行可以与企业协议清偿抵押物品,以清偿抵押物品所得偿还债务。如果协议不成,则银行将会对借款人或担保人提出诉讼,要求他们偿还贷款本息。如果借款人或担保人资不抵债,银行可以向法院申请宣告他们破产,在破产财产支付清算费用后根据法定顺序受偿。对受偿不足部分用呆账准备金核销。

(四) 足额计提准备金,增强银行抗风险能力

准备金,又称拨备,是指商业银行对承担风险和损失的金融资产计提的准备金,包括资产减值准备和一般准备。商业银行可按照不低于风险资产期末余额的 1.5% 的原则提取一般准备。商业银行应当根据自身实际情况,选择内部模型法或标准法对风险资产所面临的风险状况进行定量分析,确定潜在风险估计值。对于潜在风险估计值高于资产减值准备的差额,计提一般准备。商业银行不采用内部模型法的,则应根据标准法计算潜在风险估计值,按潜在风险估计值与资产减值准备的差额,对风险资产计提一般准备。其中,信贷资产根据金融监管部门的有关规定进行风险分类,标准风险系数暂定为:正常类 1.5%,关注类 3%,次级类 30%,可疑类 60%,损失类 100%;对于其他风险资产可参照信贷资产进行风险分类,采用的标准风险系数不得低于上述信贷资产标准风险系数[①]。

标准法潜在风险估计值计算公式:

$$\text{潜在风险估计值} = \text{正常类风险资产} \times 1.5\% + \text{关注类风险资产} \times 3\% + \text{次级类风险资产} \times 30\% + \text{可疑类风险资产} \times 60\% + \text{损失类风险资产} \times 100\%$$

商业银行准备金提取情况可以通过不良贷款拨备率、贷款拨备率、贷款总拨备等指标体现。不良贷款拨备覆盖率,是指金融企业计提的贷款损失准备与不良贷

---

① 财政部,《金融企业准备金计提管理办法》,2012 年 3 月 30 日。

款余额之比。贷款拨备率,是指金融企业计提的与贷款损失相关的资产减值准备与各项贷款余额之比,也称拨贷比。贷款总拨备率,是指金融企业计提的与贷款损失相关的各项准备(包括资产减值准备和一般准备)与各项贷款余额之比。目前,国内商业银行拨备率较高,商业银行具备了较强的抵御风险的能力。

本章小结

1. 商业银行的贷款可以从不同的角度分类:按期限分为活期贷款与定期贷款;按保障程度分为信用贷款、担保贷款、票据贴现;按贷款规模分为批发贷款与零售贷款;按贷款的偿还方式分为一次性偿还贷款和分期偿还贷款;按贷款对象所属的经济部门可以分为工商企业贷款、建筑业贷款、农业贷款、交通运输业贷款、科技贷款和消费贷款等。

2. 企业贷款操作的一般流程包括贷款申请、受理与调查、风险评价、贷款审批、合同签订、发放和支付、贷后管理、回收与处置等环节。

3. 企业信用评级主要遵循6C原则。企业财务分析主要有财务报表重要项目分析、结构分析和财务比率分析。识别虚假会计报表的基本分析方法是通过阅读借款企业的年度报告、中期报告、季度报告和其他公告,以及其他有关公开信息资料,进行财务分析、基本面分析和现场调查。

4. 消费贷款是发放给消费者个人或家庭,用来购买耐用消费品或支付其他个人或家庭消费的贷款。为了降低成本,银行可以制定一些贷款准则,对于符合贷款准则的消费贷款申请,银行需要对其进行全面深入的信用分析。经过信用分析之后,银行信贷员需要对是否贷款作出决策。

5. 票据贴现业务是指商业银行以完全背书形式购买企业持票人或其他组织能证明其合法取得、具备真实贸易背景、尚未到期的商业汇票的业务行为。商业银行除了办理传统的票据贴现业务外,还有商业汇票委托代理贴现业务、商业汇票转贴现(买断)业务、电子商业汇票贴现、电子商业汇票转贴现(买断)业务、电子商业汇票回购式转贴现业务等业务品种。同时,对票据业务的风险也要加强管理。

6. 五级分类方法是采用基于风险的分类方法评价信贷资产质量,把贷款分为正常、关注、次级、可疑和损失五类;后三类构成不良贷款。对信贷资产进行风险分类除了可以根据核心定义以外,更一般的是参照具体标准进行风险分类。

本章重要概念

信用贷款 抵押贷款 "6C"原则 信用分析 信用评级 财务分析 现金流量 消费贷款 票据贴现 电子汇票 不良贷款 贷款风险 风险分类

复习思考题

1. 贷款业务对商业银行的意义体现在哪些方面?
2. 信用分析的"6C"原则是什么?
3. 商业银行的贷款种类有哪些?
4. 简述商业银行贷款操作的一般流程。
5. 识别虚假财务报表的基本分析方法有哪些?
6. 商业银行如何进行消费者信用分析?
7. 消费者贷款和企业贷款有何不同?
8. 登陆证交所网站下载一家上市公司的财务报表并对它进行财务报表分析,进而判断其信用状况。
9. 票据贴现需要具备哪些条件?
10. 票据业务的主要风险有哪些?
11. 票据业务风险管理的对策有哪些?
12. 简述贷款风险分类中不同贷款的核心定义。
13. 商业银行应该如何进行贷款风险处理?

参考资料

1. 中国银行业协会,《解读贷款新规》,中国金融出版社,2010年。
2. 立金银行培训中心教材编写组,《银行票据承兑与贴现实务培训》,中国经济出版社,2011年。
3. 张新民、钱爱民,《财务报表分析》,人民大学出版社,2011年。
4. 李毅学等,《物流与供应链金融创新——存货质押融资风险管理》,科学出版社,2010年。
5. 史建平主编,《商业银行管理学》,人民大学出版社,2003年。
6. 周鹏峰、陈俊岭,刘姝威:六百真言击碎"蓝田神话",《上海证券报》2010年12月7日。
7. 财政部,《金融企业准备金计提管理办法》,2012年。
8. 中国人民银行,《电子商业汇票业务管理办法》,2009年。
9. 中国人民银行,《中国人民银行关于规范和促进电子商业汇票业务发展的通知》,2016年。
10. 上海票据交易所,《2017年票据市场运行分析报告》,2018年。
11. 肖小和,《中国票据市场发展研究》,上海财经大学出版社,2016年。

第五章 商业银行的中间业务(一)

> 📖 **本章要点**
>
> - 支付结算工具和结算方式
> - 信用卡业务
> - 现金管理及其主要功能
> - 个人理财计划与主要的理财产品
> - 几种主要的投资银行业务
> - 资产托管业务
> - 私人银行与财富管理

中间业务是指不构成商业银行表内资产、表内负债,形成银行非利息收入的业务[①]。包括一些服务性的无风险或较少风险的中间业务,且这些中间业务不会转化为资产负债表内的业务,金融管理部门监管较少;也包括一些与信用有关的、有风险的中间业务,金融管理部门对这类业务的监管较严。根据有关规定,我国对商业银行开办的中间业务分别实施审批制和备案制。适用审批制的业务主要为形成或有资产、或有负债的中间业务,以及与证券、保险业务相关的部分中间业务;适用备案制的业务主要为不形成或有资产、或有负债的中间业务。中间业务与资产业务、负债业务一起构成商业银行的三大业务支柱,并成为商业银行获取盈利的一个重要来源。国外一些发达国家的商业银行中间业务收入已占到其总收入的50%以上,近年来,我国商业银行也非常注重中间业务的开拓,其收入已成为商业银行新的利润增长点[②]。表5-1显示了我国最大的商业银行——中国工商银行的中间业务收入来源和构成。

[①] 2001年7月,我国出台了《商业银行中间业务暂行规定》,首次明确了中间业务的定义、业务范围、品种、监管等重要内容。

[②] 要了解更多关于银行中间业务收入的情况,参见各银行网站上披露的银行年报。

表 5-1　中国工商银行手续费及佣金收入构成　　　　单位:百万元

业务项目	2017 金额	2017 占比(%)	2016 金额	2016 占比(%)	增减额	增长率(%)
银行卡	38 692	24.39	37 670	22.87	1 022	2.7
个人理财及私人银行	32 846	20.70	37 625	22.84	(4 779)	(12.7)
结算、清算及现金管理	26 820	16.90	26 108	15.85	712	2.7
投资银行	23 189	14.61	25 024	15.19	(1 835)	(7.3)
对公理财	18 984	11.96	20 440	12.41	(1 456)	(7.1)
担保及承诺	6 818	4.30	5 950	3.61	868	14.6
资产托管	6 731	4.24	6 893	4.18	(162)	(2.4)
代理收付及委托	1 805	1.14	1 907	1.16	(102)	(5.3)
其他	2 781	1.75	3 097	1.88	(316)	(10.2)
合计	158 666	100	164 714	100	(6 048)	(3.7)

资料来源:中国工商银行 2017 年报。

第一节　支付结算业务

支付结算类业务是指由商业银行为客户办理因债权债务关系引起的与货币支付、资金划拨有关的收费业务。支付结算类业务是在商业银行存款业务的基础上产生的,具有业务量大、风险小、收益稳定的特点,是商业银行传统的中间业务。多年来支付结算一直是我国商业银行主要的中间业务之一,也是我国商业银行中间业务收入的一个重要来源。近年来我国商业银行改革的不断深化和市场竞争实力的逐步增强以及电子支付方式的兴起,为支付结算业务的创新和业务发展创造了广阔的空间,支付结算业务呈现出良好的发展势头。

商业银行的支付结算业务包括国内结算和国际结算两个部分,本章主要介绍国内结算,国际结算部分参见第七章"商业银行的国际业务"。

一、支付结算的原则

根据 1997 年中国人民银行颁布的《支付结算办法》第 16 条规定,单位、个人和银行办理支付结算必须遵守以下三项基本原则。

1. 恪守信用,履约付款

这项原则是结算过程能否顺利进行的基础条件,涉及三方当事人,即交易双方和银行。对付款方来说,不准签发没有资金保证的票据或远期支票,套取银行信用;不准签发没有真实交易的票据,套取银行和他人资金;不准无理拒绝付款。对收款方来说,应及时组织发货,严格履行合同,保证支付结算的顺利进行。对银行来说,在办理支付结算业务过程中,不准以任何理由压票、任意退票、截留挪用客户和他行资金;不准无理拒绝支付应由银行支付的票据款项;不得违反规定签发空头银行汇票、银行本票和办理空头汇款。

2. 谁的钱进谁的账,由谁支配

在办理结算时,银行应根据收款人或持票人的委托办理收款,在收到付款人支付的款项后,按照票据和结算凭证上记载的事项将票据或结算凭证记载的金额转入收款人或持票人账户;银行根据付款人的委托办理付款时,则应该按照票据和结算凭证上记载事项从付款人账户支付相应的金额。如果出现差错造成客户损失,银行应按规定承担责任。

3. 银行不垫款

银行办理支付结算的时候只负责将款项从付款人账户划转到收款人账户,不得为客户垫款。

二、结算工具和结算方式[①]

(一) 结算工具

在我国,结算业务借助的主要结算工具包括银行汇票、商业汇票、银行本票、支票。

1. 银行汇票

银行汇票是出票银行签发的、由其在见票时按照实际结算金额无条件支付给收款人或者持票人的票据。一般来说,汇票有三个基本当事人,但是银行汇票的出票银行也就是银行汇票的付款人,因此银行汇票的基本当事人只有两个,即出票银行和收款人。单位和个人各种款项结算,包括同城和异地,均可使用银行汇票。银行汇票可以用于转账,填明"现金"字样的银行汇票也可以用于支取现金。银行汇票的提示付款期限自出票日开始1个月,持票人超过付款期限提示付款的,付款人不予受理。

银行汇票以其携带方便、同城与异地均可使用、见票即付等特点,在我国的国内结算中很受客户欢迎。

2. 商业汇票

商业汇票是出票人签发的、委托付款人在指定日期无条件支付确定的金额给收款人或持票人的票据。在银行开立存款账户的法人以及其他组织之间,必须具有真实的交易关系或债权债务关系,才能使用商业汇票。由于商业汇票可以由债权人或债务人签发,所以商业汇票的基本当事人实际上只有两个,即商业汇票的出票人(同时也是付款人)和收款人或出票人(同时也是收款人)和付款人。商业汇票的付款期限,最长不得超过6个月。商业汇票的提示付款期限,自汇票到期日起10日。

[①] 要了解支付结算方面相应规范,请参见1997年《支付结算办法》;要了解我国支付结算方面的现状,请参见中国人民银行网站"支付体系"栏目:www.pbc.gov.cn/publish/zhifujiesuansi/394/index。

商业汇票按承兑人的不同,分为银行承兑汇票和商业承兑汇票。其中银行承兑汇票使用较为普及。

3. 银行本票

银行本票是银行签发的、承诺自己在见票时无条件支付确定的金额给收款人或者持票人的票据。单位和个人在同一票据交换区域需要支付各种款项,均可以使用银行本票。银行本票的出票人,为经中国人民银行当地分支行批准办理银行本票业务的银行机构。客户申请签发银行本票时必须足额缴存票款。银行本票可以用于转账,注明"现金"字样的银行本票可以用于支取现金。银行本票见票即付。银行本票的提示付款期限自出票日起最长不得超过两个月。

4. 支票

支票是出票人签发的、委托办理支票存款业务的银行在见票时无条件支付确定的金额给收款人或持票人的票据。单位和个人在同一票据交换区域的各种款项结算,均可以使用支票。支票的出票人只能是在有权办理支票业务的银行机构开立支票存款的单位和个人。支票上印有"现金"字样的为现金支票,现金支票只能用于支取现金。支票上印有"转账"字样的为转账支票,转账支票只能用于转账。支票的提示付款期限自出票日起10日,超过10日就无效了。支票的出票人签发支票的金额不得超过付款时在银行实有的存款金额,禁止签发空头支票。

目前,在我国同城结算业务中,支票以其使用方便、收费低廉等特点而成为广泛使用的结算工具。

(二) 结算方式

目前我国国内结算中,主要的结算方式包括汇兑、委托收款和托收承付,其中汇兑使用最多。

1. 汇兑

汇兑是汇款人委托银行将其款项支付给收款人的结算方式。汇兑适用于企事业单位和个人的各种款项的异地结算。汇兑分为信汇和电汇两种,汇款人可根据需要选用。在我国国内结算中,由于汇兑结算手续简便,不受金额起点限制,依托商业银行资金清算系统,汇兑资金能够快速到账,长期以来一直是银行异地汇划资金的主要结算方式之一。

2. 委托收款

委托收款是收款人委托银行向付款人收取款项的结算方式。凡在银行开立账户的单位和个人凭已承兑的商业汇票、债券、存单等办理款项结算的,均可以使用委托收款结算方式。这种方式便利单位主动收款,且同城和异地都可使用。

3. 托收承付

托收承付是收款单位(一般为销货方)委托其开户银行向异地的付款单位收取从属费用,付款单位(一般为购货方)根据经济合同,核对单证并验货后,向银行承认付款,由银行办理款项划转的一种结算方式。托收承付一般用于异地结算,是我国特有的结算方式,主要限于国有企业和经银行审查同意的集体企业。收付双方必须签有符合法律规定的购销合同,并在合同上注明采用托收承付结算方式①。

专栏 5-1　　　　　　　　支持结算体系

关于我国支付结算体系的运行和监管的更多内容,可登录中国人民银行网站,"支付体系"栏目(扫描二维码)。

三、支付结算的电子化

随着计算机网络技术的普及,在银行支付结算领域出现了结算电子化的趋势,主要表现在两个方面。

(1)利用新技术对原有的支付结算工具和结算方式进行改进,使结算的过程更加方便和快捷。比如传统票据业务不断创新,票据电子化稳步推进,为票据支付的推广、普及和发展提供了广阔的空间;银行卡业务快速发展②,受理环境不断改善,市场秩序逐步规范;支付结算手段由原来的单点手工处理发展到依靠系统进行电子化、网络化处理,出现了柜员机、销售终端、客户服务中心等客户自助设备,支付结算服务的时间和空间得到了延伸。

(2)出现了新的支付结算工具和结算方式。最典型的是网络支付。网络支付是指客户通过网上银行、电话银行和手机银行等电子渠道发起的支付业务,包括网上支付、电话支付、移动支付等业务类型。近年来网络支付等电子支付方式蓬勃发展,业务量大幅增长,逐渐成为我国非现金支付方式的重要组成部分。网络支付的提供者除了传统的商业银行还有一类新的机构称为非银行支付服务机构,比如支付宝、财付通等。这些新的机构以其支付的便捷性和客户体验方面的优势,在小额支付领域和银行展开竞争,甚至在有限范围内和一定程度上实现了支付"脱媒"。当然银行本身也在积极求变。这股新的浪潮推动了我国支付结算领域日新月异的发展,同时银行和非银行支付机构之间的竞合关系也成为值得关注和研究的新命题。

专栏 5-2　　　　　　　　迅速崛起的移动支付

移动支付也称为手机支付,就是允许用户使用其移动终端(通常是手机)对所消费的商品

---

①　由于支付结算的发展及国有企业股份制改革的不断深入,实务中托收承付结算的比例已经比较小了。

②　近年来,银行卡已经成为我国居民使用最广泛的非现金支付工具。截至2016年末,全国银行卡在用发卡数量61.25亿张,全国人均拥有银行卡4.47张。随着银行卡受理环境的不断改善,其发卡量还将保持增长趋势。

或服务进行账务支付的一种服务方式。按照移动支付的使用方法有短信支付、扫码支付、指纹支付、声波支付等。

2016年我国非现金支付合计达到1 251亿笔,同比增速32.6%,支付金额规模达到3 687万亿元。非现金支付主要包括电子支付、票据、银行卡以及贷记转账等形式,其中电子支付2016年占比68%,约2 500万亿。电子支付仍以网上支付为主,但移动支付成为增速最快的部分。数据显示,2016年网上支付交易规模达到2 090万亿元,较2015增长3.5%,2016年移动支付规模达到158万亿元,较2015年增长50%。

随着移动支付的逐渐普及和应用场景拓展,预计移动支付交易规模将持续稳定增长。随着用户支付习惯逐步从PC端向移动端迁移,第三方移动支付迅速崛起。

作为资金流动服务载体,支付业务是商业银行的业务核心之一,而快捷的移动金融服务能增加客户忠诚度。手机银行被视作发展移动支付服务的重要载体,已经在其基础上搭建远程支付与电子商务等功能,成为移动金融的重要组成部分。出于内外竞争的考虑,发展移动支付业务,向全方位金融发展,成为商业银行的现实选择。

资料来源:中商产业研究院,《2017年中国移动支付行业市场前景研究报告》。

四、我国的支付结算系统

一般说来,我国的支付系统主要包括中国人民银行支付系统和其他单位运营的系统。其中,中国人民银行支付系统由大、小额支付系统、全国支票影像交换系统、网上支付跨行清算系统、境内外币支付系统、同城票据交换系统和人民币跨境支付系统(一期)组成;其他单位运营的系统由银行业金融机构行内支付系统、银行卡跨行交易清算系统、城市商业银行支付清算系统和汇票处理系统以及农信银支付清算系统组成。值得注意的是,随着非银行支付机构处理的网络支付业务笔数和金额激增,2017年非银行支付机构网络支付清算平台(简称"网联")上线试运营,为支付机构提供统一、公共的资金清算服务。

由表5-2可以看出,在当前市场,中国人民银行大额支付系统和银行业金融机构行内支付系统资金交易规模继续占据主导地位。

表5-2 2016年支付系统人民币业务统计表

系统名称	业务量		业务量占比	
	笔数(百万笔)	金额(千亿元)	笔数(%)	金额(%)
大额支付系统	825.67	36 162.96	1.32	70.63
小额支付系统	2 348.30	309.13	3.75	0.60
全国支票影像交换系统	7.92	4.10	0.01	0.01
网上支付跨行清算系统	4 453.15	374.61	7.11	0.73
境内外币支付系统	1.99	54.7	0.00	0.11

续表

系统名称	业务量		业务量占比	
	笔数（百万笔）	金额（千亿元）	笔数（%）	金额（%）
同城票据交换系统	372.47	1 308.05	0.59	2.55
人民币跨境支付系统（一期）	0.64	43.6	0.00	0.09
银行业金融机构行内支付系统	25 830	12 154.7	41.24	23.74
银行卡跨行交易清算系统	27 107	728.9	43.28	1.42
城市商业银行汇票处理系统和支付清算系统	8.86	8.29	0.01	0.02
农信银支付清算系统	1 681	54.3	2.68	0.11

资料来源：《中国支付体系发展报告（2016）》。

第二节 代理业务

一、代理业务的特点

代理业务是指商业银行接受客户委托、代为办理客户指定的经济事务、提供金融服务并收取一定费用的业务。代理业务是服务性业务，风险低、收益稳定，在我国的发展潜力巨大。

代理业务的特点有：①委托人与代理行用契约方式规定双方的权利和义务，包括代理的范围、内容、期限、纠纷处理等；②委托人没有转移财产的所有权，只是由代理行运用其在知识、技能、网点、声誉等方面的优势为委托人提供金融服务；③代理行不使用自己的资产，不为委托人垫款，不参与收益分配，也不承担损失；④代理业务是有偿服务，银行要收取一定的手续费。我国商业银行办理收付类业务实行"谁委托、谁付费"的收费原则，不得向委托方以外的单位或个人收费。

二、几种主要的代理业务

（一）代理政策性银行业务

代理政策性银行业务是指商业银行接受政策性银行委托，代为办理政策性银行因服务功能和网点设置等方面的限制而无法办理的业务，包括代理结算、代理专项资金管理、代理现金支付、代理贷款项目管理等。代理政策性银行业务具有风险小、收益有保证的特点。商业银行一般按代理业务总额的一定比例向政策性银行收取代理手续费，费率由双方协议确定。

(二) 代理中国人民银行业务

代理中国人民银行业务是指根据政策、法规应由中央银行承担，但由于机构设置、专业优势等方面的原因，由中央银行指定或委托商业银行承担的业务，主要包括财政性存款代理业务、国库代理业务、发行库代理业务和金银代理业务。

代理中国人民银行业务要取得中国人民银行和银行监管部门认可的资格，要有良好的信誉和完善的内控机制和管理制度，配备专门的人员。代理行还要定期接受中国人民银行和银行监管部门的审查。

(三) 代理商业银行业务

代理商业银行业务是指商业银行之间相互代理的业务。由于各商业银行服务功能、服务手段、规模大小等因素影响，形成了不同的服务产品，为方便客户，出现了代理行业务。对委托行来说，可以方便客户办理业务，争取客户资源；对代理行来说，可以充分利用资源，扩大增收的途径。

目前我国的代理商业银行业务主要是代理结算业务，是代理行利用自身发达的资金清算系统，代理其他金融机构办理异地资金汇划和清算。根据有关规定，在中华人民共和国境内，具有银监会颁发的《经营金融业务许可证》的全国性商业银行、地方性商业银行、城市信用社和农村信用社等地方性金融机构均可委托商业银行代理其异地资金清算业务。当然在开展代理业务之前，委托行和代理行要签订委托代理异地资金清算协议，同时代理行要具备从事相应的代理业务的条件，比如机构覆盖面广、电子汇划业务技术成熟等基础条件和技术条件。

(四) 代收代付业务

代收代付业务是商业银行利用自身的结算便利，接受客户的委托代为办理指定款项的收付事宜的业务。在企业的日常经营过程中，存在大量的定期或不定期的小额款项收付，如职工工资、退休金、水电煤等各项公用事业的支付，保险类、税费类、交通管理收费和其他收费等，还包括股票、债券、基金等本息红利的收付等。这些款项业务分散、金额小、笔数多，对企业来说是非常繁杂的。但是委托商业银行利用其在经营网点、计算机网络和结算业务等方面的优势进行代收代付，就可以让企业和居民从这些繁杂的收付款中解脱出来，同时对商业银行来说，既可以获得手续费收入，又能获得低成本资金来源，扩大市场份额，提高社会信用度，增强竞争能力。

(五) 代理证券业务

代理证券业务是指银行接受委托办理的代理发行、兑付、买卖各类有价证券的业务，还包括接受委托代办债券还本付息、代发股票红利、代理证券资金清算等业务。代理行利用其营业网点的优势、与客户的密切联系、服务功能的多样性和发达的电子网络代理证券部门开展业务。代理证券业务属受托代理性质，商业银行不承担资金交易损失、还本付息等责任，实行有偿服务。

由于我国商业银行目前仍然实行分业经营分业管理，现行的《商业银行法》不允许商业银行买卖股票,所以也不能开办代理股票买卖业务。

（六）代理保险业务①

代理保险业务是指商业银行接受保险公司委托代其办理保险的业务。代理保险业务一般包括代售保单业务和代付保险金业务,其中的代售保单业务,可以受托代个人或法人投保各险种的保险事宜,也可以作为保险公司的代表,与保险公司签订代理协议,代保险公司承接有关的保险业务。

（七）代理基金销售

代理基金销售主要指代理开放式基金的销售业务,是商业银行经中国证监会和中国人民银行批准,受基金管理公司委托,代为办理基金单位的认购、申购和赎回等业务,主要包括基金的开户、认购、赎回、分红、转托管、基金转换、销户、修改投资者资料和查询等业务。

第三节 信用卡业务

信用卡指记录持卡人账户相关信息,具备银行授信额度和透支功能,并为持卡人提供相关银行服务的特制载体卡片。我国信用卡发行始于 20 世纪 80 年代,1985 年中国银行珠江分行发行了第一张信用卡——珠江卡（1986 年由中国银行总行统一为长城卡）。1995 年,广东发展银行发行了国内第一张真正意义上的符合国际标准的人民币贷记卡和国际卡。2003 年国内银行开始大举进军信用卡市场,积极改进产品和服务,努力与国际接轨,信用卡业务得到了快速的发展。统计显示,2003 年,全国信用卡发卡量仅有 300 万张,到 2016 年年底,累计发卡量已经达到 4.65 亿张,短短十多年时间,增长了一百多倍。

一、信用卡的种类

随着信用卡业务的发展,信用卡的种类也越来越多。信用卡按不同的标准可以有不同的种类。

（一）按是否向发卡银行交存备用金,分为准贷记卡和贷记卡

准贷记卡是持卡人须先按发卡银行要求交存一定金额的备用金,当备用金账户余额不足支付时,可在发卡银行规定的信用额度内透支的信用卡;贷记卡是发卡银行给予持卡人一定的信用额度,持卡人可在信用额度内先消费、后还款的信

---

① 为了规范商业银行代理保险市场秩序,保护金融保险消费者权益,促进商业银行代理保险业务健康发展,2011 年中国保监会和中国银监会联合制定并发布了《商业银行代理保险业务监管指引》,要求各保险公司调整和优化银保业务结构,各商业银行要加强对代理保险业务销售行为的管控等。

用卡。

（二）按使用对象划分,可分为单位卡和个人卡

单位卡的发行对象为各类工商企业、科研教育等事业单位、国家党政机关、部队、团体等法人组织；个人卡的发行对象则为居民个人。单位卡由单位统一管理,个人卡则以个人名义申领并由其承担用卡的一切责任。

（三）按信用卡的从属关系划分,可分为主卡和附属卡

主卡是发卡机构对于已满一定年龄、具有完全民事行为能力、有稳定的工作和收入的个人发行的信用卡；附属卡是指主卡持卡人为自己具有完全民事行为能力的父母、配偶、子女或亲友申请的信用卡。主卡和附属卡共享一个账户及信用额度,也可由主卡持卡人自主限定附属卡的信用额度,主卡持卡人对于主卡和附属卡所发生的全部债务承担清偿责任。

（四）按使用对象的信誉等级划分可分为无限卡[①]、白金卡、金卡和普通卡

发卡机构一般会按照信用卡申请者的社会身份地位、经济实力、消费能力、信用等级等标准发放不同等级的信用卡,一般以普通卡为最低级别。高级别信用卡的授信额度要高于低级别的信用卡。

（五）按载体材料划分,可以分为磁条卡和芯片卡

最早的信用卡雏形是纸质或金属质地的卡片,1974 年磁条信用卡出现,磁条技术开始用于信用卡卡片；芯片卡也称为智能卡,是在付款塑料卡中嵌入一个特殊的电脑芯片,当智能卡在专门的终端上使用时,内嵌芯片能够通过终端进行信息交换、计算及其他多功能的操作,属于无接触式的付款方式。

（六）按流通范围划分,可分为国际卡和地区卡

国际卡可在发行国之外使用,并可在全球通用；地区卡只能在发行国国内或一定区域使用。

此外信用卡还可以有其他的分类,如按发卡机构与联合发卡的合作伙伴性质的不同,可分为与非盈利机构合作发行的认同卡及与盈利性机构合作发行的联名卡[②]；按结算的币种划分,分为外币卡和本币卡；按照信用卡账户币种数目,可以分为单币种信用卡和双币种信用卡等。

[①] 无限卡为无透支限额的信用卡,是维萨国际组织的高端信用卡品牌,相同等级的信用卡品牌有万事达国际组织的世界卡和美国运通公司的黑卡。2008 年 4 月 17 日,招商银行与维萨合作,在中国市场首次发行被誉为最顶级的高端信用卡招行维萨无限卡,该信用卡采用主动邀请式的限量发卡模式,即只有收到招行邀请函的客户才有资格申请。主卡每年年费高达 10 000 元,不仅实现了对高端客户的最严格筛选,同时实现了与国际上无限贵宾卡特征要素的接轨,持卡人享有包括商旅、医疗、理财、社交等私人专属服务。

[②] 联名信用卡是指信用卡和商品经销商达成协议,使持卡人在进行消费的时候,不仅能享受到优良的金融服务,而且可以享受到厂商的特殊优惠待遇。近年来国内联名卡发行较多,比如中国建设银行的龙卡汽车卡、联通龙卡；招商银行的百盛购物信用卡、国航知音信用卡等,持卡人可以享受到打折、积分等多重优惠待遇。

二、信用卡组织

在国际上，主要的信用卡组织有维萨国际组织和万事达卡国际组织以及美国运通国际股份有限公司、大来信用证有限公司、JCB 日本国际信用卡公司三家专业信用卡公司。在各地区还有一些地区性的信用卡组织，如欧洲的 EUROPAY、我国的银联、台湾地区的联合信用卡中心等等。

（一）维萨国际组织

维萨国际组织是目前世界上最大的信用卡和旅行支票组织。维萨国际组织的前身是 1900 年成立的美洲银行信用卡公司。1974 年，美洲银行信用卡公司与西方国家的一些商业银行合作，成立了国际信用卡服务公司，并于 1977 年正式改为维萨（VISA）国际组织，成为全球性的信用卡联合组织。维萨国际组织拥有 VISA、ELECTRON、INTERLINK、PLUS 及 VISA CASH 等品牌商标。维萨国际组织本身并不直接发卡，VISA 品牌的信用卡是由参加维萨国际组织的会员（主要是银行）发行的。

（二）万事达卡国际组织

万事达卡国际组织是全球第二大信用卡国际组织。1966 年美国加州的一些银行成立了银行卡协会（Interbank Card Association），并于 1970 年启用 Master Charge 的名称及标志，统一了各会员银行发行的信用卡名称和设计，1978 年再次更名为现在的 MasterCard。万事达卡国际组织拥有 MasterCard、Maestro、Mondex、Cirrus 等品牌商标。同样，万事达卡国际组织本身并不直接发卡，MasterCard 品牌的信用卡是由参加万事达卡国际组织的金融机构会员发行的。

（三）中国银联股份有限公司

中国银联股份有限公司于 2002 年 3 月由我国国内八十多家金融机构共同发起设立，总部设在上海。中国银联是银行卡联合组织，通过银联跨行交易清算系统，实现商业银行系统间的互联互通和资源共享，保证银行卡跨行、跨地区和跨境的使用。近年来银联立足于境内业务，积极展开国际受理网络建设，已与境内外两千多家机构展开广泛合作，银联网络遍布中国城乡，并已延伸至亚洲、欧洲、美洲、大洋洲、非洲等 160 多个国家和地区，银联品牌已建设成为国际主要银行卡品牌。银联始终坚持开放、合作、共赢的发展理念，在新的市场环境下陆续开始并扩大与万事达、美国运通和维萨等公司合作，共同促进开放式卡组织市场服务能力的提升，促进全球支付产业长远有序发展。

三、信用卡的功能

（一）消费信用

消费信用是指信用卡允许持卡人在核定的信用额度内进行透支，在有效免息期内,可以不必支付利息,其实这是对持卡人提供了一笔免息的循环信用贷款,是信用卡最基本的功能。

(二)转账结算

转账结算指的是信用卡持卡人无需携带现金货币和办理银行间的转账结算手续,就可以在指定的商场、饭店等场所购物消费,最终结算由发卡行和商户完成。

(三)存取现金

存取现金是指信用卡持卡人可在相应的银行网点或 ATM 机实现存取款,从而突破了银行机构网点、服务时间、地点的限制,大大方便了持卡人。

(四)汇兑功能

汇兑功能是指持卡人可以在本地银行受理网点办理存款手续,然后持卡到外地银行受理网点取款,方便持卡人到外地旅游、购物或办事时支取现金。

专栏 5-3   信用卡市场运作机制

信用卡市场是一个由持卡人、商户、发卡行、收单行和银行卡组织共同作用的交易系统。银行卡组织起到一个连接发卡行和收单行的中介作用,在一笔信用卡的跨行交易中,银行卡组织与发卡行和收单行共同合作来完成这次交易。简单地说,银行卡组织提供了一个交易的平台,发卡行和收单行为这个平台提供支持,商户和消费者在这个平台上消费。

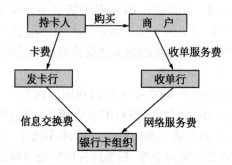

图 5-1 信用卡市场各主体

四、信用卡业务的收入

一般说来,信用卡业务收入①主要包括以下五项。

---

① 要了解信用卡费率方面信息,可以登录主要银行网站浏览相关栏目。

（一）利息收入

利息收入是对持卡人未结清款项收取的利息,它是信用卡业务收入的主要组成部分。国际上,信用卡年利率维持在18%～23%的水平上,且相当稳定。目前,我国信用卡贷款日利率为万分之五,年利率则高达18%,远高于银行同期存款利率,也远高于银行其他贷款利率。

（二）特约商户的销售回扣

这是收单行为特约商户提供交易处理并承担信用风险而向特约商户收取的费用,也是信用卡业务的重要收入。一般来说,回扣率是按信用卡交易金额的百分比计算,且会因行业不同或营业额不同而有所不同,可由特约商户与收单行商定。

（三）年费

这是持卡人因获得持有并使用银行信用卡的权利而向发卡行交纳的费用。不同机构不同种类的信用卡年费标准是不同的。

（四）其他手续费和所得

这包括从其他各种信用卡服务中产生的手续费和收入,预支现金手续费、转账手续费、信用保险以及推销其他产品所获得的收入都属于这一类。

（五）非正常处理事项收费

非正常处理事项收费也称为特殊事项处理费用,是处理持卡人违背协议事项而向其收取的杂项费用,也称为违约罚金,在出现延迟付款、信用额度透支以及支票退票事项时向持卡人收取。

五、信用卡的市场营销

信用卡市场竞争激烈,一方面是由于信用卡本身为发卡行带来的不菲的收益,另一方面信用卡业务开辟了广阔的相关市场,比如消费产品和旅游产业等,这些非银行业务同样获利丰厚,所以吸引了众多的机构进入这个市场。信用卡发展比较早的美国,早在20世纪90年代就有不少大公司染指信用卡业务,如美国电话电报公司(AT&T)、通用汽车、壳牌石油等,通过成立独立的财务机构或与发卡机构联手发行联名卡的方式进入市场。正是在这样的背景下,对发卡行来说,要想维持现有的信用卡客户并不断吸引新客户,持续发展和稳定获利,信用卡的营销就显得愈发重要。

（一）产品

信用卡的产品包括四个部分:一是产品的类型,即发卡机构是发行金卡还是普通卡或是其他的信用卡,是同时发行还是专门针对一定的客户群发行。二是产品的功能,每个发卡机构都希望它所发行的信用卡能被市场普遍认同,具有独特的价值和优势。三是产品的定位,信用卡对不同的市场消费群体要有吸引力。四是产品设计,一般由专业机构来完成,且外形要美观。

（二）客户群体

这里的客户群体是指对产品的最佳潜在市场进行定位。发卡机构一般通过广泛的市场调研并建立专门的数据库借助于复杂的回归模型来确定不同的客户群。比较典型的例子是,在激烈的市场竞争中,近年来国内银行推出了针对爱车一族的汽车信用卡、针对白领女性的女性白金信用卡、针对高校的校友认同卡等。

（三）价格

价格是发卡机构对使用信用卡收取的价格,主要包括年费、利息、宽限期以及其他费用。价格是一个敏感因素,也是影响消费者决策的主要因素,发卡机构要根据情况确定自己的价格。在我国,由于处于信用卡的推广阶段,各大银行通常在持卡人持卡初期采用减免年费、信用卡取现免费等做法,以吸引新的信用卡客户。

（四）促销

完成了信用卡产品的设计、客户群的选择和价格的确定后,最后的工作就是促销了,这也是成功销售信用卡的又一个关键环节。在促销过程中,要完成宣传资料的设计,选择广告公司和广告类型进行广告宣传等。

六、信用卡的风险及其管理

（一）信用卡的风险[①]

1. 持卡人信用风险

这是持卡人违反信用卡章程、非善意透支或信用状况下降造成的风险。随着信用卡的普及,持卡人数量增加,信用风险发生的可能性就会增加。目前在我国,一方面个人征信体系尚不完善,各银行间缺乏充分有效的信息共享;另一方面,部分银行为争夺市场,片面追求发卡量、降低申请门槛,甚至忽视对申请人的信用调查的现象依然存在,信用卡办理程序愈益简化,信用卡业务的信用风险是比较高的。

2. 不法分子欺诈风险

一些不法分子利用拾得、偷窃或其他方式获得信用卡后,通过模仿持卡人签名、伪造身份证等手段,冒充持卡人进行欺诈性消费或取现;通过更改持卡人的卡号,或者伪造的信用卡进行诈骗,造成特约商户或发卡行的损失;以假身份证骗取

[①] 2011 年银监会发布《商业银行信用卡业务监督管理办法》(简称《办法》),首次全面规范信用卡。《办法》共八章一百一十五条,包括:总则,定义和分类,业务准入,发卡业务管理,收单业务管理,业务风险管理,监督管理和附则。《办法》主要从管控风险角度对商业银行信用卡业务进行了规范,涵盖了受理信用卡申请、持卡交易、信用卡收单直至信用卡贷款收回全过程的风险控制要求。

发卡银行的信任，领卡后大量地高频率使用，然后逃之夭夭，造成发卡银行无法追回被骗资金而蒙受损失等。

3. 特约商户操作不当风险

这是特约商户的财会人员或前台服务人员没有严格按照信用卡业务操作规程办理或一时疏忽造成的风险。例如，服务人员没有按照规程核对止付名单、身份证或其他有效证件，也没有预留签名，接受了已被止付的信用卡；填大小写数字时，没有填写大写金额，没有经办人签名或盖章，使居心不良的人涂改小写金额，而无法追求责任人等。

4. 发卡银行内部人员作案风险

银行内部人员对业务操作非常熟悉，对业务操作中的漏洞更为了解，在银行缺乏有效监督机制的情况下，有人便会作案。例如，擅自打造信用卡、冒领他人信用卡，冒充持卡人消费或取现；伪造或修改取现单、记账凭证；内外勾结，超限额授权，帮助犯罪分子套取大量现金或消费等。

（二）信用卡风险的管理

信用卡风险的管理是事前、事中和事后全方位的管理，具体措施有以下六点。

1. 增强风险防范意识

不管是发卡行还是持卡人，要了解关于信用卡风险方面的信息，主动识别并防范信用卡风险。

2. 严格资信审查

发卡行对申请人资料、资信状况、身份证件等要严格审查，填写的资料要准确真实。把好发卡关，不给犯罪分子可乘之机。

3. 加强透支管理

一方面是根据申请人的收入和信用状况确定透支额度，并根据申请人情况的变化及时加以调整；另一方面是持卡人透支后，发卡行要加强对透支款的催收。

4. 加强特约商户人员培训

这包括对财会人员、柜面服务人员的培训，培训内容包括信用卡风险方面的信息、持卡人身份的识别等。

5. 强化内部管理

要加强对信用卡工作人员的教育；明确内部分工，健全岗位责任，对资信调查、打卡、输资料及财务处理等关键岗位要采取双人复核制等。

6. 健全信用卡风险转移与追索制度

比如通过建立信用卡风险损失准备金和向保险公司投保转移信用卡风险等。

专栏 5-4　　　　　　　　商业银行信用卡的受理环境

受理环境是制约信用卡发展的一个重要因素。如果信用卡的支付环境建设与信用卡发展速度不匹配,就会直接影响信用卡产业的发展。近几年来,信用卡受理市场建设成效不断显现,银行卡使用更加便捷。表5-3显示了我国信用卡市场在商户覆盖率、POS机具和ATM机具增长方面出现的可喜变化。

表5-3 信用卡受理环境状况

	2010年	2011年	2012年	2014年	2015年	2016年
特约商户(万家)	218.30	318.01	763.47	1 203.4	1 670	2 067.2
POS机具(万台)	333.40	482.65	1 063.21	1 593.5	2 282.10	2 453.5
ATM机具(万台)	27.10	33.38	52.00	61.49	86.67	92.42

资料来源:中国人民银行,《中国支付体系发展报告》(2010—2016年)。

第四节 现金管理业务

一、现金管理的概念和意义

现金管理是指商业银行协助企业,科学合理地管理现金账户头寸及活期存款余额,以达到提高资金流动性和使用效益的目的。

现金管理的概念最早出现于1947年的美国,但范围限于收款管理。20世纪70年代美林公司的现金管理账户的推出具有里程碑式的意义,将现金管理的范围从收款管理扩展到了投资管理。20世纪90年代以来,随着企业的规模不断膨胀,大型集团公司对其下属企业的财务控制尤其是资金控制的需求增长很快,之后,现金管理业务发展迅速,银行开始帮助集团公司客户对集团内部资金进行管理,由此,现金管理又进一步发展到流动性管理领域。

现在,现金管理已经发展成以账户管理为核心的包括收款、付款、融资、投资等现金流转以及相关信息汇总、传递等一系列银行服务的组合,是银行向企业和机构客户提供的一项综合性的银行产品与金融服务。

现金管理业务的发展对商业银行有着多方面的意义:它为银行提供了低成本的负债资金来源;可以帮助银行提高客户忠诚度,稳定优质客户群;可以帮助银行开拓市场、实现交叉销售、扩展盈利渠道;同时还能开拓非利差收入来源,提升中间业务收入占比。

专栏5-5 美林证券的现金管理账户

"现金管理账户",即CMA(Cash Management Account),它最早是美林证券在1977年与一家美国地方银行合作开发的,是将银行活期存款、证券投资、清算以及余额通知等多种金融服务融为一体的理财账户。该账户因主要面向拥有银行活期存款的中小机构和个人客户,又被称为(私募)基金式理财。它通过巧妙的产品设计,在分业经营的前提下,充分将银行的客户资源优势和券商的专业理财优势相结合,让各类金融机构得以钻过篱笆,到邻居盘子里分享别人的美餐。

资料来源:根据有关资料整理。

二、现金管理的功能

随着经济金融、客户需求以及信息技术的发展,现金管理业务的概念和功能一直在进行着变化和扩充。目前,现金管理业务以核心电子银行平台为基础,根据客户个性化需求,对多项银行产品和服务进行整合,主要包括资金调配、结算清算、短期融资、风险控制、信息管理等多项功能。

(一) 账户管理

1. 账户收支管理

银行可以在客户总的账户下,根据客户要求,按部门、产品类别、核算项目等分类设置不同细项,帮助客户对资金进行分类管理、分类核算。同时,还可以协助客户实现收支两条线管理。

2. 支出限额管理

为了满足客户对分支机构的控制,加强财务管理,银行可以根据客户设定的支出限制条件在对外支付时加以控制,禁止超过限额的交易业务。

(二) 流动性管理

1. 资金归集

银行可以按照客户对资金归集时间的需要,帮助客户实现资金的实时归集和非实时归集。

2. 资金调拨

客户通过电子渠道向银行发起指令,随时在集团内部的上下级账户间调拨资金、调剂余缺。

3. 资金池业务

资金池业务是一种先进的控制集团头寸从而实现资金利用效率最大化的流动性管理方式。银行可以帮助集团客户在不改变资金所有权和合法收益的情况下,将成员单位账户资金集中管理和使用,参与的所有成员单位账户可用余额之和称为资金池,成员单位经批准可以使用资金池资金。

(三) 结算业务

1. 电子支付

客户通过客户端、网上银行、自身财务管理系统等渠道发起支付指令,现金管理系统收到指令后自动处理或由柜员手工处理的业务。

2. 异地通存

客户在银行开户后,可在银行任一对公网点向该账户存入现金或转账,资金实时到账。

(四)短期融资

1. 账户透支

银行与集团公司签订对公活期存款账户透支额度合同,纳入统一授信管理。在透支额度内,对公活期存款账户可以透支。

2. 票据买入

银行与客户签订现金管理项下票据买入额度合同,客户在向银行提交不能见票即付的转账支票或无法见票即付的银行汇票委托银行收款时,银行按照票面金额为其提供短期借款并即时计入客户账户,待票据收妥后偿还借款。

3. 额度管理

银行对集团客户办理账户透支或票据买入业务可统一核定授信额度,供成员单位使用。

(五)信息服务

信息服务包括账户查询、到账通知、电子对账等。

随着跨国公司全球化业务的发展,现金管理已向区域(如亚太区、欧洲区、中东、非洲区等)资金集中、区域发票中心、虚拟账户、银行支付系统和企业 ERP 实时对接的方向发展,对银行技术和全球网点布局提出了更高的要求。

专栏 5-6　　　　　　　　　中国工商银行资金池解决方案

针对集团客户资金集中管理的需求,工商银行可以为客户提供资金池解决方案。工商银行协助客户建立集团内部资金池,最大限度发挥内部资金潜力,降低对外部资金的依赖,达到客户现金管理的主要目标。

● 工商银行凭借发达的服务网络,为客户建立覆盖全国的资金池,将全部成员单位纳入资金池,实现资金统一安排和调度。

● 工商银行资金汇划系统强大,为资金池提供高效率运行平台,可实时集中集团内部资金,实现成员单位之间实时调剂资金,最大限度地发挥资金池的效用。

● 工商银行为客户提供灵活多样的资金池功能定制服务,客户可以自主调拨集团内部资金,也可以借助工商银行系统实现自动资金上收下拨。

● 客户可以按照管理需要灵活选择资金集中频率,可以按照月、旬、周或每日为周期进行资金上收,也可在同一周期内实现多次上收。

● 工商银行支持多级资金池,客户可以按照地区、省、区域、全国四个层次逐级上收资金,支持全额、留底、整额等资金上收方式,实现银行服务与客户资金管理模式的完美整合。

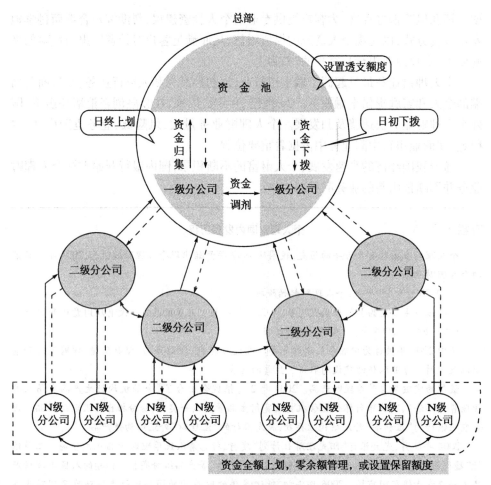

图5-2 中国工商银行多级账户资金池

资料来源:中国工商银行网站。

第五节 个人理财业务

一、个人理财的概念及性质

(一)个人理财的概念

个人理财是指商业银行为个人客户提供的财务分析、财务规划、投资顾问、资产管理等专业化服务活动。具体而言,就是银行理财专家根据客户的资产状况、预期目标和风险偏好程度,为客户提供专业的个人投资建议,帮助客户合理而科学地安排投资方式,以实现个人资产的保值增值,从而满足客户对投资回报与风险的平衡要求,实现商业银行与客户的"双赢"。

个人理财业务最早起源于瑞士银行业,最初称其为私人银行业务,专门面向高端的个人和家庭提供金融服务。20世纪70年代以来,在金融创新浪潮冲击下,国外个人理财业务快速普及和发展。个人理财业务量大、风险低、业务范围广、收益稳定,在商业银行中间业务中占据着重要位置。

随着我国经济的高速发展、个人财富的不断积累,国内银行开始重视个人理财业务并不断推出新的业务品种。

专栏5-7　　　　　　　　　　个人理财国内发展历程

个人理财在国外有上百年的历史,我国从1997年开始出现个人理财的概念,2004年真正启动个人理财业务。

(一) 20世纪90年代,个人理财起始阶段

当时银行主要是为其他机构代理基金、保险等产品。大多数居民还没有理财意识和概念。

(二) 2001—2006年,个人理财形成阶段

其中2004年被称为中国个人理财元年。在这一时期,理财产品、理财环境、理财观念和意识以及理财师专业队伍的建设均取得了显著的进步。

最早的突破来自外币理财产品。2004年2月银监会出台了《金融机构衍生产品交易业务管理暂行办法》,商业银行抓住监管机构放宽衍生品管制这一契机,纷纷推出外汇理财产品。比如农业银行的"汇利丰"外汇结构性存款,浦发银行的"汇理财"外汇结构性产品。

2004年9月,光大银行"阳光理财B计划"发行,标志着人民币理财产品正式登场。工商银行"稳得利",农业银行"本利丰",民生银行"非凡理财"等产品纷纷亮相。初期的人民币理财产品主要投资于银行间市场。2006年年初,低迷多年的股市开始强势反弹直接助推了理财业务快速增长,投资于资本市场和进行信托贷款的信托类理财计划开始迅猛发展,很快成为市场的主力品种。特别是由于证券市场的火爆,各家银行推出的新股申购类理财计划受到广泛欢迎。

2005年连接本外币两种资产的跨币种结构性存款开始推出。2006年,几大国有银行和部分股份制银行获准开办QDII业务,随后跨币种理财产品的发展重点开始转向QDII产品。2006年4月17日《商业银行开办代客境外理财业务管理暂行办法》,各中外资银行积极申请开办QDII业务。

银监会于2005年9月发布了《商业银行个人理财业务管理暂行办法》,界定了商业银行个人理财业务范畴,规范了商业银行个人理财业务管理,并同时下发了《商业银行个人理财业务风险管理指引》,对商业银行个人理财业务风险管理提出了指导意见。

(三) 2006年以后,个人理财快速发展阶段

伴随着金融市场和经济环境的进一步变化,个人理财业务进入了迅速扩展时期。除了投资于新股申购、信贷资产的理财产品,部分银行推出类基金理财产品及短期理财产品,也深受市场欢迎。

随着美国次贷危机爆发并向全球蔓延,2007年年底国内一些商业银行理财产品出现零收益甚至负收益现象,引起社会广泛关注。

2009年以后,国内投资市场逐渐回暖。在利率市场化稳步推进的背景下,大力发展理财业务已成为商业银行的共识。人民币理财产品逐渐成为主流,国有银行则凭借其网点、客户等方面的优势逐渐占据国内理财市场主导地位。新股产品和权益类产品规模萎缩,期限较短、收益稳定、资金门槛不高的固定收益类产品广受欢迎。

2014年以后,随着市场环境的变化以及防范风险的要求,监管层积极引导传统理财业务向资管转型,净值型理财产品进入高速增长期。

伴随着银行理财的快速发展,各种问题也逐渐暴露,银监会陆续出台多个相关文件对银行理财业务进行管理,内容囊括理财业务的资格准入、投资方向、风险管理、操作规范等各个方面,监管要求和规范根据实际业务需要不断进行更新调整,监管力度也不断加强。2016年7月27日,《商业银行理财业务监督管理办法(征求意见稿)》发布,这意味着自2014年12月以来搁置的银行理财业务监管新规征求意见有望重启。

资料来源:根据有关资料整理。

(二)个人理财性质

商业银行个人理财业务按照管理运作方式不同,分为理财顾问服务和综合理财服务。

理财顾问服务是指商业银行向客户提供的财务分析与规划、投资建议、个人投资产品推介等专业化服务。在理财顾问服务活动中,商业银行按照客户要求提供投资方案,客户根据商业银行提供的理财顾问服务管理和运用资金,并承担由此产生的收益和风险,属于"顾问"性质。

综合理财服务是指商业银行在向客户提供理财顾问服务的基础上,接受客户的委托和授权,按照与客户事先约定的投资计划和方式进行投资和资产管理的业务活动。在综合理财服务活动中,客户授权银行代表客户按照合同约定的投资方向和方式进行投资和资产管理,投资收益与风险由客户或客户与银行按照约定方式承担,属于"受托"性质。

二、个人理财计划(产品)的分类

商业银行在综合理财服务活动中,可以向特定目标客户群销售理财计划。理财计划是指商业银行在对潜在目标客户群分析研究的基础上,针对特定目标客户群开发、设计并销售的资金投资和管理计划。

按照客户获取收益方式的不同,理财计划可以分为保证收益理财计划和非保证收益理财计划。

保证收益理财计划是指银行按照约定条件向客户承诺支付固定收益,银行承担由此产生的投资风险,或银行按照约定条件向客户承诺支付最低收益并承担相关风险,其他投资收益由银行和客户按照合同约定分配,并共同承担相关投资风险的理财计划。

非保证收益理财计划分为保本浮动收益理财计划和非保本浮动收益理财计划。

保本浮动收益理财计划是指商业银行按照约定条件向客户保证本金支付,本金以外的投资风险由客户承担,并依据实际投资收益情况确定客户收益的理财计划。非保本浮动收益理财计划是指商业银行根据约定条件和实际投资收益情况向客户支付收益,并不保证客户本金安全的理财计划。

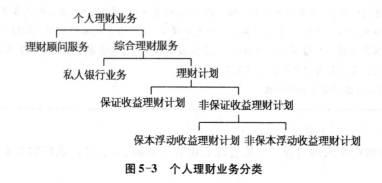

图 5-3 个人理财业务分类

三、主要理财产品介绍

（一）债券及货币市场类理财产品

债券及货币市场类理财产品是由商业银行面向公众发售的,由商业银行作为计划管理人,将募集资金直接投资于银行间债券市场和货币市场的人民币理财产品。该产品通过专业的投资理财和风险管理,在风险可控的基础上,为投资者提供相对普通存款较高的收益。

该类产品以现金、银行定期存款、银行间债券市场的国债、金融债、中央银行票据以及债券回购等产品为投资对象,投资品种信用等级高,信用风险和市场风险较低;产品收益一般高于同期存款收益;理财产品实行分账户管理,产品独立核算,投资运作相对比较安全。

（二）信托类人民币理财产品

信托类人民币理财产品是商业银行面向公私客户发售,募集人民币资金后,商业银行作为委托人,购买信托公司已有信托计划的受益权,或将理财资金按照信托方式委托给信托公司,由其按照事先确定的方式加以运用的理财计划。

早期,信托类理财计划投资于银行熟悉而且风险较低的企业项目融资或贷款,后来出现了新股申购型理财计划、项目融资型理财计划、混合型理财计划等多种类型,投资范围逐步扩大。

（三）结构性理财产品

结构性理财产品通过某种约定,在客户普通存款的基础上加入一定的衍生产品结构,将理财产品的还本金额和付息金额与某一特定资产的价格波动联系在一起。

结构性理财产品的挂钩产品多种多样,主要有汇率、利率、债券、商品、一篮子股票、基金、指数等市场价格参数。因为挂钩产品的价格变动存在不确定性,该种理财产品的收益不确定,存在一定的投资风险。

（四）代客境外理财产品

代客境外理财产品是取得代客境外理财业务资格的商业银行,受境内机构和居民个人委托,以投资者的资金在境外进行规定的金融产品投资的经营活动。

在代客境外理财业务中,银行与客户的关系是代理人和委托人的关系,市场的变化以及银行作为管理人的运作能力会直接影响客户投资的收益,且无法提前预知。客户承担投资的所有风险,银行只是利用网络和技术优势为客户提供投资服务,并按照事先确定的标准收取相应费用。

第六节　投资银行类业务

一、投资银行业务概况

传统的投资银行业务包括证券承销、交易和经纪业务,随后逐步扩展到并购重组、财务顾问、结构化融资、资产证券化、资产管理、金融衍生产品交易和股权投资等业务。

在我国目前分业经营体制下,商业银行除了不能开展交易所市场的证券承销、经纪和交易业务之外,仍然可开展大多数投资银行业务,包括银行间市场承销经纪与交易业务以及并购重组、财务顾问、结构化融资与银团贷款、资产证券化、资产管理、金融衍生产品交易等。此外,随着金融创新和综合化经营改革的推进,其他新兴业务也有望成为国内商业银行可以开展的投资银行业务。

表5-4　典型投资银行业务与国内银行开展的投资银行业务对比

典型投资银行业务	国内商业银行可以开展的投资银行业务
证券承销	部分可开展(银行间市场)
证券经纪与交易	部分可开展(银行间市场)
并购重组与财务顾问	可开展

续表

典型投资银行业务	国内商业银行可以开展的投资银行业务
银团贷款与结构化融资	可开展
资产证券化	可开展
资产管理	可开展
衍生品交易	部分可开展
直接投资及股权私募	不可开展（政策限制）

除了银团贷款和结构化融资属于贷款业务，证券交易属于投资业务以外，其他多数业务都属于中间业务的范畴，是我国商业银行可以开展的业务品种。

二、投资银行的主要业务

（一）证券承销

证券承销是指具有证券承销业务资格的金融机构，接受证券发行人的委托，在法律规定或约定的时间范围内，利用自己的良好信誉和销售渠道将拟发行的证券发售出去，并因此收取一定比例的承销费用的一项活动。

证券承销是传统的投资银行业务，是投资银行收益的重要来源。目前我国商业银行证券承销的范围主要包括银行间市场上市的国债、政策性金融债、普通金融债、非金融企业债[①]等产品。

（二）资产管理顾问业务

资产管理顾问业务，指为机构投资者或个人投资者提供全面的资产管理服务，包括投资组合建议、投资分析、税务服务、信息提供、风险控制等。

国内银行曾经作为资产管理业务领域相关产品的主要销售渠道，目前资产管理业务则成为商业银行重要的战略目标。一方面不少大型银行建立了自己的基金管理公司涉足个人理财业务，另一方面银行积极拓展企业理财业务，包括对企业客户财务状况的分析和诊断，也包括为企业提供的各种资产管理产品和综合的理财服务方案。

（三）财务顾问业务

财务顾问业务是银行为政府、企业等客户的投融资、理财、并购重组等经济活动提供金融咨询、经济分析和财务方案设计等有偿收费性顾问业务。对商业银行来说，财务顾问业务属于中间业务类投资银行业务，银行只收顾问费，不为客户垫付资金，只承担协议约定的义务和责任，不承担其他任何风险。

按照服务的对象，财务顾问业务分为政府财务顾问、机构财务顾问、企业财务

---

① 要了解更多关于银行承销的债券产品，可以登陆中国货币网了解相关债券发行与上市的信息。

顾问和项目财务顾问。按照服务内容,财务顾问业务分为常年财务顾问、投融资顾问、重组并购顾问、资产管理顾问和理财顾问等。

我国商业银行开展财务顾问业务尚处于起步阶段,往往是利用银行在客户、机构、资金等方面的优势,以资产、负债业务为依托,以投融资顾问、资本运作顾问为重点产品。未来商业银行在财务顾问业务领域尚有较大的发展潜力。

（四）信息咨询

商业银行立足于自身人才、信用、信息等方面的优势和资源,收集和整理有关信息,并对其进行记录和分析,根据客户的需求提供有效信息,满足客户需要。企业信息咨询业务包括项目评估、企业信用等级评估、验证企业注册资金、资信证明、企业管理咨询等业务。

专栏 5-8　　　　　　　商业银行开展投资银行业务经营模式选择

国内商业银行开展投资银行业务主要有两种不同的经营模式。

1. 准全能银行式的直接综合经营

德国商业银行为典型的综合经营银行模式。在这种模式下,商业银行通过内设部门直接开展非银行金融业务,各种金融业务融合在一个组织实体内。目前我国商业银行在政策允许的范围内设置相关的职能部门,在中间业务的范畴内开展诸如财务顾问、委托理财、代理基金发售等投资银行业务。工商银行于2002年5月率先设立投资银行部;其他国有银行以及浦发、中信、光大、民生、华夏、兴业等股份制商业银行也在2005和2006年左右建立起独立的投资银行部门。

2. 银行控股式的间接经营模式

英国商业银行为银行母公司形式的代表。此模式下,商业银行和非银行子公司之间有严格的法律界限,证券业务、保险业务或其他非传统银行业务是由商业银行的子公司进行的。建设银行1995年与摩根斯坦利等合资组建中金公司;中国银行1996年在境外设立中银国际。2002年,中银国际在国内设立中银国际证券有限公司,全面开展投资银行业务。

资料来源:根据有关资料整理。

第七节　资产托管业务

一、资产托管业务的概念及意义

从20世纪80年代起,伴随着投资理财业务的蓬勃发展,资产托管业务日渐兴起,经过40年左右的演变,已发展成为商业银行重要的中间业务之一,成为低利差时代重要的收入来源,为银行带来了巨大综合效益。

我国商业银行的资产托管业务是借鉴国际上成熟的资产托管人制度，结合我国的具体国情确立和完善起来的，具体是指具备一定资产托管资格的商业银行接受客户委托，安全保管客户资产，行使资金清算、会计核算、资产估值、投资监督及信息披露等职责，并提供与投资管理相关服务的业务。

资产托管业务是典型的中间业务。在托管业务中，投资者是委托资产的真正所有人，对委托资产具有最终的所有权，也是承担委托资产投资风险有限责任的人；管理人是委托资产的使用人，对受托的资金有经营权，扮演投资顾问角色，起专家理财的作用；托管人是委托资产的保管人，对委托资产有保管权，要确保委托资产的安全并提供相关服务。在托管业务中，商业银行只是为客户提供相关服务，不占用自己资金，不参与收益分配，只收取托管费，是风险较低的业务。

我国商业银行资产托管业务起步于20世纪后期。1998年3月，工商银行首先开展了证券投资基金的托管业务。经过十几年的发展，商业银行受托资产的范围不断扩大，逐步深入金融领域和产业领域，横跨国内外市场，资产管理模式逐步走向规范。目前，经过监管部门批准的在国内银行中普遍开展的资产托管业务品种主要包括证券投资基金托管、证券公司客户资产托管、信托资产托管、保险资产托管、社保基金托管、企业年金基金托管等十余个品种。

随着金融市场的发展，托管业务品种日益丰富，服务种类不断增加。资产托管业务不仅为商业银行提供了长期稳定的收入来源，还可以带来新的廉价资金来源——托管资产的存款及其客户存入资金，此外，银行还可以立足托管业务平台，积极推进与客户的其他业务合作，将托管业务与零售业务、金融市场业务、私人银行业务等紧密结合，为客户提供包括资产托管在内的一揽子综合金融服务，开拓新的收益来源。

二、主要资产托管业务

(一) 证券投资基金托管业务

证券投资基金托管业务是指商业银行作为托管人，依据法律法规和托管合同规定，安全保管基金资产、办理基金资产名下的资金清算和证券交收、监督基金管理人投资运作，并收取托管费的银行中间业务。

我国《证券投资基金法》规定，基金托管人由依法设立并取得基金托管资格的商业银行担任，托管人资格必须经国务院银行业监督管理机构核准，同时规定托管人必须具备相应条件，履行相应的职责。

(二) 证券公司客户资产托管业务

证券公司客户资产托管业务是指商业银行作为托管人，依据法律法规和托管协议规定，履行安全保管证券公司客户资产、办理证券公司客户资产名下资金清算和证券交收、监督证券公司投资运作等职责，并收取托管费的银行中间业务。

《证券公司客户资产管理业务试行办法》规定,当证券公司办理集合资产管理业务和专项资产管理业务时,应当将计划资产交由资产托管机构进行托管;当证券公司办理定向资产管理业务时,客户有要求的,证券公司必须将客户资产交由资产托管机构托管。

(三)信托资产托管业务

信托资产托管业务是指商业银行接受信托投资公司的委托,与其签署信托资金托管协议,依据法律法规以及合同的约定,履行信托财产保管、投资交易监督、项目进展情况监督、资金汇划清算、信托会计核算等职责,并收取托管费的银行中间业务。

按照信托募集的方式不同,信托资产托管业务分为单一信托计划托管业务和集合信托计划托管业务;按照信托计划投资的方向不同,信托资产托管业务可以分为证券类信托计划托管业务和非证券类信托计划托管业务。

(四)保险资产托管业务

保险资产托管业务是指商业银行作为托管人,与保险公司签署保险资金托管协议,依据法律法规和合同的要求,安全保管保险资产、办理保险资产名下资金清算和证券交收、监督保险公司或经保险公司授权的投资管理人的投资运作、进行保险资产风险分析和绩效评价,并收取托管费的银行中间业务。

按照保监会《关于开展保险资金托管工作的通知》,保险资金托管可以分为全过程托管和全金额托管;按照保险基金托管涵盖的内容,可分为托管范围、托管流程、托管服务和托管监督四个方面;按照托管保险资金的性质,可分为证券类保险资产托管和实业类保险资产托管;按照保险产品的不同,保险资金托管可分为团体分红型保险产品托管、万能型保险产品托管、个人分红型保险产品托管、普通保险产品托管、投资连结保险产品托管。

(五)社会保障基金托管业务

全国社会保障基金(简称"社保基金")托管业务是指商业银行作为托管人,与全国社保基金理事会签署托管协议,依据法律法规和合同的要求,安全保管委托资产、监督投资管理人的投资运作、办理资金清算、会计核算、资产估值,并收取托管费的银行中间业务。

(六)企业年金基金托管业务

企业年金基金托管业务是指具备相应资格的商业银行接受全国社会保障基金管理部门委托并与其签订托管合同,根据国家有关政策法规的规定和托管合同的规定,担任全国社会保障基金托管人,安全保管全国社会保障基金资产、办理全国社会保障基金资产的会计核算、资产估值、资金清算和信息披露,并提供相关金融服务的中间业务。具体包括企业年金基金托管、基本养老保险个人账户基金托管、员工福利计划托管、农村养老保险基金托管等。

(七）产业投资基金托管

产业投资基金托管业务是指具有相关托管业务资格的商业银行或其他金融机构接受产业投资基金的委托，与基金、基金管理人三方签署投资基金托管协议，托管银行承诺并履行安全保管基金资产、监督管理人的投资运作，办理基金资产的核算、清算、结算和估值等金融服务职责的收费型中间业务。

（八）专项资金托管

专项资金托管业务是指商业银行作为独立的第三方，通过签署托管协议接受专项资金涉及相关双方的委托，代为保管资金和监督交易资金收付，当托管协议约定的特定条件成就或法律事件发生时，托管银行即按照托管协议的约定，依据交易双方出具的授权文件，协助完成专项资金解付的业务。

专项资金分为两类：一是企事业单位的对外商务、投资或其他生产经营活动过程中发生的指定用途的资金；另一类是政府行政监督部门根据相关行政监督法规的规定，要求企事业单位或个人缴纳并实施专门管理的政策性资金。目前商业银行的专项资金托管业务主要包括交易类资金托管、电子商务交易结算资金托管和政策类专项资金托管。

（九）其他

其他托管业务包括QFII（合格境外机构投资者）资产托管、QDII（合格境内机构投资者）资产托管，以及养老保险个人账户基金、公益性基金、业主维修基金、住房公积金、资产证券化资金和第三方理财资金的托管等。

第八节 私人银行与财富管理

一、私人银行相关概念

私人银行（Private Banking），是面向高净值人群，为其提供财产投资与管理等服务的金融机构。私人银行是机构概念，而这种机构提供的范围广泛的各种服务称为私人银行业务，包括为客户进行个人理财，利用信托、保险、基金等金融工具维护客户资产在风险、流动和盈利三者之间的平衡，同时也提供与个人理财相关的一系列法律、财务、税务、财产继承、子女教育等专业顾问服务，其目的是通过全球性的财务咨询及投资顾问，达到财富保值、增值、继承、捐赠等目标。

一般而言，私人银行业务具有以下三个特征：①准入门槛高：主要针对高净值客户，这些客户能够为银行带来高额收益；②综合化服务：涉及信托、投资、银行、税务咨询等多种金融服务，最主要的是资产管理，规划投资，以及应客户需要的特殊服务；③重视客户关系：客户关系管理处于核心地位，素有"资产管理＋客户关系管理=私人银行家"之说。

私人银行是财富管理的主体。活跃在私人银行领域的有各种机构,包括银行、信托、券商、第三方财富管理机构等,它们为客户提供以资产管理为主的服务,或者也可以通俗地称为理财[①]。

二、私人银行发展历史

私人银行服务的是高净值人群,所以个人财富的增长以及由此产生的财富管理需求是私人银行业出现和发展的基础。

私人银行起源于16世纪的瑞士。据传法国的一些经商的贵族由于宗教信仰原因被驱逐出境,形成了第一代瑞士的私人银行家。18世纪,伦敦成为世界贸易与个人财富中心,伦敦的银行开始向富豪提供财富管理的特殊服务,私人银行业务得到长足的发展。进入20世纪,随着世界经济重心的转移,美国私人银行开始起步,花旗银行、J. P. 摩根开拓的私人银行业务得到了迅速的发展。今天,全球已经形成了以日内瓦、苏黎世、伦敦、纽约、新加坡和香港为中心的私人银行网络,市场区域主要集中于欧洲、北美和亚太地区,私人银行业务已经发展得相当成熟。

2007年3月,中国银行与苏格兰皇家银行合作,在北京、上海两地设立私人银行部,这标志着中国本土私人银行业务的正式起步。2009年7月,银监会发布《关于进一步规范商业银行个人理财业务投资管理有关问题的通知》,在全国范围内开放私人银行牌照的申请,允许建立私人银行专营机构。到2017年,中资私人银行已经走过第十个年头。在社会财富积累进程加快、高净值富裕人群快速增加和中资银行战略转型加速等多重合力作用下,我国私人银行业呈现出日趋明显且成熟的市场特点并进入了发展的黄金时期。

三、商业银行发展私人银行业务的意义

商业银行基于良好的客户基础、渠道网点、丰富的资产管理经验及社会信誉等优势,在整个私人银行市场中占据了重要地位,但是其他各类非银行机构也在快速发展。作为"大投行""大资管"和"大财富"这三大新兴业务的重要结合点,私人银行战略价值凸显,众多信托公司与券商将财富管理业务列为新的发展重点,甚至成立单独的高端客户部或私人银行部门,专门服务高净值客户,呈现出多元参与和竞争的格局。

从商业银行的角度来看,发展私人银行业务既是我国金融体系从间接融资向

[①] 商业银行往往根据客户类型(主要是资产规模)对个人理财业务进行分类,商业银行个人理财业务分为理财计划和私人银行两大类。其中理财计划是银行针对特定目标客户群体进行的个人理财服务,资金门槛低,客户范围相对较广,但服务种类相对较窄;而私人银行业务的服务对象主要是高净值客户,业务范围更加广泛。

直接融资转型背景下的顺势而为,是直接连接高净值投资者和资本市场融资需求及产品的桥梁,同时也是商业银行自身盈利增长及业务模式转型的新引擎。私人银行业务不仅能带来大量中间业务收入,还有助于推进商业银行的轻型发展。未来,商业银行应当进一步明确私人银行业务的战略地位,加强资源投入和专业化建设,以充分发挥私人银行业务的战略价值。

四、私人银行的专属产品和服务

私人银行是为了满足高净值人群对个性化、综合化、私密化的产品与服务需求应运而生的,在长期的发展过程中,逐渐形成了其富有特色的专属产品和服务。

(一)私人银行专属金融产品

私人银行专注于为客户提供量身定制的专属金融产品,包括私人银行专属理财产品、私人银行专属投资产品和私人银行综合融资产品等。其中,私人银行专属投资产品是覆盖货币市场、债券市场、股票市场、股权市场、金融衍生品投资、另类投资、离岸投资等领域的专属投资产品和投资分配规划,是私人银行提供的专属金融产品的主要构成部分。

(二)私人银行专业金融服务

私人银行专业金融服务主要包括顾问咨询服务和投资咨询服务。其中,顾问咨询服务是为高净值人群提供诸如家庭理财规划、海外投资移民、税务筹划、房地产投资、法律事务和融资规划等一系列服务。投资咨询服务是为客户设计适合其家庭投资规划的财务策划分析报告,满足客户个性化投资咨询需求,为客户定制专属投资资讯报告等。

(三)专享增值服务

此外,私人银行还为客户提供专享增值服务,包括出行礼遇、医疗健康、运动休闲、品质生活、子女成才和各种金融便利等。

本章小结

1. 中间业务指的是不构成商业银行表内资产、表内负债,形成银行非利息收入的业务。在我国,根据相关法规和业务风险的不同,分别适用备案制和审批制。

2. 支付结算类业务、代理类业务属于商业银行传统的中间业务,风险小、收益稳定,在我国商业银行中间业务中占了很大比例,构成重要的收入来源。

3. 信用卡是商业银行新兴的中间业务品种,具有消费信用、转账结算、存取现金和汇兑等功能。信用卡的收入主要来源于利息收入、特约商户销售回扣、年费、手续费收入等。但在发展信用卡业务的过程中要注意营销策略和防范信用卡业务的风险。

4. 现金管理是商业银行近年来大力发展的中间业务品种。现金管理业务具有账户管理、流动性管理、结算、短期融资和信息服务等多项功能，它能更好地满足企业对现金账户头寸管理的要求，同时也为商业银行贡献了重要的收益来源。

5. 商业银行为客户提供的个人理财服务包括理财顾问服务和综合理财服务。银行销售的理财产品主要包括债券及货币市场类理财产品、信托类人民币理财产品、结构性理财产品、代客境外理财产品。

6. 国内银行一般通过内设投资银行部门在境内开展投资银行业务，其中属于中间业务的品种主要包括银行间市场承销业务、资产管理业务、财务顾问业务、衍生交易和资产证券化业务等。

7. 经过监管部门批准的在国内银行中普遍开展的资产托管业务品种主要包括证券投资基金托管、证券公司客户资产托管、信托资产托管、保险资产托管、社保基金托管、企业年金基金托管等十余个品种。

8. 私人银行业务是金融机构向高净值客户提供的综合金融服务。在财富管理市场，私人银行业务日渐成为各金融机构竞争的焦点。商业银行应明确私人银行的战略地位，以私人银行为突破口，积极谋求业务转型，增加收益来源。目前国内私人银行为客户的产品和服务包括私人银行专属金融产品、私人银行专业金融服务和专享增值服务等。

关键概念索引

中间业务　支付结算业务　代理业务　信用卡　现金管理　个人理财
资产管理顾问业务　财务顾问业务　资产托管业务　私人银行

复习思考题

1. 商业银行发展中间业务有何意义？
2. 目前国内商业银行支付结算的工具和方式有哪些？
3. 我国商业银行从事的代理业务主要有哪些？
4. 简述信用卡的功能。
5. 商业银行的信用卡业务有哪些风险，如何防范？
6. 商业银行的现金管理业务能为客户提供哪些账户相关的服务？
7. 商业银行个人理财有哪些主要的产品？
8. 目前国内银行可以开展的属于中间业务的投资银行业务有哪些？
9. 说明商业银行资产托管业务的主要类型。
10. 说明商业银行发展私人银行业务的重要意义。

参考资料

1. 李志成主编,《商业银行中间业务》,中国金融出版社,2008 年。
2. 任淮秀主编,《投资银行业务与经营》(第四版),中国人民大学出版社,2014 年。
3. 刘长江主编,《商业银行资产托管业务》,中国金融出版社,2009 年。
4. 彼得·S. 罗斯著,刘园译,《商业银行管理》(第九版),机械工业出版社,2016 年。
5. 戴国强主编,《商业银行经营学》(第五版),高等教育出版社,2016 年。
6. 中国人民银行,《中国支付体系发展报告(2016)》。
7. 中国人民银行,《商业银行中间业务暂行规定》,2001 年 7 月。
8. 中国人民银行,《支付结算办法》,1997 年。
9. 中国人民银行,《电子支付指引(第一号)》,2005 年 10 月。
10. 中国人民银行,《非金融机构支付服务管理办法》,2010 年。
11. 中国人民银行,《非银行支付机构网络支付业务管理办法》,2015 年。
12. 中国银监会,《商业银行信用卡业务监督管理办法》,2011 年。
13. 中国银监会,《商业银行个人理财业务管理暂行办法》,2005 年。
14. 中国银监会,《商业银行个人理财业务风险管理指引》,2005 年。
15. 中国人民银行、中国银监会、国家外汇管理局,《商业银行代客境外理财管理办法》,2006 年。
16. 中国银监会,《商业银行理财产品销售管理办法》,2012 年 1 月。

第六章 商业银行的中间业务(二)

> 📖 **本章要点**
> - 银行承兑汇票
> - 银行保函
> - 资产证券化
> - 贷款承诺
> - 回购协议
> - 远期利率合约
> - 互换业务
> - 期权交易

商业银行的中间业务包括了无风险或风险较低的业务,如第五章介绍的支付结算、代理等传统业务,以及近几年来方兴未艾的现金管理、个人理财、投资银行等中间业务,为商业银行贡献了日益广泛的收益来源;同时中间业务还包括了本章要介绍的担保、承诺和金融衍生产品交易等业务,尤其是金融衍生产品的交易,风险较大,受到监管和实务部门的持续关注。

第一节 担保业务

担保类中间业务指商业银行为客户债务清偿能力提供担保,承担客户违约风险的业务。担保业务不占用银行资金,但形成银行或有负债,当申请人不能及时完成其应尽的义务时,银行就必须代为履行付款职责,所以担保业务是一项风险较大的中间业务。根据我国《商业银行中间业务暂行规定》,担保业务适用审批制。2011年银监会专门发布了《商业银行表外业务风险管理指引》[①],加强对担保类、

---

① 该《指引》共4章20条,主要包括总则、风险控制、风险监管和附则四章内容。

部分承诺类业务的风险管理。目前国内银行担保业务收入占比较小,提供的业务品种主要是银行承兑汇票和保函业务。

一、银行承兑汇票

(一) 银行承兑汇票的特点

银行承兑汇票[①]是指由收款人或承兑申请人签发,并由承兑申请人向开户银行申请,经银行审查同意承兑的商业汇票。银行承兑汇票是商业信用与银行信用的结合。它实质上是银行对外信用担保的一种形式,银行在汇票上注明承兑字样并签字后,就确认了对汇票的付款责任,如果在汇票到期时申请人的存款账户余额达不到汇票金额,承兑人就负有无条件支付的责任。

银行承兑汇票具有以下四个特点。

(1) 一经承兑,承兑银行便成为汇票的主债务人,承担到期无条件付款的义务;

(2) 银行承兑时不能以得到相等的对价为前提,而是通过承兑协议,取得出票人于汇票到期前交存票款的承诺,实质上是承兑银行为出票人提供银行信用的行为;

(3) 银行承兑后一方面成为汇票的主债务人,另一方面成为出票人的债权人,当出票人未执行协议及时足额缴存票款时,承兑银行则按有关规定有权对出票人执行扣款;

(4) 银行承兑汇票到期时,不论出票人有无足额的备付金存款,承兑银行都必须无条件履行支付义务,对其垫付的部分资金则按有关规定及时转入逾期贷款。

(二) 办理银行承兑汇票业务的条件

银行承兑汇票业务对出票人和承兑银行都有严格的规定和要求。

(1) 银行承兑汇票的出票人必须是在银行开立存款账户的法人以及其他组织,与付款人具有真实的委托付款关系,具有支付汇票金额的可靠资金来源。《支付结算办法》明确规定,出票人不得签发无对价的商业汇票用以骗取银行或者其他票据当事人的资金。

(2) 商业汇票的承兑银行,必须具备下列条件:与出票人具有真实的委托付款关系;具有支付汇票金额的可靠资金;内部管理完善,经其法人授权的银行审定。

(三) 银行承兑汇票业务操作程序

商业汇票的承兑必须按照规定的程序进行。

[①] 要了解更多关于银行承兑汇票的信息,请登录中国票据网:www.zgpj.net。

（1）承兑申请人向贷款行提出承兑申请，并提交商品购销合同、增值税发票和货运单据等相关资料。

（2）银行的信贷部门负责按照有关规定和审批程序，对出票人的资格、资信、购销合同和汇票记载的内容进行认真审查，必要时可由出票人提供担保。对符合规定和承兑条件的，与出票人签订承兑协议。

（3）汇票到期收取票款。如果承兑申请人于银行承兑汇票到期日未能足额交存票款，承兑银行除向持票人无条件支付外，应根据承兑协议规定，将尚未折回的承兑金额转入承兑申请人的贷款户，作逾期贷款处理，对承兑申请人执行扣款，并对尚未扣回的承兑金额计收罚息。

银行承兑汇票在我国20世纪80年代出现，90年代中期前后进入快速增长阶段。由于市场参与主体较多，规模不断扩大，银行承兑汇票流动性增强，目前在我国商业流通票据中银行承兑汇票是使用较多的一种。通过银行承兑汇票业务，银行可以按照承兑金额收取一定比例的中间费用。同时，通过为客户提供票据支付保证，可以稳定优质客户和存款资源。但近年来国内银行承兑汇票出现的问题也较多，有些风险因素需要引起注意，特别是信用风险和操作风险。信用风险不仅包括承兑申请人恶意诈骗的风险，还包括银行在承兑或贴现银行承兑汇票时原承兑行的资信问题引起的风险；操作风险主要指的是商业银行内部管理制度不当，工作人员失职，监察不力或管理失控等原因造成资金损失的风险。

专栏6-1　　　　　　　　　**银行承兑汇票拒付案**

2007年10月8日，A公司为缓解资金短缺的困难，在无货可供的情况下，与外地的B公司签订了一份购销合同，由A公司向B公司供应价款为200万元的优质钢材，交货期限为四个月，B公司交付银行承兑汇票，付款期为六个月。合同签订后，B公司商请C公司作保证人，向其开户行甲银行申请办理了银行承兑汇票，并签订了承兑协议。汇票上记载付款日期为2008年4月12日。A公司收到汇票后，马上向其开户行乙银行申请贴现。乙银行在审查凭证时发现无供货发票，便发电报向甲银行查询该承兑汇票是否真实，收到的复电是"承兑有效"。据此，乙银行向A公司办理了汇票贴现，并将160万元转入A公司账户。临近付款期，B公司派人去催货，才发现A公司根本无货可供，方知上当受骗，于是告知甲银行。2008年4月13日，乙银行提示付款，甲银行拒付，理由有二：(1)该汇票所依据的交易合同是虚构的；(2)乙银行明知A公司无供货发票，仍然为其办理了贴现，具有重大过失。于是，乙银行以甲银行、B公司、A公司为被告起诉至法院，请求三方支付汇票金额及利息。

法院判决及理由：法院受理了案件，在查明事实后认为，该银行承兑汇票为有效票据，作为承兑行，甲银行应承担付款责任。判决如下：甲银行向乙银行支付汇票金额及利息；B公司向甲银行履行付款责任，C公司承担保证责任；A公司应继续履行合同，如无力交货，除全部退回票款外，还要赔偿B公司的全部损失。法院判决后，当事人没有提出上诉。

案件评析：

本案是发生于持票人乙银行与承兑人甲银行之间的票据纠纷，而甲银行拒付是引起纠纷发生的直接原因，所以甲银行拒付的理由能否成立是解决本案的关键。

1. 甲银行拒付是否有法律依据

该汇票要素齐全、手续完备，从形式上看是没问题的。关键是作为票据原因关系的钢材购销合同，其效力如何会不会影响到票据关系呢？虽然《票据法》第10条规定，票据的签发、取得、转让应当具有真实的交易关系和债权债务关系，但该条因违背《票据法》的原则而在实践中无法适用。根据《票据法》原则，票据行为具有无因性，票据一旦成立，就与其原因相脱离。换言之，票据权利人在行使权利时无须证明票据原因，票据债务人也不得以原因无效为理由对善意持票人主张抗辩。就本案来说，无论钢材购销合同有效与否，都不会影响该汇票的有效性和流通性。可见，甲银行拒付的第一个理由是不成立的。

那么，对于A公司的欺诈行为，乙银行是否明知呢？乙银行只是A公司的开户行，没有条件参与对方的业务活动，A公司有没有钢材，乙银行不可能知晓，也没有权力审查，加之案件中缺乏双方恶意串通的依据，故乙银行不是恶意取得票据。本案中，乙银行在审查时亦采取了审慎的态度，及时向甲银行进行了书面审查，对方答复"承兑有效"时才为A公司办理了贴现。综上所述，乙银行在取得票据时是善意的，是合法的票据权利人，所以甲银行拒付的第二个理由也不能成立。

2. 责任应由谁承担

根据相关规定，商业汇票一经承兑，承兑人便是第一债务人即主债务人，不管承兑申请人有没有支付能力，承兑人都必须无条件承担付款义务。本案中甲银行已经对该汇票进行了承兑，自然应对善意持票人乙银行负无条件付款的责任。甲银行付款后事项按法院判决执行。

3. 对银行办理银行承兑汇票业务的建议

甲银行在为申请人承兑时，应慎重考虑，因为一旦承兑，就要负无条件付款的责任。如果申请人在本行没有足额存款，承兑行最好要求对方提供担保。信贷部门要针对不同的担保方式进行严格、细致的审查。银行应与承兑申请人签订完备的承兑协议，以保障将来能安全收回款项。

资料来源：南方财富网。

二、备用信用证

（一）备用信用证的概念

备用信用证是开证行应借款人要求，以放款人作为信用证的受益人而开具的一种特殊信用证，以保证在借款人破产或不能及时履行义务的情况下，由开证行向受益人及时支付本利。备用信用证包含3个基本当事人，即开证申请人、开证行和受益人。通过备用信用证，银行同意为借款人的信用作担保，增强了借款人的信用等级，从而方便其融资。备用信用证与一般信用证的区别在于，备用信用证的开证行承担第二位的付款责任，只有当借款人发生意外，才会发生资金的垫付。开证行一旦付款,借款人必须补偿银行的损失。备用信用证是在法律限制开立保函的情况下出现的保函业务替代品,最早出现于美国。

备用信用证出现后发展迅速,逐渐成为为国际性合同提供履约担保的信用工具,在世界范围内得到越来越广泛的运用①。对受益人来说,随着直接融资的迅速发展,投资者更加关心借方的违约风险从而使备用信用证的需求扩大,特别是交易双方不熟悉时,更显示出这种安全性的重要。对银行来说,备用信用证带来了一定的费用收入,并且这种收入来源于开证银行的信用评估技能,一般不需动用银行资金而承担信用风险,因为备用信用证很少发生议付。对借款人来说,备用信用证为借款人的融资提供担保,提高了借款人的信用,使其可以以较低的成本与更为有利的条件获得所需要的贷款。

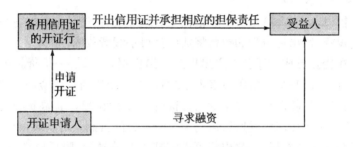

图 6-1　开出备用信用证

(二)备用信用证的种类

备用信用证分为可撤销的备用信用证和不可撤销的备用信用证。

(1)可撤销的备用信用证附有相应条款,规定在申请人财务状况出现某种变化时,开证行可以撤销或修改信用证,以保护开证行的利益。

(2)不可撤销的备用信用证,开证行不可以单方面撤销或修改信用证。对于受益人而言,开证行不可撤销的付款承诺使其有了一个确定的收款保障。显然,相对于可撤销的备用信用证,不可撤销的备用信用证的佣金要高一些。

(三)备用信用证的业务流程

(1)借贷双方就交易条件进行磋商并订立信贷合同,并明确以备用信用证方式提供担保。

(2)借款人向银行递交申请书申请开证,在申请书中明确受益人的名称、地址等相关情况。同时申请人必须向开证行做出保证和申请,必要时还要缴纳一定的

---

① 在我国国内,使用较多的是银行保函,备用信用证主要用于国际经济活动。当然,由于备用信用证在国际贸易和融资活动中的广泛应用,国内关于备用信用证的研究在逐步增加,在实践中,其运用范围也在扩大。

押金。

(3) 开证行通过信用评估接受开证申请后,向指定的受益人开立备用信用证,并将备用信用证传递给受益人。受益人收到备用信用证后,认真审核,如果发现问题,立即通知开证行修改。

(4) 在完成上述程序后,受益人根据信贷合同的规定向借款人提供贷款。如果受益人如期履行合同,但没有得到借款人的偿还,则应向开证行要求付款。开证行按规定向受益人支付后,开证行将取代受益人,成为借款人的债权人,具有要求赔偿所垫付资金的权利。

三、贷款出售

(一) 贷款出售的概念和意义

贷款出售(Loan Sales)是指商业银行在贷款形成后,进一步采取各种方式出售贷款给其他投资者,出售贷款的银行将从中获得手续费收入。

为什么在贷款形成后还要将之出售?对出售银行来说,一是贷款销售具有较高盈利性,银行通过贷款出售可以获得手续费收入,出售所得资金还可以用于利息更高的贷款;二是贷款出售可以帮助出售银行规避信用风险,提高银行资产的流动性;三是贷款出售还可以回避监管部门关于资本金的管制。对购买银行来说,贷款出售开辟了新的业务领域;贷款出售可以实现资产分散化,降低资产组合风险;同时贷款出售可以节省对借款人的初始信用审查费用。对借款人来说,则提高了融资的便利性,因为贷款出售的存在使得银行更易于满足借款人的要求,而且利率有可能降低。

(二) 贷款出售的类型

1. 根据贷款所有权的转让程度分类

根据贷款所有权的转让程度,贷款出售分为更改(innovation)、转让(assignment)和参与(participation)三种基本类型。

更改指的是出售银行彻底从与借款人达成的合同中退出,由贷款的购买者取而代之,并与借款人重新签订新的合同,出售银行与借款人和购买者不再有任何联系。

转让是指出售银行事先通知借款人,将贷款合同中属于出售银行的权利转让给购买者,购买者取得直接要求借款人还本付息的权利。

参与是指不涉及贷款合同中法定权利的正式转移,但在出售银行与购买者之间创造出一个无追索权的协议,购买者通过支付一定金额,取得获取相应贷款本金所产生收益的权利。出售银行通常继续提供售后服务,如继续管理贷款抵押品、代收利息等,在借款人和购买者之间拨付资金。

2. 根据贷款出售的方式分类

根据贷款出售的方式,分为直接的贷款出售和间接的贷款出售①。

直接的贷款出售是指将贷款的全部或部分所有权从发起银行转移出去,贷款资产本身不发生任何实质性的变化,只是将一项贷款的权利和义务在贷款购买者和借款人之间重新分配以建立一个新的借贷关系。在直接的贷款出售中,银行将已发放出去的一笔贷款合同转让给新的债权人,从新的债权人处获得资金。

间接的贷款出售就是资产证券化,即将贷款组合设计为可在资本市场上买卖的证券,创造出新的投资工具,其资产性质发生了变化。

3. 根据贷款出售的真实性分类

根据贷款出售的真实性,贷款出售可以分为买断型贷款出售和回购型贷款出售。

买断型贷款出售业务是指交易双方根据协议约定出售贷款,其后借款人向受让人承担还本付息的义务。这种出售方式也成为"真实出售"。

回购型贷款出售是指交易双方根据协议约定在某一日期以约定的价格出售贷款,同时出让方承诺在约定的日期向受让方无条件购回该项贷款。

专栏 6-2   全国银行间市场贷款转让交易启动

2010 年 9 月 25 日,全国银行间市场贷款转让交易在上海正式启动,同时,工商银行、农业银行等 21 家银行业金融机构现场签署了《贷款转让交易主协议》。至此,银行信贷资产的转让将正式拥有公开交易平台。

当日,中国工商银行和交通银行,上海浦东发展银行和山西晋城市商业银行,交通银行和攀枝花市商业银行通过全国银行间市场贷款转让交易系统达成贷款转让交易。全国银行间市场贷款转让交易系统依托全国银行间同业拆借中心的专线网络,为市场成员提供贷款转让的报价、成交确认和信息披露等服务,是全国银行间市场的有机组成部分。

我国信贷资产转让始于 1998 年 7 月,中国银行上海分行和广东发展银行上海分行签订了转让银行贷款债权的协议。2002 年 8 月,中国人民银行批准民生银行开展贷款转让业务,随后民生银行上海分行率先与锦江财务公司开展了 2 亿元的贷款受让业务。2003 年 7 月,中国银监会批准光大银行开办贷款转让业务。随后,贷款转让业务在我国银行间开展起来。但当时的资产转让主要在银行之间进行,以"一对一"谈判交易为主。

---

① 欧美国家证券化市场比较发达,贷款证券化活动是在其他成熟的市场进行,比如美国次贷危机所涉及的住房抵押贷款证券化,有其专门的交易市场。证券化的市场虽然和直接的贷款出售市场有一定联系,但两个市场是独立运行的,所以一般提及的贷款出售是指直接的贷款出售,不包括贷款证券化。在我国,贷款出售业务处于初级发展阶段,一般所谓的贷款出售是指贷款转让或信贷资产转让,从 1998 年推出至今,处于发展的过程当中。而间接的贷款出售即贷款的证券化从 2005 年开始试点,金融危机后暂停了一段时间,其后又恢复发行。

《贷款转让交易主协议》的签署和全国银行间市场贷款转让交易的启动,对于规范发展我国贷款转让市场,完善货币政策传导机制,加强金融宏观调控,优化银行信贷结构,防范和化解潜在金融风险等,具有重要的现实意义,不仅丰富和发展了银行业金融机构满足资本约束要求、主动管理资产的产品与手段,也符合当前国际金融改革形势的变化与要求。

资料来源:根据有关资料整理。

四、资产证券化

(一)资产证券化的定义和分类

一般而言,资产证券化是指发起人将缺乏流动性,但又可以产生稳定可预见未来现金收入的资产加以组合,通过结构性重组,将其转变为可以在金融市场上出售和流通的证券,借此向投资人募集资金的过程。

根据产生现金流的资产证券化类型不同,我们常常把资产证券化划分为住房抵押贷款支持证券(Mortgage-backed Security,简称 MBS)和资产支持证券(Asset-backed Security,简称 ABS)。MBS 与 ABS 之间最大的区别在于前者的基础资产是住房抵押贷款,后者的基础资产是除住房抵押贷款以外的其他资产。与 MBS 相比,ABS 的种类更加繁多,如汽车消费贷款、学生贷款证券化;信用卡应收款证券化等。

资产证券化 1969 年发端于美国,继而在欧美国家如英国、法国、加拿大等国得到了迅速发展,20 世纪 90 年代以后又被引入澳大利亚、中国香港、韩国、新加坡等亚太新兴经济地区。

(二)资产证券化的功能和意义

资产证券化从其诞生之时就是为了增大金融机构的流动性和实现信用风险的转移,而这也正是资产证券化最基本的功能。

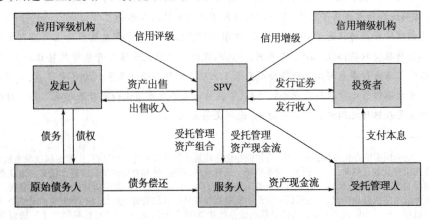

图 6-2 资产证券化交易原理

此外,从发行人的角度来说,通过资产证券化可以获得低成本融资。通过资产证券化市场筹资比通过银行或其他资本市场筹资的成本要低许多。通过资产证券化可以使发行人更好地进行资产负债管理,取得精确、有效的资产与负债的匹配,降低流动性风险和信用风险。

从投资者的角度来看,资产证券化提供了多样化的投资品种。

从金融市场的角度来看,资产证券化可以实现市场上资源的合理有效配置。

(三) 我国资产证券化发展历程

2004年,证监会发布《关于证券公司开展资产证券化业务试点有关问题的通知》,2005年,人民银行和原银监会联合发布《信贷资产证券化试点管理办法》,为资产证券化的发展提供了法律基础,资产证券化实践从此在我国拉开了帷幕。由此开始,我国资产证券化的发展历程经过了三个阶段。

1. 试点阶段(2005—2008年)

2005年3月,人民银行、银监会等十部委组成信贷资产证券化试点工作协调小组,正式启动我国信贷资产证券化试点。2005年12月,国家开发银行和中国建设银行分别发行了我国首个信贷资产支持证券和住房贷款支持证券,成为我国试点发行的首批信贷资产证券化产品。2005年9月,证监会推出中国联通CDMA网络租赁费收益计划,是我国推出的首个企业资产证券化产品。2007年9月,我国启动第二批信贷资产支持证券试点。国际金融危机期间,我国出于宏观审慎和控制风险的考虑暂停了资产证券化试点。

2. 常态发展阶段(2011—2014年)

2011年9月,证监会重启对企业资产证券化的审批。2012年5月,人民银行、银监会和财政部联合发布《关于进一步扩大信贷资产证券化试点有关事项的通知》,标志着在经历了国际金融危机之后,我国资产证券化业务重新启动,进入第二轮试点阶段,试点额度500亿。2012年8月银行间交易商协会发布《银行间债券市场非金融企业资产支持票据指引》,资产支持票据①(Asset-backed Medium-term Notes,简称ABN)正式诞生。至此,我国三种主要资产证券化产品类型,即企业资产证券化(企业ABS)、信贷资产证券化(信贷ABS)、资产支持票据(ABN)全部推出。2013年3月,证监会发布《证券公司资产证券化业务管理规定》,证券公司资产证券化业务由试点业务开始转为常规业务。2013年7月,国务院发布《关于金融支持经济结构调整和转型升级的指导意见》,明确要逐步推进信贷资产证券化常规化发展,盘活资金支持小微企业发展和经济结构调整。2013年8月,人

---

① 资产支持票据是指非金融企业在银行间债券市场发行的,由基础资产所产生的现金流作为还款支持的,约定在一定期限内还本付息的债务融资工具。资产支持票据是由银行间市场交易商协会推出的资产证券化产品。

民银行、银监会推动国开行、工商银行等机构开启第三轮试点工作,试点额度达到4 000亿元,我国资产证券化市场正式进入常态化发展时期。

3. 快速发展阶段(2014年至今)

2014年年底,我国资产证券化业务监管发生了重要转折,完成了从过去的逐笔审批制向备案制的转变。通过完善制度、简化程序、加强信息披露和风险管理,促进市场良性快速发展。

信贷资产证券化方面:实施备案制+注册制。2014年11月20日,银监会发布《关于信贷资产证券化备案登记工作流程的通知》,宣布针对信贷资产证券化业务实施备案制;2015年1月4日,银监会下发批文公布27家商业银行获得开展信贷资产证券化产品的业务资格,标志着信贷资产证券化业务备案制在实操层面落地;3月26日,人民银行发布《关于信贷资产支持证券试行注册制的公告》,宣布已经取得监管部门相关业务资格、发行过信贷资产支持证券并且能够按照规定披露信息的受托机构和发起机构可以向央行申请注册,并在注册有效期内自主发行信贷ABS。

企业资产证券化方面:实施备案制+负面清单管理。2014年12月26日,证监会发布《资产支持专项计划备案管理办法》,开始针对企业资产证券化实施备案制,同时配套《资产证券化业务风险控制指引》和《资产证券化业务基础资产负面清单指引》,提出8类负面清单,大大拓宽了发行人及基础资产的可选范围,促进企业资产证券化在2015年以来的高速发展。

2016年以前,信贷ABS发行规模一直占据较大比重;2016年企业ABS发行规模大幅跃升,较2015年翻番,取代信贷ABS成为发行量最大的品种。随着基础资产类型增加和产品标准化程度提高,2016年信贷ABS产品不再呈现CLO[①](Collateralised Loan Obligation,担保贷款债务凭证)一支独大的现象,各类产品发行规模趋于均衡化,标志着信贷ABS市场开始走向成熟。2016年5月,中国银行"中誉2016年第一期不良资产支持证券"和招商银行"和萃2016年第一期、第二期不良资产支持证券"(以下分别简称"和萃一期""和萃二期")陆续发行,标志着不良资产证券化时隔8年后重启,商业银行不良资产市场化处置渠道进一步拓宽。同时这一年在绿色资产证券化[②]、"PPP+资产证券化[③]"和境外发行资产支持证券方面也取得了重要突破。

---

① 一般是金融机构(主要是银行)对其信贷资产进行证券化后形成的衍生产品,是公司信贷类资产支持证券,其基础资产为银行贷款。

② 绿色资产证券化的特别之处在于,是以绿色项目及其相关资产未来所产生的现金流为基础资产,并且需将发行资产支持证券募集的资金用于资助绿色资产或项目。

③ PPP(Public-Private Partnership),政府和社会资本合作。PPP项目资产证券化(PPP+资产证券化,简称"PPP+ABS"),是政府和社会资本合作项目的资产证券化,以PPP项目未来所产生的现金流为基础资产。

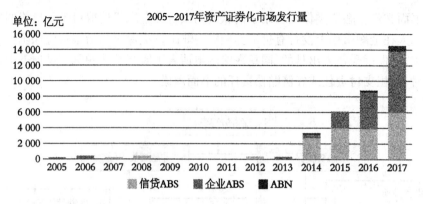

图6-3 2005—2017年资产证券化市场发行量

资料来源：中央国债登记结算有限责任公司，《2017年资产证券化发展报告》。

专栏6-3	资产证券化业务

关于我国资产证券化业务发展状况下更多内容，可扫描二维码了解。

五、银行保函

（一）银行保函的特点

银行保函是商业银行凭借自身的资金实力和业务条件，接受客户申请，向受益人开出的担保。如果委托人违约，担保银行保证履行委托人的责任。保函是银行信用保证文件的一种，它不占用银行资金，但一经开出，就成了银行的或有负债，有可能给银行带来风险。当然银行可以通过收取担保费获得相应收入。

银行保函具有以下三个特点：①以银行信用作为保证，便于商业交易及其他经济活动的顺利进行。②国际通行的保函是独立性担保，即银行保函是依据商务合同开出的，但又不依附于商务合同，是具有独立法律效力的文件。当受益人在保函项下合理索赔时，担保行就必须承担付款责任，而不论申请人是否同意付款，也不管合同是否履行的事实。③银行保函的内容根据具体交易的不同而多种多样，在形式上并无一定的格式，在业务流程和适用法规方面也不尽相同。

（二）银行保函的种类

银行保函[①]的种类很多，主要分为融资类保函和非融资类保函。融资类保函指的是银行应借款人的申请而向贷款人出具的、保证借款人履行借贷资金偿还义

---

① 要了解更多关于保函产品的介绍，可以浏览各银行网站，比如：中国银行网站"公司金融服务"→"贸易金融服务"→"保函"。

务的书面文件。融资类保函适用于借款人向银行等金融机构取得各种形式的融资和借款人在金融市场上发行有价证券融资。非融资类保函是指银行应保函申请人的请求,向保函受益人出具的、同意在保函申请人不履行某非融资交易项下责任或义务时,承担支付责任或经济赔偿责任的书面承诺。

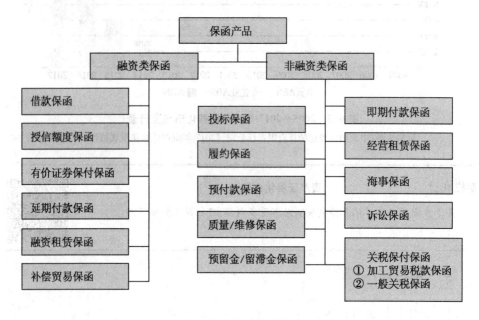

图 6-4 银行保函的种类

（三）银行保函的业务操作流程

在办理保函业务时,首先,委托人要向银行提出开立保函的申请书。保函申请书除表示请求商业银行按合同规定出具保函外,还有申请人的应允、申明和保证。然后,银行对委托人进行审查并落实反担保措施。银行经审核后,认为可为其担保的,可与受益人协商拟定保函的条款,开立保函。保函开立后,可以展期、修改或撤销。

第二节 承诺业务

承诺业务是指商业银行在未来某一日期按照事前约定的条件向客户提供约定信用的业务。承诺业务包括贷款承诺、回购协议和票据发行便利。承诺业务属于有风险的中间业务,适用审批制。目前国内银行承诺业务在中间业务中所占比重较低。

一、贷款承诺

(一) 贷款承诺的概念

贷款承诺是指银行向客户做出的在未来一定时期内按商定条件为该客户提供约定数额贷款的承诺。在客户满足贷款承诺中约定的提款先决条件的情况下,银行按约定的金额、利率、时间、期限等,满足客户的借款需要。在贷款承诺下,商业银行向客户提供了一种保证,使其在未来一段时期内肯定可以获得所需要的贷款,商业银行则收取一定的费用作为提供这种保证的补偿。对商业银行而言,贷款承诺在被正式提取之前属于中间业务,一旦履行了贷款承诺,就转化为真正的贷款业务。

对商业银行来说,贷款承诺的主要作用是加强与客户联系,锁定优质客户,同时获得手续费收入;从借款人角度来说,贷款承诺是一种内含期权的中间业务,同时还可以提高借款人信誉,方便其从市场筹资。

(二) 贷款承诺的种类

贷款承诺分为可撤销承诺和不可撤销承诺。

可撤销承诺附有客户在贷款前必须履行的特定条款,一旦在承诺期间及实际贷款期间发生客户信用等级降低的情况,或客户没有履行特定条款,则商业银行可以撤销该承诺。

不可撤销承诺是指银行不经客户允许不得随意取消的贷款承诺。但即便是不可撤销承诺,在协议中也可能有条款允许商业银行在特定情况下终止协议,免除提供担保责任。

(三) 贷款承诺的费用

贷款承诺收取的费用包括贷款承诺费、使用费、服务费和补偿性账户条款要求。

(1) 贷款承诺费指的是客户就未提用的贷款承诺部分向银行支付的费用,其数额为贷款承诺总额的一定百分比。

(2) 使用费以未提用的贷款承诺额为基础收取。

(3) 服务费以实际使用的贷款数额为基础收取,用来弥补商业银行承担的交易成本。

(4) 商业银行还要求客户在贷款承诺的期限内,在商业银行存有一笔相当于贷款承诺总额一定比例的存款,称为补偿性账户条款要求,商业银行对此支付的利息低于市场平均水平。

(四) 贷款承诺的交易程序

贷款承诺的交易程序比较简单,首先,借款人向银行提出贷款承诺申请,并提交相关材料。然后,银行审核、审批客户提供的项目资料,对满足条件的申请,签订贷款承诺合同。

最后，借款人按期缴纳佣金和利息，并按合同规定的偿还计划归还本金。

二、回购协议

(一) 回购协议的概念

回购协议①是商业银行在出售证券等金融资产时签订协议，约定在一定期限后按原定价格或约定价格购回所卖证券，以获得即时可用资金；协议期满时，再以即时可用资金作相反交易。回购协议相对于即时资金供给者的角度，又称为"逆回购协议"。回购协议中的金融资产主要是信用度高的债券②。

(二) 回购协议的交易方式与交易机构

我国回购业务始于1991年，当时上海证券交易所和全国证券交易自动报价系统(STAQ系统)成立不久，经过一段时间的试运行后，为提高国债的流动性，当年9月通过STAQ系统完成第一笔国债回购业务。随后在其他的证券交易中心也开办了国债回购业务。在我国银行间债券市场上，回购协议分为质押式回购和买断式回购两种交易。在质押式回购交易中，资金融入方(正回购方)在将债券出质给资金融出方(逆回购方)融入资金的同时，双方约定在将来某一日期由正回购方向逆回购方返还本金和按约定回购利率计算的利息，逆回购方向正回购方返还原出质债券。质押式回购的特征是：质押物的所有权归出质人，即只有当合同到期出质人(正回购方)不能履行义务时，质权人(逆回购方)才有权对质押物(债券)进行处置。买断式回购是指债券持有人(正回购方)在以一定价格卖出一定数量、品种的债券给债券购买方(逆回购方)的同时，双方约定在将来某一日期以约定的价格，由卖方向买方买回相同数量、品种债券的交易行为。以债券所有权转移为特征的买断式回购，体现的是买卖关系，而并不是质押关系。买断式回购使融券方取得了回购期间的债券处置权，债券将不被质押冻结，融券方可以进行现券的买卖、回购等操作。其他如市场参与方、期限等规定和质押式回购一样。表6-1显示了我国各类金融机构回购协议交易量分布情况。

表6-1 金融机构回购资金净融出、净融入情况(2012—2017年) 单位：亿元

机构类型	2017年	2016年	2015年	2014年	2013年	2012年
中资大型银行	-1 450 764	-1 953 274	-1 885 635	-816 890	-439 669	-550 748
中资中小型银行	49 838	356 213	619 911	314 746	152 761	242 558
证券业机构	465 915	490 116	364 808	299 378	158 905	130 067

---

① 要了解更多关于回购协议的情况，可以浏览中国货币网：www.chinamoney.com.cn。
② 我国在2000年4月30日公布的《全国银行间债券市场债券交易管理办法》中规定，政府债券、中央银行债券以及金融债券，是中国金融机构进行回购业务的主要交易对象。

续表

机构类型	2017年	2016年	2015年	2014年	2013年	2012年
保险业机构	-8 761	-31 443	79 014	89 564	55 543	53 270
外资银行	49 185	70 702	104 578	50 404	12 679	20 734
其他金融机构及产品	894 587	1 067 686	717 324	62 798	59 780	104 120

注：①中资大型银行包括工商银行、农业银行、中国银行、建设银行、国家开发银行、交通银行、邮政储蓄银行。②中资中小型银行包括招商银行等17家中型银行、小型城市商业银行、农村商业银行、农村合作银行、村镇银行。③证券业机构包括证券公司和基金公司。④保险业机构包括保险公司和企业年金。⑤其他金融机构及产品包括城市信用社、农村信用社、财务公司、信托投资公司、金融租赁公司、资产管理公司、社保基金、基金、理财产品、信托计划、其他投资产品等，其中部分金融机构和产品未参与同业拆借市场。负号表示净融出，正号表示净融入。

数据来源：中国货币网。

目前我国参与证券回购的交易主体主要有商业银行等存款类金融机构以及信托投资公司、证券公司等非银行金融机构，回购交易品种主要是国库券、国家重点建设债券和金融债券，回购期限一般在一年以下，其中国债回购发展比较成熟。

（三）回购协议的风险

回购协议也有一定风险。一是信用风险，如果到约定期限后交易商无力购回政府债券等证券，客户只有保留这些抵押品。二是利率风险，如果适逢债券利率上升，则手中持有的证券价格就会下跌，客户所拥有的债券价值就会小于其借出的资金价值；如果债券的市场价值上升，交易商又会担心抵押品的收回，因为这时其市场价值要高于贷款数额。

由于回购协议的交易双方都存在一些风险，因此交易通常在相互高度信任的机构间进行，并且期限一般很短。为防止其他风险，协议中可写明提供资金的数量同提供的证券市场价值之间保留一个差额，即保证金。

三、票据发行便利

（一）票据发行便利的含义

票据发行便利是银行提供的一种中期周转性票据发行融资的承诺。根据事先与银行签订的协议，客户可以在一定时期内循环发行短期票据，银行承诺购买其未能按期售出的全部票据或提供备用信贷。银行的包销承诺为票据发行人提供了连续融资的保障，在承诺期限和金额限度内，每次发行短期票据时未售出部分均由银行承购。票据发行便利约定期限一般为3~7年，短期票据循环发行，票据的期限从7天至1年不等，大部分为3个月或6个月，从而以短期融资的低成本为借款人提供了中期的资金使用便利。票据发行便利，被认为是银团贷款的低成本替代品，和银团贷款一样，票据发行便利有众多银行参与，可以充分发挥银行在市场销售方面的优势，同时能满足借款人巨额资金的需要，还可以分散风险。但是和银团贷款不同,贷款承诺并不出现在资产负债表中,对银行而言是一笔表外业务。

(二)票据发行便利的种类

按照有无包销,票据发行便利分为包销的票据发行便利和无包销的票据发行便利。

1. 包销的票据发行便利

(1)循环包销便利。这是最早出现的票据发行便利。银行负责包销客户当期发行的短期票据,当某期票据无法全部售出时,银行需自行对客户提供所需资金,金额等于未能如期售出部分的金额。

(2)可转让的循环包销便利。它指包销银行在协议有效期内,随时可以将其包销承诺的所有权利和义务转让给另一家机构。

(3)多元票据发行便利。这种票据发行便利方式允许借款人以更灵活的方式提取资金,它集短期预支条款、摆动信贷、银行承兑票据等提款方式于一身,使借款人在提取资金的期限和币种等方面都获得了更大的选择余地。

2. 无包销的票据发行便利

无包销的票据发行便利,即不承诺"包销不能售出的票据",拥有较高资信等级的银行客户往往采取这种形式,它们自信凭借其市场信誉即可完成票据发行计划,故而无需寻求银行的承诺包销支持,以节约发行成本。同时,由于一些监管者在测定银行资本充足度时将包销承诺转为表内业务,为降低资本要求,银行也尽量对客户提供无包销的票据发行便利。

(三)票据发行便利的作用

对借款人而言,由于有银行承诺和包销,提高了企业的信用度。循环的短期票据的发行实际上提供了中期信贷,节省了借款人的融资成本,利率比同档银团贷款要低。票据发行便利灵活性大,比银团贷款的融资方式更为灵活。

对银行来讲,首先是票据发行便利业务风险小。传统的银行贷款有关银行需提供大量资金,而票据发行便利的信用风险由持票人和承诺银行共同承担。其次,可获得表外业务收入,尤其是对于信用等级高的借款人,银行一般不需提供资金,能在不改变资产负债比率的情况下获得较高的收入(提供信用担保和流动性担保的担保费、包销费或承诺费、代理费、管理费、前端费等)。

对投资者而言,则具有收益高(相对于一般短期投资)、风险小(只承担短期风险)和流动性大等特点。

对整个金融活动而言,把间接融资变成了直接投资。

专栏6-4 中国的"影子银行"

"影子银行"(Shadow Banking)这一概念,最初由美国太平洋投资管理公司董事保罗麦考利

(Paul McCulley)于2007年提出,用以形容这些游离在监管之外、缺乏存款保险和央行流动性支持的非银行机构的投融资活动。2011年,金融稳定理事会(Financial Stability Board,FSB)给出"影子银行"的官方定义为,受到较少监管或者不受监管的信用中介活动和机构。

由于国内金融体制与环境制约,中国影子银行业务主要依附于银行而存在,成为银行的影子。

根据《中国金融稳定报告(2017)》的相关表述,银行信贷面临较为严格的资本充足率、合意贷款管理、贷款投向限制等监管要求,银行借助表外理财及其他类型资产管理产品实现"表外放贷"。银行表外理财,银信合作、银证合作、银基合作中投向非标准化债权类资产(以下简称"非标")的产品,保险机构"名股实债"类投资等,具有影子银行特征。这类业务透明度低,容易规避贷款监管要求,部分投向限制性领域,而大多尚未纳入社会融资规模统计。同样该报告中提出要加强"非标"业务管理,防范影子银行风险。具体包括强化对银行"非标"业务的监管,将银行表外理财产品纳入广义信贷范围,引导金融机构加强对表外业务风险的管理。规范银行信贷资产及其收益权转让业务。控制并逐步缩减"非标"投资规模,加强投前尽职调查、风险审查和投后风险管理。

资料来源:根据相关资料整理。

第三节 金融衍生产品交易业务

金融衍生产品交易业务是指商业银行为满足客户保值或自身风险管理等方面的需要,利用各种金融衍生产品进行的资金交易活动[①]。基础金融衍生产品包括远期、期货、期权和互换。

一、金融衍生产品的产生和发展

金融衍生产品[②],指的是其价值依赖于原生性金融产品的金融产品。原生性金融产品一般指股票、债券、存单等,也包括商品。相对于衍生产品,原生性金融产

[①] 根据2011年银监会发布的《银行业金融机构衍生产品交易业务管理办法》(简称《办法》)规定,衍生产品交易业务按照交易目的分为两类,一是套期保值类衍生产品交易,即银行业金融机构主动发起,为规避自有资产、负债的信用风险、市场风险或流动性风险而进行的衍生产品交易。该类交易划入银行账户管理。二是非套期保值类衍生产品交易,即除套期保值类以外的衍生产品交易。包括由客户发起,银行业金融机构为满足客户需求提供的代客交易和银行业金融机构为对冲前述交易相关风险而进行的交易;银行业金融机构为承担做市义务持续提供市场买、卖双边价格,并按其报价与其他市场参与者进行的做市交易;以及银行业金融机构主动发起,运用自有资金,根据对市场走势的判断,以获利为目的进行的自营交易。此类交易划入交易账户管理。同时为了防范风险,《办法》在金融衍生产品交易的市场准入、风险管理、产品营销与后续服务等方面提出了具体要求和规定。

[②] 要了解更多金融衍生产品的情况,可以浏览中国人民银行网站 http://www.pbc.gov.cn"金融市场"部分和中国货币网 http://www.chinamoney.com.cn,或者代表性银行的网站,比如中国银行(http://www.boc.cn)"代客交易保值"部分。

品也可以称为标的(基础)证券或标的资产。如股票期权就是一种金融衍生产品，其价值依赖于其标的股票的价格的变化。

金融衍生产品的发展历史可以追溯到很久以前的古希腊和古罗马时期，当时的历史记录中就有关于远期交易的记载。在18、19世纪初期，农产品期权交易在欧洲和美国出现，而以股票为标的资产的股票期权交易最初也在美国出现。1848年，在芝加哥期货交易所开始了有组织的期货交易。但金融衍生产品的迅速发展却是在20世纪70年代以后。70年代以后经济金融环境发生了深刻的变化，引发了对各种风险管理工具的需求，而金融管制的放松和金融创新浪潮成为金融衍生产品发展的强大推动力，信息技术的发展则使多样化的金融衍生产品的设计成为可能。当时固定汇率制度瓦解，为了规避汇率频繁波动带来的风险，外汇期货交易开始大规模出现。而通货膨胀的盛行以及利率的波动，也促使各种利率衍生产品诞生。进入90年代，再次出现了金融衍生产品创新的浪潮，各种信用衍生产品迅速发展，并成为管理信用风险的主要工具。近年来，金融衍生产品种类繁多，交易量巨大，金融衍生市场成为金融市场当中最年轻最活跃的市场。

二、远期合约

(一) 远期合约的概念

远期合约是指交易双方约定在未来某个特定时间以约定价格买卖约定数量的资产的协议。其中，双方约定买卖的资产称为"标的资产"，约定的成交价格称为"协议价格"或"交割价格"。远期合约的特点是：虽然实物交割在未来进行，但交割价格已在合约签定时确定。远期合约的交易一般在场外进行，条款由交易双方协商确定，比较灵活。

远期合约交易于20世纪80年代兴起，是为了规避现货交易的风险而产生的。远期合约是其他衍生产品的基础，其他各种衍生产品都可以看作是远期合约的延伸和重新组合。

(二) 远期合约的种类

远期合约按照标的资产的不同可以分为商品远期合约和金融远期合约。金融远期合约又进一步分为远期利率合约和远期外汇合约。

1. 远期利率合约

远期利率合约是买卖双方约定从将来某一商定的日期开始在某一特定时期内按协议利率借贷一笔数额确定、以具体货币表示的名义本金的协议。之所以说是名义本金，是因为借贷双方往往不交换本金，只是把本金作为计算利息的基础，在结算日根据协议利率和参照利率之间的差额进行结算。

在远期利率协议下，如果参照利率超过合同的协议利率，那么卖方就要支付给买方一笔结算金，以补偿买方在实际借款中因利率上升而造成的损失；反之，则由买方支付给卖方一笔结算金。一般来说,实际借款利息是在贷款到期时支付,结算金是在结算日支付,因此,结算金通常并不等于因利率上升而给买方造成的额外利息支出,而等于额外利息支出在结算日的贴现值。远期利率协议结算金的计算公式如下:

$$远期利率协议结算金 = \frac{(参照利率 - 协议利率) \times 名义本金 \times \frac{合同期}{360}}{1 + 参照利率 \times \frac{合同期}{360}}$$

其中,参照利率和协议利率均为年利率,每年按 360 天计算,每月按 30 天计算。

例: 假设 A 公司在 6 个月之后需要一笔金额为 1 000 万美元的资金,为期 3 个月,A 公司预测届时利率将上涨,因此,为锁定其资金成本,该公司与甲银行签订了一份协议利率为 5.5%,名义本金额为 1 000 万美元的 6×9 远期利率协议[①]。假设 6 个月后,市场利率果然上涨,3 个月期市场利率上涨为 6%,则远期利率协议的卖方甲银行在结算日应向买方 A 公司支付结算金,结算金计算如下:

```
        延后期              合同期
 |--------------------|--------------|
起算日      6个月    结算日   3个月   到期日
```

$$远期利率协议结算金 = \frac{(6\% - 5.5\%) \times 10\,000\,000 \times \frac{90}{360}}{1 + 6\% \times \frac{90}{360}} = 12\,315.27(美元)$$

假设此时 A 公司为满足其资金的需求,不得不按此时的市场利率 6% 借入一笔金额为 1 000 万美元、期限为 3 个月的资金,则其借入资金的利息成本为:

$$10\,000\,000 \times 6\% \times \frac{90}{360} = 150\,000(美元)$$

但由于 A 公司承做了上述远期协议避险,可获远期利率协议的利息差价收入 12 315.27 美元,所以其实际的财务成本为:

$$\frac{150\,000 - 12\,315.27}{10\,000\,000} \times \frac{360}{90} = 5.5\%$$

若 6 个月后市场利率下跌,通过类似的分析,可得 A 公司的实际财务成本仍

---

① 远期利率协议的标价方式为 $m \times n$,其中 m 表示合同签订日到结算日的时间,n 表示合同签订日至到期日的时间。

为5.5%。通过远期利率协议，A公司可以将其筹资成本固定，从而避免了利率波动的风险。

2. 远期外汇合约

远期外汇合约是指交易双方约定在将来某一时间按约定的远期汇率买卖一定金额的某种外汇的合约。同样，在远期外汇合约中，在交割时，不涉及本金的支付，只是按照合同中规定的远期汇率与即期汇率之间的差额进行支付。远期外汇合约是国际金融市场上最常用的避免汇率风险、锁定进出口成本的方法之一。

（三）远期合约的作用

（1）可以利用远期合约进行风险管理，从而对银行的资产或负债进行保值。如果银行持有长期负债，为防止将来利率和汇率上升带来的风险，可以通过远期合约把成本固定在既定的水平上；如果银行持有长期资产，为防止将来利率和汇率下降带来的风险，可以通过远期合约把收益固定，从而避免了利率和汇率波动的风险。

（2）远期合约可以帮助银行提高收益，不管是出于自身风险管理的目的还是为客户保值，远期合约到期支付的是结算金，不涉及本金的交付，不影响商业银行原有的资产负债规模，在成本相对减少或收益相对增加而资产规模不变的情况下，意味着银行的收益上升。

但是在远期合约的交易中，双方对未来利率或汇率的判断不同，而远期交易又是在场外进行，判断失误的一方可能违约，从而导致信用风险；远期合约的条款非标准化，未必能找到交易对手，实现对风险的规避，也就是说，远期合约的流动性较差。正是由于远期合约的局限性导致了金融期货的产生，而金融期货的一些交易机制的设计可以规避上述风险。

三、金融期货

（一）金融期货的概念

金融期货[①]是指在特定的交易所通过竞价方式成交，承诺在未来的某一日期以事先约定的价格买进或卖出某种金融商品的协议。

金融期货是在远期合约的基础上发展起来的，但两者有很大不同：

（1）远期合约的交易一般在场外进行，通过电话、电传等方式进行交易，由银行给出双向报价；而期货交易是在高度组织化和有严格规则的金融期货交易所进行的，通过公开拍卖方式决定合约价格。

（2）远期合约的交易是银行与银行之间，或银行与客户之间直接进行的；而期货交易所内会员可以进行自营业务，也可以代客交易。

---

① 要了解关于国内金融期货的情况，可以浏览中国金融期货交易所网站，www.cffex.com.cn

(3) 远期合约的条款由交易双方协商确定,金额、到期日等是比较灵活的;而金融期货合约都是标准化的,合约中涉及的金融商品的品种、数量、交割的时间等等都是统一规定的,唯一变化的是价格。

(4) 远期合约交易不需交纳保证金,交易意味着接受对手方的风险;而在金融期货交易中,为了有效控制风险,实行保证金和逐日结算制度。

(5) 远期合约交易一般都要进行实物交割,金融合约的持有人可以在到期前进行反向交易来对冲,所以金融期货合约很少有实物的交割。

(二) 金融期货的类型

1. 外汇期货

外汇期货指的是交易双方订立的,约定在未来某一日期以成交时所确定的汇率交收一定数量的某种外汇的标准化契约。外汇期货的主要品种有:美元、英镑、日元、加拿大元、澳大利亚元、墨西哥比索和欧洲通货等。外汇期货交易可以有效避免汇率波动的风险。

2. 利率期货

利率期货指交易双方订立的,约定在未来某一日期以成交时确定的价格交收一定数量的某种利率相关产品的标准化契约。利率期货的标的物是各种债务凭证,如中长期国债、政府住宅抵押债券、国内定期存单、欧洲美元存款和商业票据等。最早出现的利率期货是美国芝加哥商品交易所(CBOT)于1975年10月推出的美国国民抵押协会抵押证期货。利率期货发展很快,目前其交易量占了世界衍生工具场内交易量的一半以上。

3. 股票指数期货

股票指数期货是以股票市场的价格指数作为标的物的标准化期货合约的交易。股价指数期货交割时以现金结算,而不是交给对方一定金额的股票。其交易的主要目的是避免股票交易中的系统性风险,实现对所投资的股票的保值。最早出现的股指期货是美国堪萨斯市期货交易所(KCBT)于1982年2月推出的价值线综合指数期货合约。目前股指期货交易主要围绕世界著名的股价指数进行,如日经225指数、英国金融时报100指数、澳大利亚全部普通股指数、加拿大多伦多300指数、香港恒生指数等。还有一些专门为期货交易设计的指数,如价值线综合指数、标准普尔500指数、纽约股票交易所综合技术与主要市场指数。

(三) 金融期货的交易策略

1. 金融期货的套期保值

金融期货的套期保值是以回避现货价格风险为主要目的的期货交易行为。从商业银行的角度来说,期货的套期保值主要有以下两种操作方式

(1) 单项套期保值。利用期货合约对某项特定资产或负债的风险进行套期保值。

(2) 总体套期保值。利用期货对整个资产负债表的持续期缺口进行套期保值。总体套期保值将资产负债组合看成一个整体，并且考虑到了各项资产和负债利率敏感性或有效持续期之间的相互冲抵情况，根据总体头寸暴露来进行套期保值。

2. 金融期货投机

投机者往往无具体的外汇需求，而是借汇率涨落波动之机，进行冒险性的期货交易从中获利。由于外汇期货交易实行保证金交易，投机者能用较小资本做较大外汇交易，体现以小搏大的投机特点。多头投机是指投机者预测某种货币汇率上升，先买后卖，将先前设立的多头地位了结，从中谋取盈利行为。空头投机与多头投机相反。空头投机是预测某种货币汇率下跌，先卖后买，了结先前的空头地位，从中谋取盈利。

专栏6-5　　　　　　　　　中国金融期货交易所

中国金融期货交易所于2006年9月8日在上海宣告成立，成为中国内地首家金融衍生品交易所，及首家采用公司制为组织形式的交易所。中金所的注册资本金为5亿元人民币，出资股东为上海期货交易所、上海证券交易所、深圳证券交易所、大连商品交易所、郑州商品交易所；5家股东各出资1亿元，各占20%股份。

2010年4月16日，中金所正式推出沪深300股指期货合约并上市交易。

资料来源：根据中国金融期货交易所网站资料整理。

四、互换业务

互换业务是指交易双方商定在一段时间内，就各自所持金融商品相关内容进行交换的交易合同。互换的对象包括债务期限、利率、币种、偿还方式等。通过互换可以实现筹资、避险、套利等不同目的。

（一）互换的种类

互换业务主要有两大类，即利率互换和货币互换。

1. 利率互换

利率互换是交易双方同意在未来的一定期限内根据同种货币的同样的名义本金交换不同形式利率的协议。之所以称为"名义本金"，是因为双方交换的是利息流，而不是本金。利率互换可以是浮动利率与固定利率的互换，也可以是浮动利率与浮动利率的互换。双方进行互换的主要原因是在各自的市场上具有比较优势，通过互换可以降低资金成本。下面以比较典型的浮动利率与固定利率的互换为例来说明利率互换的原理。

假设有甲、乙两个公司，甲公司想借入浮动利率资金，乙公司想借入固定利率资金。由于两家公司的信用等级不同,甲公司的信用等级是 AAA,而乙公司的信用等级是 BBB,所以市场向他们提供的利率也不同。他们在金融市场上的筹资成本如表 6-2 所示。

表 6-2 甲、乙公司的筹资成本表

	甲公司	乙公司	甲对乙的绝对成本优势
固定利率借款成本	10%	11.2%	1.2%
浮动利率借款成本	LIBOR+0.2%	LIBOR+0.75%	0.55%

从表 6-2 可以看出,甲公司在两个市场均有绝对优势,但经过比较,甲公司在固定利率市场的优势更大,所以认为甲公司在固定利率市场有比较优势,乙公司在浮动利率市场有比较优势。于是双方利用各自的比较优势为对方借入资金,金额相同,然后互换,从而达到降低筹资成本的目的。即甲公司以 10% 的固定利率去借款,乙公司以 LIBOR+0.75% 的浮动利率去借款。互换筹资节约的成本是:[11.2%+(LIBOR+0.2%)]-[10%+(LIBOR+0.75%)]=0.65%。双方商定分享比例,甲公司是 0.4%,乙公司是 0.25%,于是甲公司的实际筹资成本是 LIBOR-0.2%,乙公司的实际筹资成本是 10.95%。

由于本金相同,故双方不必交换本金,只需交换利息的现金流。根据借款成本与实际筹资成本的差异计算出各自向对方支付的现金流,即甲公司向乙公司支付按浮动利率 LIBOR 计算的利息,乙公司向甲公司支付按固定利率 10.2% 计算的利息,具体如图 6-5 所示。

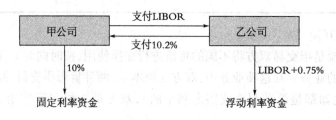

图 6-5 利率互换

专栏 6-6　　　　　　　　人民币利率衍生品交易情况

利率互换交易增长较快。2017 年,人民币利率互换市场达成交易 138 410 笔,同比增长 57.6%;名义本金总额为 14.4 万亿元,同比增长 45.3%。从期限结构来看,1 年及 1 年期以下交易最为活跃,名义本金总额达 11.1 万亿元,占总量的 76.9%。从参考利率来看,人民币利率互换交易的浮动端参考利率主要包括 7 天回购定盘利率和 Shibor,与之挂钩的利率互换交易名义本金占比分别为 79.0% 和 20.6%。标准利率衍生品和标准债券远期没有数据披露。

表 6-3　利率衍生产品交易情况(2006—2013 年)

年份	利率互换		债券远期		远期利率协议	
	交易笔数(笔)	名义本金额(亿元)	交易笔数(笔)	名义本金额(亿元)	交易笔数(笔)	名义本金额(亿元)
2006	103	355.7	398	664.5	—	—
2007	1 978	2 186.9	1 238	2 518.1	14	10.5
2008	4 040	4 121.5	1 327	5 005.5	137	113.6
2009	4 044	4 616.4	1 599	6 556.4	27	60.0
2010	11 643	15 003.4	967	3 183.4	20	33.5
2011	20 202	26 759.6	436	1 030.1	3	3.0
2012	20 945	29 021.4	56	166.1	3	2.0
2013	24 409	27 277.8	1	1.0	1	0.5

表 6-4　利率衍生产品交易情况(2014—2017 年)

年份	利率互换		标准利率衍生品①		标准债券远期②	
	交易笔数(笔)	名义本金额(亿元)	交易笔数(笔)	名义本金额(亿元)	交易笔数(笔)	名义本金额(亿元)
2014	43 019	40 347.2	212	413.5	—	—
2015	64 832	82 689.9	994	5 014	59	17.2
2016	87 849	99 184.2	8	8	8	1
2017	138 410	144 000				

资料来源：中国人民银行,2006—2017 年第四季度货币政策执行报告。

2. 货币互换

货币互换是指交易双方将不同的货币进行交换使用,按时向对方支付利息,到期换回本金的业务。在这项业务中,双方交换本金,两种货币所支付的利息应是同种类型的(比如都是浮动利率或固定利率的),双方都支付实际使用货币的应付利息。

例：一家德国银行(A 银行)有一笔美元存款,利率为固定利率5%,一家美国银行(B 银行)有一笔欧元存款,利率为固定利率5.5%。A 银行现在想将这笔美元存款兑换成欧元贷出去,但它将来还会使用这笔美元,因此担心将来欧元兑美元时欧元贬值,如果这种情况发生,它所获得的较高的贷款利率可能不足以弥补

---

① 2014 年 11 月中国外汇交易中心推出银行间市场标准利率衍生品,对利率互换、远期利率协议等利率衍生产品的到期日、期限等产品要素进行了标准化设置,包括以 FR007 和 SHIBOR 为基准的四种产品。

② 标准债券远期是指在银行间市场交易的,标的债券、交割日等产品要素标准化的债券远期合约。2015 年,标准债券远期产品开展交易。

汇率变动的损失。同样,B 银行也有一个客户要求美元贷款,而它要满足客户的要求,只有将欧元兑成美元,但它却担心将来美元贬值,兑换以后的汇率风险很难控制。因此,在一家中介银行 C 的撮合下,A、B 两银行达成一个货币互换协议:由 A 银行使用 B 银行手中的欧元,并支付欧元的应付利率 5.5%;B 银行使用 A 银行的美元,支付美元的应付利率 5%。协议到期时,双方各自收回自己的本金,应付存款人的提款需要。通过货币互换,双方避免了汇率风险,固定了各自的成本。

交易期间的操作如下:

期初的本金互换:

$$A\text{ 银行} \xrightleftharpoons[\text{欧元}]{\text{美元}} \text{中介银行 C} \xrightleftharpoons[\text{欧元}]{\text{美元}} B\text{ 银行}$$

期间的利息支付:

$$A\text{ 银行} \xrightleftharpoons[5.5\%\text{欧元利息}]{5\%\text{美元利息}} \text{中介银行 C} \xrightleftharpoons[5.5\%\text{欧元利息}]{5\%\text{美元利息}} B\text{ 银行}$$

到期本利之和的支付:

$$A\text{ 银行} \xrightleftharpoons[5.5\%\text{欧元利息加本金}]{5\%\text{美元利息加本金}} \text{中介银行 C} \xrightleftharpoons[5.5\%\text{欧元利息加本金}]{5\%\text{美元利息加本金}} B\text{ 银行}$$

图 6-6　货币互换

(二) 商业银行参与互换业务的意义

(1) 商业银行互换业务不仅为客户提供了规避风险的手段,同时也用来对自身的资产负债进行风险管理。银行利用利率互换转换资产和负债的利率属性,达到规避利率风险的目的。比如在预期市场利率将要上升时,浮动利率的借款人会认为将债务成本固定在一个利率水平上比较合适,利率互换就提供了这种可能性,在利率上升前固定债务成本。同样,商业银行利用货币互换可以转换资产或负债的货币属性,从而规避汇率波动的风险。

(2) 商业银行利用互换业务降低成本,帮助借款人获得价格低廉的资金,从而固定或实现利润增长。

五、期权

(一) 期权的概念

期权是指期权的买方支付给卖方一笔权利金,获得一种权利,可于期权的存续期内或到期日当天,以执行价格与期权卖方进行约定数量的特定标的物的交易。

最早出现的金融期权是以现货股票作为交易对象的股票期权。这种股票期权早在 19 世纪就在美国产生,但主要分散在各店头市场进行,交易品种单一,规模有限。1973 年 4 月 26 日世界上第一家集中性的期权交易市场——芝加哥期权交易所(CBOE)正式成立以后,金融期权才获得了真正的发展,作为期权标的物的股票的种类大大增加,越来越多的交易所开展金融期权业务,交易量也大幅增加。

(二) 金融期权的种类

金融期权可根据不同的标准进行分类,按照期权内容的不同,可分为看涨期权和看跌期权;根据履约时间不同,可分为欧式期权和美式期权;根据期权标的物的不同,可分为外汇期权、利率期权、股指期权和期货期权等。

1. 外汇期权

外汇期权是以某种外币或外汇期货作为标的物的期权。外汇期权买卖实际上是一种权利的买卖。权利的买方在支付一定数额的期权费后,有权在未来的一定时间内按约定的汇率向权利的卖方买进或卖出约定数额的外币,同时权利的买方也有权不执行上述买卖合约。

外汇期权买卖是原有的几种外汇保值方式的发展和补充。它既为客户提供了外汇保值的方法,又为客户提供了从汇率变动中获利的机会,具有较大的灵活性。它的优点在于客户的灵活选择性,对于那些合同尚未最后确定的进出口业务具有很好的保值作用。需要指出的是,期权的买方风险有限,仅限于期权费,获利的可能性无限大;卖方利润有限,仅限于期权费,风险无限。

2. 利率期权

利率期权是以各种利率产品或利率期货合约作为标的物的期权。利率期权是一项关于利率变化的权利。买方支付一定金额的期权费后,就可以获得这项权利,在到期日按预先约定的利率,按一定的期限借入或贷出一定金额的货币。这样当市场利率向不利方向变化时,买方可固定其利率水平;当市场利率向有利方向变化时,买方可获得利率变化的好处。利率期权的卖方向买方收取期权费,同时承担相应的责任。利率期权是一项规避短期利率风险的有效工具。借款人通过买入一项利率期权,可以在利率水平向不利方向变化时得到保护,而在利率水平向有利方向变化时得益。

3. 股指期权

股指期权是以某种股票指数或某种股票指数期货合约作为标的物的期权。股票指数期权在履约时,根据当时标的物的股价指数的市场价格和执行价格之差,实行现金结算。

(三) 商业银行参与期权市场的意义

(1) 期权是商业银行进行风险管理的有力工具,它的优点在于能够在降低风险管理成本的同时,使商业银行不丧失在有利条件下获利的可能性。

(2) 期权使商业银行获得了有利的财务杠杆,商业银行可以充分利用自身在融资、信息搜集、规模交易等方面的优势,运用适当的期权交易获得巨额收入。

(3) 商业银行还可以通过与客户交易,获得权利金收入。

专栏 6-7   **从数字看中航油折戟**

新加坡公司是中国航油集团公司的海外控股子公司,其总裁陈久霖,兼任集团公司副总经理。经国家有关部门批准,新加坡公司在取得中国航油集团公司授权后,自2003年开始做油品套期保值业务。在此期间,陈久霖擅自扩大业务范围,从事石油衍生品期权交易,陈久霖和日本三井银行、法国兴业银行、英国巴克莱银行、新加坡发展银行和新加坡麦戈利银行等在期货交易场外,签订了合同。陈久霖买了"看跌"期权,赌注每桶38美元。

2003年下半年:公司开始交易石油期权(option),最初涉及200万桶石油,中航油在交易中获利。

2004年一季度:油价攀升导致公司潜亏580万美元,公司决定延期交割合同,期望油价能回跌;交易量也随之增加。

2004年二季度:随着油价持续升高,公司的账面亏损额增加到3 000万美元左右。公司因而决定再延后到2005年和2006年才交割;交易量再次增加。

2004年10月:油价再创新高,公司此时的交易盘口达5 200万桶石油;账面亏损再度大增。

10月10日:面对严重资金周转问题的中航油,首次向母公司呈报交易和账面亏损。为了补加交易商追加的保证金,公司已耗尽近2 600万美元的营运资本、1.2亿美元银团贷款和6 800万元应收账款资金。账面亏损高达1.8亿美元,另外已支付8 000万美元的额外保证金。

10月20日:母公司提前配售15%的股票,将所得的1.08亿美元资金贷款给中航油。

10月26日和28日:公司因无法补加一些合同的保证金而遭逼仓,蒙受1.32亿美元实际亏损。

11月8日到25日:公司的衍生商品合同继续遭逼仓,截至25日的实际亏损达3.81亿美元。

12月1日,在亏损5.5亿美元后,中航油宣布向法庭申请破产保护令。

国家相关规定提示:新加坡公司从事的石油期权投机是我国政府明令禁止的。国务院1998年8月发布的《国务院关于进一步整顿和规范期货市场的通知》中明确规定:"取得境外期货业务许可证的企业,在境外期货市场只允许进行套期保值,不得进行投机交易。"1999年6月,以国务院令发布的《期货交易管理暂行条例》第四条规定:"期货交易必须在期货交易所内进行。禁止不通过期货交易所的场外期货交易。"第四十八条规定:"国有企业从事期货交易,限于从事套期保值业务,期货交易总量应当与其同期现货交易量总量相适应。"2001年10月,证监会发布《国有企业境外期货套期保值业务管理制度指导意见》,第二条规定:"获得境外期货业务许可证的企业在境外期货市场只能从事套期保值交易,不得进行投机交易。"

资料来源:根据有关资料整理。

本章小结

1. 担保业务是指商业银行为客户债务清偿能力提供担保,承担客户违约风险的业务。担保业务有可能会给银行带来风险,所以要严格资信审查和对业务操作过程的管理，必要时落实反担保措施，因此适用审批制。目前国内银行担保业务收入占比较低。

2. 银行承兑汇票是银行信用和商业信用的结合，是银行对外信用担保的一种形式。备用信用证最早是作为银行保函的替代品在美国出现的，后来逐渐发展成为为国际性合同提供履约担保的信用工具。贷款出售指商业银行在贷款形成后，进一步采取各种方式出售贷款给其他投资者，出售贷款的银行将从中获得手续费收入。资产证券化是一种间接的贷款出售，通过 SPV 和其他机构的参与和运作，基础资产性质发生了变化。由于资产证券化的特殊功能而备受市场关注。银行保函是商业银行凭借自身的资金实力和业务条件，接受客户申请，向受益人开出的担保。

3. 承诺业务是指商业银行在未来某一日期按照事前约定的条件向客户提供约定信用的业务。每种业务各有特点，国内银行需要进一步拓展承诺业务，同时注意防范风险。承诺业务适用审批制。

4. 贷款承诺是指银行向客户做出的在未来一定时期内按商定条件为该客户提供约定数额贷款的承诺。回购协议是商业银行在出售证券等金融资产时与对方签订协议，约定在一定期限后按原定价格或约定价格购回所卖证券。票据发行便利是银行提供的一种中期周转性票据发行融资的承诺。

5. 金融衍生产品交易业务是指交易双方商定在一段时间内，就各自所持金融商品相关内容进行交换的交易合同。金融衍生产品在保值避险方面有重要作用，但管理不当，会给商业银行带来巨大风险。我国对商业银行从事衍生品交易管制较严，同样适用审批制。

6. 远期合约是最早出现的金融衍生产品。金融期货是在远期基础上发展起来的，是标准化的期货合约的交易。互换业务是指交易双方商定在一段时间内，就各自所持金融商品相关内容进行交换的交易合同，主要包括利率互换和货币互换。期权的买方通过支付给卖方一笔期权费，获得一种选择权，可于期权的存续期内或到期日当天，以执行价格与期权卖方进行约定数量的特定标的物的交易。

关键概念索引

银行承兑汇票　备用信用证　贷款出售　资产证券化　银行保函　贷款承诺　回购协议　票据发行便利　远期合约　金融期货　期权　利率互换　货币互换

复习思考题

1. 什么是银行承兑汇票？银行承兑汇票有何特点？
2. 备用信用证有何特点？为什么近年来备用信用证发展迅速？

3. 什么是贷款出售？简要分析贷款出售的意义。
4. 什么是资产证券化？有什么功能和意义？
5. 银行保函有何特点？
6. 什么是质押式回购和买断式回购？二者有什么不同？
7. 说明票据发行便利的含义及作用。
8. 金融期货有哪几类？它与远期交易有什么区别？
9. 什么是期权交易？
10. 互换有几种基本形式？它们能给双方带来什么好处？

参考资料

1. 彼得·S.罗斯著，刘园译，《商业银行管理》，机械工业出版社，2016年。
2. 戴国强主编，《商业银行经营学》（第五版），高等教育出版社，2016年。
3. 李志成主编，《商业银行中间业务》，中国金融出版社，2008年。
4. 郑磊著，《资产证券化：国际借鉴与中国实践案例》，机械工业出版社，2014年。
5. 张光平著，《人民币衍生产品（第四版）》，中国金融出版社，2016年。
6. 中国人民银行，《商业银行中间业务暂行规定》，2001年7月。
7. 中国银监会，《商业银行表外业务风险管理指引》，2011年。
8. 中国银监会，《银行业金融机构衍生产品交易业务管理办法》，2011年。
9. 中国银监会，《金融机构信贷资产证券化试点监督管理办法》，2005年。
10. 中央国债登记结算有限责任公司，《2017年资产证券化发展报告》。
11. 中国人民银行，《2011—2017年第四季度中国货币政策执行报告》。
12. 中国人民银行，《中国金融稳定报告（2017）》。

第七章 商业银行的国际业务

本章要点

- 国际业务的组织与特点
- 国际结算方式和工具
- 跨境贸易人民币结算业务
- 国际贸易融资方式
- 外汇买卖业务
- 离岸金融

商业银行的国际业务是伴随着国际贸易的发展而产生的。近年来,随着经济、金融全球一体化的发展,尤其是随着国际贸易的大幅增长,商业银行的国际业务也得到了前所未有的发展。目前,国际业务已经成为商业银行经营中不可或缺的重要组成部分,也是银行利润的主要来源。

第一节 国际业务的组织与特点

一、国际业务的发展

(一) 国际业务的含义

商业银行国际业务又称国际银行业务,是指商业银行所有以外国货币为载体开展的业务或针对外国居民开展的业务。确定商业银行国际业务的标准有两条:一是货币标准,凡是以外国货币为载体开展的业务就是国际业务,反之就是国内业务;二是业务对象的国籍标准,凡是对外国居民开展的业务就是国际业务,反之就是国内业务。按照这种定义,商业银行对本国居民开展的外汇业务和对外国居民开展的本币业务都属于国际业务①。

---

① 参见史建平主编,《商业银行业务与经营》,中国人民大学出版社 2010 年。

（二）国际业务的产生与发展

商业银行的国际业务产生于国际贸易的需求，并随着国际贸易的发展而发展。

第二次世界大战之后，国际贸易快速增长，跨国公司大量崛起，商业银行的国际业务也开始迅速发展，特别是 20 世纪 70 年代以来，国际业务的发展更加迅猛。与此同时，商业银行的角色也发生了变化，即由国际贸易需求所推动的被动角色转变为主动地在国际范围内寻求发展。这主要是因为：

1. 世界经济国际化、一体化趋势加强

随着世界经济和贸易的快速增长以及国际资本的频繁流动，全球各主要经济体在生产、贸易、金融市场等方面的联系进一步增强，世界各主要国家之间的经济关系越来越紧密，相互之间的影响越来越大。据统计，1950 年至 1997 年，全世界经济增长 5 倍多，而同期国际贸易增长了 15 倍，跨国公司直接投资增长了近 20 倍。进入 21 世纪以来，新兴市场国家国际贸易增长较快，对外贸易多元化成效明显。面对经济、贸易的高速增长，银行业唯有向外扩展业务，才能满足客户参与国际经济交往的各种需要，才能跟上时代发展的步伐。否则，银行就无法融入国际社会，也无法在国际金融市场上立足。因此，世界经济与贸易的增长，使银行业务国际化成为一种趋势。

2. 金融管制逐渐放松，金融全球化趋势逐渐加强

20 世纪 70 年代以来，西方主要国家竞相进行金融改革，放松或取消对某些金融业务的管制，金融新业务不断涌现。尤其是 20 世纪 80 年代以后，在金融全球化[①]浪潮的冲击下，出现了现代西方国家的金融创新，催生出了大量的金融新工具、新业务和新市场。因此，越来越多的商业银行到国外设立分支机构、拓展海外市场、发展国际业务，并通过国际业务的拓展获取更多收益。

3. 科技水平迅速提高，新技术广泛应用于金融领域

上世纪 60 年代以来，西方科学技术的迅速发展，极大刺激了生产力的发展和创新，其中也包括刺激了金融创新的积极性。值得一提的是计算机技术及远程通讯技术在金融领域里的广泛应用，给国际业务的发展带来了前所未有的支撑和保障。新技术的应用，使商业银行跨国资金的划拨和清算速度变得极为快捷，资金使用效益大幅提高，交易成本大幅度下降；新技术的应用，使世界各大金融中心的空间距离大大缩短，银行的国际业务功能得以广泛扩展；新技术的应用，使创新金融工具层出不穷，银行的国际业务种类更加丰富，业务处理质量不断提升。

---

① 所谓金融全球化，即西方发达国家放松金融管制、开放金融市场、放开资本项目管理，使资本在全球各地区、各国的金融市场自由流动、最终形成全球统一的金融市场、统一的货币体系的趋势。金融全球化包括：金融自由化、国际化和一体化三个方面。金融自由化是一国国内金融管制的解除；金融国际化包括银行互设机构、发展境外金融中心和资本项目的开放等；金融一体化是指国内外金融市场互相贯通，并以国际金融中心为依托、通过信息网络和金融网络形成全球统一的、不受时空限制的、无国界的全球金融市场。

二、国际业务的组织机构

商业银行的国际业务必须通过一定的组织机构进行,主要是依赖设在海外的分支机构。一般来讲,各个商业银行基于自身情况、东道国和母国的法律规范以及税收会计等方面的考虑,会选择不同的组织机构开展国际业务,常见的组织机构如下。

(一)国际业务部

商业银行的国际业务部通常设在总行,负责经营和管理银行所有国际业务,包括国际借贷、外汇买卖等。行内其他国际业务机构的经营情况都通过国际业务部上报总行。大的商业银行都设有国际业务部。需要说明的是,国际业务部是总行的一个重要业务部门,并不是设在国外的分支机构。

(二)代表处

代表处通常是商业银行在国外组建机构的最初形式,当进入外国市场时,都要先成立代表处,作为业务会谈和进行联络的场所。代表处不是一个业务经营机构,因此,人员很少,且不能对外开展业务。代表处的主要任务是搜集、提供所在国的政治、经济情报;加强与所在国银行界、工商界和政界的联系,扩大总行影响和声誉;代表总行签署贷款协议,转递票据。

(三)分行

商业银行分行是商业银行在国外设立的从属于总行的经营性分支机构。国外分行可以在当地法律许可的范围内从事各种银行业务,如存款、贷款、结算及资金交易等。许多跨国银行都在世界各地的金融中心设有分行,这些金融中心往往有税收上的优惠;或在业务量比较大的地区,有很大的盈利机会。所以国外分行通常是大商业银行的主要利润来源。

(四)附属机构

附属机构在法律上独立于总行,但直接或间接受总行的控制。附属机构的形式有两种:一是全资子公司,附属机构的资本金,全由其总行投入,总行对其控制很强;二是合资公司,其总行可能只占有附属机构部分股份,也就只有部分控制权。附属机构在当地的银行界中,被视为同国内银行同等的银行,可以经营全面的银行业务。监管当局在监管这些银行时,把它同该行的总行分开来对待。比如对其资本金的要求,对其贷款限额的控制,都是独立考核的,而不管其总行的资本金如何。特别是通过控股的方式参与国际竞争,是一条迅速进入当地金融市场的有效方式。如中国工商银行在香港、伦敦和哈萨克斯坦就分别设立了全资附属子公司——工商国际金融有限公司、中国工商银行(伦敦)有限公司和中国工商银行(阿拉木图)股份公司。

(五)代理行

商业银行在国外没有或无法建立自己分支机构的情况下,往往通过与国外银行的合作,办理国外款项的收付和其他相关的国际业务,由此建立起来的长期的、固定的业务代理关系的国外银行就是代理行。代理行之间必须签定代理协议,规定代理的业务范围、收费办法、开立账户、约定透支或垫款的金额、有关款项的调拨方法以及交换签字样本和电报密押表等等。商业银行通过建立代理行关系互相代为处理委托办理的业务。

除了上述几种比较典型的组织形式外,商业银行还可以采取其他一些组织形式来开展国际业务,如国际财团银行等。总体来讲,每种组织形式都有其自身的作用和特点,银行可以根据自身的具体情况选择。

三、国际业务的主要特点

商业银行的国际业务不同于国内业务,其业务复杂、多变,呈现以下三个特点。

1. 参与主体一般都是跨国公司、企业和外国政府

商业银行国际业务的种类繁多,主要包括贸易融资、国际贷款、国际结算、外汇买卖等业务,在这些国际业务的经营中,参与者基本都是来自全球的跨国公司、企业及政府。如从国际银团贷款的借款人来看,78%的为非金融企业,20%为金融机构,2%为政府部门。

2. 交易规模一般比较大

从商业银行国际业务的交易规模来看,大多属于批发性业务,金额起点高、数量大,动辄上百万、上千万甚至上亿美元。如在出口买方信贷业务中,我国大多数银行都规定,其商务合同的总金额最低也必须在100万美元以上。

3. 经营风险较大

商业银行在国际业务的经营过程中,其交易对象、业务操作与规范以及法律等,与国内业务有明显区别。因此,国际业务除了需要面对像经营国内业务一样的信用风险、流动性风险等风险外,还需要面对最突出的国家风险和外汇风险。国际业务经营环境的复杂性,使其不可预测的经营风险大大增强。

第二节 国际结算业务

国际结算业务是通过两国银行办理的跨国结算主体之间的货币收付活动。根据货币收付产生的原因和基础不同,可将其分为国际贸易结算和非贸易国际结算。凡以国际贸易为基础,以清偿国际贸易引起的债权债务关系的货币收付为国际贸易结算。国际贸易以外的其他活动引起的货币收付为非贸易国际结算。由于国际贸易结算具有货币收付金额大、结算条款和方式复杂的特点,因此是国际结算业务的主要品种。这也是一般情况下,国际贸易结算和国际结算两个概念之间不加区

别,相互通用的原因。本章的国际结算业务如无特别说明,是针对国际贸易结算而言的。

一、国际结算的方式

国际结算的基本方式有汇款、托收和信用证三种。

(一) 汇款

汇款(remittance),是债务人依据交易合同主动委托银行,用一定的汇兑工具将贸易货款或各种贸易的从属费用汇寄给债权人的商业信用支付方式。它是一种最简单的国际结算方式。一般用于支付佣金、贸易尾款结算等。由于汇款业务中结算工具(委托通知、票据)的传递方向与资金流动方向相同,因此汇款业务属于顺汇性质。汇款是完全基于货币收付双方的商业信用,一般多用于结算主体之间具有长期合作历史,彼此之间信任程度高的情况。

汇款方式涉及四个基本当事人,即汇款人、汇出行、汇入行和收款人。根据汇兑工具的不同,汇款的方式又可分为电汇、信汇和票汇三种。电汇方式的特点是速度快,费用高。信汇的费用比电汇低廉,但邮寄速度较慢,传递环节多,容易遗失。

目前我国银行的汇款业务,主要包括汇入汇款和汇出汇款两大类。汇款方式主要以电汇为主,且大多是 SWIFT 方式。

汇入汇款是指银行根据国外汇出行指示将款项解付给指定收款人的业务。汇出汇款是指银行接受汇款人的委托,以约定汇款方式委托海外联行或代理行将一定金额的款项付给指定收款人的业务。用于满足国际间资金汇划结算需求。目前常用的是电汇和票汇。

专栏 7-1   环球银行金融电讯协会(SWIFT)

"SWIFT" 是环球银行金融电讯协会(Society for Worldwide Interbank Financial Telecommunication)的简称。是一个国际银行业同业间非盈利性的国际合作组织,专门从事传递各国之间非公开性的国际间的金融电讯业务,包括客户汇款、外汇买卖、证券交易、开立信用证、办理信用证项下的汇票业务和托收等,同时还兼理国际间的账务清算和银行间的资金调拨。该组织于 1973 年 5 月在比利时成立,其最高权力机构是董事会,总部设在布鲁塞尔,并在荷兰阿姆斯特丹和美国纽约分别设立支持中心,在各会员国设有地区处理站。SWIFT 主要提供全球金融数据传输、文件传输、直通处理(Straight Through Process,STP)、撮合、清算和净额支付服务、操作信息服务、软件服务、认证技术服务、客户培训和 24 小时技术支持等高效、可靠、低廉和完善的服务,在促进世界贸易的发展,加速全球范围内的货币流通和国际金融结算,促进国际金融业务的现代化和规范化方面发挥了积极的作用。

1980 年 SWIFT 联接到香港。我国的中国银行于 1983 年加入 SWIFT,是 SWIFT 组织的第 1 034 家成员行,并于 1985 年 5 月正式开通使用,成为我国与国际金融标准接轨的重要里程碑。之后,我国的各国有商业银行、可以办理国际银行业务的外资和侨资银行、地方性银行及上海和深圳的证券交易所纷纷加入 SWIFT。为了更好地为亚太地区用户服务，SWIFT 还于 1994 年在香港设立了除美国和荷兰之外的第三个支持中心，这样，中国用户可以得到 SWIFT 支持中心讲中文的员工的技术服务。

资料来源：根据相关资料整理。

（二）托收

托收（collection），是指债权人按照交易合同委托银行，凭一定的金融单据①和/或商业单据②，向债务人收取交易款项的商业信用支付方式。由于是商业信用支付方式，因此多用于彼此熟悉或长期合作的进出口商之间。

托收的基本当事人有四个，即客户委托人（通常是出口商）、托收行（通常为出口地银行）、代收行（通常为进口地的银行）和付款人（通常是进口商）。托收可按汇票是否带有商业单据分为跟单托收和光票托收。

跟单托收指附带商业单据的金融单据（汇票和/或其他取款凭证）的托收或纯粹商业单据的托收。跟单托收一般用于货款托收。货款托收既可以采取全部货款跟单托收，也可以采取主要货款跟单托收与小额余款光票托收相结合的综合托收方式。

光票托收是指金融单据不附带商业单据的托收，即仅把金融单据委托银行代为收款。一般在下列情况下，适宜做光票托收：贸易、非贸易项下的小额支付；在国内不能兑换的外币现钞（含残币）；外汇支票、本票，国外债券、存单等有价凭证的托收业务；不能或不便提供商业单据的交易，如寄送样品、软件等高科技产品交易、时令性商品交易，以及服务、技术。

（三）信用证

信用证（letter of credit，L/C）是指由银行应开证申请人的要求和指示向第三方开立的，载有一定金额，在一定期限内凭符合规定的单据付款的书面保证文件。在国际贸易中，信用证支付方式是以银行信用为基础的，其开证行负有第一性的付款责任。因此，信用证支付方式应用最广泛，但也是最复杂的结算工具。目前，银行的信用证基本上都是通过 SWIFT 开立。

1. 信用证的当事人

信用证的基本当事人有 3 个：开证申请人、开证行和受益人。此外，信用证还会派生出其他当事人，一般有通知行（转递行）、议付行、付款行、保兑行及偿付行等。不过不同种类的信用证，其派生的当事人也有所不同，有时一家银行可以身兼两个或多个当事人角色。

---

① 金融单据主要是指汇票、本票、支票、付款收据或其他类似用于取得付款的凭证。
② 商业单据主要是指发票、运输单据、所有权凭证或其他类似的单据或其他"非金融"方面的单据，如保险单据等。

（1）开证申请人，是指向银行申请开立信用证的人。在国际贸易中，开证申请人通常就是进口商，即买方。

（2）开证行，是指应开证申请人的要求开立信用证的银行。在国际贸易中，开证行通常就是进口商所在地的银行。

（3）受益人，是指有权享受该信用证的人。在国际贸易中，受益人通常就是出口商，即卖方。

（4）通知行（转递行），是指受开证行的委托，将信用证通知（或转递）给受益人的银行。通知行（转递行）一般是出口商所在地的银行，且通常是开证行的代理行。

（5）议付行，又称购票银行、押汇银行和贴现银行，是指根据开证行的授权或邀请及受益人的请求，按照信用证规定对受益人交付的单据进行审核相符后给予垫款，并向信用证规定的付款行或偿付行索回垫款的银行。通常通知行就是议付行，有些信用证是限定议付的，有些信用证是自由议付的。

（6）付款行，又称受票银行，是指汇票规定的付款人。付款行通常就是开证行，有时是开证行委托的另一家银行。

（7）保兑行，是指根据开证行的授权或邀请在不可撤销信用证上加具保兑（以其自身名义保证付款）的银行。

（8）偿付行，又称清算银行，是指根据开证行的授权或指示，履行信用证项下付款责任的银行。

2. 信用证的种类

（1）跟单信用证与光票信用证。跟单信用证，指附带货运单据的信用证。货运单据是指代表货物所有权或证明货物已经装运的运输单据和商业发票、保险单据、商检证书、产地证书、包装单据等。光票信用证，指不附带货运单据的信用证。在国际贸易结算中，主要使用跟单信用证，光票信用证使用较少。

（2）可撤销信用证和不可撤销信用证。可撤销信用证，是指开证行在开出信用证后，不必征求有关当事人同意即可随时单方面撤销的信用证。不可撤销信用证，是指开证行在开出信用证并经受益人接受之后，在信用证有效期内，未经受益人及有关当事人的同意不能单方面撤销的信用证。在实务中，信用证上必须注明"不可撤销"，这种信用证运用广泛。可撤销信用证使用很少。

（3）保兑信用证和非保兑信用证。保兑信用证，指开证行以外的另一家银行即保兑行，应开证行的请求或授权对其所开信用证加以保证兑付的不可撤销信用证。保兑行一旦对信用证加保，就承担起和开证行一样的付款承诺，等于有了双重保证。非保兑信用证，是指没有开证行以外的其他银行保兑的信用证。在国际贸易结算中，使用最多的是没有保兑的不可撤销信用证。

（4）即期付款信用证、延期付款信用证、承兑信用证和议付信用证。即期付款信用证，是指以即期付款方式为兑付方式的信用证，在付款行（开证行或偿付行）

收到受益人提交的符合信用证条款规定的跟单汇票或不带汇票的单据后,当即付款。延期付款信用证,是指以不要汇票的远期付款方式为兑付方式的信用证,在付款行(开证行或偿付行)收到受益人提交的符合信用证条款规定的不带汇票的单据后,于约定的付款到期日付款。承兑信用证,是指以要汇票的远期或假远期付款方式为兑付方式的信用证,在付款行(开证行或偿付行)收到受益人提交的符合信用证条款规定的跟单汇票后,先予办理汇票承兑手续,再于约定的付款到期日付款。议付信用证,是指以即期议付(就是银行对受益人垫付资金)方式为兑付方式的信用证,在议付行收到受益人提交的符合信用证条款规定的跟单汇票或不带汇票的单据后,当即向受益人议付。

(5)即期信用证和远期信用证。即期信用证,是指在付款行(开证行或偿付行)收到受益人提交的符合信用证条款规定的跟单汇票或不带汇票的单据后,当即付款的信用证。远期信用证,是指开证行或其指定的付款行收到受益人提交的符合信用证条款规定的跟单汇票或不带汇票的单据后,并不立即付款,而是在规定的期限内付款。延期付款信用证、承兑信用证和远期议付信用证都是远期信用证。

(6)可转让信用证与不可转让信用证。可转让信用证,是指受益人有权将信用证的全部或部分金额转让给另一个或两个以上的第三者(即第二受益人)使用的信用证。凡可转让信用证,必须注明"可转让"字样,如未注明,则被视为不可转让信用证。不可转让信用证,是指受益人不能将信用证权利转让给第三者的信用证。

(7)对背信用证。又称背对背信用证或从属信用证,是指出口人(中间商)收到进口人开来的信用证(称为母证)后,要求该证的通知行或其他银行以原证为基础,另开一张内容近似的新证(称为子证)给另一受益人(实际供货人)。这另开的新证就是背对背信用证,是适应中间商经营进出口业务的需要而产生的一种信用证。

(8)对开信用证。对开信用证是买卖双方各自开立的以对方为受益人的信用证。即在对等贸易中,交易双方互为买卖双方,双方各为自己的进口部分互为对方开立信用证,这两张互开的信用证便是对开信用证。

(9)循环信用证。是指信用证被受益人全部或部分使用后,又恢复到原金额,再被受益人继续使用,直至用完规定的使用次数或累计总金额为止的信用证。它与一般信用证的不同之处在于它可以多次循环使用,而一般信用证在使用后告失效。循环信用证主要是用于长期或较长期内分批交货的供货合同。使用这种信用证,买方可节省开证押金和逐单开证的手续及费用,卖方也避免了等证、催证、审证的麻烦,因而有利于买卖双方业务的开展。

3. 我国商业银行的信用证业务

我国商业银行开展的信用证业务主要包括出口信用证业务和进口信用证业务。

(1)出口信用证业务。

出口信用证业务,是指出口商所在地银行收到开证行开来的信用证后,为出口商提供的包括来证通知、接单、审单、寄单、索汇等一系列服务。内容包括：信用证通知、信用证审单/议付、信用证保兑等。

信用证通知是指银行对收到的信用证或修改通知给受益人。信用证审单是指银行在信用证项下为出口商提供的集单据审核、寄单索汇于一体的综合服务。信用证保兑是指银行在开证行之外独立地对受益人承担第一付款责任。

(2) 进口信用证业务。

进口信用证是银行应国内进口商的申请，向国外出口商出具的一种付款承诺，承诺在符合信用证所规定的各项条款时，向出口商履行付款责任。进口信用证业务包括：开立各种信用证，如即期、延期、承兑、议付、可转让、保兑、循环、对开信用证等；进行业务处理，如开证、修改、审单、付款/承兑或拒付等（其中开证有授信开证和凭保证金开证两种）；叙做进口押汇、提货担保等融资业务；协助进口商对外进行出口商资信调查，备货和船情查询等。

一般来讲，申请开证时须提交开证申请书、贸易合同、外贸进口批文（如进口配额许可类证明、机电产品进口登记证明等）、外管部门规定的有关文件（如购汇申请书、进口付汇核销单、进口付汇备案表等）。首次办理业务还须提供经营进出口业务的批文、工商营业执照等，办理保证金账户的开立手续等。图 7-1 是中国银行的进口信用证业务流程。

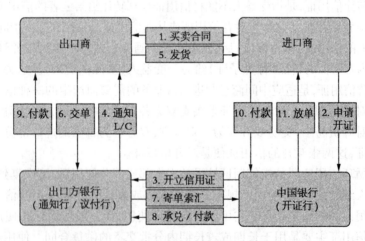

图 7-1　中国银行的进口信用证业务流程图

二、国际结算的工具

国际结算分为现金结算和非现金结算。现金结算是直接通过现金来结算国际间的债权债务关系。国际结算的非现金结算一般采用支付工具并通过相互抵账的办法来结算国外债权债务关系，而支付工具主要是票据，票据主要有三种。

（一）汇票

汇票是指出票人签发的,委托付款人在见票时或者在指定日期无条件支付确定的金额给收款人或者持票人的票据。汇票必须要式齐全,即应当具备必要的形式和内容。我国《票据法》第 22 条规定,汇票必须记载以下 7 个要素:即表明"汇票"的字样;无条件支付的委托;确定的金额;付款人名称;收款人名称;出票日期;出票人签章。否则,汇票无效。

根据汇票出票人的不同,可以将汇票分为银行汇票和商业汇票。银行汇票是指由银行签发的汇票,其出票人和付款人都是银行。在国际结算中,银行汇票使用不是很多,只有汇款支付方式中有时使用,且一般是光票,不附带货运单据。银行签发汇票后,一般交汇款人,由汇款人寄交国外收款人向指定的付款银行取款。出票行签发汇票后,必须将付款通知书寄给国外付款行,以便付款行在收款人持票取款时进行核对。

商业汇票是指由工商企业签发的汇票,其付款人可以是工商企业,也可以是银行。在国际结算中,商业汇票使用较为普遍,托收和信用证支付方式中都使用商业汇票,且大多附有货运单据。通常由出口商开立,向国外进口商或银行收取货款时使用。

（二）本票

本票是由出票人签发的,承诺自己在见票时无条件支付确定的金额给收款人或持票人的票据。本票属于自付证券,由出票人自己支付本票金额,负绝对的付款责任,签发本票具有提供信用的性质,实质上相当于信用货币。如果谁都可以签发本票,就有可能引起金融秩序混乱。在国际结算中,本票使用不多。

（三）支票

支票是无条件的支付命令书。支票必须记载:表示"支票"的字样;无条件支付的委托;确定的金额;付款人名称;出票日期;出票人签章。缺少规定事项之一的支票无效。支票作为结算工具,主要在国内使用,在国际结算中,使用较少,且主要用于小额贸易的国际支付。国际上,一般有记名支票、不记名支票、划线支票和保付支票等类型的支票。

第三节　跨境贸易人民币结算业务

一、跨境贸易人民币结算

（一）跨境贸易人民币结算的概念

所谓跨境贸易人民币结算业务,是指经国家允许指定的、有条件的企业在自愿的基础上以人民币进行跨境贸易的结算,商业银行在人民银行规定的政策范围内,可直接为企业提供跨境贸易人民币相关结算服务。其业务种类包括出口信用证、托收、汇款等多种结算方式[①]。

根据中国人民银行发布的《2017年人民币国际化报告》显示,2016年,经常项目人民币收付金额合计5.23万亿元,其中,货物贸易收付金额4.12万亿元,同比下降35.5%;服务贸易及其他经常项目收付金额1.11万亿元,同比增长31.2%。

(二) 跨境贸易人民币结算的好处

1. 对境内企业的好处

规避汇率风险,防止外币贬值带来的损失;锁定财务成本,估算企业预期收益;精简流程,简化手续,降低交易成本,提高效率。

2. 对境外企业的好处

选择币值相对稳定的人民币作结算货币,防范汇率风险;在中国企业选择人民币结算情况下,如境外企业作同样选择,可进一步拓展市场使用和持有人民币,分享中国经济发展成果。

专栏7-2　　　　　　　　　跨境贸易人民币结算业务文件

为促进贸易便利化,保障跨境贸易人民币结算试点工作的顺利进行,规范企业和商业银行的行为,防范相关业务风险,人民银行、财政部、商务部、海关总署、税务总局、银监会六部门于2009年7月1日联合发布《跨境贸易人民币结算试点管理办法》,对跨境贸易人民币结算试点的业务范围、运作方式,试点企业的选择、清算渠道的选择等问题作了具体规定。

2010年6月17日出台了《关于扩大跨境贸易人民币结算试点有关问题的通知》。

2010年7月19日又出台了《香港银行人民币清算协议》。

2010年8月17日,中国人民银行发布通知允许境外清算行以人民币投资债券市场。

2011年8月22日,中国人民银行会同五部委发布《关于扩大跨境贸易人民币结算地区的通知》,将跨境贸易人民币结算境内地域范围扩大至全国。

2011年10月13日,商务部发布《关于跨境人民币直接投资有关问题的通知》,中国人民银行发布《外商直接投资人民币结算业务管理办法》,允许境外投资者以人民币来华投资。跨境人民币业务从经常项目扩展至部分资本项目。

2013年7月5日,中国人民银行发布《中国人民银行关于简化跨境人民币业务流程和完善有关政策的通知》,进一步提高跨境人民币结算效率,便利银行业金融机构和企业使用人民币进行跨境结算。

2014年2月20日,中国人民银行上海总部发布《关于支持中国(上海)自由贸易试验区扩大人民币跨境使用的通知》,针对试验区个人银行结算账户、人民币境外借款、跨境双向人民币

---

① 如中国银行,可以应客户申请,根据中国人民银行《跨境贸易人民币结算试点管理办法》及其细则以及相关管理规定,为企业提供各类跨境人民币结算相关产品,如各种信贷、结算、融资、担保、资金及理财产品等,目前中国银行现有的国际结算和贸易融资产品均适用于跨境贸易人民币结算业务。

资金池、经常项下跨境人民币集中收付业务、跨境电子商务人民币结算业务、跨境人民币交易服务、信息报送、反洗钱、反恐融资和反逃税等方面给予支持。

2015年2月12日,中国人民银行上海总部发布《中国(上海)自由贸易试验区分账核算业务境外融资与资金跨境流动宏观审慎管理实施细则》,进一步促进试验区投融资便利化,降低企业融资成本,提升金融服务自贸试验区实体经济跨境发展的能力,加快推进上海国际金融中心建设。

2017年1月22日,中国人民银行发布《中国人民银行关于全口径跨境融资宏观审慎管理有关事宜的通知》(银发〔2017〕9号),进一步扩大企业和金融机构跨境融资空间,便利境内机构充分利用境外低成本资金,降低实体经济融资成本。

2017年9月29日,中国人民银行发布《中国人民银行办公厅发布关于境外机构境内发行人民币债券跨境人民币结算业务有关事宜的通知》,进一步规范境外机构在境内发行人民币债券有关跨境人民币结算业务,促进我国债券市场对外开放。

2018年1月4日,中国人民银行发布《中国人民银行关于进一步完善人民币跨境业务政策促进贸易投资便利化的通知》,完善和优化人民币跨境业务政策,促进贸易投资便利化,营造优良营商环境,服务"一带一路"建设,推动形成全面开放新格局。

资料来源:根据相关资料整理。

二、跨境贸易人民币结算的基本规定与操作模式

(一)申请条件

(1)依法核准登记,具有年检的法人营业执照或其他足以证明其经营合法和经营范围的有效证明文件;

(2)有进出口经营权;

(3)中国人民银行《跨境贸易人民币结算管理办法》及其细则和相关管理规定中批准开展相关业务的进出口企业。

(二)办理流程

(1)企业到银行营业场所提交业务办理申请;

(2)提供人民币计价结算贸易合同、进出口发票、进(出)口收(付)款说明及银行国际结算或贸易融资业务办理所需的其他材料;

(3)银行为企业办理相关业务手续并将业务信息报送RCPMIS系统[①]。

(三)操作流程

1. 先发货后收款的流程

对先进/出口后结算的情形,即先发货后收款,企业办理业务的流程是:

(1)企业与外方签订人民币计价结算的贸易合同,并按合同约定进行生产和

---

① RCPMIS指中国人民银行建立的人民币跨境收付信息管理系统。

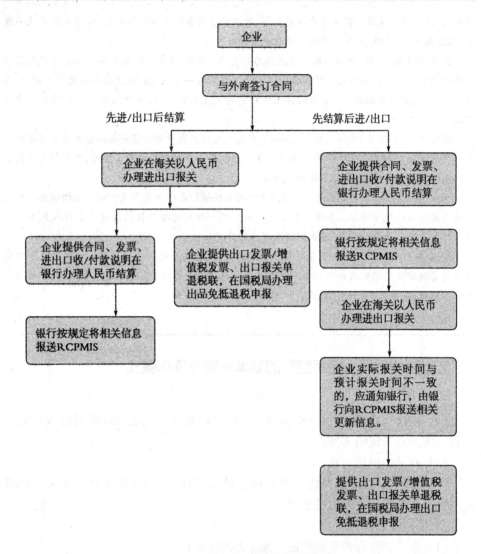

图 7-2　跨境贸易人民币结算流程图

交货。

(2) 按合同规定及货物装船到(发)货的情况,以人民币向海关报关。

(3) 企业凭发票、增值税发票和出口报关单退税联(需要退税的需在海关打印)向当地税务机关办理出口免抵退税的申报。

(4) 企业向银行提供合同、发票、进(出)口收(付)款说明,在银行办理收款入账或付款。银行按规定将相关信息报送 RCPMIS。

2. 先付款后发货的流程

对先结算后进/出口的情形,即先付款后发货,企业办理业务的流程是:

（1）企业与外方签订人民币计价结算的贸易合同，并按合同约定进行生产和交货。

（2）企业向银行提供合同、发票、进（出）口收（付）款说明，在银行办理收款入账或付款（进口预付或出口预收）。银行按规定将相关信息报送 RCPMIS。

（3）按合同规定及货物装船到（发）货的情况，企业以人民币向海关报关。

（4）企业实际报关时间与预计报关时间不一致的，应通知银行，由银行向 RCPMIS 报送相关更新信息。

（5）企业凭发票、增值税发票和出口报关单退税联（需要退税的需在海关打印）向当地税务机关办理出口免抵退税的申报。

图 7-2 列示了跨境贸易人民币结算流程。

（四）业务办理模式

1. 代理行模式

利用现有的国际标准 SWIFT 通讯网络，由国内银行作为人民币清算行，通过这些国内清算行与国内其他商业银行和境外银行建立代理账户行关系，使其承担人民币跨境业务的资金清算。

2. 清算行模式

使用人民银行大额支付系统，利用其在港澳清算机构，代理其他港澳参加银行进行人民币清算，在中国境内，由人民银行作为人民币清算行，为加入现代支付系统的国内商业银行进行人民币清算。

截至 2016 年末，人民银行已在 23 个国家和地区建立了人民币清算安排，覆盖东南亚、欧洲、中东、美洲、大洋洲和非洲。人民币清算安排的建立，有利于上述国家和地区的企业和金融机构使用人民币进行跨境交易，进一步促进贸易投资便利化。

三、自由贸易区账户

1. 自由贸易区账户的基本概念及其功能

2013 年 9 月 29 日，中国（上海）自由贸易实验区（简称"上海自贸区"）正式挂牌。2014 年 5 月，自贸区总面积由原来的 28.78 平方公里扩大到 120.72 平方公里。范围由原来的 4 个海关特殊监管区扩展至陆家嘴、金桥和张江三个片区。

上海自贸区首要的金融创新是设立了自由贸易账户，账户管理成为上海自贸区金融监管的核心。

所谓自由贸易区账户（简称 FTA，即 FT 账户），是指金融机构根据客户需要，在上海自贸区分账核算单元开立的规则统一的本外币账户，属于人民银行账户体系的专用账户。根据中国人民银行的要求，自由贸易账户的账号之前必须添加 FT 打头的三位英文字母作为前缀标识，并在资金的汇出、清算、兑换和汇入等各业务流程中全程体现该标识。其中,分账核算单元(Free Trade Accounting Unit,简称 FTU)是上海市金融机构为开展自贸试验区分账核算业务,在上海市一级机构内部建立的自由贸易专用账户核算体系,并建立相应的机制实现与金融机构其他业务分开核算。

2014年5月22日,中国人民银行上海总部发布《中国(上海)自由贸易试验区分账核算业务实施细则》,规定了自由贸易账户的开立、账户资金使用与管理方式。2015年4月,正式启动了自由贸易账户的外币服务功能。银行、证券、保险等金融机构和企业都可以接入这个系统,自由贸易账户可以提供经常项下和直接投资项下的外币服务,实现与境外金融市场的融通。2015年10月,《进一步推进中国(上海)自由贸易试验区金融开放创新试点、加快上海国际金融中心建设方案》("金改40条")的发布,使FTA账户成为本外币一体化账户,提供包括跨境融资、跨境并购、跨境理财、跨境发债等在内的经常项目和资本项下的本外币一体化金融服务。此外,自由贸易账户还支持"黄金国际板"和自贸区航运指数及大宗商品衍生品中央对手清算业务等。由此,基本形成了以自由贸易账户(FT账户)为核心的上海自贸区金融监管模式创新体系。

2. 自贸区账户开立主体

目前,自贸区和境外五类主体可以根据中国人民银行的规定,向分账核算单元申请开立自由贸易账户。账户开立主体可以分为两个大类:

(1) 机构类。机构类主体可分为三种:一是区内机构,包括上海自贸区内依法成立的法人和非法人企业,以及境外机构驻区内机构,账户前缀FTE,上海全市授权开办网点都可以开立。二是境外机构,指境外(含港澳台)注册成立的法人和其他组织,账户前缀FNT,区内注册的授权开办网点才可以开立。三是同业机构,指已被中国人民银行验收通过的其他金融机构的分账核算单元以及境外金融机构,账户前缀FTU,上海全市授权开办网点都可以开立。

(2) 个人类。个人类主体可分为二种:一是区内个人,是指在上海自贸区工作,并由其区内工作单位向中国税务机关代扣代缴一年以上所得税的中国公民,账户前缀FTI,上海全市授权开办网点都可以开立。二是区内境外个人,指持有境外身份证件、在试验区内工作一年以上、持有中国境内就业许可证的境外(含港澳台)自然人,账户前缀FTF,上海自贸区内注册的授权开办网点才可以开立。

3. 自贸区账户汇划资金的原则

FT账户在汇划资金方面有别于其他账户。根据目前的规定,通过自贸区账户汇划资金有三个原则。

(1) FT账户与境外账户、NRA、其他FT账户之间的资金划转,凭收付款指令办理。

(2) FT账户与境内一般账户之间的资金划转,应以人民币进行,并视同跨境处理,银行进行真实性审核后办理。

(3) FT账户与同户名的一般账户之间的资金划转,限于:经常项下业务;偿还自身名下且存续期超过6个月的上海市金融机构发放的人民币贷款;新建投资、并购投资和增资等实业投资等,银行应对上述资金划转进行真实性审核。

4. 利用自贸区账户可开展的业务

(1) 经常项下和直接投资项下的跨境资金结算和境内划转。

(2) 根据中国人民银行《关于金融支持中国(上海)自由贸易试验区建设的意见》第三部分所规定的投融资汇兑创新业务。

(3) 境外机构按照准入前国民待遇享受国内金融服务。

5. 自贸区账户的优势

FT账户的优势主要表现在:一是FT账户内的资金不占外债规模;二是已实现自由汇兑的项目项下可以自由汇兑,投融资汇兑创新业务形成的资金根据实际业务需要进行汇兑;三是实现本外币监管规则的统一。但是FT账户目前仍存在不得办理现金业务等限制。

第四节 贸易融资与国际贷款

贸易融资又称进出口融资,是指在国际贸易活动中,银行对资金周转有困难的进出口商提供的资金融通。贸易融资属于传统的商业银行国际业务。

随着银行国际业务的发展,贸易融资也有了一些新的变化,银行提供的服务产品可以是单一的,如打包贷款;也可以是综合的,如中国银行的"出口全益达"就是银行针对出口企业在贸易活动中可能遇到的各种困扰和难题,而专门打造的一个功能强大、方便实用的贸易融资综合解决方案。

专栏7-3 中国银行"出口全益达"业务示例

"出口全益达"将多项传统和新兴的贸易融资产品、特色服务以及外汇交易金融衍生产品融会贯通,并根据出口企业的具体需求"量体裁衣",对相关产品和服务进行改造和组合运用,通过一套完整方案帮助出口企业获得最佳效益。

例如,甲公司在东南亚某国拿到承建电站的5亿美元大单,但却面临诸多困难:电站业主资金紧张,且在当地融资成本很高,希望甲公司带资承建,同时业主准备采用5年期延期付款方式结算;该国银行的信用评级不佳;尽管甲公司在该国有十多年承建工程的历史,但涉足如此大规模的电站项目还是第一次,相关风险难以预知;受自身资产规模限制,甲公司在国内无法取得承建工程所需的贷款。

基于以上信息,中行为甲公司设计解决方案如下:第一,以银行保函为甲公司争取部分预付款;第二,争取延期收款在信用证项下实现,从而以银行信用替代商业信用,并且可以利用信用证取得多种贸易融资。

之后中行专家又陪同甲公司两赴该国,参与了该公司与业主、当地银行的一系列谈判,将以上解决方案逐一加以细化落实:①当地银行开立5年期延期付款信用证,某外资银行加具保兑;②甲公司在该电站项下投保出口信用险、营运险、完工险等,分散转移风险;③在甲公司银行授信额度不足的情况下,中行利用独家叙做的保函风险专项资金出具预付款保函及履约保函,使甲公司即期收到部分工程款,能够迅速启动项目;④收到信用证后,中行为甲公司叙做打包贷款;⑤信用证下出单后,中行为甲公司办理押汇用以归还打包贷款;⑥收到开证行/保兑行承兑后,中行为甲公司叙做福费廷,买断甲公司在该项目下的长期应收账款,用以归还押汇。

通过中行"出口全益达"提供的解决方案,甲公司这笔5亿美元大单面临的问题迎刃而解:一是通过预付款保函获得了宝贵的项目启动资金;二是通过打包放款、出口押汇和福费廷等融资产品的转换运用,减少了对银行授信额度的占用,扩大了融资规模;三是利用不同融资产品适用利率不同的特点,有效降低了财务成本,提高了业务利润;四是通过灵活运用金融工具,最大限度地分散和控制风险。

资料来源:中国银行网站。

一、进出口押汇

进出口押汇属于贸易融资方式,是指进出口商在进出口合同的执行过程和货款的收回过程中,从商业银行获得信用担保和资金融通的信贷方式,分为进口押汇和出口押汇两种。

(一)进口押汇

进口押汇是指在信用证结算方式下,进口地银行应进口商的要求对出口商开出信用证后,在收到议付行寄来的议付通知书索汇时,经审核单证相符后,以进口商的全套提货单据为抵押,代进口商垫付货款给出口商的一种贸易融资方式。简言之,就是进口信用证项下银行为申请人对外付款时提供的资金融通,并按约定的利率和期限由申请人还本付息的业务。随着经济的发展,越来越多的银行既做进口信用证项下的进口押汇业务,又做进口代收项下的进口押汇业务。

进口押汇业务可以满足进口商在进口信用证或进口代收项下的短期资金融通需求。对进口商来讲有很多优点,如可以选择外币押汇和人民币押汇,可以利用银行资金进行商品进口和国内销售,节约财务费用等。

进口押汇是一种专项融资,商业银行要求仅适用于履行特定贸易项下的对外付款责任,同时,押汇期限一般与进口货物转卖的期限相匹配,并以销售回笼款项作为押汇的主要还款来源,一般不超过120天。具体操作中,进口商不仅要提出押汇申请,还要具备相关的条件。如中国银行规定,必须依法核准登记,具有经年检的法人营业执照或其他足以证明其经营合法性和经营范围的有效证明文件;拥有贷款卡;拥有开户许可证,并在中行开立结算账户;具有进出口经营资格。

以中国银行为例,进口押汇的基本操作流程如图7-3所示。

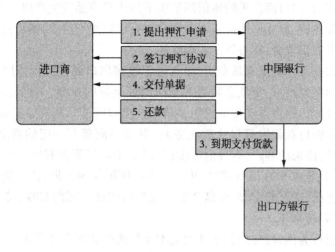

图7-3 中国银行进口押汇业务流程

（二）出口押汇

出口押汇是指在信用证结算方式下,出口地银行以出口商发运货物后取得的全套提货单据为抵押向出口商提供的资金融通。通常是收汇还贷。出口押汇是一种应用最广泛的出口贸易融资。我国几乎所有的商业银行都从事该项业务。有些银行办理出口押汇的范围已经不局限于信用证项下,如中国银行办理出口押汇的范围就包括:信用证下出口押汇和跟单托收下出口押汇;外币出口押汇和人民币出口押汇。

在叙做出口押汇业务中,银行对受理的条件也有要求。但如果是银行贸易融资的重点客户,则可以根据其核定的出口押汇的额度直接办理,无须进行信贷审查。

以中国银行为例,出口押汇业务的办理流程:

① 出口商与银行签订融资协议;

② 出口商向银行提交出口单据及押汇申请书;

③ 银行审核单据后,将押汇款项入出口商账户;

④ 银行将单据寄往国外银行（信用证项下开证行或指定行,或托收项下代收行）进行索汇;

⑤ 国外银行收到单据后提示给信用证项下开证申请人,或托收项下付款人;

⑥ 国外银行到期向银行付款,银行用以归还押汇款项。

二、打包放款

打包放款是出口地银行向出口商提供的一种短期资金融通方式。打包放款一一般是发生在出口商和进口商签订合同之后,出口商需要准备货物的时间段里,当备货资金不足可以向出口地银行申请短期资金融通。通常情况是在出口商收到境外开来的信用证后,出口商在采购该信用证项下的出口商品或生产出口商品时,由于缺乏本币资金备货,而凭信用证正本向往来银行申请短期贷款,银行按来证金额的一定比例提供本币资金,在备货出运后收回。

打包放款业务一般是专款专用,即仅用于缓解出口商在执行信用证时出现备货资金不足的临时困难,贷款金额通常是信用证金额的 60%~80%,期限也不长,货物出运后收回。如果不能按期收回,须转做"出口押汇",从其结汇额中扣还。

我国商业银行在叙做打包放款业务时,对出口商都有一定的要求和限制,比如,必须是银行往来的客户,有授信额度;信用证中最好不含有出口商无法履行的"软条款";信用证必须在该行议付,并以正本信用证作为抵押;装运货物并取得信用证项下单据后,应及时交单;最高金额一般为信用证金额的 80%,期限一般为三个月,最长不超过半年。

以中国银行为例,打包放款业务的基本操作流程如图 7-4 所示。

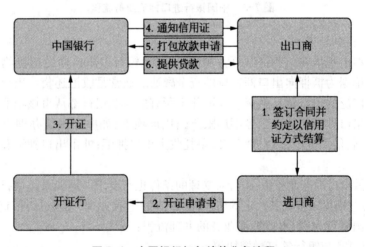

图 7-4 中国银行打包放款业务流程

三、出口信贷

出口信贷是由政府支持的,用以鼓励本国商品出口,加强本国商品的国际竞争力,鼓励本国的商业银行或其他金融机构为出口商提供优惠贷款的一种融资方式。出口信贷有金额起点高、用途被严格限定、期限比较长、利率比较低等特点。出口信贷有多种类型,根据接受贷款对象的不同,可分为卖方信贷和买方信贷。

(一)卖方信贷

卖方信贷是指出口国银行向出口商提供的中、长期贷款,以便出口商向进口商提供延期或分期付款等优惠的付款条件,增加其产品对进口商的吸引力。卖方信贷一般金额较大,大多在大型成套设备的贸易中采用。如中国银行规定:凡出口成套设备、船舶等及其他机电产品合同金额在五十万美元以上,并采用一年以上延期付款方式的资金需求,均可申请使用出口卖方信贷贷款。

在卖方信贷中,出口商需支付贷款利息及信贷保险费、承担费及管理费等,但出口商会把这些费用加在货价上向进口商收取,因此这种方式下的商品价格要高于以其他方式下成交的商品价格。在实践中,卖方信贷没有买方信贷应用广泛。

（二）买方信贷

与卖方信贷相比,买方信贷是指出口国银行提供给进口商或进口国银行用于购买出口国商品或劳务的信贷融资方式。买方信贷不仅具有卖方信贷方便贸易的优点,而且对出口商来说无需像卖方信贷那样与银行签定贷款合同而承担有关成本,对进口商来说也可以得到出口商不含利息及其他费用的报价,便于在贸易谈判中比较货价。

买方信贷应用比较普遍,在我国主要用于支持大型机器设备或成套设备贸易如船舶和其他机电产品的出口,贷款金额一般不超过出口商务合同或承包合同金额的85%。如中国银行规定,船舶项目一般不超过商务合同总额的80%;成套设备及其他机电产品一般不超过商务合同总额的85%。随着经济全球化的发展和我国加入世界贸易组织,已有越来越多的国内企业步入国际市场,这些企业对出口贸易融资服务有迫切的需求。出口买方信贷能使出口商迅速收回货款,加速资金周转,而不必增加自身的债务,因此对出口商有着很大的吸引力。正是在银行出口买方信贷的支持下,大批中国企业开始走向世界,跨国经营。

买方信贷或卖方信贷还有一种发展形式,即混合贷款,是指同一融资项目中,政府贷款与买方信贷或卖方信贷按某种形式混合发放的出口信贷。混合贷款有两种类型,一种是混合卖方信贷,即政府贷款与卖方信贷混合发放,向本国出口商贷款;另一种是混合买方信贷,由政府贷款与买方信贷混合向进口商或进口国银行贷款。由于政府的参与,使得混合贷款的利率很低,往往具有赠款、援助的性质。政府贷款在混合贷款中所占比重一般要看当时的政治经济情况及借贷对象的不同而不同,并时常调整。

四、福费廷

福费廷(Forfeiting)又称为"包买票据"或"票据买断",是商业银行为国际贸易提供的一种中、长期融资方式。它是指银行作为包买商从出口商那里无追索权地购买由银行承兑/承付或保付的远期汇票,而向出口商提供融资的业务。通常发生在延期付款的大型机械设备和成套设备的贸易中,出口商把经过进口商承兑的、期限在6个月以上的远期汇票(一般5~6年),无追索权地售与出口商所在地银行

（或金融公司），从而提前获得现款。出售远期汇票的过程，实质上就是出口地银行向出口商融资的过程，只是汇票到期时该笔款项不向出口商索取，而向进口商索取。

福费廷业务的金额巨大，付款周期长；出口商的汇票贴现实际上是一种卖断，且包买机构丧失对出口商的追索权；各项费用较高（除按市场利率收取贴现利息，尚需收取管理费和承担费）。

福费廷业务是一种无追索权的贸易融资便利，具有如下特点：①无追索权买断。银行无追索权买断应收账款，使客户应收账款"落袋为安"。②规避各类风险。客户将国家风险、买方信用风险、汇率风险、利率风险等全部转移给银行，达到规避风险的目的。③无需占用客户授信额度。客户在没有授信额度或授信额度不足的情况下，仍可从银行获得融资。④增加流动资金。客户获得100%资金融通，将未来应收账款转化为当期现金流入，避免资金占压，增加现金流。⑤优化财务报表。客户在不增加银行负债情况下，减少应收账款，改善现金流量，达到优化财务报表的目的。⑥提前获得出口退税。根据外汇管理局规定，办理福费廷业务，客户可以获得提前出口核销和退税，从而节约财务成本。

福费廷业务对商业银行来说，在承做该业务时，不仅可以获得贴现利息、承担费等收入，而且安全性和流动性也比较好。因此，在现代金融市场上，福费廷业务受到各家银行的青睐。

我国国内第一家开办福费廷业务的是中国银行，其福费廷产品种类齐全，不受结算方式限制，可融资的债权工具灵活多样，不仅包括信用证，而且包括汇票/本票、付款保函/备用信用证担保债权、出口信用保险承保债权等多种形式，还可以根据项目的具体情况，提供个性化解决方案。并在国内率先以保兑行身份加入IFC、EBRD、ADB、IDB[①] 四家国际组织贸易融资项目，通过与这些组织紧密合作，中国银行将风险承担范围进一步拓展到亚、非、拉等新兴市场国家。融资期限灵活，不仅可以提供1年以下的短期融资，而且可以提供3～5年，甚至更长期限的中长期融资。中国银行的福费廷业务操作流程如下：

（1）客户与银行签订《福费廷业务合同》。

（2）客户提交《福费廷业务申请书》。

（3）取得对债务人的授信额度或确定转卖后，与客户签署《福费廷业务确认书》。

（4）债权转让。在客户持有票据情况下，将票据背书给银行；在无法取得票据

---

① IFC（International Finance Corporation）国际金融公司；EBRD（European Bank for Reconstruction and Development）欧洲复兴开发银行，简称欧银；ADB（Asian Development Bank）亚洲开发银行，简称"亚行"；IDB（Inter-American Development Bank）美洲开发银行。

的情况下,签署《债权转让书》。

(5) 贴现付款。银行取得信用证项下开证行/指定银行的承兑/承付通知,或其他符合银行要求的债权凭证后,扣除贴现息和有关费用后将款项净额支付给客户。

(6) 出口贸易项下,为客户出具出口收汇核销专用联,供其办理出口收汇核销和退税。

五、银团贷款

银团贷款又称辛迪加贷款(Syndicate Loan),是由一家或几家商业银行牵头,多家商业银行作为参与行,共同向某一借款人提供的金额比较大的中长期贷款。

(一) 银团贷款的产生和发展

银团贷款产生于20世纪60年代末期。当时各大商业银行在比较严重的国际债务危机形势下不敢大胆放款,各国政府也限制本国银行的对外贷款规模。这时随着新技术革命的兴起,以自动化为特征的资本密集型行业逐渐增多,资金需求大幅增加,动辄上亿,甚至几十亿美元,远远超过了一家银行的承受能力,银团贷款便应运而生。欧洲货币市场首先采取这种方式发放贷款。目前银团贷款已经成为筹集和发放国际中长期贷款的最主要手段,也是商业银行参与国际资本市场的主要途径之一。

1983年,我国首次运用国际银团贷款,大中型项目开始获得美元贷款,从此国际银团贷款成为我国获得国际商业贷款的主要形式。从90年代开始,中国银行、中国建设银行等大型商业银行也开始参与银团贷款,向境外企业或项目提供银团贷款。

国际银团贷款使借贷双方共赢,其意义:一是可以有效分散银行的贷款风险;二是可以加强同国际银行业的联系与合作,树立国际信誉和国际形象;三是可以满足借款人的巨额资金需求,降低筹资费用和筹资难度。

(二) 国际银团贷款的参与者

1. 借款人

借款人即资金的需求者,也是申请银团贷款的人。一般来讲,银团贷款的借款人主要是各国的政府、政府机构、中央银行、跨国公司及国际金融组织等。

2. 牵头行

牵头行是国际银团贷款的组织者和管理者,可以是一家银行,也可以是由多家银行组成管理小组。通常情况下,借款人会选择与自己有良好关系的银行作为牵头行,有时一些资信非常好的国际性大银行会主动向借款人提出充当牵头行。牵头行一经确定,就要立即着手向市场发布一份筹资备忘录,向各银行说明借款人的借款意向,介绍借款条件及借款人的经营状况、财务状况及资信状况,组织贷款招标或邀请其他银行参与贷款。

3. 管理行

管理行也称经理行,是一组提供贷款和承担的权利义务仅次于牵头行的商业银行。管理行要协助牵头行做好全部贷款工作,如果出现贷款总额低于借款要求时,管理行有责任补足缺额。

4. 代理行

代理行作为银团的代表,集中管理有关的各项事务,包括从筹集资金,向借款人发放资金,代理各银行收取手续费,代理收回本金与利息,监督贷款的执行,发送有关资料、报告和通知等,并据此向借款人收取一定的代理费。多数情况下,牵头行就是代理行。

5. 参与行

参与行,是仅仅参与贷款的银行,对项目中的其他事务都勿需负责。

(三) 国际银团贷款的费用构成

1. 前端费

前端费为贷款金额的 0.5%~1%,其又分为参与费与管理费。管理费是借款人对牵头银行成功地组织银团贷款的报酬,一般在牵头行和经理行之间分配,牵头行收取其中大部分。参与费则按照贷款的份额在所有贷款银行中分配。

2. 承担费

承担费是在贷款生效之后,由于借款人没有完全提取贷款,使贷款银行的资金闲置,而向贷款银行支付的一种带有赔偿性的费用。

3. 代理费

是代理行向借款人收取的一种费用,一般在贷款期间内,每年支付一次,也有在贷款初期一次性支付的。

4. 杂费

是牵头行在组织银团和与借款人联系、协商从而签署贷款协议过程中所发生的费用。

(四) 银团贷款的运作过程

(1) 借款人要联系经常从事这种业务的大型国际银行,委托它作为牵头银行组织银团。

(2) 牵头银行同借款人谈判贷款的具体条件,再将贷款数额按比例分配或由银团成员认购。

(3) 牵头银行同借款人签订银团贷款协议。

上述过程也可以是另一种方式,牵头银行先同借款人签订协议,然后再将贷款数额分配给银团成员。银团贷款协议签订后,牵头银行的工作结束,它可以转变为银团的代理人角色,或银团再选出其他银行作为代理人,代表银团同借款人联系贷款的划拨、使用和监督管理以及还款。

第五节 外汇买卖业务

外汇买卖业务是商业银行的一项重要和基本的国际业务,主要包括两方面的内容:一是接受客户委托,代理客户进行外汇买卖;二是银行自身为了降低外汇风险、调整外汇头寸或自行经营而进行的外汇买卖。通常情况下,商业银行进行外汇买卖是为了规避外汇风险,调剂外汇头寸。

一、外汇及外汇买卖市场

外汇是以外国货币表示的、可用于国际结算的支付手段,主要包括可兑换的外国货币、外币有价证券、外汇支付凭证和外币存款凭证等。

外汇买卖市场也称外汇交易市场或外汇市场,是指由外汇需求和外汇供给双方以及外汇交易中介机构所构成的外汇买卖场所和网络。它可以是有形的,如外汇交易所;也可以是无形的,如通过电讯系统交易的银行间外汇交易。目前,世界上的外汇市场很多,最重要的外汇市场有欧洲的伦敦、法兰克福、苏黎世和巴黎,北美洲的纽约和洛杉矶,亚太地区的悉尼、东京、新加坡和香港等。外汇市场的参与者主要有各国的中央银行、商业银行、非银行金融机构、经纪人公司、自营商及大型跨国企业等。它们交易频繁,交易金额巨大,每笔交易均在几百万美元,甚至千万美元以上。

二、外汇买卖价格

在从事外汇买卖过程中,买卖双方最关注的问题是汇价(即汇率)及其变化趋势。

汇率(Foreign Exchange Rate)又称汇价或外汇行市,是一国货币兑换成另一国货币的比率,或者是指用一种货币表示的另一种货币的价格。汇率有两种标价方法:一是直接标价法(Direct Quotation)。直接标价法下,外汇汇率的升降和本国货币的价值变化成反比例关系:本币升值,汇率下降;本币贬值,汇率上升。目前我国和世界上大多数国家都采用直接标价法。二是间接标价法(Indirect Quotation)。间接标价法下,外汇汇率的升降和本国货币的价值变化成正比例关系:本币升值,汇率上升;本币贬值,汇率下降。前英联邦国家多使用间接标价法,如英国。

三、外汇买卖的方式

(一) 现货交易

现货交易(Spot Transaction)也称即期交易和现货买卖,是指外汇买卖双方以即期外汇市场的价格成交,并在成交后的第二个营业日交割的外汇买卖方式。

现货外汇交易是最基本的外汇买卖方式,应用范围非常广泛。银行开展现货买卖业务,有如下作用:①可以满足客户临时性的支付需要。通过即期外汇买卖业务,客户可将手上的一种外币即时兑换成另一种外币,用以应付进出口贸易、投标、海外工程承包等的外汇结算或归还外汇贷款。②可以帮助客户调整手中外币的币种结构。③外汇投机的重要工具。这种投机行为既有可能带来丰厚利润,也可能造成巨额亏损。④可以满足银行自身的资金调整和头寸平衡。

（二）远期交易

远期交易(Forward Transaction)是指外汇买卖双方成交后,按双方签定的远期合同,在未来的约定日期进行外汇交割的买卖方式。一般来讲,远期外汇买卖的期限通常为1个月、3个月、6个月,最长可以做到1年,超过一年的交易称为超远期外汇买卖。

远期外汇买卖是国际上最常用的避免外汇风险、固定外汇成本的方法。一般来说,客户对外贸易结算、到国外投资、外汇借贷或还贷的过程中都会涉及外汇保值的问题,通过叙做远期外汇买卖业务,客户可事先将某一项目的外汇成本固定,或锁定远期外汇收付的换汇成本,从而达到保值的目的,同时更能使企业集中时间和人力搞好本业经营。

通过恰当地运用远期外汇买卖,进口商或出口商可以锁定汇率,避免了汇率波动可能带来的损失。但是如果汇率向不利方向变动,那么由于锁定汇率,远期外汇买卖也就失去获利的机会。在国际贸易中,经常会碰到合同中的货币,与进口商手中持有的货币不一致。而合同中的支付一般在将来的一定时期。为了避免在支付时外汇汇率的变化,进口商可以事先进行远期外汇买卖,固定成本,避免在将来支付时因汇率变化带来的外汇风险。在国际借贷中,也会经常碰到,借款货币与实际经营收益(通常即还款的资金来源)的货币不一致,而借款的偿还一般又是在远期。为了避免在还款时外汇汇率的变化,借款人可以事先进行远期外汇买卖,固定还款金额,避免将来在还款时因汇率变化带来外汇风险。

例如:某进出口企业有一笔进口业务,4月初签订进口合同,将于7月9日支付1000万欧元。为规避汇率风险,公司4月8日与银行叙做远期外汇交易,约定在7月9日按照远期成交价格1.3344用美元向银行购入欧元。到期日时,买卖双方按约定汇率进行交割,避免了欧元上涨的汇率风险,从而锁定了外汇成本。

银行自身也可以参与远期外汇交易,主要是为了调整外汇头寸。当客户向银行购买或出售的远期外汇过多时,就产生超买或超卖的情况,这样银行的外汇头寸就会不平衡。银行往往通过参与远期外汇交易来轧平外汇头寸。

（三）外汇期货交易

外汇期货交易(Currency Futures Option)是指在有形的外汇买卖市场上即期货

交易所内,通过公开竞价的方式进行的外汇期货标准合约的买卖方式。

外汇期货交易和远期交易有许多相似的地方,如交易的基本原理、交割的时间等,但两者还是有着明显的区别,外汇期货交易有自身的特点:①场内交易。外汇期货交易是在有组织的交易所内进行的,有规范的交易程序。②标准化合约。合约的交割时间、交割地点、币种及数量等都是标准化的。③买卖双方无直接合同责任关系。双方均与交易所具有合同责任关系。④实际交割率少。外汇期货交易的目的主要是套期保值和投机,因此,很少进行实际交割,实务中大约只有1%进行交割。

(四) 外汇期权交易

外汇期权交易(Foreign Exchange Option)即外汇期权买卖,是指一种权利的买卖。权利的买方有权在未来的一定时间内按约定的汇率向权利的卖方买进或卖出约定数额的外币,同时权利的买方也有权不执行上述买卖合约。为取得上述权利,期权的买方必须向期权的卖方支付一定的费用,实际上就是期权的价格,称为期权费。由此,期权的买方获得了今后是否执行买卖的决定权,而期权的卖方则承担了今后汇率波动可能带来的风险。

期权分为买权和卖权两种。买权是指期权的买方有权在未来的一定时间内按约定的汇率向银行买进约定数额的某种外汇;卖权是指期权的买方有权在未来一定时间内按约定的汇率向银行卖出约定数额的某种外汇。

期权按行使权利的时限可分为两类:欧式期权和美式期权。欧式期权是指期权的买方只能在期权到期日才能行使是否按约定的汇率买卖某种货币的权利;而美式期权是指期权的买方可以在期权成立之日起至期权到期日期间内任一时点,随时要求按约定的汇率买卖某种货币的权利,它的灵活性较大,因而期权费也较高。

专栏7-4　　　　　　　　2016年我国外汇交易情况

2016年,人民币外汇市场累计成交20万亿美元(日均832亿美元),较上年增长14%(见图7-5)。其中,银行对客户市场和银行间外汇市场分别成交3万亿和17万亿美元;即期和衍生产品分别成交9万亿和11万亿美元,衍生产品在外汇市场交易总量中的比重升至历史新高的56%,交易产品构成进一步接近全球外汇市场状况。具体来看:

即期外汇交易增长。2016年,即期市场累计成交9万亿美元,较上年增长7%。在市场分布上,银行对客户即期结售汇(含银行自身,不含远期履约)累计2.9万亿美元,较上年下降14%;银行间即期外汇市场累计成交6万亿美元,较上年增长22%,其中美元交易份额为97%。

远期外汇交易下降。2016年,远期市场累计成交3 783亿美元,较上年下降24%。在市场分布上,银行对客户远期结售汇累计签约2 254亿美元,其中结汇和售汇分别为703亿和1 551亿美元,较上年分别下降51%、47%和52%,6个月以内的短期交易占59%,较上年下降11.4个百分点;银行间远期外汇市场累计成交1 529亿美元,较上年增长3.1倍。

掉期交易增长。2016年,外汇和货币掉期市场累计成交10万亿美元,较上年增长18%。

外汇期权交易增长。2016年,期权市场累计成交9550亿美元,较上年增长1.4倍,显示在人民币汇率双向浮动环境下,期权交易对于管理汇率风险的灵活性和吸引力进一步突出。

外汇市场参与者结构基本稳定。银行自营交易延续主导地位,2016年银行间交易占整个外汇市场的比重从2015年的75.4%提高至82%;非金融客户交易的比重从23%下降至17%,非银行金融机构交易的市场份额小幅下降0.7个百分点至0.8%。

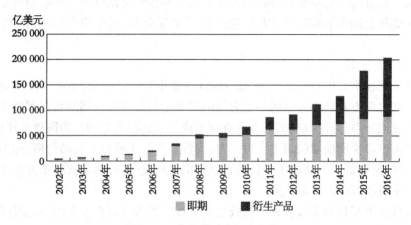

图7-5 中国外汇市场交易量

数据来源:国家外汇管理局,中国外汇交易中心。

资料来源:2016年国际收支报告。

四、外汇买卖的策略

外汇买卖业务,不仅能给商业银行带来可观的收益,也有可能带来巨大的风险。因此,在外汇买卖中,除了遵循"三性"原则外,还要注意买卖的策略。

1. 力求准确预测汇率,做好交易决策

汇率是经常发生变化的,影响汇率变动的因素既有经济方面的,也有非经济方面的,汇率上涨或下降,往往是各种因素相互交织、综合作用的结果。因此,应对汇市进行基本分析和技术分析,力求准确把握汇率的中长期走势,选择买卖的合适时机,做出正确的交易决策。

2. 慎重选择交易对象

在外汇买卖业务中,交易对象的选择也是非常重要的,其资信状况会直接影响交易的顺利实现。因此,应尽量选择优秀的交易对象。一般来讲,要注意以下四点:①交易方的服务。包括及时向对方提供有关交易信息、市场动态以及对经济指标或未来汇率波动产生影响的程度预测等。②交易方的资信度。资信度与交易方的实力、信誉及形象密切相关。交易方资信度的高低直接影响到交易的风险,如果交易方资信不佳,银行在外汇交易过程中承担信用转移风险的概率就会加大。③交易方的报价速度。良好的交易方报价速度快,方便银行抓住机会,尽快促成外汇交易。④交易方的报价水平。好的交易方所报价格基本反映市场汇率的动向,具有代表性和竞争力。

3. 严格交易程序及规则

外汇交易是银行从事的高风险业务,不仅需要通过建立完善的外汇交易程序及规则来控制风险,而且需要了解、掌握并遵循相关的交易程序及规则,将稳健经营原则贯穿始终。

4. 培养高素质的交易员

外汇交易员素质的高低直接影响到银行的盈利高低。一个高水平的外汇交易员应该具备良好的心理素质、道德修养及专业能力,银行必须有意识地选拔、培养这样的人才,为其提供适宜的成长环境。

第六节 离岸金融

一、离岸金融业务概述

(一)离岸金融业务的含义

离岸金融业务(Off-shore Banking Activities)是指在本国境内发生的外国机构(或个人)之间以外币进行的交易,它特指非居民间的融资活动,即外国贷款者、投资者与外国筹资者间的业务。离岸金融业务由于其资金来源于境外,资金运用亦在境外,因此俗称是"两头在外"的银行业务。其服务对象——非居民具体是指境外(含台、港、澳地区)的自然人、法人(含在境外注册的中国境外投资企业)、政府机构、国际组织及其他经济组织,包括中资金融机构的海外分支机构,但不包括境内机构的境外代表机构和办事机构。

离岸金融业务发源于欧洲货币业务,20 世纪 50 年代末在伦敦首次出现,60 年代末开始蓬勃发展,在地域上由伦敦扩展到新加坡、加勒比海等地区;80 年代,美国和日本相继建立离岸金融市场,标志着世界主要发达国家都已拥有离岸金融市场;90 年代,在经历了几十年的高速增长后,离岸金融进入调整阶段;至 90 年代中后期,离岸金融交易再度活跃起来。同时,一批新兴的离岸金融市场在很多发展中国家建立起来。

(二)离岸金融业务的特点

离岸金融业务与传统的银行国际业务有着明显的区别,其特点主要有三点。

(1)属于批发性银行业务,存贷金额比较大,它的存款和贷款交易额应在一定的起点之上。

(2) 交易对象是以非居民为主体,通常是银行及跨国公司,不对本国居民开放。

(3) 管制较少。离岸金融中心往往没有或很少管制,具有地理优越性、政府政策优惠、政治稳定等,如税收优惠、免交存款准备金、存款保险、取消利率限制、取消或放松外汇管制等。从国际上来看,国际离岸金融中心往往成为资本外逃的中转站和洗钱的重要场所。

(三) 我国离岸金融业务的发展

改革开放以来,随着经济、金融的不断发展,我国也开始了对离岸金融业务的探索和尝试。自1989年5月,招商银行经中国人民银行和国家外汇管理局批准在深圳率先开办离岸银行业务以来,已经走过20多个年头。纵观我国离岸金融业务的发展进程,主要呈现如下四个特点。

(1) 从时间序列看,由南到北,逐步推开。1989年5月,招商银行在深圳率先获准开办离岸银行业务,其后深圳发展银行、广东发展银行及其深圳分行、工商银行和农业银行深圳分行相继获得离岸银行业务牌照,离岸金融市场在深圳开始发育。2002年6月,允许交通银行和浦东发展银行开展离岸业务,上海开始发展离岸金融市场。2006年6月,国务院下发《关于推进天津滨海新区开发开放问题的意见》,鼓励天津滨海新区进行金融改革和创新,其中包括在离岸金融业务方面进行改革试验。2010年年初,国务院在《关于推进海南国际旅游岛建设发展的若干意见》中提出在海南省探索开展离岸金融业务试点。这是继深圳、上海、天津试点离岸金融业务后,中央批准的第四个开展离岸金融业务地区。

(2) 从区域分布看,毗邻港口,位于我国改革的试验区,皆有良好的金融基础条件。我国离岸金融市场的试点从深圳经济特区起步,而后在浦东新区发展,又逐步在天津滨海新区、海南国际旅游岛发展。基本上与我国改革开放的发展次序相一致。

(3) 从发展进程看,虽然一波三折,但目前处于规范发展阶段。尽管我国1989年开始离岸金融业务的试点,但由于经验不足和受1997年东南亚金融危机的影响,不良离岸贷款大幅度上升,国内银行离岸资产质量恶化,中国人民银行和国家外汇管理局暂停了所有中资银行的离岸资产业务。直到2002年6月才全面恢复开办离岸业务。全面恢复开办离岸业务后,一直处在规范发展当中。

(4) 从市场规模看,参与主体少,交易量小,业务范围窄,仅局限在货币业务,没有充分发挥其应有的功能。严格说来,我国仅有招商银行、深圳发展银行、浦东发展银行和交通银行4家取得离岸银行业务经营许可证,成为我国"全面持牌中资银行",上述4家银行截至2007年6月末,离岸存款余额37.1亿美元,资产总额38.4亿美元,国际结算量308亿美元,利润总额4 033万美元,招商银行所占份额分别为54%、55%、41%、54%，均为第一。这与其他国家的离岸金融市场交易规模形成巨大的反差。如1986年12月1日开业的东京离岸金融市场，经大藏省批准开设离岸账户的外汇银行共181家，其中包括69家外国银行分行，开业第一个月市场规模就高达970亿美元。

需要说明的是，近年来，随着新政利好不断释放，中资银行离岸金融业务突飞猛进，在创新产品业务模式，服务"一带一路"建设，支持企业海外并购等方面都获得了很大发展。数据显示，2016年平安银行离岸业务资产总额突破180亿美元，离岸贷款余额（含代付）超过130亿美元，同比增幅均在30%以上，主要经营指标位列拥有离岸牌照的四家中资银行之首。

二、离岸金融市场的类型

（一）国际离岸金融市场

离岸金融市场有不同的类型：从业务范围来看，有"内外一体式""内外分离型""避税型"及"渗漏型"等离岸金融市场；从市场形成的动力来看，有自然渐成型和政府推动型离岸金融市场；从市场功能来看，有世界中心、筹资中心、供资中心及簿记中心等。

（1）兼具境内和离岸业务的"内外一体式"伦敦型市场。经营的货币是境外货币，市场的参与者可以经营离岸金融业务，又可以经营自由市场业务，在管理上没有什么限制，经营离岸金融业务不必向金融当局申请批准。

（2）境内与离岸业务"内外分离"的纽约型市场。经营离岸业务的本国银行和外国银行必须向金融当局申请。经营离岸金融业务可以免交存款准备金、存款保险金的优惠，享有利息预扣税和地方税的豁免权。离岸业务所经营的货币可以是境外货币，也可以是本国货币，但离岸业务和传统业务必须分别设立账户。

（3）设在巴哈马、百慕大群岛、开曼群岛等以避税为目的的避税港型的离岸市场。这是我们通常意义上所说的离岸金融中心，一般政局稳定，税收优惠，没有金融管制。

（4）渗漏型离岸金融市场。其主要特点是离岸账户与在岸账户分立、居民交易与非居民交易基本分开运作，但允许两个账户之间有一定程度的渗透。

表7-1 全球离岸金融市场类型一览

市场类型	典型市场	特点
内外一体型	伦敦 中国香港	不设单独离岸账户，与在岸账户并账运作，资金出入无限制，居民和非居民平等
内外分离型	美国的IBF和日本的JOM	离岸业务只能在专门账户中（IBF、JOM）进行，离岸交易与在岸交易分开，严禁离岸在岸资金渗透

续表

市场类型	典型市场	特　点
避税型	开曼、巴哈马、百慕大、BVI(英属维尔京群岛)	簿记型,英美法系,税负低,基本无管制
渗透型	雅加达、曼谷、新加坡的ACU(亚洲货币经营单位)	离岸账户与在岸账户分立、居民交易与非居民交易基本分开运作,允许两个账户之间有一定程度的渗透

资料来源:根据相关资料整理。

（二）人民币离岸市场

随着人民币在国际收付的比重逐年增加,人民币离岸市场也逐渐形成并发展迅速。

1. 香港人民币离岸市场

香港离岸人民币市场起步于2004年香港银行个人人民币兑换业务,发展于2009年跨境人民币贸易结算试点。2009年7月境外人民币贸易结算试点开展以来,人民币资金通过贸易结算渠道大量流入香港,香港人民币市场规模迅速扩大。2010年7月,中国人民银行与香港金融管理局签署修订《香港银行人民币业务的清算协议》后,人民币在兑换、转账、跨境结算等方面更加便利,香港人民币离岸市场规模进一步增长。

2. 伦敦人民币离岸市场

伦敦时间2012年4月18日,汇丰银行在伦敦发行了第一支人民币债券,主要针对英国及欧洲大陆国家的投资者,总规模为10亿元。当天,伦敦金融城还举行了伦敦人民币业务中心建设计划启动仪式,并发布了题为《伦敦:人民币业务中心》的报告。报告显示,自从2011年9月份签署里程碑式的"中英财金对话"协议后,伦敦的人民币计价业务范围已初具规模。截至2011年末,散户、企业客户以及银行在伦敦持有大量人民币存款,总计为1 090亿元人民币(173亿美元)。2011年期间,全球人民币离岸交易额大幅增长超过80%,其中伦敦的份额就占据了26%。

专栏7-5　　　　　　　　　　招商银行离岸金融业务

招商银行是我国第一家经中国人民银行和国家外汇管理局正式批准经营离岸业务的银行,目前该行的离岸业务种类有:①接受境外公司、个人等非居民的外汇存款;②办理境外公司、企业等非居民外汇贷款;③组织和参与国际银团贷款;④为境外公司、企业提供担保和见证业务;⑤办理外汇买卖、汇兑和各项国际结算业务;⑥办理票据承兑、贴现,提供贸易融资便利;⑦参与国际金融市场资金拆借和融通;⑧提供有关咨询、顾问业务。

在多年的经营中,招商银行离岸业务部充分利用其地处深圳经济特区,毗邻香港这个国际金融中心的地理优势,借鉴国外离岸金融市场的做法,建立了规范的业务运作规则,积累了一定的经验,已形成较成熟的离岸银行业务经营和管理机制,也形成了一套自己的特色业务,为客户提供远程服务、账户资金管理、快速结算、融资便利等一系列离岸业务与在岸业务联动的服务,这些业务特别适合跨国集团公司的跨国经营需求。

远程服务:尤其适合不能亲临银行柜台办理业务的离岸客户。通过提供安全、有效的账户控制文件(包括密押、印鉴等)和网上银行账户查询服务,帮助客户实现:跨境移动办公,异地办理离岸资金汇划、国际结算业务;远程监控账户,网上随时查询离岸账户资金和交易情况,使客户身处世界各地都能进行资金监控。

账户资金管理:只要是跨国集团公司的境外公司在招商银行开立离岸账户,就可以实现账户资金自由划转;享受免征利息税;账户兼具储蓄账户和往来账户的特点,日日生息,按季付息。

快速结算:如果跨国集团公司的交易伙伴是招商银行的在岸客户,就可以享受招商银行为其提供的离、在岸账户快速结算服务:资金零在途;费用优惠。

融资便利:跨国集团公司下属的境内、外公司在招商银行分别开立离岸、在岸账户,便可充分利用招商银行一体化服务优势,享受招商银行离、在岸融资便利。招商银行可针对其境外公司有长期、大额的特定融资需求,组织国际银团共同为其实现融资计划。同时离岸客户的进出口业务还能得到招商银行提供的短期融资便利,包括各种进出口押汇业务。

资料来源:招商银行网站。

三、离岸金融业务的风险

一般来说,银行的离岸业务客户大多为远距离客户,进行有效信誉评估和管理的难度较大,可控性较低,因此,银行的离岸金融业务与在岸金融业务相比,风险更大。我国银行尤其是已经开放离岸业务的银行必须及时认识和警惕风险的发生,以便有效地控制离岸金融风险。

(一)信用风险

金融经济实质上是信用经济、道德经济,各项复杂的经济活动,要在交易双方诚实守信的基础上才有可能促进双方交易的成功。而离岸金融为"非居民"性质的个人或团体服务,其广泛的外延使银行难以深入把握服务对象的信用表现及所属产业的资信状况,涉及不同的国情民风,调查成本很高。这种风险尤其对于外汇贷款业务更加突出。

(二)法律风险

离岸投资者的投资目的虽然有个人差别,但他们的根本一致性是利用存在于世界各国税收金融制度上的差异去维护个人财产的保值增值。比如一国离岸投资者就可以把其本应在国内需要交纳遗产税的遗产利用离岸信托保留了资产的数量而不是更多的交给母国政府。因而离岸金融可能会给予投机行为者机会,目前"洗钱""逃汇"即是热点离岸金融法律问题。

(三)利率和汇率风险

汇率风险指在国际经济、贸易和金融活动中,以外币计价的收付款项、资产负债业务等因汇率变动而蒙受损失的可能性。人民币的强势地位在全球货币市场中有目共睹，在亚洲少数国家人民币已经处于被人接受和有所流通的境地。人民币在境外的流通始终隐藏在迷雾中，我们对此的监督管理尚未建立。如果人民币在境外的流通量积累起来，被货币投机者利用，就很可能以其在外汇市场上的操纵影响人民币的兑换汇率。另外，虽然我国现阶段采用离岸账户与在岸账户严格分开的谨慎做法，但金融经济内在的关联性和可溶性，不可能把离岸业务和在岸业务严格分开，因而将影响在岸人民币的利率与汇率水平。

（四）信用扩张或收缩的风险

离岸金融业务除我国现阶段采用的内外分离型之外，还有伦敦、香港采用的内外混合型。内外混合型离岸金融业务是指在岸业务与离岸业务不分离，离岸市场的资金流向不定，既可流入国内又可从国内朝国外流出。内外混合型不便于中央银行对货币存量的管理，国内货币供应量在离岸市场的资金流入国内时增多，在从国内向国外流出时减少，进而产生信用扩张或信用收缩效应，将会导致通货膨胀或通货紧缩。

（五）其他违规操作风险

因为离岸账户无准备金规定和利率限制，如果在管理上出现漏洞，可能使一些金融机构参加离岸业务而避免存款准备金的交纳及逃避利率约束。

本章小结

1. 商业银行的国际业务，是指商业银行所有以外国货币为载体开展的业务或针对外国居民开展的业务。参与主体一般都是跨国公司、企业和外国政府，交易规模和经营风险较大。

2. 国际结算业务是通过两国银行办理的跨国结算主体之间的货币收付活动。国际结算的基本方式有汇款、托收和信用证。结算工具主要是票据。

3. 跨境贸易人民币结算业务，是指经国家允许指定的、有条件的企业在自愿的基础上以人民币进行跨境贸易的结算，商业银行在人民银行规定的政策范围内，可直接为企业提供跨境贸易人民币相关结算服务。其业务种类包括出口信用证、托收、汇款等多种结算方式。

4. 自由贸易区账户是金融机构根据客户需要，在上海自贸区分账核算单元开立的规则统一的本外币账户，属于人民银行账户体系的专用账户。账户管理也是上海自贸区金融监管的核心。

5. 贸易融资是商业银行传统的国际业务，具体包括进出口押汇、出口信贷、打包贷款、福费廷等。银团贷款是20世纪70年代以来迅猛发展起来的国际业务。

6. 外汇是以外国货币表示的、可用于国际结算的支付手段。外汇市场是由外汇需求和外汇供给双方以及外汇交易中介机构所构成的外汇买卖场所和网络。外汇买卖主要有即期交易、远期交易、期货交易和期权交易等方式。

7. 离岸金融业务是指在本国境内发生的外国机构(或个人)之间以外币进行的交易,它特指非居民间的融资活动,即外国贷款者、投资者与外国筹资者间的业务。离岸金融市场主要有内外一体型、内外分离型、避税型和渗透型四种。

关键概念索引

国际业务　汇款　托收　信用证　跨境贸易人民币结算　自由贸易区账户　进口押汇　出口押汇　买方信贷　卖方信贷　打包贷款　福费廷　银团贷款　外汇买卖　离岸金融业务

复习思考题

1. 商业银行发展国际业务的动因是什么?
2. 国际结算的方式和工具主要有哪些?
3. 什么是跨境贸易人民币结算?对企业有什么好处?
4. 什么是自由贸易区账户?利用自贸区账户可开展哪些业务?
5. 国际贸易融资主要有哪几种形式?
6. 福费廷业务有何特点?
7. 商业银行为什么要参与银团贷款?
8. 外汇买卖的策略是什么?
9. 离岸金融业务有何特点?

参考资料

1. 史建平主编,《商业银行业务与经营》(第二版),中国人民大学出版社,2010年。
2. 吴念鲁编著,《商业银行经营管理》(第二版),高等教育出版社,2009年。
3. 熊继洲、楼铭铭编著,《商业银行经营管理新编》,复旦大学出版社,2004年。
4. 吴百福主编,《进出口贸易实务教程》,上海人民出版社,2004年。
5. 庄毓敏主编,《商业银行业务与经营》(第三版),中国人民大学出版社,2010年。
6. 吕香茹主编,《商业银行贸易融资》,中国金融出版社,2009年。
7. 国家外汇管理局国际收支分析小组,《2016中国国际收支报告》。
8. 中国人民银行,《2016中国金融市场报告》。

第八章 商业银行电子银行业务与互联网金融

> **本章要点**
>
> - 电子银行的概念和特点
> - 网上银行业务
> - 电话银行业务
> - 手机银行业务
> - 电子银行业务的风险
> - 电子银行业务的监管
> - 互联网金融

20世纪90年代以来,以信息技术为基础的互联网不仅迅速改变着社会经济活动的运作规则和人们的行为方式以及生活理念,也改变着银行业的发展方向,电子银行尤其是网上银行应运而生。有资料显示,多家银行的电子银行业务量已达到全部银行业务量的70%以上,有的银行电子银行渠道业务更是占比达到80%以上。现代银行业已不再是钢筋水泥的物理网点的竞争,而是电子渠道的竞争。电子银行的迅速兴起,极大地拓宽了金融服务领域,降低了服务成本,但同时也给银行业带来了诸多的挑战。

第一节 电子银行概述

一、电子银行业务的概念

电子银行业务[①],是指商业银行等银行业金融机构利用面向社会公众开放的通

[①] 2005年11月10日,中国银行业监督管理委员会第40次主席会议通过了《电子银行业务管理办法》(2006年1月26日公布,3月1日开始实施),对电子银行业务进行了界定。

讯通道或开放型公众网络,以及银行为特定自助服务设施或客户建立的专用网络,向客户提供的银行服务。电子银行业务包括利用计算机和互联网开展的银行业务(简称网上银行业务),利用电话等声讯设备和电信网络开展的银行业务(简称电话银行业务),利用移动电话和无线网络开展的银行业务(简称手机银行业务),以及其他利用电子服务设备和网络,由客户通过自助服务方式完成金融交易的银行业务。

二、电子银行业务的兴起

20世纪五、六十年代,人类社会进入了科学技术的迅猛发展阶段。伴随着科学技术的发展,计算机技术、网络技术和信息技术也迅猛发展起来。尤其是20世纪90年代以后,建立在数字化、光纤通讯技术、多媒体技术有机结合基础上的计算机互联网,通过终端把成千上万跨越国界的厂商及个人家庭联系在一起。顺应网络和通讯技术的迅猛发展,银行业的电子化潮流也席卷全球,引发了世界范围内的金融革命。所谓金融电子化就是银行业以计算机技术、通讯技术、网络技术等现代高科技手段为支撑,逐步实现银行业务自动化、金融管理信息化和金融决策科学化,最终建立集金融业务处理、金融信息管理和金融决策为一体的金融信息系统的一项系统工程。电子银行正是伴随着金融电子化浪潮产生和发展的。电子银行借助于电话、手机等通讯设备、网络等先进技术,可以不受空间、时间的限制,为客户提供包括开户、存款、付款、转账、代收代付、信息查询、个人理财,甚至借贷业务等全方位银行服务项目。

在国外,电子银行发展迅猛,形成了从ATM、POS到无人银行、电话银行、网上银行、手机银行的全方位金融电子化服务。美国银行业早在20世纪50年代就发展了电话银行,欧洲和澳大利亚的银行业在20世纪60年代发展了电话银行。世界上第一个真正的无人服务银行是1972年3月在美国俄亥俄州哥伦布市开设的亨奇顿国民银行。随着互联网的不断发展以及金融业的改革与创新,网上银行成为了银行主要的业务渠道和市场竞争手段。继安全第一网络银行后,美国花旗银行在Internet上设立了站点,并在网上发布了其市场推广信息;美洲银行在Internet上提供了家庭银行和建立客户自己的银行两项业务;大通曼哈顿银行在网上推出了汽车贷款项目,并在网上引入IC卡购物,还向客户提供免费网上银行服务等。法国、德国等许多国家的银行都相继开展网上银行业务。

面对世界银行界火热的电子银行运动,我国商业银行也很快融入了这股由互联网引发的全球潮流之中。在我国20世纪90年代开始有了电话银行、手机银行,1998年3月6日,中国银行首次向客户提供了网上银行服务。继中国银行后,国内各商业银行也都相继推出了网上银行站点,同时,还有许多外资银行也开始在中国境内提供网上银行服务。其中最具代表性的是招商银行推出的以"一卡通"为基础的"一网通"服务,它既可以查询结存的余额、外币报价、黄金和金币买卖报价、存款利率的信息,又可以办理银行的一般交易,如客户往来、储蓄、定期账户之间的转账等,还可以根据客户的需求,增加新的服务项目。

三、电子银行业务的特点

（一）降低银行经营成本,增加银行利润

据国外的调查统计,电子银行的交易成本较低。与传统银行新建网点、增加员工的扩张规模相比较,电子银行除了在开发期间需投入大量资金外,运行过程中成本费用相对很低,安全性好。

（二）突破地域与时间的限制,实现 3A 服务

传统银行有固定的营业场所,办理业务必须限制在银行营业时间内。电子银行则借助于通讯、网络、机具优势可以实现一年 365 天、每天 24 小时全天候服务,只要拥有电话、手机等通讯设施,或者上网条件具备,不论何人何时何地均可以自行办理金融业务,充分体现其方便快捷、不受时间地域限制的优点。电子银行真正实现了以客户为中心的银行 3A 服务(Anytime—任何时间,Anywhere—任何地点,Anyhow—任何方式)。

（三）节省客户成本,改善银行与客户的关系

电子银行客户只要利用互联网、电话、手机以及其他电子服务设备和网络等,便可介入银行服务,使客户足不出户便可理财、结算,使银行走入办公室和家庭成为现实,还可以更好地改善银行与客户之间的关系,同时,客户借助于公共浏览器还可享受生动友好、图文并茂的服务。

第二节 网上银行业务

网上银行业务是指利用计算机和互联网开展的银行业务,是电子银行业务的一种。

一、网上银行业务的种类

网上银行业务按照不同的分类标准,有不同的种类。

（一）按服务品种划分,可分为基础网上银行业务、创新网上银行业务和附属网上银行业务[1]

1. 基础网上银行业务

（1）信息服务。

这是银行通过互联网提供的最基本的服务,主要是宣传银行能够给客户提供

---

[1] 这部分主要参阅了刘廷焕、王华庆,《金融干部网上银行知识读本》,中国金融出版社,2003 年。

的产品和服务,以及公共信息,如银行业务介绍、存贷款利率发布、外汇利率发布等,这类服务系统一般由银行的一个独立服务器提供,服务器与银行内部网络之间没有相连的通道,因此,此类服务风险较低。

(2) 客户交流服务。

这类服务可以在银行和客户之间进行一些互动活动,包括信箱(电子邮件)服务、账户查询、贷款申请和档案资料定期更新(如姓名、住址等)。由于这类服务使银行内部网络系统与客户之间必须保持一定的连接,因此风险高于信息服务业务,这就要求银行必须采取合适的控制手段,监测和防止电脑黑客的入侵。

(3) 银行交易服务。

这类服务指银行与客户之间通过网上银行发生了实质性的资金往来或债权债务关系,是网上银行业务的主体,包括个人网上银行业务和公司(或企业)网上银行业务。

2. 创新网上银行业务

这是网上银行根据自身的特点和优势并针对客户的个性化需要设计提供的创新服务品种。这些品种主要有:电子账单、B2B 电子商务、B2C 网上支付、发行电子货币和电子支票、账户整合服务、网上信用证业务、网上授信业务等。

3. 附属网上银行业务

这是指办网上银行业务的银行,在其开发的用于满足本行业务发展的信息技术产品中,部分产品不仅可以满足本行的需要,而且有能力为其他行服务。附属产品往往不再具备金融服务的特征,但与银行提供的金融服务密切相关。这类产品主要有:验证身份、帮助小企业进入电子商务、整合 ATM 网络与互联网、企业门户网站等。

(二) 按发展战略划分,可分为传统大银行网上银行业务、中小银行网上银行业务和纯粹网上银行业务

1. 传统大银行网上银行业务

对于传统大银行来说,网上银行通常是其分支部门或是其控股的子公司。大银行发展网上银行业务,目的是为了拥有或保持在网络领域的竞争力,稳定和发展银行客户。大银行由于实力雄厚,提供的服务品种比较全,质量也比较高。

2. 中小银行网上银行业务

中小银行与传统大商业银行相比,网点偏少。因此,有很多中小银行在网上银行建设方面积极投入,利用网上银行的优势提供丰富的服务品种和良好的服务质量,来弥补物理网点偏少带来的不足,如招商银行的网上银行。

3. 纯粹网上银行业务

这是完全虚拟化的金融服务机构,没有实体形态,如安全第一网络银行(SFNB)。这类银行目前不多,其运营成本相对比较低,服务的品种和质量从某种程度上优于中小银行网上银行业务。

目前,我国商业银行在运营模式上不设实体网点,全网上营运,利用大数据等方式进行审贷等业务的主要是浙江网商银行和深圳前海微众银行,这两家银行也是我国第一批批准的民营银行,均强调服务小微企业。浙江网商银行是利用互联网技术、数据与渠道创新,有效对接实体经济融资需求,重点面向小微客户及农村市场推动"小贷"业务发展。探索线上运营模式,形成了系统批量化、低成本的流水线式信贷审批放款模式,为线上客户提供"310"金融服务体验(即3分钟申贷、1秒钟到账、0人工干预)。针对种养殖户与农村小微经营者试点推出小额信用贷款产品"旺农贷",有效惠及农村客户。深圳前海微众银行立足"普惠金融为目标,个存小贷为特色,数据科技为抓手,同业合作为依托"的战略定位,服务于工薪阶层、自由职业者、进城务工人员以及小微企业和创业企业。搭建国内首家"去IOE"化自主可控的科技平台,开创资金、客户、产品等资源共享的同业合作模式。推出多款惠及普罗大众和小微企业的互联网金融产品,形成零售信贷类"微粒贷"、代销理财类"微众银行APP"和嵌入生活服务场景的平台金融三大产品主线。

专栏8-1   **安全第一网络银行(SFNB)**

1995年10月18日,美国的Huntington Bancshares会同其他两家商业银行,并联合了Secureware和Five Space计算机公司,成立了全球第一家网络银行——安全第一网络银行(SFNB)。它在建立时的网站名为Security First Network Bank(安全第一网络银行),是一家纯网络银行(Internet only bank),没有建筑物、没有地址、没有营业柜台和金库,只有网址,完全依赖Internet进行运作,每天24小时提供全球范围的金融业务服务,客户无论何时何地,只要可以上网和拥有一个网络账号即可享受服务。当时其网址为www.sfnb.com,1998年SFNB被加拿大皇家银行(RBC)收购,成为RBC的网络金融门户,现在的网址为http://www.rbcroyalbank.com/online/。

安全第一网络银行(SFNB)认为网络银行可以取代传统银行,因此其一直致力于开发新的电子金融服务,提供传统型银行所提供的一切金融服务,以满足客户的多样化需要。它代表着纯网络银行一种全方位的发展模式。

资料来源:孙森,《网络银行》,中国金融出版社,2004年。

(三)按客户类型划分,可分为个人网上银行业务和公司网上银行业务。

1. 个人网上银行业务

个人网上银行业务是指商业银行为个人客户提供的网上银行服务,主要有以下九类。

(1)个人转账业务,包括客户个人不同存款账户之间的转账、存款账户与贷款账户之间的转账。

(2)挂失服务和修改密码服务。

(3)汇款业务,包括银行内部不同客户之间的汇款、不同银行之间客户之间的汇款。

(4) 代收代付业务。如代理缴费等。

(5) 证券买卖,如国债买卖,包括银行接受客户指令代理买卖和客户利用银行提供的平台自行买卖两种。

(6) 外汇买卖,包括银行接受客户指令代理买卖和客户利用银行提供的平台自行买卖两种。

(7) 消费贷款,如按揭贷款等。

(8) 信用卡服务。如,申请信用卡,信用卡现金分期等。

(9) 投资理财,如,理财产品、基金、保险、外汇投资等。

2. 公司网上银行业务

公司网上银行业务是指商业银行为公司客户提供的网上银行服务,主要有以下十类。

(1) 内外部转账。内部转账,用于公司在银行开立的不同账户之间的资金划拨。对外转账,用于本公司与其他公司在同一银行或不同银行的账户之间的资金划拨或支付。

(2) 账户现金管理,包括定、活期账户存款互转,即将往来账户或活期存款账户中暂时闲置的资金转为定期存款,享受较高的利息。

(3) 代收代付。包括批量扣企业、批量扣个人、在线缴费等商户服务,各种汇付款等。

(4) 工资管理,包括向公司员工发放工资。

(5) 信用管理,即帮助客户了解从银行获得的全部授信的规模、结构、现状、存在的风险和应采取的规避措施。

(6) 集团公司财务管理,如集团公司或母子公司收付两条线的管理。对于实行集中式管理的公司,集团公司或总公司可根据协议监督和控制分支机构资金的流动和使用情况,一方面,实现分支机构资金向总部的迅速回笼和集中;另一方面,可以集中向分支机构支付各种费用。

(7) 证券买卖,如国债买卖,包括银行接受客户指令代理买卖和客户利用银行提供的平台自行买卖两种。

(8) 外汇买卖,包括银行接受客户指令代理买卖和客户利用银行提供的平台自行买卖两种。

(9) 网上信用证,即以交易双方在 B2B 电子商务交易平台上签字的有效电子合同为基础,提供网上申请开立信用证,同时向交易平台的管理者提供信息通知服务,使交易平台的管理者可实时了解信用证结算的交易过程。

(10) 信贷业务,即通过网上办理贷款申请和组织银团贷款。

除了账户管理、网上汇款、在线支付等基本功能外,银行也为企业办理特定网上银行服务,如贵宾室、网上支付结算代理、网上收款、网上信用证、网上票据和账户高级管理等业务。

二、网上银行发展带来的挑战

（一）网上银行使传统银行的竞争格局被打破

以金融的自由化、网络化和全球化为特征的网络金融时代,使银行业赖以生存的环境已经大大改变,据调查显示,传统银行的服务成本占其收入的60%左右,而网上银行的服务成本只占收入的15%~20%。正是由于网上银行降低了市场进入成本,使现有商业银行所拥有的资金规模、物理形态的分支机构网络和庞大的员工队伍等竞争优势严重削弱,甚至成为负担。同时仰仗于信息与知识的网络时代,不仅扩大了竞争的广度和深度,而且提供了相对公平的竞争环境,这就使更多的竞争主体参与到这个市场上来,如非银行金融机构、非金融机构等,如日本索尼公司出资200亿日元设立针对一般个人的网络专业银行;雅虎以及微软等网络公司纷纷进军金融领域,蚕食传统的金融业务并挖掘新的金融业务等,造成银行不仅与同业竞争,还要与外来的其他行业竞争。

（二）网上银行使传统银行业的经营模式发生变化

网上银行的发展对传统银行业的经营模式形成了巨大的冲击。传统银行业经营的重点是大众营销和市场占领,而网上银行则注重以客户为中心,强调一对一的客户服务;传统银行业借助于众多物理网点的高楼大厦、华丽柜台,依靠员工为上门客户辛苦服务的运作模式将被改变,网上银行借助于先进的技术和智能设备,客户无须银行工作人员的帮助,可以在短时间内自己完成账户查询、资金转账等银行业务,即完全自助式地获得高质、快速、准确、方便的服务;同时,网上银行发展使传统商业银行组织管理制度也发生了变化。我们知道,银行业是一种具有规模经济特质的行业,传统的商业银行实现规模经济的基本途径是组织体系的分支行制,而网上银行正在使传统的银行外部组织结构虚拟化,实现银行规模经济的基本途径已不再是分支行制,而是技术、创新和品牌。因此,长期来看,网上银行的飞速发展对传统银行业的经营模式、运作机制以及业务内涵等都会产生革命性的变革。

（三）网上银行使银行业的风险管理难度增加

由于网上银行业务是以无形的网络为中介,银行与客户之间的交易不是面对面地进行,交易的安全不仅有赖于双方当事人更高程度的信赖,也有赖于网络技术的安全可靠。因此,网上银行的风险将更多的产生于软硬件配置和技术设备的可靠程度,技术风险将成为其主要的风险,加上网上银行交易的无纸化和瞬时性特点决定了银行的经营风险要远远高于传统银行业务的风险。同时,网上银行的开放性和国际化程度大大提高,更容易受到国际金融风险的冲击和影响。商业银行风险管理的难度会急速提升。

（四）网上银行使原有的法律制度受到冲击

网上银行是金融创新，其发展速度太快，引出了许多法律上的空白点。它不仅给我国而且给全世界的法学领域提出了挑战，如网络的广泛性和开放性，这就使网上银行打破了国与国之间的界限，网上银行业务可以跨境经营，客户能在全球范围内自由选择银行进行金融交易。由于各国的金融法律法规各不相同，在跨境业务中难免产生国与国之间的法律问题冲突，同时发生纠纷后，管辖权的问题如何解决等，都成为新的法律问题。

（五）网上银行使金融监管的难度加大

网上银行的发展，不仅打破了传统银行业的经营理念、运作方式及业务内涵，而且由于其广泛的开放性、传递的快速性及交易的虚拟性等特点，决定了银行的风险特征出现新的变化，与之相适应，金融监管部门也必须调整监管的方法、手段和内容。尤其值得注意的是电子银行业务的跨行业、跨国界经营特点，还有可能引起金融体系的变化。这就给传统的金融监管带来了新的课题，加大了金融监管的难度。

第三节 电话银行

一、电话银行的含义

电话银行是指利用电话等声讯设备和电信网络开展的银行业务。1989年10月，英国米兰银行开创了世界上第一家电话银行。由于将银行业务处理系统以较好的方式与公共电话网络结合在一起，使客户离开了银行柜台也能办理业务，受到客户好评。因此，电话银行具有灵活方便、客户不必增加投资等优点。

二、电话银行的服务功能

电话银行的服务功能主要包括服务咨询、服务监督、交易处理、外呼经营、人工服务和增值服务等内容。

（一）服务咨询

客户可以过电话进行相关的服务咨询，主要包括：了解银行的各种业务、产品以及营销信息；查询本外币存贷款利率、外汇汇率、基金价格等金融信息；查询银行的网点和自助设备；进行理财试算。

（二）服务监督

（1）投诉服务，银行客户在通过网点、互联网、电话、手机或其他渠道使用银行的产品享受服务遇到麻烦时，都可以随时打电话获得帮助。

（2）建议服务，客户可以通过电话对银行的金融产品和服务提出建议。

（三）交易处理

主要包括：查询、转账、代理缴费、股票业务、证券资金银行存管、理财卡服务、外汇买卖、基金服务、国债服务、个贷服务、电话支付、黄金交易、彩票投注金上缴。

（四）外呼经营

（1）外呼营销：有些银行会通过电话向客户推荐新产品、新服务，在贷款逾期时提示按约定还款等。

（2）贴心服务：在客户使用银行的产品后进行服务回访，或者进行一些问卷调查和市场调查，提供贷款到期提醒等人性化服务。

（五）电话人工服务

银行基本都能够提供 7×24 小时的不间断电话人工服务，包括：①挂失：如果遗失卡、折、单、记名式债券后，可以第一时间通过电话银行进行口头挂失，最大限度地保障资金安全；②预约：当客户有大额资金需要提现或使用其他需要预约的服务务前可拨打电话预约；③代办申请：电话银行的客户服务代表可帮助客户申请银行或银行代理销售的产品和服务，如代理销售基金、保险等产品。

（六）增值服务

银行通过与第三方服务商合作，为电话银行提供个性化服务，包括医疗服务、机场贵宾服务、酒店预订、机票预订等。

第四节 手机银行

一、手机银行的发展[①]

手机银行是指利用移动电话和无线网络开展的银行业务。

（一）国外的情况

世界上率先实现商业性运作的手机银行项目是由东欧的捷克斯洛伐克 Expandia Bank 银行与移动通讯运营商 Radiomobile 公司咋布拉格地区联合推出的，其 GSM 网络从 1996 年 9 月 30 日开始使用，拥有 315 000 用户，由德国捷德（GD）公司提供 SIM 卡技术及安全系统。该手机银行系统从 1998 年 5 月 1 日运行，推出后即吸引了 4 000 多个银行客户，该银行系统由最初支持一家银行业务发展为目前支持多家银行业务。该手机银行可为客户提供包括账户资料和安全支付在内的大量在线金融服务，功能包括诸如账户结算要求、股票和货币信息、账单支

---

① 主要参阅德勤（Deloitte），中国手机银行市场分析、前景预测和行动策略，2011 年，国务院发展研究中心信息网；金融时报，2012 年 5 月 7 日。

付以及客户服务热线等。

（1）在欧美国家，美国的花旗银行与法国 Gemplus 公司、美国 M1 公司于 1999 年 1 月携手推出了手机银行，客户可以用 GSM 手机银行了解账户余额和支付信息，并利用短信息服务向银行发送文本信息执行交易，客户还可以从花旗银行下载个人化菜单，阅读来自银行的通知和查询金融信息。这种服务方式更加贴近客户，客户可以方便地选择金融交易的时间、地点和方式。现在手机支付服务正风靡欧洲。在瑞典，人们可以利用手机拨号购买饮料，买票乘坐公共汽车。由于使用方便且其安全程度高于传统的支付方式（不必向商家提供信用卡号码）。所以在瑞典、德国、奥地利和西班牙大受欢迎。

（2）在日本，占据日本移动通讯市场份额最大的日本移动通信公司——NIT Docomo 最先推出了利用手机上网处理银行业务的在线服务，即通常所说的手机银行。手机银行业务在日本银行业中已受到普遍的重视，被视作与网上银行、电话银行相匹配的"直接银行"工具之一，得到了较大力度的推广和应用。随着使用者的不断增加，服务内容的不断充实，手机银行业务日渐成为日本银行零售业务支柱之一。

（3）在韩国，移动银行业务目前已经形成一定规模。几乎所有的零售银行都能提供移动银行业务，在韩国有几万家的餐馆和商店拥有能从手机通过红外线读取信用卡信息的终端，使顾客避免了刷卡的麻烦。

真正意义的手机银行起步于 2007 年。2007 年以前，短信银行与 WAP 手机银行是世界手机银行的主导模式，直至 2007 年 iPhone 引领的智能手机才革命性地催生了具备多功能、能够随时随地办理银行业务的手机银行，使手机银行的发展进入到客户端手机银行发展的全新阶段。

（二）中国的情况

在中国，从 1999 年起，中国银行、中国工商银行、中国建设银行、招商银行等银行与中国移动、中国联通等网络运营商合作，先后推出了基于 STK 方式的手机银行，但都失败了。主要原因是由于当时的技术及网速的问题，使人们难以接受。因此，到 2002 年底，全国手机用户不到 14 万，仅占 2 亿手机用户的 0.07%，月交易量 15 万次。

2004 年是手机银行的转折年，当年，中国建设银行攻克了安全性、运营商网关、手机终端、系统架构等技术难关，与中国联通合作率先在国内开通基于 BREW 方式的手机银行。相对于当时其他的手机银行——短信、STK 卡、USSD，它率先实现在线实时交易，可以为个人客户提供包括查询、转账、速汇通、缴费、手机支付、银证转账、外汇买卖等服务。这被业界认为是一次历史性的突破。但后来发现客户群体太窄，联通 133 的用户才能用，而且手机要支持 BREW 的功能才能用。2005 年，中国建设银行又面向全国推出联通 WAP 手机银行服务，率先全面覆盖了中国移动和中国联通两大运营商,彻底实现了全国开通,全网漫游。在 2008 年 5 月 17 日"电信日",中国建设银行在国内同行中率先推出 3G 手机银行。

随着近年来智能手机的广泛应用,手机银行交易量迅速增加。这主要是由于:一是用户规模量级的快速增长使得手机银行有更多使用机会;二是各大银行为抢占手机银行市场份额,纷纷采用优惠促销、降低转账汇款手续费等措施,鼓励和吸引客户使用手机银行;三随着手机银行的普及,越来越多客户开始接受并习惯使用手机银行,用手机银行交易逐渐成为常态。据中国金融认证中心(CFCA)2016 年底发布的《2016 年中国电子银行调查报告》显示,2016 年,网上银行、手机银行两类渠道用户使用比例分别为 46%、42%,可见,在使用比例上,手机银行已经向网上银行靠近。

二、手机银行的服务功能

随着移动通信技术的发展,手机的功能越来越强大,银行能够提供的手机银行服务范围不断扩大,主要包括:

(一)查询功能

(1)账户的查询:客户可以查询本人或他人手机银行注册账户及其子账户信息。

(2)历史明细的查询:客户可以查询指定时间段的手机银行账户交易明细信息。

(3)来账查询:可以查询转入款项的来账信息。

(4)其他查询,如公积金、火车票查询等。

(二)转账功能

(1)手机号转账:手机银行账户向其他手机用户转账时以手机号码替代银行账号进行转账的方式,收款方只要有手机号码,就可以实现转账汇款和收款。

(2)卡号转账。

(3)跨行汇款:部分银行支持跨行账户之间的转账汇款。

(4)卡企转账:手机银行账户可以向企业账号转账。

(三)信用卡服务功能

(1)了解账户信息,包括信用卡额度、可用额度、当前余额、账单日、到期还款日等。

(2)查询月结单明细。

(3)信用卡还款:可以输入本人或他人的信用卡账号还款。

(四)理财服务

(1)基金:查询基金信息,进行基金委托交易。

(2)证券:查询证券信息,进行证券委托交易。

(3) 黄金:查询黄金交易信息,进行黄金交易。

(4) 外汇:查询外汇信息,进行外汇委托交易。

(5) 其他理财服务,如活期转定期、定期转活期等。

(五) 资讯服务

(1) 了解银行最新业务、产品和活动信息。

(2) 了解银行提供的其他资讯服务。

(六) 手机支付

(1) 手机充值:通过手机银行为本人或他人的手机进行充值。

(2) 机票预订、订单管理等。

(3) 缴费:可进行水电煤等公用事业费用的自助缴费。

(4) 购物:通过手机银行进行购物。

(七) 其他手机银行服务

如银行卡的挂失、手机地图、常用信息查询、微信小程序等。如,工行融 e 联提供免费余额提醒、"工行服务"微信小程序提供网点排队随时查、远程预约取号等功能。

专栏 8-2　　　　　　　　　　招商银行 App6.0

目前,零售银行业务已全面迈向金融科技时代,科技使金融服务形态乃至金融生态都发生了快速改变。

一直以来,招商银行 App 都围绕客户的现金流管理和财富管理需求,逐步为客户提供更完整、更智能、更友好的金融服务。继招商银行 App5.0 推出摩羯智投、收支记录、生物识别三大金融科技创新功能,开启智能理财时代后,2017 年 11 月 2 日,招商银行又在北京举办新闻发布会,正式上线 App6.0。使智能理财再次进化升级。同时,实现了连接、智能、风格三个方向的突破,构建"网点 + App + 场景"模式,启动网点聚变项目,重新定位网点职能,并以招商银行 App 为统一支撑平台连接客户经理、分行和场景,提供了客户经理连线、招乎服务号、分行专区、扫一扫等平台工具,实现全平台智能、推出全新交互设计 CMB UI,并率先支持 ARkit 推出 AR 看金创新功能,全方位打造智能化的个人金融助手,全面升级理财频道,为客户提供全品类、全视角、全流程的理财服务,并大幅提升理财体验。

招商银行 App6.0 理财频道,全面升级存款、理财产品、基金、证券、黄金与保险等服务,覆盖市面主流投资品种,客户用一个 App 就能实现全品类投资。依托银行独有的收支两线数据优势,提供全视角的"我的"频道及收益报告,客户可一手掌握所有资产及收益情况。同时,招商银行 App6.0 从简单的交易服务向售前售后延伸,在售前,提供基金比较、业绩排行和定投模拟等工具,并推荐热门理财主题,解决客户理财产品选择困难症问题;在售后,提供已购产品的持仓、收益分析和相关资讯推送,将市场变动情况持续呈现给客户。此外,全新升级的理财频道还更加全面、清晰、生动地展示理财信息,减少客户的理解和操作成本,提升客户理财体验。

招商银行 App6.0 不仅是招商银行在 Fintech 领域的最新实践,更是招商银行零售体系化能力的综合体现。招商银行提出"金融科技银行"的新定位,正发起一场由Fintech驱动的渠道优化和服务升级革命,开启零售金融未来。

资料来源:招商银行官网。

第五节 电子银行业务的风险与监管

电子银行的迅速发展,不仅带来了很多便利和好处,也带来了风险[①]。巴塞尔银行监管委员会曾于2000年10月发表了电子银行工作组关于电子银行发展所带来的风险管理和监管问题的报告,列举和评价了与电子银行相联系的主要风险,即战略风险、信誉风险与操作风险以及信用风险、市场风险和流动性风险。电子银行工作组得出结论,认为电子银行业务的风险是巴塞尔委员会过去所没有明确的,值得注意的是电子银行业务加剧了一些传统风险并改变了传统风险的形式,因而影响了整个银行风险组合。电子银行的迅速发展、所蕴含技术的复杂性必然会加剧一些风险,特别是战略风险、操作风险和信誉风险。

中国银监会认为,电子银行业务主要存在两类风险:一类是系统安全风险,主要是数据传输风险、应用系统设计的缺陷、计算机病毒攻击等;另一类是传统银行业务所固有的风险,如信用风险、利率和汇率风险、操作风险等,但这些风险又具有新的内涵。

一、电子银行的风险

(一)电子银行的传统风险

电子银行的发展,改变了银行的存在形态和功能。但电子银行并没有改变商业银行业务经营的本质,因此传统银行面临的风险,如流动性风险、信用风险、市场风险等,在电子银行业务的经营中依然存在。

1. 流动性风险

如果一家银行不能保证有足够的资金来满足客户兑现电子货币或支付需求时,就会面临流动性风险。流动性风险往往是银行倒闭的直接原因。值得注意的是流动性风险还常常是商业银行其他风险积聚和外化的结果。

在电子银行服务方式下,由于客户开立账户和存取款需求对利率等变化反应较快,存款的波动性将加大,管理的复杂性和难度也将增大。同时,网上瞬间交易

[①] 由于信息技术发展迅速,无法对这些风险进行充分描述。然而从事电子银行业务的银行所面临的风险一般不是新出现的风险,无论是1997年《巴塞尔银行监管委员会银行监管的有效核心原则》,还是2006年10月新版的《有效银行监管核心原则》,对风险进行的分类将这些风险都包括在其中,主要有信用风险、国家和转移风险、市场风险、利率风险、流动性风险、操作风险等。

量的急剧增加,支付系统一旦受到黑客的攻击就会出现多米诺骨牌效应,导致支付清算风险加大。

2. 信用风险

信用风险是商业银行最主要的风险类型。如借款人可能不履行对电子货币的借贷应尽的义务。造成信用风险的主要原因有两个:一是借款人的品德问题,主观上的故意造成无法履约;二是借款人的履约能力出现问题,有心无力。

在电子银行服务方式下,电子银行客户可以在世界上的任何地方与特定的银行进行联系,当通过各种电子渠道与客户进行交易时,由于缺乏人与人之间的接触,在如何验证客户的信誉、在验证异地申请人抵押品和完善安全协议等方面给银行带来了挑战,使银行信用风险进一步加大。另外,相对于传统的银行信贷,电子银行的信贷业务除了银行和客户两个基本当事人外,还常常包括网络运营商、网络设备提供商等主体,使得信用风险大增。

3. 市场风险

市场风险是指由于市场价格的波动,使银行的有可能面临损失的风险。在电子银行服务方式下,营销方式的改变使得银行可以从更多的潜在客户那里吸收存款、贷款和建立其他关系。随着银行资产频繁的交易,业务流动性的扩大和存贷款营销或证券化的扩展将给银行带来更大的价格风险。在电子货币支付中接受外币的银行还将承受外汇汇率变动所引起的风险。

(二) 电子银行的特殊风险

电子银行的发展,不仅改变了传统银行业的经营理念和经营模式,也不可避免地带来了更多的风险种类,电子银行业务的风险,既有传统银行风险新的表现形式,又有其特殊的风险。对于电子银行来说,技术风险、操作风险、声誉风险和法律风险是其主要的风险类型。

1. 技术风险

技术风险是指由于对技术采用不当,或所采用的技术相对落后导致技术隐患而造成的风险。它包括技术选择风险、技术设计风险等。选择一种恰当的技术解决方案是开展电子银行业务的基础。所谓恰当包含技术的先进性、成熟性、扩展性并紧密结合银行的实际情况,整体方案选择的准确与否非常关键,因此技术是开展电子银行业务的支撑和保障,也是银行和客户最为关注的问题,必须高度重视。

2. 操作风险

操作风险可能来自电子银行客户的疏忽,如误操作;也可能来自电子银行敌对者(如罪犯、黑客)的蓄意破坏或攻击;也可能来自电子银行安全系统和其产品的设计缺陷及操作失误。操作风险主要涉及电子银行账户的授权使用、电子银行与其他银行和客户间的信息交流、真假电子货币的识别等。从引发操作风险的各种情形来看,可以归纳为两个方面:一是系统和技术层面引起的风险;二是管理和内部控制层面引起的风险。

3. 声誉风险

声誉风险,是指负面的公众舆论或评价对银行和客户造成重大损失的风险。声誉风险包括公众对银行整体运行产生持续的负面印象的行为,从而严重的损害了银行建立和维持客户关系的能力。如果公众对银行处理临界问题的能力极度丧失信心,也会引发声誉风险。对银行本身行为或第三方行为的不信任也会产生声誉风险。其他风险中的风险暴露或问题的增加将直接导致声誉风险的增加。依托信息技术和通讯技术的电子银行,因产品、服务、传输渠道或处理过程出现问题产生负面的公众舆论或评价,就产生了声誉风险,如电子银行存在系统缺陷,造成客户资金损失或隐私泄露;病毒破坏、黑客入侵等造成系统瘫痪和资料丢失,出现重大安全事故;误解、渎职、欺诈等损害了公众的信任或信心。

4. 战略风险

战略风险是指因决策失误、决策的实施不当或对行业变化缺乏响应而对银行造成的不确定性损失的风险。为实现战略目标,一般需要相关的IT资源来配套,包括有形资源(如计算机硬件、软件、传输网络等)和无形资源(如管理能力和才能等),当银行管理部门未能恰当的计划、管理和监督与信息技术相关的产品、服务、过程和传送渠道时,信息技术的应用就会产生战略风险。另外,如果管理部门没有理解、支持或应用Internet技术,而该技术对银行的竞争能力又是至关重要时,或银行使用了某项不可靠的技术时,也会产生战略风险。

5. 法律风险

法律风险是指违反或不遵守有关的法律、法规、规则、行业做法和标准,或者缺乏相应法律、规定等所带来的风险。由于传统法律对电子银行缺乏规范或传统法律规范与电子银行现有的运行要求相冲突会带来一系列的风险,主要表现在:没有相应配套、完备的法律、法规,使交易各方权利义务不确定,容易出现纠纷;没有统一的法律来规范跨境服务涉及的司法管辖问题,目前国际上尚未就电子银行涉及的法律问题达成协议,也没有一个仲裁机构,客户与电子银行很容易陷入法律纠纷之中;没有相应的电子银行"洗钱"犯罪的法律规定,网上交易的快速性和不容易跟踪性会吸引大量洗钱者,大大增加了运用传统方式预防和发现犯罪活动的难度。

正是由于电子银行存在上述风险,因此必须对其加强安全防范管理和监管,保证电子银行稳健运行,快速发展。

专栏8-3　　　　　　　　加强电子银行安全保障

2011年6月15日,国内第一家电子银行业专业媒体网站——"中国电子银行网"正式上线,得到各级主管部门的大力支持,引起了社会各界的广泛关注。中国人民银行党委员、行长助理李东荣亲自为网站题词,并就人民银行加强电子银行安全保障、信息安全工作部署等内容,接受了记者专访。李东荣指出,金融业对信息技术的依赖程度越来越大,金融信息安全已成为保障金融稳定运行的重要因素和基础支撑,在金融改革发展中具有十分重要的地位和作用。电子银行业务的发展、各种创新金融产品和金融工具的运用,是金融信息以及金融技术加速创新的具体体现,对国民经济的持续快速发展发挥了重要的促进作用。加强电子银行安全保障水平,在新形势下具有非常重要的意义。第一,电子银行安全是金融业信息安全的重要组成部分,电子银行安全风险是金融信息安全风险的典型表现,加强电子银行安全保障水平是实现金融稳定运行、保持国民经济持续快速健康发展的重要支撑。第二,随着电子银行用户数量的迅速增长,电子银行的使用安全已成为广大公众广泛关注的焦点问题,提升电子银行安全保障水平是保护广大用户利益的重要举措,是落实以人为本科学发展观的重要体现。

资料来源:根据相关材料整理。

二、电子银行业务的监管

金融业是一个风险较高的行业,为了保障金融业的稳健经营,促进经济发展,各国对金融业都实行严格的控制。电子银行业务是商业银行的新兴业务,对电子银行业务进行监管是非常必要的。

(一) 电子银行业务开办的条件

对于电子银行业务的准入,2006年1月中国银监会颁布的《电子银行业务管理办法》,对电子银行业务的开办条件等,做出了明确的规定。

根据《电子银行业务管理办法》规定,金融机构在我国境内开办电子银行业务,应当向中国银监会申请,适用审批制。商业银行开办电子银行业务,应当具备下列条件。

(1) 金融机构的经营活动正常,建立了较为完善的风险管理体系和内部控制制度,在申请开办电子银行业务的前一年内,金融机构的主要信息管理系统和业务处理系统没有发生过重大事故。

(2) 制定了电子银行业务的总体发展战略、发展规划和电子银行安全策略,建立了电子银行业务风险管理的组织体系和制度体系。

(3) 按照电子银行业务发展规划和安全策略,建立了电子银行业务运营的基础设施和系统,并对相关设施和系统进行了必要的安全检测和业务测试。

(4) 对电子银行业务风险管理情况和业务运营设施与系统等,进行了符合监管要求的安全评估。

(5) 建立了明确的电子银行业务管理部门,配备了合格的管理人员和技术人员。

(6) 电子银行基础设施设备能够保障电子银行的正常运行。

（7）电子银行系统具备必要的业务处理能力，能够满足客户适时业务处理的需要。

（8）建立了有效的外部攻击侦测机制。

（9）中资银行业金融机构的电子银行业务运营系统和业务处理服务器设置在中华人民共和国境内。

（10）外资金融机构的电子银行业务运营系统和业务处理服务器可以设置在中华人民共和国境内或境外。设置在境外时，应在中华人民共和国境内设置可以记录和保存业务交易数据的设施设备，能够满足金融监管部门现场检查的要求，在出现法律纠纷时，能够满足中国司法机构调查取证的要求。

（11）中国银监会要求的其他条件。如果是外资金融机构开办，除应具备上述所列条件外，还应当按照法律、行政法规的有关规定，在中华人民共和国境内设有营业性机构，其所在国家（地区）监管当局具备对电子银行业务进行监管的法律框架和监管能力。

（二）电子银行业务的现场检查和非现场监管

从监管的本质要求来说，它必须是持续的、有效的、甚至是即时的，有时还要有一定的前瞻性和预警作用。因此，持续性监管是银行业监管环节中的核心，一般包括现场检查和非现场监管等环节。我国《电子银行业务管理办法》的第七十五条规定："中国银监会依法对电子银行业务实施非现场监管、现场检查和安全监测，对电子银行安全评估实施管理，并对电子银行的行业自律组织进行指导和监督"。

1. 现场检查

中国银监会根据监管的需要，可以依法对商业银行的电子银行业务实施现场检查，也可以聘请外部专业机构对电子银行业务系统进行安全漏洞扫描、攻击测试等检查。中国银监会对电子银行业务实施现场检查时，除应按照现场检查的有关规定组成检查组并进行相关业务培训外，还应邀请被检查机构的电子银行业务管理和技术人员介绍其电子银行系统架构、运营管理模式以及关键设备接触要求。检查人员在实施现场检查过程中，应当遵守被检查机构电子银行安全管理的有关规定。

商业银行的总行（公司），以及已实现数据集中处理的银行分支机构电子银行业务的现场检查，由中国银监会负责；未实现数据集中处理的金融机构的分支机构，外资商业银行的分支机构，以及地区性商业银行电子银行业务的现场检查，由所在地银监局负责。

中国银监会聘用外部专业机构对商业银行电子银行系统进行检查时，应与被委托机构签订书面合同和保密协议，明确规定被委托机构可以使用的技术手段和使用方式，并指派专人全程参与并监督外部机构的监测测试活动。银监局与拟聘用的外部专业机构签订合同之前，应报请银监会批准。

2. 非现场监管

非现场监管是有效的审慎银行监管体系中一种重要的持续性监管手段,对于进行商业银行风险评级、风险预警以及指导现场检查都有重要的作用。开展电子银行业务的商业银行应遵循相关的规定和程序,建立必要的数据资料体系,并定期向银监会报送有关的数据、材料,要严格执行《电子银行业务管理办法》中的规定,建立电子银行业务统计体系,并按照相关规定向中国银监会报送统计数据。

商业银行要定期对电子银行业务发展与管理情况进行自我评估,并应每年编制电子银行年度评估报告,于下一年度的3月底之前报送中国银监会。年度评估报告应至少包括以下几方面内容:①本年度电子银行业务的发展计划与实际发展情况,以及对本年度电子银行发展状况的分析评价;②本年度电子银行业务经营效益的分析、比较与评价,以及主要业务收入和主要业务的服务价格;③电子银行业务风险管理状况的分析与评估,以及本年度电子银行面临的主要风险;其他需要说明的重要事项。

商业银行应当建立电子银行业务重大安全事故和风险事件的报告制度,并保持与监管部门的经常性沟通。对于电子银行系统被恶意攻破并已出现客户或银行损失,电子银行被病毒感染并导致机密资料外泄,以及可能会引发其他金融机构电子银行系统风险的事件,商业银行应在事件发生后48小时内向中国银监会报告。

(三) 市场退出

中国银监会2006年颁布的《电子银行业务管理办法》对电子银行市场退出有以下规定。

(1) 已开办电子银行业务的金融机构按计划决定终止全部电子银行服务或部分类型的电子银行服务时,应提前3个月就终止电子银行服务的原因及相关问题处置方案等,报告中国银监会,并同时予以公告。金融机构按计划决定停办部分电子银行业务类型时,应于停办该业务前1个月内向中国银监会报告,并予以公告。金融机构终止电子银行服务或停办部分业务类型,必须采取有效的措施保护客户的合法权益,并针对可能出现的问题制定有效的处置方案。

(2) 金融机构终止电子银行服务或停办部分业务类型后,需要重新开办电子银行业务或者重新开展已停办的业务类型时,应按照相关规定重新申请或办理。

(3) 金融机构因电子银行系统升级、调试等原因,需要按计划暂时停止电子银行服务的,应选择适当的时间,尽可能减少对客户的影响,并至少提前3天在其网站上予以公告。

受突发事件或偶然因素影响非计划暂停电子银行服务,在正常工作时间内超过4个小时或者在正常工作时间外超过8个小时的,金融机构应在暂停服务后24小时内将有关情况报告中国银监会,并应在事故处理基本结束后3日内,将事故原因、影响、补救措施及处理情况等,报告中国银监会。

（四）国际合作与协调

电子银行的最大特点是不受时间、空间和地域的限制。全球各地的人,无论身在何处,都可以借助电子渠道,访问世界各国金融机构的站点,同样,电子银行也可以服务于世界上的任何用户。电子银行的这种跨越国界的运作方式,需要各国金融监管当局进行合作与协调,根据电子银行的特点,达成监管共识,共同制定健全的规范与制度,促进电子银行健康发展。同时,电子银行业务环境的开放性、交易信息传递的快捷性强化了国际金融风险的传染性。对电子银行的监管需要不同国家金融监管当局的密切合作和配合,形成全球范围内的网上银行的监管体系。

第六节 互联网金融

近年来,互联网技术、信息通信技术不断取得突破,推动了互联网与金融的快速融合,促进了金融创新,提高了金融资源配置效率的同时,也存在一些问题和隐患。2015年,人民银行等十部门发布了《关于促进互联网金融健康发展的指导意见》(简称《指导意见》),将互联网金融定义为:传统金融机构与互联网企业利用互联网技术和信息通信技术实现资金融通、支付、投资和信息中介服务的新型金融业务模式。互联网与金融深度融合是大势所趋,将对金融产品、业务、组织和服务等方面产生深刻的影响。

一、互联网金融的分类

互联网金融本质仍属于金融,没有改变金融风险隐蔽性、传染性、广泛性和突发性的特点。按照《指导意见》的分类,互联网金融分为以下六类。

1. 互联网支付

互联网支付是指通过计算机、手机等设备,依托互联网发起支付指令、转移货币资金的服务。互联网支付以服务电子商务发展和为社会提供小额、快捷、便民小微支付服务为宗旨。第三方支付机构属于支付服务中介的性质。

2. 网络借贷

网络借贷包括个体网络借贷(即P2P网络借贷)和网络小额贷款。个体网络借贷是指个体和个体之间通过互联网平台实现的直接借贷。个体网络借贷机构是为投资方和融资方提供信息交互、撮合、资信评估等中介服务的平台,不得提供增信服务,不得非法集资。网络小额贷款是指互联网企业通过其控制的小额贷款公司,利用互联网向客户提供的小额贷款。

3. 股权众筹融资

股权众筹融资主要是指通过互联网形式进行公开小额股权融资的活动。股权众筹融资必须通过股权众筹融资中介机构平台（互联网网站或其他类似的电子媒介）进行。股权众筹融资方应为小微企业，通过股权众筹融资中介机构向投资人如实披露企业的商业模式、经营管理、财务、资金使用等关键信息，不得误导或欺诈投资者。投资者应当充分了解股权众筹融资活动风险，具备相应风险承受能力，进行小额投资。

4. 互联网基金销售

互联网基金销售是指基金销售机构与其他机构通过互联网合作销售基金等理财产品的行为。互联网基金销售要切实履行风险披露义务，不得通过违规承诺收益方式吸引客户；基金管理人应当采取有效措施防范资产配置中的期限错配和流动性风险。第三方支付机构在开展基金互联网销售支付服务过程中，应当遵守人民银行、证监会关于客户备付金及基金销售结算资金的相关监管要求。第三方支付机构的客户备付金只能用于办理客户委托的支付业务，不得用于垫付基金和其他理财产品的资金赎回。

5. 互联网保险

互联网保险是指保险公司和其子公司通过互联网开展保险业务。保险公司开展互联网保险业务，应遵循安全性、保密性和稳定性原则，加强风险管理，完善内控系统，确保交易安全、信息安全和资金安全。保险公司通过互联网销售保险产品，不得进行不实陈述、片面或夸大宣传过往业绩、违规承诺收益或者承担损失等误导性描述。

6. 互联网信托和互联网消费金融

互联网信托是指信托公司通过互联网开展信托业务。信托公司通过互联网进行产品销售及开展其他信托业务的，要遵守合格投资者等监管规定，审慎甄别客户身份和评估客户风险承受能力，不能将产品销售给与风险承受能力不相匹配的客户。互联网消费金融是指消费金融公司通过互联网开展消费金融业务。

二、银行与互联网金融的业务合作

（一）银行与第三方支付平台的合作

第三方支付（Third-Party Payment）指通过第三方支付平台进行交易和结算的模式。其中，第三方支付平台是指具备一定实力保障和信誉保证，与各大银行签约、拥有支付牌照的第三方独立机构。

第三方支付的主体可以分为两类：一类是以银联电子支付（银联商务、银联在线）、快钱、汇付天下等为首的金融型支付企业，侧重于满足行业需求和开拓行业应用；另一类是以支付宝、财付通、易宝支付、通联支付、拉卡拉、百度钱包、百付宝等为首的互联网型支付企业,侧重于捆绑大型电子商务网站,以在线支付为主,迅速做大做强。

在通过第三方支付平台的交易中,买方选购商品后,使用第三方平台提供的账户进行货款支付,由第三方通知卖家货款到达、进行发货;买方检验物品后,就可以通知付款给卖家,第三方再将款项转至卖家账户。为促进支付服务市场健康发展,规范非金融机构支付服务行为,防范支付风险,保护当事人的合法权益,2010年中国人民银行制定并出台了《非金融机构支付服务管理办法》。办法所称非金融机构支付服务,是指非金融机构在收付款人之间作为中介机构提供部分或全部货币资金转移服务。非金融机构如果要提供支付服务,应当依据本办法规定进行申请取得《支付业务许可证》,成为支付机构。未经中国人民银行批准,任何非金融机构和个人不得从事或变相从事支付业务。2014年4月,中国银监会与中国人民银行联合发布《关于加强商业银行与第三方支付机构合作业务管理的通知》,旨在规范银行与第三方支付机构的合作,保障客户支付交易安全。

截至2017年底,拥有中国人民银行发放的第三方支付牌照的公司有267家,所获牌照企业涉及互联网支付、移动电话支付、预付卡发行与受理、POS收单、货币汇兑、固定电话支付等七大业务类型,这些公司成为各家银行发展电子银行业务的重要合作渠道,极大地推动了银行业电子业务的发展。

(二) 银行与互联网消费金融的合作

1. 互联网消费金融的主体

互联网消费金融的主体大致可归为三类:一是商业银行,主要提供传统消费金融互联网化服务,如,建行"善融商务"、交行"交博汇"、工行"融e购"等银行自有电商平台。二是消费金融公司,指由银监会批准成立的、专业的消费金融服务提供商,拥有消费金融合法牌照,依托互联网消费金融平台提供专业的互联网消费金融服务。三是互联网消费金融公司,其主要依托于电商平台和P2P平台,从事电商系消费金融服务和P2P小额消费金融服务,但互联网消费金融公司并未获得消费金融公司的营业许可。

2. 互联网消费金融产品的模式

(1) 现金模式,又称消费者支付模式,是指消费金融提供商先给消费者发放贷款,消费者在消费时自行支付给零售商。这种模式产品主要有商业银行信用卡和消费金融公司的综合性消费贷款。

(2) 代付模式,又称受托支付模式,是指消费者在进行消费时由消费金融服务提供商直接向零售商支付。这种模式广泛运用在电商平台分期付款服务中。传统金融机构中商业银行信用卡分期和消费金融公司线下消费分期产品也属于这种模式。客户在合作商户购买商品或服务时,通过申请消费分期由金融机构向商户支付费用,客户直接享受商品或服务。

表 8-1　互联网消费金融主体及其主要特征

互联网消费金融主体		主 要 特 征
商业银行		主要通过信用卡（如各银行信用卡）和消费商业银行贷款（典型企业如招联消费金融）为消费者提供消费金融服务
持牌消费金融公司		北银消费金融、中银消费金融、锦程消费金融等 15 家持牌的消费金融公司向借款人发放的除房屋和汽车之外的、以消费为目的的贷款（与商业银行的目标客户群形成错位的关系）
未持牌消费金融公司	P2P 消费金融	惠人贷、宜人贷、拍拍贷、人人分期等 P2P 消费金融公司面向白领和有固定收入的阶层，采用"线上+线下"、侧重线上的方式，提供以汽车、装修等大额支出消费为目的的贷款
	电商系消费金融	京东白条、蚂蚁花呗、零钱贷等电商消费金融公司面向网购用户群，通过体系内电商平台，采用线上站内营销的方式，提供以电商平台销售产品为主的贷款

资料来源：张兆曦、赵新娥，互联网金融的内涵及模式剖析，《财会月刊》，2017 年 2 月。

三、金融科技的发展与展望

对于金融科技（Fintech）而言，目前国内外尚没有一个公认的标准定义。英国将其描述为"应用于金融服务的科技"，其作用范围包括从"为商品和服务提供便利化的支付方式"到"为全球金融机构的运作提供必要的基础设施"；澳大利亚将其理解为"金融服务中科技的使用"，即能够创造与核心的银行业务、保险业务或支付功能相竞争的新型业务模式和产品；金融稳定理事会（FSB）认为，金融科技是指利用现代科技进行金融创新，创造出新的金融业务模式、应用、流程和产品，从而对金融市场运行和演化造成重大影响。Fintech 作为金融和信息技术相融合的产业，是高科技和互联网公司借助移动互联、大数据等新兴科技开展低门槛的金融服务或业务模式，Fintech 的创新和革命不仅在于与用户对接的前端产品，还包括系统后台的应用技术。

目前，巴塞尔银行监管委员会将金融科技分为支付结算、存贷款与资本筹集、投资管理、市场设施四类。这四类业务在发展规模、市场成熟度等方面均存在差异，对现有金融体系的影响程度也不同。

从各国监管实践角度来看，上述金融科技分类的监管框架及监管重点有所不同。

（1）支付结算类业务。目前各国监管框架均较为明确，监管机构普遍关注客户备付金管理，以及反洗钱、反恐融资、防范网络欺诈、网络技术安全、客户信息保密和消费者保护等问题。

（2）存贷款与资本筹集类业务。从各国实践来看，此类业务与传统债务或股权融资的风险特征没有本质区别，现行的风险管理、审慎监管和市场监管要求基本适用。监管上普遍关注信用风险管理、信息披露、投资者适当性管理和网络技术安全等问题。

表8-2 金融科技业务模式分类

支付结算	存贷款与资本筹集	投资管理	市场设施
• 零售类支付 　移动钱包 　点对点汇款 　数字货币 • 批发类支付 　跨境支付 　虚拟价值交换 　网络	• 借贷平台 　借贷型众筹 　线上贷款平台 　电子商务贷款 　信用评分 　贷款清收 • 股权融资 　投资型众筹	• 智能投顾 　财富管理 • 电子交易 　线上证券交易 　线上货币交易	• 跨行业通用服务 　客户身份数字认证 　多维数据归集处理 • 技术基础设施 　分布式账户 　大数据 　云计算

（3）投资管理类业务。各国监管机构主要沿用现行对资产管理业务的监管标准，重点关注合规推介、信息披露和投资者保护等。

（4）市场设施类业务。各国监管机构普遍将其纳入金融机构外包风险的监管范畴，适用相应的监管规则，在监管上，除了关注操作风险、信息安全之外，还关注金融机构外包流程是否科学合规、外包服务商道德风险和操作风险的防控等。

可见，上述的四类业务中前三类业务金融属性明显，第四类业务主要是为金融机构提供第三方服务，行业界定也较清晰。但随着科技与金融的深入融合，包括区块链技术、人工智能等新科技也将与传统金融与新兴金融深入融合，但这些技术目前仍处于初创阶段，对现有金融业务模式也可能带来颠覆性影响，应用效果也有待实践检验，对金融监管也带来巨大、全新的挑战。

本章小结

1. 电子银行是伴随着金融电子化的浪潮产生和发展的。它是利用面向社会公众开放的通讯通道或开放型公众网络，以及银行为特定自助服务设施或客户建立的专用网络，向客户提供的银行服务。电子银行具有降低银行经营成本，增加银行利润；突破地域与时间的限制，实现三A服务；节省客户成本，改善银行与客户的关系等特点。

2. 电子银行业务包括网上银行业务、电话银行业务、手机银行业务等。利用计算机和互联网开展的银行业务称之为网上银行业务，其业务主要有三类：信息服务、客户交流服务和银行交易服务。

3. 电话银行业务是指利用电话等声讯设备和电信网络开展的银行业务。其服务功能主要包括服务咨询、服务监督、交易处理、外呼经营、人工服务和增值服务等内容。

4. 手机银行业务是指利用移动电话和无线网络开展的银行业务。随着移动通信技术的发展，手机的功能越来越强大，银行能够提供的手机银行服务范围不断扩大，主要包括查询功能、转账功能、信用卡服务功能、理财服务、资讯服务、手机支付、其他手机银行服务等。

5. 电子银行的迅速发展,不仅带来了很多便利和好处也带来了风险。主要风险有流动性风险、信用风险、市场风险、技术风险、操作风险、信誉风险、战略风险和法律风险等。电子银行业务加剧了一些传统风险并改变了传统风险的形式,因而影响了整个银行风险组合。电子银行的迅速发展、所蕴含技术的复杂性又必然会加剧另一些风险,特别是战略风险、操作风险和信誉风险。

6. 电子银行业务是商业银行的一项新兴业务,需要把好业务准入关,加强现场检查和非现场监管,并加强国际合作与协调。

7. 互联网金融是传统金融机构与互联网企业利用互联网技术和信息通信技术实现资金融通、支付、投资和信息中介服务的新型金融业务模式。互联网与金融深度融合是大势所趋,将对金融产品、业务、组织和服务等方面产生深刻的影响。

关键概念索引

金融电子化　电子银行业务　个人网上银行业务　公司网上银行业务
电话银行业务　手机银行业务　技术风险　战略风险　操作风险　声誉风险
法律风险　互联网金融　第三方支付平台　金融科技

复习思考题

1. 什么是电子银行业务,它有何特点?
2. 电子银行业务迅速发展的主要原因是什么?
3. 网上银行业务的主要种类有哪些?
4. 电话银行有哪些服务功能?
5. 手机银行有哪些服务功能?
6. 电子银行业务面临的风险有哪些?如何防范这些风险。
7. 应该如何加强对电子银行的监管?
8. 试登陆两家银行网站,并比较其电子银行业务的异同。
9. 互联网金融包括哪些类型?

参考资料

1. 孙森主编,《网络银行》,中国金融出版社,2004年。
2. 黄建青、陈进主编,《网络金融》,电子工业出版社,2011年。
3. 辛树森主编,《电子银行》,中国金融出版社,2007年。
4. 刘廷焕主编,《金融干部网上银行知识读本》,中国金融出版社,2003年。
5. 张波、孟祥瑞主编,《网上支付与电子银行》,华东理工大学出版社,2007年。

6. 奚振斐著,《电子银行学》,西安电子科技大学出版社,2006 年。
7. 帅青红主编,《电子金融与支付》,清华大学出版社、北京大学出版社,2010 年。
8. 李伏安、李良,《电子银行风险评价与管理》,《银行家》2009 年第 4 期。
9. 中国银监会,《电子银行管理办法》,2006 年。
10. 巴塞尔委员会,《有效银行监管的核心原则》,2006。
11. 刘德寰、季飞、李夏、崔凯等著,《银行业的互联网之路》,机械工业出版社,2012 年。
12. 中国人民银行等十部门,《关于促进互联网金融健康发展的指导意见》,2015 年。

第九章 商业银行的资本金管理

本章要点

- 资本金的作用
- 几种主要的资本工具
- 资本充足率标准的演变
- 巴塞尔资本协议与银行监管
- 我国对商业银行资本的管理

商业银行的设立,首先要有一定数量的资本金。资本金到底对银行有多大的作用？一家银行究竟需要多少资本？如何来筹集这些资本？这既是商业银行非常关心的问题,也是各国金融监管部门高度重视的问题。因为银行资本金是银行生存和发展的基础,银行资本的多少直接影响到银行的安全稳健,影响到银行未来的发展。

第一节 资本金的作用

一、几个重要的资本金概念

1. 注册资本

注册资本又称法定资本。它是商业银行在工商行政管理局登记注册时,在银行章程上记载的资本。一般而言,大陆法系国家要求注册资本必须是股东实际缴纳的资本。英美法系国家实行授权资本,即银行章程上记载的注册资本,股东不必认足或缴足,允许股东在银行成立后再缴足全部资本。

我国目前实行的是严格的法定资本制,注册资本必须是实缴资本。根据商业银行对营运资本的客观需要和银行经营规模和业务范围等不同,我国《商业银行法》对各类商业银行设立的注册资本最低限额作出了规定(见《商业银行法》第十三条)。同时法律还授权中国银监会可根据审慎监管的要求和经济发展的客观需要调整注册资本最低限额,但必须在法律规定的限额之上。

2. 实收资本

实收资本又称实缴资本。它是银行股东实际投入到银行的资本。这部分资本也是银行开业前所必需的资本。有时银行的注册资本要大于实收资本,但也有相反的情况。

3. 股权资本

股权资本又称产权资本、股东产权或所有者权益。它是银行资产的净值,即总资产减去总负债的余额。这个资本金概念是从财务管理角度来讲的资本,也就是所有者在银行资产中所享有的经济利益。

4. 监管资本

这是1988年的巴塞尔资本协议提出的,为世界各国所接受的一个资本金概念。它是金融监管当局所规定的商业银行必须持有的资本。其目的在于防范风险,保护存款人和一般债权人的利益不受损失。达到这一目的有许多比率和标准,资本充足率则是一个重要的财务比率,也是监管资本的概念。由于金融危机的影响,巴塞尔委员会以及我国监管部门对监管资本的要求更为严格。

表9-1 巴塞尔资本协议的监管资本构成

巴塞尔协议 I	核心资本(一级资本)、附属资本(二级资本)
巴塞尔协议 II	一级资本、二级资本、三级资本
巴塞尔协议 III	核心一级资本、其他一级资本、二级资本

5. 经济资本

经济资本是2004年的巴塞尔资本协议倡导的、现代商业银行普遍采用的风险管理工具,是指用来承担非预期损失和保持正常经营所需的资本。它是描述在一定的置信度水平上(如99%)、一定时间内(如一年),为了弥补银行的非预计损失所需要的资本,是根据银行资产的风险程度大小计算出来的。计算经济资本的前提是必须要对银行的风险进行模型化和量化。

二、资本金的作用

商业银行的资本金尽管在商业银行的整个资金来源中所占数额不是很大,但在商业银行的经营中却发挥着重要的作用,主要表现在以下四个方面。

1. 资本金是商业银行开业、正常运转和发展的必要前提和保证

任何国家的法律都规定,商业银行申请开业必须要具备一定数量的自有资本即资本金。商业银行正常运转需要足够的资本金,资产规模的扩大,或业务品种的增加,都需要追加一定的资本金。因为,资本金多,显示银行的实力雄厚,市场声誉高,企业和社会公众都乐意与其打交道,银行吸收的资金来源就越多。在人们的心

目中都有一种崇拜大银行的心理,长期以来也确实有银行"大而不倒"的现象。而所谓的大银行,一般有三个衡量方法(或指标):一是资本金多,二是资产规模大,三是盈利多。因此银行的资本金越多(尤其是损失吸收能力最强的普通股要多),越能在社会上树立起良好的形象,银行的业务发展越有可靠的基础。特别是对一些具有创新和冒险精神的银行来说,由于新业务的开拓和新产品的增加又会增加一些风险敞口,因而需要较多的资本作支撑。

2. 资本金是商业银行抵御风险的最后一道防线

商业银行本身是管理风险的特殊行业,又由于商业银行资产与负债的不对称匹配,使得商业银行具有与生俱来的脆弱性,经营过程中具有很大的不稳定性,风险是客观而普遍存在的。因此,商业银行经营中会面临各种各样的风险,特别是在经济一体化化、金融全球化和经济金融化的今天,商业银行的风险种类和风险程度较过去都有明显的增加。这些风险的存在使得商业银行经营中的不稳定成分增多,商业银行稍有不慎,就有破产倒闭的可能。因此,持有较多的银行资本,可充分发挥其稳定器作用,当银行发生意外损失时可用资本金来冲销损失,而不损害存款人的利益,在一定程度上防止银行的破产倒闭。

3. 资本金是对存款人利益的一种有力保障

由于信息的不对称和内部人控制的客观存在,道德风险时常发生。存款人不可能随时了解和掌握银行经营状况,处于非常被动的地位,存款人的利益很难得到保障。一般而言,存款人利益的保障来自以下几方面:一是银行的稳健经营及盈利能力;二是存款保险制度;三是政府的强有力监管及信誉担保;四是有效的市场约束;五是资本金设置的制度安排。银行是否稳健经营及盈利能力强弱对于外部人员来说是不可控的,政府监管和市场约束作用力也有一定限度,因此在没有建立存款保险制度的国家,资本金的保护作用就显得更为重要。即使建立了存款保险制度,在商业银行破产倒闭时,存款人也只能得到有限赔偿,而不可能得到全额赔偿。因此,商业银行只有保持充足的高质量资本,才能使存款人的资金在银行资产遭损失时不至于受损。

4. 资本金是满足监管当局监管的需要

监管者的目标是要保持整个金融业的安全稳健运行,维护整个社会的金融稳定。由于银行经营的特殊性,银行与银行、银行与企业、银行与居民个人、银行与政府有着广泛而深入的联系。一家银行的破产倒闭,可能会引发多米诺骨牌效应,引起系统性风险。也正是由于这一点,资本金成为各国政府和监管者所特别关注的重点。各国的监管部门都要制定一系列的监管指标和措施来进行监管,如注册资本的最低限额,设立银行分支机构的最低资本额,资本充足率标准,资产与资本的比率等等。实施资本监管,以保证商业银行有足够的资本,防止商业银行超过自身的风险承受能力而过度扩张资产规模,以便引起社会经济的动荡。

第二节 资本工具

不同主体对银行资本的要求是不一样的,银行资本的构成也有所不同。一般而言,构成银行资本的工具主要有权益性工具、债务性工具和混合性工具。下面我们介绍几种主要的资本工具。

一、普通股

普通股是商业银行资本的主体和基础,是指具有普通权利的股份。普通股是一种股权证书,普通股的股东可以参与公司的经营决策,并对各项决策有投票权;有权选举董事和监事;在偿付完银行债务本息和优先股股息之后有剩余索取权;在银行发行新股时,还有优先认购权。

商业银行利用发行普通股的方式筹集资本具有以下优点:①没有固定的股息负担,股息的多少可根据银行的盈利状况而定。②由于普通股没有到期日,银行筹集的这部分资金相对较为稳定。③普通股可对客户的损失提供保障,从而增强银行的信誉。④一般而言,普通股的收益要高于优先股和附属债券,且在通货膨胀时不易贬值(会随着通货膨胀率的提高而提高),因此更容易为投资者所接受。

利用普通股筹集资金也有其缺陷:①由于普通股股东都有权参与公司的经营决策,因此普通股的增加,必定会削弱原有股东的控制权和投票权。②会减少原有普通股股东的股息收入。因为银行资本的增加不会立即增加银行的红利总量。③由于普通股的发行手续较复杂,各项费用较高,因此普通股的发行成本和资金成本相对较高。

二、优先股

优先股是指在收益和剩余资产分配等方面比普通股享有优先权利的股票。这种权利在商业银行的存款人和其他债权人之后,普通股持有人之前。优先股具有以下特点:优先股的股东享有比普通股股东优先获得股息的权利,但却不具有剩余索取权和公司经营决策参与权;优先股是居于普通股和债务工具之间的金融资产,同时具有权益资产和债务资产的特性;无论公司的经营状况如何,优先股股东都有权获得固定的股息收益,但需在债务资产持有人的利息收益支付以后,公司利润有剩余才能优先支付优先股股息;有的优先股还可在一定条件下转化为普通股[①]。

---

① 这种优先股称为可转换优先股,其转换权利通常在投资者手中,但也有强制转换的可能。发行这种股票的价格通常要高于普通股股票的价格,也容易销售。

优先股可以分为累进的和非累进的。累进的优先股未发放的股息可在下期普通股股息发放之前补发。非累进优先股未发放的股息则无需以后补发,且当期的普通股股息也不得发放。

商业银行利用发行优先股筹集资本具有以下优点:①银行既可以筹集到资金,又不会因优先股的发行而削弱原有股东的控制力,因为优先股股东没有投票权。②由于优先股股息事先确定,因此优先股的发行不会影响普通股股东的利益,其红利水平不会下降,银行股票的吸引力不会减弱。③与债务利息相比不构成固定的债务负担。当银行没有利润时可不必支付股息。

银行发行优先股也有一定的缺点:①优先股的股息一般比债券利息要高,且不能作为费用在税前支付。②在一定程度上降低了银行信誉。一般而言,一家银行信誉的高低由资本量的多少决定,其中主要是来自资本性质的普通股的多少。优先股的发行会减少普通股在银行资本中的比重,从而削弱银行的信誉。

从资本成本来看,优先股的资本成本要高于普通股的资本成本。巴塞尔协议Ⅲ中优先股只属于二级资本,美国银行业在次贷危机之前优先股占比较高,2009年这种状况得到了较大改善。

表9-2　美国主要银行优先股对普通股的比例　　　　　　单位:%

	花旗集团	美国银行	摩根大通	富国银行	高盛
2008年	81.61	25.04	55.11	71.51	41.26
2009年	0.40	18.61	12.24	16.87	13.84

资料来源:巴曙松、朱元倩等著,《巴塞尔资本协议Ⅲ研究》,中国金融出版社,2011年5月。

三、可转换债券

可转换债券是指根据投资人的选择,在一定期限内依据约定条件可以转换成普通股的债券。可转换债券兼具债券和股票的特性,有以下三个特点:①债权性。与其他债券一样,可转换债券也有规定的利率和期限,投资者可以选择持有债券到期,收取本金和利息。②股权性。可转换债券在转换成股票之前是纯粹的债券,但在转换成股票之后,原债券持有人就由债权人变成了公司的股东,可参与企业的经营决策和红利分配。③可转换性。可转换性是可转换债券的重要标志,债券持有者可以按约定的条件将债券转换成股票;转股权是投资者享有的、一般债券所没有的选择权;可转换债券在发行时就明确约定债券持有者可按照发行时约定的价格将债券转换成公司的普通股股票;如果债券持有者不想转换,则可继续持有债券,直到偿还期满时收取本金和利息,或者在流通市场出售变现。

商业银行发行可转换债券,一是可降低银行的筹资成本,因为可转换债券的利率一般要低于不可转换的债券(普通债券)。二是银行可选择对自己有利的时机发行可转换债券。如在股票价格较低时,发行可转换债券实际上等于以较高的价格发行了普通股股票。三是银行可以根据具体情况设计不同报酬率和不同转换价格的可转换债券。四是当可转换债券转化为普通股后,债券本金就不需偿还,从而免除了银行还本的负担。

发行可转换债券也有其缺陷:一是当债券到期时,如果银行股票价格高涨,债券持有人就会要求转换为股票,这就变相使银行蒙受财务损失;如果银行股票价格下跌,债券持有人则会要求退还本金,这不但增加了银行的现金支付压力,也严重影响到银行的再融资能力。二是当可转换债券转为股票时,银行原有股东的控制权将会被削弱。

四、次级债券

次级债券是指商业银行发行的、本金和利息的清偿顺序列于银行其他负债之后、先于银行股权资本的债券。

次级债券属债务性质的资本,但又有别于银行股票。股票没有到期日;无需还本付息;持有人拥有经营权和控制权;银行可用这部分资金弥补亏损。次级债券有到期日;到期后还需还本付息,充分体现债券的特征;持有人没有经营权和控制权;在正常情况下,次级债券不能弥补亏损,除非银行倒闭或清算,因为它只是一种短期资本,在距到期日前最后五年作为资本还需打折扣;发行次级债券不改变原有的股本结构,老股东的利益不受影响,容易获得股东的支持。

次级债券与一般债券(不符合作为资本条件的债券)有所不同,它在一定期限内具有资本的性质,特别是在银行倒闭或清算时,资本性质充分体现,其清偿顺序在商业银行的其他债务之后。对发债银行来说,由于次级债券在距到期日前最后五年开始折扣,一旦次级债券的剩余期限低于五年,这就意味着这期间的次级债券作为资本的性质在逐渐减弱,银行的资本金在逐渐减少,它在财务上的效率就十分低下。这时,银行又需考虑增加资本的问题,否则就会面临资本金不足。多数银行都将试图回赎债务,以发行新的可以全部作为资本的债务来替代。但这种赎回需得到金融监管部门的许可,以保证使银行的资本比率不会降低。

次级债券的发行与新股发行(或增发新股)、发行可转换债券也不一样,作为非股份制银行也可运用这种方式来筹集资本。次级债券发行后可进行流通转让,这又可增加商业银行的流动性。但这类债务资本不是"永久性"资本,有一定的期限,这也限制了商业银行对这类资本的使用。同时,这类债务资本在银行资本总量中占比过高,还会在一定程度上降低银行的信誉度。

金融危机前,发行次级债券是国外商业银行普遍采取的做法,有的商业银行甚至一年发行两次次级债券来筹集资本金。由于次级债券可以随时快速的提升银行资本达到监管要求,相对于股票融资,其发行程序简单,发行限制较少,操作方便,是一种快捷、可持续的补充资本金的方式。美国、日本和东南亚一些国家的商业银行都通过发行次级债券来改善银行的资本结构，许多银行中具有损失吸收能力较强的普通股比率偏低，而二级资本甚至是三级资本占据了大部分资本构成，这也造成了银行资本虚高的假象，降低了商业银行的抗风险能力。危机后，随着监管新规定的出台和实施，这种状况也得到了改善。

表9-3 1966—2007年美国银行业次级债券占负债结构的变化 单位:%

年份	1966年	1975年	1985年	1995年	2000年	2005年	2006年	2007年
次级债券	0.46	0.50	0.57	1.10	1.52	1.50	1.65	1.74

资料来源：钟永红、李政，美国商业银行资金来源结构的变迁与启示，《金融论坛》，2008年6月。

五、混合性资本债券

混合资本债券实际上是一种偏债型的混合资本工具，其期限都在15年或15年以上。商业银行发行这种混合资本债券，一是可以拓宽补充资本金的渠道，提高资本充足率；二是可以增强其抗风险的能力；三是可以为其提供更丰富的资本管理工具，进一步优化资本结构。

根据我国有关规定，混合资本债券在银行间市场发行和交易；商业银行发行混合资本债券须向银监会提出申请，发行和交易还须接受中央银行的监督管理；商业银行提前赎回混合资本债券、延期支付利息或到期时延期支付债券本金和应付利息时，需事先得到银监会的批准；银监会通过现场检查和非现场检查对商业银行混合资本债券的发行、使用和管理进行监督和检查。

表9-4 中国商业银行二级资本工具发行量 单位:亿元

年份	2013年	2014年	2015年	2016年	2017年
发行量	15.00	3 568.50	2 698.64	2 573.50	4 824.23

资料来源：中国债券信息网。

专栏9-1 **内源资本与外源资本**

从资本来源看，商业银行的资本可分为内源资本和外源资本。内源资本是一种低成本的筹集银行资本金的方式，主要来源于银行的留存盈余。对于那些缺乏外源资本渠道的商业银行而言，内源资本就显得更加重要了。商业银行通过未分配利润等内源融资，既可增加银行资本，又可减少银行的筹资成本，还可增强银行的发展后劲，但不会削弱现有股东的控制权，确实是一条好的筹资渠道。但银行采用内源融资还必须考虑到银行的红利政策。一个不容忽视的问题是，它会减少股东的红利收入，而红利减少又会降低银行股票的吸引力，导致股票价格下跌，进而影响到银行的外源融资，使银行在一定程度上受损。采取不同的红利政策，对银行和股东的影响是不一样的。戴维·贝勒模型揭示了银行资产持续增长率与银行资产收益率、银行红利占税后利润的比例和规定的资本对资产的比例三者之间的数量关系。该模型为：

$$SG = \frac{ROA(1-DR)}{(EC_1/TA_1) - ROA(1-DR)}$$

式中，SG 代表由内源资本支持的银行资产年增长率；ROA 代表资产收益率；DR 代表银行税后利润中红利所占比例；EC_1 代表期末银行的总股本；TA_1 代表期末银行总资产。

当银行的内源资本不能满足银行资本需求时，就要通过外源融资来补充资本。外源资本是指商业银行通过向外发行普通股、优先股、可转换债券、长期次级债券等形式筹集的资本。它们是商业银行筹集资本的重要来源，各种筹资方式有利有弊。不同规模的银行可选择的外源融资方式是不一样的，同一银行在不同的时期选择的融资方式也不一样。

在我国，商业银行一级资本的主要形式以普通股本为主，而欧美国家以留存盈余为主，我国商业银行的资本成本高于欧美国家，这就需要我们转变资本形式，建立长效的资本补充机制。在制定资本规划时，应当优先考虑补充核心一级资本，增强内部资本积累能力，进一步完善资本结构，提高资本的质量。

第三节 资本适度标准的演变

一家银行究竟需要多少资本金，以什么样的标准来衡量，这是资本金管理的重要问题。从商业银行的发展来看，资本适度标准的确定也经历了一个变化发展的过程。

一、资本与存款比率

这是西方商业银行最早采用的、用以衡量商业银行资本是否适度的指标。这个指标将银行资本与银行的存款挂钩，它反映了商业银行对存款的清偿能力，比例越高，清偿能力越强，反之，亦然。这个指标出现在 20 世纪初期，曾在美国以法律形式固定下来，并在第二次世界大战之前得到了广泛运用。根据规定，银行资本必须达到银行存款总额的 10% 以上，银行的流动性才能够得到保证。但这个指标也存在一定的缺陷，银行资本是为了弥补银行风险造成的损失，而银行存款在运用之前并不存在风险。银行资本应与银行的资产运用挂钩。

二、资本与总资产比率

这是第二次世界大战期间才使用的一个指标，它是将银行资本与银行资产总额挂钩，这些资产包括现金资产、贷款资产和证券资产等。美国联邦储备系统要求银行资本应达到银行资产总额的 7%。这个指标简单明了，还可发挥银行资本抵御意外损失的能力。但它却并没能反映银行资产的结构，而银行不同的资产结构其产生的风险是不同的,如长期贷款的风险较大,而现金资产则是没有什么风险的资产。按照这种方法来计算资本是不科学的。

三、资本与风险资产比率

风险资产被定义为除现金和政府短期债券以外的资产。这个指标是将银行资本与银行风险资产挂钩,风险资产越多,相应的银行资本就应该多。通常认为该比率应在15%以上,资本才是充足的。这个指标较前两项指标有一定的科学性,体现了用银行资本来抵御银行风险损失的性质。不足的是,没能区分风险资产的不同风险程度。实际上,风险高的资产需要更多的银行资本作保障,风险小的资产则不需要太多的资本保障。

四、纽约公式

这是在20世纪50年代初期,由美国纽约联邦储备银行设计的,又称为资产分类比率法。它是在资本与风险资产比率的基础上建立起来的。是根据商业银行资产风险程度的不同,将银行的全部资产分为六类,并分别规定各类资产的资本比率要求,最后将各类资产应保持的资本量相加,得到银行应持有的资本总额。这样可以求得既定时期内商业银行所需的最低资本量。

(1) 无风险资产,包括库存现金、同业拆借、短期国债等流动性很强的资产,这类资产风险极小,不需要资本作担保。

(2) 最小风险资产,主要包括中长期政府债券、优质的商业票据和安全性较好的高质量担保贷款等。这类资产有一定流动性,风险较低,只要求有5%的资本保证。

(3) 普通风险资产,即除了政府公债之外的证券投资和贷款。这类资产的风险较大,流动性也比较差,因而需要12%的资本保证。

(4) 较大风险资产,主要是对财务状况较差、担保不足、信用水平较低的债务人的贷款,这类贷款要求至少有20%的资本作为保障。

(5) 疲软资产,是指逾期未还的贷款、可疑贷款、股票、拖欠的债券等,这类资产遭受损失的概率极大,因而要求50%的资本进行保证。

(6) 亏损资产或固定资产,固定资产是银行生存、发展、开展业务的根本物质条件,只有在银行破产时才能处理。亏损资产则是指已经给银行造成损失,完全不可收回的资产,例如呆账、倒闭公司的股票等。这类资产应当由银行资本金抵偿,因而需要100%的资本保证。

纽约公式克服了上述三种资本衡量标准的不足,具有相当的科学性,它的基本思想,为在银行资本衡量与管理方面具有国际权威的《巴塞尔资本协议》所采纳。

五、综合分析法

这种方法最早于20世纪70年代在美国出现。它是不局限于银行业务的某一方面,而是把银行的全部业务活动作为对象,首先选定影响银行经营状况的因素,然后对这些因素进行综合分析,最后确定银行应保持的资本数量。美国货币监理署主要通过八个因素进行分析。一是银行经营管理水平;二是银行资产的流动性;三是银行以往的收益状况及留存盈余;四是银行股东的特点和资信状况;五是银行的营业费用;六是银行存款结构的潜在变化;七是经营活动的效率;八是在竞争环境下,银行满足本地区现在和未来金融需求的能力。

这种方法为金融管理部门确定资本需要量提供了重要的依据。但这种方法的运用相当繁琐,且带有一定的主观性。因此,在实际操作中往往将综合分析法与上述几项指标结合起来使用,综合确定银行的资本需要量。

20世纪80年代以前,资本适度标准一直处于发展变化的状态。80年代以后,对银行资本的监管越来越受到各国金融监管当局的重视,但在资本监管的方式上仍有一定的差异,特别是对跨国银行监管的难度增加。因此,建立一个客观的统一的国际银行监管原则被提到了议事日程。

第四节 巴塞尔资本协议与银行监管

一、巴塞尔协议 I 及其补充协议

（一）巴塞尔协议 I 的产生

20世纪70年代以后,西方银行业发生了重大变化,金融管制放松,金融创新活动频繁,金融风险加大,金融系统的不稳定性增强,特别是一些国际性银行的倒闭使监管机构开始全面审视拥有广泛国际业务的银行监管问题。因此,为了强化国际银行体系的稳健性,提高国际银行的公平竞争,1988年由比利时、加拿大、法国、德国、意大利、日本、荷兰、瑞典、英国、美国、瑞士、卢森堡12个成员国家组成的巴塞尔银行监管委员会[1]在瑞士的巴塞尔,提出了一个统一的国际银行资本充足率标准协议,即《巴塞尔银行业务条例和监管委员会统一国际银行资本衡量与资

---

[1] 巴塞尔银行监管委员会也叫"库克委员会",成立之初由12个成员国家的中央银行和银行监管部门的代表组成。目前巴塞尔委员会由来自阿根廷、澳大利亚、比利时、巴西、加拿大、中国、法国、德国、中国香港特别行政区、印度、印度尼西亚、意大利、日本、韩国、卢森堡、墨西哥、荷兰、俄罗斯、沙特阿拉伯、新加坡、南非、西班牙、瑞典、瑞士、土耳其、英国和美国的监管当局和中央银行的高级代表组成。该委员会的常务秘书处设在位于瑞士巴塞尔的国际清算银行,并通常在那里举行会议。该委员会成立以来,制定了一系列重要的银行监管规定。

本标准的协议》,简称"巴塞尔协议Ⅰ"。巴塞尔协议Ⅰ对资本的定义、资产的风险权数及表外授信业务的转换系数、资本充足比率等作了统一规定。该协议原则上仅适用于十国集团的国际性大银行,但后来却被 100 多个国家所采用,并写入《有效银行监管的核心原则》中,成为一种银行监管的国际标准,成为市场参与者评估银行经营状况的重要依据。该协议的重大进步是将银行资本与风险资产(包括表内外的风险资产)有机联系起来,从资本及资本充足率的新角度评价银行的实力和银行抵御风险的能力,由扩张性的银行战略转化为更审慎的经营。为此各国银行都尽量增加资本金,提高资本充足率。银行监管理念的变化也带来了整个银行经营管理上的变革。但该协议主要强调信用风险及国家风险对银行的影响,而没有涵盖银行所面临的其他风险,如操作风险和市场风险等。随着银行经营形势的变化,而这些风险对银行的影响日益突出。同时,该协议在风险权重、风险管理手段等问题上也存在一些缺陷。

(二) 巴塞尔协议Ⅰ的主要内容

1. 资本定义

巴塞尔协议Ⅰ将银行资本分为核心资本和附属资本。核心资本(又称一级资本)包括普通股、永久性优先股、资本溢价、未分配利润、附属机构中的少数权益,减去库存股票和商誉。附属资本(又称二级资本)包括有到期日的优先股、未公开储备、重估储备、普通或呆账准备金、可转换证券、长期次级债务。附属资本的合计金额不得超过其核心资本的 100%。

2. 风险权重的规定

巴塞尔协议Ⅰ将银行资产按风险程度不同规定了五个等级的风险权重,即 0、10%、20%、50%、100%。并对银行资产负债表外的项目根据所承受的信用风险不同,确定了相应的信用换算系数,即 0、20%、50%、100%。

3. 目标比率

在统一银行资本定义和对银行各类资产实行风险加权的基础上,《巴塞尔协议Ⅰ》规定了银行资本充足率的最低标准。即资本与风险加权资产的比率不得低于 8%,其中核心资本与风险资本的比率至少为 4%。资本充足率的计算公式为:

$$资本充足率 = 资本 / 风险权重资产总额 \times 100\%$$

$$核心资本充足率 = 核心资本 / 风险权重资产总额 \times 100\%$$

$$风险权重资产总额 = 资产 \times 风险权重$$

4. 过渡期的实施安排

考虑到实行统一的国际监管标准有一定的困难,《巴塞尔协议Ⅰ》还安排了一个过渡期。过渡期分为三个阶段。初级阶段:协议生效到 1990 年年底,鼓励各国增加银行资本。中级阶段:1991—1992 年,要求最低资本充足达到 7.25%。达标阶段:1992年以后,各成员国的最低资本充足率必须达到8%,其中核心资本充足率必须达到4%;附属资本成分中,长期次级债务不得超过核心资本的50%;普通或呆账准备金将被限制在1.25%(特殊情况或临时可达2%)。

(三)巴塞尔协议Ⅰ的补充规定

随着金融市场的快速发展,金融衍生工具不断涌现,商业银行的市场风险不断增加。为了加强银行经营中市场风险的监管和控制,1995年在十国集团中央银行领导人的认同下,1996年巴塞尔委员会对该协议进行了补充和延伸,要求商业银行对市场风险计提资本,并发布了《关于市场风险资本监管的补充规定》,简称《补充规定》。补充规定将市场风险纳入到资本监管的范畴,为银行敞口头寸提供了一种明确的资本缓冲。同时补充规定还使各国监管当局合作的领域更加广泛,监管也更加有效。

1. 风险度量框架

《补充规定》要求银行保持适当的资本保险金,以应付其承受的市场风险(包括利率风险、股价风险、汇率风险和商品价格风险等),并重点介绍了标准测量法和内部模型法两种测量和计算资本保险金的方法。

2. 资本范围的定义

《补充规定》在巴塞尔协议Ⅰ的基础上增加了三级资本的概念。三级资本由短期次级债务组成,但必须满足以下条件:①无担保的、次级的、全额支付的短期次级债务;②至少两年的原始期限,并且限定在应付市场风险的一级资本的250%;③它仅能合格的应付市场风险,包括汇率风险和商品价格风险;④巴塞尔协议Ⅰ中的资本要求不可突破,用三级资本替代二级资本不得超过上述250%的限制,二级资本和三级资本之和不得超过一级资本;⑤三级资本不可提前偿还,而且如果三级资本的支付使资本数量低于最低资本的要求,则无论利息还是资本,都不可支付。

3. 资本比率的计算

按巴塞尔协议Ⅰ的框架,将市场风险的测量值(资本保险金)乘以12.5(即最低资本要求8%的倒数),加到信用风险方案中的风险加权资产中,而计算式的分子是原协议中的一级资本和二级资本与应付市场风险的三级资本总和。合格而尚未使用的三级资本也可分开报告。《补充规定》鼓励各国监管机构实行头寸限制,并允许各国监管当局自行决定本国商业银行是否采用《补充规定》中的三级资本。

二、巴塞尔协议Ⅱ

(一)巴塞尔协议Ⅱ的形成

随着技术进步和金融创新,特别是随着发达国家监管实践的不断发展和商业银行的风险管理水平的提高,巴塞尔委员会认识到有必要对资本协议进行大刀阔斧的全面修改,因此,在1999年6月提出了《巴塞尔新资本协议》(简称巴塞尔协议Ⅱ)框架,2001年发布了巴塞尔协议Ⅱ的征求意见稿,2003年5月公布了征求意见第三稿,2004年6月30日公布了最后定稿,2006年在成员国开始实施。巴塞尔协议Ⅱ由概述、协议草案和辅助性文件三部分组成,并在最低资本充足要求的基础上,提出了监管部门对资本充足率的监督检查和市场约束的新规定,形成了资本监管的"三大支柱"。新协议是向世界各国监管当局和银行家广泛征求意见后的结晶,也为各国立法和各银行完成新协议实施的各项准备工作奠定了基础。这是银行经营和银行监管指导思想和方式上的重大创新,是强化全球金融稳定的重要措施。巴塞尔协议Ⅱ在处理银行面临的各类风险方面更加全面,更能真实地反应银行风险。同时巴塞尔协议Ⅱ还保持了总资本水平不变,即资本充足率不得低于8%。但要求发展中国家的商业银行的资本充足率应达到10%以上,以强调监管部门的干预和监管能力。

巴塞尔协议Ⅱ的目标:一是继续促进金融体系的安全性和稳健性,至少维持金融体系目前的资本总体水平;二是促进公平竞争;三是提供更全面的处理风险的方案;四是使处理资本充足率的各种方法更为敏感地反映银行头寸及其业务的风险程序。

巴塞尔协议Ⅱ的适用范围是在全面并表基础上扩大到以银行业务为主的银行集团的持股公司,侧重点放在国际活跃银行上,但其基本原则适用于复杂程度各异的银行。

(二)巴塞尔协议Ⅱ的主要内容

1. 第一支柱——最低资本要求

巴塞尔协议Ⅱ对最低资本充足要求仍为8%,包括信用风险、市场风险和操作风险的最低资本充足要求,是新资本协议的核心。对信用风险的处理方法包括标准法和内部评级法。内部评级法又分初级内部评级法和高级内部评级法。在标准法中,采用西方公认的外部评级公司的评级结果确定商业银行各项资产的风险权重(这些权重的层级是0、20%、50%、100%、150%五级),废除了以往按是否为经合组织成员确定风险权重的不合理做法。在相对复杂的内部评级法中,允许管理水平较高的商业银行采用银行内部对客户和贷款的评级结果来确定风险权重、计提风险,这有利于商业银行提高风险管理水平。在市场风险的处理上允许商业银行采用标准法和内部模型法。对操作风险的处理也提出了三种方法,即基本指标法,资本要求可依据某一单一指标(如总收入)乘以一个百分比;标准法是将银行业务划分为投资银行业务、商业银行业务和其他业务,各乘以一个百分比;内部计量法由银行自己收集数据,计算损失概率。计量的高级法于2007年底开始实施,以便让银行和监管当局有更多的时间进行定量影响分析,或按照现行规则和新规则进行双轨的资本计算。

2. 第二支柱——监管当局的监督检查

监管当局的监督检查是要确保各家银行建立起有效的内部程序,借以评估银行在认真分析风险的基础上设定的资本充足率,对银行是否妥善处理不同风险的关系进行监督,并确立了监督检查的四项原则。一是银行应具备一整套程序,用于评估与其风险轮廓相适应的总体资本水平,并制定保持资本水平的战略。二是监管当局应检查和评估银行内部资本充足率的评估情况及其战略,监测并确保银行监管资本比率的能力。若对检查结果不满意,监管当局应采取适当的监管措施。三是监管当局应鼓励银行资本水平高于监管资本比率,应该有能力要求银行在满足最低资本要求的基础上,另外持有更多的资本。四是监管当局应尽早采取干预措施,防止银行的资本水平降至防范风险所需的最低要求之下。如果银行未能保持或补充资本水平,监管当局应要求其迅速采取补救措施。

3. 第三支柱——市场约束

这主要是强调市场约束具有强化资本监管、帮助监管当局提高金融体系安全性的潜在作用,并在使用范围、资本结构、风险披露的评估程序、资本充足率四个方面制定了具体的定性、定量披露内部信息的内容。监管当局应评价银行的披露体系并采取适当的措施。巴塞尔协议Ⅱ还要求银行分开核心披露和补充披露,并建议复杂的国际活跃银行要全面公开披露核心及补充信息。关于披露频率,最好每半年一次,监管当局应负责各银行信息披露的准确性。不经常披露信息的银行要公开解释其政策。同时鼓励利用电子等手段提供的机会,多渠道的披露信息。

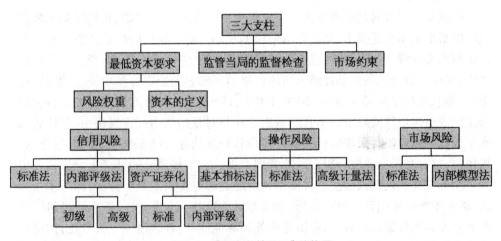

图9-1 《巴塞尔协议Ⅱ》结构图

三、巴塞尔协议Ⅲ

（一）巴塞尔协议Ⅲ的出台

国际金融危机暴露出现行资本监管制度的明显缺陷。危机以来，巴塞尔委员会对国际监管框架进行了一系列的根本性改革，并最终形成了《第三版巴塞尔协议：更具稳健性的银行和银行体系的全球监管框架》和《第三版巴塞尔协议：流动性风险计量、标准和监测的国际框架》（简称巴塞尔协议Ⅲ）。

巴塞尔协议Ⅲ于2009年3月由巴塞尔委员会提出，后经匹兹堡峰会、多伦多峰会的探讨修改，最终在2010年11月的G20首尔峰会上获得批准，这也标志着新一轮银行监管改革的正式启动，反映了国际银行业监管理念的最新变化。一方面，在银行监管的核心价值观选择上，加强资本监管成为国际共识。另一方面，资本监管的重心也由关注分母转向更加关注分子，要求增加资本，提高资本充足率。

2010年12月16日，巴塞尔委员会发布了《巴塞尔协议Ⅲ》，并要求各成员经济体两年内完成相应监管法规的制定和修订工作，2013年1月1日开始实施新监管标准，2019年1月1日前全面达标。

（二）巴塞尔协议Ⅲ的主要内容

1. 宏观审慎监管

（1）资本的定义。

巴塞尔委员会对现有的银行资本进行了重新定义。新的资本定义更加严格，主要体现在两方面：一是从严资本工具合格性标准；二是从严资本扣减项。同时，更加重视银行资本中质量最高的以普通股为主的核心一级资本。

a. 一级资本（持续经营状况下吸收损失的资本）。一级资本又分为核心一级资本和其他一级资本。

核心一级资本包括以下部分：银行发行的满足监管标准的普通股（或非股份制公司发行的与普通股对等的工具）；发行核心一级资本工具产生的股本盈余（股票溢价）；留存收益；累计其他综合收益和公开储备；由银行并表子公司发行的且由第三方持有的普通股（即少数股东权益），但必须满足一定标准才能计入核心一级资本；核心一级资本的监管调整项。

其他一级资本包括以下部分：银行发行的满足其他一级资本标准的工具（不应包含在核心一级资本中）；发行其他一级资本工具产生的股本盈余（股票溢价）；由银行并表子公司发行的且由第三方持有的工具，该工具应满足计入其他一级资本工具的标准，同时未计入核心一级资本；其他一级资本的监管调整项。

b. 二级资本（破产清算情况下吸收损失的资本）。

二级资本包括以下部分：银行发行的满足二级资本标准的工具（未包含在一

级资本中);发行二级资本工具时产生的股本盈余(股票溢价);由银行并表子公司发行的且由第三方持有的工具,该工具应满足计入二级资本的标准,同时未计入一级资本;特定贷款损失准备;二级资本的监管调整项。

(2) 最低资本要求。

巴塞尔协议Ⅲ要求商业银行的核心一级资本不得低于风险加权资产的4.5%,一级资本不得低于风险加权资产的6%。总资本(一级资本与二级资本之和)不得低于风险加权资产的8%。加上留存超额资本后,商业银行核心一级资本充足率、一级资本充足率、总资本充足率应分别达到7%、8.5%、10.5%。针对系统重要性银行,还可视具体情况提高其资本充足率。

(3) 杠杆比率要求。

巴塞尔协议Ⅲ把杠杆率作为风险资本要求的补充指标,并纳入第一支柱框架。杠杆率被定义为一级资本与总风险暴露的比率,监管红线为3%。

(4) 流动性风险监管。

巴塞尔委员会在2010年12月发布了《流动性风险计量、标准和监测的国际框架》,并建立了流动性覆盖率(Liquidity Coverage Ratio)和净稳定资金比率(Net Stable Funding Ratio)两个流动性监管指标。流动性覆盖率定义为流动性资产储备与未来30日的资金净流出量的比值,并要求该比值不低于100%。净稳定资金比率定义为可用的稳定资金与所需的稳定资金之比,这个比率必须大于100%。

2. 微观审慎监管

(1) 留存超额资本。

留存超额资本旨在确保银行在非压力时期建立超额资本用于发生损失时吸收损失。银行除满足最低资本要求外,还应满足2.5%的留存超额资本,并且其必须全部用核心一级资本来满足。

(2) 逆周期超额资本。

逆周期超额资本旨在确保银行业资本要求要考虑银行运营所面临的宏观金融环境。巴塞尔委员会要求商业银行计提风险加权资产的0~2.5%作为逆周期超额资本。

(3) 系统重要性银行及其相关监管。

系统重要性银行[①]应该具有超过最低标准的损失吸收能力,巴塞尔委员会对系统重要性银行增加了附加资本、应急资本、自救债务等要求。

---

① 根据2009年10月IMF/FSB/BIS提出的指引,识别系统重要性金融机构主要考虑规模、关联性和可替代性等三方面的指标,其中,规模反映一个机构在金融体系中的地位,关联性反映一个机构经营状况和风险对其他机构、交易对手和行业影响,可替代性反映客户和其他机构对该机构的依赖程度。

表 9-5　巴塞尔协议Ⅲ的资本要求和超额资本

	核心一级资本(%)	一级资本(%)	总资本(%)
最低监管要求	4.5	6.0	8.0
留存超额资本	2.5	—	—
最低资本加留存超额资本	7.0	8.5	10.5
逆周期超额资本区间	0~2.5	—	—

3. 过渡期安排

巴塞尔委员会为了确保银行可以有充足的时间通过调节利润分配、资本筹集等手段，以达到更高的资本要求，当然也是为了使银行能够继续放贷以支持经济稳定发展，对实施巴塞尔协议Ⅲ安排了较长的过渡期。

表 9-6　巴塞尔协议Ⅲ过渡期安排

	2011年	2012年	2013年	2014年	2015年	2016年	2017年	2018年	2019年以后
杠杆比率		监管监测	并行期2013年1月1日到2017年1月1日 2015年1月1日开始披露					纳入第一支柱	
核心一级资本充足率			3.5%	4.0%	4.5%	4.5%	4.5%	4.5%	4.5%
留存超额资本						0.625%	1.25%	1.875%	2.5%
核心一级资本+留存超额资本最低要求			3.5%	4.0%	4.5%	5.125%	5.75%	6.375%	7.0%
逐步引入对核心一级资本扣减项目(包括递延税资产、抵押服务权利和对其他金融机构的资本投资的超出部分)				20%	40%	60%	80%	100%	100%
一级资本充足率			4.5%	5.5%	6.0%	6.0%	6.0%	6.0%	6.0%
总资本充足率			8.0%	8.0%	8.0%	8.0%	8.0%	8.0%	8.0%
总资本+留存超额资本最低要求			8.0%	8.0%	8.0%	8.625%	9.25%	9.875%	10.5%
不符合非核心一级资本或二级资本定义的资本工具			从2013—2023年逐步退出						
流动性覆盖率			观测期开始			成为最低标准			
净稳定资金比例			观测期开始					成为最低标准	

专栏 9-2　　　　　　　　　　　宏观审慎政策框架新进展

宏观审慎管理的核心，是从宏观的、逆周期的视角采取措施，防范由金融体系顺周期波动和跨部门传染导致的系统性风险，维护货币和金融体系的稳定。作为危机后国际金融管理改革的核心内容，国际社会强化宏观审慎政策的努力已取得积极进展，初步形成了可操作的政策框架。

在政策工具方面，二十国集团(G20)于2010年末批准了巴塞尔协议Ⅲ的基本框架，包含了加强宏观审慎管理、增强逆风向调节的诸多进展。一是在最低监管资本要求之上增加基于宏观审慎的资本要求。要求银行保留2.5%的资本留存缓冲，以更好地应对经济和金融冲击。各国可根据"信用(贷)/GDP"超出其趋势值的程度等要求银行增加0%~2.5%的逆周期资本缓冲，以保护银行体系免受信贷激增所带来的冲击，起到逆周期调节的作用。系统重要性银行还应在上述最低资本要求的基础上具备更强的吸收损失能力。二是加强对流动性和杠杆率的要求。提出了流动性覆盖比率(LCR)和净稳定融资比率(NSFR)两个标准，以提升金融机构管理流动性风险的能力。作为最低资本要求的补充，新的杠杆率测算纳入了表外风险，以一级资本占表内资产、表外风险敞口和衍生品总风险暴露来计算杠杆水平。

在国际金融管理改革实践方面，表现出由中央银行主导宏观审慎政策的趋势。根据金融改革法案，美国建立了金融稳定监督委员会，负责识别和防范系统性风险。法案强化了美联储对系统重要性金融机构的监管，授权美联储负责对大型、复杂金融机构实施监管，并对金融市场清算、支付、结算体系进行监管，发现、衡量并化解系统性金融风险。英国政府授权英格兰银行负责宏观审慎管理，通过在英格兰银行内设立金融政策委员会来制定宏观审慎政策，并把金融监管权从金融服务局转移到中央银行。英国将金融监管职责重新归入中央银行，表明其金融管理理念发生了重要变化。2011年9月新修订的《韩国银行法》也进一步强化了韩国银行的宏观审慎职能，赋予其维护金融稳定的必要工具和手段。日本银行通过多种方式履行宏观审慎职能，包括定期评估金融体系稳定性，将宏观审慎管理与微观层面的现场检查、非现场监测相结合，发挥最后贷款人职能为金融机构提供必要的流动性支持，从宏观审慎视角出发制定货币政策，监测支付结算体系等。国际清算银行(BIS)在有关央行治理和金融稳定的报告中指出，宏观审慎职能更适于划归央行，这主要是因为央行更适于承担宏观和系统性分析责任。国际货币基金组织(IMF)首席经济学家布兰查德在反思宏观政策框架的报告中也指出，中央银行具有理想的能力来监测宏观经济的变化，同时由于货币政策可能对杠杆和风险行为产生影响，因此也有必要把宏观审慎职责集中在中央银行。

作为G20成员，中国正在着力加强和完善宏观审慎政策框架。"十二五"规划明确提出"构建逆周期的金融宏观审慎管理制度框架"。当前，中国实行数量型和价格型相结合的金融宏观调控模式，中央银行既重视利率等价格型指标变化，也重视货币信贷增长状况，并运用信贷政策、差别准备金、调整按揭成数等手段加强宏观审慎管理，注重通过窗口指导等方式加强风险提示，取得了较好效果。国际金融危机爆发后，按照中央有关健全宏观审慎政策框架的部署，中国人民银行从2009年年中即开始研究进一步强化宏观审慎管理的政策措施，2011年通过引入差别准备金动态调整措施，把货币信贷和流动性管理的总量调节与强化宏观审慎政策结合起来，有效地促进了货币信贷平稳增长，提升了金融机构的稳健性。下一阶段，将在借鉴国际金融危机教训和国际上有效做法的基础上，结合中国国情，进一步健全宏观审慎政策框架，建立宏观审慎管理和微观审慎监管协调配合、互为补充的体制机制,发挥中央银行在加强逆周期宏观审慎管理中的主导作用,不断完善相关管理手段。

资料来源:中国货币政策执行报告2011年。

第五节　我国对商业银行资本的管理

改革开放以来,我国银行业得到了长足的发展。为了保证银行业的稳健发展,尽快融入国际经济金融大舞台,与国际惯例接轨,我国非常注重对银行业的资本监管,在改革发展中不断摸索完善相关管理办法,陆续出台了一些资本监管的规定和管理措施。

1992年深圳市人民银行率先在这方面进行了尝试,并公布了"深圳市银行业资产风险监管暂行规定"(该规定参照了1988年《巴塞尔协议Ⅰ》的内容),1993年1月起在深圳市范围内实施。1994年中国人民银行下发了《关于对商业银行实行资产负债比例管理的通知》,在通知中明确了《商业银行资产负债比例管理暂行监控指标》和《关于资本成份和资产风险权数的暂行规定》。1995年颁布的《商业银行法》首次从法律意义上对资本充足率做了明确规定。1996年我国又参考1988年《巴塞尔协议Ⅰ》的总体框架,结合到我国的具体国情,制定了《商业银行资产负债比例管理监控、监测指标和考核办法》。该办法对资本定义、风险资产、风险权重、表外业务、资本充足率等提出了明确的要求。2004年2月中国银监会在1988年《巴塞尔协议Ⅰ》的基础上,参考了《巴塞尔协议Ⅱ》的第二支柱和第三支柱,结合我国的实际情况,发布了《商业银行资本充足率管理办法》并于2006年做了修订,建立起了相对完整的审慎资本监管制度。2007年2月银监会制定了《中国银行业实施新资本协议指导意见》,确立了《巴塞尔协议Ⅱ》实施的政策框架,2008年和2009年银监会又陆续发布了支撑《巴塞尔协议Ⅱ》实施的配套监管规章。由于2008年金融危机的爆发,全球银行业开始全面反思,国际金融监管架构和规则发生了重大变革。2010年12月16日,巴塞尔委员会发布了《巴塞尔协议Ⅲ》,并要求各成员经济体两年内完成相应监管法规的制定和修订工作。为推动中国银行业实施国际新监管标准,增强银行体系稳健性和国内银行的国际竞争力,2011年5月年银监会发布了《中国银行业实施新监管标准的指导意见》[1],同年8月又发布了《商业银行资本管理办法》(征求意见稿)。2012年6月8日,中国银监会正式发

---

[1] 《中国银行业实施新监管标准的指导意见》按照宏观审慎监管与微观审慎监管有机结合、监管标准统一性和分类指导统筹兼顾的总体要求,明确了资本充足率、杠杆率、流动性、贷款损失准备监管标准,并根据不同机构情况设置差异化的过渡期安排。

布了《商业银行资本管理办法(试行)》①,2013年1月1日起实施。

一、资本的定义

按照《商业银行资本管理办法(试行)》的规定,我国商业银行的资本包括核心一级资本、其他一级资本和二级资本。

(一) 核心一级资本

核心一级资本主要包括实收资本或普通股、资本公积、盈余公积、一般风险准备、未分配利润、少数股东资本可计入部分。表9-7是中国银行2015—2017年权益资本情况。

表9-7 2015—2017年中国银行的权益资本结构　　　　　　　　　单位:百万元

	2015年	2016年	2017年
股本	294 388	294 388	294 388
其他权益工具	99 714	99 714	99 714
其中:优先股	99 714	99 714	99 714
资本公积	138 832	138 832	138 832
减:库存股	—	—	—
其他综合收益	7 104	(4 441)	21 282
盈余公积	109 215	122 975	138 275
一般风险准备	172 029	186 640	200 022
未分配利润	390 626	440 902	507 481
归属于母公司所有者权益总计	1 211 908	1 279 010	1 357 430
少数股东权益	—	—	—
所有者权益合计	1 211 908	1 279 010	1 357 430

资料来源:中国银行2015—2017年年报。

(二) 其他一级资本

其他一级资本包括其他一级资本工具及其溢价、少数股东资本可计入部分。

(三) 二级资本

二级资本包括二级资本工具及其溢价、超额贷款损失准备、少数股东资本可计

---

① 《商业银行资本管理办法(试行)》分10章180条和17个附件,分别对监管资本要求、资本充足率计算、资本定义、信用风险加权资产计量、市场风险加权资产计量、操作风险加权资产计量、商业银行内部资本充足评估程序、资本充足率监督检查和信息披露等进行了规范。主要体现了以下几方面要求:一是建立了统一配套的资本充足率监管体系;二是严格明确了资本定义;三是扩大了资本覆盖风险范围;四是强调科学分类,差异监管;五是合理安排资本充足率达标过渡期。总体来看,新的资本监管体系既与国际金融监管改革的统一标准保持一致,也体现了促进银行业审慎经营、增强对实体经济服务能力的客观要求。实施新监管标准将对银行业稳健运行和国民经济平稳健康发展将发挥积极作用。

入部分。

（四）资本的扣除项

根据规定,我国商业银行在计算资本充足率时,需要从核心一级资本中全额扣除下列项目:①商誉;②其他无形资产(土地使用权除外);③由经营亏损引起的净递延税资产;④贷款损失准备缺口;⑤资产证券化销售利得;⑥确定受益类的养老金资产净额;⑦直接或间接持有本银行的股票;⑧对资产负债表中未按公允价值计量的项目进行套期形成的现金流储备,若为正值,应予以扣除;若为负值,应予以加回;⑨商业银行自身信用风险变化导致其负债公允价值变化带来的未实现损益。

商业银行发行的二级资本工具有确定到期日的,该二级资本工具在距到期日前最后五年,可计入二级资本的金额,应当按 100%、80%、60%、40%、20%的比例逐年减计。

商业银行 2010 年 9 月 12 日前发行的不合格二级资本工具,2013 年 1 月 1 日之前可计入监管资本,2013 年 1 月 1 日起按年递减 10%,2022 年 1 月 1 日起不得计入监管资本。

二、风险加权资产计量

根据我国的监管新规,资本覆盖风险的范围进一步扩大,风险加权资产的计量既包括信用风险和市场风险,也包括操作风险。

（一）信用风险加权资产计量

商业银行可以采用权重法或内部评级法计量信用风险加权资产。商业银行采用内部评级法计量信用风险加权资产的,应按有关的规定并经银监会核准。内部评级法未覆盖的风险暴露应采用权重法计量信用风险加权资产。

权重法下信用风险加权资产为银行账户表内资产信用风险加权资产与表外项目信用风险加权资产之和。商业银行计量各类表内资产的风险加权资产,应首先从资产账面价值中扣除相应的减值准备,然后乘以风险权重。商业银行计量各类表外项目的风险加权资产,应将表外项目名义金额乘以信用转换系数得到等值的表内资产,再按表内资产的处理方式计量风险加权资产。

1. 权重法下信用风险表内资产的风险权重(见表 9-8)

表 9-8　表内资产风险权重表

项　　目	权重
1. 现金类资产	
1.1 现金	0%
1.2 黄金	0%
1.3 存放中国人民银行款项	0%

续表

项　　目	权重
2. 对中央政府和中央银行的债权	
2.1 对我国中央政府的债权	0%
2.2 对中国人民银行的债权	0%
2.3 对评级 AA-(含 AA-)以上的国家或地区的中央政府和中央银行的债权	0%
2.4 对评级 AA-以下,A-(含 A-)以上的国家或地区的中央政府和中央银行的债权	20%
2.5 对评级 A-以下,BBB-(含 BBB-)以上的国家或地区的中央政府和中央银行的债权	50%
2.6 对评级 BBB-以下,B-(含 B-)以上的国家或地区的中央政府和中央银行的债权	100%
2.7 对评级 B-以下的国家或地区的中央政府和中央银行的债权	150%
2.8 对未评级的国家或地区的中央政府和中央银行的债权	100%
3. 对我国公共部门实体的债权	20%
4. 对我国金融机构的债权	
4.1 对我国政策性银行的债权(不包括次级债权)	0%
4.2 对我国中央政府投资的金融资产管理公司的债权	
4.2.1 持有我国中央政府投资的金融资产管理公司为收购国有银行不良贷款而定向发行的债券	0%
4.2.2 对我国中央政府投资的金融资产管理公司的其他债权	100%
4.3 对我国其他商业银行的债权(不包括次级债权)	
4.3.1 原始期限 3 个月以内	20%
4.3.2 原始期限 3 个月以上	25%
4.4 对我国商业银行的次级债权(未扣除部分)	100%
4.5 对我国其他金融机构的债权	100%
5. 对在其他国家或地区注册的金融机构和公共部门实体的债权	
5.1 对评级 AA-(含 AA-)以上国家或地区注册的商业银行和公共部门实体的债权	25%
5.2 对评级 AA-以下,A-(含 A-)以上国家或地区注册的商业银行和公共部门实体的债权	50%
5.3 对评级 A-以下,B-(含 B-)以上国家或地区注册的商业银行和公共部门实体的债权	100%
5.4 对评级 B-以下国家或地区注册的商业银行和公共部门实体的债权	150%
5.5 对未评级的国家或地区注册的商业银行和公共部门实体的债权	100%
5.6 对多边开发银行、国际清算银行及国际货币基金组织的债权	0%
5.7 对其他金融机构的债权	100%

续表

项 目	权重
6. 对一般企业的债权	100%
7. 对符合标准的微型和小型企业的债权	75%
8. 对个人的债权	
8.1 个人住房抵押贷款	50%
8.2 对已抵押房产,在购房人没有全部归还贷款前,商业银行以再评估后的净值为抵押追加贷款的,追加的部分	150%
8.3 对个人其他债权	75%
9. 租赁资产余值	100%
10. 股权	
10.1 对金融机构的股权投资(未扣除部分)	250%
10.2 被动持有的对工商企业的股权投资	400%
10.3 因政策性原因并经国务院特别批准的对工商企业的股权投资	400%
10.4 对工商企业的其他股权投资	1 250%
11. 非自用不动产	
11.1 因行使抵押权而持有并在法律规定处分期限内的非自用不动产	100%
11.2 其他非自用不动产	1 250%
12. 其他	
12.1 依赖于银行未来盈利的净递延税资产(未扣除部分)	250%
12.2 其他表内资产	100%

2. 表外项目的信用转换系数及表外项目的定义

按照规定,商业银行资产负债表外项目的信用转换系数分为:0%、20%、50%、100%。具体内容见表9-9。

表9-9　表外项目的信用转换系数

项 目	信用转换系数
1. 等同于贷款的授信业务	100%
2. 贷款承诺	
2.1 原始期限不超过1年的贷款承诺	20%
2.2 原始期限超过1年的贷款承诺	50%
2.3 可随时无条件撤销的贷款承诺	0%
3. 未使用的信用卡授信额度	
3.1 一般未使用额度	50%

续表

项　　目	信用转换系数
3.2 符合标准的未使用额度	20%
4. 票据发行便利	50%
5. 循环认购便利	50%
6. 银行借出的证券或用作抵押物的证券	100%
7. 与贸易直接相关的短期或有项目	20%
8. 与交易直接相关的或有项目	50%
9. 信用风险仍在银行的资产销售与购买协议	100%
10. 远期资产购买、远期定期存款、部分交款的股票及证券	100%
11. 其他表外项目	100%

上述表外项目中：

（1）等同于贷款的授信业务，包括一般负债担保、承兑汇票、具有承兑性质的背书及融资性保函等。

（2）与贸易直接相关的短期或有项目，主要指有优先索偿权的装运货物作抵押的跟单信用证。

（3）与交易直接相关的或有项目，包括投标保函、履约保函、预付保函、预留金保函等。

（4）信用风险仍在银行的资产销售与购买协议，包括资产回购协议和有追索权的资产销售。

3. 合格信用风险缓释工具

合格信用风险缓释工具包括的具体内容详见表9-10。

表9-10　合格信用风险缓释工具的种类

信用风险缓释工具	包括的范围
质物	（一）以特户、封金或保证金等形式特定化后的现金； （二）黄金； （三）银行存单； （四）我国财政部发行的国债； （五）中国人民银行发行的票据； （六）我国政策性银行、公共部门实体、商业银行发行的债券、票据和承兑的汇票； （七）金融资产管理公司为收购国有银行而定向发行的债券； （八）评级为BBB-（含BBB-）以上国家或地区政府和中央银行发行的债券； （九）注册地所在国或地区的评级在A-（含A-）以上的境外商业银行和公共部门实体发行的债券、票据和承兑的汇票； （十）多边开发银行、国际清算银行和国际货币基金组织发行的债券。

信用风险缓释工具	包括的范围
保证	（一）我国中央政府、中国人民银行、政策性银行及公共部门实体商业银行； （二）评级为 BBB-（含 BBB-）以上国家或地区政府和中央银行； （三）注册地所在国家或地区的评级在 A-（含 A-）以上的境外商业银行和公共部门实体； （四）多边开发银行、国际清算银行和国际货币基金组织。

（二）市场风险加权资产计量

市场风险资本计量应覆盖商业银行交易账户中的利率风险和股票风险，以及全部汇率风险和商品风险。交易账户包括为交易目的或对冲交易账户其他项目的风险而持有的金融工具和商品头寸。商业银行可以采用标准法或内部模型法计量市场风险资本要求。未经银监会核准，商业银行不得变更市场风险资本计量方法。商业银行市场风险加权资产为市场风险资本要求的12.5倍，即：

$$市场风险加权资产 = 市场风险资本要求 \times 12.5$$

（三）操作风险加权资产计量

根据规定，商业银行可采用基本指标法、标准法或高级计量法计量操作风险资本要求。未经银监会核准，商业银行不得变更操作风险资本计量方法。商业银行操作风险加权资产为操作风险资本要求的12.5倍，即：

$$操作风险加权资产 = 操作风险资本要求 \times 12.5$$

三、资本充足比率与杠杆率

资本充足率是衡量商业银行综合经营能力和风险抵御能力的最重要指标之一。按照监管新规，商业银行各级资本充足率不得低于最低资本要求：

(1) 核心一级资本充足率不得低于5%；
(2) 一级资本充足率不得低于6%；
(3) 资本充足率不得低于8%。

商业银行资本充足率的计算公式：

$$资本充足率 = \frac{总资本 - 对应资本加减项}{风险加权资产} \times 100\%$$

$$一级资本充足率 = \frac{一级资本 - 对应资本扣减项}{风险加权资产} \times 100\%$$

$$核心一级资本充足率 = \frac{核心一级资本 - 对应资本扣减项}{风险加权资产} \times 100\%$$

商业银行应在最低资本要求的基础上计提储备资本。储备资本要求为风险加权资产的 2.5%,由核心一级资本来满足。特定情况下,商业银行应在最低资本要求和储备资本要求之上计提逆周期资本。逆周期资本要求为风险加权资产的 0~2.5%,由核心一级资本来满足。

除规定的最低资本要求、储备资本和逆周期资本要求外,系统重要性银行还应计提附加资本。国内系统重要性银行附加资本要求为风险加权资产的 1%,由核心一级资本来满足。通常情况下系统重要性银行和非系统重要性银行的资本充足率分别不得低于 11.5% 和 10.5%。

此外,商业银行还应满足杠杆率监管要求。杠杆率是指商业银行持有的、符合有关规定的一级资本净额与商业银行调整后的表内外资产余额的比率。根据规定,我国商业银行并表和未并表的杠杆率均不得低于 4%。

商业银行杠杆率的计算公式为:

$$杠杆率 = \frac{一级资本 - 一级资本扣减项}{调整后的表内外资产余额} \times 100\%$$

表 9-11　中国商业银行资本监管指标情况表(法人)　　　　　单位:%

	2014 年	2015 年	2016 年	2017 年
核心一级资本充足率	10.56	10.91	10.75	10.75
一级资本充足率	10.761	11.31	11.25	11.35
资本充足率	13.18	13.45	13.28	13.65
杠杆率	—	—	6.25	6.48

注:2014 年二季度起,工商银行、农业银行、中国银行、建设银行、交通银行和招商银行等六家银行经核准开始实施资本管理高级方法,其余银行仍沿用原方法。
资料来源:中国银监会网站。

四、监督检查

长期以来,我国对商业银行的监管职能一直是由中国人民银行来承担。2003 年我国银行监管体制进行了重大改革和调整,对商业银行的监管职能从中国人民银行分离出来,由新成立的中国银行业监督管理委员会(简称银监会)专门行使对商业银行的监管。为了更好地履行银监会的监督检查职能,在商业银行资本充足率的监督检查方面也建立了一套操作性强、透明度高的标准和程序,以确保各项监管措施的落实。

根据资本充足状况,银监会将商业银行分为四类,并分别对这四类银行采取不同的预警监管措施。

(1)第一类商业银行:资本充足率、一级资本充足率和核心一级资本充足率均达到规定的各级资本要求。

(2) 第二类商业银行:资本充足率、一级资本充足率和核心一级资本充足率未达到第二支柱资本要求,但均不低于其他各级资本要求。

(3) 第三类商业银行:资本充足率、一级资本充足率和核心一级资本充足率均不低于最低资本要求,但未达到其他各级资本要求。

(4) 第四类商业银行:资本充足率、一级资本充足率和核心一级资本充足率任意一项未达到最低资本要求。

银监会对商业银行实施资本充足率监督检查的主要内容包括:①评估商业银行全面风险管理框架;②审查商业银行对合格资本工具的认定,以及各类风险加权资产的计量方法和结果,评估资本充足率计量结果的合理性和准确性;③检查商业银行内部资本充足评估程序,评估公司治理、资本规划、内部控制和审计等;④对商业银行的信用风险、市场风险、操作风险、银行账户利率风险、流动性风险、声誉风险以及战略风险等各类风险进行评估,并对压力测试工作开展情况进行检查。

与此同时,银监会每年通过非现场监管和现场检查的方式对商业银行实施资本充足率监督检查。除对资本充足率进行常规监督检查外,还根据商业银行内部情况或外部市场环境的变化实施资本充足率的临时监督检查。银监会有权对资本充足水平不符合监管要求的商业银行采取干预或纠正措施,督促其提高资本充足水平。

五、信息披露

信息披露主要是指公众公司以招股说明书、上市公告书以及定期报告和临时报告等形式,把公司及与公司相关的信息,向投资者或社会公众公开披露的行为。为了进一步提高商业银行经营信息的透明度,有利于公众和投资人了解商业银行资本充足率的真实情况,强化对银行经营行为的市场约束,维护金融体系的健康和稳定,商业银行应当通过公开渠道,向投资者和社会公众披露相关信息,确保信息披露的集中性、可访问性和公开性。

根据有关规定,商业银行董事会负责该行资本充足率的信息披露,未设立董事会的,由行长负责,信息披露的内容须经董事会或行长批准,并保证披露的信息真实、准确和完整。资本充足率的信息披露至少包括以下方面的内容:①风险管理体系:信用风险、市场风险、操作风险、流动性风险及其他重要风险的管理目标、政策、策略和程序,组织架构和相关部门的职能;②资本充足率计算范围;③资本数量、构成及各级资本充足率;④信用风险、市场风险、操作风险计量方法,风险计量体系的重大变更,以及相应的资本要求变化;⑤信用风险、市场风险、操作风险及其他重要风险暴露和评估的定性和定量信息;⑥内部资本充足评估方法以及影响资本充足率的其他有关因素;⑦薪酬的定性信息和有关定量信息。

商业银行信息披露应遵循充分披露的原则,并应根据监管政策调整及时调整披露事项。商业银行信息披露频率分为临时、季度、半年及年度披露,其中临时信息应及时披露,季度、半年度信息披露时间为期末后30个工作日内,年度信息披露时间为会计年度终了后四个月内。因特殊原因不能按时披露的,应至少提前15个工作日向银监会申请延迟披露。

专栏9-3　　国家注资——我国商业银行资本金特殊的补充方式

  我国商业银行的改革离不开国家财政的支持,尤其是在一些特殊时期,更需要国家财政的先期扶助。每当商业银行的改革到了关键的时候,作为最大债权者的国家和地方政府,总会给予资金的支持,以改善商业银行资本结构和增加资本金数量。国家向商业银行注资或其他支持措施也是商业银行迅速摆脱困境的有力措施。1998年我国财政部发行了2 700亿元的特别国债,用以补充四家国有商业银行的资本金;1999年国家成立四家资产管理公司剥离四家国有银行13 900亿的不良贷款;2004年1月国家通过中央汇金公司对中国银行和中国建设银行用外汇储备注资450亿美元;2004年6月,中国银行、中国建设银行第二次剥离可疑类不良资产2 787亿元,被信达资产管理公司用市场价收购;2004年上半年在交通银行的财务重组中,财政部增资50亿元,中央汇金公司注资30亿元,为交通银行的重组上市起到了重要作用;2005年4月,中央汇金公司向中国工商银行注资150亿美元,与财政部各占50%的股份。在中国农业银行的股份制改革中,中央汇金公司于2008年11月向中国农业银行注资190亿美元折合人民币1 300亿元,并持有农行50%的股份,与财政部并列成为农行第一大股东。经过多次注资和不良资产的剥离,解决了资本金不足的问题,使国有商业银行的资本金得到了大大提高。但这种注资却是不固定的,国家不可能经常采用,否则会加重我国本不富裕的财政的压力。因此,国家注资不是解决商业银行资本金的主要途径,而只是一种权宜之计,商业银行在改制过程中可以尽可能多的争取国家的资金支持,但不要奢望国家会经常性的注资。当然,如果国家政府或地方政府仍然持有某一商业银行的股份,也应该尽到一个股东的责任,在商业银行需要改善资本金状况的时候,也应该增加资本投入,以保证商业银行资本金与业务发展的同步增长。

  资料来源:根据有关资料整理。

本章小结

  1. 资本金的概念有多种,包括注册资本、实收资本、股权资本、经济资本和监管资本。资本金的作用也表现在多个方面,即资本金是商业银行开业、正常运转和发展的必要前提和保证;是商业银行抵御风险的最后一道防线;是对存款人利益的一种有力保障;是满足监管当局监管的需要。

  2. 银行资本的工具主要由权益性工具、债务性工具和混合性工具组成,而常用的资本工具主要包括普通股、优先股、可转换债券、次级债券和混合资本债券等。

  3.《巴塞尔协议Ⅰ》主要包括四个部分的内容,一是统一了资本的定义,将银行资本分为核心资本和附属资本。二是根据资产的风险大小确定了不同的风险权数。三是通过设定一些转换系数,将表外授信业务纳入资本监管。四是确定了资本充足率不得低于8%,核心资本充足率不得低于4%的目标比率。而《补充规定》则将市场风险纳入到资本监管的范畴,主要内容有,风险度量框架、资本范围的定义和资本比率的计算。

4. 《巴塞尔协议Ⅱ》是在最低资本充足要求的基础上,提出了监管部门对资本充足率的监督检查和市场约束的新规定,形成了资本监管的"三大支柱",即最低资本要求、监管当局的监督检查和市场约束。

5. 《巴塞尔协议Ⅲ》反映了国际银行业监管理念的最新变化,突出体现了风险敏感性资本要求和非风险敏感性杠杆率要求相结合,资本监管与流动性监管相结合,微观审慎与宏观审慎相结合。主要内容包括:资本定义、最低资本要求、留存超额资本、逆周期超额资本、杠杆比率、流动性风险监管、系统重要性银行及其相关监管。

6. 我国对商业银行资本的管理也随着银行业的改革深化而不断加强,并在资本定义、风险加权资产的计量、资本充足率标准、杠杆率、监管当局的监督检查和信息披露等方面进行了规定。

关键概念索引

股权资本 经济资本 监管资本 普通股 优先股 可转换债券
次级债券 混合资本债券 核心一级资本 二级资本 资本充足率
杠杆率 信息披露 巴塞尔协议Ⅲ

复习思考题

1. 商业银行资本金的作用有哪些?
2. 分析普通股、优先股和可转换债券的利弊。
3. 《巴塞尔协议Ⅱ》相对1988年的《巴塞尔协议Ⅰ》的主要发展有哪些?
4. 《巴塞尔协议Ⅲ》对商业银行作了哪几个方面的规定?
5. 简述《巴塞尔协议Ⅲ》中关于资本的定义。
6. 我国对商业银行资本管理的主要内容是什么?
7. 我国商业银行提高资本充足率的途径主要有哪些?

参考资料

1. 克里斯·马腾著,王洪、漆艰明等译,《银行资本管理》,机械工业出版社,2004年。

2. 彼得·S.罗斯等著,刘园译,《商业银行管理》(第九版),机械工业出版社,2016年。
3. 彭建刚主编,《商业银行管理学》(第四版),中国金融出版社,2015年。
4. 吴念鲁编著,《商业银行经营管理》,高等教育出版社,2009年。
5. 巴曙松,《巴塞尔新资本协议研究》,中国金融出版社,2003年。
6. 姜波著,《商业银行资本充足率管理》,中国金融出版社,2004年。
7. 巴曙松,《巴塞尔资本协议Ⅲ研究》,中国金融出版社,2011年。
8. 中国银监会,《中国银行业实施新监管标准的指导意见》,2011年。
9. 中国银监会,《商业银行资本管理办法(试行)》,2012年。
10. 巴塞尔银行监管委员会发布、中国银监会翻译,《第三版巴塞尔协议》,中国金融出版社,2011年。

第十章 商业银行资产负债管理

> **本章要点**
>
> - 资产管理理论和方法
> - 负债管理理论、方法与风险
> - 资产负债综合管理
> - 利率敏感性缺口管理
> - 持续期缺口管理

资产负债管理是现代商业银行经营管理的核心。随着外部环境及其经营条件的变化,商业银行对于资产负债的安全性、流动性和盈利性的协调和处理也日趋成熟,形成了一系列的理论和方法。商业银行的资产负债管理从其发展历程来看,经历了资产管理阶段、负债管理阶段和资产负债综合管理阶段。

第一节 资产管理

资产管理,是指通过对银行资产分布结构的安排和调整,增加资产的安全性、流动性和盈利性。商业银行在其发展初期的很长一段时间内,资产管理一直占据主导地位。

一、资产管理理论

资产管理理论,是商业银行自诞生到20世纪50年代末一直奉行的管理理论。当时,金融市场并不发达,商业银行是最主要的信用中介,间接融资占主导地位;同时,在普遍的行业管制没有解除以前,银行吸收的存款类型、提供的利率和银行能够利用的非存款性资金来源是受到严格管制的,银行在资金来源方面的作为有限,主要以被动地吸收活期存款为主。与之相适应,资产管理理论非常关注银行资产的流动性,认为银行的业务重点应该是资产业务,银行管理的关键是如何将资产进行合理的运用,在保证资产流动性的前提下,追求盈利性。随着商业银行经营环境的变化,资产管理理论经历了从商业贷款理论、可转换理论到预期收入理论的沿革。

(一) 商业贷款理论

商业贷款理论,又称真实票据理论。它是一种确定资金运用方向的理论。英国著名经济学家亚当·斯密在1776年发表的《国民财富的性质和原因的研究》(简称《国富论》)中最早对商业贷款理论进行了表述。该理论认为,银行的资金来源主要是流动性很强的活期存款,为了保持银行资金的流动性,随时应付客户的提款需求,银行的资产业务应集中于短期自偿性贷款,不宜发放长期贷款和消费者贷款,即使发放这些贷款,也应将其限定在银行自有资本和现有储蓄存款水平范围内。短期自偿性贷款是指工商企业的流动资金贷款,并且通常以商业票据作抵押,能够随着商品产销过程的完成从销售收入中获得偿还,所以商业贷款理论也称为真实票据理论。商业贷款理论主要关注的是商业银行的流动性和安全性,强调商业银行的稳健经营,盈利性则相应受到一定损失。

商业贷款理论产生于商业银行发展的初期,当时商业银行的资金来源主要是活期存款,流动性很强。同时,中央银行和存款保险制度尚未发展起来,存款人对经济环境和商业银行经营状况的变化非常敏感,商业银行在日常经营中必须保持足够的流动性。加上当时商品经济还不发达,一般企业经营资金多数来源于自有资金,只有面临一些季节性的或临时性资金需求时才要求银行贷款。这一切都决定了商业银行资产结构单一,主要是短期自偿性贷款。

商业贷款理论是最早的银行资产管理理论,它确立了银行经营的一些重要原则,并对银行经营起到了一定的积极作用:①商业贷款理论强调在进行资金运用的时候要考虑资金来源的期限和结构,从而为银行的资金运用指出了方向;②它指出银行要注意保持资金的流动性,确保银行经营的安全。这些对早期商业银行的资金配置和稳健经营提供了理论基础,对今天商业银行的经营管理依然有借鉴意义。

商业贷款理论也有其局限性:①商业贷款理论对存款的相对稳定性认识不足,虽然银行的资金来源主要是活期存款,流动性很强,但总有一部分存款相对稳定,会保留在银行里,可作长期使用;②商业贷款理论忽略了贷款清偿的外部条件,虽然有票据作抵押,但如果碰上经济萧条的情况,就不能保证一定获得偿还;③商业贷款理论不能满足多样化的贷款需求,尤其是随着经济环境的变化,这个缺陷越来越明显。

(二) 可转换理论

1918年美国经济学家莫尔顿在《政治经济学》杂志上发表了《商业银行及资本构成》一文,在文中他提出了可转换理论,又称转换能力理论。当时的银行业危机使人们对银行的流动性有了新的认识,流动性并不取决于发放贷款的种类,而取决于银行持有资产的可转换性。在此基础上,莫尔顿提出银行流动性的强弱取决于资产迅速变现的能力,因此保持资产流动性的最好方法是持有可转换的资产。可转换理论和商业贷款理论不同,它认为短期自偿性贷款不是唯一的保持流动性的手段,银行可以持有一些短期的易变现的资产,在银行需要流动性的时候,可以将这部分资产迅速变现。当时最典型的可转换资产是短期国债,因为19世纪20年代正值一战以后,各国政府普遍通过发行国债来筹集资金,尤其是美国,短期国债非常流行,从而为银行保持流动性提供了新的途径。在资产可转换理论的鼓励以及当时社会条件的配合下,商业银行资产组合中的票据贴现和短期国债比重迅速增加,从而扩大了商业银行资产范围,使商业银行在保证了一定流动性和安全性的基础上增加了盈利。

可转换理论并不是完全取代商业贷款理论,而是对商业贷款理论的进一步发展:①在商业贷款理论的基础上,可转换理论开拓了新的满足银行流动性的渠道,即持有可转换的资产,在需要流动性的情况下,可以随时变现;②从银行的资产业务来说,不再局限于对企业的流动资金贷款,增加了短期证券投资,业务范围扩大,灵活性增强;③和商业贷款理论相比,可转换理论使银行在保证了一定流动性和安全性的基础上增加了盈利。直到今天,可转换理论在商业银行的资产管理中依然有指导意义,银行一般都会持有一部分短期证券作为流动性储备。但是可转换理论也存在很大的缺陷,它忽略了证券的变现能力要受市场制约,即证券能否顺利变现依赖于第三者的购买。在证券市场需求不旺盛的情况下,证券就不能顺利变现,从而损害银行的流动性。

(三)预期收入理论

这是一种关于资产选择的理论。二战后高速发展的西方经济使得社会对银行资金需求增加,需要银行提供不同类型的贷款,同时政府鼓励消费的政策也促使银行涉足新的消费贷款领域,商业银行迫切需要新的理论引导。在这样的背景下,1949年美国经济学家普鲁克在《定期放款与银行流动性理论》一书中提出了预期收入理论。该理论认为银行资产的流动性取决于借款人的预期收入,贷款期限并非是一个绝对的控制因素,只要借款人的预期收入可靠,通过分期偿还的形式,长期项目贷款和消费信贷同样可以保证银行的流动性;反之,如果未来收入没有保障,即使短期贷款也有偿还不了的风险。预期收入理论的出现为商业银行开拓新的业务渠道指明了道路。

预期收入理论是对商业贷款理论和可转换理论的发展和创新,与前两者相比,预期收入理论具有更积极的意义:①在预期收入理论的指导下,银行的业务范围进一步拓展,不仅包括短期流动性贷款、短期证券投资,还提供各种中长期贷款,消费贷款业务也大幅增长,银行的资产组合更趋灵活;②银行的盈利能力大大增强,根据这一理论,商业银行在保持一定流动性和安全性的前提下,追求最大限度的盈利日益成为其经营管理的主要目标;③这一理论的出现也促进了零售资产业务特别是消费信贷业务的产生。预期收入理论的问题是借款人的预期收入具有一定的不确定性,是一个难以把握的变量,尤其是在长期贷款业务中,贷款人的收入很容易产生变化,难以准确预测,所以该理论无形中增加了银行的信贷风险。

二、资产管理方法

(一)资金总库法

资金总库法也称资金集中法或资金池法,在20世纪30年代以后被广泛运用。在资产管理理论的指导下,资金总库法是商业银行进行流动性管理的最主要的方法之一。主要内容是:商业银行将不同期限、不同来源的资金集中起来,形成资金总库,然后在资金总库中对资金运用按优先权排队,进行分配。如图10-1所示:

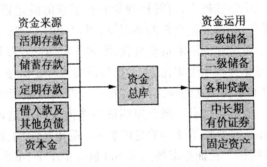

图 10-1 资金总库法运用过程

银行的资金来源有活期存款、定期存款、储蓄存款、资本金和其他资金来源,商业银行首先将所有这些不同特性的资金来源集中起来,形成资金总库。然后根据以往的经验以及对将来银行流动性需求的判断,确定银行的流动性目标,对资金运用进行分配。在具体分配资金的过程中,主要按照以下五个步骤进行。

(1)充实一级储备。一级储备包括库存现金、存放中央银行款项、存放同业款项、托收中的现金等项目,是银行资产中流动性最强的,主要是为了应付日常经营中的提款和资金清算等的需要。

(2)建立二级储备。二级储备包括短期有价证券、银行承兑汇票等项目,这些资产的特点是流动性很强,同时具有一定的盈利性,是作为一级储备的补充存在的,是银行流动性的重要组成部分。

(3)有了一级储备和二级储备,商业银行就可以把很大一部分资金用于贷款,因为贷款是银行最主要的盈利资产。但是资金总库法没有说明怎样安排不同期限和类型的贷款。

(4)如果有剩余资金,则进行中长期有价证券投资,主要考虑的也是获取盈利,同时在必要的时候可以充实流动性。

(5) 最后如果还有剩余资金可用于购置固定资产。

资金总库法简单易行,给银行管理者提供了一个粗略的管理思想;银行将精力集中在资产分配上,有利于提高资产分配的效率;资产分配不受负债期限结构的限制,而只受负债总量的制约,因而资产结构的调整较为灵活。但这种方法偏重于单一的资产管理,其缺点也是比较明显的:①认为资产的流动性主要来源于资产的运用,没有从资金来源的角度考虑流动性的供给,也就是说认为资金总库规模是既定的,银行不能从资金来源的角度主动地增加流动性供给;②在决定资金分配的顺序中,对每一优先权应占的资金数量缺乏具体的指导,也就是流动性比率的确定比较主观,很可能出现流动性不符合实际需要的情况,如过剩或不足;③没有考虑贷款的还本付息会带来一部分流动性供给;④过分强调流动性,忽略了盈利性的要求。

(二) 资金分配法

在 20 世纪五六十年代,美国商业银行的储蓄存款和定期存款大幅度增加,这些存款的流动性较小,但商业银行仍按照原来的模式进行资产分配,未能很好地利用资金,不仅使银行的收入减少,而且不能充分满足社会的信贷需求,不利于经济发展,资金分配法随之产生。资金分配法又叫资产配置法或资金转换法,这种方法强调资金运用的方向应取决于资金来源的期限和结构,把现有资金分配到各类资产上时,应使这些资金来源的流通速度和周转率与相应的资产期限相适应。因此,周转率较高的存款主要应分配到短期的、流动性高的资产项目上;反之,那些周转率较低的存款主要应分配到期限相对较长、收益较高的资产上。如图 10-2 所示:

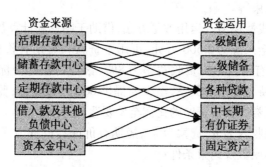

图 10-2 资金分配法运用过程

从图 10-2 可以看出,在资金分配法下,银行根据每种资金来源的期限和流动性设立活期存款中心、储蓄存款中心、定期存款中心、借入款及其他负债中心和资本金中心,然后根据本中心资金来源的流动性状况进行分配。例如,活期存款有较高的周转率和法定准备金率,从对称原则出发,应主要分配于一级储备和二级储备,少部分用于贷款;定期存款和储蓄存款的法定准备金率低,周转率也低,银行主要用它们进行放款或投资于高收益的证券,获取较高利润,少部分用于储备金;银行的资本金是银行股东们在银行开办时或以后增加的股金,也有一部分是由历年利润积累起来的,一般不要求法定准备,比较稳定,这部分资金主要用于购买固定资产,如土地、建筑物、设备等,少部分可用于长期放款与长期证券投资。

资金分配法弥补了资金总库法的缺陷,它的主要优点是减少了流动资产,把剩余的资金配置到贷款和投资上,增加了银行利润,在一定程度上协调了流动性与盈利性的矛盾。但资金分配法也有其缺点:①没有考虑到贷款的偿还也会提供部分流动性;②对资金来源的流通速度和周转率的判断也有可能与实际情况不符,从而无法排除流动性不足的情况;③这一方法与资金总库法相同,只是提出了一般的资产管理原则,而没有提出具体的方法。比如多少用于准备金,多少用于放款,多少用于证券和固定资产投资,并无固定比例。

(三) 线性规划法

线性规划法从70年代开始用于银行资产管理,主要是通过建立线性规划模型来解决银行的资金分配问题。其基本做法是先确定资产管理目标,然后根据各种资产与目标的关系建立目标函数,再确定对各种目标函数的限制因素,最后根据目标函数与约束变量求出线性规划模型的解,具体程序如下。

第一步:建立目标函数。商业银行通常把利润最大化或成本最小化作为其经营管理的目标,同时进入目标函数的还有一些相关变量。

第二步:确定约束条件。主要是影响商业银行经营管理的一些内部和外部因素,如资金总量的约束;资产结构的约束;外部法律、监管和国际惯例的约束;银行内部管理方面的约束等。

第三步:求解线性模型。运用数学方法,借助于图形和计算机求解。

例:某银行资金来源为2 500万元,可用于贷款和短期有价证券投资,贷款收益率为10%,短期有价证券投资收益率为8%,银行的经营目标为利息收入最大化。同时,为了维持与客户的关系,至少要提供800万元贷款;监管部门关于流动性的要求是短期证券投资占资产的比例至少要达到25%。

假设银行利息收入为R,贷款为X_1,短期有价证券投资为X_2,根据给定条件,可以得出以下目标函数及约束条件:

$$\text{Max } R = 0.10X_1 + 0.08X_2 \quad \text{目标函数}$$

$$\begin{cases} X_1 + X_2 \leq 2\,500 \text{万元} & \text{资金来源约束} \\ X_1 \geq 800 \text{万元} & \text{贷款需求约束} \\ X_2 \geq 0.25(X_1 + X_2),\text{或} X_2 \geq 0.33X_1 & \text{流动性要求} \end{cases}$$

图解法如下:

图10-3中,AOA'区域为资产约束条件,即$X_1 + X_2 \leq 2\,500$万元;$BB'A'$为贷款

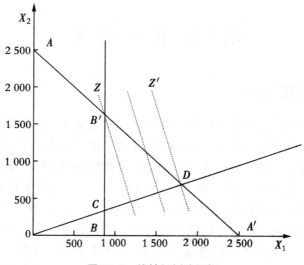

图 10-3 线性规划法图解

约束条件,即 $X_1 \geqslant 800$ 万元;AOD 为流动性需求约束条件,即 $X_2 \geqslant 0.33X_1$。综合以上分析,可见 $B'CD$ 是同时满足以上三个条件的区域。

图中虚线 Z、Z' 代表商业银行利息收入点的组合,Z' 代表的利息收入要高于 Z,它与 $B'CD$ 相交于 D 点,所以 D 点对应的 X_1、X_2 是要求的点。

根据以上的约束条件求解:

$$X_1 = 1875 \text{ 万元}, X_2 = 625 \text{ 万元}$$

该银行的利息收入最大化值为:

$$\text{Max } R = 0.10X_1 + 0.08X_2 = 237.5 \text{ 万元}$$

当然比较复杂的模型则要借助于计算机求解。

与资金总库法、资产分配法相比,线性规划法具有很多优点,它能精确地计算出分配到各种资产的资金数量,可以使银行确定具体的经营目标,比较分析各种决策的结果,并根据约束条件的变动来调动资金的分配,从而使资产流动性管理更趋向科学化。这种方法也是商业银行使用得最多的方法。但线性规划法也有其缺陷,如:线性规划法在将各种现实约束条件量化的过程中可能会掺杂主观因素,得到的数据并不可靠;约束条件容易产生变化,致使模型不稳定,等等。所以线性规划法得出的结论往往不能直接作为决策的依据,但可提供给决策者参考。

第二节 负债管理

一、负债管理理论

银行负债包括存款和借入款两个部分,从这个角度来看,商业银行的负债管理早就存在了。在商业银行经营的早期,资金来源以被动地吸收存款为主,所以商业银行非常注重资金的安全性和流动性。到了20世纪50、60年代,商业银行经营环境发生了巨大的变化,随着经济的增长和金融市场的发展,许多新的金融机构,特别是非银行金融机构的设立,对商业银行产生了巨大的冲击,其资金来源的数量和渠道受到很大的影响。在这种情况下,商业银行开始逐渐重视负债管理,并通过负债工具的运用来增加资金来源,拓宽资金渠道。特别是存款保险制度的建立与发展,转移了银行风险,进一步增强了银行的冒险精神,商业银行的负债管理出现了重要的突破和创新。纵观商业银行经营管理的历史,负债管理理论经历了从银行券理论、存款理论、购买理论到销售理论的发展。

(一)银行券理论

银行券理论是最古老的负债管理理论。在货币金属时期,为了保证货币的可兑换性和避免经济的波动,强调银行发行的负债凭证必须要有货币发行准备。与这种背景相适应,银行券理论认为商业银行要以贵金属做准备发行银行券,银行券的数额与货币发行准备的数额之间的比例视经济形势而变动。该理论的核心是强调负债的适度性。

(二)存款理论

银行券理论出现在商业银行经营的早期,随着各国中央银行纷纷成立并收回货币发行权,货币的可兑换性不再是人们关心的最主要问题,存款理论诞生了。这种理论认为,存款是商业银行最重要的资金来源,是存款者放弃货币流动性的一种选择,银行应当为此支付利息并保证存款的稳定和安全。该理论最主要的特征在于稳定性或保守性倾向,坚持从商业银行的安全性和流动性出发,根据所吸收的存款来安排商业银行的贷款等资产业务,保持资产的流动性,防止出现挤兑现象。可见,存款理论是在牺牲商业银行盈利性的前提下保持资产的流动性,当然对商业银行的稳健经营也起到了保障和促进的作用,如存款保险制度、最后贷款人制度等的建立。

(三)购买理论

到了20世纪60年代,西方国家的经济金融环境发生了很大变化。首先,金融市场迅速发展,出现了众多的非银行金融机构,它们与商业银行展开了激烈的竞争,其中包括资金来源渠道的竞争,商业银行为了谋求生存和发展,不能仅仅满足于对存款的管理,必须拓展新的资金来源。其次,西方国家在经历了 30 年代的经济大危机后,普遍加强了对银行业的管制,比如美国的 Q 条例,规定活期存款不能支付利息,定期存款和储蓄存款的利率不能超过规定的上限。但到了 60 年代以后,各国普遍出现通货膨胀,市场利率上升,对银行的存款形成很大威胁,银行存款客户流失,迫使商业银行改变单纯的资产管理的做法,银行一改被动负债的不利局面,开始主动地到市场上购买流动性,购买理论应运而生。购买理论的兴起,标志着银行负债经营战略思想的重大转移。

购买理论认为,银行对负债并不是消极被动和无能为力的,银行的流动性不仅可以通过加强资产管理获得,而且完全可以通过主动地负债来实现。银行没有必要再保持大量的高流动性的资产,而应将它们投入高盈利的贷款或投资活动中,一旦出现流动性需要,随时可通过负债管理来提供。银行通过主动购买行为,主要包括同业借款、向中央银行融资、在金融市场发债等等,不仅满足了流动性需求,而且商业银行还可以利用主动负债来不断适应盈利性资产的战略性扩张,从而摆脱了存款数额的限制,提高了商业银行盈利。

购买理论使西方商业银行更富有进取精神,并进一步深化了对银行资金流动性的认识,大大提高了银行的流动性,也为银行扩大资金来源和资金运用规模创造了条件。

(四) 销售理论

随着金融业竞争加剧,银行业大规模的并购不断,混业经营时代到来,银行逐步改变经营策略,努力通过多元化服务和各种金融产品来吸收资金,其结果是中间业务迅速发展。与此相适应,销售理论不再仅仅着眼于资金本身,它的立足点是服务,提倡创造金融产品,为更多的客户提供形式多样的服务,通过努力推销各种金融产品如可转让存款单、回购协议、金融债券等,迎合客户需要,扩大零售银行资金来源,保证流动性,以提高银行的经济效益。

销售理论始终包含着一种市场概念,其提倡的理念包括:客户至上;金融产品必须根据客户的多样化需要供给;任何金融产品的实质是帮助资金的运筹,其外壳或包装可能是其他形式的商品或服务;金融产品的推销主要依靠信息的沟通、加工和传播;销售观念不限于银行负债,也涉及银行资产,主张将两个方面联系起来进行系统的管理。

以购买理论和销售理论为代表的现代负债管理理论对商业银行的影响是明显的:首先,它改变了银行传统的经营管理理念,从以流动性为主的经营管理理念转化为流动性、安全性和盈利性并重;其次,改变了银行流动性管理的手段,银行的流动性管理从单一的资产管理转变为资产管理和负债管理同时进行;再次,增强了银行经营的主动性和灵活性,银行可根据需要主动安排负债,扩大资产规模,提高银行的盈利水平。尤其是存款保险制度的推出,更是激发了银行的积极进取精神,负债管理理论盛行一时。

二、负债管理的主要工具和方法

(一)负债管理的主要工具

在负债管理理论的影响下,商业银行一般通过下列工具来实施负债管理。

1. 大额可转让定期存单

20 世纪 60 年代,银行的一些大客户发现了比支票存款收益更高的投资方式,于是大量资金从银行流出,银行支票存款增长缓慢甚至出现零增长。在这样的情况下,美国货币中心银行开始寻找新的资金来源。富有创新精神的纽约花旗银行在 1961 年首先开发了大额可转让定期存单(CD)。这些存单吸引了拥有巨额流动资金的大公司,成为银行进行负债管理的主要工具。

2. 同业拆借

同业拆借市场最初是指银行等金融机构之间相互调剂在中央银行存款账户上的准备金余额。比如 1921 年在美国纽约形成了以调剂联邦储备银行会员银行的准备金头寸为内容的联邦基金市场。在经历了 20 世纪 30 年代的大危机之后,西方各国相继引入法定存款准备金制度,同业拆借市场也得到了较快发展,而且在参与机构、融资规模等方面,都发生了深刻变化。拆借交易不仅仅发生在银行之间,还扩展到银行与其他金融机构之间。从拆借目的看,已不仅仅限于补足存款准备,金融机构如在经营过程中出现暂时的、临时性的资金短缺,可以不必出售那些高盈利性资产,而是通过同业拆借市场从其他金融机构借入短期资金来获得流动性。同业拆借已逐渐成为银行实施资产负债管理的有效工具。

3. 回购协议

20 世纪 60 年代回购协议在美国出现。回购协议是在传统的货币市场工具的基础上,经过创新而衍生出来的货币市场工具,从商业银行的角度来说,实际上是以证券作抵押的融资行为。因为有了回购协议,商业银行几乎可以将所有的资金投资于盈利性资产,而不用担心会出现流动性危机。因为一旦需要现金,则可以通过回购协议的方式,将所持有的有价证券向别的机构进行抵押借款以获得融资。回购协议逐渐成为商业银行主动负债的重要工具之一。

4. 向中央银行借款

商业银行为满足资金需要,还可以从中央银行借款,主要有再贴现和再贷款两种方式。在市场经济发达国家,由于商业票据和贴现业务广泛流行,再贴现就成为商业银行向中央银行借款的主要渠道;而在商业票据信用不普及的国家,则主要采取再贷款的形式。

再贴现和再贷款不仅是商业银行筹措短期资金的重要渠道,而且也是中央银行重要的货币政策工具。中央银行通过调整再贴现率和再贷款利率,可以起到紧缩或放松银根的作用。

5. 发行金融债券

金融债券是商业银行的主动型负债工具,属"批发性"负债业务。发行金融债券,从市场上直接融资,是商业银行一项较为稳定的中长期资金来源。但发行金融债券一般要经过严格的审批,且不易获得经常性的发行便利,因此不能像同业拆借和债券回购那样成为商业银行日常的负债管理工具。

6. 欧洲货币市场借款

欧洲货币市场于20世纪50年代兴起,尤其是欧洲美元市场发展迅速,交易量巨大。欧洲美元是在美国以外的银行的美元存款,接受欧洲美元存款的银行可以是外国银行、美国银行的海外支行或者国际银行机构(IBF)。世界欧洲美元市场的中心在纽约,在那里,英国银行和大量的美国以及其他外国银行为获得欧洲美元存款而竞争。国内银行可以与每日进行欧洲货币借贷活动的主要银行联系,从欧洲货币市场获得资金。

(二)负债管理的方法

负债管理是商业银行实现流动性和盈利性均衡的重要工具,其基本方法有两种:

1. 储备头寸负债管理方法

这是一种用增加短期负债提供流动性资金的管理方法。这种方法是通过购入资金来补充银行的流动性需要,即在银行面临清偿能力不足时,可用短期借入资金来弥补提取的存款,这样在负债方一增一减,正好轧平(如图10-4)。例如在美国,储备头寸负债管理的主要工具是购买期限为一天的联储资金,或使用回购协议。这样,当一家银行的储备由于存款人的提款暂时不足时,购买联储资金来补充;而

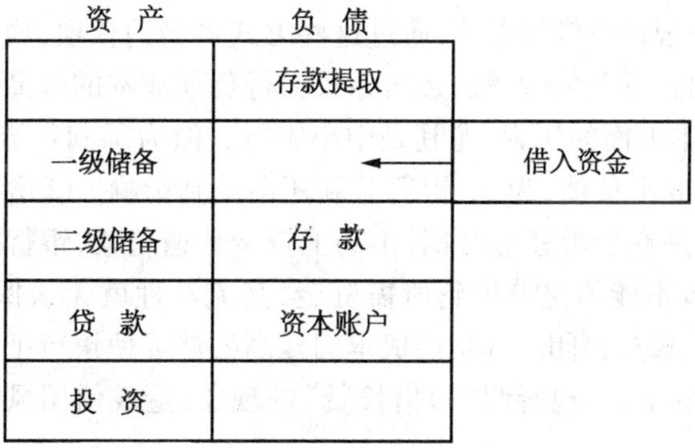

资　产	负　债
	存款提取
一级储备	← 借入资金
二级储备	存　款
贷　款	资本账户
投　资	

图10-4　储备头寸负债管理

当储备有暂时盈余时,就售出联储资金。从这一点来说,这种负债管理方法提高了资金的运用效率,也减缓了银行体系由于储备的突然减少带来的震动性影响。

2. 全面负债管理方法

这是银行直接从市场上借入资金支持贷款的持续增加,扩大盈利资产规模。在银行可贷资金不足时,可通过借入款来应付增加的借款需求,这样,负债和资产都同时增加,而且还会因资产规模的扩大带来额外的利润(如图10-5)。如商业银行发行的大额可转让定期存单就是这样一个负债工具。

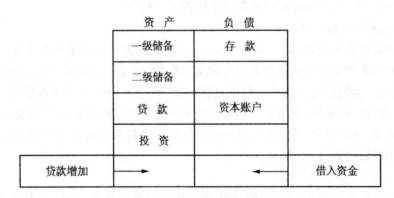

图10-5 全面负债管理

三、负债管理的风险

负债管理理论给银行带来了新的管理思想和方法,商业银行不再只是被动地接受存款,资产业务也不再完全依赖存款,银行可以从外部购入资金,也可以通过金融产品的销售获得资金,这样既可以满足流动性需要,还能进一步扩大资产业务,增加盈利。但是负债管理的出现也给银行带来了新的风险:①提高了银行负债的成本。无论是发行大额可转让定期存单、利用同业拆借资金,还是通过回购协议、向中央银行贴现窗口借款等等,通过这些方式筹借的款项,均必须支付高于一般存款的利息,而这类负债的增加必然导致银行负债成本的提高。不是所有银行都能承受这种成本方面的压力,尤其是中小银行。但为了满足流动性,银行甚至主动寻求这种高成本负债,为此,银行盈利还会受到影响。②增加了商业银行的经营风险。特别是在货币紧缩时期,市场上资金普遍趋紧,银行很难向外借到资金,如果商业银行不能如愿筹集到所需资金,其流动性就无法保证,这又会使银行陷入困境,甚至破产倒闭。③负债成本的提高必然促使银行把资产投放在赢利更高的放款和投资上,出现所谓"短借长贷"的现象,造成信用风险和流动性风险的增加。

第三节 资产负债综合管理

20世纪70年代中期,西方国家经济出现衰退,市场利率大幅提高,汇率自由浮动,借款市场日趋紧张。同时,企业对银行信贷资金的需求减少,银行的利差越来越小,盈利性不断减弱,甚至发生亏损。在这种情况下,银行单方面的负债管理和资产管理都不能适应新形势的要求,只有对银行资产和负债实施全面管理,才能取得良好的经营效果。这个时期,金融市场也得到了长足的发展,为规避风险的衍生品的交易增加,电子技术在银行业得到广泛运用,为银行主动进行资产负债管理创造了条件,商业银行资产负债综合管理理论应运而生。

一、资产负债综合管理的主要思想

资产负债综合管理理论产生于20世纪70年代后期,到了90年代,特别是90年代中后期迅速发展并成为占据主流地位的现代商业银行经营管理理论。1997年亚洲金融危机之后,以市场风险管理为核心的资产负债管理更是得到了国际银行业,尤其是亚洲各国银行的高度重视。资产负债综合管理理论认为单靠资产管理或单靠负债管理都难以形成商业银行安全性、流动性和盈利性的均衡,只有根据经济金融情况的变化,通过资产结构和负债结构的共同调整,通过资产、负债两方面的统一协调管理,才能达到银行经营管理目标的要求。资产负债综合管理理论并不是对传统的资产管理和负债管理的简单否定,而是在吸收前者合理经验的基础上的进一步发展和创新。

资产负债综合管理的主要内容,一是计量和管理利率风险、汇率风险等各类市场风险。这些风险是由于资产负债项目不匹配和金融市场要素波动所引起的,如果风险管理不善,有可能给商业银行造成灾难性的后果,资产负债管理的首要任务就是对这些风险进行准确计量和科学管理。二是协调商业银行的短期和长期盈利目标。利润是商业银行生存和发展的基础,从而也是银行实施资产负债管理的最终目标。但是,商业银行不应简单追求短期利益,而必须立足长远,实现可持续增长。目前,国际银行业通常以净利息收入(Net Interest Income, NII)为短期盈利目标,而以市值(Market Value, MV)为长期盈利目标。因此,资产负债管理的一项重要任务就是在判断市场利率走势的基础上,在银行的短期盈利目标和长期盈利目标之间寻求一种平衡。三是对经济资本进行优化配置。资本是防止银行倒闭的最后一道防线,但因为资本是最为稀缺和昂贵的资源,银行管理者必须对经济资本进行管理,在效益与风险之间寻求平衡。有效的资产负债管理,应当能够改善资产与负债的配置,将有限的资源投入到效益好且风险可控的业务上,以实现经济资本的节约。

资产负债综合管理是商业银行经营管理理论的重大发展,并对整个银行业产生了深远的影响:①它吸取了资产管理和负债管理的精华,使银行业务管理日趋完善。②它增强了银行抵御外界经济动荡的能力。资产负债管理运用现代化的管理方法及技术手段,从资产负债的总体上协调资产与负债的矛盾,并围绕解决这一矛盾关键因素——利率,建立了一整套的防御体系,形成了一个"安全网",使得银行在调整资产负债结构方面具有极大的灵活性和应变力,从而增加了银行对抗风险的能力。③它有助于减轻银行"短借长贷"的矛盾。利率自由化引起筹资成本的提高,迫使商业银行减少冒险性行为,放弃进攻性的放款和投资策略,采取更为谨慎的态度对待放款和投资。④对国民经济而言,资产负债综合管理为顾客提供了日益多样化的金融工具、金融服务与融资方式,通过提高贷款利率,以保持存贷款合理的利差,在一定程度上缓和了通货膨胀的压力。

二、利率敏感性管理

利率敏感性管理是在利率市场化的前提下,根据银行资产和负债对利率变化的不同敏感性而进行管理的方法。

(一) 有关概念

1. 利率敏感性

资产的利息收入与负债的利息支出受市场利率变化影响的大小,以及它们对市场利率变化的调整速度,称为银行资产或负债的利率敏感性。商业银行的资产和负债可以根据其利率的特点分为两类,即利率敏感性资产与负债和非利率敏感性资产与负债。利率敏感性资产与负债的利率会随着市场利率的变动而变动,利率敏感性资产包括同业拆借、回购协议、大额定期存单、短期贷款、短期投资、浮动利率的定期贷款等资产;利率敏感性负债包括活期存款、短期存款、短期借款等负债。非利率敏感性资产与负债的利率不会或很少会受到市场利率变动的影响,非利率敏感性资产包括固定利率贷款、长期投资、分期偿还贷款等;非利率敏感性负债包括定期存款、长期债券等长期负债。

2. 利率敏感性缺口

一个计划期内银行利率敏感性资产(Interest Sensitive Assets, ISA)与利率敏感性负债(Interest Sensitive Liabilities, ISL)之间的差额,用 GAP 表示,具体如下:

$$GAP = ISA - ISL$$

$GAP > 0$,称为正缺口,表明利率敏感性资产大于利率敏感性负债;

$GAP < 0$,称为负缺口,表明利率敏感性资产小于利率敏感性负债;

$GAP = 0$,称为零缺口,表明利率敏感性资产等于利率敏感性负债。

3. 利率敏感性比率

利率敏感性资产与利率敏感性负债的比率,用 SR 表示,具体如下:

$$SR = ISA/ISL$$

$SR > 1$,正缺口,表明利率性资产大于利率敏感性负债;$SR < 1$,负缺口,表明利率敏感性资产小于利率敏感性负债;$SR = 1$,零缺口,表明利率敏感性资产等于利率敏感性负债。

如图 10-6 所示:

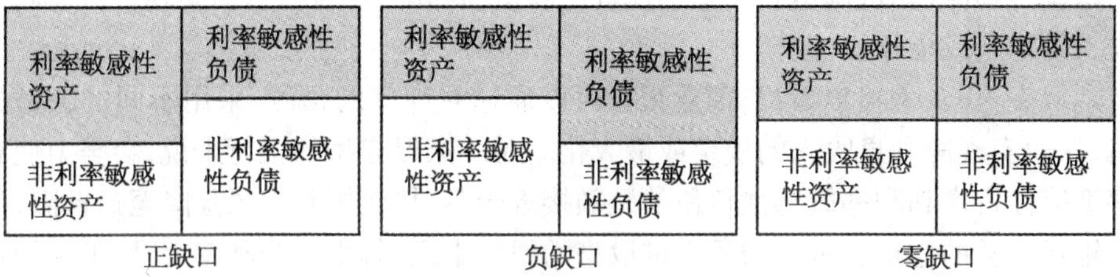

利率敏感性资产	利率敏感性负债	利率敏感性资产	利率敏感性负债	利率敏感性资产	利率敏感性负债
	非利率敏感性负债		非利率敏感性负债		非利率敏感性负债
非利率敏感性资产		非利率敏感性资产		非利率敏感性资产	
正缺口		负缺口		零缺口	

图 10-6 利率敏感性缺口图

(二) 利率敏感性缺口模型

用 ΔNII 表示银行净利息收入变化量,用 Δi 表示利率变化量,则银行净利息收入的变化量与敏感性缺口和利率变化量之间的关系如下:

$$\Delta NII = \Delta i \times GAP$$
$$= \Delta i \times (ISA - ISL)$$

可见,在市场利率变动时,利率敏感性缺口将直接影响银行的净利息收入。如果银行保持一个正缺口,即 $ISA - ISL > 0$,$SR > 1$。当市场利率上升,即 $\Delta i > 0$,此时 $\Delta NII > 0$,即银行的净利差由于利率的上升而增加;如果市场利率下降,即 $\Delta i < 0$,此时 $\Delta NII < 0$,即银行的净利差由于利率的下降而减少。反之,如果银行保持一个负缺口,即 $ISA - ISL < 0$,$SR < 1$,此时随着利率的上升,净利差收入会下降,随着利率的下降,净利差收入会上升。如果银行保持一个零缺口,基本上可以保证银行利差收入会保持稳定,不受利率变化的影响。具体如表 10-1 所示:

表 10-1 敏感性缺口和利率变动对银行净利息收入的影响

利率敏感性缺口	利率变动	净利息收入变动
正值	↑	↑
正值	↓	↓
负值	↑	↓

续表

利率敏感性缺口	利率变动	净利息收入变动
负值	↓	↑
零	↑	不变
零	↓	不变

（三）利率敏感性缺口管理策略及其运用

利率敏感性缺口管理策略是指银行运用利率敏感性缺口模型，根据对利率波动趋势的预测，相机调整利率敏感性资产和负债的配置结构，从而实现银行净利息收入的稳定或增长。

从表10-1中可以看出，商业银行可以通过对利率的预测，采用不同的缺口战略，从而实现净利息收入的稳定或最大化。对一家保守型的银行来说，会努力使利率敏感性资产和利率敏感性负债的差额接近于零，从而把利率风险降至最低限，保持银行收益的稳定。对一家积极进取型的银行来说，如果预测利率上升，可采用正缺口战略，即增加利率敏感性资产，减少利率敏感性负债；如果预测利率下降，则可采用负缺口战略，即增加利率敏感性负债，减少利率敏感性资产，从而实现净利息收入的最大化。

下面举例说明①。在实践中，许多银行运用电脑技术划分利率敏感性资产负债，并计算利率变化后的净息差变化，以采取适当的行动（见表10-2）。

表10-2　下列日期内需要重新确定利率的资产负债额　　单位：百万元

资产和负债项目	7天	7~30天	31~90天	91~360天	1年以上	总计
资产						
现金和存放同业	100	—	—	—	—	100
可转让证券	200	50	80	110	460	900
工商贷款	750	150	220	170	210	1 500
不动产贷款	500	80	80	70	170	900
消费者贷款	150	30	60	130	130	500
银行建筑设备	—	—	—	—	200	200
总资产	1 700	310	440	480	1 170	4 100
负债和资本						
活期存款	800	100	—	—	—	900
储蓄存款	50	50	—	—	—	100

---

① 参见戴相龙主编，《商业银行经营管理》，中国金融出版社1998年。

续表

资产和负债项目	7天	7~30天	31~90天	91~360天	1年以上	总计
定期存款	100	200	450	150	300	1 200
同业拆借	300	100	—	—	—	400
大额定期存单	550	150	—	—	—	700
其他负债	—	—	—	—	100	100
资本	—	—	—	—	700	700
总负债	1 800	600	450	150	1 100	4 100
单期缺口	-100	-290	-10	330	70	
累计缺口	-100	-390	-400	-70	0	
利率敏感性比率	94.4%	51.7%	97.8%	320%	106.4%	
银行状况	负债敏感	负债敏感	负债敏感	资产敏感	资产敏感	
银行净息差缩减因素	利率上升	利率上升	利率上升	利率下降	利率下降	

注：① 按计算期的不同，利率敏感性缺口可分为单期缺口与累计缺口两种。累计缺口一般是以1年为期，而单期缺口则是在1年内分为若干子期间，分段计算缺口。

② 净息差＝净利息收入/生息资产总额。

假定目前利率敏感资产的利息收益为10%，利率敏感负债的成本为8%；固定利率资产的收益为11%，固定利率负债的成本为9%，如果利率稳定在此水平，各时段银行的净利息收入和净息差如表10-3所示：

表10-3　利率稳定时，各时段的净利息收入和净息差

	7天	7~30天	31~90天	91~360天	1年以上
净利息收入（百万元）	83	84.9	82.10	78.7	81.30
净息差（%）	2.02	2.07	2.00	1.92	1.98

注：净利息收入和净息差收入的计算方法如下（以7天为例）：
净利息收入 = 0.10×1 700 + 0.11×(4 100 - 1 700) - 0.08×1 800 - 0.09×(4 100 - 1 800)
　　　　　 = 83（百万元）
净息差 = 83÷4 100 = 2.02%
其余各时段以此类推。

假定利率敏感资产和负债的利率分别上升至12%和10%，则有表10-4：

表10-4　利率上升时，各时段的净利息和净息差

	7天	7~30天	31~90天	91~360天	1年以上
净利息收入（百万元）	81	79.10	81.90	85.30	82.70
净息差（%）	1.98	1.93	2.00	2.08	2.02

上述举例说明,如果利率上调2个百分点,会使该银行90天内到期的资产和负债的净利息收入下降,净息差缩减,如果利率下降,会使该银行91天以上到期的资产负债的净利息收入下降,因此银行管理层必须采取相应的对冲风险措施。

利率敏感性缺口管理策略主张根据利率周期的变化,及时地调整各种资产和负债组合,从而规避利率风险,实现银行净利息收入的最大化,并且银行的管理也具备了更大的灵活性和应变力,从这个角度讲,利率敏感性缺口管理可谓是银行经营管理领域内的一场变革。它的难点和缺陷在于:①在确定利率敏感性资产和负债的时间标准问题时,银行选取多长时间作为规定利率敏感性的标准,这在银行实际业务经营中十分重要,但也很难确定。②银行能否预测利率变化的方向、大小及时间,值得怀疑。③银行调整资产负债结构,会受到许多因素的限制,如市场、制度、资源等因素,其灵活性存在一定问题。④银行的利率风险与信用风险很难权衡,利率风险的降低可能招致更大的信用风险。⑤利率敏感性缺口管理忽略了利率变化对固定利率资产和负债价值的影响。一般认为,利率风险有两方面:一是改变再投资利率,二是改变现有资产负债的价值(价格)。利率敏感性缺口只集中分析资金流量的变化,强调了再投资风险,而未注意到利率变化对银行长期固定利率资产和负债价值的影响,忽略了利率变化对银行净值(股东产权)的影响,因而具有极大的片面性。

利率敏感性缺口管理在理论和实践上的缺陷,促使银行寻找更为有效的方法,在这种背景下,持续期缺口管理逐渐被银行认同和采用。

专栏10-1 中国工商银行利率风险分析

2017年,本行坚持稳健审慎的利率风险偏好,科学研判宏观经济和市场利率走势,综合运用利率限额体系管理、期限结构管理、内外部定价管理、套期保值管理等工具,适度引导和优化资产负债期限结构,合理把握利率期限结构的形态变化,有效控制资产负债久期和利率敏感性缺口,确保利率风险管理目标的实现。

2017年末,一年以内利率敏感性累计负缺口2 066.14亿元,比上年减少2 140.81亿元,主要是由于一年以内重定价或到期的客户贷款及垫款增加所致;一年以上利率敏感性累计正缺口20 410.96亿元,增加222.81亿元。

表10-5 利率风险缺口 单位:人民币百万元

	3个月内	3个月至1年	1至5年	5年以上
2017年12月31日	(951 368)	744 754	447 734	1 593 362
2016年12月31日	(1 577 446)	1 156 751	487 380	1 531 435

表10-6说明了本行利息净收入和权益在其他变量固定的情况下对于可能发生的合理利率

变动的敏感性。

表 10-6 利率敏感性分析　　　　　　　　　　单位:人民币百万元

利率基点变动	2016 年 12 月 31 日		2017 年 12 月 31 日	
	利息净收入变动	权益变动	利息净收入变动	权益变动
上升 100 个基点	(8 457)	(51 697)	(4 271)	(42 300)
下降 100 个基点	8 457	55 338	4 271	44 688

上述利率敏感性分析只是作为例证,以简化情况为基础。该分析显示在各个预计收益曲线情形及本行现时利率风险状况下,利息净收入和权益之估计变动。但该影响并未考虑管理层为减低利率风险而可能采取的风险管理活动。上述估计假设所有期限的利率均以相同幅度变动,因此并不反映若某些利率改变而其他利率维持不变时,其对利息净收入和权益的潜在影响。

资料来源:中国工商银行2017年年报。

三、持续期缺口管理

(一)持续期的概念

持续期[①](Duration):也称久期或存续期,指固定收入金融工具现金流的加权平均时间,或理解为金融工具各期现金流抵补最初投入的平均时间。具体计算时,持续期指的是金融工具各期现金流发生的相应时间乘以各期现值与金融工具现值的商。计算公式为:

$$D = \frac{\sum_{t=1}^{n} \frac{t \cdot C_t}{(1+i)^t} + \frac{n \cdot F}{(1+i)^n}}{P} \quad (10.1)$$

其中,

$$P = \sum_{t=1}^{n} \frac{C_t}{(1+i)^t} + \frac{F}{(1+i)^n} \quad (10.2)$$

式中,D 表示持续期,t 表示各期现金流发生的时间,C_t 表示金融工具第 t 期的现金流,F 表示金融工具的面值,i 表示市场利率,P 是金融工具的价格,或者称为金融工具的现值。

举例:假设面额为 1 000 元的 3 年期的普通债券,每年支付一次利息,年利率为 10%,此时市场利率为 12%,则该债券的持续期为:

---

① 1938 年麦考莱(Frederick Macaulay)提出,也称为麦考莱持续期。

$$D = \frac{\dfrac{100 \times 1}{(1+12\%)^1} + \dfrac{100 \times 2}{(1+12\%)^2} + \dfrac{100 \times 3}{(1+12\%)^3} + \dfrac{1\,000 \times 3}{(1+12\%)^3}}{\sum_{t=1}^{3}\dfrac{100}{(1+12\%)^t} + \dfrac{1\,000}{(1+12\%)^3}} = 2.73(年)$$

持续期的概念使人们对固定收入金融工具的实际偿还期和利率风险有了更深入的了解。同时,持续期还被应用于预测由于市场利率变动所引起的债券价格的变动,这主要是通过计算金融工具的利率弹性实现的。

根据公式(10.2),对利率求导,得出金融工具现值对利率变动的敏感程度。金融工具价格的利率弹性(用 e 表示)为:

$$e = \frac{\mathrm{d}P/P}{\mathrm{d}i/i} = \frac{\mathrm{d}P}{\mathrm{d}i} \cdot \frac{i}{P}$$

其中,
$$\frac{\mathrm{d}P}{\mathrm{d}i} = -\left[\sum_{t=1}^{n}\frac{tC_t}{(1+i)^{t+1}} + \frac{nF}{(1+i)^{n+1}}\right]$$

所以,
$$e = -\left[\sum_{t=1}^{n}\frac{tC_t}{(1+i)^{t+1}} + \frac{nF}{(1+i)^{n+1}}\right] \cdot \frac{i}{P}$$

$$= -\left[\sum_{t=1}^{n}\frac{tC_t}{(1+i)^{t}} + \frac{nF}{(1+i)^{n}}\right] \cdot \frac{i}{1+i} \cdot \frac{1}{P}$$

$$= -D \cdot \frac{i}{1+i}$$

用 ΔP 表示金融工具现值的变动,Δi 表示利率的变动,于是:

$$D = -\frac{\mathrm{d}P/P}{\mathrm{d}i/(1+i)} \approx -\frac{\Delta P/P}{\Delta i/(1+i)}$$

进而得到:

$$\frac{\Delta P}{P} = -D \cdot \frac{\Delta i}{1+i} \tag{10.3}$$

公式(10.3)表明,金融工具现值的变动取决于利率的变动和金融工具持续期的长短。金融工具价格的变动和利率的变化方向相反,即:利率上升,金融工具的价格下降;利率下降,金融工具的价格上升。而金融工具价格变动的幅度取决于持续期的长短,持续期越长,金融工具现值的利率弹性就越大,其面临的利率风险就越大。

(二)持续期缺口模型

在利率波动的情况下,银行资产负债的利率风险不仅来自浮动利率资产和负债的配置情况,同时也要考虑到固定利率资产和负债的配置情况,因为随着市场利率的变化,固定利率资产和负债的市场价格也会发生变化,进而影响到银行净值的变化。银行关心的是来自全部资产和负债的总的风险暴露情况。20 世纪 80 年代以后,持续期的概念被应用于金融机构的资产负债管理中。

持续期可以用来衡量单个金融工具的风险暴露,也可以用来衡量总体的风险暴露,银行资产的平均持续期等于每种资产的加权持续期,银行负债的平均持续期等于每种负债的加权持续期。银行关心的是市场利率变动后,对银行资产和负债的市场价值都会产生影响,但净值的变动又如何呢?假设 A 代表银行资产,L 代表银行负债,NW 代表银行净值,则:

$$NW = A - L$$

用 ΔA 表示银行资产的变动,ΔL 表示银行负债的变动,ΔNW 代表银行净值的变动,则:

$$\Delta NW = \Delta A - \Delta L$$

假设 D_A 为资产持续期,D_L 为负债持续期,根据公式(10.3)可以得出:

$$\frac{\Delta A}{A} = -D_A \frac{\Delta i}{1+i}$$

$$\frac{\Delta L}{L} = -D_L \frac{\Delta i}{1+i}$$

于是:

$$\Delta A = -D_A \frac{\Delta i}{1+i} A,$$

$$\Delta L = -D_L \frac{\Delta i}{1+i} L$$

所以:

$$\Delta NW = \Delta A - \Delta L = -D_A \frac{\Delta i}{1+i} A - \left(-D_L \frac{\Delta i}{1+i} L\right)$$

对上式进行整理,可以得出:

$$\frac{\Delta NW}{A} = -\left(D_A - D_L \frac{L}{A}\right) \frac{\Delta i}{1+i}$$

其中,$D_A - D_L \frac{L}{A}$ 称为持续期缺口,实际上就是净值的持续期,它等于银行资产持续期与负债持续期和资产负债率乘积的差额。

如果用 β 代表资产负债率,用 $Dgap$ 表示持续期缺口,可以得出,

$$\Delta NW = -(D_A - \beta D_L) \times A \times \frac{\Delta i}{1+i}$$

$$= -Dgap \times A \times \frac{\Delta i}{1+i} \tag{10.4}$$

从公式(10.4)可以看出,影响银行净资产价值的因素包括:①持续期缺口;②银行资产规模;③市场利率的变动。其中,银行资产规模会影响到银行净值变动幅度的大小,而利率的变动和持续期缺口的值会影响银行净值的变动方向。在市场利率上升的情况下,保持一个正的持续期缺口,则银行净值减少;保持一个负的持续其缺口,则银行净值增加。相反,在市场利率下降的情况下,保持一个正的持续期缺口,则银行净值增加;保持一个负的持续期缺口,则银行净值减少。如下表所示:

表 10-7　持续期缺口和利率变动对银行价值的影响

持续期缺口	利率变动	银行净值的变动
正值	↑	↓
正值	↓	↑
负值	↑	↑
负值	↓	↓
零	↑	不变
零	↓	不变

(三) 持续期缺口管理策略及其运用

银行的持续期缺口策略指的是银行随着市场利率的变动,相机调整资产和负债结构,使银行控制或实现一个正的权益净值以降低投资或融资的利率风险。与利率敏感性缺口管理策略关注银行净利息收入的变动不同,持续期缺口管理策略关注的是银行净值的变动。

从表10-7中可以看出,对一家保守性的银行来说,它会努力地保持持续期缺口为零的策略,这样,无论市场利率如何变动,银行的净值都不会受到影响。对一家进取性的银行来说,其持续期缺口管理策略应该是:如果预测市场利率上升,调整资产负债结构,维持负的持续期缺口;如果预测市场利率下降,调整资产负债结构,维持正的持续期缺口,从而实现银行净值的有利变动。其次,如果银行持续期缺口不为零,资产规模越大,随着市场利率的变动,净资产价值变化越大,所以银行还要注意调整资产规模。

下面举例说明持续期缺口管理策略在银行利率风险管理中的运用①。

假设一家刚开业的银行,其资产项目和负债项目的价值均为市场价值。设该银行仅拥有两类资产,第一类是收益率为14%,最终偿还期为3年的商业贷款;第二类是收益率为12%,最终偿还期为9年的国债券。该银行负债则是由年利率9%、期限为一年的定期存款和年利率为10%、偿还期为4年的大额存单构成。该银行股本为80单位美元,或为总资产的8%。在分析中不考虑违约、预付和提前支取的情况发生,利息按年复利计算。

表10-8说明了该银行资产持续期、负债持续期以及持续期缺口的最初状态,即资产加权平均持续期超过负债的加权平均持续期,缺口为1.14年。

表10-8 某银行资产负债表(利率变动以前)

资产	市场价值($)	利率(%)	持续期(年)	净债和净值	市场价值($)	利率(%)	持续期(年)
现金	100			一般定期存款	520	9	1.00
商业贷款	700	14	2.65	大额存单	400	10	3.49
国债券	200	12	5.97	总负债	920		2.08
	—			股本	80		—
总计	1 000		3.05		1 000		

样本项目持续期计算举例如下:

$$商业贷款 = \frac{\frac{98}{1.14} + \frac{98 \times 2}{(1.14)^2} + \frac{798 \times 3}{(1.14)^3}}{700} = 2.65(年)$$

$$大额存单 = \frac{\frac{40}{1.1} + \frac{40 \times 2}{(1.1)^2} + \frac{40 \times 3}{(1.1)^3} + \frac{440 \times 4}{1.1^4}}{400} = 3.49(年)$$

根据上述计算结果和表格中的数据计算如下:

$$资产持续期 = \frac{700}{1\,000} \times 2.65 + \frac{200}{1\,000} \times 5.97 = 3.05(年)$$

$$负债持续期 = \frac{520}{920} \times 1.00 + \frac{400}{920} \times 3.49 = 2.08(年)$$

$$持续期缺口 = 3.05 - \frac{920}{1\,000} \times 2.08 = 1.14(年)$$

---

① 参见戴国强,《商业银行经营学》(第三版),高等教育出版社,2007年。

根据以上计算结果,该银行持续期缺口不为零,在利率变动时,银行总资产和总负债的市场价值变动幅度不一样,从而使银行面临着市场价值因利率变动而变动的风险。假设上例中该银行签订了所有的资产项目合约之后,市场利率上升了1%,这时,其资产负债表变动如表10-9所示。

表10-9 某银行资产负债表(利率变动以后)

资产	市场价值($)	利率(%)	持续期(年)	净债和净值	市场价值($)	利率(%)	持续期(年)
现金	100	—	—	一般定期存款	515	10	1
商业贷款	684	15	2.64	大额存单	387	11	3.48
国债券	189	13	5.89	总负债	902		2.06
				股本	71		—
总计	973		3.00		973		

利用持续期近似表达式进行样本项目市场价值变动测算举例如下:

商业贷款:$\Delta P = \dfrac{0.01}{1.14} \times (-2.65) \times 700 = -\$16.3$

大额存单:$\Delta P = \dfrac{0.01}{1.10} \times (-3.49) \times 400 = -\$12.7$

关于各资产负债项目持续期计算方法上文已经举例,不再重复。根据计算得出的各资产负债项目的持续期及表10-9中数据计算如下:

$$资产持续期 = \dfrac{684}{973} \times 2.64 + \dfrac{189}{973} \times 5.89 = 3(年)$$

$$负债持续期 = \dfrac{515}{902} \times 1.00 + \dfrac{387}{902} \times 3.48 = 2.06(年)$$

比较表10-8和表10-9的数据可知:

资产市场价值增量 = -$27

负债市场价值增量 = -$18

股本净值市场价值增量 = -$9

综合以上分析和计算可以发现,在持续期缺口大于零的情况下,由于利率上升,该银行股本损失$9。

专栏10-2 商业银行利率风险控制的表内管理技术和表外管理技术

商业银行利率风险控制的具体方法主要有两大类:一类是传统的表内管理技术,通过增加

(或减少)资产或负债的头寸,或者改变资产(或负债)的内部结构(如构造免疫资产组合),达到控制利率风险的目的;另一类是表外管理技术,主要是为现有资产负债头寸的暂时保值以及针对个别风险较大或难以纳入商业银行利率风险衡量体系的某一项(类)资产或负债业务,往往是通过金融衍生工具等表外科目的安排来对其进行"套期保值",具体是利用远期、期权以及互换等金融衍生工具来对银行的利率风险加以控制。

表内调整的具体策略:

1. 投资组合策略

商业银行可以通过出售长期、固定利率证券,购买短期、浮动利率证券,来增加利率敏感性资产份额,从而减少负缺口或增加正缺口;若要达到相反目标,则进行相反操作。由于国内债券买卖特别是国债买卖具有良好的二级市场,商业银行可以随时进行买卖,具有很大的灵活性和主动性,因此,该策略成为银行表内调整的理想策略之一。

2. 贷款组合策略

商业银行可以通过增加短期、浮动利率贷款,减少长期、固定利率贷款来减少负缺口或增加正缺口。或者进行相反操作,达到相反目标。该策略存在明显"掣肘"效应,因为贷款的发放很大程度上取决于客户意愿,银行是相对被动的,从而会影响到该策略的最终效果。

3. 存款组合策略

商业银行通过调整存款规模或者存款各组成部分的比重,对利率敏感性加以调节。例如,银行预期市场利率将要上升时,应该扩大正缺口,减少负缺口,就可以通过增加固定利率存款、减少浮动利率存款,增加长期存款、减少短期存款来实现。当然,存款结构的调整要受到多种因素的影响,未必能够实现。

4. 借入资金策略

银行借入资金是除了存款之外的第二大资金来源,一般可分为短期借款和长期借款两大类。首先,短期借款除了调整银行日常资金余缺,同样可以运用于银行的日常资产负债管理,使银行在很短的时间内取得大量的利率敏感资金。其次,商业银行的长期借款可以使银行的利率敏感性下降,从而可以达到调整负债结构的目的。商业银行运用借入资金策略主动性较强且操作迅速,是商业银行资产负债管理的理想策略之一。

表外调整的具体策略:

银行用于对冲和管理利率风险的衍生工具,主要是利率衍生工具,可以简单地分为两类:一类工具如远期利率协议、利率期货、利率互换等,力图消除所有的不确定性,无论是有利的还是不利的,从而确保一个特定的结果;另一类主要是期权类工具,如利率上限期权、利率下限期权等,只是消除了可能发生的利率的不利变动所带来的影响,同时又可以从可能发生的利率的有利变动中获利,当然这些是以一定期权费为代价的。

1. 远期利率协议是管理利率风险的基本工具

如果有机构预测未来利率会上升,可以寻找交易对手签订远期利率协议(FRA),一是可以锁定资金成本,规避利率风险;二是可以避免资金紧张时,因流动性缺失带来的流动性风险。投资短期资产进行流动性管理的大型机构投资者,不仅可以利用卖出远期利率协议锁定收益,还可以通过短期资产与 FRA 的组合,经济地构造出(比较)长期资产的收益。

2. 利率期权协议是规避短期利率风险的有效工具

为了能够保留一些灵活性,以避免因市场预测失误而失去更多机会,投资者更广地应用利率期权协议。借款人通过买入一项利率期权,可以在利率水平向不利方向变化时得到保护,而在利率水平向有利方向变化时得益。

资料来源:本部分参考了戴国强等著,《我国商业银行利率风险管理研究》,上海财经大学出版社,2005年。

本章小结

1. 资产负债管理是现代商业银行经营管理的核心,其发展经历了资产管理、负债管理、资产负债综合管理三个不同阶段,并在其间形成了不同的商业银行经营管理理论和管理方法。

2. 资产管理理论强调银行资金来源是银行无法控制的外生变量,商业银行只能通过对资产方的管理来实现银行经营的安全性、流动性和盈利性。资产管理理论包括商业性贷款理论、资产可转换理论和预期收入理论,而资产管理方法有资金总库法、资金分配法和线性规划法。

3. 负债管理理论早期表现为银行券理论和存款理论,强调适度负债和存款的安全性。后期出现的购买理论和销售理论则主张银行应根据既定的目标资产增长和盈利目标,主动到金融市场去"购买"资金,实现三性原则。

4. 资产负债综合管理理论出现在20世纪七十年代,由于商业银行经营的环境发生了很大变化,市场利率变化不定,原来单纯的资产管理和负债管理不能适应需要,资产负债综合管理强调要从资产和负债两个方面同时着手进行管理,成为商业银行经营管理的核心理论。

5. 利率敏感性缺口管理是银行管理利率风险实现收益增长的重要策略。根据利率敏感性缺口模型,银行应根据对利率波动的预测,相机调整利率敏感性资产和负债的配置,实现正的净利息收入,避免利率波动的不利影响。

6. 持续期缺口管理在利率敏感性缺口管理的基础上,提出银行不能仅仅关注利率敏感性的资产和负债,固定利率的资产和负债同样存在风险;银行不能仅仅关注短期的净利息收入,而是要注重长期发展,关注银行净值的变化。在持续期缺口模型的基础上,提出银行应根据对市场利率变动的预测,主动地调整持续期缺口,使银行保持一个正的权益净值。

关键概念索引

资产管理　负债管理　商业性贷款理论　可转换理论　预期收入理论　购买理论　销售理论　资产负债综合管理理论　利率敏感性　利率敏感性缺口管理　持续期缺口

复习思考题

1. 简述商业银行资产管理理论的演变过程。
2. 资金总库法和资金分配法各有何优缺点?
3. 负债管理理论的主要思想是什么?
4. 我国商业银行主要运用的负债管理工具有哪些?
5. 什么是利率敏感性缺口?如何利用利率敏感性缺口模型对商业银行的资产负债加以管理?
6. 什么是持续期缺口?持续期缺口模型对商业银行资产负债管理有何意义?

1. 彼得·S. 罗斯著,刘园译,《商业银行管理》(第九版),机械工业出版社,2016年。
2. 戴相龙主编,《商业银行经营管理》,中国金融出版社,1998年。
3. 戴国强主编,《商业银行经营学》(第三版),高等教育出版社,2007年。
4. 戴国强主编,《商业银行经营学》(第五版),高等教育出版社,2016年。
5. 吴念鲁编著,《商业银行经营管理》(第二版),高等教育出版社,2009年。
6. 史建平、杨长汉编著,《商业银行管理》,机械工业出版社,2014年。
7. 彭建纲主编,《商业银行管理学》(第四版),中国金融出版社,2015年。
8. 戴国强等著,《我国商业银行利率风险管理研究》,上海财经大学出版社,2005年。

第十一章 商业银行风险管理

本章要点

- 商业银行风险的种类
- 商业银行风险管理的程序
- 商业银行全面风险管理体系
- 商业银行的合规管理
- 商业银行的内部控制

曾任花旗银行总裁的沃尔特·维斯顿有一句名言:"事实上银行家从事的是管理风险的行业。简单来说,这就是银行业。"可见银行业可以说是一种提供专业风险管理服务的机构,风险管理是商业银行管理的极其重要的环节之一,始终贯穿在银行经营的各个环节。

第一节 商业银行风险

一、商业银行风险的含义

传统观念认为,所谓风险,是指由于不确定性因素的存在而使经济主体遭受损失的可能性。因此,商业银行风险就是指商业银行在经营活动中存在着其无法控制的不确定性因素,从而使其遭受损失的可能性。但是,由于风险管理得当,商业银行能够在承担较高风险的条件下获得高收益,因此有些学者认为,商业银行风险是指商业银行在经营活动中,由于事前无法预料不确定因素的影响,使商业银行的实际收益与预期收益产生背离,从而导致银行蒙受经济损失或获取额外收益的机会和可能性。我们认为,第二种理解更贴近于商业银行的实际情况。

二、商业银行风险的分类

商业银行作为一个特殊的企业，在其经营过程中会面临着各种各样的风险，由于风险的种类不同，对商业银行的影响也有所不同。根据不同的分类标准，可以将商业银行风险划分为不同的类型。

（一）根据风险性质分类

根据风险性质划分，可以分为纯粹风险和投机风险。

纯粹风险是指商业银行只有损失的可能性而不可能获利的风险，如借款人违约不能按期归还贷款本息的风险。投机风险则指商业银行既有可能遭受损失也有可能获取收益的风险，例如，商业银行进行证券投资、外汇买卖等业务时，证券市场和外汇市场价格波动既可能给银行带来损失，也可能给银行带来收益。

（二）根据风险来源不同分类

根据风险来源不同，可以将商业银行风险划分为信用风险、市场风险、通货膨胀风险、国家风险、流动性风险、操作风险、资本风险等。

1. 信用风险

信用风险又称违约风险，是指交易对手未能履行契约中约定的义务而造成经济损失的风险。信用的基本特征是到期履约，还本付息。如果借款人或交易对手由于经营不善或故意欺诈而不能履约，则对授信人而言发生了信用风险。信用风险是我国商业银行面临的主要风险，我国四大国有商业银行在剥离了大约1.4万亿不良资产后，2006年一季度末，银行体系仍然存在高达1.6万亿的不良资产。造成信用风险的因素可能来自借款人的主观因素，即借款人有偿还能力而不履约，也可能来自客观因素，即借款人确实没有能力偿还贷款。

经过近几年的快速发展，随着信贷管理水平的提升及银行盈利水平的提高，我国商业银行的新增不良贷款率明显降低，且有能力较大规模地核销坏账，资产质量有了很大的提高。参见表11-1。

表11-1　2016年、2017年我国商业银行不良贷款情况　　单位：亿元、%

项　目	2016年	2017年
不良贷款余额	15 122	17 057
其中:次级类贷款	6 091	6 250
可疑类贷款	6 640	7 965
损失类贷款	2 391	2 842
不良贷款率	1.74%	1.74%
其中:次级类贷款	0.70%	0.64%
可疑类贷款	0.77%	0.81%
损失类贷款	0.28%	0.29%

资料来源：中国银监会网站。

2. 市场风险

市场风险是指因市场价格（利率、汇率、股票价格和商品价格）的不利变动而使银行表内和表外业务发生损失的风险。市场风险存在于银行的交易和非交易业务中。市场风险可以分为利率风险、汇率风险（包括黄金）、股票价格风险和商品价格风险，分别是指由于利率、汇率、股票价格和商品价格的不利变动所带来的风险[1]。

（1）利率风险是指由于市场利率水平变动而给银行带来的风险。利率水平既包括国内金融市场的利率水平也包括国际金融市场的利率水平。利率风险按照来源的不同，可以分为重新定价风险、收益率曲线风险、基准风险和期权性风险。利率风险的显著特征是利变动将导致银行现金流量的不确定，从而使银行的收益和融资成本不确定。如20世纪七八十年代美国储贷协会危机的一个重要原因就是由于利率不断上升导致其发放固定利率住房贷款产生大量的亏损。

（2）汇率风险是指由于外汇汇率波动而给商业银行带来的风险。商业银行持有外汇头寸、进行外汇交易或进行货币换算时，如果汇率变化，则使银行面临损失和收益的可能。

（3）股票价格风险是指股票价格波动引起的银行风险。

（4）商品价格风险是指商品价格波动引起的银行风险。

我国商业银行无法直接进行股票投资也不能投资于非自用不动产，因此我国商业银行的市场风险主要指利率风险和汇率风险。这一点也可以从银监会2005年12月31日颁布的《商业银行风险监管核心指标（试行）》第十条的规定中看出。

3. 通货膨胀风险

通货膨胀风险也称为购买力风险，是指由于物价上涨而给商业银行带来的风险。通货膨胀风险一般体现在几个方面：通货膨胀导致货币购买力下降，使银行面临损失的可能；通货膨胀使银行的实际收益下降；通货膨胀使借款企业经营发生困难，间接导致银行损失的可能。

4. 国家风险

国家风险是指因外国政府的行为而导致的风险。当前，商业银行经营国际化是一种普遍现象，商业银行向国外政府或企业发放贷款，或在外国开设分支机构，因此将面临由所在国政治动荡、战争、宏观经济政策变化等引起的风险。如在拉美债务危机时，花期银行等美国商业银行就遭受了数十亿美元的损失。

5. 流动性风险

流动性风险是指商业银行虽然有清偿能力，但无法及时获得充足资金或无法以合理成本及时获得充足资金以应对资产增长或支付到期债务的风险。流动性风

---

[1] 中国银监会〔2004〕第10号，《商业银行市场风险管理指引》，2004年12月。

险可以分为融资流动性风险和市场流动性风险。融资流动性风险是指商业银行在不影响日常经营或财务状况的情况下,无法及时有效满足资金需求的风险。市场流动性风险是指由于市场深度不足或市场动荡,商业银行无法以合理的市场价格出售资产以获得资金的风险[1]。商业银行作为金融中介机构,一方面进行吸收存款等负债行为,另一方面,进行贷款、投资等资产业务,资产业务和负债业务期限、结构等一般来讲是不对称的,因此当客户提取存款、银行债务到期或客户要求按合同使用贷款时,银行如果无法支付就会产生银行的清偿力危机,即银行面临流动性风险。

6. 操作风险

操作风险是指银行在日常业务中由于内部程序不完善、操作人员差错或舞弊以及外部事件等引起的风险,包括人员风险、流程风险、技术风险和外部风险。

7. 资本风险

资本风险是指商业银行资本金不足,无法抵御坏账损失,缺乏对存款及其他负债的最后清偿能力从而影响商业银行经营安全的风险。如在次贷危机中,国际上不少商业银行产生了资本不足,难以达到规定标准、无法有效抵御风险的问题。

上述风险中,信用风险、市场风险、通货膨胀风险和国家风险基本上来自商业银行外部,因此是商业银行的外部风险。流动性风险、操作风险和资本风险主要由银行的内部因素引起,因此可以认为是银行的内部风险。

三、商业银行风险的成因

商业银行风险的成因来自商业银行经营活动中的不确定性,可以分为外在不确定性和内在不确定性。外在不确定性主要是来自商业银行外部的风险因素,如宏观经济走势、政治局势、市场利率变动、金融市场急剧动荡等。外在不确定性带来的往往是系统性风险,银行个体一般难以控制,但可以利用预警系统发出的信号,调整经营策略,通过某些措施来转嫁或规避风险。内在不确定性主要来自银行内部因素,所导致的风险是一种非系统性风险。银行可以通过加强制度建设、提高管理水平等措施控制风险发生。

2007年后,由于次贷衍生金融产品的过度创新,随着美国房地产泡沫破裂带来的次贷危机,严重地打击了全球金融市场。国际商业银行为此蒙受了巨大的损失,不少国际著名商业银行不得不向股东甚至政府求救以避免倒闭的命运。因此,次贷危机给商业银行带来的普遍问题就是一种典型的系统性风险。

---

[1] 中国银监会〔2009〕87号,《商业银行流动性风险管理指引》,2009年9月。

第二节　商业银行风险的管理

一、商业银行风险的识别与预警[①]

风险识别是商业银行风险管理的基础。商业银行风险识别是对商业银行经营活动中面临的风险进行系统地、连续地识别和归类，对风险诱因进行分析，测算风险大小，为商业银行风险决策提供依据。商业银行风险识别必须做到：①确认是否存在风险，存在风险的类型及其原因；②测量风险的大小。

（一）商业银行风险识别的方法

1. 财务报表分析法

商业银行的财务报表主要有资产负债表、损益表、现金流量表等。通过财务报表，可以获得各种风险指标。进行财务报表分析，不仅要分析风险指标的状况及变化，而且要对银行整个财务状况进行综合分析。除了进行静态分析，如比率分析、比例分析，还要进行动态分析，如比较分析、趋势分析等。就具体的业务，还要对与之往来的银行或客户的财务报表进行风险分析。采用综合、系统的财务报表分析方法，才能准确地确定银行目前及未来经营的风险因素。

2. 风险树搜寻法

风险树搜寻法是以图解的形式，将商业银行风险予以逐层分解，将大的问题分解成各种小的问题，然后对各种引起问题的原因进行分解，可以顺藤摸瓜，最终找到自己所承受的风险的具体形态。鉴于风险分散后的图形呈树枝状，故称风险树或故障树。采用该方法，商业银行可以清晰、准确地判明自己所承受风险的具体形态及其性质，简单、迅速地认清自己所面临的局面，为以后的相关决策提供科学依据。

3. 德尔菲法

德尔菲法又叫专家意见法。它由美国著名咨询公司兰德公司于20世纪50年代初发明的，以古希腊阿波罗神殿所在地德尔菲命名，表示集中众人智慧、准确预测的意思。该方法是由商业银行风险管理人员制订出一种调查方案，确定调查内容，以发放调查表的方式连同银行经营状况的有关资料一起发给若干名专家。专家们根据调查表所列问题并参考有关资料各自独立地提出自己的意见。风险管理人员汇集整理专家们的意见，把这些不同意见及其理由反馈给每位专家。然后，经过多次反复，使意见逐步收敛，由风险管理人员决定在何时停止，将意见汇总成基

---

① 本节内容参考了：蒋建华编著，《商业银行内部控制与稽核》，北京大学出版社，2004年。

本趋于一致的结果。这种识别方法的特点是：专家各自提出意见，互不干扰，使各种意见能够充分地表达出来。通过反馈各种意见，使每个专家从各种意见中得到启发，从而达到集思广益的效果，逐步得出对经济风险比较正确的看法。在对涉及原因比较复杂、影响比较重大而又无法用分析的方法加以识别的风险进行识别时，该方法是一种有效的方法。

4. 筛选—监测—诊断法

筛选是指银行风险管理者对银行内部和外部的种种潜在的危险因素进行分类，确定哪些因素明显地会引起风险，哪些因素明显地不重要，哪些因素还需要进一步地研究。通过筛选过程，使风险管理的注意力集中在一些可能产生重大风险的因素上。

监测是在筛选结果提出来以后，对这些结果进行观测、记录和分析，掌握它们的活动范围和变动趋势。

诊断是根据银行的风险症状或其后果与可能的起因关系进行分析、评价和判断，找出可疑的起因并进行仔细识别。只有对银行面临的风险进行了正确的诊断，才能真正达到风险识别的目的。

(二) 商业银行风险估价的方法

银行风险管理者通过风险识别，了解了风险类型及其产生原因，接下来必须评估风险将会对银行产生多大的影响，即进行风险估价。风险估价是衡量风险对银行经营活动影响的大小，是整个风险管理过程中关重要一环。在估算风险可能造成的损失时，不仅要估价直接损失，而且还要考虑到间接损失；不仅要估价经济损失，还要注意信誉等非经济损失。相对地说，直接损失是直观的，比较容易估算，间接损失则比较复杂，很难估算；经济损失是有形的易于估算，信誉损失是无形的，难以估算。

风险估价的方法主要有以下六种。

1. 概率法

在大量的试验和统计观察中，一定条件下某一随机事件相对出现的频率是一种客观存在，这个频率就称为客观概率。人们对某一随机事件可能出现的频率所做的主观估计，就称为主观概率。因此概率法可以分为客观概率法和主观概率法两种。

(1) 客观概率法。

商业银行运用历史统计资料来计算一定经济条件下某种经济损失发生的客观概率的方法叫做客观概率法。设 A 代表商业银行一种业务发生某种经济损失的随机事件，N 代表统计观测次数，M 代表 A 发生的次数，$P(A)$ 代表 A 的概率，则：$P(A)=M/N$。运用客观概率法有时会遇到一些困难，体现在：一是历史资料收集较为困难，其准确性和全面性亦难肯定。二是经济环境不断变化，客观概率法的假定前提往往不能成立。

（2）主观概率法。

主观概率法是商业银行选定一些专家，并拟出几种未来可能出现的经济条件提交给各位专家，由各位专家利用有限的历史资料，根据个人经验对每种经济条件发生的概率和在每种经济条件下商业银行某种业务发生经济损失的概率做出主观估计，再由商业银行汇总各位专家的估计数值进行加权平均，根据平均值计算出该种经济损失的概率。

2. 统计估值法

统计估值法是利用统计得来的历史资料，确定在不同经济条件下，某种风险发生的概率；或是在不同风险损失程度下，某种风险发生的概率。

利用统计方法和样本资料，可以估计风险平均程度（样本期望值）和风险分散程度（样本方差）。估计方法可以采用点估计或区间估计。点估计是利用样本来构造统计量，再以样本值代入估计量求出估计值。但是由于样本的随机性，这样的估计值不一定就是待估参数的真值。那么，它的近似程度如何？误差范围有多大？可信程度如何？这些问题就要采用区间估计来解决。

3. 假设检验法

对未知参数的数值提出假设，然后利用样本提供的信息来检验所提出的假设是否合理，这种方法称为假设检验法。像统计估值法一样，假设检验法适用于统计规律稳定、历史资料齐全的风险概率估计。对风险参数的假设检验的基本思想是，首先提出假设 H_0，然后构造一个事件 A，使它在假设 H_0 成立的条件下概率很小。再做一次试验，如果 A 在一次试验中居然发生了，则拒绝接受 H_0。这是因为"小概率原理"认为，概率很小的的事件在一次试验命中是几乎不可能发生的。如果发生了，也就是说导出了一个不合理现象。而这一现象的出现源于假设 H_0，因此应该拒绝接受假设 H_0。否则不应拒绝假设 H_0。

4. 回归分析法

回归分析法是通过找出间接风险因素与直接风险因素的函数关系来估计直接风险因素的方法。例如，利率风险的直接风险因素是利率水平的变动，而影响利率水平的有货币市场供求状况、中央银行利率政策等多种间接风险因素。如果设直接风险因素为 Y，间接风险因素为 $X_1, X_2, \cdots, X_n$，则回归模型为：

$$Y = b_0 + b_1 X_1 + b_2 X_2 + \cdots + b_n X_{n+u}$$

其中，$b_0, b_1, b_2, \cdots, b_n$ 为回归系数，u 为随机扰动项。回归系数可以根据历史资料用最小二乘法原理求出，从而得出回归方程：

$$Y = b_0 + b_1 X_1 + b_2 X_2 + \cdots + b_n X_n$$

利用回归方程即可进行点估计和区间估计来进行风险估计。回归分析可以是一元的，也可以是多元的；可以是线性的，也可以是非线性的。在间接风险因素与直接风险因素之间存在非线性相关关系的情况下,可以采用直接代换或间接代换的方法将非线性形式转化为线性形式来处理。

5. 在险价值法

在险价值(VAR)指在正常的市场条件和给定的置信水平下,金融参与者在给定的时间区间内的最大期望损失。在险价值法是一种利用概率论与数理统计来估计风险的方法。例如,JP 摩根公司 1994 年年报披露,1994 年该公司一天的 95% 置信度的在险价值为 1 500 万美元。它的含义是,该公司可以以 95% 的可能性保证,在 1994 年每一特定时点上的资产组合在未来 24 小时之内,由于市场价格变动而带来的损失不会超过 1 500 万美元。在险价值法可以测量不同市场、不同金融工具构成的复杂的证券组合和不同业务部门的总体风险,为银行提供了测量风险的统一方法,在传统风险估计技术的基础上前进了一步。近年来,许多金融监管当局和金融行业协会都认为,在险价值法是一种可以接受的风险测定方法。在险价值法的发展和不断完善推动了风险估计的标准化、规范化和国际化的进程。

6. 持续期法

持续期也称久期,是固定收入金融工具的所有预期现金流量的加权平均时间,也可以理解为固定收益金融工具各期现金流量抵补最初投入的平均时间。商业银行通常使用经调整的有效持续期[持续期/$(1+r)$]来度量利率风险。商业银行可以通过合理安排有效持续期缺口的规模大小进行资产负债管理①。

二、商业银行风险的处理

商业银行在明确可能遭受的风险及其强度后,必须对风险进行有效的处理。商业银行处理风险的方法主要有以下几种。

(一) 回避风险

商业银行不同于风险投资机构,不能过分追求高风险高收益,而是稳健经营,在保证安全性的前提下追求合理的利润。对经过风险估价后存在较大风险的项目、业务或产品,银行将予以回避。如对信用评级在 BB 以下的企业,商业银行一般不会给其贷款,对信用评级 AA 级以下的企业,银行不能给其发放信用贷款。

(二) 分散风险

商业银行业务如果过分集中于某些区域、产业、产品或客户,将导致商业银行的风险集中、银行抗风险能力的下降。因此,商业银行应该采取以下策略:

---

① 乔治·H. 汉普尔、多纳德·G. 辛曼森著,《银行管理——教程与案例》,中国人民大学出版社,2002 年,第 103—111 页。

（1）坚持各种业务平衡发展，实现业务的多样化及其合理结构。

（2）对同一借款人规定限额，不把过多的贷款投在同一借款人上，以避免风险集中。

（3）对大额贷款，采用银团贷款、联合贷款的方式，由几家银行或贷款银团共同承担风险。

（三）减少风险

减少风险就是通过加强商业银行内部管理，提高业务操作水平，坚持资产负债平衡发展，达到将风险控制在合理范畴。

（1）加强风险评估工作，选择风险较低，收益较高的业务。如在发放贷款时，通过加强信用评级和项目评估，择优发放贷款，减少银行的信用风险。

（2）加强和完善业务规章制度和内部控制制度建设，减少银行风险发生。如在信贷管理中完善岗位责任制、审贷分离制度和行长责任制，在业务操作中坚持"四眼原则"等都是减少风险发生的有效措施。

（3）坚持资产与负债的对应与平衡，做到总量、结构、期限、利率基本相适应，以降低资本风险、流动性风险和利率风险等。

（四）转移风险

转移风险就是商业银行通过要求客户提供担保、投保、贷款转让等手段将原本需要银行承担的风险转嫁给第三方或借款人自己承担。

（1）转让。即将银行所持有的风险资产转让出去。如将贷款直接出售或证券化后出售；又如预计长期利率将上升而将长期债券出售，以避免因利率上升带来债券价格下跌的风险。

（2）保险。如商业银行在发放个人住房贷款时，要求借款人对抵押的房产投保，这样可以把银行的风险转嫁给保险公司。

（3）保证。商业银行在发放贷款时，要求借款人提供保证人，当借款人无法偿还债务时由保证人承担偿债责任。

（4）套期交易、互换交易。商业银行可以利用外汇市场、期货市场、互换市场等进行套期保值、货币互换、利率互换等交易，以实现确定风险、规避风险，将风险转嫁给交易对手。

三、商业银行风险的补救

商业银行通过提高风险识别、估价和处理水平，能够有效降低风险发生的机率。但各类风险仍然会不时发生，甚至有时商业银行可能会面临比较大的危机。在风险发生后，商业银行必须采取措施进行补救，避免风险对商业银行的正常经营产生不利的影响。

（1）及时采取各项措施，尽量减少风险损失。如商业银行在证券投资中对导致巨额损失的仓位要及时止损。又如在贷款管理中,当借款人无法偿还时,采用要求保证人代为偿还,拍卖、变卖抵押品等各种手段,尽量收回贷款本息,减少银行损失。

(2) 核销坏账损失。商业银行可以运用各种专项准备金、坏账准备金、实现的利润、资本公积、盈余公积和注册资本金等核销坏账损失,商业银行的这些资金量越大,则核销坏账的能力越高,抵御风险的能力就越强。

商业银行在进行风险处置后,必须认真总结经验教训,写出风险总结报告,以便发现风险管理中存在的问题和不足,在业务流程、内部控制等方面要填补漏洞,减少同类风险发生的可能。

专栏 11-1　　　　　　　　我国商业银行的风险拨备管理

风险拨备是指商业银行为抵御资产风险而提取的用于补偿资产未来可能发生损失的准备金,主要用以防范银行未来经营风险和补充银行资本。2008 年的次贷危机中暴露出部分西方商业银行缺乏充足的风险拨备和资本充足度不够的情况,也引起了我国监管层的充分重视。为提高我国商业银行抵御风险的能力,中国银监会实施了一系列的管理办法,其中,2011 年 7 月 27 日银监会颁布了《商业银行贷款损失准备管理办法》(银监会令 2011 年第 4 号),该办法从 2012 年 1 月 1 日起实施。其主要内容有:

明确规定了贷款损失准备的定义:是指商业银行在成本中列支、用以抵御贷款风险的准备金,不包括在利润分配中计提的一般风险准备。

明确规定了贷款拨备率和拨备覆盖率的定义:贷款拨备率为贷款损失准备与各项贷款余额之比;拨备覆盖率为贷款损失准备与不良贷款余额之比。银行业监管机构设置贷款拨备率和拨备覆盖率指标考核商业银行贷款损失准备的充足性。

贷款拨备率和拨备覆盖率的标准:贷款拨备率基本标准为 2.5%,拨备覆盖率基本标准为 150%。该两项标准中的较高者为商业银行贷款损失准备的监管标准。

办法还要求该标准要进行动态和差异化调整。第八条要求银行业监管机构依据经济周期、宏观经济政策、产业政策、商业银行整体贷款分类偏离度、贷款损失变化趋势等因素对商业银行贷款损失准备监管标准进行动态调整。第九条要求银行业监管机构依据业务特点、贷款质量、信用风险管理水平、贷款分类偏离度、呆账核销等因素对单家商业银行应达到的贷款损失准备监管标准进行差异化调整。

办法要求商业银行要建立贷款损失准备管理制度,制度的内容应当包括:贷款损失准备计提政策、程序、方法和模型;职责分工、业务流程和监督机制;贷款损失、呆账核销及准备计提等信息统计制度;信息披露要求;其他管理制度。办法要求商业银行建立完善的贷款风险管理系统,在风险识别、计量和数据信息等方面为贷款损失准备管理提供有效支持,要求商业银行定期对贷款损失准备管理制度进行检查和评估,及时完善相关管理制度。

办法还要求银行业监管机构确定的系统重要性银行应当于 2013 年底前达标。非系统重要性银行应当于 2016 年底前达标,2016 年底前未达标的,应当制定达标规划,并向银行业监管机构报告,最晚于 2018 年底达标。

表 11-2　2016 年、2017 年我国商业银行贷款损失准备情况

项　　目	2016 年末	2017 年末
贷款损失准备(亿元)	26 676	30 944
拨备覆盖率(%)	176.4	181.42

资料来源:银监会网站。

四、商业银行的全面风险管理[①]

目前,银行业所提倡的全面风险管理,不仅被国际银行业所广泛接受,也被监管机构所重视。全面风险管理是银行经营管理的核心,是覆盖全部风险的、全流程的、全员的、动态的风险控制,是建立在丰富的业务数据、科学的管理模型以及高素质的专家队伍基础上的风险控制。我国商业银行正在借鉴国际银行经验,实现向全面风险管理的转变。

（一）国际银行风险管理的经验

众多国际大银行风险管理成效显著,主要归功于逐渐形成了一套严谨而全面的风险管理体系。

1. 明确的风险管理战略和组织架构

在银行全面风险管理中董事会和高级管理层发挥着重要的作用。董事会依据经济环境和银行的市场定位,制定中长期的经营战略,并在此基础上,依据主要股东的风险偏好,确定投资回报目标,制定银行的风险管理战略;银行的高级管理层依据董事会制定的经营战略和风险管理战略,负责银行的经营管理,工作成效由董事会考核。建立董事会、高级管理层相互独立的、立体的风险管理体系。董事会通过下设的风险审计委员会(风险审计部)对全行的风险进行全面监测,尤其是高级管理层的道德风险;有的则通过稽核委员会对银行风险进行监测和评估的。银行高级管理层则建立另一套风险控制框架,实行风险的自我控制与管理。一是设立与业务风险进行控制的管理部门;二是设立对业务部门、管理部门的各类风险进行全面管理的部门,如只对 CEO 负责的内部审计部。

2. 高素质的风险管理队伍

国际先进银行吸引了一批金融专业人才,也培养了众多素质较高的工作人员。银行的中高级风险管理人员大都有国际大银行的工作背景或不同行业如保险、投行的工作经历。信贷人员也都有长期的丰富的从业经验,不允许外行或新手直接操作信贷业务甚至从事风险管理;信贷分工很细,不存在一人多岗的现象。这大大

[①] 本部分参考了朱剑锋,促进我国商业银行向全面风险管理转变,《中国经济时报》,2004 年 4 月 23 日,以及银监会颁布的《银行业金融机构全面风险管理指引(2016)》等内容。

降低了国际银行的经营成本和风险管理成本。

3. 科学的风险管理技术

经过多年的发展,西方银行已建立了大而全的数据库,在银行经营环境基本稳定的情况下,根据这些数据能准确地计算出客户的违约概率、违约损失率。随着信息技术和计量经济学的发展,国际先进银行的风险管理广泛运用了数理统计模型,如内部评级法,大大提高了风险管理的能力和效果。

(二)我国商业银行全面风险管理实施策略

随着银行商业化改革的逐步深入,我国商业银行已经认识到风险管理的重要性,并把风险管理作为商业银行管理工作的重中之重来抓,且逐步走上定量分析的轨道。同时,为加强和规范商业银行风险管理,银监会借鉴国际经验,紧密结合我国银行业实际,于2016年正式发布了《银行业金融机构全面风险管理指引》,成为我国银行业全面风险管理的统领性、综合性规则。

1. 制定清晰的风险管理策略、风险偏好和风险限额

风险管理策略通常反映风险偏好、风险状况以及市场和宏观经济变化,并在银行内部得到充分传导。制定风险管理策略要定性指标和定量指标并重,每年评估一次其有效性。除此之外,商业银行还要制定风险限额管理的政策和程序,建立风险限额设定、限额调整、超限额报告和处理制度,在综合考虑资本、风险集中度、流动性、交易目的等基础上,根据风险偏好,按照客户、行业、区域、产品等维度设定风险限额。

2. 建立组织结构健全、职责边界清晰的风险治理构架

商业银行要明确董事会、监事会、高级管理层、业务部门、风险管理部门和内审部门在风险管理中的职责分工,建立多层次、相互衔接、有效制衡的运行机制。董事会是银行风险管理的最高权力和决策机构,下设战略规划委员会、风险审计委员会、提名委员会等。董事会可以授权其下设的风险管理委员会履行其全面风险管理的部分职责。商业银行监事会承担全面风险管理的监督责任,负责监督检查董事会和高级管理层在风险管理方面的履职尽责情况并督促整改。高级管理层承担全面风险管理的实施责任,执行董事会的决议。银行业务条线承担风险管理的直接责任;风险管理条线承担制定政策和流程,监测和管理风险的责任;内审部门承担业务部门和风险管理部门履职情况的审计责任。商业银行设立或者指定部门负责全面风险管理,牵头履行全面风险的日常管理。图11-1反映了中国工商银行风险管理的组织架构。

3. 制定风险管理政策和程序

我国商业银行构建全面风险管理的方法,包括各类风险的识别、计量、评估、监测、报告、控制或缓释,风险加总的方法和程序。采用风险定性管理和定量管理的方法,运用内部模型计量风险,确保风险计量的一致性、客观性和准确性。商业银

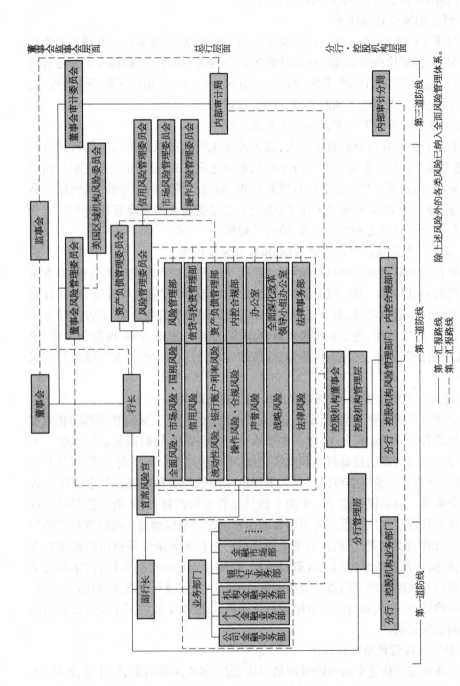

图 11-1 中国工商银行风险管理组织架构

资料来源：中国工商银行 2017 年年报。

行要建立全面风险管理报告制度,明确报告的内容、频率和路线。报告内容至少包括总体风险和各类风险的整体状况;风险管理策略、风险偏好和风险限额的执行情况;风险在行业、地区、客户、产品等维度的分布;资本和流动性抵御风险的能力。同时,要建立压力测试体系,明确压力测试的治理结构、政策文档、方法流程、情景设计、保障支持、验证评估以及压力测试结果运用。商业银行还要建立专门的政策和流程,评估开发新产品、对现有产品进行重大改动、拓展新的业务领域、设立新机构、从事重大收购和投资等可能带来的风险,并建立内部审批流程和退出安排。

4. 建立完善的风险管理信息系统

我国商业银行建立相关风险管理信息系统,支持风险报告和管理决策的需要;支持识别、计量、评估、监测和报告所有类别的重要风险;支持风险限额管理,对超出风险限额的情况进行实时监测、预警和控制;能够计量、评估和报告所有风险类别、产品和交易对手的风险状况,满足全面风险管理需要;支持按照业务条线、机构、资产类型、行业、地区、集中度等多个维度展示和报告风险暴露情况;支持不同频率的定期报告和压力情况下的数据加工和风险加总需求;支持压力测试工作,评估各种不利情景对银行业金融机构及主要业务条线的影响。

5. 构建完善的内部控制和审计制度

我国商业银行将全面风险管理纳入内部审计范畴,定期审查和评价全面风险管理的充分性和有效性。银行内部审计活动独立于业务经营、风险管理和合规管理,遵循独立性、客观性原则,不断提升内部审计人员的专业能力和职业操守。全面风险管理的内部审计报告直接提交董事会和监事会,董事会针对内部审计发现的问题,督促高级管理层及时采取整改措施。内部审计部门跟踪检查整改措施的实施情况,并及时向董事会提交有关报告。

6. 加强监督管理机制建设

我国商业银行将风险管理策略、风险偏好、重大风险管理政策和程序等报送银行业监督管理机构,并至少按年度报送全面风险管理报告。银行业监督管理机构通过非现场监管和现场检查等实施对银行全面风险管理的持续监管,具体方式包括但不限于监管评级、风险提示、现场检查、监管通报、监管会谈、与内外部审计师会谈等。

第三节　商业银行合规管理

合规的英文为"compliance",意指"遵从、依从、遵守"。中文"合规"一词,顾名思义,就是指合乎规范。根据中国银监会2006年颁布的《商业银行合规风险管理指引》，合规是指使商业银行的经营活动与法律、规则和准则相一致[1]。合规风险是指商业银行因没有遵循法律、规则和准则可能遭受法律制裁、监管处罚、重大财务损失和声誉损失的风险。合规管理也即合规风险管理，是指商业银行通过设立独立的机制来识别、评估、提供咨询、监控和报告银行的合规风险，它是商业银行的一项核心的风险管理活动。商业银行应综合考虑合规风险与信用风险、市场风险、操作风险和其他风险的关联性，确保各项风险管理政策和程序的一致性。

一、银行业合规管理的快速发展

近年来，国内外银行业金融机构不断暴露重大违规事件，机构业务受到限制，财务损失数量惊人，机构声誉严重受损，危及公众对银行业的信心，大量合规失效的案例足以说明合规风险正成为银行业主要风险之一，银行业金融机构正面临着巨大的合规性挑战。正如巴塞尔委员会会计工作组主席 Arnold Schilder 先生所说的："发展和实施合规风险管理的挑战不亚于实施巴塞尔新资本协议所面临的挑战。"

合规作为一门独特的风险管理技术，已得到全球银行业的普遍认同，合规风险已与银行其他风险一起被纳入到银行全面风险管理框架之中。合规部门的组织结构和报告路线不断调整和完善。国际银行业的合规管理职业队伍开始崛起，合规管理人员已经成为一个专业化的职业阶层，从事合规管理的人员占银行从业人员的比例不断上升，已达到 0.5%～1% 之间。如荷兰银行专职合规管理人员有 500 多人，占其全球 10 万从业人员的 0.5%；德意志银行专职合规管理人员则有 600 多人，占其全球 6 万从业人员的 1%。

（一）国际银行业合规管理的发展

国际商业银行合规管理的发展可以追溯至早期的企业和商业银行内部控制架构的建立，主要发展过程有：

（1）1992 年 COSO[2] 委员会建立了内部控制整体框架；

（2）1998 年，提出了银行业机构内部控制体系架构；

（3）2002 年美国通过的《2002 上市公司会计改革与投资者保护法案》，即著名的萨班斯法案，大大强化了公司管理层及外部审计师对于公司财务内部控制的责任；

（4）2003 年 COSO 委员会提出全面风险管理框架；

（5）2003 年 10 月，巴塞尔银行监管委员会发布的《银行内部合规部门》的咨

---

[1] 指引所称的法律、规则和准则是指适用于银行业经营活动的法律、行政法规、部门规章及其他规范性文件、经营规则、自律性组织的行业准则、行为守则和职业操守。

[2] The Committee of Sponsoring Organizations of the Treadway Commission。

询文件,该咨询文件成为法国等一些国家监管机构和银行规范合规风险管理的指导性文件;

(6)在咨询文件的基础上,巴塞尔委员会于2005年4月29日发布了《合规与银行内部合规部门》的高级文件,指导银行业机构设立合规部门和专职合规岗位,支持和协助高级管理层有效管理银行的合规风险。

(7)巴塞尔委员会2004年的新资本协议与2006年的《有效银行监管的核心原则》等对于促进商业银行合规管理的发展也起到了推进作用。

(二)中国银行业合规管理的发展

我国商业银行在进入新世纪后,吸收国际银行业合规管理的先进成果,加快推进了合规管理事业的发展。2002年,中国银行总行法律事务部更名为法律与合规部;2003年,中国建设银行总行法律事务部设立合规处,2005年单设合规部;2004年中国工商银行设立内控合规部,后又分设法律事务部和合规事务部;2005年,中国民生银行设立法律合规部,中国农业银行进行合规岗、合规经理制试点,上海银行业公会发布了《上海银行业金融机构合规风险管理机制建设的指导意见》;2006年10月25日,银监会发布了《商业银行合规风险管理指引》,标志着我国商业银行进入了合规风险管理全面实施的阶段。

二、合规风险管理体系与合规风险管理部门

(一)合规风险管理体系的基本要素

商业银行合规风险管理的目标是通过建立健全合规风险管理框架,实现对合规风险的有效识别和管理,促进全面风险管理体系建设,确保依法合规经营。商业银行应建立与其经营范围、组织结构和业务规模相适应的合规风险管理体系。

合规风险管理体系应包括以下基本要素:一是合规政策;二是合规管理部门的组织结构和资源;三是合规风险管理计划;四是合规风险识别和管理流程;五是合规培训与教育制度。

(二)合规政策的主要内容

合规政策是合规风险管理体系的基础,商业银行必须制订能够明确所有员工和业务条线需要遵守的基本原则,识别和管理合规风险的主要程序,并对合规管理职能的有关事项做出规定的合规政策。合规政策至少应包括以下内容:①合规管理部门的功能和职责;②合规管理部门的权限,包括享有与银行任何员工进行沟通并获取履行职责所需的任何记录或档案材料的权利等;③合规负责人的合规管理职责;④保证合规负责人和合规管理部门独立性的各项措施,包括确保合规负责人和合规管理人员的合规管理职责与其承担的任何其他职责之间不产生利益冲突等;⑤合规管理部门与风险管理部门、内部审计部门等其他部门之间的协作关系;⑥设立业务条线和分支机构合规管理部门的原则。

（三）合规风险管理部门的职责

巴塞尔有关指引为合规部门指定了五项任务：顾问；指导和教育；辨别和评估合规风险；检测、测试和报告；具体的法律责任。

我国商业银行合规风险管理指引规定，合规管理部门应在合规负责人的管理下协助高级管理层有效识别和管理商业银行所面临的合规风险，履行以下基本职责。

（1）持续关注法律、规则和准则的最新发展，正确理解法律、规则和准则的规定及其精神，准确把握法律、规则和准则对商业银行经营的影响，及时为高级管理层提供合规建议。

（2）制定并执行风险为本的合规管理计划，包括特定政策和程序的实施与评价、合规风险评估、合规性测试、合规培训与教育等。

（3）审核评价商业银行各项政策、程序和操作指南的合规性，组织、协调和督促各业务条线和内部控制部门对各项政策、程序和操作指南进行梳理和修订，确保各项政策、程序和操作指南符合法律、规则和准则的要求。

（4）协助相关培训和教育部门对员工进行合规培训，包括新员工的合规培训，以及所有员工的定期合规培训，并成为员工咨询有关合规问题的内部联络部门。

（5）组织制定合规管理程序以及合规手册、员工行为准则等合规指南，并评估合规管理程序和合规指南的适当性，为员工恰当执行法律、规则和准则提供指导。

（6）积极主动地识别和评估与商业银行经营活动相关的合规风险，包括为新产品和新业务的开发提供必要的合规性审核和测试，识别和评估新业务方式的拓展、新客户关系的建立以及客户关系的性质发生重大变化等所产生的合规风险。

（7）收集、筛选可能预示潜在合规问题的数据，如消费者投诉的增长数、异常交易等，建立合规风险监测指标，按照风险矩阵衡量合规风险发生的可能性和影响，确定合规风险的优先考虑序列。

（8）实施充分且有代表性的合规风险评估和测试，包括通过现场审核对各项政策和程序的合规性进行测试，询问政策和程序存在的缺陷，并进行相应的调查。合规性测试结果应按照商业银行的内部风险管理程序，通过合规风险报告路线向上报告，以确保各项政策和程序符合法律、规则和准则的要求。

（9）保持与监管机构日常的工作联系，跟踪和评估监管意见和监管要求的落实情况。

三、合规风险报告

商业银行应明确合规风险报告路线以及合规风险报告的要素、格式和频率，及时向银监会报送合规风险管理计划和合规风险评估报告。若发现重大违规事件则应按照重大事项报告制度的规定向银监会报告。

按照规定,我国商业银行年度合规报告应包括以下内容:①合规管理状况概述;②合规政策的制订、评估和修订;③合规负责人和合规管理部门的情况;④公司内部管理制度和业务流程情况;⑤重要业务活动的合规情况;⑥合规评估和监测机制的运行;⑦面临的重大合规风险及应对措施;⑧重大违规事件及其处理;⑨合规培训情况;⑩合规管理存在的问题和改进措施;⑪其他。

中国银监会定应期对商业银行合规风险管理的有效性进行评价,评价报告作为分类监管的重要依据。银监会对商业银行合规风险管理的检查包括现场检查和非现场检查。银监会根据商业银行的合规记录及合规风险管理评价报告,确定合规风险现场检查的频率、范围和深度,检查的主要内容包括:①商业银行合规风险管理体系的适当性和有效性;②商业银行董事会和高级管理层在合规风险管理中的作用;③商业银行绩效考核制度、问责制度和诚信举报制度的适当性和有效性;④商业银行合规管理职能的适当性和有效性。

四、关键的合规领域

(一)客户接受度与反洗钱政策

银行必须"了解你的客户"(KYC),要对客户接受度进行尽职调查,进行客户鉴别,使得银行能相信与他们进行交易的人的诚信度,员工要获取鉴别客户的信息,核实客户资料的可靠度,把这些职责贯穿于银行与客户打交道的整个过程和每次交易。

"洗钱"是将非法获得的资产融入合法的金融体系中,目的在于隐瞒或者掩饰它们的真实来源。洗钱活动一般分三步进行:放置(Placement),将非法获得的资产融入合法的金融体系中,目的在于隐瞒或者掩饰它们的真实来源;移转(Layering),通过连续转移和交易将非法获得的资金的来源模糊化,使它们看起来合法;整合(Integration),使这些资金最终以合法收入的身份再次出现。同时,商业银行还要避免客户的资金来源非法以及避免与受制裁的国家或企业发生业务关系。

(二)与客户打交道

银行在与客户打交道时必须遵循以下两项原则。

1. 机密性

银行工作人员必须保守所有与银行相关的未公开的信息,包括内部备忘录、政策、员工及供应商资料,所有有关现有和潜在客户的非公开信息等信息的机密。

2. 客户分类与适当性原则

银行必须对客户进行分类,并保证与其业务的适当性。2006年7月20日,欧盟《金融工具交易法》提出新的投资者保护规定,主要从销售适当性的角度,要求银行必须把客户分为零售客户、专业客户与合格的对手方三类,要求银行必须针对不同客户履行不同的信息披露及保护标准。零售客户受到最高程度的保护,专业客户受到的保护相对较低,而合格的对手方(主要是银行、保险公司、养老基金等)则不在该指令的投资者保护范畴之内。欧盟规定金融机构业务员不能在不适合客户的知识、经验、财产状况、交易目的情况下向客户推荐产品,从而导致投资者利益受损。金融机构业务员在业务发展过程中应采取适当措施确保客户信息得到适当处理,以避免业务运作损害公众利益与投资者利益。我国银监会也要求商业银行在开展理财业务时对客户进行必要的测试、分类,保证对其业务活动的适当性。商业银行给予客户的建议必须具有适合性。"将适当的产品销售给适当的投资者"是金融机构的基本准则。

(三) 市场行为

商业银行合规管理中的市场行为主要包含以下四种。

1. 利益冲突

商业银行业务活动中存在着多重的利益冲突问题:个人利益与银行利益、银行利益与客户利益、客户之间的利益。商业银行必须妥善管理利益冲突,通过透明化、内部汇报、重新分配职责、告知客户与征得客户的同意等方式避免利益冲突带来的危害性。

2. 防火墙

防火墙又称中国墙,它是为限制或防止信息在银行内流通而制造的制度障碍,帮助管理利益冲突,保护客户信息的机密性。

3. 控制室

其主要功能为:维持全球营销和观察清单、维持全球限制交易清单、识别潜在的利益冲突、理清与记录中国墙间的交叉、登记内部知情人、预先清除某些交易等。

4. 市场滥用

市场滥用包括两方面内容,一是市场操纵,即散布错误的或者误导性的有关市场、投资价格或价值的信息,例如:通过因特网散布谣言或虚假新闻;纯粹为影响金融工具的价格的行为;二是内幕信息,它是指关于已发生的、或者预计很可能发生的事件或情况的准确信息,通常无法获得或不能通过分析和研究获得,如果公之于众,很可能会影响有关公司或行业的价格或价值的信息。

(四) 其他合规话题

1. 个人账户处理政策

在掌握机密的价格信息(内部信息)的情况下买卖证券构成犯罪行为。银行员工利用职务之便获取私利是违法行为。必须避免内幕交易的现象。所有员工及关联方的证券账户信息必须披露。银行必须能够按照提交的审批需求对交易进行监督。

2. 送礼政策或贿赂与腐败

银行规定礼品接收政策、礼品赠送政策、行贿的定义等内容,要求员工予以遵守。

3. 检举政策

银行要确保所有员工可检举（即使是匿名检举）（嫌疑）犯罪人员或不道德行为，鼓励员工揭发犯罪行为或不道德行为、为员工提供检举的途径（秘密邮件地址和电话号码）、保证检举材料得到谨慎和机密的处理、明确保护进行正义检举的个人。

4. 需注意合规的一般情况

如涉及某交易中，有充足理由怀疑对方和/或客户涉嫌内部交易或价格操纵、怀疑涉嫌洗钱和金融犯罪的交易、怀疑向顾客传递了错误或误导的评估信息、知道超出交易额度是蓄意而为、了解某些故意误导银行、客户或监管方的行为、目睹客户的重大抱怨没有得到满意的处理、收到不符合银行政策及程序的内幕消息、知道违反个人账户交易规则的行为等。

专栏 11-2　　　　　　　　　　花旗银行屡屡违规

为改变合规管理中存在的严重缺陷，2004年上任的花旗银行CEO普林斯在2005年初设立全球合规部，要求："每个员工，从我开始，要重新关注我们的声誉、诚信和权利。"这是花旗银行纠正其合规管理中存在的重大问题的对策，但是遗憾的是这些措施并未能彻底消除该行合规管理中存在的隐患，该行仍然不时爆出重大的合规管理丑闻。

日本金融厅2004年9月17日称，已勒令花旗集团旗下花旗银行的东京丸山、名古屋、大阪和福冈支行从9月29日起停业一年。这4家支行的营业许可将于2005年9月30日被吊销。这是金融厅所做出的有史以来最严厉的惩罚。

日本金融厅之所以做出这一决定，是因为发现花旗银行的这四家支行存在大量的违法行为，并有严重的违规操作行为。花旗对某一客户的账户洗钱行为未能尽检查之责，而私人银行业务也被发现存在欺诈行为。

2003年11月，日本金融厅检查局对花旗银行在日本的分支机构实施例行金融检查，发现该行内部管理十分混乱。一名支行长贪污了18亿日元现金巨款，竟然长期无人发觉；一些业务人员违规随身携带记录有部分顾客账号密码等重要数据的资料，结果竟将资料丢失。

随后，日本金融厅加强了对花旗银行东京分支机构的监视。花旗银行日本支行的"重要客户"竟然是已经受到外国监管部门盯梢的国际犯罪团伙，日本花旗涉嫌为犯罪团伙非法交易提供方便，帮助他们洗钱；同时，花旗银行还向一些因操纵市场行情而被捕的被告提供了大量融资；花旗银行的一些业务员欺骗客户，误导客户投资非金融商品，致使客户遭受损失而中饱私囊；花旗银行还无视日本银行法，从事多项被禁止的业务，比如向客户推销海外不动产项目、海外人寿保险以及美术品等。

花旗银行于1902年在横滨开设第一个支行后，已在日本各大城市遍地开花，总资产7.38万亿日元，2004年上半年的税后纯利为5.23亿美元，占花旗金融集团总利润的8.2%。这些分支机构被吊销营业执照，对花旗银行在日本的经营造成严重打击，盈利能力大打折扣。花旗银行日本分支机构的6个领导干部已经引咎辞职，另外8名有关人员也受到了降职减薪的处分。

花旗银行已被迫表示,要调整在日本的经营战略,停止利润至上的经营方针,加强内部监管体制,教育员工遵纪守法。

花旗银行并不只在日本惹上麻烦。在美国,花旗银行卷入了安然假账丑闻并在世通公司债务销售中隐瞒风险(2004 和 2005 年分别赔偿投资者损失 25.75 亿美元和 20 亿美元);在欧洲,帕玛拉特财务造假案中也闪现着花旗银行的身影,英国花旗则涉嫌操纵债券市场价格(2004 年被罚款 2 440 万美元);在中国,更是爆出花旗涉嫌向监管机构披露虚假信息,花旗投资银行(中国)总裁被停职的消息。

由于该行在合规管理上存在的重大问题,2005 年 3 月,美联储禁止花旗集团参与重大收购兼并活动。为此,该行不得不放弃中国某国有行的战略投资者的身份。重大收购兼并的资格直到 2006 年花旗集团在合规管理达标和道德环境改善后才得以恢复。

2009 年该行的合规管理又爆发重大丑闻。6 月 26 日,日本金融厅发表声明说,监管部门在调查中发现,花旗银行监测洗钱等可疑交易的内部监管系统存在"重大问题",为暴力团伙等反社会组织开设了几百个账户。因此,该行被下令从 7 月 15 日起一个月内停止一切个人业务的销售活动,不得通过广告、宣传、邀请等各种促销手段开展新的个人业务。由于在反洗钱方面存在过失使公司遭受日本金融监管机构处罚,以总裁达伦·巴克利为首的 16 名高管将被减薪。巴克利将被减薪 20%,减薪期为一个月,而日兴花旗控股公司总裁道格拉斯·彼得森将被减薪 40%,减薪期为三个月。

资料来源:根据相关资料整理。

五、我国商业银行合规风险管理的推进重点

(一)明确业务条线和分支机构在合规管理中的责任

我国商业银行合规指引规定商业银行应根据业务条线和分支机构的经营范围、业务规模设立相应的合规管理部门。各业务条线和分支机构合规管理部门应根据合规管理程序主动识别和管理合规风险,按照合规风险的报告路线和报告要求及时报告。商业银行各业务条线和分支机构的负责人应对本条线和本机构经营活动的合规性负首要责任。

(二)合规风险管理重在合规文化建设

商业银行应加强合规文化建设,并将合规文化建设融入企业文化建设全过程。合规是商业银行所有员工的共同责任,并应从商业银行高层做起。董事会和高级管理层应确定合规的基调,确立全员主动合规、合规创造价值等合规理念,在全行推行诚信与正直的职业操守和价值观念,提高全体员工的合规意识,促进商业银行自身合规与外部监管的有效互动。商业银行的董事会及高级管理层应担负起合规机制建设的职责,革除"重经营、轻管理,重业务发展、轻风险防范"的落后理念。行长既是首席执行官,也是首席道德官,负有有效管理银行合规风险的责任。商业银行必须有清晰的合规风险责任界限,一线业务部门对合规负有直接的责任,董事会对商业银行经营活动的合规性负最终责任。商业银行要加强"自我合规"意识

教育,只有银行的文化强调全行上下都严格遵守高标准的道德行为准则时,银行的合规风险管理才是最为有效的。

(三)保证合规管理部门的独立性

合规管理部门是指商业银行内部设立的专门负责合规管理职能的部门、团队或岗位。合规管理是否有效关键在于如何保证合规部门的独立性。目前,合规部门的设置方式有集中式和分散式两种。

集中式是指银行设立独立的合规风险管理部门体系。如荷兰银行、德意志银行、中银香港等商业银行设立单一、完全独立的合规部,还有的如渣打银行、瑞士信贷、第一波士顿等合规部与风险管理部、法律事务部等合一的模式。集中式模式下分支机构合规部门的报告模式有矩阵式和条线式两种。矩阵式是指同时向上级合规部门和分支机构负责人汇报,条线式是只向上级合规部门汇报。

分散式是总部设合规部门,在分支机构不一定设合规部门,而是在分支机构或业务条线建业务单位合规管理体系,主要银行有汇丰、花旗等。分散式模式下的报告路线也有条线式、矩阵式两种。如汇丰实行分散式组织结构、矩阵式汇报路线,花旗采用分散式组织结构、条线式汇报路线。

我国商业银行如浦东发展银行在总行、分行设合规部,业务条线和支行不设合规部。其上海分行合规部设四个团队,7个业务条线和23家区域支行设一名合规经理,其中两家支行为专职合规经理,采用矩阵式报告路线。中国建设银行的报告路线则采用条线式模式,将合规风险分三个等级:一般、重大、特大。一般合规风险按层级管理逐级报告,重大合规风险按照纵向和横向双线同时报告,特大合规风险允许下属机构越级报告,即一级分行或总行合规部对特别紧急、重大的合规风险可直接向董事会报告。

(四)明确合规管理部门与风险管理部门和内部审计部门的关系

商业银行应建立合规管理部门与风险管理部门在合规管理方面的协作机制。商业银行应明确合规部门在本行的枢纽地位,将合规部门作为银行内部管理和外部监管规则连接的主要渠道。

商业银行合规管理职能应与内部审计职能分离,合规管理职能的履行情况要受到内部审计部门定期的独立评价。内部审计部门负责商业银行各项经营活动的合规性审计。内部审计方案要包括合规管理职能适当性和有效性的审计评价,内部审计的风险评估方法要包括对合规风险的评估。商业银行应明确合规管理部门与内部审计部门在合规风险评估和合规性测试方面的职责。内部审计部门应随时将合规性审计结果告知合规负责人。合规部门的工作范围和广度应受到内部审计部门的定期复查。合规部门应与审计部门分离,以确保合规部门的各项工作受到独立的复查。

第四节 商业银行的内部控制

一、内部控制的目标及实施原则

（一）内部控制和商业银行内部控制的定义

内部控制是 20 世纪中叶随着现代经济的发展而建立起来的一个重要管理方法。美国权威机构 COSO[①] 委员会对内部控制的定义是：内部控制是一种为合理保证实现经营的效果和效率、财务报告的可靠性及符合法律和规章制度三大目标的程序。1998 年 1 月巴塞尔委员会颁布的适合一切表内外业务的《内部控制系统评估框架（征求意见稿）》，提出了新的内控定义，其中进一步强调董事会和高级管理层对内控的影响，描述了一个健全的内部控制系统及其基本构成要素，提出了供监管当局评价银行内部控制系统的若干原则。

根据中国银监会 2014 年 9 月颁布的《商业银行内部控制指引》的定义，内部控制是商业银行董事会、监事会、高级管理层和全体员工参与的，通过制定和实施系统化的制度、流程和方法，实现控制目标的动态过程和机制。

（二）商业银行内部控制的目标

巴塞尔银行监管委员会把商业银行内部控制的目标分解为操作性目标、信息性目标和合规性目标。操作性目标不只针对经营活动，而且包括其他各种活动，强调各种活动的效果和效率。信息性目标包括管理信息，明确要求实现财务和管理信息的可靠性、完整性和及时性。合规性目标也即遵从性目标，要求商业银行遵从现行法律和规章制度。

我国《商业银行内部控制指引》规定，商业银行内部控制的目标是：

（1）保证国家有关法律法规及规章的贯彻执行；

（2）保证商业银行发展战略和经营目标的实现；

（3）保证商业银行风险管理的有效性；

（4）保证商业银行业务记录、会计信息、财务信息和其他管理信息的真实、准确、完整和及时。

商业银行应在相关职能和层次上建立并保持内部控制目标。内部控制目标应符合内部控制政策，并体现对持续改进的要求。内部控制目标应可测量。有条件时，目标应用指标予以量化。

（三）商业银行内部控制的原则

我国规定，商业银行内部控制应遵循以下四个基本原则。

[①] The Committee of Sponsoring Organizations of the Treadway Commission.

1. 全覆盖原则

商业银行内部控制贯穿决策、执行和监督全过程,覆盖各项业务流程和管理活动,覆盖所有的部门、岗位和人员。

2. 制衡性原则

商业银行内部控制在治理结构、机构设置及权责分配、业务流程等方面形成相互制约、相互监督的机制。

3. 审慎性原则

商业银行内部控制坚持风险为本、审慎经营的理念,设立机构或开办业务均应坚持内控优先。

4. 相匹配原则

商业银行内部控制与管理模式、业务规模、产品复杂程度、风险状况等相适应,并根据情况变化及时进行调整。

二、商业银行内部控制的构成要素

根据巴塞尔委员会的规定,商业银行内部控制的具体内容包括五个方面。

(1) 控制环境(Control Environment),包括管理组织结构、管理理念、人事政策和员工素质、外部环境等。

(2) 风险评估(Risk Assessment),包括对风险点进行选择、识别、分析和评估的全过程。

(3) 控制活动(Control Activities),是确保管理方针得以实现的一系列制度程序和措施。

(4) 信息和沟通(Information and Communication),包括内外部、上下层和各部门间的信息的获取和交流,以便采取必要的控制活动,及时解决存在的问题。

(5) 监督与审查(Monitoring),是为保证内部控制的有效性、充分性、可行性而对内部控制制度进行的持续性的评价和单向制度的分别评价。

我国《商业银行内部控制指引》也遵照巴塞尔委员会的精神,规定了我国商业银行内部控制职责、内部控制措施、内部控制保障、内部控制评价、内部控制监督五方面要素。

(一) 内部控制职责

商业银行建立由董事会、监事会、高级管理层、内控管理职能部门、内部审计部门、业务部门组成的分工合理、职责明确、报告关系清晰的内部控制治理和组织架构。

(1) 董事会负责保证商业银行建立并实施充分有效的内部控制体系,保证商业银行在法律和政策框架内审慎经营;负责明确设定可接受的风险水平,保证高级管理层采取必要的风险控制措施;负责监督高级管理层对内部控制体系的充分性与有效性进行监测和评估。

(2) 监事会负责监督董事会、高级管理层完善内部控制体系;负责监督董事会、高级管理层及其成员履行内部控制职责。

(3) 高级管理层负责执行董事会决策;负责根据董事会确定的可接受的风险水平,制定系统化的制度、流程和方法,采取相应的风险控制措施;负责建立和完善内部组织机构,保证内部控制的各项职责得到有效履行;负责组织对内部控制体系的充分性与有效性进行监测和评估。

(4) 商业银行指定专门部门作为内控管理职能部门,牵头内部控制体系的统筹规划、组织落实和检查评估。

(5) 商业银行内部审计部门履行内部控制的监督职能,负责对商业银行内部控制的充分性和有效性进行审计,及时报告审计发现的问题,并监督整改。

(6) 商业银行的业务部门负责参与制定与自身职责相关的业务制度和操作流程;负责严格执行相关制度规定;负责组织开展监督检查;负责按照规定时限和路径报告内部控制存在的缺陷,并组织落实整改。

(二) 内部控制措施

商业银行建立健全内部控制制度体系,对各项业务活动和管理活动制定全面、系统、规范的业务制度和管理制度,并定期进行评估。

(1) 确定各项业务活动和管理活动的风险控制点,采取适当的控制措施,执行标准统一的业务流程和管理流程,确保规范运作。采用科学的风险管理技术和方法,充分识别和评估经营中面临的风险,对各类主要风险进行持续监控。

(2) 建立健全信息系统控制。通过内部控制流程与业务操作系统和管理信息系统的有效结合,加强对业务和管理活动的系统自动控制。

(3) 确定部门、岗位的职责及权限,形成规范的部门、岗位职责说明,明确相应的报告路线。建立相应的授权体系,明确各级机构、部门、岗位、人员办理业务和事项的权限,并实施动态调整。

(4) 执行会计准则与制度,及时准确地反映各项业务交易,确保财务会计信息真实、可靠、完整。建立有效的核对、监控制度,对各种账证、报表定期进行核对,对现金、有价证券等有形资产和重要凭证及时进行盘点。

(5) 建立健全外包管理制度,明确外包管理组织架构和管理职责,并至少每年开展一次全面的外包业务风险评估。但是,涉及战略管理、风险管理、内部审计及其他有关核心竞争力的职能不得外包。

(6) 建立健全客户投诉处理机制,制定投诉处理工作流程,定期汇总分析投诉反映事项,查找问题,有效改进服务和管理。

(三) 内部控制保障

商业银行要保障内部控制体系,首先要覆盖所有业务和全部流程的管理信息系统和业务操作系统,及时、准确记录经营管理信息,加强对信息的安全控制和保密管理,确保信息的完整、连续、准确、可追溯和安全。具体需要做到以下五点。

(1) 建立有效的信息沟通机制,确保董事会、监事会、高级管理层及时了解本行的经营和风险状况,确保相关部门和员工及时了解与其职责相关的制度和信息。

(2) 建立与其战略目标相一致的业务连续性管理体系,明确组织结构和管理职能,制定业务连续性计划,组织开展演练和定期的业务连续性管理评估,有效应对运营中断事件,保证业务持续运营。

(3) 制定有利于可持续发展的人力资源政策,将职业道德修养和专业胜任能力作为选拔和聘用员工的重要标准,保证从业人员具备必要的专业资格和从业经验,加强员工培训。

(4) 建立科学的绩效考评体系、合理设定内部控制考评标准,对考评对象在特定期间的内部控制管理活动进行评价,并根据考评结果改进内部控制管理。商业银行对内控管理职能部门和内部审计部门建立区别于业务部门的绩效考评方式,以利于其有效履行内部控制管理和监督职能。

(5) 培育良好的企业内控文化,引导员工树立合规意识、风险意识,提高员工的职业道德水准,规范员工行为。

(四) 内部控制评价

商业银行内部控制评价是对商业银行内部控制体系建设、实施和运行结果开展的调查、测试、分析和评估等系统性活动。

(1) 建立内部控制评价制度,规定内部控制评价的实施主体、频率、内容、程序、方法和标准等,确保内部控制评价工作规范进行,内部控制评价则由董事会指定的部门组织实施。

(2) 对纳入并表管理的机构进行内部控制评价,包括商业银行及其附属机构。

(3) 根据业务经营情况和风险状况确定内部控制评价的频率,至少每年开展一次。当商业银行发生重大的并购或处置事项、营运模式发生重大改变、外部经营环境发生重大变化,或其他有重大实质影响的事项发生时,及时组织开展内部控制评价。

(4) 制定内部控制缺陷认定标准,根据内部控制缺陷的影响程度和发生的可能性划分内部控制缺陷等级,并明确相应的纠正措施和方案。

(5) 建立内部控制评价质量控制机制,对评价工作实施全流程质量控制,确保内部控制评价客观公正。

(6) 强化内部控制评价结果运用,可将评价结果与被评价机构的绩效考评和授权等挂钩,并作为被评价机构领导班子考评的重要依据。

(7) 商业银行年度内部控制评价报告经董事会审议批准后,报送银监会或对其履行法人监管职责的属地银行业监督管理机构。商业银行分支机构应将其内部控制评价情况,报送属地银行业监督管理机构。

（五）内部控制监督

商业银行内部审计部门、内控管理职能部门和业务部门均承担内部控制监督检查的职责,根据分工协调配合,构建覆盖各级机构、各个产品、各个业务流程的监督检查体系。

（1）商业银行建立内部控制监督的报告和信息反馈制度,内部审计部门、内控管理职能部门、业务部门人员将发现的内部控制缺陷,按照规定报告路线及时报告董事会、监事会、高级管理层或相关部门。

（2）商业银行建立内部控制问题整改机制,明确整改责任部门,规范整改工作流程,确保整改措施落实到位。

（3）商业银行建立内部控制管理责任制,强化责任追究。

① 董事会、高级管理层对内部控制的有效性分级负责,并对内部控制失效造成的重大损失承担管理责任。

② 内部审计部门、内控管理职能部门对未适当履行监督检查和内部控制评价职责承担直接责任。

③ 业务部门对未执行相关制度、流程,未适当履行检查职责,未及时落实整改承担直接责任。

（4）银行业监督管理机构通过非现场监管和现场检查等方式实施对商业银行内部控制的持续监管,并根据本指引及其他相关法律法规,按年度组织对商业银行内部控制进行评估,提出监管意见,督促商业银行持续加以完善。

三、商业银行的内部审计

为促进商业银行完善公司治理,加强内部控制和风险管理,健全内部审计体系,提升内部审计的独立性和有效性,中国银监会2016年颁布《商业银行内部审计指引》规范商业银行内审制度。

（一）商业银行内部审计的基本内涵及目标

内部审计是商业银行内部独立、客观的监督、评价和咨询活动,通过运用系统化和规范化的方法,审查评价并督促改善商业银行业务经营、风险管理、内控合规和公司治理效果,促进商业银行稳健运行和价值提升。

商业银行内部审计目标包括:推动国家有关经济金融法律法规和监管规则的有效落实;促进商业银行建立并持续完善有效的风险管理、内控合规和公司治理架构;督促相关审计对象有效履职,共同实现本银行战略目标。

（二）商业银行内部审计的组织架构

商业银行应建立独立垂直的内部审计体系,设立独立的内审部门,对内审工作履职负责的包括董事会、高级管理层、监事会、总审计师等。

（1）董事会对内部审计的独立性和有效性承担最终责任。董事会应下设审计委员会。审计委员会对董事会负责，经其授权审核内部审计章程等重要制度和报告，审批中长期审计规划和年度审计计划，指导、考核和评价内部审计工作。

（2）高级管理层支持内部审计部门独立履行职责，确保内部审计资源充足到位；及时向审计委员会报告业务发展、产品创新、操作流程、风险管理、内控合规的最新发展和变化；根据内部审计发现的问题和审计建议及时采取有效整改措施。

（3）监事会对本银行内部审计工作进行监督，有权要求董事会和高级管理层提供审计方面的相关信息。

（4）商业银行可设立总审计师或首席审计官一名。总审计师对董事会及其审计委员会负责，定期向董事会及其审计委员会和监事会报告工作，并通报高级管理层。

（5）商业银行设立独立的内部审计部门，审查评价并督促改善商业银行经营活动、风险管理、内控合规和公司治理效果，编制并落实中长期审计规划和年度审计计划，开展后续审计，评价整改情况，对审计项目的质量负责。内部审计部门向总审计师负责并报告工作。

专栏11-3　　　　商业银行风险的"三道防线、四道门槛"

"三道防线"，即业务部门是第一道防线；各级风险管理部门（包括风险管理、信贷审批、合规监督部门）是第二道防线；内部审计部门是第三道防线。所谓"四道门槛"，即客户经理、风险经理、合规管理人员、内部审计人员各是风险管理体系中的一道门槛，承担着各自不同但又有相互补充和监督制衡的作用。

（三）商业银行内部审计的工作流程

内部审计部门根据商业银行的内部审计章程、业务性质、风险状况、管理需求及审计资源的配置情况，确定审计范围、审计重点、审计频率，编制中长期审计规划和年度审计计划，并报审计委员会批准。一个完整的内审流程通常分为编制审计方案、现场与非现场审计、解决异议、递交审计报告和跟进。

1. 编制审计方案

内部审计部门根据年度审计计划，选派合格、胜任的审计人员组成审计组，收集和研究相关背景资料，了解审计对象的风险概况及内部控制，编制项目审计方案，组织审计前培训，并在实施审计前向审计对象下发审计通知书。特殊情况下，审计通知书可以在实施审计时送达。

2. 现场与非现场审计

内部审计人员根据项目审计方案，综合运用审核、观察、访谈、调查、函证、鉴定、调节和分析等方法，获取审计证据，并将审计过程和结论记录于审计工作底稿。

内部审计通常采取现场审计与非现场审计相结合的方式,并通过加强非现场审计系统建设,增强内部审计的广度与深度。

3. 解决异议

商业银行要建立异议解决机制。对审计对象提出异议的审计结论,应及时进行沟通确认,根据内部审计章程的规定,将沟通结果和审计结论报送至相关上级机构并归档保存。

4. 递交审计报告

内部审计人员在实施必要的审计程序后,应征求审计对象意见并及时完成审计报告。审计报告应包括审计目标和范围、审计依据、审计发现、审计结论、审计建议等内容。内部审计人员需要将审计报告发送至审计对象,并上报审计委员会及董事会,同时根据内部审计章程的规定与高级管理层及时沟通审计发现。

5. 跟进

商业银行董事会及高级管理层要确保内部审计结果得到充分利用,整改措施得到及时落实;对未按要求整改的,追究相关人员责任。而内部审计部门则负责跟进审计发现问题的整改情况。必要时可开展后续审计,评价审计发现问题的整改进度及有效性。

(四)商业银行内审活动的外包制度

商业银行需建立内部审计活动外包制度,明确外包提供商的资质标准、准入与退出条件、外包流程及质量控制标准等。商业银行一般可将有限的、特定的内部审计活动外包给第三方,以缓解内部审计资源压力并提升内部审计工作的全面性,但同时要注意:不得将内部审计职能外包;不得将内部审计活动外包给正在为本银行提供外部审计服务的会计师事务所及其关联机构;不得将内部审计活动外包给近三年内为审计对象提供过与该项审计外包业务相关咨询服务的第三方及其关联机构。

(五)商业银行内部审计的责任制

商业银行要建立内部审计责任制,明确规定内部审计人员履职尽责要求以及问责程序。首先,董事会需针对内部审计部门建立科学的激励约束机制,对总审计师的履职尽责情况进行考核评价;其次,内部审计部门也要定期对内部审计人员的专业胜任能力进行评价。

专栏11-4　　巴林银行内部控制制度存在哪些问题?

从制度上看,1995年2月破产倒闭的英国巴林银行最根本的问题在于交易与清算角色的混淆。里森在1992年去新加坡后,任职巴林新加坡期货交易部兼清算部经理。作为一名交易员,里森本来应有的工作是代巴林客户买卖衍生性商品,并替巴林从事套利这两种工作,基本上是没有太大的风险。因为代客操作,风险由客户自己承担,交易员只是赚取佣金,而套利行为亦只赚取市场间的差价。例如里森利用新加坡及大阪市场极短时间内的不同价格,替巴林赚取利润。一般银行都予其交易员持有一定额度的风险头寸的许可,但为防止交易员在其所属银行暴露在过多的风险中,这种许可额度通常定得相当有限。而通过清算部门每天的结算工作,银行对其交易员和风险头寸的情况也可予以有效了解并掌握。但不幸的是,里森却一人身兼交易与清算二职。

事实上,在里森抵达新加坡前的一个星期,巴林内部曾有一个内部通讯,对此问题可能引起的大灾难提出关切。但此关切却被忽略,以至于里森到职后,同时兼任交易与清算部门的工作。如果里森只负责清算部门,根据清算部门被赋予的职责,那么他便没有必要、也没有机会为其他交易员的失误行为瞒天过海,也就不会造成最后不可收拾的局面。

在损失达到5 000万英镑时,巴林银行曾派人调查里森的账目。事实上,每天都有一张资产负债表,每天都有明显的记录,可看出里森的问题,即使是月底,里森为掩盖问题所制造的假账,也极易被发现——如果巴林真有严格的审查制度。里森假造花旗银行有5 000万英镑存款,但这5 000万英镑已被挪用来补偿88888号账户中的损失了。查了一个月的账,却没有人去查花旗银行的账目,以致没有人发现花旗银行账户中并没有5 000万英镑的存款。

另外,在1995年1月11日,新加坡期货交易所的审计与税务部发函巴林,提出他们对维持88888号账户所需资金问题的一些疑虑。而且此时里森已需每天要求伦敦汇入1 000万英镑,以支付其追加保证金。事实上,从1993年到1994年,巴林银行在SIMEX及日本市场投入的资金已超过11 000万英镑,超出了英格兰银行规定英国银行的海外总资金不应超过25%的限制。为此,巴林银行曾与英格兰银行进行多次会谈。在1994年5月,得到英格兰银行主管商业银行监察的高级官员之"默许",但此默许并未留下任何证明文件,因为没有请示英格兰银行有关部门的最高负责人,违反了英格兰银行的内部规定。

最令人难以置信的,便是巴林在1994年底发现资产负债表上显示5 000万英镑的差额后,仍然没有警惕到其内部控制的松散及疏忽。在发现问题至其后巴林倒闭的两个月时间里,有很多巴林的高级及资深人员曾对此问题加以关切,更有巴林总部的审计部门正式加以调查。但是这些调查都被里森以极轻易的方式蒙骗过去。里森对这段时期的描述为:"对于没有人来制止我的这件事,我觉得不可思议。伦敦的人应该知道我的数字都是假造的,这些人都应该知道我每天向伦敦总部要求现金是不对的,但他们仍旧支付这些钱"。

资料来源:根据相关资料整理编写。

本章小结

1. 商业银行风险是指商业银行在经营活动中,由于事前无法预料不确定因素的影响,使商业银行的实际收益与预期收益产生背离,从而导致银行蒙受经济损失或获取额外收益的机会和可能性。

2. 商业银行风险可根据不同的标准进行分类,有纯粹风险和投机风险;有信用风险、市场风险、通货膨胀风险、国家风险、流动性风险、操作风险、资本风险;有系统风险和非系统风险。

3. 商业银行的风险管理包括商业银行风险的识别与预警,风险的处理和风险的补救三个环节。全面风险管理是银行经营管理的核心,是覆盖全部风险、全流程、全员、动态的风险控制,是建立在丰富的业务数据、科学的管理模型以及高素质的专家队伍基础上的风险控制。

4. 合规是指使商业银行的经营活动与法律、规则和准则相一致。合规风险,是指商业银行因没有遵循法律、规则和准则可能遭受法律制裁、监管处罚、重大财务损失和声誉损失的风险。合规管理也即合规风险管理,是指商业银行通过设立独立的机制来识别、评估、提供咨询、监控和报告银行的合规风险。

5. 商业银行必须制订能够明确所有员工和业务条线需要遵守的基本原则、识别和管理合规风险的主要程序,并对合规管理职能的有关事项做出规定的合规政策。商业银行合规风险管理体系包括:合规政策,合规管理部门的组织结构和资源,合规风险管理计划,合规风险识别和管理流程,合规培训与教育制度等基本要素。

6. 内部控制是商业银行董事会、监事会、高级管理层和全体员工参与的,通过制定和实施系统化的制度、流程和方法,实现控制目标的动态过程和机制。

7. 商业银行内部控制评价是对商业银行内部控制体系建设、实施和运行结果开展的调查、测试、分析和评估等系统性活动。

8. 内部审计是商业银行内部独立、客观的监督、评价和咨询活动,通过运用系统化和规范化的方法,审查评价并督促改善商业银行业务经营、风险管理、内控合规和公司治理效果,促进商业银行稳健运行和价值提升。

本章重要概念

风险　信用风险　市场风险　通货膨胀风险　国家风险　操作风险　资本风险　流动性风险　合规　合规风险　合规政策　合规风险管理体系　合规风险报告　内部控制　内部审计

复习思考题

1. 商业银行风险的主要类型有哪些?
2. 简述商业银行风险管理的流程。
3. 商业银行处置风险的手段有哪些?
4. 商业银行如何估算风险的大小?
5. 简述如何推进我国商业银行的全面风险管理。
6. 商业银行合规的主要领域有哪些?
7. 简述商业银行合规风险报告的主要内容。
8. 简述商业银行内部控制的概念及目标。
9. 商业银行内部控制的主要构成要素有哪些?
10. 简述商业银行内部审计的流程。

参考资料

1. 乔治·H.汉普尔、多纳德·G.辛曼森著,《银行管理——教程与案例》,中国人民大学出版社,2002年。

2. 陈德胜等,《商业银行全面风险管理》,清华大学出版社,2009 年。
3. 黄毅等,《合规管理原理与实务》,法律出版社,2009 年。
4. 邵平,《商业银行合规风险管理》,中国金融出版社,2010 年。
5. 蒋建华,《商业银行内部控制与稽核》,北京大学出版社,2002 年。
6. 苏国新,《创新与发展——商业银行内部控制理论与实务前沿》,中国金融出版社,2008 年。
7. 中国银监会,《商业银行市场风险管理指引》,2004 年。
8. 中国银监会,《商业银行流动性风险管理指引》,2009 年。
9. 中国银监会,《商业银行内部控制指引》,2014 年。
10. 中国银监会,《商业银行内部审计指引》,2016 年。
11. 中国银监会,《银行业金融机构全面风险管理指引》,2016 年。

第十二章　商业银行的财务分析与绩效管理

本章要点

- 商业银行的财务报表
- 银行财务分析
- 成本构成与成本控制
- 业绩评价指标与评价方法
- 几种主要的绩效管理方法

对商业银行的经营绩效进行评价分析是非常重要的。因为商业银行的历史表现直接决定着其在市场中的地位和竞争力,而当前的绩效又深刻的影响到其未来发展方向与管理策略。商业银行的绩效指标是衡量商业银行经营管理活动成败的重要指标,它不仅是投资者对商业银行考量的主要参考,也是存款人对商业银行信心的来源。绩效管理是现代企业管理的重要组成部分,绩效体系敏感地反映着商业银行经营活动的情况,通过绩效管理,商业银行可以实现对业务各个环节的有效控制,实现其预定的经营目标。

第一节　商业银行的财务报表

了解银行经营状况和业绩最有效的工具是规范的商业银行财务报表。财务报表是根据日常财务会计核算资料归集、加工、汇总而成的一个完整的报告体系,是综合反映一定时期银行的资产、负债和所有者权益情况以及经营成果的重要文件,是传递财务信息的主要途径,是商业银行经营管理的基本依据。商业银行财务报表主要由资产负债表、利润表与现金流量表等构成。

一、资产负债表

商业银行资产负债表是综合反映商业银行在某一时点上资产、负债和资本金总体状况的报表,是商业银行最主要的财务报表之一。资产负债表是一种存量报表,通过它可以了解报告期银行实际拥有的资产总量及构成情况、资金来源的渠道及具体结构,从而可以从总体上判断银行的资金实力与清偿能力等。资产负债表是按复式记账原理编制的,其报表的资产方和负债方一定是平衡的,即:

$$资产 = 负债 + 股东权益$$

净值是总资产减去总负债的余数。在银行业务中,净值被称为资本项目或简称为资本,资本项目可视为所有者对银行资产的净求偿权,也就是所有者权益或股东权益,该项目列于资产负债表的右侧,负债的下方,从而使资产负债表保持平衡。

按照报表各项目排列的方式不同,资产负债表可分为报告式(垂直式)和账户式两种。单张报表都是账户式,报纸、网络等媒体发布时的报表则采取报告式。

资产负债表的项目由三大部分构成,即资产项目、负债项目和股东权益。各个项目按流动性大小顺序排列,流动性强的排列在前,流动性弱的排列在后。如表12-1所示。

(一)资产项目

资产项目按流动性高低分为流动资产与长期资产。

1. 流动资产

流动资产主要有现金及存放中央银行款项、存放同业及其他机构款项、拆出资金、短期贷款与短期投资等,它是银行资产中流动性较高的部分。

2. 长期资产

长期资产主要由中长期贷款、持有至到期投资、应收账款类投资、长期股权投资、固定资产以及其他长期资产等项目所构成。其中,中长期贷款与长期证券投资期限较长,流动性较差,但却是银行主要的盈利性资产。

(二)负债项目

负债项目按期限的长短分为流动负债与长期负债。

1. 流动负债

流动负债主要有同业及其他金融机构存放款项、拆入资金、活期及短期存款、短期借款、发行短期债券、其他流动资产等。短期负债各项目的共同特点是期限金额波动大,难以稳定运用。

2. 长期负债

长期负债有长期存款、长期借款、发行长期债券等。长期负债各项区别于短期负债的特点是期限较长,金额稳定,可供银行长期运用。

3. 股东权益

银行股东权益是银行资产与负债账面价值的差额,也称为净值项目。主要包括股本、其他权益工具(优先股永续债)、资本公积、其他综合收益、盈余公积、一般准备、未分配利润、少数股东权益。

表 12-1 资产负债表

中国工商银行股份有限公司　　　　　　　　　　　　　　　　　　单位:人民币百万元

	本集团		本行	
	2017 年	2016 年	2017 年	2016 年
资产:				
现金及存放中央银行款项	3 613 872	3 350 788	3 548 996	3 290 270
存放同业及其他金融机构款项	370 074	270 058	358 498	240 484
贵金属	238 714	220 091	212 492	189 722
拆出资金	477 537	527 415	572 095	687 221
以公允价值计量且其变动计入当期损益的金融资产	440 938	474 475	398 329	456 192
衍生金融资产	89 013	94 452	53 856	62 892
买入返售款项	986 631	755 627	750 763	502 296
客户贷款及垫款	13 892 966	12 767 334	13 125 401	12 033 200
可供出售金融资产	1 496 453	1 742 287	1 358 802	1 608 839
持有至到期投资	3 542 184	2 973 042	3 439 471	2 876 081
应收款项类投资	277 129	291 370	231 631	263 456
长期股权投资	32 441	30 077	148 191	128 491
固定资产	216 156	220 651	100 507	105 215
在建工程	29 531	22 968	20 173	16 675
递延所得税资产	48 392	28 398	47 250	27 334
其他资产	335 012	368 232	272 305	291 673
资产合计	26 087 043	24 137 265	24 638 760	22 780 041
负债:				
向中央银行借款	456	545	404	379
同业及其他金融机构存放款项	1 214 601	1 516 692	1 151 039	1 471 539
拆入资金	491 948	500 107	445 193	449 243
以公允价值计量且其变动计入当期损益的金融负债	425 948	366 752	407 766	352 001
衍生金融负债	78 556	89 960	46 682	58 179
卖出回购款项	1 046 338	589 306	810 610	304 987
存款证	260 274	218 427	221 489	194 503
客户存款	19 226 349	17 825 302	18 560 533	17 235 587
应付职工薪酬	33 142	32 864	29 616	29 562
应交税费	82 550	63 557	80 642	61 604
已发行债券证券	526 940	357 937	436 275	279 446
递延所得税负债	433	604	—	—

续表

	本集团		本行	
	2017年	2016年	2017年	2016年
其他负债	558 452	595 049	395 462	441 121
负债合计	23 945 987	22 156 102	22 585 711	20 878 151
股东权益：				
股本	356 407	356 407	356 407	356 407
其他权益工具	86 051	86 051	79 375	79 375
资本公积	151 952	151 998	156 217	156 217
其他综合收益	(62 058)	(21 738)	(52 585)	(21 095)
盈余公积	232 703	205 021	229 146	201 980
一般准备	264 892	251 349	259 374	246 308
未分配利润	1 097 544	940 663	1 025 115	882 698
归属于母公司股东的权益	2 127 491	1 969 751	2 053 049	1 901 890
少数股东权益	13 565	11 412	—	—
股东权益合计	2 141 056	1 981 163	2 053 049	1 901 890
负债及股东权益总计	26 087 043	24 137 265	24 638 760	22 780 041

资料来源：中国工商银行2017年年度报告。

二、利润表

银行利润表又称损益表或"损益计算书"，它是反映一定时期内银行的收入、支出和利润状况的财务报表，也是银行重要的财务报表之一。与资产负债表不同，银行利润表是一种流量报表，是银行在报表期间资金流动的动态体现，它着眼于银行的盈余状况。通过利润表中提供的收支信息，可以了解银行的经营活动及成果，考核银行的经营效益与管理水平，预测银行的经营前景、未来获利能力及发展趋势。利润表主要由以下几部分组成：营业收入项目，营业支出项目和利润项目（如表12-2所示）。

（一）营业收入

营业收入项目是利息净收入、手续费及佣金净收入、投资净收益、公允价值变动净收益、汇兑净收益等项目的合计金额。

（1）利息净收入，反映利息收入减去利息支出后的余额。

（2）手续费及佣金净收入，反映手续费及佣金收入减去手续费及佣金支出后的余额。

（3）投资净收益，反映银行以各种方式对外投资取得的收益或损失。

（4）公允价值变动净收益，反映银行应当计入当期损益的资产或负债公允价值的变动收益或损失。

表 12-2 利润表

中国工商银行股份有限公司　　　　　　　　　　　　　　　　　　　单位：人民币百万元

	本集团		本行	
	2017 年	2016 年	2017 年	2016 年
利息净收入	522 078	471 846	489 795	449 181
利息收入	861 594	791 480	800 662	744 943
利息支出	(339 516)	(319 634)	(310 867)	(295 762)
手续费及佣金净收入	139 625	144 973	133 999	139 585
手续费及佣金收入	158 666	164 714	148 681	155 741
手续费及佣金支出	(19 041)	(19 741)	(14 682)	(16 156)
投资收益	11 927	10 020	17 172	6 626
其中：对联营及合营企业的投资收益	2 950	2 604	2 788	2 170
公允价值变动（损失）/收益	(840)	4 168	(2 204)	2 856
汇兑及汇率产品净（损失）/收益	(379)	3 204	877	1 142
其他业务收入	54 091	41 680	3 777	2 900
营业收入	726 502	675 891	643 416	602 290
税金及附加	(7 465)	(17 319)	(6 520)	(16 515)
业务及管理费	(177 723)	(175 156)	(162 628)	(160 583)
资产减值损失	(127 769)	(87 894)	(125 285)	(84 727)
其他业务成本	(51 703)	(35 207)	(7 519)	(1 412)
营业支出	(364 660)	(315 576)	(301 952)	(263 237)
营业利润	361 842	360 315	341 464	339 053
加：营业外收入	3 805	3 601	2 889	3 193
减：营业外支出	(1 006)	(637)	(896)	(577)
税前利润	364 641	363 279	343 457	341 669
减：所得税费用	(77 190)	(84 173)	(72 865)	(79 393)
净利润	287 451	279 106	270 592	262 276
净利润归属于：				
母公司股东	286 049	278 249		
少数股东	1 402	857		
本年净利润	287 451	279 106	270 592	262 276
其他综合收益的税后净额	(41 378)	(17 515)	(31 490)	(21 693)
归属于母公司股东的其他综合收益的税后净额	(40 320)	(17 083)	(31 490)	(21 693)
以后不能重分类进损益的其他综合收益	(26)	12	(25)	9
权益法下在被投资单位不能重分类进损益的其他综合收益中享有的份额	(29)	15	(29)	15
其他	3	(3)	4	(6)
以后将重分类进损益的其他综合收益	(40 294)	(17 095)	(31 465)	(21 702)
可供出售金融资产公允价值变动净损失	(32 885)	(28 823)	(31 760)	(26 055)
现金流量套期损益的有效部分	884	(719)	786	(672)

续表

	本集团		本行	
	2017 年	2016 年	2017 年	2016 年
权益法下在被投资单位以后将重分类进损益的其他综合收益中享有的份额	(757)	(860)	(478)	(1 187)
外币财务报表折算差额	(8 252)	13 382	(161)	6 287
其他	716	(75)	148	(75)
归属于少数股东的其他综合收益的税后净额	(1 058)	(432)	—	—
本年其他综合收益小计	(41 378)	(17 515)	(31 490)	(21 693)
本年综合收益总额	246 073	261 591	239 102	240 583
综合收益总额归属于:				
母公司股东	245 729	261 166		
少数股东	344	425		
	246 073	261 591		
每股收益				
基本每股收益(人民币元)	0.79	0.77		
稀释每股收益(人民币元)	0.79	0.77		

资料来源:中国工商银行 2017 年年度报告。

(5)汇兑净收益,反映银行外币货币性项目因汇率变动形成的净收益或损失。

(二)营业支出

营业支出是税金及附加、业务及管理费、资产减值损失等项目的合计金额。

(1)税金及附加,反映银行经营业务应负担的营业税、城市建设维护税和教育费附加等。

(2)业务及管理费,反映银行在业务经营和管理过程中所发生的电子设备运转费、安全防范费、物业管理费等费用。

(3)资产减值损失,反映银行计提(或恢复后转回)各项资产减值准备所形成的损失,或按规定提取(或恢复后转回)的呆账准备金额。

三、利润

收入扣除各项费用支出后的余额为银行利润,根据会计核算口径的不同,银行利润有税前利润与税后净利润两个层次。

(1)税前利润,是银行营业收支相抵后的余款,该指标的意义在于明确应税所得。

(2)净利润,税后净利润为应税所得扣除所得税后的余额。该指标是银行正常经费活动的最终成果,它综合反映了银行经营业绩,是银行绩效评估的基本指标。

三、现金流量表

现金流量表也称现金来源运用表,是银行主要财务报表之一。银行现金流量表与企业现金流量表的作用类似,它是反映银行在一个经营时期内现金和现金等价物流入流出情况的财务报表,有助于投资者和经营者了解和判断银行的经营状况。商业银行经过一个时期的经营活动,其资产负债与所有者权益的规模与结构都会发生变动,变动的结果可以通过银行资产负债表和利润表相关的科目得以展现。但是,资产负债表是一张存量报表,不能揭示财务状况变动的原因;利润表虽是动态报表,但它着眼于银行的盈利状况,不能反映银行资金运动的全貌,也不能揭示银行财务变动的原因。因此,在资产负债表与利润表之外必须编制现金流量表,以弥补二者的不足,将利润同资产、负债、所有者权益的变动结合起来,并揭示银行财务状况变动的原因。

现金流量表以现金和现金等价物的来源(流入)、运用(流出)为反映对象,着眼于现金流量的动态变化。报表按"现金来源增加 = 现金运用增加"的公式进行编制。

商业银行的现金流入主要有以下内容:

(1) 营业所得现金。这部分现金来源由净利润扣除应计收入,再加上非付现费用构成。

(2) 资产减少所得现金。这部分指减少非现金资产所得现金,一般情况下,银行贷款等非现金资产减少较大,相应增加的现金较多。

(3) 增加负债、增发股本所得现金。这部分指银行从外部增加的现金,其中,客户以现金形式存入银行增加银行负债是银行现金增加的主要来源之一。

商业银行的现金流出主要有以下内容:

(1) 支付现金股利。这部分主要指银行以现金形式支付股利直接导致的现金流出。

(2) 支付现金增加资产。这部分主要指银行为增加有形资产与各种金融债权而导致的现金流出。一般情况下,银行为增加贷款资产而导致的现金流出较大。

(3) 支付现金减少债务。债务的还本付息是银行现金的净流出,因而构成银行现金运用的一个基本项目。

从表12-3 中看出,商业银行的现金流量表包括三部分内容,即,经营活动产生的现金流量、投资活动产生的现金流量、筹资活动产生的现金流量。现金流量是指现金及现金等价物的流入量和流出量。

表 12-3　现金流量表

中国工商银行股份有限公司　　　　　　　　　　　　　　　单位：人民币百万元

	本集团		本行	
	2017 年	2016 年	2017 年	2016 年
一、经营活动现金流量：				
客户存款净额	1 477 322	1 477 846	1 363 984	1 419 770
向中央银行借款净额	—	335	25	379
存放同业及其他金融机构款项净额	106 312	—	119 819	—
拆入资金净额	18 236	—	22 496	43 417
卖出回购款项净额	457 032	252 115	505 623	174 157
为交易而持有的金融资产净额	102 573	—	124 294	—
收取的以公允价值计量且其变动计入当期损益的金融资产				
投资收益	6 480	2 895	5 747	2 132
以公允价值计量且其变动计入当期损益的金融负债款项净额	58 881	63 898	55 340	55 643
存款证净额	55 903	23 938	39 145	34 893
收取的利息、手续费及佣金的现金	1 050 032	975 432	974 137	918 896
处置抵债资产收到的现金	338	605	287	520
收取的其他与经营活动有关的现金	144 584	122 942	78 054	88 482
经营活动现金流入小计	3 477 693	2 920 006	3 288 951	2 738 289
客户贷款及垫款净额	(1 333 103)	(1 119 674)	(1 266 869)	(1 045 497)
向中央银行借款净额	(89)	—	—	—
存放中央银行款项净额	(208 191)	(273 546)	(225 031)	(270 741)
同业及其他金融机构存放款项净额	(286 293)	(287 075)	(308 019)	(262 884)
存放同业及其他金融机构款项净额	—	(94 266)	—	(87 548)
拆入资金净额	—	(2 957)	—	—
拆出资金净额	(4 111)	(41 868)	(30 510)	(45 845)
买入返售款项净额	(106 555)	(6 395)	(72 775)	(7 205)
为交易而持有的金融资产净额	—	(57 048)	—	(68 687)
指定为以公允价值计量且其变动计入当期损益的金融资产净额	(69 385)	(72 653)	(67 542)	(63 732)
支付的利息、手续费及佣金的现金	(343 854)	(337 274)	(315 412)	(313 675)
支付给职工以及为职工支付的现金	(114 676)	(112 207)	(105 377)	(103 691)
支付的各项税费	(116 492)	(143 325)	(110 691)	(133 972)
支付的其他与经营活动有关的现金	(124 080)	(132 497)	(84 681)	(125 252)
经营活动现金流出小计	(2 706 829)	(2 680 785)	(2 586 907)	(2 528 729)
经营活动产生的现金流量净额	770 864	239 221	702 044	209 560
二、投资活动现金流量：				
收回投资收到的现金	2 153 124	2 059 722	1 899 017	1 860 177
分配股利及红利所收到的现金	1 731	1 356	1 850	1 383
处置联营及合营企业所收到的现金	633	487	—	—

续表

	本集团		本行	
	2017 年	2016 年	2017 年	2016 年
处置固定资产、无形资产和其他长期资产（不含抵债资产）收回的现金	3 195	2 850	3 177	2 808
投资活动现金流入小计	2 158 683	2 064 415	1 904 044	1 864 368
投资支付的现金	(2 633 240)	(2 492 693)	(2 322 061)	(2 262 312)
投资联营及合营企业所支付的现金	(1 605)	(1 373)	—	—
取得子公司所支付的现金净额	—	—	(12 000)	—
增资子公司所支付的现金净额	—	—	(6 013)	(1 222)
购建固定资产、无形资产和其他长期资产支付的现金	(6 880)	(36 915)	(6 517)	(6 806)
增加在建工程所支付的现金	(6 216)	(2 366)	(6 172)	(2 340)
投资活动现金流出小计	(2 647 941)	(2 533 347)	(2 352 763)	(2 272 680)
投资活动产生的现金流量净额	(489 258)	(468 932)	(448 719)	(408 312)
三、筹资活动现金流量：				
吸收少量股东投资所收到的现金	792	1 520	—	—
发行其他权益工具收到的现金	—	6 691	—	—
发行债务证券所收到的现金	943 954	896 665	920 255	809 212
筹资活动现金流入小计	944 746	904 876	920 255	809 212
支付债务证券利息	(15 370)	(13 979)	(12 515)	(11 299)
偿还债务证券所支付的现金	(759 095)	(854 012)	(748 072)	(781 886)
分配普通股股利所支付的现金	(83 506)	(83 150)	(83 506)	(83 150)
分配优先股股利所支付的现金	(4 437)	(4 450)	(4 437)	(4 450)
取得少数股东股权所支付的现金	(194)	—	—	—
支付给少数股东的股利	(309)	(71)	—	—
筹资活动现金流出小计	(862 911)	(955 662)	(848 530)	(880 785)
筹资活动产生的现金流量净额	81 835	(50 786)	71 725	(71 573)
四、汇率变动对现金及现金等价物的影响	(32 479)	28 567	(24 192)	22 189
五、现金及现金等价物净变动额	330 962	(251 930)	300 858	(248 316)
加：年初现金及现金等价物余额	1 189 368	1 441 298	1 065 760	1 313 896
六、年末现金及现金等价物余额（附注四、46）	1 520 330	1 189 368	1 366 618	1 065 760
补充资料				
1. 将净利润调节为经营活动现金流量：				
净利润	287 451	279 106	270 592	262 276
资产减值损失	127 769	87 894	125 285	84 727
固定资产折旧	17 022	18 694	12 677	13 307
资产摊销	3 050	3 126	2 811	2 859
债券投资溢折价摊销	5 194	(2 155)	447	(2 316)
固定资产、无形资产和其他长期资产盘盈及处置净收益	(1 377)	(181)	(1 377)	(179)
投资收益	(5 447)	(7 125)	(11 425)	(4 494)

续表

	本集团		本行	
	2017 年	2016 年	2017 年	2016 年
公允价值变动净损失/(收益)	840	(4 168)	2 204	(2 856)
未实现汇兑损失/(收益)	10 288	(9 282)	(3 958)	1 220
已减值贷款利息收入	(3 189)	(5 135)	(3 166)	(5 111)
递延税款	(9 312)	1 479	(9 154)	1 681
发行债务证券利息支出	16 219	14 237	13 170	11 505
经营性应收项目的增加	(1 501 830)	(1 795 252)	(1 414 058)	(1 692 941)
经营性应付项目的增加	1 824 186	1 657 983	1 717 996	1 539 882
经营活动产生的现金流量净额	770 864	239 221	702 044	209 560
2. 现金及现金等价物净变动情况：				
现金年末余额	75 214	84 572	71 168	80 548
减：现金年初余额	84 572	85 226	80 548	81 631
加：现金等价物的年末余额	1 445 116	1 104 796	1 295 450	985 212
减：现金等价物的年初余额	1 104 796	1 356 072	985 212	1 232 265
现金及现金等价物净变动额	330 962	(251 930)	330 858	(248 136)

资料来源：中国工商银行 2017 年年度报告。

四、商业银行财务报表附注

财务报表附注是财务报表的重要组成部分。由于财务报表中所规定的内容具有一定的固定性和规定性，只能提供定量的财务信息，其所能反映的财务信息受到一定的限制。因此，财务报表附注作为财务报表的补充，主要对财务报表不能包括的内容，或者披露不详尽的内容作进一步的解释说明，以帮助财务报表使用者理解和使用财务信息。商业银行应当按照有关要求在附注中披露下列内容：

（1）商业银行的基本情况；
（2）财务报表的编制基础及遵循企业会计准则的声明；
（3）重要会计政策和会计估计；
（4）集团或银行财务报表主要项目说明；
（5）按业务按地区等的信息说明；
（6）或有事项和承诺及主要表外事项的说明；
（7）金融工具风险管理的说明；
（8）金融工具的公允价值的说明；
（9）关联方关系及交易；
（10）资产负债表日后事项；
（11）其他重要事项说明。

专栏 12-1　　　　工商银行年报

关于商业银行财务状况下更多内容,可扫描二维码了解。

专栏 12-2　　　　我国商业银行财务报表与信息披露

我国商业银行财务报表主要由资产负债表、利润表与现金流量表等构成,对商业银行财务报表的规范是中国人民银行法及商业银行法中的重要内容,也是我国商业银行经营过程中信息公开的重要内容。《中国人民银行法》第33条规定:"中国人民银行有权要求金融机构按照规定报送资产负债表、损益表以及其他财务报表的资料。"第34条规定:"中国人民银行统一负责编制全国金融统计数据、报表,并按照国家有关规定予以公布。"《商业银行法》也在其第61条及62条中规定商业银行应定期向中国人民银行报送资产负债表、损益表以及其他财务报表的资料。按照中国人民银行的要求,提供财务会计资料、业务合同和有关经营管理方面的其他信息。

2002年《商业银行信息披露暂行办法》(以下简称办法)是我国颁布的第一个专门调整商业银行信息披露的规范性文件。2007年7月银监会正式发布了《商业银行信息披露办法》,对以财务报表为主要内容的商业银行信息披露的原则、内容、方式、程序做出了总体规范。但该《办法》并不包括所有银行,《办法》规定资产总额低于10亿元人民币或存款余额低于5亿元人民币的商业银行,进行信息披露确有困难的,经说明原因并制定未来信息披露计划,报中国银监会批准后,可免于信息披露。

上市商业银行财务报表的编制更为严谨,除了其应符合人民银行法与商业银行法的规定外,还受到中国证券监督管理委员会的监管。为此,2000年开始,中国证监会陆续颁布了几个关于财务报表和年度报告(年度报告中包含财务报表)披露细则的规范性文件。目前有效的是2014年1月6日证监会修订并发布实施的《公开发行证券的公司信息披露编报规则第26号——商业银行信息披露特别规定(2014年修订)》。因此,上市商业银行的财务报表受到公众监督,其制作与披露较一般银行更为规范。

2006年2月,财政部颁布了新的《企业会计准则》(以下简称新会计准则)。为提高会计信息质量和可比性,完善风险管理,提高经营水平,加强银行业监管,中国银监会为此专门下文决定在银行业金融机构全面执行新的会计准则。而后,为促进银行业金融机构的会计信息化标准化建设,提升银行业会计监管水平,推动银行业金融机构实施企业会计准则通用分类标准,根据《中华人民共和国会计法》和《财政部关于发布企业会计准则通用分类标准的通知》(财会[2010]20号),2012年财政部与中国银行业监督管理委员会联合拟定了在银行业金融机构实施企业会计准则通用分类标准的单位名单和要求。

资料来源:根据中国人民银行、中国证监会、原中国银监会和中国财政部网站有关资料整理。

第二节 财务分析

商业银行财务分析是商业银行了解经营情况,找出管理中存在问题,评价经营业绩,预测发展前景和为管理献计献策的一个重要手段,它是商业银行财务管理的深化。

一、商业银行财务分析的特点

商业银行是经营货币信用业务的金融企业,其财务分析与一般企业相比,具有以下三个特点。

1. 分析的重点不同

商业银行作为一种低资本、高负债的企业,其经营风险远远高于一般的工商企业,加之涉及的社会面广、影响力大,因此,财务分析更注重其财务状况的分析,特别注重其流动性、安全性的分析;而一般企业财务分析多偏重于偿债和盈利能力的分析。

2. 分析的对象不同

商业银行所经营的业务绝大多数是货币资金的收付,是与财务活动紧密相关的,这就决定了财务分析不仅是财会部门要进行,其他部门也要参与,其财务分析者的对象更广泛;而一般企业由于经营业务活动与财务活动往往是分离的,其财务分析主要集中在财会部门进行。

3. 分析的内容不同

商业银行的资产主要是贷款,负债主要是存款,收入主要来自存贷利差,且产权资本较少。这就决定了财务分析的内容主要是贷款的质量、收息率、资金成本率、存贷利差率、资本充足率等;而一般企业的资产主要由存货和固定资产构成,收入主要是销售、劳务收入且筹资渠道多元化,其财务分析的内容主要是存货分析、销售获利率分析及资本结构分析等。

二、商业银行资金营运状况分析

商业银行资金营运状况是从分析、了解商业银行资金的分布构成,使用效率入手,进一步反映出商业银行经营能力和财务成果,以此来评价商业银行业务发展情况,是否实现稳定增长。商业银行只有在实现资产、负债同步增长并满足最低资本要求的前提下,努力吸收低成本的资金和发展中间业务,加强信贷风险的控制和贷款利息清收力度,不断降低资产占用水平和合理安排资产结构,提高资金使用效率,才可能实现良好的、稳定增长的经营业绩。常用的指标见表12-4。

表 12-4 商业银行资金营运状况分析指标

经营成果分析指标	存款市场占有率 = 本行某项存款总额/某项存款市场总额
	营业收入增长额 = 本期营业收入 - 上期营业收入
	利息实收率 = 计算期已收利息总额/计算期应收利息总额
	不良资产降低率 = 期末不良资产余额/期末资产总额 - 基期不良资产余额/基期资产总额
财务成果分析指标	利润总额增长率 = (本期利润总额 - 上期利润总额)/上期利润总额
	所有者权益收益率 = 本期税后利润总额/所有者权益
	公积金增长率 = (本期公积金余额 - 上期公积金余额)/上期公积金余额
	资本金增长率 = (本期资本金余额 - 上期资本金余额)/上期资本金余额
营运效率分析指标	流动资金周转率 = 营业收入/流动资金平均余额
	营运资金周转率 = 营业收入/年平均营运资金
	固定资产周转率 = 营业收入/固定资产平均余额
	股东权益周转率 = 营业收入/平均股东权益
	总资产周转率 = 营业收入/平均资产总额

三、商业银行偿债能力分析

以负债经营为主要特点的商业银行能否按期足额偿还到期债务是商业银行持续经营的首要标准。对商业银行来说,保证充分的流动性和支付能力以实现稳健经营比高额利润更为重要,这是因为商业银行因偿债能力差而倒闭时,会危及整个商业银行体系的安全,进而还会损害国民经济和公众利益。商业银行常用的偿债能力分析指标有:

(1) 流动比率 = 流动资产/流动负债
(2) 现金比率 = (现金 + 短期债券)/流动负债
(3) 备付金比率 = (备付金 + 现金)/各项存款
(4) 资产负债率 = 负债总额/资产总额
(5) 长期资产与长期负债比率 = 长期资产/长期负债
(6) 资本负债率 = 负债总额/资本总额
(7) 资本积累率 = (资本公积 + 留存收益)/资本总额
(8) 长期债务偿还率 = 长期债务偿还额/从经营中所获现金

四、商业银行的风险分析

追求盈利是商业银行的经营目标,而盈利又总是和风险联系在一起的。商业银行要想盈利,就必须承担一定的风险,要想多盈利,就要承担更大的风险。商业银行的经营原则之一是安全性,所以商业银行在追求利润的同时,要力求把经营风险降低到最低,这就必须对银行承受的风险种类和风险程度进行分析。根据《商业银行风险监管核心指标(试行)》[①]的规定,商业银行进行风险分析的主要指标有:

(一)流动性风险指标

流动性风险指标衡量商业银行流动性状况及其波动性,包括流动性比例、核心负债比例和流动性缺口率,按照本币和外币分别计算。

(1)流动性比例是流动性资产余额与流动性负债余额之比,衡量商业银行流动性的总体水平,不应低于25%。

(2)核心负债比例是核心负债与负债总额之比,不应低于60%。

(3)流动性缺口率是90天内表内外流动性缺口与90天内到期表内外流动性资产之比,不应低于-10%。

(二)信用风险指标

信用风险指标包括不良资产率、单一集团客户授信集中度、全部关联度三类指标。

(1)不良资产率是不良资产与资产总额之比,不应高于4%。该项指标为一级指标,包括不良贷款率一个二级指标;不良贷款率为不良贷款与贷款总额之比,不应高于5%。

(2)单一集团客户授信集中度是最大一家集团客户授信总额与资本净额之比,不应高于15%。该项指标为一级指标,包括单一客户贷款集中度一个二级指标,单一客户贷款集中度为最大一家客户贷款总额与资本净额之比,不应高于10%。

(3)全部关联度为全部关联授信与资本净额之比,不应高于50%。

(三)市场风险指标

市场风险指标是商业银行因汇率和利率变化而面临的风险,包括累计外汇敞口头寸比例和利率风险敏感度。

(1)累计外汇敞口头寸比例为累计外汇敞口头寸与资本净额之比,不应高于20%。具备条件的商业银行可同时采用其他方法(比如在险价值法和基本点现值法)计量外汇风险。

(2)利率风险敏感度为利率上升200个基点对银行净值的影响与资本净额之比。

---

① 商业银行风险监管核心指标是对商业银行实施风险监管的基准,是评价、监测和预警商业银行风险的参照体系,这些指标在商业银行的日常风险管理中也要体现。商业银行风险监管核心指标分为三个层次,即风险水平、风险迁徙和风险抵补。风险水平类指标包括流动性风险指标、信用风险指标、市场风险指标和操作风险指标,以时点数据为基础,属于静态指标。风险迁徙类指标包括正常贷款迁徙率和不良贷款迁徙率。风险抵补类指标包括盈利能力、准备金充足程度和资本充足程度三个方面。更多的内容请浏览中国银监会网站(www.cbrc.gov.cn)。

（四）操作风险指标

操作风险指标是由于内部程序不完善、操作人员差错或舞弊以及外部事件造成的风险，表示为操作风险损失率，即操作造成的损失与前三期净利息收入加上非利息收入平均值之比。

（五）风险迁徙类指标

风险迁徙类指标是衡量商业银行风险变化的程度，表示为资产质量从前期到本期变化的比率，属于动态指标。风险迁徙类指标包括正常贷款迁徙率和不良贷款迁徙率。不良贷款迁徙率包括次级贷款迁徙率与可疑贷款迁徙率。次级类贷款迁徙率为次级类贷款中变为可疑类贷款和损失类贷款的金额与次级类贷款之比，可疑类贷款迁徙率为可疑类贷款中变为损失类贷款的金额与可疑类贷款之比。

（六）风险抵补类指标

风险抵补类指标是衡量商业银行抵补风险损失的能力，包括盈利能力、准备金充足程度和资本充足程度三个方面。

表 12-5 商业银行风险分析指标

指标类别	内容
流动性风险指标	流动性比例 = 流动性资产余额/流动性负债余额
	核心负债比例 = 核心负债/负债总额
	流动性缺口率 = 90 天内表内外流动性缺口/90 天内到期表内外流动性资产
信用风险指标	不良资产率 = 不良资产/资产总额
	（不良贷款率 = 不良贷款/贷款总额）
	单一集团客户授信集中度 = 最大一家集团客户授信总额/资本净额
	（单一客户贷款集中度 = 最大一家客户贷款总额/资本净额）
	全部关联度 = 全部关联授信/资本净额
市场风险指标	累计外汇敞口头寸比例 = 累计外汇敞口头寸/资本净额
	利率风险敏感度 = 利率上升 200 个基点对银行净值的影响/资本净额
操作风险指标	操作风险损失率 = 操作造成的损失/（前三期净利息收入 + 非利息收入平均值）
不良贷款指标	包括次级贷款迁徙率和可疑贷款迁徙率
资本充足率指标	资本充足率 =（总资本 - 对应扣减项）/风险加权资产 × 100%

五、商业银行的股利政策

股份制商业银行为回馈股东，确定红利分配的原则和方法称为股利政策。不同的分红水平可以吸引特定类型的投资者，从长期看银行的股利政策是所有者、管理者和公司利益相关者在重复博弈中的均衡结果，而高分红则往往不过是杀鸡取卵式的一次博弈的均衡结果。许多投资者，特别是机构投资者非常注重对股份制商业银行的成长性预期而不是短期的红利要求。如果银行的分红政策过于飘忽不定则会使投资者无所适从。过高的分派红利会削弱银行的资本金,而过低的分派红利会妨碍资本市场上的融资,股份制商业银行应公布其稳定渐进的红利政策并表现出良好的成长性。

（一）剩余股利政策

剩余股利政策就是在公司有着良好的投资机会时,根据一定的目标资本结构,测算出投资所需的权益资本,先从盈利当中留用,然后将剩余的盈余作为股利予以分配。采用剩余股利政策的优点是能够保持理想的资本结构。

（二）固定或持续增长的股利政策

这一股利政策是将每年发放的股利固定在某一固定的水平上并在较长的时期内不变,只有当银行认为未来盈余会显著地、不可逆转地增长时,才提高年度股利发放。银行有时考虑通货膨胀的因素也会相应提高股利的发放。

该股利政策的优点表现在两个方面:一是固定或持续增长的股利向市场传递着公司正常发展的信息,有利于树立公司的良好形象,增强投资者对公司的信心,稳定股票的价格。二是固定或持续增长的股利有利于投资者安排股利收入和支出,吸引更多稳健投资者。

固定或持续增长的股利政策的缺点在于股利的支付与盈余脱节,当盈余降低时,仍要支付固定的股利,这可能导致资金短缺,财务状况恶化。

（三）固定股利支付率政策

固定股利支付率政策是银行确定一个股利占盈余的比率,长期按此比率支付股利的政策。该股利政策的优点是体现了"多盈多分,无盈不分"的原则,真正公平地对待股东。缺点是在该政策下各年的股利变动较大,极易造成股价的变动,产生银行不稳定的感觉。

（四）低正常股利加额外股利政策

低正常股利加额外股利政策是银行在普通年份只支付固定的、数额较低的股利;在盈余多的年份,再根据实际情况向股东发放额外股利。但额外年份并不固定化,不意味着公司永久地提高了规定的股利率。该政策使公司具有较大的灵活性,当银行盈利少或需要较多资金投资时,可维持设定的较低但正常的股利,股东不会对股利过于失望。当盈利有较大幅度增加时,则可适度增发股利,使他们增加对银行的信心。

（五）中国上市银行股利政策的特点

我国上市银行的股利政策显著区别于一般上市公司,其股利政策特点主要表现在:

（1）上市银行有更稳定、更高的股利支付水平。如16家上市银行在2010—2014年每年平均的股利支付率都稳定保持在20.87%～27.52%的高水平上,尤其是四大国有银行均稳定在 30% 以上。对于银行业而言,稳定的股利支付有利于保障银行声誉和整个金融体系的稳固。

(2) 分红公司占比远高于一般上市公司。2012—2014 年,中国上市公司中分红公司占比分别为 73%、75% 和 74%。5 年间 16 家上市银行中每年至少有 13 家进行现金分红,占比最低为 87.5%。

(3) 股利分配以现金股利为主。据统计,过去 15 年,上市公司现金分红的平均值为每 10 股派 1.56 元(含税),最小值为 2013 年每 10 股派 0.008 元(含税)。而 16 家上市银行现金股利的平均值达到了每 10 股派 3.23 元。

第三节 成本管理

一、商业银行成本的构成

商业银行的成本是指商业银行在从事业务经营活动过程中发生的与业务经营活动有关的各项支出。由于商业银行的业务种类较多,因而其成本的构成也比较复杂,这里我们仅以金融业标准损益表列示的成本内容按照成本的形态和对盈亏影响的重要性将商业银行的成本归纳为以下六个部分。

(1) 筹资成本,指商业银行向社会公众以负债的形式筹集各类资金以及与金融企业之间资金往来按规定的适用利率而支付的利息。包括存款利息支出和借款利息支出。筹资成本是商业银行的主要成本。

(2) 经营管理费用,指商业银行为组织和管理业务经营活动而发生的各种费用。包括员工工资、电子设备运转费、保险费等经营管理费用。

(3) 税费支出,包括随业务量的变动而变化的手续费支出、业务招待费、业务宣传费、营业税金及附加等。

(4) 补偿性支出,包括固定资产折旧、无形资产摊销、递延资产摊销等。

(5) 准备金支出,包括呆账准备金、投资风险准备金和坏账准备金支出。

(6) 营业外支出,是指与商业银行的业务经营活动没有直接关系,但需从商业银行实现的利润总额中扣除的支出。

经营管理费用、营业外支出属于抉择性半固定成本,这部分成本与当期业务量基本无关,但可由商业银行管理当局的短期决策行为改变其数额,比较适合采用弹性成本控制法进行控制,在成本预算时应认真决策,精打细算,在执行中要厉行节约,减少支出总额。补偿性支出、准备金支出和税费支出是按照一定的比率摊销或计提的,理论上是一种变动成本支出,但在一定经营期间,对于某一确定的银行来说,实际又是约束性固定成本,只能从合理充分地利用其创造的生产经营能力的角度入手,提高产品的产量,相对降低其单位成本,而不能降低这部分成本的总额。因此,这部分成本支出控制相对比较简单。筹资成本属于随存款(或借款)的增减变动而变化的变动成本支出,是商业银行成本控制的重点,可以采用标准成本控制法和边际成本控制法。在实际控制中应强调的是:筹资成本控制的是单位业务量的耗费即单位资金的实际付息利率,而不是利息支出的总额。

二、商业银行成本控制的方法[①]

(一)标准成本控制法

标准成本控制法是商业银行在建立成本控制标准的基础上,对成本支出进行控制分析的方法。它具有事前估算成本、事中及事后计算分析成本并揭露矛盾的功能,包括标准成本的制定、成本差异的计算分析。

1. 制定标准成本是商业银行成本控制过程的首要环节

成本控制标准的具体形式是多种多样的,我们这里仅对用于筹资成本控制的标准成本进行说明。商业银行的筹资标准成本是依据国家利率政策通过对一定时期社会资金的总量和市场占有率以及资金结构的调查、分析而制定的,用来评价实际筹资成本、衡量资金盈利能力的一种预计成本。从数量上来看,它应大于理想的成本水平,但又不小于历史平均成本水平,是要经过努力才能达到的一种标准,因而可以调动各部门职工的积极性。

商业银行的筹资标准成本有两种含义:一种是指单位资金的标准成本,即体现商业银行筹资目标的单位资金标准利率,包括标准存款利率和标准借款利率;另一种是指实际筹集资金总额的标准成本,是根据实际筹集资金量和单位资金的标准利率计算出来的。

$$筹资标准成本 = 实际筹资额 \times 单位资金标准利率$$

需要强调的是,在实际工作中,商业银行应区别存款和借款,分别制定存款标准成本和借款标准成本,同时也可以根据管理目标的不同对存款标准成本和借款标准成本予以细化。如活期存款标准成本和定期存款标准成本等。

2. 成本差异的计算和分析

商业银行的标准成本是一种目标成本,商业银行的实际成本会与目标不符。实际成本与标准成本之间的差额,称为成本差异。为了消除这种偏差,需要对产生的成本差异进行分析,找出原因和对策,以便采取措施加以纠正。在这里主要以存款利息支出差异为例分析说明。

存款利息支出差异形成的基本原因有两个:一是存款付息利率脱离标准;二是

---

① 这部分可结合第二章里面关于存款成本的内容来学习。

吸收的存款脱离标准。前者按实际存款额计算,称为利率差异;后者按标准利率计算,称为数量差异。商业银行作为业绩考核评价的主要应是利率差异。

存款利息支出差异 = 实际利息支出 - 标准利息支出
利率差异 = 实际存款额 ×(实际利率 - 标准利率)
数量差异 =(实际存款额 - 标准存款额)× 标准利率

(二)弹性成本控制法

弹性成本控制法是指商业银行运用弹性预算控制成本的一种方法。这种方法的重要特点是随着经营活动的变化对某些成本作相应的调整,具有伸缩性,因此,又称为弹性预算。可以采取弹性成本控制法控制支出的成本主要是经营管理费用。

商业银行经营管理费用的弹性预算可以在全行管理费用弹性总预算初步确定的基础上,按部门分解编制明细预算。编制部门弹性预算,首先要对该部门的业务按照存款、贷款、结算等标准进行划分,分别选用一个或多个最能代表某项业务经营活动水平的业务量作为计算单位。商业银行弹性预算的业务量范围,一般来说,可定在正常情况的 70% ~ 110% 之间,或以历史上最高业务量和最低业务量为其上下限。其预算表达方式主要有多水平法和公式法。

1. 多水平法

采用多水平法,首先要在确定的业务量范围之内,划分出若干个不同水平,然后分别计算各项费用预算成本,汇总列入一个费用预算表格。

2. 公式法

公式法是将费用成本用公式 $y = a + bx$ 来近似地表示,所以只要在预算中列示 a(固定成本)和 b(单位变动成本),便可以利用公式计算任一业务量(x)的费用预算成本(y)。

(三)边际成本控制法

边际成本控制法是利用管理会计的量本利分析方法,通过建立筹资(存款)边际成本函数和资产(贷款)边际收入函数对商业银行筹资量、筹资成本进行控制的一种数学方法。运用边际成本控制法不仅使商业银行可以确定适当的存款利率,还可确定边际成本超过边际收入造成利润下降前的最佳存款基础。当利润开始下降时,银行可以通过改变存款组合,增加低成本的存款作为新的资金来源来解决。

存款边际成本是指每增加一个单位的存款所新增的成本;贷款边际收入是指每增加一个单位的贷款所能增加的收入。当存款边际成本等于贷款边际收入时,商业银行实现的利润是最大的。

(四)成本指标控制法

成本指标控制法是商业银行依据确定的成本指标,控制实际成本的发生,以达到降低经营成本目的的一种传统的事后成本控制方法。该方法的主要特点是采取分析、考核等方式,通过与成本控制标准比较,对成本控制的业绩进行计量与评价,从而提出纠正偏差的行为措施,确保成本控制目标的实现。成本控制的指标很多,各商业银行的控制指标也不尽相同,主要的有经营成本率、费用率、成本降低率和业务量等。

第四节 绩效评价

商业银行的绩效评价是对银行在一定经营期间的资产运营、财务效益、资本保值增值等经营目标的实现程度,运用专门的方法进行真实、客观、公正的综合评判的活动。

一、银行绩效评价指标

设计衡量银行绩效指标体系是进行评估的关键,必须服从商业银行经营最终目标,即价值最大化。短期而言,商业银行经营的目标是账面利润最大化。衡量一家银行的经营业绩是否达到具体目标,最简单的方法就是将目标利润与实际利润进行对比分析,比如3年前要求3年内使利润总额增长30%等,3年后或年末简单计算一下即可。但这只能与计划对比,如果要进行不同规模下的利润分析,仅分析绝对额是不够的,难以达到分析的目的。因此分析银行业绩,需要设置一系列相对数指标,从各方面衡量银行的盈利能力。

(1)股权收益率(ROE),亦称为净资产收益率、净值收益率。用以衡量银行给其股东的回报率,它近似于股东从投资的银行中所收到的净收益。股权收益率是银行的股东最关心的,也是最重要的指标。

$$股权收益率 = (净利润/股东权益总额) \times 100\%$$

(2)资产收益率(ROA),也叫资产回报率,是用来衡量每单位资产创造多少净利润的指标。

$$资产收益率 = (净利润/总资产) \times 100\%$$

(3)每股收益。这是净利润与发行在外的普通股股数的比值,反映普通股的获利水平。该指标值越高,每一股可分得的利润也就越多,股东的投资效益就越好,反之越差。

$$每股收益 = 净利润/发行在外的普通股股权$$

(4)风险调整的资本收益率(RAROC)。这个指标将风险带来的未来可预计的损失量化为当期成本,直接对当期盈利进行调整,以衡量经风险调整后的收益大小,并且考虑为可能的最大风险做出资本储备,进而衡量资本的使用效益,使银行的收益与所承担的风险直接挂钩,与银行最终的盈利目标相统一。根据银行所承担风险计算出的最低资本需求称为风险资本,是用来衡量和防御银行实际承担的损失超出预计损失的差额损失部分,是保证银行安全的最后防线。

$$\text{风险调整的资本收益率} = \left(\text{调整后的收益} \Big/ \text{某项经济活动未预料到的损失}\right) \times 100\%$$

(5) 收入净利率。这也是反映银行管理效率的一个指标。这个指标在一定程度上受到管理层的控制和引导,它提示银行可以通过成功地控制成本或使收入最大限度地增加来提高盈利能力。

$$\text{收入净利率} = (\text{净利润} / \text{总收入}) \times 100\%$$

(6) 成本收入率,即总成本与总收入之比。反映银行每取得1元收入所耗费的成本额。该比率越低,说明银行单位收入的成本支出越低,银行获取收入的能力越强。因此,银行管理层可以通过控制成本支出来降低成本收入率,从而提高盈利能力。

$$\text{收入成本率} = (\text{总成本} / \text{总收入}) \times 100\%$$

(7) 资产毛利率。这是衡量利息收入与利息支出之间的毛利的大小,即管理层通过严格控制银行的收益资产和追求最廉价的融资来源能达到的毛利水平。提高资产毛利率,可以相应地提高资产收益率。

$$\text{资产毛利率} = (\text{利息收入} - \text{利息支出}) / \text{资产总额} \times 100\%$$

(8) 收益利差率。收益利差率有时简称为利差率,这个指标反映银行作为资金借贷中介的有效程度以及在其经营领域中竞争的激烈程度。激烈的竞争使平均资产收入率与平均负债成本率之间的利差受到挤压,从而缩小利差率,管理层必须寻找另外的途径来弥补收益利差的减少。

$$\text{收益利差率} = \left[\left(\text{利息收入总额} \div \text{生息资产总额}\right) - \left(\text{利息支出总额} \div \text{付息负债总额}\right)\right] \times 100\%$$

二、银行绩效评价方法

为了详细了解银行的绩效水平,揭示财务报表中各项数据的联系及变动趋势,必须运用准确有效的绩效衡量方法。商业银行经营绩效衡量与评估方法很多,主要有比较分析法、比率分析法、杜邦分析法、雷达图分析法、因素析法等。

(一) 比较分析法

比较分析法是指将财务指标进行对比,计算差异,揭示银行财务状况和经营成果的一种分析方法。比较分析法是最常用的一种基本方法,具体运用时可以本期实际指标与相关指标进行比较;也可与同行业进行比较,从而判断在同业中的竞争地位。

(二)比率分析法

比率分析法是指利用财务报表中两项相关数值的比率揭示银行财务状况和经营成果的一种分析方法。在财务分析中,比率分析法应用得比较广泛。财务比率有相关比率、结构比率和动态比率。

(1)相关比率,是指同一时期财务报表中两项相关数值的比率。这一类比率包括:反映偿债能力的比率,如资产负债率等;反映抗风险能力的比率,如资本充足率等;反映盈利能力的比率,如资本利润率等。

(2)结构比率,是指同一类指标中的部分与总体之比。这类比率揭示了部分与整体的关系,通过不同时期的结构比率的比较还可以揭示其变化趋势。如现金与资产的比率、流动资产与全部资产的比率就属于这一类比率。

(3)动态比率,是指财务报表中某个项目不同时期的两项数值的比率,用来反映指标的发展变化趋势。这类比率又分为定基比率和环比比率,分别以不同时期的数值为基础揭示某项财务指标的增长速度和发展速度。

在绩效分析中,比率分析法要与比较分析法结合起来,这样才能更加全面、深入地揭示银行的财务状况、经营成果及其变动趋势。

(三)雷达图分析法

雷达图分析法是在比率分析的基础上,通过图表的方式,直观地、综合地反映银行的经营业绩情况。具体操作程序如下:

(1)计算银行的主要财务比率;

(2)以同业平均水平、自身历史先进水平或目标值为半径在直角坐标系中画一圆;

(3)以同业平均水平或自身历史先进水平或目标值为标准值;

(4)将本期实际数指标换算为标准值,以雷达图的方式表现出来。

例:ABC 银行以同业平均值为标准值,本期各指标的实际值及换算比例如表12-6:

表12-6 ABC 银行与同业平均值比较

项目	资本利润率		利息收入比率		费用率		人均利润额		利率差	
	指标	比例	指标	比例	指标	比例	指标	比例	指标	比例
同业平均值	10%	100%	90%	100%	15%	100%	15 万	100%	2.5%	100%
本行	9%	90%	81%	90%	18%	120%	12 万	80%	2.2%	88%

从图12-1 中可以直观地看出银行的费用率过高影响了银行的盈利能力,银行应努力降低成本。

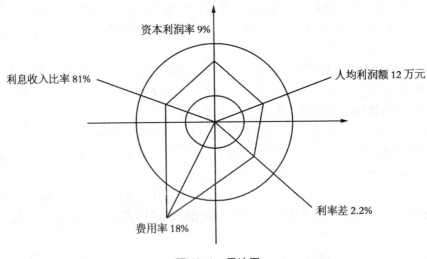

图 12-1　雷达图

（四）杜邦分析法

杜邦分析体系是利用各主要财务比率之间的内在联系，对企业财务状况和经营成果进行综合系统评价的方法。该体系是以股权收益率为龙头，以资产收益率和股权乘数为核心，重点揭示企业获利能力及股权乘数对股权收益率的影响，以及各相关指标间的相互作用关系，因其最初由美国杜邦公司成功应用，所以得名。使用杜邦分析体系分析银行收益的基本框架如图 12-2。

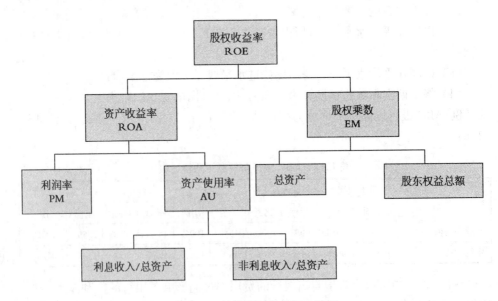

图 12-2　杜邦分析体系基本框架

第一步：计算银行的股权收益率指标（ROE），并将其分解为资产收益率（ROA）和股权乘数（EM）。

股权收益率（ROE） = 净利润／股东权益总额
　　　　　　　　 = （净利润／总资产）×（总资产／股东权益总额）
资产收益率（ROA） = 净利润／总资产
股权乘数（EM） = 总资产／股东权益总额

因此，股权收益率（ROE） = 资产收益率（ROA）×股权乘数（EM）

由此公式可以得出股权收益率（ROE）和资产收益率（ROA）成同升同降的关系，而资产收益率（ROA）反映了银行的管理效率，提高银行的管理效率是提高股权收益率的有效办法。另一方面，股权乘数（EM）的提高（实际上是财务杠杆率）也可以提高股权的收益。

第二步：将银行的资产收益率（ROA）分解为利润率（PM）和资产使用率（AU）。

资产收益率（ROA） = 净利润／总资产
　　　　　　　　 = （净利润／总收入）×（总收入／总资产）
利润率（PM） = 净利润／总收入
资产使用率（AU） = 总收入／总资产

因此，资产收益率（ROA） = 利润率（PM）×资产使用率（AU）

股权收益率（ROE） = 资产收益率（ROA）×股权乘数（EM）
　　　　　　　　 = 利润率（PM）× 资产使用率（AU） × 股权乘数（EM）

将资产收益率分解为利润率和资产使用率的主要目的是分析资产收益率中隐含的变量，利润率反映了总收入的单位利润水平，利润率越高，说明银行在降低成本方面的成效越显著；而资产使用率则表明单位资产的创利水平，较高的资产使用率说明银行具有较高的资产使用水平。

第三步：分析哪些因素具体影响银行的利润水平。银行的利润一方面受银行总收入的制约，另一方面受银行经营成本的制约。总收入可分解成利息收入和非利息收入两部分，因此，资产使用率还可以分解为：

资产使用率（AU） = （利息收入／总资产）+（非利息收入／总资产）

利息收入主要受银行资产利率水平、银行资产结构、银行收益资产数量决定；非利息性收入主要由银行的佣金收入、服务收入等决定。银行通过资产使用率的分解，可以进一步了解不同的银行资产给银行带来收益的情况。

(五) 因素分析法

一个经济指标往往是由多种因素造成的。各种因素对某一个经济指标都有不同程度的影响,只有将这一综合性的指标分解成各个构成因素,才能从数量上把握每一个因素的变化对总体指标的影响程度,从而为银行工作指明方向。把综合性指标分解成各个原始的因素,根据分解扩张因素多少的不同,可分为两因素综合分析、三因素综合分析,以及多因素综合分析。

1. 两因素综合分析

两因素综合分析将股权收益率分解扩展为两因素的乘积,其分析模型为:

$$\text{股权收益率} = \text{净利润} / \text{股东权益总额}$$
$$= (\text{净利润} / \text{总资产}) \times (\text{总资产} / \text{股东权益总额})$$

模型中的净利润/总资产为资产收益率,总资产/股东权益总额为股权乘数。股权收益率受资产收益率与股权乘数的共同影响,其中,资产收益率是银行盈利能力的集中体现,资产收益率的提高会带来模型左边股权收益率的提高,因而股权收益率间接反映了银行的盈利能力。至于股权乘数,它的提高同样可以带来模型左边股权收益率的提高。但是,股权乘数提高,银行股东权益总额比重降低,清偿力风险加大,若出现资产损失,则可能导致银行因清偿力不足而破产。可见,股权乘数提高带来股权收益率的提高,也带来银行清偿力风险的加大,因而股权收益率在一定程度上也反映了银行风险状况。由此可见,以股权收益率为核心的两因素分析法将银行的盈利性与风险性之间的制约关系包含在分析模型中,因而有利于对银行的绩效做出较为客观的综合评价。

2. 三因素综合分析法

三因素综合分析法仍然以股权收益率为核心指标,并将其分解扩展为三个因素的乘积,其分析模型为:

$$\text{股权收益率} = (\text{净利润} / \text{总收入}) \times (\text{总收入} / \text{总资产})$$
$$\times (\text{总资产} / \text{股东权益总额})$$

模型中的净利润/总收入为银行利润率,总收入/总资产为资产利润率,股权收益率受银行利润率、资产利润率与股权乘数三因素的共同影响。其中,银行利润率体现了银行的资金运用能力和费用成本管理效率,因为银行利润率的提高要靠资产规模的扩大,价格的合理,以及费用开支的减少取得;资产利润率体现了银行的资产管理效率,因为资产利润率的提高必须在资产规模适度,长短期资产、盈利与非盈利资产组合合理的基础上实现。至于股权乘数的提高,则是资产管理良好,资产利润率提高的结果。而在两因素的分析中已经指出,股权乘数在一定程度上也体现银行的风险状况。因此,以上三因素分析模型可以变换为:

股权收益率 = 资金运用与费用管理效率 × 资产管理效率 × 风险因素

三因素分析模型比两因素分析模型融入了更多的相关因素,因而其综合评价结论也更具说服力。

3. 四因素以上的多因素综合分析法

四因素以上的多因素综合分析法以三因素分析模型为基础,分解出银行经营业绩相关的更多因素。如四因素综合分析将三因素综合分析中的净利润/总收入分解为净利润/税前利润与税前利润/总收入的乘积,从而得出四因素分析模型:

股权收益率 =（净利润/税前利润）×（税前利润/总收入）
　　　　　 ×（总收入/总资产）×（总资产/股东权益总额）

银行利润表明,税前利润是业务经营中的应税所得,不包括免税收入和特殊的营业外收入,净利润/税前利润指标值越高,说明银行资金运用与费用成本管理效率越高。因此,以上四因素分析模型又可以变换为:

股权收益率 = 税赋支出管理效率 × 资金运用和费用控制管理效率
　　　　　 × 资产管理效率 × 风险因素

这一模型更多地体现了银行经营管理中的各方面情况及其相互制约关系,因而,有利于对银行的经营业绩进行更全面的分析评估。

至于五因素、六因素或更多因素的综合分析,原理与前面相同,不再赘述。但有一点可以肯定,分析的因素越多,对银行经营业绩的分析评估就越客观、越全面。

第五节　商业银行的绩效管理

绩效管理(Performance Management)是一项从总体战略出发,为提高商业银行整体业绩,对员工个体和部门整体进行考核的业绩管理制度。绩效管理的核心是对银行员工和部门进行准确的绩效考核和工作评价,并激发他们的工作热情和最大限度地调动积极性,以实现银行经营的最终目标。

一、我国商业银行的绩效管理的发展阶段

我国商业银行的绩效管理发展大致经历了三个发展阶段[①]。

（一）追求"规模最大化"阶段

以 1995 年《商业银行法》的颁布为标志,我国银行业逐步开始有了"商业"和

---

① 参见周萍,《商业银行绩效管理研究》(2006),万方数字资源。

"企业"的意识,虽然还没有系统完整的绩效管理概念,但在其管理体系中已经开始着手建立对于业绩的评价和奖励系统,绩效管理的主要理念是追求"规模最大化",主要方法如行长目标责任考核、经营管理状况综合考核、等级行评定考核等。可以说,这个时期我国商业银行处于绩效管理的启蒙和导入阶段,由经验型的绩效管理开始向科学型的绩效管理探索。

(二) 追求"利润最大化"阶段

2000年以后,国内商业银行普遍开始关注银行利润问题,绩效管理的主要理念是追求"利润最大化",把利润作为对分支机构考核和评价的最重要的指标,主要方法是逐步取消以经营规模为主要衡量标准的等级行评定,代之为着重考核以利润为核心的经营效益指标。可以说,这个时期我国商业银行处于绩效管理的改善阶段,从关注经营规模为主开始向关注经营质量为主转变,由粗放型、数量型、经验型的绩效管理进一步向集约型、质量型、科学型的绩效管理转变。

(三) 追求"价值最大化"阶段

2004年初,国务院决定并宣布中国银行和中国建设银行率先进行股份制改革试点,标志着国有商业银行的改革全面提速。与此同时,外资金融机构也开始纷纷与我国中小股份制银行就项目合作或投资入股进行频繁接触和实质性地尽职调查,都使得国内商业银行开始关注银行价值问题,明确提出了追求"价值最大化"的新的绩效管理理念,开始建立以经济增加值为核心的绩效管理模式。可以说,这一时期我国商业银行的绩效管理开始进入一个创新和完善的阶段,真正从经验型的绩效管理开始向科学型的绩效管理转变,而且这是一次质的转变。

二、商业银行绩效管理的方法

传统的绩效管理指标存在着诸多问题,为了能对各个层次人员和部门进行全面绩效评价,很多商业银行都提出了建立包括360度绩效考评、经济增加值(Eeconomic Value Added,EVA)、"平衡计分卡"(Balanced Score Card,BSC)、"关键绩效指标"(Key Process Indication,KPI)方法在内的综合绩效评价指标体系,并且将各个层次人员的收入分配、福利甚至长期股权激励机制等与这些绩效评价的结果挂钩,以达到实现商业银行价值增长、长期稳健经营和快速、可持续发展的目标。

(一) 360度绩效考评

360度绩效考评也称为全视角考评或多个参评者考评,由被考评者的上级、同事、下级和客户以及被考评者本人担任考评者,从多个角度对被考评者进行360度的全方位考评,再通过反馈程序,达到改变行为、提高绩效的目的。由于360度绩效考评办法能够真实、全面、客观、有效地对员工的绩效进行考评,在越来越多的国际知名大企业得到应用。有资料显示,在《财富》杂志排名全球前1 000位知名企业中,已有90%的企业在使用不同形式的360度绩效管理。

360度绩效考评主要包括上级考评、同级考评、下级考评、自我考评、客户考评五个方面。以上五类考评形成了360度考评方案的主体,使考评信息的来源更全面、详细和具体。同时,各类信息之间能够相互补充、相互验证,从而保证绩效考评的可靠性和有效性(见图12-3)。

图12-3　360度绩效考评流程图

(二)经济增加值

经济增加值(Economic Value Added,简称EVA)是公司常用的一种新型的业绩衡量指标,最直接地联系着股东财富的创造,它克服了传统指标的缺陷,比较准确地反映了公司在一定时期内为股东创造的价值。20世纪90年代中期以后逐渐在国外获得广泛应用,成为传统业绩衡量指标体系的重要补充。

EVA是基于税后营业净利润和产生这些利润所需资本投入总成本的一种企业绩效财务评价方法。EVA的基本含义是指公司的剩余收入必须大到能够弥补投资风险,或者说是企业净经营利润减去所投入到资本成本后的差额。只有收回资本成本之后的EVA才是真正的利润,而会计的账面利润不是真正的利润;若EVA为负数,即便是会计账面盈利,实际上也是亏损。

经济增加值计算公式:

$$EVA = 税后净营业利润 - 资本成本(机会成本)$$
$$= 税后净营业利润 - 资本占用 \times 加权平均资本成本率$$

经济附加值的计算结果取决于三个基本变量:税后净营业利润,资本总额和加权平均资本成本。除经济附加值外,实践中经常使用的概念还有单位资本经济附加值和每股经济附加值,这3个指标组成了经济附加值指标体系。经济增加值通过税后净营业利润和资本成本这两个因子来界定,即经过调整的会计利润减去企业使用的资本的成本,两者的差额才是企业的真实利润,这就是经济增加值与传统的会计体系的区别。

经济增加值可以应用在商业银行绩效管理中,可以分解到商业银行的各个部门、分支机构、客户经理直至产品线上。在信息资料和技术可能的情况下,EVA管理可以覆盖到商业银行的所有绩效考核指标。

(三)平衡计分卡

平衡计分卡(The Balanced ScoreCard,简称BSC)是从财务(Financial)、顾客

(Customer)、企业内部流程(Internal Business Processes)、学习与成长(Learning and Growth)四个维度,将银行的战略落实为可操作的衡量指标和目标值的一种新型绩效管理体系。是银行绩效管理中的一种新思路,适用于对部门的团队考核。设计平衡计分卡的目的就是要建立"实现战略制导"的绩效管理系统,从而保证银行战略得到有效的执行。因此,人们通常称平衡计分卡是加强银行战略执行力的最有效的战略管理工具。

平衡记分卡的引入改变了商业银行以往只关注财务指标的考核体系的缺陷。仅仅关注财务指标会使银行过分关注一些短期行为而牺牲一些长期利益,比如员工的培养和开发,客户关系的开拓和维护等。平衡记分卡最大的优点在于:它从商业银行的四个方面来建立起衡量体系:财务、客户、内部流程和学习与成长。这四个方面是相互联系、相互影响的,最终保证了财务指标的实现。同时平衡记分卡方法下设立的考核指标既包括了对过去业绩的考核,也包括了对未来业绩的考核,为银行的绩效管理提供了立体的、前瞻的评测依据,这套绩效管理体系已经演化为一种高度有效的战略管理工具。

(四)关键因素绩效指标

关键因素绩效指标(Key Performance indicator,简称 KPI)是通过对银行内部流程的输入端、输出端的关键参数进行设置、取样、计算、分析,衡量流程绩效的一种目标式量化管理指标。KPI 是把商业银行的战略目标分解为可操作的工作目标的工具,是银行绩效管理的基础。KPI 可以使部门主管明确部门的主要责任,并以此为基础,明确部门人员的业绩衡量指标。建立明确的切实可行的 KPI 体系,是做好绩效管理的关键。关键绩效指标是用于衡量银行人员工作绩效表现的量化指标,是绩效计划的重要组成部分。

在采用 KPI 方法时,商业银行应注意以下三点:第一,作为衡量各职位工作绩效的指标,KPI 所体现的衡量内容最终取决于银行的战略目标。当关键绩效指标构成银行战略目标的有效组成部分或支持体系时,它所衡量的职位便以实现银行战略目标的相关部分作为自身的主要职责;如果 KPI 与银行战略目标脱离,则它所衡量的职位的努力方向也将与公司战略目标的实现产生分歧。第二,KPI 是对公司战略目标的进一步细化和发展。公司战略目标是长期的、指导性的、概括性的,而各职位的关键绩效指标内容丰富,针对职位而设置,着眼于考核当年的工作绩效、具有可衡量性。因此,关键绩效指标是对真正驱动公司战略目标实现的具体因素的发掘,是公司战略对每个职位工作绩效要求的具体体现。第三,关键绩效指标随公司战略目标的发展演变而调整。当公司战略侧重点转移时,关键绩效指标必须予以修正,以反映公司战略新的内容。

本章小结

1. 商业银行的财务报表是根据日常财务会计核算资料归集、加工、汇总而成的一个完整的报告体系,是综合反映一定时期银行的资产、负债和所有者权益情况以及经营成果的重要文件。主要包括资产负债表、损益表和现金流量表。

2. 财务分析是商业银行了解经营情况,找出管理中存在问题,评价经营业绩,预测发展前景和为管理献计献策的一个重要手段,它是商业银行财务管理的深化,主要包括资金营运状况分析、偿债能力分析和风险分析等。

3. 有效控制和降低成本是商业银行提高经营管理水平的关键,也是商业银行财务管理的重要内容。成本管理的方法主要有标准成本控制法、弹性成本控制法、边际成本控制法和成本指标控制法等。

4. 绩效评价是对商业银行在一定经营期间的资产运营、财务效益、资本保值增值等经营目标的实现程度,运用专门的方法进行真实、客观、公正的综合考核和评判的活动。评价的指标主要有股权收益率、资产收益率、每股收益、风险调整的资本收益率、成本收入率、收益利差率等。评价的方法主要有比较分析法、比率分析法、雷达图分析法、杜邦分析法和因素分析法等。

5. 传统的以财务静态指标为中心的绩效考核管理模式已不适应现代银行发展的需要,商业银行通过建立360度绩效考评、经济增加值(EVA)、平衡计分卡(BSC)、关键绩效指标(KPI)方法在内的综合绩效评估指标体系,形成了新的绩效管理模式,对现代商业银行经营管理产生了深远的影响。

关键概念索引

资产负债表 利润表 现金流量表 成本控制 标准成本控制法 弹性成本控制法 股权收益率 资产收益率 风险调整的资本收益率 比率分析法 杜邦分析法 经济增加值 平衡计分卡 360度绩效考评 关键因素绩效指标

复习思考题

1. 商业银行为什么要编制财务报表?
2. 为何在资产负债表与利润表之外商业银行还必须编制现金流量表?
3. 商业银行财务分析与一般企业的财务分析相比较,有哪些不同?
4. 商业银行进行财务分析的指标有哪些?
5. 商业银行如何进行成本控制?
6. 商业银行绩效评价的指标和方法有哪些?

7. 简述商业银行绩效管理的方法。

 参考资料

1. 彼得·S.罗斯等著,刘园译,《商业银行管理》(第九版),机械工业出版社,2016年。
2. 米什金等著,王青松等译,《金融市场与金融机构》,北京大学出版社,2006年。
3. 希特等著,吕巍等译,《战略管理:竞争和全球化(概念)》,机械工业出版社,2009年。
4. 朱新蓉、宋清华主编,《商业银行经营管理》,中国金融出版社,2009年。
5. 彭建纲主编,《商业银行管理学》(第四版),中国金融出版社,2015年。
6. 吴念鲁编著,《商业银行经营管理》,高等教育出版社,2009年。
7. 中国银监会,《商业银行信息披露办法》,2007年7月。
8. 中国证监会,《公开发行证券的公司信息披露编报规则第26号——商业银行信息披露特别规定(2014年修订)》,2014年。

第十三章　商业银行的竞争与并购

本章要点

- 商业银行的经营环境
- 商业银行的业务竞争
- 商业银行兼并与收购
- 商业银行的战略管理

从经营环境看,银行客户的需求日益提升。在银行和客户的关系中,客户的弱势地位已经发生根本转变,客户选择银行的空间进一步扩大。无论公司金融还是个人金融,客户结构均出现高端、中端、低端的分化,客户需求越来越多元化、个性化。而且对服务质量和产品功能的要求越来越高。金融市场结构性的变化同样增加了商业银行经营的不确定性,加剧了银行竞争。商业银行竞争不仅仅表现在商业银行之间,也表现在银行与非银行金融机构之间的竞争。银行并购既是银行提高市场竞争力的重要手段,也是银行竞争的必然结果。中国银行业竞争格局和经营环境的深刻变化,要求商业银行必须适应形势的发展和客户新的需求,坚持科学发展,稳健经营,进一步明晰发展战略,实现经营模式和发展策略的转型,努力从以利差为主的经营模式转向综合化经营,积极发展以服务为核心的中间业务,并加快经营理念、管理模式、组织架构、服务方式、产品功能等各方面的创新。

第一节　商业银行的经营环境

商业银行的经营环境,是指其开展经营管理活动的制约条件和影响因素。经营环境主要包括商业银行赖以生存的宏观和微观经营环境、商业银行经营管理环境的变化将影响和决定银行管理的战略、手段和工具的改变,同时在某种程度上决定着商业银行的经营成败。

一、商业银行宏观经营环境

(一) 政治/法律环境

政治/法律环境是指银行经营管理的外部政治/法律形势和状况,以及国家方针、政策、法律的变化对银行经营活动带来的影响。政治环境一般分为国内政治环境和国际政治环境两大类,包括政治局势、方针政策和国际关系。政治环境稳定与否、法律环境完善与否是银行经营成败的保障性条件。例如,阿根廷自20世纪80年代以来爆发了严重的政治、经济危机,8年内换了5个总统,政局动乱使经济发展陷入停滞状态,银行也因此遭受了巨大的违约风险和挤兑风险。20世纪90年代,由于苏联解体而引发的卢布剧烈贬值和挤兑风潮也是一个很好的例子。

(二) 经济环境

经济环境是指银行经营活动所处的宏观经济背景,包括经济增长速度、发展周期、物价水平、投资和消费趋向、市场现状和潜力、城市化水平、居民收入水平和结构的变化等。商业银行应该及时关注经济环境变化的最新动态,以把握银行经营战略的总体方向。经济环境是对银行经营影响最大的环境因素,因为经济环境的变化对银行服务的总体需求产生重大影响。

(三) 银行管理体制

在不同的银行管理体制下,银行的经营状况有很大区别。在传统的计划经济体制下,商业银行的一切经营活动必须按照国家计划进行,银行盈亏与经营状况无关,不存在银行竞争。在政府控制或干预力度较强的情况下,银行经营状况与国家政策调整、与行政干预程度密切相关,金融创新缺乏活力。在以银行间接融资为主导的金融体制下,商业银行经营存在一定的垄断性,经营环境相对宽松。在以金融市场直接融资为主导的金融体制下,商业银行面临的外部压力更大,竞争更为激烈。金融分业经营情况下,商业银行的竞争压力比综合经营体制下的压力要小许多。在政府、国有企业与国有银行之间的关系没有理顺的情况下,商业银行的经营行为受到的约束更多。

(四) 信用环境

商业银行经营是以信用为基础的,因此商业银行资产的质量好坏、能否实现稳健经营,与"消费"银行服务之客户的诚信状况密切相关。如果社会信用环境比较差,客户信用不可测、不可控,就会直接导致商业银行的信用风险,可能形成大量的不良资产。影响社会信用环境的因素主要有社会诚信文化、金融信用意识、企业和居民个人信用征信制度、信用评级制度,以及法治环境、政府诚信水平、经营者个人因素、产权制度和公司治理等。

(五) 人口统计环境

人口的变动将导致市场规模和市场结构的变化。商业银行对人口统计环境的考察需要分析一国或地区的人口状况，包括人口增长状况、年龄结构、婚姻状况、家庭组成结构变化、人口组成差异状况等。例如，不同的年龄结构呈现出不同的客户行为，从而决定了不同的市场结构。目前，我国人口年龄结构变化中的一个重要趋势就是人口老龄化，而老年人对高风险金融产品相对趋于回避，而对储蓄、养老保险方面的投入较多。因此，商业银行针对老年群体的营销活动，最好能体现简明、稳定的特征，而较前卫的营销方法效果则会减弱。商业银行在开展市场营销活动时，应充分掌握区域人口组成状况，做到心中有数，有的放矢。

(六) 社会文化环境

社会文化环境是指一定社会形态下的民族特征、风俗习惯、道德信仰、价值观念等被社会所公认的各种行为规范。在诸多社会文化要素中，商业银行尤其要重视价值观、受教育程度和风俗习惯的影响，特别是在跨国经营活动中，应研究客户所属群体及地区的风俗习惯，了解目标市场客户的禁忌、习俗、避讳、信仰、伦理等，做到"入境随俗"，设计和推广适合特点客户需求的金融商品和服务，以获取最大的社会效益和经济效益。

(七) 技术环境

科学技术环境是指技术的变革、发展和应用状况。它是技术知识财富和社会进步相结合的产物。现代科技作为重要的经营环境因素，直接影响着银行的经营，而且和其他环境因素相互作用，共同影响银行的经营活动。技术环境对银行经营的影响主要表现在自动化程度提高、更容易接近顾客、更优质的顾客服务、互联网与电子商务和安全问题等方面。

二、商业银行微观经营环境

(一) 顾客

顾客对商业银行经营的影响表现在以下三个方面：一是客户的需求在不同的时间和地点条件下是不一样的，不同类型或层次客户的需求也存在着差异；二是客户经济实力的雄厚与否直接关系到银行的生存基础；三是客户的信誉度，讲究信用、遵纪守法的优质客户群会有利于银行各项业务的顺利开展，能够有效降低经营风险，反之，则会使银行面临极大的经营风险。因而，要满足客户需要和要求，银行就应竭尽全力地去了解客户对银行的态度、他们对金融服务的需要和偏好，以及对银行员工所提供服务的满意程度等方面的信息。

(二) 市场

金融市场是以货币资金为融通和交易对象的市场，同业拆借市场、票据贴现市场、证券交易市场等即为典型的金融市场。对金融市场的参与者而言，由于存在资金需求和供给在时间上和空间上的差异,通过金融市场就可以利用资金的时间差、空间差,融通资金。金融市场的发展程度对银行提高资产的流动性和内在质量有着基础性作用,也使客户对银行产品和服务的需求增加,从而也对银行的经营提出了新的更高的要求。同时,银行开展经营活动,总是在一定的、规范的市场环境下进行的。有序的市场,能真正做到真实、客观、公正,才能保证银行经营活动的开展;金融市场越规范,银行的经营才越有效。

(三) 同业状况

在市场经济体制下,金融机构体系比较健全,存在许多不同种类的金融机构。在市场容量一定的情况下,商业银行经营受到其他金融机构的竞争挤压。首先是商业银行之间为了争夺客户会展开相互之间的竞争。其次,商业银行也日益受到非银行金融机构在市场上的压力。在非银行金融机构的灵活经营压力下,整个商业银行拥有的金融资产份额在逐步下降,出现了所谓的"脱媒"现象。在金融市场上,商业银行面临的非银行金融机构的竞争,主要来自信托机构、证券机构、财务公司、保险业、基金业等。第三,如果整个金融体系比较健全,商业银行经营就比较稳定。如果其他金融机构出现比较大的金融风险,极易引起风险的传染,出现系统性金融风险。第四,金融机构之间除了竞争之外,还有合作。合作机制的完善与否,对于提高商业银行经营效益有重要意义。

(四) 社会中介发展

在现代经济社会中,中间型组织产业化成为构成整个经济体系不可或缺的一环,如律师事务所、会计师事务所、评级公司、担保公司等中介机构,在现代金融服务中发挥着越来越重要的作用。商业银行本身是社会融资的中介组织,但在其经营活动中也离不开社会中介组织的独特作用。比如商业银行的贷款业务,需要借助于社会中介组织提供的企业或个人的信用数据、评级信息以便于做出准确的贷款决策,需要分析经过律师事务所、会计师事务所、审计师事务所签署意见的资产负债表、损益表等,为防范风险还需要担保公司的担保。因此,中介机构的发展状况在相当程度上影响着商业银行的业务经营质量。

(五) 公众

公众是指拥有影响商业银行实现目标能力的群体。在制定经营计划的过程中,银行必须敏感地关注那些可能对经营计划感兴趣或受到经营计划有关内容影响的内部与外部公众。其中,外部公众包括银行股东和投资群体,尤其是评论股票的银行股票分析师。另一类公众是媒体——服务于所在市场的报纸、电视台和广播电台,这些媒体对银行的报道会影响一般公众对银行的看法。当地政府和政府官员也是公众,银行必须与他们保持良好的关系。最后则是银行所服务地区的一般大众,他们对银行的认识和印象直接影响到银行吸引新客户的能力。银行的内部公众是雇员和董事。他们对银行的看法和态度不论好坏都会影响其处理与客户及内部关系的方式。银行只有对与各类公众的沟通和关系实行有效的管理,才能树立其良好的形象以及提高商誉,减少信息不对称和逆向选择。

第二节　银行业务的竞争

随着金融市场的发展和金融创新的不断涌现,为社会提供金融服务的机构越来越多,金融服务也日趋多样化,因此,商业银行在业务经营中面对着许多竞争对手。既有商业银行之间的竞争,也有商业银行与非银行金融机构之间的竞争,以及商业银行与新型金融业态(如互联网金融、第三方支付平台等)之间的竞争。竞争主要是各种业务的竞争,相互争夺市场、争夺客户、争夺资金、争夺人才等。这里我们从存款、贷款、中间业务、服务和互联网支付等五个方面进行分析。

专栏 13-1　　　　　　　　　**2017 中国商业银行竞争力排名**

2017 年 9 月 21 日"中国商业银行竞争力评价报告"由《银行家》杂志主编王松奇教授担任课题组组长,欧明刚、刘煜辉等知名学者组成的实力团队共同研究撰写发布。评价报告自 2005 年首次发布以来,评价指标体系在科学性、权威性、公正性等方面受到业内外的普遍关注和认可。2017 年,第十三次发布的竞争力年度报告——《2017 中国商业银行竞争力评价报告》以 2016 年度中国银行业的基本业绩和表现为主,结合近几年来的实际表现,通过基于竞争力指标体系的分析评估,全面地反映中国商业银行竞争力格局的最新进展,从而为全面提高商业银行竞争力提供参考。发布会公布 2016 年中国商业银行竞争力评价排名情况。发布内容分为全国性商业银行、城市商业银行和农村商业银行三部分。

1. 全国性商业银行按照财务评价和核心竞争力两类指标进行评价排名,分别取前 5 名。除此之外还包括最佳全国性商业银行、最具盈利能力银行、最佳战略管理银行等 10 个单项奖。

表 13-1　2017 全国性商业银行竞争力排名

项　目	第一名	第二名	第三名	第四名	第五名
核心竞争力	工商银行	建设银行	招商银行	中国银行	交通银行
财务评价	招商银行	工商银行	建设银行	浙商银行	兴业银行

2. 城市商业银行的奖项设置按照不同的资产规模分为了 3 000 亿元以上、2 000 亿~3 000 亿元、1 000 亿~2 000 亿元、1 000 亿元以下四个区间进行财务评价,分别取前 5 名。除此之外还包括最佳城市商业银行、最佳战略管理城市商业银行、最佳数字化城市商业银行等 11 个单项奖。

表 13-2 2017 城市商业银行竞争力排名

项目	第一名	第二名	第三名	第四名	第五名
资产规模 3 000 亿元以上	锦州银行	郑州银行	贵阳银行	宁波银行	南京银行
资产规模 2 000 亿~3 000 亿元	洛阳银行	廊坊银行	四川天府银行	唐山银行	西安银行
资产规模 1 000 亿~2 000 亿元	台州银行	浙江泰隆商业银行	重庆三峡银行	张家口银行	邯郸银行
资产规模 1 000 亿元以下	西藏银行	营口沿海银行	泸州市商业银行	自贡银行	承德银行

3. 农村商业银行的奖项设置按照不同的资产规模分为了1 000亿元以上、500亿~1 000亿元以及500亿元以下三个区间进行财务评价,分别取前5、前5、前6名。还包括最佳品牌农村商业银行、最佳产品创新农村商业银行、最佳管理创新农村商业银行等6个单项奖。

表 13-3 2017 农村商业银行竞争力

项目	第一名	第二名	第三名	第四名	第五名
资产规模 1 000 亿元以上	南海农村商业银行	吉林九台农村商业银行	北京农村商业银行	武汉农村商业银行	厦门农村商业银行
资产规模 500 亿~1 000 亿元	长春发展农村商业银行	慈溪农村商业银行	余杭农村商业银行	海安农村商业银行	义乌农村商业银行
资产规模 500 亿元以下	乐清农村商业银行	宝应农村商业银行	温岭农村商业银行	沭阳农商银行	聊城农商银行

资料来源:2017 中国商业银行竞争力评价报告,《银行家》2017 年 9 月。

一、存款的竞争

(一) 银行之间的存款业务竞争

存款是商业银行一切业务的基础,因此商业银行都非常重视存款业务。在一定的市场范围内,社会资金是有限的,一家银行的存款增加,可能意味着其他银行存款的减少。在存款利率实行管制的国家,存款的竞争主要依靠银行信誉、服务质量、机构网点等手段。在完全实行利率市场化的国家,除了银行信誉、服务质量和机构网点以外,存款利率、服务费率也是非常重要的竞争手段。我国银行业之间的存款竞争主要是指银行与银行之间、银行与非银行金融机构之间的竞争。

2012 年 6 月 7 日,中国人民银行决定,自 2012 年 6 月 8 日起下调金融机构人民币存贷款基准利率。同时将金融机构存款利率浮动区间的上限调整为基准利率的 1.1 倍。在中国人民银行宣布利率浮动放开首日,工、农、中、建、交五大行和邮政储蓄银行等六家银行率先上浮了活期存款利率和一年以内的定期存款利率,这也说明银行在存款方面的竞争非常激烈。

在初次放宽存款利率浮动限制后,我国的各类商业银行表现出不同的动态应对策略。比如,在政策推出之初,工、农、中、建、交五大国有银行维持降息前利率水平不变;股份制商业银行普遍执行央行的基准利率;多数地方商业银行则选择直接将利率上浮到顶。在随后的利率调整过程中,地方商业银行保持了利率"一浮到顶"的策略。股份制商业银行和五大国有商业银行也进一步调整了利率策略,短期存款利率与地方商业银行保持较小差距,长期存款利率则适度保持和地方商业银行的差距。

(二)银行与非银行金融机构存款业务的竞争

金融创新满足了人们不断增长的多元化金融需求,也涌现了各种各样的提供金融服务的非银行金融机构,这些非银行金融机构成为商业银行在金融市场上的有力竞争对手。

1. 基金成为商业银行存款业务的重要竞争对手

当个人购买基金时,购买者一般是从银行取出自己的储蓄存款,从而直接导致银行的储蓄存款减少。基金公司通过销售基金而得到资金后,按照基金管理办法,它都应交给商业银行托管。因此,基金所募集的资金,大部分应该回到银行,增加商业银行的基金存款。但是,当基金公司运用这笔钱进行投资或购买证券时,储蓄存款就转化为基金资产。从整个商业银行体系看,资金的运用并没有离开商业银行,也没有因此而减少整个社会的资金总量。但是,直接减少了商业银行可直接支配的资金量。随着基金的发展,基金拥有的资产越来越大,其在金融资产总量中占有越来越高的比重,而商业银行所占比重则有所下降。截至2017年12月底,我国境内共有基金管理公司113家,其中中外合资公司45家,内资公司68家;取得公募基金管理资格的证券公司或证券公司资管子公司共12家,保险资管公司2家。以上机构管理的公募基金资产合计11.6万亿元。基金投资对商业银行存款业务的分流较大。①

2. 保险业与商业银行的竞争

在没有保险保障之前,人们的保障主要依靠在银行的存款。保险业发展起来以后,人们增加了保险保障的渠道,因而会将一部分原来的银行存款转变为购买保险资产。保险业越发达,保险产品越多,分流的储蓄存款也就越多。改革开放以来,中国保险业迅速发展。截至2017年底,全国共有各类保险公司219家,其中保险控股集团公司12家、保险公司-人身险88家、保险公司-财产险84家、再保险公

---

① 要更多的了解基金概况请浏览中国证券投资基金业协会网站(www.amac.org.cn)。

司12家、保险资产管理公司23家。① 保险市场的开放,使人身保险得到突飞猛进的发展。寿险工具被设计成储蓄性的,并通过遍布各地的保险代理人的推销,刺激许多购买者购买,对商业银行存款影响很大。

3. 与信托投资机构的竞争

信托机构一般只能接受委托存款,但是委托存款利率可以高于商业银行的存款利率。在这种情况下,信托投资公司运用手中的利率武器,与商业银行进行存款竞争。在市场不完善,金融机构风险表现不明显的情况下,不少单位愿意将自己的暂时不用的资金交给信托机构以获取较高的利息收入。从而使商业银行的资金来源,有一部分流向信托投资机构,成为这些机构的主要资金来源。截至2017年底,中国获准登记的信托投资公司有68家。②

4. 证券业的发展对商业银行存款的威胁

证券业的发展主要表现为发行的股票、债券规模和品种的增加,为交易这些金融资产提供了更为便利的交易机制,证券投资为投资人提供了分散投资的渠道和财富增加效应。无论是购买新发行的证券,还是投资于证券交易活动,普通投资者一般都是将原来在银行的储蓄存款提取出来用于投资,这直接就减少了商业银行的储蓄存款和可用资金。截至2017年底,我国共有证券公司129家③。2017年股票(A、B股)市值449 105.31亿元,A、B股成交金额80 238.28亿元,境内上市公司(A、B股)3 485家。

5. 财务公司的发展与资金分流

财务公司是企业集团为了灵活调度自己的资金和运用资金而建立的集团所属法人企业。财务公司有金融业务许可证,可以在集团内部吸收存款和发放贷款,同时可以参加同业拆借市场。财务公司的发展,对商业银行形成又一个冲击。首先,大集团公司是企业的重要的支柱,其资金量比较集中,而且量比较大。在财务公司成立以前,这些集团公司都把资金存放在商业银行,成立自己的财务公司以后,他们把相当一部分资金放在财务公司,使财务公司的实力增大,从而减少商业银行的资金来源。

(三) 互联网+金融的发展直接分流了商业银行的存款

2015年以来,我国互联网+金融业务模式迅速发展,以余额宝为代表的各类理财平台、以宜人贷为代表的P2P理财平台、以阿里蚂蚁金服和腾讯财付通为代表的互联网金融公司等,以便利性、门槛低、收益率高等特点吸引了众多中小微企业和个人客户,将原来存在商业银行的存款提取出来,以存款、投资等方式转投入

---

① 要更多的了解保险业状况请浏览中国保监会网站(www.circ.gov.cn)。
② 要更多的了解信托机构状况请浏览中国银监会网站(www.cbrc.gov.cn)。
③ 要更多的了解证券业状况请浏览中国证监会网站(www.csrc.gov.cn)。

这些互联网金融机构,直接分流了商业银行的存款。比如余额宝的起投金额为1元,收益率一直保持在4%以上。相比之下传统银行存款利率吸引力明显不足,大量资金由存款向余额宝转移。截至2017年6月底,支撑余额宝的天弘货币基金的规模达到5.11万亿元,同比净增7832亿元。余额宝的期末净资产则达到1.43万亿元,超过招商银行1.3万亿元的个人短期存款余额。

二、贷款的竞争

(一)利率市场化所带来的贷款业务的竞争

贷款利率是商业银行贷款业务竞争的重要手段。在利率市场化的情况下,商业银行能否保持并扩大贷款市场,取决于贷款定价能力和贷款风险的控制。这给商业银行的业务经营带来重大挑战。

1. 我国利率市场化的发展概况

随着我国金融体制改革的深入,我国的利率市场化进程进一步加快。主要表现在以下几方面:

(1)分几步放开了国内外币存贷款利率,这主要发生在2004年之前。

(2)扩大银行的贷款定价权和存款定价权。2003年之前,银行定价权浮动范围只限30%以内,2004年贷款上浮范围扩大到基准利率的1.7倍。2004年10月,贷款上浮取消封顶;下浮的幅度为基准利率的0.9倍,允许银行的存款利率都可以下浮,下不设底。

(3)在企业债、金融债、商业票据方面以及货币市场交易中全部实行市场定价,对价格不再设任何限制。随着各种票据、公司类债券的发展,特别是场外交易市场和二级市场交易不断扩大使价格更为市场化,很多企业,特别是质量比较好的企业,可以选择发行票据和企业债来进行融资,其价格完全不受贷款基准利率的限制。

(4)扩大商业性个人住房贷款的利率浮动范围。2006年8月,浮动范围扩大至基准利率的0.85倍;2008年5月汶川特大地震发生后,为支持灾后重建,人民银行于当年10月进一步提升了金融机构住房抵押贷款的自主定价权,将商业性个人住房贷款利率下限扩大到基准利率的0.7倍。

(5)2012年6月8日,中国人民银行将金融机构存款利率浮动区间的上限调整为基准利率的1.1倍;将金融机构贷款利率浮动区间的下限调整为基准利率的0.8倍。

(6)中国人民银行自2013年7月20日起全面放开金融机构贷款利率管制,取消金融机构贷款利率0.7倍的下限,由金融机构根据商业原则自主确定贷款利率水平。

目前,我国利率市场化的进程在快速推进,在利率市场化进程下我国商业银行贷款及资产业务的竞争将会更加激烈。

2. 贷款利率市场化的影响

贷款利率市场化对商业银行经营将带来深远影响。有不利影响和积极影响两个方面。

(1) 贷款利率市场化对商业银行的不利影响。主要表现在以下几个方面：一是对商业银行盈利能力的冲击。国家放开贷款利率以前，商业银行的主要经营收入来源一直为银行客户的存贷款利差。而贷款利率市场化对商业银行造成的最直接的影响就是原有的存贷款利差缩小，直接压缩了商业银行的利润空间。二是贷款利率市场化使商业银行之间为了争夺客户资源，从而引起各家商业银行之间的"利率战"。三是贷款利率市场化造成了商业银行经营风险的提高。贷款"利率战"有可能导致商业银行忽视客户的选择和贷款管理而出现不良资产，给银行造成极大的经营风险。四是贷款利率市场化增加了商业银行贷款定价的难度。这要求商业银行要准确分析市场利率走势、精准测算资金经营成本、选准贷款企业和项目，实行差异化定价策略。

(2) 贷款利率市场化对商业银行的积极作用。贷款利率市场化也就意味着银行拥有了贷款定价的自主权以及经营的自主权。同时能够从根本上激发银行创新的内在动力。因为贷款利率市场化缩减了商业银行的存贷款利息差，使商业银行可能面对更多、更大的风险，因此会迫使商业银行进一步改革创新，转变经营模式和经营思维，加快业务转型，开辟新的业务领域、加大科技投入、加强资产负债管理、创新金融工具和服务来保持利润水平。

(二) 直接融资市场的发展对商业银行贷款的竞争

随着金融证券化的发展，直接融资逐渐占领了以商业银行为传媒的间接融资的部分市场份额，商业银行的贷款流失。资本市场的发展，企业可以通过发行商业票据、债券、以及股票等直接在市场筹集资金，使得一些大型企业能便利的获得所需资金而不需要求助于商业银行。一些大的制造商和零售商通过成立自己的财务公司直接向消费者提供消费信贷，争夺商业银行的零售服务客户。

直接融资市场的发展对商业银行贷款的影响是非常大的。由于直接融资市场的规模迅速扩大，特别是企业债券和短期融资券、股票融资的发展为部分优质企业提供了成本更低的融资方式，相应的也就减少了企业对银行贷款的需求，特别是发行债券和股票的企业中多数都是资信状况良好的大型优质企业，这对银行的挤出效应是明显的。

(三) 互联网+金融与商业银行贷款的竞争

互联网+金融与商业银行贷款的竞争主要表现在贷款市场领域、范围和客户的争夺。互联网+金融的发展直接抢占了中小微企业的小额贷款市场和个人消费贷款市场。

三、中间业务的竞争

随着20世纪70年代以来金融业竞争的日益加剧,"脱媒"和证券化带来的金融市场结构性变化使商业银行作为融资主渠道的地位下降;非银行金融机构的壮大使银行面临巨大的竞争压力;同时,国际银行业受到更加严格的监管,这些形势迫使国际银行业寻找新的利润来源,从而掀起了一股表内资产表外化的热潮。他们通过大力开展中间业务开辟出新的利润空间,从而立于不败之地。中间业务是商业银行的三大业务之一,随着金融自由化、金融混业经营的发展,商业银行的存贷款利差越来越小,传统的存贷款业务赢利空间不断收窄,发展中间业务对于完善商业银行的服务功能,巩固银企关系,降低资本占用,调整收入结构以及提高盈利水平等具有重要作用。

（一）我国商业银行中间业务发展的特点

我国商业银行中间业务近年来发展较快,其竞争呈现出以下三个特点。

1. 商业银行经营理念的突破

我国商业银行正逐渐转变经营理念,将中间业务发展作为实现金融工具创新、新的利润增长点、建立现代化经营机制的"排头兵",对中间业务的认识逐步由辅助性业务的间接效益向主营业务直接效益转变,收费意识明显增强。

2. 商业银行中间业务的迅速发展

首先,我国上市银行中间业务的贡献率比前几年有了大幅的增长。但同时我们必须看到,与国际上发达金融体系中的商业银行中间业务贡献度平均在45%左右的状况相比仍然存在巨大的差距。其次,我国商业银行的中间业务品种明显增加。随着对外贸易的迅猛增长和金融工具的推陈出新,我国商业银行在开展结算、汇兑、代理等中间业务的基础上,陆续推出了诸如信用卡、信息咨询、担保、承兑、衍生金融产品等一系列新兴中间业务,形成了较为完备的中间业务品种体系。

3. 商业银行中间业务的市场份额分布变化

从当前我国上市银行中间业务的市场份额分布情况来看,国有商业银行仍占据着大半江山,绝对优势地位在短时间内难以改变。但同时,非国有上市银行的市场份额正在稳中有升。

（二）我国上市银行中间业务收入分析

1. 总体情况:手续费及佣金收入增幅、净收入占比"双升"

2016年,股份制银行手续费及佣金收入3 269亿元,是2010年459亿元的7倍有余,增幅高达612.7%,2010—2016年年复合增长率为38.7%。个别银行呈现爆发式增长,如平安银行从18亿元增长到313亿元,2016年收入是2010年的17倍,年复合增长率60.4%。手续费及佣金收入的高速增长带动了其在营业收入中的占比的快速提升。2016年,各家银行占比均在22%以上,其中民生银行高达

33.7%。也就是说,股份制银行营业收入的两至三成是由中间业务贡献的。

2. 结构特点:传统中间业务仍占主导地位、新型中间业务实现快速增长

从业务结构来看,传统中间业务收入占比从 2010 年的 62.8% 降至 55.2%,但仍占主导地位。在该类收入中,业务结构发生了一定的变化:银行卡类业务高居榜首,占比从 2010 年的 20.8% 上升至 2016 的 30.4%。支付结算类及担保承诺类业务持续下降。代理类业务总体发展平稳。商业银行加快布局投资银行业务的同时,积极推动托管和理财业务创新转型,新型中间业务收入快速增长,占比从 2010 年的 31.1% 上升至 2016 年的 39.0%,成为中间业务发展的重要着力点。在该类收入中,基金托管类占比提升最快,从 8.9% 上升到 17.9%;理财类占比提升也较快,从 4.4% 上升到 11.7%;投资银行(咨询顾问)类占比下降,从 17.8% 下降到 9.4%。

四、银行服务的竞争

商业银行作为服务类金融行业,服务对其自身发展起着至关重要的作用。商业银行服务竞争就是各商业银行在加强服务以赢得客户的过程中产生的彼此之间以服务为基础的竞争。顾客价值是现代商业银行的核心,为客户提供创造财富的机会及能力是现代商业银行的经营目标。而服务正是实现这种目标最有效的渠道,因此各商业银行展开服务竞争在所难免。

目前来看,商业银行服务竞争呈现以下趋势:一是竞争由单一化向多样化发展。以前的服务竞争一般都聚集在柜台服务竞争。而随着商业银行的发展,银行的服务不仅包括柜台服务,还要求好的售后服务、电话预谈话服务、业务追踪推荐服务等。二是竞争由基层服务内容向高层服务策略延伸。最初的商业银行服务一般停留在基层服务上,而最近几年,竞争的加剧直接作用给了高层。三是电子自助服务在服务竞争中发挥着越来越重要的作用。

五、互联网支付的竞争

互联网支付,即为用互联网进行支付的交易手段。目前主要包括网上银行直接支付、第三方支付平台和超级网银三种模式。第三方支付平台的快速发展和客户需求的多元化,给我国商业银行带来了巨大挑战。主要表现在以下几个方面:

1. 支付业务竞争

刷卡支付作为商业银行支付模式的代表,其市场份额正逐渐被诸如微信支付、支付宝等第三方手机支付终端侵蚀,使得银行分支机构上所具有的网点优势和信息优势被大幅削弱,支付领域市场份额受到较大的冲击。2016 年银行业金融机构共处理电子支付业务 1 395.61 亿笔,金额 2 494.45 万亿元。而该年非银行支付机构累计发生网络支付业务 1 639 亿笔,金额 99 万亿元,同比分别增长 99.5% 和

100.7%,增幅远高于银行业金融机构,特别是在小额支付市场,支付机构已经取得绝大部分市场份额。同时,支付平台作为互联网公司掠夺了银行客户的交易流水信息,这些数据信息是评价客户违约风险的重要依据,缺少相关信息将提高银行获取征信的成本。相反互联网金融公司则可以利用这些数据做大数据分析,开展贷款等业务。

2. 金融服务竞争

第三方支付平台推出了网络金融服务业务,凭借强势的价格优势及系统高效的免费服务拓展市场,增加客户粘性,吸引更多小客户群体,这在一定程度上对银行的理财、咨询等业务造成了严重的冲击。

3. 客户资源竞争

传统商业银行与互联网第三方支付平台存在客户交集。随着网络理财服务的不断完善,传统银行更加在客户资源竞争方面失去优势。

第三节 银行并购

从银行出现伊始,银行间的重组就从来没有停顿过,可以说,正是一次次的兼并重组,才逐渐形成了现在极具竞争力的银行体系。二十世纪末期以来,随着经济全球化、金融自由化程度的提升和信息技术加快发展,银行并购已超然于企业并购而成为全球企业并购的主导。商业银行特别是中小商业银行已经进入"要么并购,要么被并购"的时代。

一、银行并购的概念

并购(Merger and Acquisition)一词是兼并和收购两个概念的总称。《大不列颠百科全书》对兼并的解释是:两家或更多的独立的企业、公司合并组成一家企业,通常由一家占优势的公司(企业)吸收另一家公司或更多的公司(企业)。收购是指在证券市场上的购买行为,一家或更多的公司在证券市场上用现金、债权或股票购买另一家公司的股票或资产,以获得对该公司的控股权,该公司的法人地位并不消失。由于兼并和收购有着共同或相似的动机和行为,国外文献也将这两个概念合起来使用,简称"M&A",我国习惯上将其称之为"并购"。综合起来,所谓"并购"是指产权独立的法人双方,其中一方以现金、股权或其他支付形式,通过市场购买、交换或其他有偿转让方式,达到控制另一方的股权或资产,实现企业控股权转移的行为。商业银行是金融企业,企业并购的一般概念也完全适用于商业银行。20世纪90年代以来,银行并购浪潮席卷全球,其出现频率之高,涉及的资产规模之大、并购的跨度之广、对经济金融的影响之深远,堪称空前。表13-1反映了

1995—2004年世界主要银行的一些重大并购事件。表13-2反映金融危机后大型中资银行跨国并购案①。

表13-1　1995—2004年世界主要银行并购案

年份	并购案例	并购后资产总额	备注
1995年9月	大通银行与汉华银行合并	3 040亿美元	美国
1995年11月	美国第一洲际银行与第一商业银行合并	924亿美元	美国
1995年11月	底特律国民银行与第一芝加哥银行合并	1 234亿美元	美国
1998年4月	美国花旗银行与旅行者公司合并	7 000亿美元	成为美国第一大银行集团
1998年10月	美洲银行与国民银行合并	NA	美国
2000年9月	美国大通银行集团收购J.P.摩根	6 600亿美元	美国
2004年1月	J.P.摩根大通并购美国第一银行	NA	成为美国第二大商业银行
2004年3月	美国银行并购波士顿舰队金融公司	9 660亿美元	成为美国第三大银行
1996年4月	三菱银行与东京银行合并	77万亿日元	当时世界上最大的银行
1999年8月	日本兴业银行、第一劝业银行、富士银行三家合并	141万亿日元	当时世界上规模最大的金融资本集团
2001年4月	住友银行与樱花银行合并	99万亿日元	日本
2001年	三和银行、东海银行和旭日银行合并	103万亿日元	日本
1998年7月初	德累斯顿银行收购法国里昂信贷银行在斯德哥尔摩和哥本哈根的分行	NA	德国
1998年11月	德意志银行收购美国第八大投资银行信孚银行	NA	德国
1998年12月	德意志银行收购法国里昂信贷银行在比利时的分行	NA	德国

注：NA表示无数据。
资料来源：郑鸣，《商业银行管理学》，清华大学出版社，2005年。

表13-2　金融危机后大型中资银行欧美地区跨国并购情况

大型中资银行	并购时间	目标银行	股份	成本(亿美元)	国家或地区
中国银行	2008.02	东亚银行	4.94%	39.5	香港
中国银行	2008.07	瑞士和瑞达基金管理公司	30%	0.09	瑞士
中国银行	2008.09	法国洛希尔银行	20%	3.45	法国
中信银行	2009.05	中信国金	70.32%	22.58	香港
建设银行	2009.08	美国国际信贷有限公司	100%	0.07	香港

① 参见刘瑞波、潘光杰、苑小平，金融危机后大型中资银行跨国并购效率研究，《财政金融研究》2017年第6期。

续表

大型中资银行	并购时间	目标银行	股份	成本(亿美元)	国家或地区
工商银行	2010.04	泰国 ACL 银行	97.24%	5.5	泰国
工商银行	2011.01	加拿大东亚银行	70%	0.73	加拿大
工商银行	2011.08	阿根廷标准银行	80%	6.0	阿根廷
工商银行	2014.01	英国标准银行公众有限公司	60%	7.7	英国
工商银行	2015.05	土耳其纺织银行	75.5%	3.16	土耳其

资料来源:根据各家银行年报及相关资料整理。

二、银行并购的原因

在市场经济环境下,银行并购的原始动力是实现股东财富最大化。另外一个动力是通过并购可以扩大资产规模、增加市场份额、提高竞争力。在多数情况下,银行并购并非仅仅处于某一动机,而是综合平衡考虑多种因素的结果。

(一)追求股东利益最大化是银行并购行为的原始动力

银行作为金融企业,存在和发展的目标是为了增加其股东的财富,也就是上市银行的市场价值。通过银行并购可以扩大银行规模、增加新的金融品种、扩大金融服务领域、获得更多的利润,是商业银行进行低成本扩张以扩大银行规模,增强银行竞争力的重要手段。所以,对利润的追逐和生存竞争的压力推动着商业银行进行并购活动,以实现股东利益最大化。

(二)追求增值效应

增值效应就是指经过并购整合资源后的银行能够给社会收益带来一个潜在的增量,而且对参与交易的银行来说,可以提高各自的效率。

1. 管理协同效应

如果 A 银行的管理效率较 B 银行高,则 A 银行在收购 B 银行之后,充分发挥其经营潜力,最终使 B 银行的管理效率提高,乃至最终达到 A 银行的水平。该效应使整个银行产业的效率水平均提高。

2. 经营协同效应

经营协同效应认为行业中存在着规模经济,公司经营活动若达不到实现规模经济的潜在要求,则可以通过兼并以获得适度规模,达到经营协同。作为依赖公众信心存在的银行业,规模大小对其竞争优势有着决定性的影响,银行规模越大,越能赢得客户的信任。因此经营协同效应是银行业合并重要的内在原因。比如,1998 年花旗银行与旅行者集团合并后组成的全球最大的金融集团——花旗集团,资产总额近 7 000 亿美元,在全球 100 个国家为约 1 亿个客户提供全面零售及商业银行、投资银行、资产管理、信用卡、保险等金融服务,经营协同效应不断体现出来。

另外,信息技术的发展,银行间兼并会产生技术上的协同效应。两家银行通过合并只需一套电脑系统及其他电子设备配套,减少重叠的技术人员,会大大减少固定成本和研究开发费用。例如,芝加哥第一国民银行与 BANC ONE 的合并,两家银行合并后,每年可节省9.3亿美元支出,并可增加2.75亿美元的收益。

3. 优势互补,实现协同效益

具有不同相对优势的银行联手,既拓展了业务机会,又在规模扩张、业务分散的同时能够承担建立风险控制系统所需的费用,另外,把"鸡蛋放在多个篮子里"降低了总体风险。优势互补主要体现在三个方面:一是区域互补,体现出的国际性或地区性的优势资源整合。二是业务优势互补,减少昂贵的新产品的开发费用,迅速抢占市场。比如,1996年东京银行与三菱银行合并后,由于三菱银行擅长于日本本土和零售业务,而东京银行作为外汇专业银行,其国际业务和批发业务发达,因此可以相得益彰,在国内外开展更全面的银行业务。三是实现交叉销售。它的理论依据是一家银行的某种产品(如信用卡)的客户是它的其他产品(消费信贷)的理想对象。例如信孚银行购并 ALEX BROWN 的专长则在于股票承销及研究,两家公司的合并不仅可在不同业务上互补,并且有利于客户来源的扩展。

(三) 追求转移效应

银行兼并的转移效应主要有:

1. 税收转移

一是并购双方通过收入的互相抵补可以减少税基,平抑现金流的波动性;二是通过并购过程中的举债融资(即杠杆收购)减少银行盈利的纳税额;三是并购导致目标银行股价上升使得并购银行的一部分所得税能够以较低的资本利得税代替。另外面向新兴市场国家的国际并购,也可以因新兴市场的低税率而给购买方银行带来一定的税收减免。

2. 政府收入转移

政府为推动金融业发展,调整国内金融业结构,应对全球一体化的挑战,往往会给银行并购政策上的优惠和鼓励措施,以促进政府目标的实现。

3. 垄断转移

银行并购的重要动机是为了增加市场份额,提高市场控制力。如果银行利用新增市场价值的边际收益率提高了,会在某种程度上带来增量效应。

三、银行并购的类型

(一) 按并购双方在并购完成后的法律地位划分,分为吸收合并和新设合并

1. 吸收合并

吸收合并是指两个或两个以上的银行合并,其中一个银行存续,其他银行终止

的情形。

2. 新设合并

新设合并是指两个或两个以上的银行合并而生成一个新的金融企业,合并各方随新企业产生而终止的情形。

(二) 按并购的出资方式划分,分为出资购买资产式并购、出资购买股票式并购和以股票换取资产式并购、以股票换取股票式并购、混合证券式并购

1. 出资购买资产式并购

出资购买资产式并购是指收购方使用现金购买被收购方全部或绝大部分资产以实现并购的行为。

2. 出资购买股票式并购

出资购买股票式并购是指收购方使用现金、债券等方式购买被收购方一部分股票,以实现控制后者资产及经营权的目的。

3. 股票换取资产式并购

股票换取资产式并购是指收购方向被收购方发行自己的股票以交换被收购方的大部分资产。一般情况下,收购方同意承担被收购方的债务责任。

4. 股票换取股票式并购

在这类兼并中,收购方直接向被收购方股东发行收购方发行的股票,以交换被收购方的大部分股票。一般而言,交换的数量应至少达到收购方能控制被收购方的足够表决权数。

5. 混合证券式并购

混合证券式并购是指收购银行对目标银行或被收购银行提出收购要约时,其出价不仅有现金、股票、还有认股权证、可转换债权等多种形式的混合。

(三) 按是否利用被并购方资产来支付并购资金划分,分为杠杆收购和非杠杆收购

1. 杠杆收购

杠杆收购是指通过增加银行的财务杠杆来完成并购。从实质看,杠杆收购就是一家银行主要通过举债来获得另一家银行的产权,而又从后者的现金流量中偿还负债。一般操作是,收购银行先投入资金,成立一家置于完全控制下的空壳公司,而空壳公司以其资本以及未来买下的目标银行的资产及其收益为担保进行举债,即发行证券向公开市场借债,以贷款的资金完成企业并购。

2. 非杠杆收购

非杠杆收购是指不用目标公司自有资金及营运所得来支付或担保供支付并购款的收购方式,早期并购风潮中的收购形式多属此类。但非杠杆收购并不意味着收购方不用举债即可负担并购款,实践中,几乎所有的收购都是利用贷款完成的,所不同的是借贷数额的多少而已。

四、银行并购的效应

银行并购这种行为不仅对交易当事人有影响,对社会经济发展也有重大影响,可分为正效应和负效应两个方面。

（一）银行并购的正效应

（1）并购提高经济资源的配置效率。通过并购,可以调整内部结构,淘汰低效的经营服务项目。在银行的并购中,各种资源向高利润项目流动,实现了资源的优化配置。

（2）并购带来了更多的金融产品。不仅提高了银行的收益水平以及现金净流入,而且可以全方位的服务社会。商业银行通过并购,特别是对非银行金融机构的并购,可以组成"金融超市",为消费者提供齐全的金融产品。

（3）并购改善了产品的推销和销售。每个银行在其推销和销售方式及渠道上均有特点和优势,并购可综合各银行的优势来改善银行的营销。

（4）并购可将银行带入有吸引力的新市场。这种效应在混合并购中体现更充分。银行通过涉及不同的市场,可以分散行业风险,同时寻找到新兴的产业,由此找到新的收益增长点。

（5）并购改善了经营管理水平。并购可以吸收银行中最优秀的雇员、优秀的管理人员和体制。并购带来的丰富的人力资源和管理资源为改善银行的经营管理水平提供了可能。

（6）并购降低了银行的经营成本。并购使新银行以较少的员工、较低的资本和资产来提供两家银行合并前所能提供的相同质量和水平的金融服务。这种交易成本的节省是纵向收购最深的动机,这种做法大大减少了银行非利息支出,有助于提高银行未来的收益和现金流入。

（7）拯救低效银行,保持金融体系和社会稳定。金融业是高风险行业,而且对社会经济生活影响十分广泛。通过银行并购处理银行危机可以用较低的成本避免银行倒闭,这既是保护存款人的利益,又保持了金融体系的稳定,减少社会动荡。

（二）银行并购的负效应

（1）银行并购使得银行不断走向垄断,从而降低效率。随着银行并购活动的发展,超级银行不断涌现,这虽然增强了银行自身的竞争力,但这些超级银行在各个方面的优势有可能形成业务垄断,这就降低了金融市场的竞争性,从而可能降低对消费者的服务水平。

（2）银行并购引起大幅度裁员。银行并购使得银行为了降低成本,关闭一些分支行并大幅度减少人员,从而导致大批银行职员失业。

（3）银行并购加大了各国银行业监管的难度。银行业的并购虽然会在某种程度上降低银行的经营风险,但银行规模的增大,并不意味着银行体系的绝对安全;

相反,当大银行陷入经营困境时,对它的挽救有更大的难度,对经济生活的影响更加广泛。从法律上看,银行业的并购有效的规避了政府的某些法律限制,但对银行监管提出了更大的难题。特别是银行业的跨国界并购,使得银行业监管的国际协调显得日益重要。

五、银行并购的管理

银行并购是一项极其复杂的交易,该交易过程涉及经济、政策和法律等诸方面的问题。尽管在并购过程中可以接受投资银行所提供的服务,但是,银行并购方应积极参与其中,并对整个并购过程进行必要的管理。为此,银行并购管理有七个方面的内容。

1. 建立并购小组

并购小组在整个并购过程中,与投资银行一起,从目标银行的寻找、早期并购策划、协调各方利益到并购后的重组等方面均起着重要作用。该小组由银行某高级管理人员牵头,成员包括银行各部门的代表和银行外界的专业人士。该小组策划、组织及管理整个并购过程,是银行并购的直接管理机构。

2. 物色并购目标

寻找目标银行不是件易事,除非有银行自愿要求被收购。因此,收购方应积极主动地去获取信息,先从外部取得资料作初步分析,然后再实际接触,在取得精确的报表等资料后,再作进一步的分析评估。①商业调查。②选择并购目标。③审查并对目标银行进行财务评价。

3. 并购对象的估价和出价管理

对目标银行内在价值的评估是并购成功与否的关键。并购银行应会同其财务顾问在仔细评估的基础上确定目标银行的价值区域,订出其可接受的收购最高价格。应该在分析和了解目标银行的运作、财务和市场、在同行业中的竞争地位、发展前景的基础上,确定目标银行的内在价值,通过考察目标公司内在现金流,帮助其评价与选择收购的融资途径和支付方式。

4. 选择并购支付方式

并购银行在出价策略确定后,还将选择合适的支付方式。公司收购的支付工具有现金、或自己的股票、或债务凭证、或以上诸工具的混合形式。选择合理的支付工具应以目标银行的股东和管理层的要求、财务结构和资本结构的特点等为依据。目前,以现金及普通股形式最为流行。

5. 银行内部的人事调整

在银行并购的形式完成后,银行将面临人事调整,收购方应认识到被购方的组织、结构、文化均有着特点,在并购后的人事重整中对并购双方银行的特点进行比较后,选择双方的优点构筑新银行的企业特色。

6. 广泛与股东进行沟通

在并购过程中及并购后,一定要以股东利益为重,避免个人利益凌驾于股东利益之上。为保证并购的顺利进行,应对并购给股东带来的利益及利益保障程度进行充分解释。

7. 争取客户信任和扩大客户基础

并购可能会造成恐慌而失去客户。因此,银行在公布并购消息时,应尽量消除客户对新银行的陌生感和恐惧而引起的不信任感。

第四节 商业银行的战略管理

一、商业银行战略管理的意义

战略管理(strategy management)一词是最初由美国企业家兼学者安索夫在其1976年出版的《从战略计划走向战略管理》一书中提出的,安索夫在1979年又专门写了《战略管理论》一书。安索夫认为,企业战略管理,是指将企业日常业务决策同长期计划决策相结合而形成的一系列经营管理业务。而美国学者斯坦纳在其1982年出版的《管理政策与战略》一书中则认为,企业战略管理是确立企业使命,根据企业外部环境和内部经营要素设定企业组织目标,保证目标的正确落实并使企业使命最终得以实现的一个动态过程。

结合商业银行的行业特点,将商业银行战略管理定义为:在符合和保证实现银行愿景条件下,在充分利用环境中存在的各种机会和创造新机会的基础上,确定银行与外部经营环境的关系,规定银行从事的经营范围、发展方略和竞争对策,合理调整银行经营结构和有效配置银行资源及能力,从而使银行获得某种竞争优势。

对我国商业银行来说,战略管理和战略研究有着十分重要的意义。一是战略管理可使商业银行更主动地,而不是被动地塑造自己的未来;二是战略制定过程可以使全体管理人员和雇员了解商业银行并加强对商业银行的责任感;三是加强战略管理是决定我国商业银行实现可持续发展的重要因素;四是战略管理是我国商业银行融入金融全球化进程的必然选择;五是加强战略管理是我国商业银行良好治理机制建设的重要组成部分。

二、战略管理的类型

(一)从商业银行总体来看

(1)创业战略,适用于银行初创时期,其战略重点是筹集经营资本,购买营运设备,选聘高级职员。

（2）营运战略，适用于银行完成初创阶段进入正常营业状态之始，战略重点是争取客户，扩大营业规模，建立和巩固信誉，占有稳固的市场份额和与对手竞争，增加盈利。

（3）转换战略，适用于银行由于某种原因需要变革之时，战略重点是调整业务结构，改变经营方向，实行新的战略，关键是抓住战略转机。

（二）从银行与环境的关系来看

（1）适应型战略，是银行针对环境的不确定性、不可控性，为适应环境的各种变化特征、规律、趋势而制定的战略。包括积极适应和被动适应。

（2）配合型战略，是银行主动地配合国家总体发展战略、地方政府的区域发展战略和工商企业客户的营销战略而制定的战略。

（3）进攻型战略，是银行依据对环境的深刻了解和对机会与风险的把握，主动地、自觉地、创造性地发挥优势、发展自己的战略。包括质与量两个方面的扩张。

（三）从管理层次来看

（1）公司层战略（corporate-level strategy），是以公司总体为研究对象所制定的战略，是企业整体决策。

（2）事业层战略（business-level strategy），重点研究战略经营单位（SUB strategic business unit）的竞争问题，又叫做 SBU 战略。

（3）职能层战略（functional-level strategy），主要明确职能部门如何发挥作用，支撑事业层战略，与之保持一致，为其他各层次战略服务。

（四）从市场范围来分

（1）地区战略，主要是立足所在地区（城市）进行营销活动，以本地区为目标市场。

（2）国内战略，以国内市场作为本银行发展的市场主体，虽然也开办若干国际业务，但其主要特征是不到外国开设分支机构。

（3）世界战略，即跨国战略或国际战略，其主要形式是与外国的一家或几家符合特定标准的金融机构或其他企业进行合作，或在外国设立支机构，以实现世界规模的竞争优势。

三、战略管理的原则

（一）适应环境原则

成功的商业银行战略管理重视商业银行与其所处的外部环境的互动关系，其目的是使商业银行能够适应、利用甚至影响环境的变化。为此，商业银行必须随时监视和扫描内外部环境的振荡变化，分析机会与威胁的存在方式和影响程度，以便制定新的战略或及时对商业银行现行战略进行调整。

(二) 全过程管理原则

商业银行战略管理要取得成功,必须将商业银行战略的制定、实施、控制和评价等看成一个完整的过程来加以管理,以充分提高这一过程的有效性和效率。忽视其中任何一个阶段都不能获得有效的战略管理。

(三) 整体最优原则

成功的商业银行战略管理是将商业银行视为一个不可分割的整体来加以管理的.其目的是提高商业银行的整体优化程度。在实施商业银行战略过程中,商业银行组织结构、商业银行文化、资源分配方法等等的选择,取决于它们对商业银行战略实施的影响。

(四) 全员参与原则

商业银行战略管理不仅要求商业银行高层管理者的决策,而且也需要中下层管理者和全体职工的参与和支持。更确切地说,商业银行战略制定过程的分析、决策主要是高层管理者的工作和责任,虽然这种分析和决策离不开商业银行中下层管理者的信息输入和基层职工的合理建议。但是一旦商业银行战略选择确定以后.商业银行战略的实施就在相当大程度上取决于商业银行中下层以及全体职工的理解、支持和全心全意地投入。

(五) 反馈修正原则

商业银行战略管理关心的是商业银行长期、稳定和高速度地发展。商业银行战略管理的时间跨度一般在3年以上,5~10年以内。目前西方大多数商业银行在制定五年或十年发展战略之后,逐年对商业银行战略及其实施情况进行严格的审查,然后采取必要的调整,在此基础上制定一个新的五年或十年发展战略.依次类推,滚动式管理,持之以恒,方能确保商业银行战略意图的达成。

四、战略管理的阶段

银行战略管理是依据银行内部和外部环境变化制定战略、实施战略,并根据执行结果的评价和反馈来调整、制定新战略的动态过程。主要包括战略制定、战略实施和战略控制三个阶段(如图13-1)。

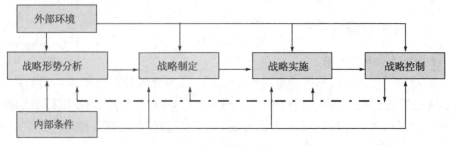

图13-1 战略管理阶段示意图

(一) 战略制定

银行战略的制定,是在商业银行总体发展目标的指导和约束下,通过对银行自身经营和发展所面临的战略环境进行分析、评价,并预测这些内外环境未来发展趋向及其对银行经营发展的影响基础上形成的。这一阶段的主要任务是战略分析和战略决策。

(二) 战略实施

银行战略管理的科学性和有效性,必须有高效的实施机制保证,否则,再好的战略也只是一纸空文。战略实施机制指的是战略方案转变为业务经营与管理活动,实现战略目标的各种行为关系的总和。

(三) 战略控制

战略控制是银行战略管理的第三个阶段。战略控制与战略实施是同时进行的,目的是保证战略实施的进程和结果基本符合战略方案预期的进程和结果。同时,也是为了银行战略能够适应内外环境变化而及时调整和改变。主要内容包括:①对战略实施情况进行密切跟踪和监视,注意不断分析银行内外环境的变化对战略实施的影响;②通过一些质的或量的评价指标,检查、评估战略运行效果;③把战略实施的实际情况与其对应的方案和标准进行比较,发现实际与战略的偏差;④采取纠正措施。如果出现了偏差,就必须采取纠正措施,确保战略目标的实现。如果银行面临的内外经营环境和条件发生了较大变化,就必须对战略进行修改和调整,以适应银行发展变化的需要。

本章小结

1. 商业银行的经营环境,是指其开展经营管理活动的制约条件和影响因素,主要包括宏微观经营环境和微观经营环境。商业银行经营环境的变化将影响和决定银行管理的战略、手段和工具的改变,同时在某种程度上决定着商业银行的经营成败。

2. 商业银行在业务经营中面对来自银行同业及其他非银行金融机构的竞争。这种竞争在金融综合经营趋势下显得更为激烈。包括存款业务、贷款业务、中间业务、银行服务和互联网支付的竞争。竞争主要依靠银行信誉、服务质量、机构网点等手段。在完全实行利率市场化的国家,存贷款利率、服务费率等也是非常重要的竞争手段。

3. "银行并购"是指产权独立的法人双方,其中一方以现金、股权或其他支付形式,通过市场购买、交换或其他有偿转让方式,达到控制另一方的股权或资产,实现企业控股权转移的行为。产生并购的原因主要是追求股东利益最大化、追求增值效应和转移效应。并购的类型主要有吸收合并和新设合并、出资购买式并购和股票换取式并购、杠杆收购和非杠杆收购等。并购既可产生正效应,也可能产生负效应。银行并购方应积极参与其中,并对整个并购过程进行必要的管理。

4. 从20世纪90年代以来,面对全球金融市场的形成、跨国金融并购浪潮的兴起和国际化竞争日趋激烈等新的经营环境,战略管理成为发达国家商业银行提高国际竞争力,谋求全球化成长的重要手段和工具,对银行发展战略进行研究和管理也逐渐成为现代商业银行经营管理的重要内容。

关键概念索引

经营环境　经济环境　社会文化环境　银行并购　经营协同效应　增值效应　吸收合并　新设合并　杠杆收购　非杠杆收购　银行战略管理

复习思考题

1. 现代商业银行所处的环境发生了哪些重大变化?这些变化对商业银行的发展产生了哪些影响?
2. 简要说明银行同业之间的竞争。
3. 其他金融机构如何同商业银行开展业务的竞争?
4. 分析说明利率市场化对商业银行贷款的影响。
5. 银行并购的动机有哪些?
6. 分析说明银行并购的效应。
7. 商业银行战略管理的流程包括哪几个阶段?

参考资料

1. 彼得·S. 罗斯等著,刘园译,《商业银行管理》(第九版),机械工业出版社,2016年。
2. 米什金等著,王青松等译,《金融市场与金融机构》,北京大学出版社,2006年。
3. 希特等著,吕巍等译,《战略管理:竞争和全球化(概念)》,机械工业出版社,2009年。
4. 朱新蓉、宋清华主编,《商业银行经营管理》,中国金融出版社,2009年。
5. 彭建刚主编,《商业银行管理学》(第四版),中国金融出版社,2015年。
6. 吴念鲁编著,《商业银行经营管理》,高等教育出版社,2009年。
7. 中国建设银行研究部课题组,《中国商业银行发展报告(2009)》。
8. 中国银监会2016年年报。

第十四章　我国商业银行的改革与创新

本章要点

- 我国银行改革的历程
- 我国银行改革的目标和内容
- 商业银行创新的动因
- 金融创新的理论
- 商业银行创新的内容
- 商业银行创新与金融监管

新中国成立以来直到改革开放前,我国并无真正意义上的商业银行。经济体制的改革和开放彻底改变了银行业的经营环境,因此,在内外部因素的推动下,我国商业银行的发展史,也就是不断改革与创新的历史。通过不断的改革与创新,我国已初步形成了体系比较完整、功能比较齐全、具有一定竞争力的现代商业银行体系。本章主要介绍我国商业银行的改革发展历程、进一步深化改革的目标和主要内容以及金融创新的一些基本原理。

第一节　我国银行业改革回顾

回顾我国银行业改革历程,不仅仅是要清楚改革的若干发展阶段,而更重要的是从改革发展中深入分析改革的动因,进一步明确今后改革发展的方向。

一、我国银行业改革的背景

1. 经济体制改革

金融是经济的核心,金融的发展以经济为基础,但同时又为经济发展服务。我国银行改革与经济改革发展的大背景是分不开的。在 40 年改革发展的历程中,我国经济体制从高度集中的计划经济体制发展为社会主义市场经济体制,企业所有制性质从单一的国有企业发展为多种所有制企业(包括国有企业、私营企业、股份制企业、混合所有制企业等),经济管理模式从直接的行政管理转变为间接管理,经济管理手段从单纯的计划手段转变为以经济手段和法律手段为主。从银行体制与经济体制的关系看,经济体制的这种转变自然要求银行体制与之相适应,对原来的银行业必须进行改革。

2. 经济的蓬勃发展

伴随着改革开放,我国的经济发展发生了惊人变化。改革开放以来,我国的GDP保持了持续的高速增长。经济增长一方面对银行业提出了更高的要求,另一方面也为银行业提供了巨大的发展空间和改革契机。

3. 对外开放

改革与开放是紧密联系的。开放使我国经济融入到国际经济竞争的大舞台,改变了经济运行方式与运行格局。在银行业方面最为突出的表现是外资银行大举进入我国银行业市场,这给在传统经济环境下生存的我国银行业带来了巨大的冲击和挑战。如果不加快银行业改革步伐,就有可能被市场所淘汰。

4. 金融竞争

在传统计划经济体制下,我国形成了以银行为主导的金融体制。随着经济的发展、对外开放的深入,市场主体形成了多元化的金融需求,推动了除银行融资以外的其他融资形式的发展,比如证券、信托、租赁、保险、基金等,从而加剧了金融领域的竞争。尤其是2015年以来迅速发展的互联网金融,更是给银行业带来了巨大冲击。竞争同时还来自银行体系内部。为了生存和发展,银行业必须进行彻底改革,提高市场的竞争力。

5. 金融科技的发展及广泛应用

金融科技飞速发展,互联网、云计算、大数据、区块链和人工智能等以不可阻挡的趋势重塑全球金融业。互联网金融在2015年呈现爆发式增长,为传统商业银行发展带来了极大挑战,同时也提供了进一步改革发展的机遇。银行业如何借助金融科技的力量实现转型,依托大数据、云计算、区块链、人工智能等新技术,创新服务方式和流程,整合传统服务资源,联动线上线下优势,提升整个银行业资源配置效率,更先进、更灵活、更高效地响应客户需求和社会需求,已成为银行业急需破解的课题之一。

二、我国银行业改革的历程

我国银行业的发展经历了一个艰苦而曲折的过程,经历了从简单到复杂,从单一到多元的发展历程。其发展历程大致可分为以下四个阶段。

(一) 高度集中的单一的银行体制(1979年以前)

银行体制的形成是与当时的经济体制相适应的。在这一段时间,我国实行高度集中的计划经济体制,与之相适应的银行体制也是高度集中垄断、"大一统"的银行体制。全国只有一家银行即中国人民银行,所有的金融业务主要是银行信贷业务且也由中国人民银行来办理,银行的资金配置实行供给制而非借贷制,受到银行综合信贷计划的严格约束。基层行吸收的存款全部上交人民银行总行,贷款则由人民银行总行统一核定计划指标,逐级下达,资金运用实行统收统支。存贷款利率由人民银行总行统一规定,且多年不变。这时的中国人民银行既是国家管理机关,行使金融管理的职能,又是办理各项银行业务的金融组织,发挥现金中心、结算中心和信贷中心的职能作用。从严格意义上讲,我国这时的银行还不是真正的银行。

(二)专业银行和股份制商业银行的成立(1979—1993年)

我国银行业的改革始于上世纪的改革开放时期。1978年12月召开的党的十一届三中全会做出了实行改革开放的决策,并开始了以经济建设为中心、全面改革、对外开放的历史性转变。"把银行办成真正的银行"成为当时银行改革的指导方针。

1. "专业银行"概念的出现

1979年作为主要为农村、农业发展提供贷款的中国农业银行和作为我国专门从事外汇外贸业务的中国银行从中国人民银行分离出来,同时中国人民建设银行也从财政部分离出来,主要为基建投资提供贷款。这几家银行都是独立的经济实体,实行经济核算。这时在我国开始出现"专业银行"概念。

2. 专业银行体系的形成

为了充分发挥银行在国民经济中的作用,借鉴国外成熟的做法,建立宏观经济调控体系,1984年1月开始,中国人民银行专门行使中央银行职能,不再对企业单位和居民个人办理存、贷款等业务,同时决定成立中国工商银行,办理有关商业银行业务。此时,中央银行体制在我国形成,同时也形成了工、农、中、建四大国家专业银行体系。

3. 信贷资金管理体制改革

1980年我国银行开始实行"统一计划,分级管理,存贷挂钩,差额控制"的信贷资金管理体制,1985年又改革为"统一计划,划分资金,实贷实存,相互融通"的政策,迫使专业银行逐步做到资金自求平衡,信贷资金的经营自主权进一步扩大。与此同时,各专业银行还利用信贷资金周转过程的时间差、地区差和行际差,开始资金的横向融通,在金融市场上进行相互拆借,以平衡资金头寸余缺。这一方面提高了资金使用效益,另一方面又促进了我国同业拆借市场的形成。从此,我国银行的商业化经营特色开始逐步显现。

4. 银行之间业务交叉与竞争

在银行业务发展过程中,专业银行业务开始朝多样化的方向发展,银行和企业之间也可以自由选择,逐步允许四家专业银行的业务相互交叉,由此出现了"工商银行下乡、农业银行进城、建设银行脱土、中国银行上岸"的局面,形成了专业银行间的业务交叉与竞争。在竞争中,银行的管理水平、服务质量和经济效益都有明显提高。同时,业务的相互交叉和竞争,又为专业银行深化改革、实行企业化经营和经营机制转换奠定了良好的基础。

5. 股份制商业银行的建立

随着我国经济的发展,对银行服务的需求不断扩大,专业银行垄断我国银行业务的状况已经不能适应市场化发展的要求,其弊端逐渐曝露出来,尤其是垄断造成了专业银行的机关官僚作风,不利于向真正的商业银行转化。为了改变这一状况,1987年我国恢复成立了交通银行,之后,出现了比较明显的商业银行机构设立的集中时期。陆续建立了中信实业银行(1987年)、深圳发展银行(1987年)、招商银行(1987年)、广东发展银行(1988年)、福建兴业银行(1988年)、上海浦东发展银行(1992年)、中国光大银行(1992年)、华夏银行(1992年)、中国民生银行(1996年)、海南发展银行(现已关闭)等一大批新型的全国性和区域性股份制商业银行,借以推动中国银行体系的市场化建设。新兴的股份制商业银行建立了董事会等现代公司治理结构,形成了相对严格的约束和监督系统,同时,股份制银行的经营机制相对灵活,员工报酬与银行效益直接相关,激励约束机制也更为完善。借其优势,股份制商业银行得到了快速发展,机构网点设置和资产规模都有了快速的增长。这对四家专业银行的经营产生了一定的压力,形成了银行业市场竞争的环境,这也推动了金融产品和服务的创新,推动了我国银行服务业效率的提高。

(三)专业银行的商业化改革(1994—2000年)

1. 专业银行的商业化改革开始起步

20世纪90年代,随着我国社会主义市场经济体制的初步建立,1993年10月国务院决定把国家专业银行转化为国有(独资)商业银行。此后,专业银行加大了改革力度,开始走上了真正的商业化改革道路。具有标志性意义的是在1994年我国成立了国家开发银行、中国进出口银行和中国农业发展银行三家政策性银行,将原来各专业银行承担的政策性业务划归这三家政策性银行办理,专业银行则从事商业性金融业务,为专业银行的商业化改革创造了重要条件。

2. 商业银行法的颁布

为了把银行办成真正的商业银行,国有商业银行实行统一法人体制,按现代商业银行的要求建立市场化的经营机制,强化内部管理和风险控制,改善金融服务,提高管理水平。1995年7月,根据建立社会主义市场经济体制下商业银行发展的需要,在总结我国商业银行改革的实践经验和借鉴各国商业银行立法的成功经验的基础上,《中华人民共和国商业银行法》正式颁布。该法明确了商业银行的性质和职责,确立了"国有独资商业银行"的法律地位,规范了商业银行的权利和义务。商业银行开始成为"自主经营、自担风险、自负盈亏、自求平衡"的金融企业,其经营步入了法制化的轨道。

3. 银行资金管理体制的重大改革

1994年实行"总量控制,比例管理,分类指导,市场融通"的管理体制,国有商业银行开始推行资产负债比例管理和风险管理,银行的风险经营意识明显增强。1998年1月,中国人民银行取消了对国有商业银行贷款限额的控制,国有商业银行的自主权进一步增大。1999年,国家还通过组建信达、东方、长城、华融四家资产管理公司解决国有商业银行的不良资产问题,使国有商业银行的不良资产比率大幅度降低,同时也部分解决了长期政策性因素形成的包袱,极大地降低了我国银行的风险,为国有商业银行的商业化发展和下一步改革打下了良好基础。

4. 股份制商业银行超常规发展

截至1999年底,股份制商业银行资产总额达14 577.58亿元。交通银行、中信实业银行、中国光大银行和招商银行等几家股份制商业银行已跨入世界500家大银行之列。这对于改变我国银行融资结构、提高银行竞争力发挥了重要作用。1996年成立了中国民生银行,这是我国改革开放以来的第一家民营银行,银行的资本金绝大部分来自民营企业,其资金运用也主要为中小企业和民营企业服务。1996年在对我国城市信用社进行整顿、改组的基础上,在一些大中城市组建了城市合作银行,并在1998年更名为城市商业银行。作为地方中小金融机构,城市商业银行立足地方经济,支持中小企业和私营、个体经济发展。这些新兴银行,借鉴国际通行做法,按照商业银行原则运作,经营灵活,发展较快,到1999年底,全国已有90家城市商业银行挂牌营业,资产总额达5 500多亿元。

5. 外资银行的进入

随着我国经济金融的对外开放搞活,越来越多的外资银行通过设立分行、建立独资或合资银行方式进入我国。1979年允许外资银行在华设立代表处,日本输出入银行成为第一家在我国设立代表处的银行(北京代表处)。1981年开始,批准设立外资营业性金融机构,南洋商业银行深圳分行是外资银行在我国设立的第一家分行。1985年,深圳、厦门、珠海、汕头和海南经济特区进一步开放,允许外资银行设立营业性机构,从事外汇金融业务,并逐步扩大到沿海开放城市和所有中心城市。1990年上海对外资银行开放,1992年又在沿海七个城市进一步对外资银行开放,1994年允许引进外资银行的地域逐步扩大到23个城市和海南省。1996年12月和1998年8月,先后允许符合条件的外资银行在上海浦东和深圳经济特区试点办理人民币业务,包括人民币存贷款、结算、担保、国债及金融债券投资。1998年4月,我国批准在上海浦东经营人民币业务的8家外资银行进入全国银行间同业拆借市场。1999年7月将上海、深圳外资银行试点办理人民币业务的范围扩大到所在地的临近省(区)。在这期间,外资银行在华业务范围大多限于外币业务,但中国人民银行对外资银行经营人民币业务采取了一系列扶持政策,有力地促进了外资银行的发展。

6. 股份制银行上市

1999年下半年以来,我国出现了一波股份制银行上市的小高潮。通过发行股票向社会募集资本金开始成为一种有效的募集资本金的方式,这更是促进股份制银行规范发展的重要改革措施,这也标志着我国股份制银行已成为真正的现代商业银行。同时,一些城市商业银行开始吸收外资入股,拓宽了股权多元化的新渠道。随着我国非国有银行的发展和对外开放程度的加深,城市商业银行、股份制商业银行、外资银行所占市场份额快速上升,国有商业银行市场份额出现明显下降。

(四)商业银行体系的形成和深化改革实践的探索(2001年至今)

1. 银行业的对外开放

2001年12月11日我国正式加入世界贸易组织,对外开放政策更加稳定有序,并以正式承诺体现出来,增加了对外开放的透明度,增强了外资银行进入中国的信心。中国承诺入世两年内允许外资银行对中国企业办理人民币业务,入世五年内取消所有地域限制,允许外资银行对中国客户提供服务,允许外资银行设立同城营业网点,审批条件与中资相同等。随后几年,我国政府逐步履行对外开放的有关承诺,在外资银行经营地域、业务对象、经营业务范围等方面按照入世的承诺逐步落实,并加快了我国银行业的改革和引进外资银行的步伐,金融市场开放程度加深,我国银行业市场发生了深刻变化。2002年,国务院颁布了《中华人民共和国外资金融机构管理条例》,外资银行在中国的发展开始进入了一个新的时期。

2013年9月,国务院批准设立《中国(上海)自由贸易试验区》,经过2年的改革探索实践,形成了可复制、可推广的管理经验,于是在2015年又批准设立广东、天津、福建三地自由贸易试验区,2017年3月,又进一步扩大试验范围,批准了辽宁、浙江、河南、湖北、重庆、四川、陕西7地自由贸易试验区总体方案,形成了1+3+7的自贸区建设新格局。自贸区建设与金融创新密不可分。在自由贸易账户、金融机构、金融市场等多个领域取得了不俗成果,不仅仅是推动了金融开放不断向纵深发展、吸引更多外资银行进入,而且也对标国家战略和金融改革开放总体部署,服务"一带一路"①建设、推进人民币国际化,不断提升金融服务实体经济的功能。

---

① "一带一路"即"丝绸之路经济带"和"21世纪海上丝绸之路"。是中国国家主席习近平于2013年提出的重大倡议。秉持四大理念:和平合作、开放包容、互学互鉴、互利共赢。

表 14-1 在华外资银行业金融机构情况(截至 2016 年底)　　　单位:家

	外国银行	独资银行	合资银行	财务公司	合计
法人机构总行	—	37	1	1	39
法人机构分行		314	1		315
外国银行分行	121				121
支行	24	532			556
总计	145	883	2	1	1 031

资料来源:中国银监会 2016 年年报。

表 14-2 在华外资银行营业机构资产情况(2010—2016 年)　　　单位:亿元、%

项目年份	2010	2011	2012	2013	2014	2015	2016
资产	17 423	21 535	23 804	25 577	27 921	26 820	29 286
占银行业金融机构总资产比	1.85	1.93	1.82	1.73	1.62	1.38	1.2

资料来源:中国银监会 2016 年年报。

我国银行业的对外开放是双向的。在改革开放前期主要是以吸引外资银行进入国内开展业务为主。随着国内企业和银行机构实力的提升,国家"走出去"战略的推进实施,我国银行业机构也开始了"走出去"的国际化步伐。商业银行把服务实体经济、支持企业"走出去"作为国际化发展的首要目标,围绕中资企业金融服务需求,通过多种途径和方式加速海外机构布局和国际化进程,开展国际金融同业合作交流,创新金融产品和服务。截至 2015 年底,大型商业银行在境外 57 个国家和地区设有一级机构(含代表处)171 家,比 2003 年增加 105 家。其中,在"一带一路"沿线 23 个国家设有一级机构 51 家。海外并购是大型商业银行加快境外布局的重要方式。截至 2015 年底,大型商业银行境外总资产约 1.5 万亿美元,比 2003 年增长约 7.5 倍;资本金和营运资金约 360 亿美元,比 2003 年增长约 3.1 倍;净利润约 104 亿美元,约为 2003 年的 3.3 倍。

专栏 14-1　　　　　　　　　银行业对外开放的理论

在经济全球化和金融全球化迅速发展的背景下,银行业开放是一种普遍现象。经济全球化和金融全球化必然会导致银行业的对外开放,而且,银行业的对外开放,反过来又进一步推动了经济全球化和金融全球化的纵深发展。在 20 世纪 60 年代就已经出现了发达国家的银行向海外迅速扩张的情形,之后,发展中国家也加快了国内金融体制改革步伐,纷纷放松管制,引进外资银行。外资银行进入的原因可从两方面进行分析。

银行业对外开放的基本理论是经济开放理论。对于东道国向外资银行的开放,许多理论工作者给出了不同的理论解释,针对银行业开放的理论主要有示范引导理论、竞争效率理论、危机成本理论。

1. 示范引导理论

这一理论的提出,是基于东道国银行经营管理落后,不具有国际竞争能力的判断而提出的。所谓示范引导是指东道国对外资开放银行业后,可以在引进外国资金的同时引进外国银行先进的经营管理理念、运作方式、先进的管理技术、创新业务等,对国内银行业树立一个学习的榜样,起到示范引导作用。这是绝大多数发展中国家引进外资的基本目的,也是所期望达到的理想效果。

2. 竞争效率理论

市场经济条件下,只有实现完全竞争,才能显现活力、提高效率。这种理论的前提是东道国银行业由于受到各种因素的制约,或者是高度垄断、或者是过度的行政干预、或者是过分的银企联盟等,使得整个银行业运营效率低下,不能充分发挥银行业在经济发展中的作用。这种情况下,就需要借助于外力的推动,打破原来的沉闷状态,以开放促进竞争,以竞争提升效率。竞争使存贷款利差缩小了,降低了融资成本、提高了融资效率,使信贷市场上的存款人和借款人都成为竞争的直接受益者。

3. 危机成本理论

发展中国家普遍存在金融发展跟不上经济快速发展的步伐,整个银行业体系的经营状况和银行监管能力及水平都不适应经济发展的要求,因而银行业存在比较多的问题和比较大的风险。如银行业不良资产比例高、公司治理结构不完善、操作风险大、资本充足率低、银行监管技术落后等,这些因素的存在容易导致金融危机的出现。为了改变这种状况,许多新兴市场国家开始对外国银行开放本国银行业市场,使国内银行体系在增强效能的同时加入国际投资多元化的因素,从而使本国银行业在整体上能够形成一个比较强大的具有分散风险和抗击危机能力的国际化银行体系。这样就可以减少危机对经济的损害程度,从而减少新兴国家在危机发生后向银行注资和重组银行的巨大成本。这一理论的基本前提是外国银行的进入可以使本国的银行体系更加安全稳定。

2. 农村金融机构改革

2001年我国在农村金融体制改革上实现了重大突破,对农村信用社进行了改组。尤其是始于2003年的改革,中央银行通过对农村信用社发行专项票据和专项借款的方式,初步化解了历史包袱,不良贷款率明显降低,按照"因地制宜、区别对待、分类指导"的原则,各地农村信用社试验了股份制、股份合作制等新的产权模式,试点了农村商业银行和农村合作银行以及以县(市)为单位统一法人的组织形式。截至2016年底,全国共有农村商业银行1 114家、农村合作银行40家、农村信用社1 125家、农村资金互助社48家。2006年12月,银监会发布了《关于调整放宽农村地区银行业金融机构准入政策更好地支持社会主义新农村建设的若干意见》,首批选择四川、吉林等六省区进行试点①,2007年10月又将新型农村金融机

---

① 2007年3月1日开业的四川仪陇惠民村镇银行是我国第一家村镇银行,由南充市商业银行作为发起人,成立时注册资本200万元。

构试点扩大到全国31个省份。从2007年3月初首批3家村镇银行开业,到2016年底,村镇银行已发展到1 443家。

3. 城市商业银行快速发展

2003年以来,我国城市信用社先后完成城市商业银行重组改造或实现市场退出。城市商业银行一方面通过改革重组、增资扩股、资产置换等多种方式处置历史不良资产,风险逐渐得到有效化解;另一方面通过完善公司治理、强化内控建设、创新风险管控技术与手段,提升风险管理能力,抗风险能力明显增强。截至2016年底,全国共有城市商业银行134家。部分城市商业银行注重多渠道补充资本,实现了在A股上市和H股上市。截至2018年1月底,城市商业银行总资产31.89万亿元,是2003年末的27倍,在银行业金融机构中占比12.9%。

4. 民间资本进入银行业及民营银行的发展

长期以来,我国银行业以国有银行和国有控股银行为主。这种单一的银行资本结构使得我国银行在发展过程中形成了养尊处优的惰性,金融创新动能不足,也不利于完善公司治理结构,而且还严重制约了更广泛的民间资本参与银行业发展,不能形成多元化的银行体系以支持社会多元化的金融需求。为了改变这种状况,民间资本进入银行业成为了我国银行业改革的重要内容之一。为了稳步推进民间资本进入银行业,我国首先是在农村和城市信用社的改制过程中逐步允许民间资本参股和控股,进而允许民间资本发起设立民营银行。2015年国务院办公厅转发了银监会《关于促进民营银行发展的指导意见》,同年5月,中国银监会发布了《关于鼓励和引导民间资本进入银行业的实施意见》,从准入条件、许可程序、稳健发展、加强监管等方面,对进一步推动民间资本依法发起设立中小型银行等金融机构做出部署,标志着民营银行受理全面开闸,民间资本进入银行业的渠道和机构类型已全部开放。目前,民营银行已成为我国银行体系中的一支生力军。

专栏14-2　　　　　　　　　鼓励和引导民间资本进入银行业

中国银监会自成立以来,对包括民间资本在内的各类资本入股银行业金融机构,始终坚持依法合规、科学审慎、公平公正和同等待遇原则。在法规制定过程中,从未对民间资本入股银行业金融机构设置歧视性和限制性条款;在实际工作中,不断探索和拓宽民间资本入股银行业金融机构的渠道,并严格按照法律法规和审慎监管要求,引导、鼓励和支持符合条件的民间资本入股银行业金融机构,充实资本实力,优化股权结构,提高银行业可持续发展能力。经过持续努力,目前民间资本主要以参与发起设立、增资扩股和在股票市场买入股份等方式入股银行业,已成为银行业股本的重要组成部分,特别是在中小商业银行和农村中小金融机构股本中占据主要份额。

2012年以来,银监会认真贯彻和执行《关于鼓励和引导民间资本进入银行业的实施意见》,持续加强政策引领和监管督导,多措并举引导民间资本进入银行业。2016年,民间资本进入银行业的渠道进一步拓宽。

1. 积极有序推进民间资本发起设立民营银行

按照"在加强监管前提下,允许具备条件的民间资本依法发起设立中小型银行等金融机构"的改革任务,银监会积极稳妥推进民营银行常态化发展,全力提升民营银行对实体经济特别是小微企业、"三农"和社区以及"大众创业、万众创新"的服务质效。截至2016年底,银监会共批准设立17家民营银行,其中首批试点设立5家,常态化发展阶段批筹12家。这5家试点设立的银行是天津金城银行、上海华瑞银行、浙江网商银行、温州民商银行和深圳前海微众银行。

2. 多渠道推动民间资本进入城市商业银行

放管结合,为民间资本进入城市商业银行创造良好监管环境。明确各级派出机构职责分工,严格执行下放监管权力的要求;充分落实行政许可负面清单和问责清单。指导各派出机构平等保护各类出资人的合法权益,禁止单独针对民间资本进入银行业设置限制条件。

疏通引导,为民间资本进入城市商业银行拓展途径。支持民间资本参与城市商业银行的存量改造和历史风险化解,如规定"民营企业参与城市商业银行风险处置的,持股比例可以适当放宽至20%以上"。支持民间资本作为财务投资者投资入股;支持民间资本作为战略投资者参与城市商业银行重组改制;支持符合条件的城市商业银行上市,增强资本实力,优化股权结构,完善公司治理。截至2016年底,已有7家城市商业银行在沪深交易所上市,8家城市商业银行在香港上市,1家城市商业银行在新三板上市。

3. 鼓励与引导民间资本进入农村中小金融机构

支持和鼓励民间资本投资入股农村中小金融机构,基本实现种类全覆盖和地域无限制。截至2016年底,民间资本在农村中小金融机构股权占比86.3%,其中在农村商业银行股权占比88.3%,在村镇银行股权占比71.9%。

4. 鼓励与引导民间资本进入非银行金融机构

支持民间资本入股非银行金融机构,鼓励非银行金融机构股权结构多元化。近年来,民间资本进入非银行金融机构类型逐步由小到多、介入程度逐步由浅到深、产业类型逐步由寡到众、进入的速度逐步由缓到快。民间资本的进入,丰富了非银行金融机构服务实体经济功能的发挥,提升了金融服务的可获得性,推动了非银行金融机构和入股民营企业的共赢发展。

截至2016年底,民间资本入股信托公司35家,平均持股比例47.2%,其中民间资本合计持股50%以上的信托公司17家;入股企业集团财务公司39家,占此类机构总数的16.5%;入股金融租赁公司35家,占比62.5%;入股汽车金融公司14家,占比77.8%;1家金融资产管理公司有民间资本参股。

资料来源:根据中国银监会年报整理。

5. 商业银行综合经营雏形显现

随着我国市场经济体制不断完善,金融改革不断深化,银行业与证券业、保险业的合作愈加密切。银行、保险、证券业领域出现了大面积合作,综合经营正在成为潮流。1999年8月,中国人民银行颁布了《证券公司进入银行间同业拆借市场管理规定》和《基金管理公司进入银行间同业市场管理规定》。同年10月,中国证监会和保监会一致同意准许保险基金进入股票市场。2000年2月,中国人民银行与中国证监会联合发布了《证券公司股票质押贷款管理办法》。2001年6月,中国人民银行发布实施了《商业银行中间业务暂行规定》，其中明确规定商业银行在经过中国人民银行的审批后，可以开办金融衍生业务、信息咨询、财务顾问、投资基金托管等银行业务。2004年9月，中国建设银行获得了经营金融衍生品交易的特许经营权。2005年2月20日，中国人民银行、银监会协同证监会联合公布并开始实施《商业银行设立基金管理公司试点管理办法》，按照该办法规定，我国的商业银行可以直接出资设立基金管理公司，这标志着银行将获准进军证券市场的批准权。此后，我国银行参与综合经营的途径也逐渐呈现出多样性的特点。2011年3月我国公布的《国民经济和社会发展十二五规划纲要》又明确提出"积极稳妥推进金融业综合经营试点"，这是顺应全球金融业发展趋势，提高我国金融业整体实力的重要举措。

6. 深化银行业内部改革

经过前期的改革、发展，我国银行业虽然取得了一定的成效，但在经营理念、风险管理、经营效益等方面与国际银行业仍有一定的差距。在完成了商业银行的股份制改革、不良贷款率大幅降低、资本充足率大幅提高以后，银行业的改革就转变为以提升金融服务实体经济的质量和效率为总目标。主要改革措施包括：一是银行业治理机制改革。持续推进自身治理体系的现代化建设，完善公司治理和激励约束机制，不断优化股权结构，约束股东行为，完善"三会一层"相互制衡的公司治理结构。履职评价、绩效考核、薪酬管理等制度不断完善。二是业务治理体系改革持续推进。许多银行在内部开始了事业部制和专营部门制改革，如中国农业银行设立"三农"金融事业部，部分银行业金融机构设立扶贫、"三农"服务事业部，条件成熟的银行业金融机构探索开展信用卡、理财、私人银行、直销银行等专业子公司试点。三是全面风险管理体系持续完善，加快健全组织架构，明晰策略、完善流程，初步构建起覆盖各类业务条线、各部门及分支机构、各风险种类的全面风险管理体系。

7. 持续推进银行业金融创新

银行业的发展史也就是不断改革与创新的历史。面对经济发展的新态势、融资需求的多样化和以互联网为代表的科技的迅速发展，我国银行业在改革发展中持续广泛推进金融创新，促使"互联网+金融"向纵深发展。一是探索机制改革创新。推动机构治理集约化、扁平化、流程化，完善业务模式、风控模型、服务手段，形成流程更加清晰、服务更加完善、风险更加可控的良性经营模式。二是推进业务经营方式创新。巩固网上银行、电话银行、手机银行、网上商城等远程服务功能，利用"互联网+金融"业务模式，打造集支付、结算、融资、理财等全方位服务为一体的远程开放服务平台，推动电子银行业务深入发展。三是加强科技创新。强化科技型人才队伍建设，探索向科技驱动业务发展方式转变，将大数据、云计算、物联网、数据挖掘等互联网技术融入金融服务和经营管理。四是广泛开展合作创新。在技术支持、数据分析、业务推广、产品服务等方面,与互联网企业、投资银行、基金公司等机构深入开展合作,引导客户参与消费、信贷、投资等活动,逐步将银行的金融服务融入各个领域。五是强化产品创新。利用信息技术进一步探索加强信贷业务、非信贷、表外业务及负债业务创新,打造差异化金融服务产品。

专栏 14-3　　　　　　　招商银行提出转型为"金融科技银行"

金融科技正飞速发展,互联网、云计算、大数据、区块链和人工智能等以不可阻挡的趋势正在重塑全球金融业。如何借助金融科技的力量实现转型,成为银行业急需破解的课题之一。

有着"零售之王"之称的招商银行,2017年明确提出要转型成为一家"金融科技银行"的目标定位,通过科技变革,为客户提供普惠、个性化、智能化的金融服务。

为了推动这一战略转型,首先,招行在体制上设立了全行级别的金融科技委员会,由田惠宇行长任委员会主任,统筹管理,推动全行整体的金融创新。其次,在资源投入方面,招行的科技预算约为每年45亿元,此外还专门将1%的税前利润即7.9亿元资金用于金融科技,在内部孵化金融科技项目。招商银行董事长李建红提出,"如果这个税前利润的1%不够,我们还可以扩大到投入营业收入的1%"。如果按照2016年该行营业收入2 090.25亿元(集团口径)计算,1%约为20.9亿元。第三,搭建了一个金融科技创新平台,希望通过资源投入以及机制平台去激活全行的创新力。第四,加大金融科技人才的投入和引进。2017年招行的数据科研人员要翻一倍,达到上千人。田惠宇行长在内部讲话中表示:"招商银行总行未来科技背景出身的人要达到30%~40%,甚至50%,我们的对标企业就是金融科技公司。"在这场席卷金融业的金融科技(简称Fintech,由金融"Finance"与科技"Technology"两个词合成而来)革命中,其一方面要抵御蚂蚁金服、腾讯金融、京东金融等互联网巨头的进攻,另一方面要在传统银行的科技转型中守住优势。

2017年年中,田惠宇曾明确提出,招行的金融科技要在三个方面落地:网络化、数字化、智能化。目前来看,招行已切实快速行动起来,在金融科技方面基本处于同业领先地位,金融AI(人工智能)应用更趋智能化、场景化。因为招行的"一体两翼"中的主要动力是零售业务,因此,零售业务的策略是手机优先,强调所有业务都"上网",实现网络化、线上化、数字化、智能化。除了监管硬性规定要在网点开展的业务,其他业务全都搬到了线上。

招商银行App已成为承载招商银行金融科技应用的重要端口。2015年,招商银行App5.0被认为是同业中智能化的开始。招行App是第一家集齐了人脸、指纹、声纹等生物识别技术的银行。目前在应用上,每个月使用人脸识别205万次,指纹识别在手机App上的应用达到了每月8 323万次。2017年11月2日,招商银行正式发布了招商银行App6.0,将所有时下最新的智能技术融合了进去,包括人脸、指纹、声纹识别,智能投顾,智能风控,AR技术等等。App6.0相比App5.0最大的变化是,招行搭建了完整的智能化结构,覆盖各种各样的应用场景。App6.0不再是单点的功能智能,而是全平台智能的概念。招行已将智能技术应用到App的三大领域:一是以摩羯智投和收支记录为代表的智能产品应用;二是主要包括智能提醒、智能推荐在内的智能服务升级;三是智能风控。智能风控应用,使得招行的资损水平代表了行业里的最高水平,"资损水平控制在百万分之一的量级"。

截至 2017 年 6 月末,招商银行零售电子渠道综合柜面替代率为 97.75%;可视柜台非现金交易替代率为 61.64%;网上企业银行交易结算替代率为 90.48%。

资料来源:根据相关资料整理。

第二节 我国银行改革的目标和主要内容

一、我国银行改革的目标

为贯彻落实党的十六大提出的建成完善的社会主义市场经济体制和更具活力、更加开放的经济体系的战略部署,深化经济体制改革,促进经济社会全面发展,2003 年 10 月 14 日中共十六届三中全会通过了《关于完善社会主义市场经济体制若干问题的决定》。《决定》明确指出:要深化金融企业改革;商业银行等金融机构要成为资本充足、内控严密、运营安全、服务和效益良好的现代金融企业;要选择有条件的国有商业银行实行股份制改造,加快处置不良资产,充实资本金,创造条件上市;在加强监管和保持资本金充足的前提下,稳步发展各种所有制金融企业。中央的这一决定不仅为四大国有银行改革指明了方向,而且也指明了我国金融业的经营主体将进一步走向多元化。总之,我国国有商业银行改革的目标是要建立现代商业银行制度,具体将分三步走:第一步是解决不良贷款问题,把国有银行的包袱卸下来;第二步是解决内部控制问题,把国有银行变成股份制公司,按照现代公司治理的原则进行管理;第三步是在条件成熟的时候,允许他们上市。为此国家将通过向国有商业银行注资、剥离不良资产、引进境外战略投资者等方式,开始推进国有商业银行的股份制改革。

二、我国银行改革的主要内容和措施

围绕"建立现代商业银行制度"这一改革目标,根据我国国有商业银行的特殊状况,我国银行业改革的内容主要集中在:完善资本金补充机制,建立完善的法人治理结构,加强内部控制,转变经营机制,有效防范风险,增强创新能力,提高金融服务水平和市场竞争能力等。为顺利完成银行改革,需要国家有关部门、金融监管机构、商业银行自身和社会各界通力合作,从基础工作入手,采取切实有效的措施,完善金融生态[①],为商业银行改革营造良好的内外部环境。从改革进程看,国有商

---

① 金融生态是个仿生概念,是指在一定时空条件下的各种金融资源(或金融元素)彼此支撑、相互作用并具有自动调节功能的一种自然的动态平衡系统。金融生态系统由金融主体(即各种金融资源)及其赖以存在和发展的金融生态环境两部分构成,两者之间彼此依存、相互影响、共同发展。

业银行改革是先改制、后上市,分为"三部曲"来推进的,即"财务重组—引进战略投资者—公开发行上市"。

(一)财务重组

由于各种历史原因,我国国有商业银行的资本金严重不足,不良资产余额和比率都很高,历史包袱沉重。而且不良资产的形成与政府行为有密切关系。根据中国人民银行对2001—2002年我国不良资产形成的历史原因的调查分析,在我国不良资产的形成原因中,由于计划和行政干预而造成的约占30%,政策上要求国有银行支持国有企业而国有企业违约的约占30%,国家安排的关、停、并、转等结构性调整的约占10%,地方干预,包括司法、执法方面对债权人保护不利的约占10%,而由于国有商业银行内部管理原因形成的不良贷款则占全部不良贷款的20%。在这种情况下是不可能顺利推进国有银行改革的。因此,首先是帮助国有银行卸下包袱,重要措施是国有银行进行财务重组。在财务重组过程中,包括四个步骤——核销损失类贷款、处理可疑类贷款、国家注资和把国有银行改制为国有股份制银行。

1. 不良资产的处理

为了解决国有银行的不良资产问题,早在1999年我国就成立了信达、华融、长城和东方四家资产管理公司①分别剥离了中国建设银行、中国工商银行、中国银行和中国农业银行的13 900亿元不良贷款。2004年6月,国家又第二次剥离国有银

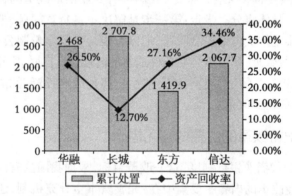

图14-1　2006年1季度中国四大资产管理公司处置不良资产情况

(单位:亿元、%)

注:1. 累计处置指至报告期末经过处置累计回收的现金、非现金和形成的损失的总额。
　　2. 资产回收率指回收的现金及非现金占累计处置总额的比率。

资料来源:中国银监会网站。

---

①　1999年,信达、华融、长城、东方四大资产管理公司(AMC)在借鉴国际经验的基础上相继成立,并规定存续期为10年,分别负责收购、管理、处置相应的中国建设银行、中国工商银行、中国农业银行、中国银行所剥离的不良资产。

行的不良资产,信达资产管理公司用市场价收购了中国银行和中国建设银行可疑类资产2 787亿元。国有商业银行的不良资产经过两次剥离和自身的消化,资产质量大大提高,不良贷款率大幅降低。根据银监会的统计数据,截至2006年一季度末,四大资产管理公司累计处置不良资产8 663.4亿元,其中现金回收1 805.6亿元,阶段处置进度为68.61%,资产回收率为20.2%,现金回收率为20.84%。

2. 国家注资

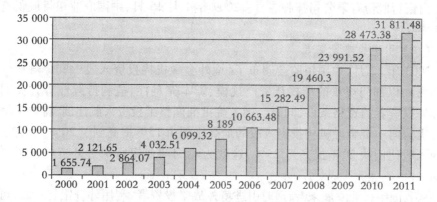

图14-2　2000—2011年中国外汇储备情况(单位:亿美元)

数据来源:中国国家外汇管理局。

由于我国的外汇储备大幅度增长(见图14-2),给外汇储备的管理带来了很大的难题,国有商业银行的改革又需要政府的资金支持,而财政资金又比较紧张。在这种情况下,通过外汇储备向商业银行注资,既解决了外汇储备的运用问题,又减轻了政府的压力,更可以为商业银行解决资本金问题提供强大的资金支持。因此,为切实推进我国国有独资商业银行改革,使其尽快达到股份制改革、上市的要求,减轻财务负担,满足金融监管机构对资本充足率的最低要求,增强中资银行与外资银行竞争的实力,2004年1月国家通过中央汇金投资有限公司①对中国银行和中国建设银行用外汇储备分别注资225亿美元,得到注资的这两家银行的资本充足率都达到了8%。2004年上半年在交通银行的财务重组中,财政部增资50亿元,中央汇金公司注资30亿元,为交通银行的重组上市起到了重要作用。2005年4

---

① 中央汇金投资有限责任公司,简称汇金公司,成立于2003年12月16日,是依据《中华人民共和国公司法》由国家出资设立的国有独资公司,注册资本5 521.17亿元人民币,实收资本5 521.17亿元人民。根据国家授权,汇金公司的主要职能是:对国有重点金融企业进行股权投资,以出资额为限代表国家依法对国有重点金融企业行使出资人权利和履行出资人义务,实现国有金融资产保值增值。汇金公司不开展其他任何商业性经营活动。不干预其控股的国有重点金融企业的日常经营活动。2007年9月29日中国投资有限责任公司成立后,汇金公司成为后者的全资子公司。

月,中央汇金公司又向中国工商银行注资 150 亿美元。2008 年 11 月向中国农业银行注资 190 亿美元。

3. 国有商业银行的股份制改造

2003 年底,国家批准了中国银行和中国建设银行为国有银行实施股份制改造试点银行,两家银行自此开始全面落实股份制改造计划。2004 年 8 月和 9 月,中国银行和中国建设银行先后改组为股份有限公司,标志着国有独资商业银行改革进程迈出了重要的新的一步。继前两家银行股改完成后,2005 年 10 月 28 日,中国工商银行股份有限公司挂牌成立。2009 年 1 月 15 日,中国农业银行股份有限公司成立。

(二) 引进战略投资者

2003 年 12 月,中国银监会颁布了《境外金融机构投资入股中资金融机构管理办法》,以部门规章的形式从资产规模、资本充足性、盈利持续性等方面明确了境外投资者的资格条件,同时经国务院批准调整了投资入股比例,将单个境外金融机构向中资金融机构投资入股的最高比例由 15% 提高到了 20%,所有境外机构入股比例从 20% 提高至 25%,这就为我国商业银行引进外资提供了较大空间。

从我国银行业发展来看,适时引进境外战略投资者,利用外资银行参股,可大大提高我国商业银行的资本充足率,同时还可改善银行的公司治理结构,使股权主体多元化。在 2003 年和 2004 年期间,形成了不少国际金融机构和境外商业银行投资入股我国股份制商业银行和城市商业银行的高潮。在 2005 年中国国有商业银行改革进程中,把引进境外战略投资者作为重点措施,更是吸引了一些国际顶尖级的金融机构纷纷投资入股国有商业银行,对中国银行业市场产生了深刻影响(见表 14-3)。中资银行股权结构的变化,带来了这些银行资本金的变化、资本充足率的较大幅度的提高,如交通银行 2003 年底的资本充足率为 7.41%,核心资本充足率为 6.36%,汇丰银行入股后的资本充足率提高到 11.62%,核心资本充足率达到 8.43%。更为重要的是引进了外资银行先进的经营理念、经营机制、管理技术和管理体制,这也是商业银行持续发展的关键。

表 14-3 外资持股中资商业银行概况

银行名称	海外战略投资者	入股金额、比例(%)		总持股比例(%)	投资总额
国有银行					
中国建设银行	美国银行(2005.6)	25.000(亿美元)	9.00	14.10	154.660 0(亿美元)
	亚洲金融控股私人有限公司(2005.7)	14.660(亿美元)	5.10		

续表

银行名称	海外战略投资者	入股金额、比例(%)		总持股比例(%)	投资总额
中国银行	苏格兰皇家银行(2005.8)	31.000(亿美元)	10.00	21.60	36.7500(亿美元)
	亚洲开发银行(2005.8)	31.000(亿美元)	10.00		
	瑞银集团(2005.9)	5.000(亿美元)	1.60		
股份制商业银行					
光大银行	亚洲开发银行(1996)	0.190(亿美元)	3.29	3.29	0.1900(亿美元)
浦发银行	花旗集团(2003.9)	0.670(亿美元)	4.62	4.62	0.6700(亿美元)
兴业银行	恒生银行(2003.12)		15.98	24.98	3.2600(亿美元)
	国际金融公司(IFC)(2003.12)		4.00		
	新加坡政府直接投资公司(2003.12)		5.00		
深圳发展银行	美国新桥投资集团(2004.6)	12.350(亿人民币)	17.89	17.89	12.3500(亿人民币)
交通银行	汇丰银行(2004.8)(2005.6)	144.610(亿人民币) 33.500(亿港元)	19.90	19.90	21.7800(亿美元)
民生银行	亚洲金融公司(2004.10)	1.100(亿美元)	4.55	4.55	1.1000(亿美元)
渤海银行	渣打银行(2005.9)	1.230(亿美元)	19.90	19.90	1.2300(亿美元)
华夏银行	新加坡磐石基金(2005.9)	10.115(亿人民币)	6.88	20.86	36.1150(亿人民币)
	德意志银行、萨尔·奥彭海姆银行(2005.9)	26.000(亿人民币)	13.98		
城市商业银行					
上海银行	IFC(1999.9)(2001.12)	0.240(亿美元) 0.250(亿美元)	5.00 2.00	18.00	1.3560(亿美元)
	汇丰银行(2001.12)	0.630(亿美元)	8.00		

续表

银行名称	海外战略投资者	入股金额、比例(%)		总持股比例(%)	投资总额
上海银行	香港的上海商业银行(2001.12)	0.236(亿美元)	3.00		
南京商业银行	国际金融公司(IFC)(2001.11)	0.270(亿美元)	15.00	24.2	
	法国巴黎银行(2005.10)	0.870(亿美元)	19.20		
西安市商业银行	国际金融公司(IFC)(2004.10)	2.50		5.00	0.5376(亿人民币)
	加拿大丰业银行(2004.10)	2.50			
济南市商业银行	澳洲联邦银行(2004.11)	0.173(亿美元)	11.00	11.00	0.1730(亿美元)
北京银行	ING银行(2005.3)	17.800(亿人民币)	19.90	24.90	
	IFC(2005)		5.00		
杭州市商业银行	澳洲联邦银行(2005.4)	0.776(亿美元)	19.90	19.90	0.7760(亿美元)
南充市商业银行	德国投资与开发有限公司(DEG)(2005.7)	0.030(亿欧元)	10.00	13.00	0.4000(亿欧元)
	德国储蓄银行国际发展基金(SIDT)(2005.7)	0.010(亿欧元)	3.00		

注：数据截止时期为2005年。
资料来源：根据"银行业外资进入的6年全景"，《经济观察报》(2005年10月9日)及相关资料整理。

(三) 公开发行上市

中国建设银行在完成股份制改造后，于2005年10月27日在香港联交所成功上市，这是我国四大国有商业银行中首家实现海外上市的银行。2006年6月1日中国银行在香港联交所成功上市，共发行H股294亿股，发行价为每股2.95港元，筹集资金867亿港元(约合112亿美元)；同年7月5日又在我国上海证券交易所上市，它也是首家在A股市场挂牌上市的大型国有商业银行，其发行创造了国内首次公开发行最大规模的新记录，发行A股64.94亿股，发行价为每股3.08元人民币，筹集资金近200亿元人民币，是国内首家H股和A股全流通发行上市的公司。2006年10月27日，中国工商银行股份有限公司在上海证券交易所和香港联合交易所同时公开上市。这是中国工商银行股份制改革进程中最具标志意义的里程碑，在中国乃至世界金融发展史上谱写了一曲光辉的篇章。中国工商银行此次全球发行的H股406.985亿股，发行价为每股3.07港元，筹资总额为1 249亿港元。在经港元与人民币汇率差异做出调整后，H股与A股发行价格一致。首次公开发行A股149.5亿股,发行价为每股人民币3.12元,融资人民币466.4亿元(合59亿美元)。中国工商银行上市开创了A股和H股同步同价发行上市的历史先河,创造了全球首次公开发行量的历史之最,为资本市场带来了新的机遇和活力。中国工商银行上市后,成为中国A股市场最大的上市公司,也是全球最大的上市银行之一。2010年4月,中国农业银行启动IPO,同年7月,中国农业银行A+H股于15日、16日分别在上海证券交易所和香港联合交易所挂牌上市,完成了向公众持股银行的跨越。2016年9月28日,邮储银行H股成功挂牌上市,股份制改革取得重要进展。

第三节 金融创新理论

一、商业银行金融创新的兴起

人们对创新概念的理解最早主要是从技术与经济相结合的角度,主要代表人物是美籍奥地利经济学家熊彼特,他于1912年在其成名作《经济发展理论》中对创新的定义是:创新是指建立一种新的生产函数,是企业家在生产过程中对生产要素和生产条件进行新的组合。具体地讲,创新包括五种形式:①新产品的出现;②新生产方法的应用;③新市场的开拓;④新资源的开发;⑤新组织形式的确立,也称为组织创新。金融创新基本上是熊彼特创新学说在金融领域的拓展。

商业银行金融创新是指商业银行通过各种金融要素的重新组合和变革而创造或引进的新事物。创新的本质是金融要素的重新组合。从现代商业银行的发展看,创新是商业银行持续发展的源动力。商业银行的发展过程实际上就是一个不断创新的过程。金融创新有其深刻的社会经济背景和特殊的原因及动力,金融创新从其产生和发展的历程来看,其内容是非常丰富的,包括观念创新、制度创新、机构创新、市场创新和产品创新等。金融创新涉及商业银行的方方面面,形式多种多样[1]。

1961年美国花旗银行推出的大额可转让定期存单(CD)被认为是商业银行创新的代表性举措。该产品一经推出,就得到了其他银行的效仿,银行存款滑坡的现象得到缓解,经营状况有所改善。20世纪60年代中期商业银行的创新进入低谷。70年代以后,西方金融领域发生了革命性的变化,商业银行的创新得到快速发展,

---

[1] 中国银监会2006年12月发布的《商业银行金融创新指引》指出,金融创新是指商业银行为适应经济发展的要求,通过引入新技术、采用新方法、开辟新市场、构建新组织,在战略决策、制度安排、机构设置、人员准备、管理模式、业务流程和金融产品等方面开展的各项新活动,最终体现为银行风险管理能力的不断提高,以及为客户提供的服务产品和服务方式的创造与更新。

特别是在80年代达到高潮,大量的新业务、新产品不断涌现出来,如票据发行便利、利率和货币互换、期权期货交易、远期利率协议等等。这个时期,金融创新日新月异,层出不穷,给金融业乃至整个社会经济带来了巨大的变化与发展。金融创新不仅极大地提高了整个融资效率,而且还有效地实现了金融风险的转移和分散,使金融业的盈利水平大幅度提高。90年代的金融创新,随着世界经济发展的区域化、集团化,国际金融市场的全球化、一体化和证券化,市场规模不断扩大,发展空间更加广阔。1994年国际金融市场上的融资总额达47 410亿美元,比1991年增加了23.1%。在90年代出现了信贷违约互换和信贷总收益互换等新业务,这些创新使前期创新工具得到了进一步的运用和深化。进入21世纪,商业银行的创新更是得到不断发展和深化。

我国在20世纪70年代以后,随着经济、金融体制改革的不断深化,金融创新活动也日益活跃,无论在制度、机构、市场、技术、工具和服务,还是在管理方法上,都得到了一定的发展。特别是社会主义市场经济体制的确立,更是给我国的金融创新带来了新的机遇和发展,但我国商业银行的创新还主要是在工具和服务方面的创新,仍处于引进、模仿阶段,原创性创新还比较少。

二、金融创新的动因

商业银行的发展离不开创新,当经济金融的发展受到阻碍,商业银行的经营环境发生变化,传统的观念和旧的经营方式、经营产品不能适应市场需要,商业银行的正常利益不能获得,其生存和发展难以继续时,金融创新就会出现,从而引起整个社会融资技术和融资效率的提高。西方国家在上世纪70年代以来出现的历史上规模最大、影响最广、成果最多的金融创新,对金融业的发展产生了极其深刻的影响。具体来说,金融创新最基本的动因主要表现在以下四个方面。

1. 逃避金融管制

商业银行是一个特殊的行业,一般而言,每个国家对商业银行都实行比较严厉的监管政策。逃避金融管理当局的管制则是商业银行创新的一个重要原因,也是创新的一个强有力的推动力。20世纪30年代的经济大危机,使西方的银行业受到了重创,许多商业银行破产倒闭,社会公众的信心丧失,银行经营十分困难。为此,30年代以后,各国纷纷立法,对银行业实行严格的管理和限制,如实行银行业和证券业的分业经营、设置存款利率的最高限、建立存款保险制度、加强金融监管等等,这在美国最为突出[①]。美国是金融创新的发源地,在70年代,当时市场利率不断上升,而商业银行的存款又受到《Q条例》限制,其利率低于市场

---

① 20世纪30年代以来,美国一直实行严格的分业经营模式,直到1999年的《金融服务现代化法案》颁布,才由分业经营转向综合经营。

利率,导致了大量的银行资金直接流入金融市场,商业银行的存款下降,资金来源紧张,商业银行为了逃避《Q条例》的限制,保持银行的市场份额,甚至能有所扩大,推出了许多金融创新产品,如可转让支付命令账户(NOW)、货币市场存款账户(MMDA)和自动转账服务账户(ATS)等。我国商业银行进行的某些创新也同样是为了逃避管制而推出的,如曾经出现的有奖储蓄、贴水储蓄、大额存单以及特种贷款等。

2. 规避金融风险

20世纪70年代以来,出现了较为严重的国际债务危机,导致西方工业大国的经济衰退。国际金融市场上汇率自由浮动,市场利率频繁波动,石油价格暴涨,通货膨胀加重。面对日益不稳定的国际金融市场,各国商业银行经营的不确定性增强,风险不断积聚,不良贷款日益扩大,而名义利率上升所带来的持有不附息的现金余额的机会成本的提高,使投资者的偏好从存款工具开始转移到资本市场工具,出现了更愿意持有非银行的直接债务和把货币转向资本市场投资的倾向。在这种形势下,商业银行传统的产品和服务以及传统的资产负债管理技术已经不能够适应其需要,为此,出现了一些规避利率风险和汇率风险的金融工具,如与市场利率挂钩的各种浮动利率票据、债券和存款单,金融期货、期权和货币、利率互换交易等。在我国曾经出现的国债期货和目前的浮动利率债券和固定利率房贷等,实际上也是为了防止利率波动可能给投资人带来风险损失而设计、推广的金融创新产品。

3. 科学技术的发展

科学技术的发展既是商业银行创新的直接动因之一,也是商业银行创新得以发展的基础。随着20世纪70年代科学技术的不断进步,电子通讯、信息处理、终端显示技术在银行领域的广泛应用,给商业银行的创新带来了新的发展机遇和挑战。高科技的运用,所需要的投资较大,成本较高,这又直接影响到银行利润目标的实现,因此,商业银行只有进行新产品的创新、新业务的开拓,才能获得市场的发展空间。同时,通过高科技的使用,商业银行的金融交易时间缩短,交易空间缩小,交易成本降低。市场的不稳定性也因时间的缩短和空间的缩小而得到改善,商业银行的创新业务向纵深发展。此外,计算机技术的进步可以使商业银行设计出比较复杂的金融工具,减少其他银行对产品的模仿。目前我国商业银行也普遍运用电子信息技术,如ATM机、POS机、银行卡、电话银行、网上银行和电子资金转账系统等,其中每一项产品的创新或功能的完善都与科技的发展息息相关。

4. 竞争的压力

20世纪80年代西方国家相继放松金融管制,使不同类型的金融机构走出他们长期确定的专门市场,采用各种新颖而富有竞争力的金融工具与商业银行争夺资金和市场,出现了所谓的"脱媒"①现象,银行利润开始下降,市场力量也由银行转向客户。在卖方市场转向买方市场的情况下,使商业银行的市场占有份额降低,生存压力增大,加之金融市场的快速发展和一些新机构带来的新工具、新产品,商业银行的创新势在必行。一方面改良传统业务,另一方面竞相推出新的金融工具,不断开拓新的业务领域,以满足客户和市场的需要。我国商业银行目前的竞争压力也很大,有来自证券公司、保险公司、信托公司和基金公司等非银行金融机构的竞争,这些公司推出的一些产品,分流了商业银行的一部分客户和资金,为此商业银行也不断推出了一些理财新产品与其竞争。另一种竞争是来自外资银行的。随着我国的改革开放,越来越多的外资银行进入我国市场,他们带来了许多新技术和新产品,向中资银行发起了挑战,竞争越来越激烈,这也迫使我国商业银行转变经营理念,在业务品种、技术处理、管理制度和管理手段等方面,吸纳国际上金融创新的成功经验为我所用,积极创新。如我们在银行不良贷款的处置上,采用了资产证券化来推动死滞资产的流动。

三、金融创新的理论

1. 技术推进理论

最早从技术创新角度研究金融创新问题的代表人物是韩农和麦道威(T. Hannon & J. McDowell)。该理论认为,新技术的出现及其在金融业的应用,是促成金融创新的主要原因。其理由是:高科技在金融业的广泛应用,促进了金融业务的电子计算机化和通讯设备现代化,大大降低了创新成本,为金融创新提供了物质上和技术上的保证,给金融家提供了寻求潜在收益的机会和途径。

2. 约束诱导理论

该理论主要从供给方面探讨金融创新,认为金融业回避或摆脱其内部和外部的制约是金融创新的根本原因。内部制约指为了避免经营风险,确保资产运营的安全,金融企业建立的一系列的资产负债管理制度。外部制约指的是金融当局的种种管制和制约,以及金融市场上的一些约束。

约束诱导理论的代表人物是西尔柏(W. Silber),他认为金融业在追求利润最大化的过程中,会受到外部约束和内部约束,这些约束在保证金融业稳健经营的同时,或增加了成本或降低了效率,使金融机构追求利润最大化的目标受阻,金融组织进行的金融创新就是为了追求利润最大化、减轻来自内部和外部的压抑而采取的"自卫"行为。

---

① 金融脱媒又称金融非中介化(Financial Disintermediation),是指在金融管制的情况下,资金的供给绕开商业银行这个媒介体系,直接输送到需求方和融资者手里,造成资金的体外循环。随着经济金融化、金融市场化进程的加快,商业银行作为主要金融中介的重要地位在相对降低,储蓄资产在社会金融资产中所占比重持续下降及由此引发的社会融资方式由间接融资为主向直、间接融资并重转换的过程。

3. 制度改革理论

制度改革理论的代表人物主要是制度学派的一些学者,如诺斯(D. North)、戴维斯(L. Davies)、韦思特(R. West)等。该理论认为,金融创新是一种与经济制度相互制约相互影响、互为因果的制度改革。全方位的金融创新只能在受管制的市场经济中出现,市场和政府之间的博弈最终形成了"管制—创新—再管制—再创新"的螺旋式发展过程。

4. 交易成本理论

交易成本理论从微观经济结构变化的角度来研究金融创新。该理论认为降低交易成本是金融创新的主要动因,具体表现在:①降低交易成本是金融创新的首要动机,交易成本的高低决定了金融业务和金融工具的创新是否具有实际价值;②金融创新实质上是对科技进步导致交易成本降低的反应。交易成本理论的代表人物是英国的希克斯(J. R. Hicks)和尼汉斯(J. Niehons)。

5. 规避管制理论

规避管制理论的代表人物是凯恩(J. Kane)。该理论认为金融创新主要是由于金融机构为了获取利润而规避政府的管制所引起的。"规避"是对各种规章制度的限制性措施实施回避,"规避管制"则是回避各种金融控制和管理的行为,当外在市场力量与市场机制的内在要求相结合,规避各种金融控制和规章制度时就产生金融创新行为,当金融创新危及到金融稳定和货币政策不能按预定目标实施时,政府和金融当局又会加强管制,与此同时金融企业规避新的管制而又推出新的金融创新,这样创新引起管制,而管制又引起新一轮的创新。

第四节 金融创新的内容和方法

一、商业银行创新的内容

金融创新的内容是极其丰富的,商业银行作为创新的主体主要是进行技术、服务和工具的创新。技术和服务的创新是通过向社会提供丰富多彩的金融工具来满足社会的需求。技术是基础,服务是方式,产品是融资的载体,是技术、服务创新的结果或表现形式。金融产品的创新可以促进和带动技术、服务的创新。

金融产品的创新从内容上讲,包括两个层次:一是金融工具的创新,这是狭义的金融产品创新;一是金融服务的创新,这是狭义金融产品创新的延伸。金融产品应涵盖这两方面的内容。金融工具是有形的产品,金融服务是无形的产品,这两类产品对商业银行而言都是非常重要的。

(一) 金融工具的创新

商业银行的工具创新是指商业银行不断推出新的金融工具的行为。它是商业

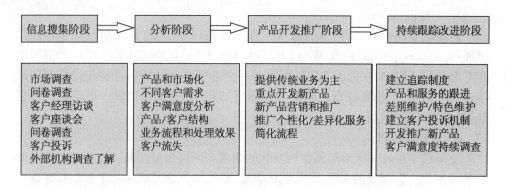

图 14-3 某银行产品创新流程图

银行创新的主要内容。通过新的金融工具,适应社会经济环境的变化,满足不同客户的需求,促进商业银行的发展。具体来说,金融工具创新包括商业银行负债工具的创新、资产工具的创新和中间业务的创新。

1. 负债工具的创新

20 世纪 30 年代的经济大危机,使各国加强了对商业银行的管制,以确保金融制度的稳定。60 年代的高通货膨胀率使市场利率急剧上升,而存款利率又有最高限的限制,这就导致了商业银行存款资金来源的大幅度下降。在这种情况下,商业银行为了生存和发展,推出了许多创新的产品,如大额可转让定期存单、可转让支付命令账户、货币市场存款账户、协定账户和自动转账服务账户等。这些创新工具的详细内容见第二章。

长期以来,存款等负债业务一直是我国商业银行竞争的焦点,商业银行推出的工具创新中也主要是存款等负债工具的创新,如住房储蓄、大额存单、一卡通、协议存款、银证通、银保通和金融债券等,以及特色化鲜明的多种存款账户如个人支票存款账户、工资账户、公用事业的各项收费账户、爱心储蓄账户、各种礼仪储蓄账户、个人理财存款账户(如招商银行"金葵花"账户,工商银行"理财金"账户)等。

2. 资产工具的创新

贷款是商业银行的主要资产业务,由于一些贷款期限长、流动性差,影响到银行资金的周转使用。因此,在 20 世纪 70 年代以后,出现了由不动产贷款担保的有价证券。通过这种方式,银行获得了流动性,投资者获得了收益。80 年代这种证券化扩大到工业贷款、商业贷款和消费者贷款和信用卡担保贷款。

长期以来,贷款一直是商业银行的垄断资源,特别是在融资以银行主导为主的国家更是如此。在过去这个领域几乎不存在竞争,因而创新明显地少于负债业务。但随着我国金融市场的发展,企业融资渠道的拓宽,可供选择的融资工具增多,商业银行贷款受到冲击,为此商业银行在贷款等资产业务方面也推出了一些新的金融工具。如消费信贷、住房按揭、票据贴现、银团贷款和信贷资产证券化等。

专栏 14-4　　　　　　　　商业银行开展资产证券化业务

资产支持证券是指由银行业金融机构作为发起机构,将信贷资产信托给受托机构,由受托机构发行的以该财产所产生的现金支付其收益的受益证券。2005 年 12 月 8 日,国家开发银行和中国建设银行股份有限公司作为发起人分别发行了两笔资产支持证券,其中开发银行的发行金额为 41.77 亿元,资产池为开发银行发放的人民币公司贷款;建设银行的发行金额为 30.16 亿元,资产池为建设银行发放的个人住房抵押贷款。这两笔资产抵押证券是我国资产证券化市场的首批试点项目。

2016 年初,国务院批准重启不良资产证券化业务试点。在深入研究试点银行选择范围和标准、严格控制试点规模和审慎稳妥的前提下,遴选中国工商银行、中国农业银行、中国银行、中国建设银行、交通银行、招商银行 6 家资质优良、经验丰富、风险承受能力强的金融机构作为首批试点对象。2016 年 12 月,按照国务院稳步扩大不良资产证券化试点范围的要求,在坚持前期标准基础上,综合考虑商业银行证券化业务开展经验、公司治理、内部控制、风险管理等多种因素,遴选 12 家银行业金融机构作为第二批试点机构。

不良资产证券化业务是提升银行业市场化、多元化、综合化处置不良资产能力,盘活信贷存量的重要渠道。一是拓宽不良资产投资者范围。从已发行的项目看,投资者不再局限于四大金融资产管理公司和少数地方资产管理公司。二是促进不良资产公允定价。不良资产证券化产品市场化程度和透明度较高,定价更为公允有效。三是提高不良资产尤其是零售类不良贷款处置效率。

截至 2016 年底,首批 6 家试点银行均已发行不良资产支持证券,14 单试点项目发行规模合计 156 亿元,累计处置不良资产 510 亿元,基础资产涉及对公贷款、小微企业贷款、个人消费类贷款等主要不良资产类型。

资料来源:根据中国银监会年报整理。

3. 中间业务的创新

随着经济金融的全球化,银行与银行、银行与非银行金融机构的竞争也日益激烈,商业银行传统业务受到了极大冲击,存贷利差越来越小。为了适应金融环境的变化,提高竞争力,商业银行必须重新开辟新的业务领域,不断推出新的金融工具,才能赢得发展的机遇,实现利润的增长。如信用卡、ATM、POS、各种代理业务等。

另一类工具的创新是商业银行为规避风险而进行的。随着整个国际金融形势的变化,特别是 20 世纪 70 年代,汇率和利率频繁变动,银行风险增大,经营十分困难。为此,商业银行开始创造和运用新的金融工具来规避风险,这类工具主要是衍生金融工具。如,金融期货合约、期权、货币互换、利率互换、货币利率交叉互换、远期利率协议、回购协议等。这些创新工具的详细内容见第六章。这些金融工具相对较为复杂,技术含量也较高,其运用需要有专门的人才。

近年来，随着我国金融改革的深化和银行业的发展，特别是外资银行的进入，中间业务已成为中外资商业银行竞争的焦点。各家银行都加大了对中间业务的开发力度，推出了许多新的金融产品，也推动了银行业的发展。但我国商业银行的中间业务产品还主要是层次比较低和科技含量都不高，且容易操作的一些产品，而真正能够规避风险的金融衍生工具还不多。目前，上海正在努力建设国际金融中心，将人民币产品创新作为突破口，在产品创新方面投入了大量的人力、物力和财力，也取得了一些成果。

（二）金融服务的创新

金融服务应是全方位多角度的，金融服务的好坏取决于人、环境、手段和方式等要素，这就决定了商业银行的金融服务创新应包括以下几方面的内容：

（1）服务意识的创新。这是指商业银行的从业人员不断更新观念，以适应市场经济发展的需要，树立起以客户为中心，主动服务，服务第一的观念。

（2）服务环境和服务设施的创新。这要求商业银行的服务环境整洁、舒适、方便、安全，服务设施快捷、高效。

（3）服务方法的创新。在服务技能上要不断提高银行人员的服务能力；在服务方式上要变单一的服务为综合性服务；在服务程序上要在规范的基础上趋于简单；在服务艺术上要根据不同客户的特点，立足于未来的利益进行服务艺术上的创新。

（4）服务手段的创新。主要是指利用高科技的手段来提高银行的工作效率和工作质量。科技实力的强弱决定商业银行创新能力、经济效能的高低，因此，提高金融产品的科技含量，延伸金融的服务触角，是商业银行提高核心竞争力的关键。

表14-4　西方商业银行主要产品和服务创新一览

创新时间	创新内容	创新目的	创新者
1959年	欧洲美元	突破管制	国际银行机构
60年代	银行贷款	分散风险	国际银行机构
	出口信用担保	转嫁风险	国际银行机构
	平行贷款	突破管制	国际银行机构
	可转换债券	转嫁风险	美国
	混合账户	突破管制	德国
	福费廷	转嫁风险	国际银行机构
1960年	可赎回债券	增强流动性	英国
1961年	可转让定期存单	增强流动性	美国
1970年	浮动利率票据[FRN]	转嫁利率风险	国际银行机构
	联邦住宅抵押贷款	转嫁信用风险	美国

续表

创新时间	创新内容	创新目的	创新者
1972年	外汇期货	转嫁汇率风险	美国
	可转让支付命令账户[NOW]	突破管制	美国
	货币市场互助基金[MMMF]	突破管制	美国
1973年	外汇远期	转嫁信用风险,利率风险	国际银行机构
1974年	浮动利率债券	转嫁利率风险	美国
1975年	利率期货	转嫁利率风险	美国
	电话转账系统	突破管制	美国
1978年	货币市场存款账[MMDA]	突破管制	美国
	自动转账服务[ATS]	突破管制	美国
1981年	货币互换	防范汇率风险	美国
	零息债券	转嫁利率风险	美国
	双重货币债权	防范汇率风险	国际银行机构
	利率互换	防范利率风险	美国
	票据发行便利	创造信用,转嫁利率风险	美国
	可调整抵押债权	转嫁信用风险	美国
1982年	期权交易	防范市场风险	美国
	股指期货	防范市场风险	美国
	超级可转让支付命令	突破管制	美国
	可调利率优先股	防范市场风险	美国
1983年	动产抵押债权	防范信用风险	美国
1984年	远期利率协议	转嫁利率风险	美国
	欧洲美元期货期权	转嫁利率风险	美国
1985年	汽车贷款证券化	创造信用,防范流动性风险	美国
	可变期限债券	创造信用	美国
1985年	保证无损债券	减少风险	美国
1986年	参与抵押债权	分散风险	美国
1987年	远期掉期协议	转嫁风险	美国
1990年	信用期权交易	创造信用,转嫁风险	美国
1992年	信用派生贷款	创造信用	美国
1994年	期权保证证券[ARGO]	转嫁风险	美国
1995年	信用违约掉期交易	转嫁信用风险	美国
1995年	网络银行	提高效率,降低成本	美国
21世纪	担保债务契约	信用创造和增强流动性	美国

资料来源:何铁林、张涛,《商业银行创新业务》,中国金融出版社,2010年。

二、商业银行创新的方法

1. 模仿法

主要是指借鉴西方发达国家金融创新的产品,迅速的加以模仿和运用。其优点是创新成本低、创新速度快。但由于各国的金融制度和经济发展水平的差异,完全模仿不一定能够适应本国的市场和客户的需要。

2. 改进法

改进法是指在借鉴发达国家和国内同行业创新的基础上,再结合本国和本行的实际情况进行一些改进后推出。这种创新由于考虑了本国的实际情况,往往容易被接受,其效果也较好。但由于不属于原创,没有技术壁垒,容易被其他银行模仿,形成同质化。

3. 组合法

组合法是指将各种不同的业务要素或服务方式进行重新组合,形成不同于以前的金融产品。这种组合的内容较多,如活期、定期和储蓄存款的组合,本、外币存款的组合以及金融衍生产品等。这种银行业务各要素的充分利用,可以满足不同客户的需要。

4. 创造法

创造法是指银行创造出来的而其他金融机构尚未有的金融产品和服务方式。这是创新的原始来源,也是在竞争中保持优势的法宝。但这种创新有一定的难度,往往由商业银行的总行来进行开发,大的商业银行分行也可以开发,小银行开发的成本就较高了,有时还得不偿失。

改革开放以来,我国创新的金融产品也较多,范围涉及金融业的各个层次,但大多数是通过"拿来"方式从西方国家引进的。由于我国银行业的创新专业人才缺乏和管理制度的缺陷,真正由我国首创、具有我国特色的原创性创新较少。近年来,许多银行推出的个人理财产品和个人住房贷款新产品的结构日益多样和灵活,但多属吸纳模仿或简单改进的创新。同时,我国商业银行在创新上较多的是科技含量较低、容易掌握、便于操作的品种,而科技含量高、较为复杂的、不易模仿的品种少。

第五节 金融创新与金融监管

一、商业银行创新的风险

商业银行的创新本身就是一种风险活动,商业银行的创新有效的实现了风险的分散和转移,这仅仅是将风险分散和转移给了愿意承担风险的一方即风险偏好者,但从整个社会来讲,风险并没有减少和消除。在市场经济条件下,利率、汇率是经常变化的,正是这种变化才使各种金融创新工具具有可接受性。然而创新不仅没有消除这些因素的易变性,反而在一定程度上加剧了银行资产价格和金融市场的易变性。由于科技通讯设备的广泛运用和创新工具效率的提高,使得资本的流动进一步加强,国际国内游资在交易成本日益降低的情况下对汇率和利率的变动更加敏感,从而形成新的不稳定因素,增大了金融风险。

商业银行为规避风险而设计的金融衍生工具,其本身就是一把"双刃剑",运用得好,会给银行带来丰厚的利润;若操作不当或管理不善,也会给银行带来巨大的损失,其破坏性将远远超过传统意义上的银行风险。如1995年英国的巴林银行新加坡分公司因操作日经225指数期货而损失6亿多英镑遭破产。近年来,金融衍生工具的发展日新月异,产品的种类越来越多,操作程序越来越复杂,交易数量越来越大,对参与者的要求也越来越高,如果交易人员没有较高的专业素质,对产品不是十分了解,一旦判断失误或出现管理漏洞,都会遭到惨重损失。而且,目前在市场上有很多的参与者并非是为了对冲需求,而是出于投机和套利的目的,因此,这又更加大了风险。我国在金融衍生工具的操作上也有过沉痛的教训,因此,对商业银行从事金融衍生产品交易需要有一定的管制。如中国银监会于2004年发布的《商业银行市场风险管理指引》,2005年下发的《关于对中资银行衍生产品交易业务进行风险提示的通知》,2011年发布的《银行业金融机构衍生产品交易业务管理暂行办法》、《商业银行表外业务风险管理指引》。

中国银监会积极倡导商业银行在开展金融创新时做到"认识你的业务(know your business)""认识你的风险(know your risk)""认识你的客户(know your customer)""认识你的交易对手(know your counterparty)"。其中,"认识你的风险"是指,董事会和高级管理层应准确认识金融创新活动的风险,定期评估、审批金融创新活动的政策和各类新产品的风险限额,使金融创新活动限制在可控的风险范围之内。同时,银监会强调金融创新与风险管理密不可分,风险管理是金融创新的内在要求和前置程序,商业银行的董事会和高级管理层要充分认识金融创新活动带来的各类风险,将金融创新活动的风险管理纳入全行统一的风险管理体系,制定完善的风险管理政策、程序和风险限额,确保各类金融创新活动与本行的风险管理能力和专业水平相适应。

二、商业银行创新与金融监管的关系

商业银行创新是深化商业银行改革的推动力,只有创新,商业银行才有竞争力,才能发展壮大。金融监管是金融管理当局对商业银行的金融交易行为进行的某种限制或规定。作为一种管制手段,它对商业银行创新既有促进作用,又有一定的抑制作用。严格的管制可以促使银行创新的产生,减少金融交易过程中的风险,但它的一些规定在一定程度上又限制了银行的发展。商业银行的创新,对金融监管提出了更高的要求,也增加了金融监管的难度。

一般而言,金融管理当局为保护存款人的利益,维护金融体系的正常运转和稳定,往往对金融机构实行严格的管制。当金融管理当局的种种限制阻碍了商业银行获取利润时,商业银行就会通过创新来规避这种管制,以寻求更多的获利机会。而当商业银行的创新危及到金融体系的稳定和金融市场的正常秩序时,管理当局又可能会进一步强化对商业银行的管制,商业银行又会在新的管制条件下,再次发动新的创新。金融业乃至整个社会经济都是在这种矛盾运动中,逐步向更高层次发展的。创新与监管总是在相互"博弈"过程中,共同促进金融业的发展。

为逃避管制而出现的创新,并不是直接对法律法规的对抗,而是利用管制的暂时"空白点",以打"擦边球"方式,进行"合法"的创新行为。新的东西并不一定是创新,它需要得到市场的认可和检验。一切违法违规的行为也不是创新,而应该坚决制止。法律上不允许做的,就一定不要做。法律上没有限制的业务,是可以做一些尝试的,这样就会出现创新。在我国曾经出现过的乱集资、乱拆借、随意提高利率、银行资金违规进入房地产市场和股票市场等,都不是真正的创新,而是一种明显的违规行为,这也是金融监管当局所不允许的。

中国银监会规定,商业银行开展金融创新活动,应坚持合法合规的原则,遵守法律、行政法规和规章的规定,商业银行不得以金融创新为名,违反法律规定或变相逃避监管;应坚持公平竞争原则,不得以排挤竞争对手为目的,进行低价倾销、恶性竞争或其他不正当竞争;应坚持成本可算、风险可控、信息充分披露的原则。同时,银监会也将积极创造有利于金融创新的制度和法律环境,推动金融创新产品与服务市场的培育和发展,促进金融创新活动的公平交易规则的形成,营造公平竞争的市场环境。

专栏 14-5   **从国际金融危机看金融创新与金融安全**

众所周知,2008 年的国际金融危机产生于单一的信贷产品——次级房屋抵押贷款。在危机之初,大多数的金融监管者和市场投资者都没有预期到单一产品的危机会扩散为跨地区、跨市场的全球性金融危机,并引发经济衰退。时至今日,从实践层面上看,各国政府(特别是危机中心国家)一直持续使用扩张性的财政和货币政策刺激经济,企稳市场,力求尽快获得短期效果。从理论层面上看,对于金融危机成因以及现有金融体系重大缺陷的反思开始密集地展开,梳理经验教训,以镜鉴未来。我国银行业在本轮危机中没有受到直接冲击,原因之一,得益于宏、微观审慎的发展战略和监管原则。但我们不能因此置身事外,仅做危机的旁观者,而是应抓住时机从危机中汲取重要经验,完善自我,避免重蹈覆辙。

(一)宏观经济体系的制度缺陷催生了市场泡沫循环,并失去自我校正能力泡沫是危机的前奏,泡沫的破灭是危机的根源。以美国为先导的金融危机离不开美国宏观经济失调导致的流动性过剩。其演进和强化的五个主要过程值得检讨:一是进入新世纪以来,美国货币当局长期执行的低利率政策为流动性泛滥创造了空间。在宏观经济层面上,由于美国战略上向高科技产业转移,IT等新技术推动下的产业升级和劳动生产率显著提高支撑了供给增长,使得过分宽松的货币政策没有立即转化通货膨胀,但实际上过剩的流动性已经不断在经济中积聚;二是透支消费型经济模式不断被强化,企业和家庭的负债得到了流动性充沛的金融体系的有力支撑,全民通过过度负债虚增市场需求;三是过度复杂的金融创新模糊了银行、证券、保险行业之间的防火墙机制,大量场外市场的建立打通了不同金融机构之间的风险传导通道。同时,复杂金融创新从技术上将金融机构风险资产从表内转移到表外,资本约束监管被有效规避,金融机构的实际杠杆率大大提升;四是金融资本过度集中于房地产、能源、场外市场等领域,催生价格泡沫,金融机构扭曲的激励机制鼓励短期投机行为,不断延续泡沫的放大;五是监管机构过于信奉市场自我调整能力,在监管技术方法上也滞后于金融创新和全球化的进程,不能及时识别市场泡沫和约束投机行为。

(二)坚持审慎原则是银行业经营发展的应有之义

流动性过剩造成了市场风险预期的下降和风险溢价的下降,诱发了投资和投机冲动,造成了经济的非理性繁荣。但危机爆发的事实表明,流动性过剩支撑下的非理性繁荣是不可持续的。在泡沫积聚的过程中,失去政府和外部力量的及时干预,市场会陷入价格上涨—投机—价格上涨的恶性循环中,不断强化泡沫程度,而失去自我校正的能力。金融业是这次危机的核心,超高杠杆率的金融机构(如:投资银行、对冲基金、两房)是受冲击最直接,也是遭受打击最严重的。但对全球金融体系产生影响最大的仍是银行业金融机构,特别是大型银行。银行业是吸收社会存款的特殊金融机构,其负债与社会公众有着密切联系,同其他类型金融机构相比,银行业面临的风险容忍度更低。这一本质特征决定了银行业金融机构必须具备更审慎的经营策略、更严谨的风险管理以及更强的社会责任感。从美国的危机案例来看,自格拉斯-斯蒂格尔法案废止,新金融法案生效以来,受商业利益驱动,银行业金融机构的经营领域过多地介入到高波动性市场(如:股票市场、衍生产品市场),自我设计的防火墙机制没有得到有效坚持或被刻意规避,在表外大量对外担保,很大程度上偏离了银行业的客观规律。事实证明,充足的资本、稳健的经营、适宜的流动性仍是银行业金融机构最基本的生存要素,并不因金融技术的进步而陈旧过时。这是商业银行面对此次危机得到的警示。

(三)金融创新是"双刃"工具,风险与收益并存

金融创新是金融机构变革机制、流程,创造新型金融服务和产品,提高竞争力的行为,是金融业生存和发展的必然路径。然而此次金融危机中也有诸多诱因与不审慎、不负责的金融创新相关。一些金融创新行为不仅未能发挥有效的风险对冲作用,反而进一步放大了市场波动性,通过高杠杆衍生工具膨胀出规模数倍于基础资产和实体经济的"虚拟金融",并且对实体经济产生直接影响(如:金融资本对石油期货的炒作进而对油价产生的影响),造成整体上的经济失衡。过度复杂的金融创新形成了交易双方的严重的信息不对称。在非标准的资产证券化技术下,经过多次打包、多次分割的结构化产品已难以识别其风险特质,传统的信用评级机制已不能准确提供风险溢价参考,在此基础上形成的交易价格也必然是模糊的,扭曲的,甚至是错误的。在风险与价格水平不对等的条件下,风险也不可能按照市场机制的意愿转移给最佳接收者,从

而导致更多的金融机构和投资者过度承担风险,并在危机来临时迅速崩溃。危机再一次告诫我们金融创新是一把双刃剑,收益与风险并存。没有金融创新,金融市场将失去效率和活力,但缺乏有效制衡的金融创新很可能产生更大的风险。

资料来源:蔡鄂生在第十二届中国北京国际科技产业博览会"中国金融高峰会"上的发言节选,中国银监会网站。

本章小结

1. 我国银行改革与整个经济体制改革发展的大背景是分不开的。随着经济体制改革的进一步深化、经济的蓬勃发展、银行自身积累的问题、银行业全面对外开放、银行竞争的加剧、金融科技的发展及广泛应用,都需要进一步加快我国银行业改革步伐。

2. 我国商业银行的发展历程大致可分为四个阶段:一是高度集中的单一的银行体制;二是专业银行和股份制商业银行的成立;三是专业银行的商业化改革;四是商业银行体系的形成和深化改革实践的探索。

3. 我国国有商业银行改革的目标是要建立现代商业银行制度,具体将实行三步走:第一步是解决不良贷款问题,把国有银行的包袱卸下来;第二步是解决内部控制问题,把国有银行变成股份制公司,按照现代公司治理的原则进行管理;第三步是在条件成熟的时候,允许他们上市。改革的内容主要是完善资本金补充机制,建立完善的法人治理结构、加强内部控制、转变经营机制、有效防范风险、增强创新能力、提高金融服务水平和市场竞争能力等。从改革进程看分为"三部曲",即"财务重组—引进战略投资者—公开发行上市"。

4. 商业银行创新是指商业银行通过各种金融要素的重新组合和变革而创造或引进的新事物。创新的动因主要是逃避金融管制、规避金融风险、科学技术的发展和竞争的压力。

5. 金融创新的理论主要有技术推进理论、约束诱导理论、制度改革理论、交易成本理论、规避管制理论。

6. 商业银行创新的内容是极其丰富的,作为创新的主体主要是进行技术、服务和工具的创新。商业银行的工具创新是商业银行创新的主要内容,包括负债工具的创新、资产工具的创新和中间业务的创新。金融服务创新应包括服务意识的创新、服务环境和服务设施的创新、服务方法的创新和服务手段的创新。创新的方式主要有模仿法、改进法、组合法和创造法。

7. 金融创新给商业银行带来活力,但也有一定风险,需要加强金融监管。商业银行创新,对金融监管提出了更高的要求,也增加了金融监管的难度。

关键概念索引

银行改革　"大一统"的银行体制　示范引导理论　竞争效率理论　危机成本理论　金融创新　技术推进理论　约束诱导理论　制度改革理论　交易成本理论　规避管制理论　金融工具创新　金融服务创新　金融监管

复习思考题

1. 我国商业银行的改革经历了哪几个发展阶段？
2. 进一步深化我国商业银行改革的原因是什么？
3. 我国国有商业银行改革的目标和内容是什么？
4. 为什么商业银行的发展离不开金融科技的支撑？
5. 试分析商业银行创新最基本的动因是什么？
6. 金融创新主要理论有哪些？阐述其主要内容。
7. 我国商业银行创新的着力点在哪里？
8. 如何理解金融创新与金融监管的关系？

参考资料

1. 刘明康主编,《中国银行业改革开放30年(1978—2008)》,中国金融出版社,2009年。
2. 何铁林、张涛主编,《商业银行创新业务》,中国金融出版社,2010年。
3. 马蔚华编著,《创新之魂》,华夏出版社,2007年。
4. 中国银监会,《商业银行金融创新指引》,2006年12月。
5. 中国银监会,2015年、2016年年报。

第十五章 商业银行的企业文化与社会责任

本章要点

- 商业银行企业文化的特点
- 商业银行企业文化的内容
- 商业银行品牌文化的建设
- 商业银行社会责任的内涵
- 商业银行社会责任的履行
- 普惠金融实践

面对激烈的市场竞争和可持续发展要求,商业银行越来越重视其企业文化建设和社会责任的承担。由于业务领域、性质及对社会经济生活关系的特殊性,商业银行企业文化具有鲜明特点,其中,银行品牌是银行企业文化的集中表现形式,体现着商业银行的声誉,反映了社会对商业银行的认可程度。履行社会责任,促进社会发展,不仅是商业银行作为企业公民应尽的责任和义务,也是其实现自身可持续发展的客观要求。履行社会责任不仅是一种道德和良知的呼吁,而且正在逐步成为一种制度约束。

第一节 商业银行企业文化建设

一、企业文化概述

文化作为非正式制度安排,其核心是价值观念,包括人对社会、人对事物发展的认识、人与人和个人自身价值的判断,也可以说是一种精神。企业文化是一种亚文化或微观文化。它是在管理活动中形成,带有企业特征的基本形态、文化形式及行为方式的综合。构成企业文化的基础是价值观。是一个企业或一个组织在自身发展过程中形成的以价值为核心的独特的文化管理模式。一般而言,企业文化具有以下五个特征:①经济性,它反映的是企业经济组织的价值与目的要求,以及实现目标的行为准则和习惯。②个体性,是企业在长期的历史发展中形成的区别于其他组织(或企业)的文化特征。③过程性,企业文化并非与生俱来,而是经历了一个发展完善的过程。④人文性,企业文化作为一种现代的管理工具,以前所未有的高度关注和重视人的多层次需要,关注和重视企业内员工的价值和自我的实现。⑤系统性,企业文化是一个系统,是由相互联系、相互依赖、相互作用的部分和层次构成的有机整体。包括物质文化、制度文化、精神文化等。企业文化是企业的灵魂,其核心是价值观念,通过良好的文化氛围,培育企业员工的思想、观念、意识、精神,增强企业员工的责任感、归属感及凝聚力,激发企业员工的积极性和创造力。

二、商业银行企业文化及其特点

商业银行企业文化是商业银行在长期经营管理活动中,逐渐形成并为全体员工认可、遵循的具有自身特色的价值观念、企业精神、行为准则和道德规范等因素的总和。

商业银行企业文化是文化的一种特殊形式,除具有企业文化的共同特征外,作为金融企业,还具有金融文化的特有属性。其特点体现在以下几个方面:

(一)诚信至上

"诚信"是商业银行企业文化的基本元素和核心内容,也是商业银行文化的典型特征。商业银行是以办理各种信用业务为主、经营特殊商品——货币资金的中介组织。作为社会信用关系最集中的体现者,商业银行尤为重视信用文化建设,在全行上下树立诚信为本的意识。信用精神、信用原则融化在商业银行从业者的日常习惯中,并通过自发的遵从而发挥作用。诚信作为一种文化和管理现象体现于银行精神、银行宗旨、银行道德、银行规范及银行形象之中,并持续不断地向全社会传播诚信文化,有效降低了金融市场的交易成本,改善了金融生态环境。

(二)安全稳健

商业银行最基本的作用就是通过信用活动有效分配风险、管理风险。缺乏风险管理,不把金融风险控制在最低点,就没有商业银行的正常运行。商业银行安全第一的价值理念、思维模式、行为方向是先于制度规范的杜绝金融风险的第一道防线。商业银行在发展过程中,始终致力于建立健全一套能够反映商业银行健康与稳定程度的风险预警机制和风险防范规章制度,把审慎安全的理念潜移默化地渗透到每位从业者的心中。安全、审慎文化作为一种无形的、潜在的力量影响、规范着从业者的行为。因此,安全第一、审慎经营、稳健发展成为商业银行企业文化的又一特点。

(三) 服务社会

商业银行是服务性行业,是现代服务业的典型代表之一。服务既是银行的本质属性,也是银行的持久竞争力。商业银行的客户可以说包罗万象,其经营货币资金和提供其他相关产品的活动,也就是面向社会提供金融服务的过程。因此服务性是商业银行文化的显著特点之一。它不仅体现于商业银行文化的各个方面,而且贯穿于商业银行文化构建的全过程。如果说诚信是立行之本,稳健是固行之基,服务则是商业银行的兴行之策。这也就决定了商业银行只有在服务上取得竞争比较优势、全体员工只有开展真诚的优质服务,树立起良好的服务形象,才能获得社会的满意,实现自身的发展。

(四) 合规经营

由于商业银行经营管理的特殊性及其在社会经济发展中的独特作用,无论是社会大众期望、监管者要求,还是商业银行自身发展,都迫切希望商业银行的规范运作、稳健经营、防范单个金融风险和系统性金融风险。实践也充分证明,合规经营是防范金融风险的有效方法。因此,合规经营理念贯穿于商业银行经营管理的方方面面,并转化为各种层面的法律法规、业务规章、操作流程规范等,成为商业银行上上下下共同认可和遵循的基本行为准则。商业银行企业文化构建过程中,合规经营特性尤为显著。

三、建立现代商业银行企业文化的意义

商业银行企业文化建设是保持商业银行可持续发展的根基。在市场经济条件下,建立现代商业银行企业文化具有重要意义。

(一) 传播认同感、增强企业凝聚力

商业银行企业文化是商业银行在长期经营管理活动中逐步形成的、有着共同的价值观、共同理想、共同行为准则、共同价值取向的一种微观文化体系。因此,商业银行企业文化使商业银行成为全体员工的一种利益共同体。员工在日常经营活动中很自然地用共同行为准则约束、指导自己的行为,并以此调节人与人之间的关系。商业银行企业文化能使员工自我约束,强调自发行为,变被动为主动,变外力推动为内力推动。它能排除人为的阻碍银行发展的因素,建立融洽的人际关系。人们为了共同的目标彼此尊重、相互学习。这种凝聚力的产生,能够使商业银行上下团结一致,努力为实现商业银行的目标而奋斗。

(二) 调动员工积极性、创造性

商业银行员工的需求是多方面的,他们对商业银行的期望,不仅仅局限于物质方面,还有着强烈的精神和心理方面的需求;他们寻求着归属感,希望银行能够承认他们、接纳他们;他们希望银行能够保障他们的权利;他们期望员工间的和睦相处、互相帮助;他们也希望得到领导的赞扬和表彰等。商业银行企业文化强调"以

人为本",注重情感机制,把"关心人、理解人、尊重人""满足员工的心理需求"作为管理的落脚点,注重为员工提供一种愉快、和谐、向上的工作氛围,使员工获得精神上和心理上的满足,从而激发出工作热情。

(三) 促进员工遵章守法、按规行事

首先,商业银行企业文化作为管理体系的重要组成内容,具有显约束作用。所谓显约束,是指外在的、硬性的约束,即商业银行用文字形式固定下来的法律、制度、规章等对员工的约束,如商业银行成文的制度、规章、准则、行为规范是商业银行文化的组成要素之一,它规范了员工的行为,协调了商业银行与其他部门、商业银行内部各部门之间的关系,使每个员工在自己的岗位上承担责任、行使权力、实现商业银行的共同目标。成文的制度、规章有一定的权威性、标准性和强制性,在银行的经营管理中起着重要的作用,它为商业银行的经营行为提供标尺,促使员工用既定的标准从事各项工作。

其次,作为管理体系的一部分,商业银行企业文化还有隐性作用。所谓隐性约束,是指无形的、柔性的约束,即银行精神、银行宗旨、银行作风、价值观念、银行道德等对员工的约束。银行文化的柔性约束作用表现在从制度观念、行为观念、道德观念上对员工进行约束,把员工的思想意识引向商业银行共同的行为标准和道德规范之内,使员工在观念上确立一种内在的、自我约束的行为标准,在日常工作中形成一种强烈的自律的心理氛围。这样,当员工在某项行为上出现违规现象时,他就会从心理上感到内疚,并受到银行共同思想意识的压力和公共舆论的谴责,从而使其自动纠正错误行为。

(四) 协调商业银行与社会的关系

商业银行的生存与发展一方面依赖社会为它提供必要的生存空间,另一方面银行也要承担它对社会应负的责任。商业银行企业文化中社会目标的规定、商业银行企业文化的建立等为商业银行如何协调与社会的关系提供了现实的选择。例如,人们在一种商业银行企业文化氛围中工作,会充满自豪感和主人翁精神,主动积极的进行创造性工作,并井然有序,高效精确,人际关系融洽,减少内耗和效率损失,还能取得政府、社区和消费者的广泛支持,并减少工作中大量不必要的冲突与摩擦。显然,商业银行的效益会因此大大提高,这就是商业银行企业文化的效益作用。

(五) 确立现代商业银行经营观念,提高银行形象

树立现代商业银行经营观念,以客户为中心、以市场为导向、以人为本,迅速捕捉目标客户的需求,及时协调、调动各方面的资源为客户提供全面的金融服务。同时,要重塑自身形象,不仅应有存款规模、网点布局和服务质量等硬指标,还要构筑具有自己特色的商业银行精神,取得客户信赖,吸引更多客户,迅速占领和扩大市场。

四、商业银行企业文化的内容

从商业银行企业文化的定义来看,商业银行企业文化的内容主要包括以下几方面:

(一)企业精神

商业银行企业文化的核心内容是企业精神。不同的商业银行有不同的精神。商业银行精神是一种特殊的、具体的企业精神,是商业银行在长期的经营管理实践中逐步、自觉地形成的,并为全体员工认可和接受的一种全体意识。它是对商业银行哲学、经营宗旨、银行道德行为规范等诸方面的提炼和总结,是银行素质的综合反映,是全体员工意志的提炼和集中。商业银行精神渗透于银行的整个经营管理活动中,并通过商业银行的经营管理行为和环境反映出来。它是商业银行最高的行为准则,生存和发展的精神支柱,是商业银行的灵魂。

(二)经营理念

商业银行经营理念是商业银行在经营管理过程中所遵从的价值取向、经营哲学以及在此基础上形成的经营思路。比如中国工商银行提出的价值观是:工于至诚,行以致远——诚信、人本、稳健、创新、卓越。中国建设银行的核心价值观:诚实 公正 稳健 创造。

(三)发展愿景

发展愿景是商业银行经营管理的宗旨和目标,是全体员工努力奋斗的期望值。商业银行经营管理宗旨和目标体现了银行整体的执着追求,同时又是员工理想和信念的具体化。商业银行发展愿景是银行文化追求的动力源。一个科学的、合理的发展愿景,可以激励员工不懈地努力创造卓越业绩。商业银行要构建优秀的企业文化,若没有明确的发展目标,必然先天不足。中国工商银行提出的使命是提供卓越金融服务:服务客户、回报股东、成就员工、奉献社会,愿景是:建设最盈利、最优秀、最受尊重的国际一流现代金融企业。

(四)职业道德

商业银行职业道德是商业银行企业文化的重要内容,是银行在经营管理活动中所应遵循的、旨在调整银行与国家、银行与银行、银行与服务对象以及银行内部各方面关系的道德规范总和。商业银行职业道德的核心内容是银行整体的道德义务与责任,它体现在经营宗旨、规章制度、领导风范、员工行为等许多方面,集中表现了银行的价值观和道德风尚。商业银行职业道德虽不具有法律的强制性约束力,但它有积极的示范效应和强烈的感染力。当然,商业银行职业道德必须要有广泛的群众基础,只有在员工不断提高认识的基础上,才能形成大家能够共同遵守的行为准则,才能保证企业行为的端正。

(五)行为规范

商业银行行为规范是银行文化精神的有形化、具体化,主要包括商业银行内部的规章制度、组织架构、管理程序、操作规程、行为规范及文明用语等要素。是将银行文化从意识形态转变为具体实践的必然渠道。如果说商业银行企业文化发挥作用是隐形的、内在的,靠的是感召和激励的话,那么商业银行规范作用的发挥,则是明显的、外在的,靠的是硬性的强制。

(六)银行声誉

声誉是指由商业银行经营、管理及其他行为或外部事件导致利益相关方对商业银行的评价。如果出现负面评价(即重大声誉事件)有可能造成银行业重大损失、市场大幅波动、引发系统性风险或影响社会经济秩序稳定。前已述及,商业银行作为社会信用关系最集中的体现者,尤为重视信用文化建设,在全行上下树立诚信为本的意识。因此,商业银行在文化建设中非常重视声誉的树立和维护。商业银行声誉不仅事关国家系统金融安全,而且更是各家银行安身立命之本。

专栏 15-1　　　　　　　中国农业银行的企业文化

使命:面向"三农" 服务城乡 回报股东 成就员工。
愿景:建设城乡一体化的全能型国际金融企业。
核心价值观:诚信立业 稳健行远。
核心价值观指导下的相关理念:
经营理念:以市场为导向 以客户为中心 以效益为目标。
管理理念:细节决定成败 合规创造价值 责任成就事业。
服务理念:客户至上 始终如一。
风险理念:违规就是风险 安全就是效益。
人才理念:德才兼备 以德为本 尚贤用能 绩效为先。
资料来源:中国农业银行网站。

第二节　商业银行品牌形象

一、品牌的含义

品牌是生产者、经营者为了标识其产品,以区别于竞争对手,帮助消费者认知产品而采用的显著的标记。品牌构成的要素为:产品本身、产品包装、品牌名称、促销、广告以及整体外观。因此,品牌是所有这些自然的、经济的、美学的、理性的、感性的要素的综合体。19 世纪,品牌推广逐渐得到商业银行的推崇,随着经济金融业的发展和全球化进程的加速,品牌的内涵和外延也日益丰富起来。

通常意义下,品牌包括以下四个方面的内容。

(1) 产权。法律认可了品牌对于消费者和生产者的财富价值。世界上大多数国家认识到知识产权,包括商标、专利、设计、版权等都是真正意义的财富,因此赋予财富所有者以产权。

(2) 范围。品牌不仅为有形的产品所有,也渗透到包括金融领域在内的服务行业和其他领域。品牌不仅具有使用价值,而且具有"金融价值"。

(3) 企业文化内涵。除了诸如大小、形状、包装、服务条款和价格等具体因素外,品牌产品和服务越来越多的涉及一些无形因素。这就是蕴含在品牌产品和服务中的企业文化。

(4) 品牌的核心价值。品牌的核心价值应该是能满足消费者最核心和最高端的需求,是品牌知名度和美誉度的高度统一。

二、商业银行品牌与品牌建设的意义

(一) 商业银行品牌

银行品牌是金融服务个体性的表现,其主要内涵在于金融产品的服务质量和金融企业的信誉和形象,是银行的营销活动以及使用产品的经验在消费者心目中持久积累的印象,一旦在公众心目中形成,是难以改变的。对于银行来讲品牌具有两层内涵,一是金融产品,即给消费者带来利益的个性化金融服务,构成了品牌的实体价值;二是银行的整体形象,即银行向目标市场传达的品牌核心价值,也就是银行给消费者的品牌联想。品牌作为一种经济形态要受制于一定的经济社会条件。但银行形象品牌和银行产品品牌一旦在用户心目中树立了良好的差异性形象和声誉,就会大大增加银行品牌的附加值和美誉度。

银行品牌包括以下一些元素。

(1) 银行形象。这主要是指由银行的行名、行徽、基本色、易于传播的经营理念(广告语)、个性化图案以及个性化代言人组合而成的给客户及其他社会成员留下的综合性感性印象。

(2) 银行核心价值。从银行特征到竞争者策略,从银行产品到消费者体验再到符合市场传播需要的视觉、音频元素表现,这一系列工作最终促成银行核心价值呼之欲出。

(3) 银行个性元素。它是体现银行历史底蕴、银行经营特色和银行差异化客户群的个性化元素系统,具体包括银行历史、银行社会承诺、银行特色经营理念、银行特有服务承诺、银行对客户群的个性化沟通元素等。

(4) 银行产品研发机制。银行业为使自己不断推出的产品为广大消费者所接受,需要事先调查不同层次客户的需求、生活背景、消费理念,还需要细分服务对象,精心推出相应的产品品牌,以形成面对消费者的庞大的产品线组合。在这一产品线设计中,既要保持一定产品比例,又要体现市场对新业务、新产品的需要。

(5) 银行客户(数据库)互动机制。如果说上述四个因素是这种静态品牌元素的叠加,银行客户(数据库)互动机制则是从动态角度、用户角度去体现品牌系统的构成要素。它包括客户分类数据库建设、互动形式、互动手段及互动效果评估。

(二) 商业银行品牌建设的意义

银行业与其他行业一样,买方市场的发展引起了商业革命,商业银行及其产品的趋同要求开发产品功能之外的能使消费者动心的异质特色,品牌的文化标志功能得以显现,品牌文化的建设价值初露峥嵘。

商业银行建设品牌,一是有利于展示银行特色。由于银行产品和服务的无形性,银行的服务特色比较难以识别和形成。品牌作为服务的一种载体,能向市场展示其服务特色,有利于银行服务特色的识别与形成。二是有利于提升银行信誉。品牌是银行的无形资产,是取得公众信任的标志。在金融市场产品同质化的情况下,能吸引客户的成功品牌对提高银行信誉度所起的作用可能比任何营销手段更有效。三是有利于增强国际竞争力。当今世界知名的金融企业无不拥有自己著名的金融品牌,并借助品牌影响力牢固的确立了在市场中的地位。商业银行只有在提供优质的服务和产品的基础上,实施有特色的品牌战略,才能在客户心目中树立良好形象,进而在国际竞争中赢得优势。比如中国工商银行,始终坚持"以客户为中心、服务创造价值"的经营宗旨,持续提升金融服务水平,品牌内涵不断丰富,"您身边的银行,可信赖的银行"的品牌形象深入人心,成为中国消费者首选的银行品牌和全球最具价值的金融品牌。

三、商业银行品牌文化的建设

随着全球化和现代化进程的加快,银行业的竞争必然发展到品牌文化竞争的阶段。商业银行应该认真分析市场环境,结合本行特点,扬长避短,趋利避害,以实施品牌战略为核心,借鉴现代国际银行业最新模式和理念,打造一流的商业银行品牌文化,促使我国商业银行从品牌向名牌的跨越。

我国众多商业银行中,招商银行的品牌颇具特色,截至 2017 年,招商银行已塑造了 12 个主要品牌,具体内容见表 15-1。其中招商银行作为企业品牌,也是企业的母品牌,在国内具有极高的品牌声誉。

表 15-1　招商银行主要品牌一览表

品牌名称	品牌定位	品牌理念	品牌功能
招商银行	中国最佳零售银行	招商银行,因您而变	优质服务银行、技术领先银行、创新型银行
一卡通	消费者最喜爱的银行卡	理财国际卡,畅行新世界	集消费与理财功能于一体的银行卡

续表

品牌名称	品牌定位	品牌理念	品牌功能
一网通	先进的网络银行服务体系	一网通天下,领跑e时代	集网上企业银行、网上个人银行、网上证券、网上商城、网上支付于一体的全面网络银行服务体系
金葵花理财	高端理财服务品牌	金葵花理财,为您成就未来	为高端客户提供专业化、个性化的综合理财服务工具
招行信用卡	中国最佳五星级信用卡	拥有,才有价值	国家化、安全性、服务好、回馈多、助理财的真正信用卡
财富账户	3G时代财富管理工具	开启财富管理新时代	集合多卡统一管理和多通道金融投资功能的综合性个人金融服务平台
95 555	中国最佳呼叫中心	统一的拨叫号码,一站式的客户服务	集自动、人工于一体的远程银行一站式服务
"伙伴一生"金融计划	最佳个人金融计划服务品牌	金融伙伴,一生相伴	按人生阶段量身定做的个人理财计划
点金公司金融	批发银行业务优秀品牌	善用金融,进步有道	企业客户提供个性化、综合化金融服务解决方案
招赢通	全方位N+1服务体系	招商银行,与您共赢	同业理财、货币基金快捷交易模式,在"闭环运作、原路返还"的原则下购买产品
空中银行	远程理财专家通过多媒体、全方位、立体化、零距离的服务方式	超越时空,全面覆盖	提供远程交易、远程助理、空中理财、空中贷款、空中直销服务
一路金融	一带一路综合金融服务体系	一路金融,远行不繁	为全球项目提供融资、供应链金融、资产管理、外汇服务、投资银行等全面金融服务

资料来源:1. 马蔚华,《文化之旅》,华夏出版社,2007年。
　　　　　2. 招商银行官网。

商业银行品牌建设至少应该包括以下三个方面。

(一) 商业银行品牌的树立

品牌本身就是一种文化,具有文化底蕴的品牌才具有生命力和感染力。世界上每一个著名品牌的崛起都得益于文化的支撑,商业银行要根据自身的实际情况选择适合的品牌文化。

1. 广告语

品牌代表银行核心理念,客户耳熟能详的广告语是品牌核心理念的体现。广告语的共同特点是:符合品牌或企业的定位,能够有效的分隔开竞争产品,具有简洁、无生僻字、无歧义、易于流行的特质,传达的信息简明、清晰。太专业和太生硬的广告语都会直接影响到银行品牌的宣传效果。

2. 标志物

标志物是指除商标外的特殊标识、符号、象形物或代言人。由于核心理念是抽象的、原则性的规定,广告语是精练的概括,但为便于理解和传播,还必须有一个具体的载体,将复杂的、体系化的核心理念浓缩为可使人产生美好向往的标志物。

3. 品牌定位

差异性的定位能够增加模仿者的成本和难度,吸引特殊的顾客群体形成品牌忠诚,创造品牌的核心价值,是品牌战略的精髓。国内先进银行一般遵循 C—A—P 定位战略(Customers-Arena-Product),其核心是银行根据自身特点,选择并确定客户、竞争点、产品的最佳组合,达到银行资源的最优配置和最佳利用。品牌定位是商业银行最基本和最重要的战略。

(二)商业银行品牌的机制建设

建立专门的品牌管理部门对于商业银行推出品牌战略至关重要,对于我国商业银行品牌管理至少有三个好处:一是有利于制定统一、专业的整体战略,夯实品牌营销的基础;二是专业的管理部门能在总分行之间形成上下级关系,这种行政上的约束更能保证战略上的政令畅通,使得营销在市场上保持整体一致性;三是专业部门、专业人员的业务素质更高、经验更足,具有营销手段和管理能力上的优势,能够提升银行品牌管理水平。

专门的品牌管理包含两个层次的内容:一是建立战略性的品牌管理机构,负责整个银行的品牌运营,这是提高品牌管理水平的制度保证;二是培养一批高素质的品牌经理,负责银行的品牌战略决策,这是提高银行品牌管理水平的人才保证。

(三)商业银行品牌维护

商业银行品牌的维护是提供情感渗透的服务和不断创造新的产品去诠释品牌的精髓。高水平的服务是维护银行品牌必要的手段。服务业中服务不仅指态度,而且是需要感情渗透的服务。商业银行要向客户提供优质的服务,展现银行的形象,维护银行的品牌。具体来说,不仅仅包括前台服务的效率、热情、规范,还要包括服务网点的便捷性,营业厅的档次感、空间大小、服务信息,前台控制信息的完备性,辅助设施运行的稳定性,银行管理者在公共场合的形象等。

专栏 15-2　　　　　　　　招商银行品牌文化建设成效

在有效的规划和策略指引下,经过近几年的努力,招商银行文化品牌建设取得了骄人的成绩:

2005 年 8 月 6 日,由世界品牌实验室和世界经理人周刊联合主办的世界品牌大会在北京人民大会堂召开,会上发布了 2005 年《中国 500 最具价值品牌》排行榜,招商银行品牌以 243.8 亿元价值列居 23 位,品牌价值继 2004 年之后,再次荣登国内银行前三甲;

2005年9月15日,在由21世纪经济报道与全球最大品牌评估机构Inter Brand联合主办的首届中国品牌价值管理论坛会上,招商银行荣膺2005年中国品牌建设年度十大案例。

2006年6月,招商银行个人银行服务入选由《世界经理人》主办的"2006中国十大商务品牌"。

2007年12月28日,由世界品牌实验室评选的"2007中国品牌年度大奖"在"世界企业家年会"上揭晓,招商银行荣获银行类"中国最具影响力品牌第一名"和"中国品牌年度大奖"两项荣誉称号。

2008年7月26日,由《世界经理人》杂志发起调查的众所瞩目的"2008中国十大经理人品牌"揭晓,招商银行以位列第二位的成绩再度入选十大经理人品牌,并在1 667位接受调查的经理人中品牌崇尚度、品牌偏好度上名列第一。

2009年4月29日,英国《金融时报》发布全球品牌100强排名。招商银行成为年度黑马,在品牌价值增幅排名中位居全球第一,实现168%的增长;位列全球品牌100强排名第81位。招行最新品牌价值80.52亿美元,同比上年增长50.52亿美元。

2010年1月,第二届英国《金融时报》"中国世界级品牌调查"在京揭晓,招行入围"《金融时报》FT中国世界级品牌"。据《金融时报》发布,招行"品牌价值"和"优质品牌"两项在中国30个入围企业排名中,均名列第11位。

2011年1月12日,在由和讯网主办的2010年财经中国年会上,招行获得"2010年度十大品牌银行"、"2010年度最佳银行门户网站"、"2010最佳财富管理品牌"及"2010年度中国最佳私人银行业务"四个奖项。

2011年5月19日,英国《金融时报》全球品牌价值TOP 100排行榜公布,招行第三次入围,位列第97位。

2012年1月6日,《每日经济新闻》主办"第二届中国高端私人理财金鼎奖",招商银行荣膺年度最佳私人银行奖项。

2013年3月21日,在最新揭晓的《亚洲银行家》"零售金融服务卓越大奖"评选中,招商银行荣获"中国最佳零售股份制商业银行"大奖,这是招商银行九度蝉联这一荣誉。

2014年1月9日,在《金融界》主办的2013"领航中国"年度评选中,招商银行获得了"最佳中资银行奖"、"最佳私人银行奖"、"最佳创新银行奖"三大奖项。

2015年11月26日,在第十届21世纪亚洲金融年会上,我行获得"2015年度最佳零售银行"奖。

2016年12月7日,招商银行荣获英国权威金融杂志《The Banker》(《银行家》)"2016年中国年度银行"大奖,这也是招行首次获此殊荣。

2017年,入选英国《银行家》杂志发布的2017年全球银行1 000强排名,一级资本全球排23位,税前利润全球排13位,资本回报率全球50强榜单第7位,列中资银行第一名。

资料来源:根据招商银行官网相关资料整理。

第三节　商业银行的社会责任

自2000年联合国倡导全球跨国公司主动履行社会责任以来,各国企业社会责任实践活动持续高涨。从跨国银行的实践看,较好承担社会责任的银行具有以下基本特征:自愿履行社会责任,而非法律、规则和社会习俗使然;真诚推动与各利益相关者的互动;将经济、环境社会等统一纳入银行战略目标予以考量。商业银行在追求经济利益的同时,认真履行对社会及公众应该承担的责任和义务,有利于提升银行形象,构建起良好的品牌优势和信誉优势。商业银行的发展不仅要关注经济指标,而且要关注人文指标、资源指标和环境指标。

一、商业银行社会责任的内涵

商业银行的社会责任,是银行价值观和企业文化的重要内容。企业社会责任的概念起源于欧洲,世界银行将企业社会责任定义为:企业与关键利益相关者的关系、价值观、遵纪守法,以及尊重人、社区和环境等有关政策和实践的集合,是企业为改善利益相关者生活质量而贡献于可持续发展的一种承诺。该定义表明了企业社会责任在经济全球化背景下对其自身经济行为的道德约束。

中国银监会在2007年12月发布的《关于加强银行业金融机构社会责任的意见》中,要求企业和各种社会组织在发展的同时,严格履行社会责任,坚持经济效益和社会效益的统一。银行业金融机构承担着对股东、员工、金融服务消费者、社区、社会的责任,承担着建立和谐劳动关系和公平竞争市场、可持续发展环境的法律责任和道德责任。规定了银行业金融机构社会责任所包括的七个方面内容:一是维护股东合法权益、公平对待所有股东;二是以人为本,重视和保护员工的合法权益;三是诚信经营,维护金融消费者合法权益;四是反不正当竞争,反商业贿赂,反洗钱,营造良好市场竞争秩序;五是节约资源,保护和改善自然生态环境;六是改善社区金融服务,促进社区发展;七是关心社会发展,支持社会公益事业发展。这一规定不仅进一步阐明了国内商业银行企业社会责任的内涵,也为国内商业银行确定了本土性标杆。中国银行业协会在2009年发布的《中国银行业金融机构企业社会责任指引》[①]中将企业社会责任定义为:银行业金融机构对其股东、员工、消费者、商业伙伴、政府和社区等利益相关者以及为促进社会与环境可持续发展所应承担的经济、法律、道德与慈善责任。从经济责任、社会责任、环境责任三个方面对银行业金融机构应该履行的企业社会责任进行了阐述,并对银行业金融机构履行企业社会责任的管理机制和制度提出了建议。该指引强调,银行业金融机构应树立正确的价值观念和经营理念,建设具有社会责任感的企业文化,积极投身公益事业,优化资源配置,支持社会、经济和环境的可持续发展。

虽然目前对商业银行的社会责任的表述不统一,但其核心内容是一致的。作为一个企业,商业银行的社会责任涵盖了所有企业社会责任共性方面;作为经营货币资

---

① 该《指引》包括总则、经济责任、社会责任、环境责任、企业社会责任管理、附则,共六章27条。

金的特殊企业,商业银行社会责任的内涵与一般企业又有所区别,具有特殊性。从表 15-2 我们可以看出,商业银行都在努力承担其经济责任、社会责任和环境责任。

表 15-2　上海浦东发展银行 2012—2014 年主要社会责任关系数据表

	项目	单位	2014 年	2013 年	2012 年
经济类指标	资产总额	亿元	41 959	36 801	31 457
	贷款总额	亿元	20 284	17 675	15 446
	存款总额	亿元	27 240	24 197	21 344
	营业收入	亿元	1 232	1 000	830
	员工费用	亿元	171.88	158.02	143.89
	利息支出	亿元	1 138	926	769
	纳税额[1]	亿元	247.79	199.24	164.72
	企业留存收益和股息[2]	亿元	904.68	732.57	545.80
	归属于上市公司股东净利润	亿元	470.26	409.22	341.88
	归属于上市公司股东净利润增长率	%	14.92	19.70	25.29
	资产收益率(ROA)	%	1.20	1.21	1.18
	净资产收益率(ROE)	%	21.02	21.53	20.95
	核心一级资本充足率[3]	%	8.61	8.58	不适用
	一级资本充足率[3]	%	9.13	8.58	不适用
	资本充足率[3]	%	11.33	10.97	不适用
	不良贷款率	%	1.06	0.74	0.58
	拨备覆盖率	%	249.09	319.65	399.85
公益类指标	对外捐赠金额	万元	1 939	1 255	1 361
	每股社会贡献值(按加权平均股数)[4]	元	10.88	9.07	7.61
	员工总人数	人	42 532	38 065	35 033
	员工满意度	%	>80	>80	>80
	员工流失率	%	4.7	3.6	4.60
	客户满意度	%(分)	85	795 分	89
环境类指标	贷款项目环评率	%	100	100	100
	绿色信贷余额[6]	亿元	1 563.74	1 521.04	1 503.59
	高耗能、高污染行业存量退出	亿元	373.86	374.12	322.46
	电子渠道交易量替代率	%	83.91	79.56	79.74
	人均办公耗电[7]	度	13 408	13 628	13 213
	人均办公耗水[7]	吨	45.73	48.65	50.57

续表

项目		单位	2014 年	2013 年	2012 年
环境类指标	人均公务车油耗[7]	升	48.40	43.37	47.35
	视频会议[7]	次	693	592	488
	信用卡电子对账单占比	%	69.53	43.70	37.82

注：
1. 纳税额包括企业所得税、营业税金及附加以及其他税金。
2. 企业留存收益指企业当年未分配利润。
3. 根据中国银监会颁布的《商业银行资本管理办法（试行）》（自 2013 年 1 月 1 日起实施）有关规定计算的资本充足率数据，数据口径为集团口径。2012 年以及之前披露的数据不适用该计算口径。
4. 根据上海证券交易所 2008 年 5 月 14 日发布的《关于加强上市公司社会责任承担工作暨发布〈上海证券交易所上市公司环境信息披露指引〉的通知》的相关要求，并考虑到银行业的行业特性，建议每股社会贡献值的计算方式如下：

    每股社会贡献值 = 每股收益 + （纳税额 + 职工费用 + 利息支出 + 公益投入总额）/ 股本。其中，纳税额、利息支出、企业留存收益和股息、税后利润属于对社会的直接经济价值贡献。

5. 2012 年客户满意度是在对公客户满意度和个人客户满意度基础上，结合当年公银、个银收入比重，计算出的总体客户满意度。2013 年客户满意度邀请第三方专业调研机构 J. D. POWER 完成，没有沿用传统百分比的算法，根据调研，我行得分 795 分，位列 9 家股份制商业银行第三；2014 年客户满意度为个人客户满意度，此项较 2012 年同口径数据 81% 上升 4 个百分点。
6. 绿色信贷余额：以银监会《绿色信贷指引》为统计口径。
7. 人均耗电、耗水、公务用车油耗、视频会议为总行数据信息。

资料来源：上海浦东发展银行 2014 年《企业社会责任报告》。

专栏 15-3　　　　　　　　兴业银行的赤道原则

"赤道原则"[①]原名为"格林威治原则"。2002 年 10 月，世界银行和国际金融公司在伦敦主持召开了有 9 家商业银行参加的会议，讨论项目中的环境与社会问题。与会的荷兰银行、巴克莱银行、西德意志州银行、花旗银行和国际金融公司经过多轮磋商，制定了《环境与社会风险的项目融资指南》，即现行的"赤道原则"。它要求金融机构对于融资中的社会和环境问题尽到审慎性调查义务，只有在项目发起人能够证明在执行中对社会环境负责的前提下，金融机构才能对项目提供融资。

2008 年 7 月 1 日，兴业银行发布公告称，公司董事会通过了《关于申请加入"赤道原则"的议案》，授权高级管理层推进加入"赤道原则"的各项工作，更好履行对环境和社会的责任。凭借在国内首创推出"节能减排项目贷款"，成功树立中国"绿色信贷"先行者与倡导者形象后，兴业银行正向着绿色金融的纵深领域不断探索。经过几年来的探索实践，兴业银行已经培养了一支训练有素的团队，形成了一种可持续、可推广的节能减排融资模式，初步确立了在绿色信贷领域的独特竞争优势。兴业银行的举措赢得了社会各界乃至国际组织的肯定，树立了中国可持续金融先行者和倡导者的良好形象。

---

① 赤道原则（the Equator Principles，简称 EPs）是由世界主要金融机构根据国际金融公司和世界银行的政策和指南建立的，旨在判断、评估和管理项目融资中的环境与社会风险的一个金融行业基准。

目前,国际上许多金融机构宣布实行"赤道原则",其业务遍及全球100多个国家,项目融资总额占全球项目融资市场的80%以上。"赤道原则"实际上是对自身环保责任的勇敢承担,也可以看作是银行对自身环保风险的有效规避。

资料来源:吴军,兴业银行:中国"赤道原则"的探路者,《第一财经日报》,2008年8月13日。

二、商业银行履行社会责任的意义

（一）商业银行的特殊地位和使命

我国《公司法》第五条规定:"公司从事经营活动,必须遵守法律、行政法规,遵守社会道德、商业道德、诚实信用,接受政府和社会公众的监督,承担社会责任。"这是第一次以法律形式明确企业承担社会责任。商业银行是经营货币业务的金融企业,作为社会资金的主要提供者,作为特殊的企业,商业银行在经营管理活动中,应更加重视履行社会责任,遵循市场交易原则,坚持诚实信用,依法合规经营,热衷社会公益事业。

（二）应对国际化发展战略的需要

在经济金融全球化的大背景下,我国商业银行通过引进国外投资者和跨国投资"走出去"两种模式加快了国际化发展。一方面,应根据国际市场需要制定适合全球化发展要求的多层次的社会责任战略,严格按照国际惯例和国际社会责任标准进行业务管理和提供金融服务,遵循所在国家和地区的法律法规,保护当地环境,保护当地员工的权益,参与社区活动,支持慈善事业等;另一方面,在国内市场上也需要积极履行社会责任,以便能够顺利的与国外战略投资者进行战略联盟和合作发展,同时防止国外投资者的短期行为可能对我国银行和客户造成的不利影响,从而真正得到国内客户的认可和依赖,提高竞争能力。

（三）应对新技术应用带来的严峻挑战的需要

随着信息技术在金融领域的广泛应用,高效的机器设备和电子清算网络正替代人工存贷款清算和咨询业务,传统的劳动密集型服务体系正在被技术密集型、资本密集型服务体系所取代。电话银行、网上银行、电子交易和处理系统的出现,在节约经营成本,提高服务质量的同时,也导致了一些员工的转岗和下岗,导致结构性失业,并给银行带来了较大的安全隐患。如何确保客户的资金安全、信息安全,已成为商业银行必须解决的问题和必须切实加以履行的社会责任。只有这样,才能真正借助新科技成果实现自身又好又快的发展。

（四）商业银行可持续发展的需要

履行企业社会责任有利于商业银行赢得社会的广泛认同,提升声誉,为其发展创造良好环境;有利于培养员工的忠诚度,发挥员工的主动性,创造性,从根本上提升银行的核心竞争力,促进整个银行业的可持续发展。

专栏 15-4　　　　　　　　中国建设银行的社会责任

中国建设银行是我国四大国有商业银行之一,拥有64年经营历史。建设银行始终勇于承担社会责任并取得不凡成绩,2017年蝉联由中国银行业协会颁发的"年度最具社会责任金融机构奖"、在第八届金融金鼎奖评选中获评年度最具社会责任银行、在2017年中国国有上市企业社会责任榜上名列第二。这些成绩的取得,缘于建设银行制定并持续努力实践了符合实际的企业社会责任战略,即:立足实体经济,以客户为中心,不断创新产品和服务,在实现各项业务稳步健康发展的同时,努力成为:

服务大众的银行——关注大众客户的体验和诉求,不断创新和改进业务流程,积极开拓消费金融市场,努力提升客户服务能力;

促进民生的银行——将业务发展与支持国家经济发展、促进民生改善相结合,优先发展小企业金融业务,努力为"三农"、西部大开发等民生领域提供更好的金融服务;

低碳环保的银行——积极履行环境责任,大力支持低碳经济和环保产业,加大企业节能减排力度,积极推行电子银行、手机银行等网络金融服务,倡导低碳运营,降低自身能源消耗;

可持续发展的银行——提升企业价值创造力,为股东提供持续稳定的回报;关注员工利益,努力为员工创造更好的工作氛围、提供更好的职业发展机会;关注社会需求,积极参与公益慈善事业,关注社区建设和发展,努力回报社会,为推动社会的和谐发展做出贡献。

建设银行主要从三个方面推进与实施企业社会责任战略:

一是基础管理:积极建立和完善利益相关方参与机制,充分关注利益相关方期望和诉求,通过与利益相关方定期沟通,持续改进企业社会责任基础管理工作。

二是团队建设:建立了较为完善的社会责任管理体系,管理范围包括高级管理层、总行各相关部门、各一级分行及各营业网点以及各海外分行及子公司。总行公共关系与企业文化部社会责任处负责组织开展相关工作,工作团队涉及总行相关部门以及境内外分行、子公司。定期举办全行社会责任管理培训。

三是信息披露:自2005年在香港上市以来,已连续12年发布社会责任报告,向社会公众披露企业责任理念、企业社会责任战略推进与实施的成效,以及依据与各利益相关方交流沟通情况,在更好地履行企业社会责任方面所进行的改进和完善。

资料来源:根据中国建设银行2017年《企业社会责任报告》摘编。

三、我国商业银行社会责任的履行

(一)完善外部机制

1. 健全法律法规

将商业银行的社会责任落实到相关法规中,如修改和完善《商业银行法》和相关规章,在环保、扶贫、教育、医疗等主要方面做出相关规定;强化银行业金融机构社会责任信息披露;要求银行业金融机构严格执行国家宏观经济政策。监管部门应针对商业银行建立主要涵盖经济、社会、环境三方面的企业社会责任关键业绩考核指标,加强对商业银行的有效引导。

2. 建立社会责任考核体系

公司治理是现代企业制度中最重要的组织结构。国外一些企业和银行正是从改善银行公司治理角度出发,从制度根源上、在更深层次上使社会责任得到了更好的履行。新的《OECD 公司治理准则》已经从注重公司内部权力关系的授予、监控、制度安排,转向内外部各种利益相关因素的协调;从注重股东和管理层关系的安排,转向企业员工、消费者、供应商、债券者和所在地区居民等原来被忽略的因素。

3. 提升舆论监督力度

鼓励全社会积极推动银行履行社会责任。商业银行履行社会责任与否和好坏,最终评价主体应当是社会责任的直接受益者或间接受影响者,即股东、债权人、雇员、企业、所在社区等各类利益相关者。因此,银行社会责任建设离不开全社会的广泛参与,要充分发挥社会舆论的监督和鼓励作用。

(二) 完善商业银行的治理结构和经营管理体制

1. 积极推动经济转型

国内商业银行的改革和发展的历程充分反映了中国经济成长与经济体制转型的轨迹。商业银行应该积极顺应国家宏观调控政策,支持国家基础设施建设,在支持国家区域政策、产业政策、投资政策实施中创造股东价值,推动国民经济可持续发展。

2. 切实保护股东权益

商业银行只有通过科学的管理,才能保护股东和客户、存款人以及贷款人的利益。要防范各种风险,降低经营成本,提高资金使用效益。我国银行业已处于体制性与制度性变革的特殊历史阶段。这是一个黄金发展期与矛盾凸显期并存的关键时期。在这个关键时期,银行必须树立科学发展观,着力打造健康、稳健、可持续发展的好银行,为此,商业银行应主要把握好以下几个方面:一是建立和强化资本约束机制,摆脱盲目发展行为,实现增长方式和经营模式的转变;二是健全和完善公司治理,加快银行产权改革和体制创新步伐,建立规范的董事会制度,建立专业化的经营管理团队,发挥好监事会的作用;三是引进并应用现代银行管理方法和技术,真正与国际接轨。

3. 积极坚持诚信经营

商业银行是信用单位,经营的就是信用。在建设诚信社会的今天,银行要走在前列。银行诚信经营的根本就是要保护存款人的利益,保证客户资金的安全。除此之外,还要改进银行服务方式,为诚实守信者提供稳定、连续、快捷、优惠的授信渠道。凡是按期还本付息、经营状况正常、符合有关条件的,要提供所需的信贷资金,让诚实守信者真正能获得实惠。要营造公平、公正、高效、透明的银行信用获得渠道,明确信用的导向性。做到对各个受信者的条件要求一致,逐步建立起获得银行信用的等级机制。

4. 热衷公益事业

商业银行积极支持社会公益事业,既有利于商业银行树立良好的社会形象,更是消除垄断所带来弊端的一种补充形式。商业银行不仅要赚取利润,而且要取之于社会、回报于社会,增强社会责任意识。

5. 定期编制和发布独立的社会责任报告

社会责任报告是银行与社会交流的工具,通过报告,有利于提升银行的社会公信力和竞争力。报告内容一般包括:公司概况、远景构想及战略、管理架构和管理体系、安全和环境业绩、社会业绩(含劳工、人权、社会和产品责任)、经济业绩、第三方审计意见等。目前,大型跨国企业发布的社会责任报告包括多种形式,如持续发展报告、社会责任报告、年度公益报告、企业公民报告等。

(三) 政府指引

商业银行社会责任不仅需要商业银行的自觉行动,也需要政府的适时引导。为贯彻落实宏观调控政策,以及监管政策与产业政策相结合的要求,2012年2月,中国银监会发布《绿色信贷指引》,推动银行业金融机构以绿色信贷为抓手,积极调整信贷结构,有效防范环境与社会风险,更好地服务实体经济,促进经济发展方式转变和经济结构调整。《绿色信贷指引》要求银行业金融机构应当从战略高度推进绿色信贷,加大对绿色经济、低碳经济、循环经济的支持,防范环境和社会风险,提升自身的环境和社会表现,并以此优化信贷结构,提高服务水平,促进发展方式转变。

第四节 普惠金融

普惠金融的概念最早是联合国在2003年12月提出的。时任联合国秘书长的安南指出,"世界上大多数穷人仍然难以获得储蓄、信贷、保险等金融服务。我们的一大任务就是消除那些将人们排除在金融活动之外的因素……我们能够也必须实施普惠金融来改善这些人的生活"。在2005年联合国倡议的"国际小额信贷年"活动中,"普惠金融"的概念获得广泛使用。此后,普惠金融日益发展成为全球范围内的一项重要金融实践。

为推进普惠金融发展,提高金融服务的覆盖率、可得性和满意度,增强所有市场主体和广大人民群众对金融服务的获得感,2015年3月,我国《政府工作报告》提出,要大力发展普惠金融,让所有市场主体都能分享金融服务的雨露甘霖。2015年12月31日,国务院发布《推进普惠金融发展规划(2016—2020年)》,首次对"普惠金融"给出了中国官方的定义。2016年9月G20杭州峰会通过的《G20数字普惠金融高级原则》则强调"倡导利用数字技术推动普惠金融发展"。大力践行普惠金融已成为全球政府和金融机构的共识。

一、普惠金融的基本原理

（一）普惠金融的内涵

普惠金融是指立足机会平等要求和商业可持续原则，以可负担的成本为有金融服务需求的社会各阶层和群体提供适当、有效的金融服务。普惠金融不是扶贫，也不是慈善，必须遵循市场化原则，在商业可持续原则基础上，被服务者要承担可负担的成本。

（二）普惠金融的功能

从普惠金融的发展历程来看，其似乎与扶贫金融有一定的关联。并且根据普惠金融的包容特性，也有人将其理解为一种向所有经济主体提供便捷高效服务的金融体系。但事实上，普惠金融既不代表优惠、扶贫，也不是针对所有社会群体的福利。普惠金融强调的是以增进民生福祉为目的，让所有阶层和群体能够以平等的机会、合理的价格享受到符合自身需求特点的金融服务。实现金融权利的平等是普惠金融的核心功能。

（三）普惠金融的服务对象

普惠金融在理论上倡导的受益对象是所有社会阶层，但在实践中普惠金融主要是针对那些被传统金融体系排斥在外的组织或个人。小微企业、农民、城镇低收入人群、贫困人群和残疾人、老年人等特殊群体是当前我国普惠金融重点服务对象。大力发展普惠金融，是我国全面建成小康社会的必然要求，有利于促进金融业可持续均衡发展，推动大众创业、万众创新，助推经济发展方式转型升级，增进社会公平和社会和谐。

（四）普惠金融的公平与效率

普惠金融强调机会平等的公允精神与金融机构运营效益最大化之间存在一定的冲突，往往难以达成一致。因此，普惠金融在实施过程中，特别关注兼顾公平与效率问题。正确处理政府与市场的关系，尊重市场规律，使市场在金融资源配置中发挥决定性作用，这就显得尤为重要。商业银行应正确看待普惠金融。从表面上看，商业银行将大量人、财、物等资源投入到普惠金融活动会有一些得不偿失，但从另外一个角度看，商业银行广泛深入参与普惠金融，不仅可以进一步拓展业务范围和领域，获取新的利润增长点，还可以改善资产结构、利润结构，获得全面发展的新机遇。

（五）普惠金融的基本特点

普惠金融强调获得金融权利的机会平等，在此基础上具有可得性、价格合理性、便利性、安全性和全面性五大要素特点。

1. 可得性

它是普惠金融最基本的度量指标。客观上,它是指金融网点或金融产品在地域和空间上的覆盖密度;主观上,它指相关金融服务在总人口(或成年人)中的获得比率。这要求更多基础金融服务的全覆盖,进一步拓展金融服务的广度和深度。

2. 价格合理性

这是针对金融服务或金融产品定价的指标。一要具有一定的消费者剩余,即让消费者感觉价格优惠,或者不存在价格排斥和歧视;二要具有一定的生产者剩余,即让金融机构成本可负担、商业可持续。

3. 便利性

在具有可得性的前提下,获得金融服务的时间成本、空间成本和交易成本合理,所有的金融消费者都能够获得便捷安全的金融服务。

4. 安全性

在具有可得性的前提下,一是相关金融服务的合法性;二是金融账户和托管资金的安全指数;三是发生纠纷时,对金融消费者正当权益的保护力度。

5. 满意度

在普惠金融下各类金融工具的使用效率有效提高,小微企业和农户申贷获得率和贷款满意度明显提升,同时金融服务投诉率明显降低。

二、普惠金融指数体系

普惠金融正在成为全球重要的金融实践,如何评价测度各国普惠金融发展状况,目前国际上形成了三种测度普惠金融发展水平的指标。

(一) AFI 普惠金融指标体系

由普惠金融联盟[①](Alliance for Financial Inclusion,简称 AFI)、国际货币基金组织、芬玛克信托构建的 AFI 普惠金融指标体系,考察指标主要包括:每万成年人拥有的网点数、至少拥有 1 个网点的行政区比例、至少拥有 1 个存款账户的成年人比例等。AFI 指标体系的侧重点在于正规金融服务的可获得性以及公众对金融服务和产品的实际使用情况两个方面。

(二) 全球普惠金融指数体系

由世界银行构建的全球普惠金融指数体系,考察指标主要包括:金融服务获取途径、最近 12 个月内在非正规存款组织存款的成年人比例、为购房而借款的成年

---

① 普惠金融联盟成立于 2009 年 9 月,共有来自 90 多个国家的 120 多个机构成员,是一个旨在推动发展中国家、新兴市场国家发展普惠金融,分享交流国际经验,增强各国金融可获得性的非商业化运作国际协会,总部现设在马来西亚吉隆坡。

人比例、个人购买健康保险的成年人比例等。世界银行的全球包容性金融数据库涵盖148个经济体,世界银行对各国普惠金融发展水平的测度主要侧重于考察银行账户的使用情况以及公众在储蓄、借款、支付、保险等金融行为方面的特征。

(三) IFI 普惠金融指数

由全球普惠金融合作伙伴组织①(Global Partnership of Financial Inclusion,简称 GPFI)构建的普惠金融指数,该指数主要从金融产品与服务的使用情况、可获得性以及质量标准三个方面考察一国的普惠金融发展程度。IFI(Inclusive Financial Index)是 GPFI 在 2013 年制定的指标体系,较之 AFI 与世界银行的指标体系更加全面科学,也是中国官方目前采用的测算国家与地区普惠金融发展水平的指标体系。IFI 指数的核心是对金融服务的使用情况、可获得性以及质量标准的评估,但世界各国从这三个维度选取的测度指标以及对各指标赋予的权重都不尽相同。在中国,目前负责对普惠金融指数进行测算的官方部门是中国人民银行金融消费权益保护局。表15-3 列出了金融消费权益保护局对中国 IFI 指数的具体测算方法。

表 15-3 中国 IFI 指数测算指标及权重

维度	涵盖内容	指标	权重
可获得性 (总权重:0.443 4)	服务网点 电子资金账户 服务网点的互通性	银行网点乡镇覆盖率	0.143 3
		助农取款服务点覆盖率	0.091 8
		银行网点密度	0.052 8
		ATM 密度	0.052 8
		POS 密度	0.052 8
		银行卡联网通用率	0.030 4
		金融从业人员密度	0.019 5
使用情况 (总权重:0.387 4)	正规银行业务服务 非现金交易 个人贷款 企业贷款 购买保险倾向	银行个人结算账户人均开户量	0.057 2
		银行卡人均持卡量	0.052 9
		银行卡渗透率	0.052 9
		农户贷款获得率	0.045 4
		小微企业贷款获得率	0.042 0
		农户贷款户均贷款额	0.028 6
		小微企业贷款户均贷款额	0.031 9
		农业保险普及率	0.038 9
		商业保险普及率	0.037 7

---

① 全球普惠金融合作伙伴组织由普惠金融专家组发展而来,是依托二十国集团(G20)形成的专门研究和推进普惠金融发展的半官方国际合作组织,成员国主要由 G20 组成,目前也面向非二十国集团的国家开放。

续表

维度	涵盖内容	指标	权重
服务质量 (总权重:0.1692)	信息披露要求 纠纷解决机制 金融知识 贷款障碍	个人信用档案建档率	0.0913
		企业信用档案建档率	0.0503
		金融服务投诉率	0.0276

资料来源:中国人民银行消费者权益保护局。

三、普惠金融的运行路径

普惠金融在全球已推行多年,各国实践已取得一些成功经验。根据我国国务院颁布的《推进普惠金融发展规划(2016—2020年)》,我国普惠金融的运行路径主要包括以下几个方面。

(一) 健全多元化广覆盖的金融机构体系

根据我国现有金融机构体系的状况,为推进普惠金融的有效运行,各类金融机构应根据自身特长,找准切入点,共同推进普惠金融发展。

1. 充分发挥各类银行机构的作用

开发性政策性银行要以批发资金转贷形式与其他银行业金融机构合作,降低小微企业贷款成本。强化农业发展银行政策性功能定位,加大对农业开发和水利、贫困地区公路等农业农村基础设施建设的贷款力度。大型银行要加快建设小微企业专营机构。全国性股份制商业银行、城市商业银行和民营银行要扎根基层、服务社区,为小微企业、"三农"和城镇居民提供更有针对性、更加便利的金融服务。进一步提高农村商业银行、农村合作银行、农村信用联社服务小微企业和"三农"的能力。

2. 规范发展各类新型金融机构

各类新型金融机构是普惠金融的生力军。主要包括小额贷款公司、典当行、金融租赁公司、融资租赁公司、消费金融公司、汽车金融公司、以政府出资为主的融资担保机构或基金、农民合作社内部资金互助组织等新型农村合作金融组织,以及互联网金融组织。

3. 积极发挥保险公司保障优势

保险机构应加大对农村保险服务网点的资金、人力和技术投入。同时,保险机构要与基层农林技术推广机构、银行业金融机构、各类农业服务组织和农民合作社合作,促进农业技术推广、生产管理、森林保护、动物保护、防灾防损、家庭经济安全等与农业保险、农村小额人身保险相结合。

(二) 创新金融产品和服务手段

各类普惠金融服务主体应借助互联网等现代信息技术手段,降低金融交易成本,延伸服务半径,拓展普惠金融服务的广度和深度。

1. 创新产品和服务方式

推广创新针对小微企业、高校毕业生、农户、特殊群体以及精准扶贫对象的小额贷款。建立以互联网为基础的集中统一的自助式动产、权利抵质押登记平台。研究创新对社会办医的金融支持方式。开发适合残疾人特点的金融产品。增加适合小微企业的融资品种。进一步扩大中小企业债券融资规模。发展并购投资基金、私募股权投资基金、创业投资基金。支持符合条件的涉农企业在多层次资本市场融资。丰富农产品期货品种,拓展农产品期货及期权市场服务范围。地方各级人民政府要建立小微企业信用保证保险基金,用于小微企业信用保证保险的保费补贴和贷款本金损失补偿。扩大农业保险覆盖面。保险公司要开发适合低收入人群、残疾人等特殊群体的小额人身保险及相关产品。

2. 提升金融机构科技运用水平

金融机构要运用大数据、云计算等新兴信息技术,打造互联网金融服务平台,为客户提供信息、资金、产品等全方位金融服务。国家鼓励银行业金融机构成立互联网金融专营事业部或独立法人机构。金融机构要积极发展电子支付手段,逐步构筑电子支付渠道与固定网点相互补充的业务渠道体系,加快以电子银行和自助设备补充、替代固定网点的进度。

3. 发挥互联网促进普惠金融发展的有益作用

积极鼓励网络支付机构服务电子商务发展,为社会提供小额、快捷、便民支付服务,提升支付效率。发挥网络借贷平台融资便捷、对象广泛的特点,引导其缓解小微企业、农户和各类低收入人群的融资难问题。发挥股权众筹融资平台对大众创业、万众创新的支持作用。发挥网络金融产品销售平台门槛低、变现快的特点,满足各消费群体多层次的投资理财需求。

(三)加快推进金融基础设施建设

金融基础设施是提高金融机构运行效率和服务质量的重要支柱和平台,有助于改善普惠金融发展环境,促进金融资源均衡分布,引导各类金融服务主体开展普惠金融服务。与普惠金融运行直接相关的金融基础设施主要包括以下几个方面。

1. 农村支付环境建设

具体包括:银行机构和非银行支付机构面向农村地区提供安全、可靠的网上支付、手机支付等服务,银行机构在乡村布放POS机、自动柜员机等各类机具,农村金融服务机构和网点能够灵活、便捷的接入人民银行支付系统或其他专业化支付清算系统。

2. 建立健全普惠金融信用信息体系

具体包括:多层级的小微企业和农民信用档案平台,金融信用信息基础数据库接入机构,从事小微企业和农民征信业务的征信机构等。

3. 建立普惠金融统计体系

具体包括：建立健全普惠金融指标体系、建立跨部门工作组,开展普惠金融专项调查和统计,建立评估考核体系等。

（四）完善普惠金融法律法规体系

逐步制定和完善普惠金融相关法律法规,形成系统性的法律框架,明确普惠金融服务供给、需求主体的权利义务,确保普惠金融服务有法可依、有章可循。健全普惠金融消费者权益保护法律体系。

（五）发挥政策引导和激励作用

根据薄弱领域、特殊群体金融服务需求变化趋势,调整完善管理政策,促进金融资源向普惠金融倾斜。包括完善货币信贷政策、健全金融监管差异化激励机制、发挥财税政策作用、强化地方配套支持。

四、普惠金融的国际经验

2005年联合国在小额信贷年中提出建设普惠金融。普惠金融体系建设发展经历了小额信贷、微型金融、普惠金融三个阶段；在减贫领域与农村金融密切相关；伴随着互联网金融的发展,普惠金融与互联网金融又产生了交叠,如图15-1所示：

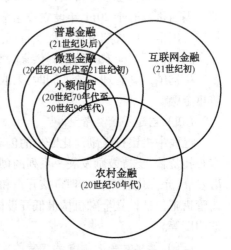

图15-1 普惠金融的发展起源[1]

在联合国和G20国家领导人的积极推动下,越来越多的国家,包括发达国家和发展中国家,都将普惠金融服务作为本国重要的金融发展目标。印度已经批准将普惠金融作为国家目标,印度央行确定了一系列普惠金融的量化指标,并采取了一系列强化措施。墨西哥政府确立了在2020年完全实现普惠金融的目标。南非正在积极推动公共部门和私营部门开发金融产品,并对为穷人提供正规金融服务的市场准入障碍进行积极干预。总结国外发展普惠金融的方法和实践,相关经验[2]总结如下：

（一）向贫困家庭提供小额贷款

巴西政府采取措施要求商业银行将2%的活期存款用于发放小额信贷。银行

---

[1] 秦昌宁、倪瑛.普惠金融研究进展与展望.四川理工学院学报.2015年第6期.
[2] 关崇明.普惠金融发展的国际经验借鉴及其启示.区域金融研究.2017年第8期.

可通过同业业务或是向非政府组织发放小额信贷满足贷款要求。尤努斯在孟加拉创办乡村银行,采用小额信贷模式,贷款多用于支持小手工业等生产性活动,主要为农村贫困妇女提供金融服务。

(二) 创新金融发展模式

为拓展金融服务功能,巴西探索将邮局、杂货店等机构发展为银行代理机构,并授权其提供开立和管理简单的存款账户、开展贷前调查等金融服务。肯尼亚创立"代理银行"模式与手机银行,代理机构可以为广大客户提供特殊的金融服务,代理机构可从事现金存取款、支付账单等业务。印度尼西亚大力发展形式多样的微型金融机构,大力发展"无网点银行业务模式"。美国政府以立法形式规定社区银行承担服务社区、服务低收入群体的义务。

(三) 注重普惠金融顶层设计

2005年,墨西哥政府开始推动普惠金融发展,不断增加金融产品与服务供给。为进一步推动普惠金融发展,墨西哥银行与证券业监察委员会于2007年设立金融部。墨西哥政府于2011年设立普惠金融全国委员会,制定和实施普惠金融政策,规划普惠金融中长期发展计划及目标。推动金融法律法规改革,从法律层面明确非金融机构可以向农村地区提供金融服务,扩大正规存款机构管理范围,将小型储蓄等机构纳入其管理对象。同时,采取多种措施,加大支持力度,持续稳妥地发展普惠金融。

(四) 创造平衡监管环境

巴西中央银行鼓励简化账户的创新行为,设立一系列规则使银行能够发放薪水委托贷款,支持鼓励发展一系列的创新商业模型。秘鲁中央银行为促进普惠金融发展,允许代理银行处理审核开户和贷款申请的文件,秘鲁促进普惠金融发展的监管措施包括设立金融机构最低开设标准、保护客户的个人信息、增强金融机构的透明度等。

(五) 强化对金融消费者权益的保护

巴基斯坦中央银行率先在国家层面进行金融知识普及项目试点。秘鲁银行保险基金监管局提倡普及金融知识,加强对金融消费者的保护力度,采取多种形式引导金融机构开展金融知识普及活动,有效地增强金融消费者的保护意识,为实施普惠金融铺平道路。印度尼西亚采取建立金融消费者投诉机制等措施,加强对金融消费者的保护,进一步提高城市和农村居民的金融知识。秘鲁代理银行不能要求客户提供有关的个人信息,防止代理银行滥用客户信息。

五、我国精准扶贫的实践

普惠金融的重要服务对象之一是农民及农村中的贫困群体。因此金融扶贫也就是普惠金融应有的题中之义。

(一) 精准扶贫的对象与主体

促进精准扶贫、精准脱贫是金融扶贫工作的基本出发点。金融扶贫立足于开发式扶贫,坚持可持续性原则,既讲资金投入又讲风险防控,着力增强扶贫对象的自我发展能力。不同贫困地区和贫困人群的差异很大,这就决定了金融扶贫不能搞大水漫灌、大而化之,要做到有所为、有所侧重。

一方面,精准定位金融扶贫对象,解决"扶持谁"的问题。要充分利用扶贫部门开展的贫困村、贫困户建档立卡工作和农村信用体系建设成果,针对扶持生产和就业发展、易地搬迁等"四个一批"制定差异化的扶持政策,找准支持方向和切入点。

另一方面,精准定位金融扶贫主体,解决"谁来扶"的问题。坚持市场化和政策扶持相结合的原则,发挥差别存款准备金率、再贷款、再贴现、差异化监管等政策的正向激励作用,完善金融基础设施,引导各类金融机构加大对贫困地区的支持力度。开发性、政策性、商业性等多种金融机构要发挥主体作用,尤其是机构网点较多、贴近农村、熟悉农村业务的金融机构要发挥主力军作用。在加强监管和有效防范风险的前提下,引入互联网金融企业、风险投资基金、产业投资基金、私募股权投资基金等机构进入扶贫开发领域,规范发展民间融资,多渠道增加资金来源。

(二) 完善精准扶贫的有效措施

为有效增加普惠金融的供给,更好的做到金融扶贫,一是要完善普惠金融组织体系。二是要健全普惠金融市场体系。三是要创新金融服务提供方式。四是要加强金融消费者教育和权益保护。加强部门沟通协作、形成有效工作合力是金融扶贫工作的重要支撑点。要切实转变金融发展理念,尊重金融机构的经营自主权,营造良好的金融生态环境。加强地方社会信用体系建设,维护司法公正,严厉打击逃废债行为,保护债权人合法权益。加大力度打击非法集资、非法经营证券业务等违法违规金融活动,维护地方金融秩序。要推动建立各类产权流转交易和抵押登记服务平台,完善融资担保和风险补偿机制,有效分散金融机构经营风险。要加强金融政策与财政政策的协调配合,有效整合各类财政扶贫资金,落实农户贷款税收优惠、涉农贷款增量奖励、农村金融机构定向费用补贴等政策,降低贫困地区金融机构经营成本,发挥财政政策对金融业务的支持和引导作用。

专栏 15-5　　　　　　　　**中国工商银行以精准扶贫助力精准脱贫**

2016 年 4 月 20 日,工商银行党委副书记、监事长钱文挥在定点扶贫工作座谈会上表示,按照党中央、国务院关于"精准扶贫、精准脱贫"的战略部署和人民银行、银监会金融扶贫政策,工商银行党委明确了通过无偿捐赠、人才派驻、金融服务等方式,帮助定点扶贫地区 2020 年实现现行标准下农村贫困人口全部脱贫、贫困县(市)全部摘帽的目标。工商银行将根据"扶持对象精准、项目安排精准、资金使用精准、措施到户精准、因村派人精准、脱贫成效精准"的原则,进一步加大帮扶力度,支持配合当地党委、政府按照"五个一批"分类开展脱贫攻坚,充分发挥行业优势,注重调动扶贫地区、贫困人口的主观能动性,不断提升贫困人口自我积累、自我发展能力,为扶贫地区2020年同步建成小康社会提供有力支持。

工商银行相关负责人介绍说,从1995年至今,该行在20多年的帮扶过程中积累了丰富的扶贫工作经验,取得了较好的成效。一是充分发挥金融助推扶贫优势,在扶贫地区支持了一批龙头企业,以及巴桃高速公路、宜叙高速公路、凉山州风电水电项目等基础设施项目。同时,创新应用互联网平台,帮助当地将部分名优特色产品统一注册为"巴山土猪""巴食巴适"等品牌,在工商银行电商平台"融e购"上销售,增加了农户的收入。

二是把抓好教育作为扶贫开发的根本大计,先后捐款4 600多万元,在定点扶贫地区捐建了16所希望小学、12所中小学宿舍楼、教学楼及3个塑胶操场、67所"爱心小厨房";连续12年开展"启航工程—优秀贫困大学生资助"活动,累计资助2 100多名家庭困难的大学生踏入大学校门;连续13年开展"烛光计划—优秀山村教师表彰"活动,共表彰教师1 610人次;开展了"烛光计划—优秀山村教师培训"活动,目前已培训500人;连续7年开展"新长城—工行自强班"项目,对一批刚考入高中的贫困学生资助到大学毕业。四川分行也开展了"一对一千人帮扶助学计划",发动员工对1 373名家庭贫困的大中小学生进行结对帮扶。

三是注重卫生扶贫,减少当地群众因病致贫返贫现象。通过开展"爱心永恒·启明行动—中国工商银行光明行"活动,帮助定点扶贫地区5 800多名贫困白内障患者免费实施了复明手术,实现了让通江、南江、万源三县市贫困白内障患者全部重见光明的目标;连续7年开展"母婴平安120"项目,帮助8 580名贫困孕产妇到医院顺利分娩;捐助了6个乡镇卫生院、8个博爱卫生站、4台救护车辆,延伸了医疗救助范围。

四是坚持绿色产业扶贫。选取当地9个村庄作为"绿色扶贫试点村",改造村落和农户设施,修建沼气池千余口,建立银耳堂160口,形成了可循环的绿色农业经济;与"国际小母牛"组织合作,向农户提供牲畜家禽并进行培训,受助农户再向其他农户传递幼仔;开展了"绿色生态猪养殖"项目,通过"工行+政府+村党支部+龙头企业+贫困户"的产业扶贫模式,提高了贫困户自我发展的能力。

资料来源:中国工商银行网站。

本章小结

1. 商业银行企业文化是商业银行在长期经营管理活动中,逐渐形成并为全体员工认可、遵循的具有自身特色的价值观念、企业精神、行为准则和道德规范等因素的总和。

2. 商业银行企业文化既有金融文化的属性,又有企业文化的共同特征。主要包括诚信至上、安全稳健、服务社会、合规经营等特点。诚信是立行之本,稳健是固行之基,服务是兴行之策,合规是行事之绳。

3. 商业银行企业文化包括企业精神、经营理念、发展愿景、职业道德、行为规范、银行声誉等内容。银行精神是在长期的经营管理实践中逐步、自觉地形成的,并为全体员工认可和接受的一种全体意识。经营理念是商业银行在经营管理过程中所遵从的价值取向、经营哲学以及在此基础上形成的经营思路。发展愿景是商业银行经营管理的宗旨和目标,是全体员工努力奋斗的期望值。职业道德是是银行在经营管理活动中所应遵循的、旨在调整银行与国家、银行与银行、银行与服务对象以及银行内部各方面关系的道德规范总和。行为规范是银行文化精神的有形化、具体化。银行声誉是指由商业银行经营、管理及其他行为或外部事件导致利益相关方对商业银行的评价。

4. 银行品牌包括银行形象、银行核心价值、银行个性元素、银行产品研发机制、银行客户互动机制。品牌建设应从品牌树立、机制建设、品牌维护三方面进行,促使我国商业银行从品牌向名牌的跨越。

5. 商业银行企业社会责任是指银行业金融机构对其股东、员工、消费者、商业伙伴、政府和社区等利益相关者以及为促进社会与环境可持续发展所应承担的经济、法律、道德与慈善责任。银行业金融机构应从经济责任、社会责任、环境责任三个方面履行社会责任。

6. 商业银行社会责任的构建包括多方面内容,一是完善外部机制,包括健全法律法规制度,加强行业监管和考核体系建设,提升舆论监督力度等;二是银行的自身行为,包括完善治理结构和经营管理的体制,推动经济转型,切实保护股东权益,积极坚持诚信经营,积极参与公益事业等;三是加强政府指引。

7. 普惠金融即指立足机会平等要求和商业可持续原则,以可负担的成本为有金融服务需求的社会各阶层和群体提供适当、有效的金融服务。小微企业、农民、城镇低收入人群、贫困人群和残疾人、老年人等特殊群体是当前我国普惠金融重点服务对象。

关键概念索引

商业银行企业文化　银行精神　银行经营理念　品牌　商业银行社会责任　赤道原则　普惠金融　精准扶贫

复习思考题

1. 什么是企业文化?商业银行企业文化有什么特点?
2. 商业银行企业文化包括哪些内容?
3. 构建商业银行企业文化有什么意义?
4. 什么是品牌?如何建设商业银行品牌?
5. 商业银行社会责任的内涵是什么?
6. 商业银行应怎样履行社会责任?

7. 分析商业银行履行社会责任的必要性。
8. 分析普惠金融的理念价值。
9. 普惠金融有哪些评价指标?
10. 如何践行普惠金融?

参考资料

1. 马蔚华编著,《文化之旅》,华夏出版社,2007年。
2. 唐宏、王剑屏、罗涛编著,《现代商业银行企业文化》,中国金融出版社,2004年。
3. 陈华蓉编著,《商业银行企业文化》,中国金融出版社,2008年。
4. 中国银监会,《关于加强银行业金融机构社会责任的意见》,2007年。
5. 中国银行业协会,《中国银行业金融机构企业社会责任指引》,2009年。
6. 中国银监会,《绿色信贷指引》,2012年。
7. 焦瑾璞、王爱俭著,《普惠金融:基本原理与中国实践》,中国金融出版社,2015年。
8. 国务院,《推进普惠金融发展规划(2016—2020年)》,2015年。

图书在版编目(CIP)数据

商业银行学/戴小平主编. —3 版. —上海：复旦大学出版社,2018.8 (2021.11 重印)
复旦卓越·21 世纪金融学教材新系
ISBN 978-7-309-13764-4

Ⅰ.①商… Ⅱ.①戴… Ⅲ.①商业银行-经济理论-高等学校-教材 Ⅳ.①F830.33

中国版本图书馆 CIP 数据核字(2018)第 149639 号

商业银行学(第三版)
戴小平　主编
责任编辑/谢同君

复旦大学出版社有限公司出版发行
上海市国权路 579 号　邮编：200433
网址：fupnet@ fudanpress.com　　http://www.fudanpress.com
门市零售：86-21-65102580　　团体订购：86-21-65104505
出版部电话：86-21-65642845
大丰市科星印刷有限责任公司

开本 787×960　1/16　印张 30.25　字数 563 千
2021 年 11 月第 3 版第 3 次印刷
印数 10 201—14 300

ISBN 978-7-309-13764-4/F·2478
定价：55.00 元

如有印装质量问题，请向复旦大学出版社有限公司出版部调换。
版权所有　　侵权必究